U0553981

中国社会科学院法学研究所　法律硕士专业学位研究生通用教材

法律硕士专业学位研究生通用教材

知识产权法

Intellectual Property Law

李明德 主编

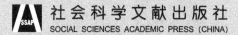
社会科学文献出版社
SOCIAL SCIENCES ACADEMIC PRESS (CHINA)

法律硕士专业学位研究生通用教材
编辑委员会名单

总　序

法律硕士专业学位（Juris Master，简称 JM）教育旨在培养高层次复合型法律实务人才，它不同于以培养学术类法律人才为主要目标的法学硕士学位教育，是一种新型法律人才培养模式。法律硕士专业学位教育的开辟和发展，有利于会通当今世界英美与大陆两大法系法学教育的特色和优势，有利于更好地适应市场经济条件下国家和社会对法律人才特别是法律实务人才快速增长的需要，有利于为推进法治快出人才、多出人才、出好人才。

中国社会科学院是中国哲学社会科学研究的最高学术机构和综合研究中心，承担着"认识世界、传承文明、创新理论、咨政育人、服务社会"的重大使命。作为它的一个重要组成部分，法学研究所秉承"正直精邃"的所训，以深厚的科研实力和独特的教育风格，在中国法学教育中发挥着越来越重要的作用。在国务院学位委员会办公室和中国社会科学院研究生院的指导下，法学研究所开办了法律硕士专业学位教育。为适应法律硕士专业学位研究生的教学需要，推进我国法律硕士专业学位教育的进一步发展，我们决定编辑出版一套法律硕士专业学位研究生通用教材。

根据法律硕士专业学位研究生的培养要求，本套教材由两大部分组成，一是用于传播法学知识、进行基础学术训练的教材。这部分教材囊括了各主要法学学科。二是用于职业训练的教材，目的在于培养学生从事法律实务活动所需要的基本素质和各种技能，如职业伦理与修养、法律文书写作、谈判技能、证据的取得与应用、法庭辩论技巧等。

法律硕士专业学位研究生教材编写的是否成功，很大程度上取决于对法律硕士专业学位和法学硕士学位这两种同一层次学位教育相同点和相异点的认识和把握。法律硕士专业学位的优势在于其非法律专业的背景（在职攻读法律硕士专业学位的学生除外），这使得该学位的毕业生比起主要是法学本科专业背景的法学硕士研究生更能适应不同专业背景下法律实务的要求。另一方面，同样是因为知识背景的问题，法学硕士研究生一般说来在其本科阶段已经接受了系统的法学教育，而法律硕士专业学位研究生通常在入学后才开始系统地学习法律和法学知识，接受基本的法学训练，这是进行高层次职业技能训练的基础。与法学硕士学位教育相比，法律硕士专业学位教育更注重培养"操作型"人才，但这两种教育之间的区别并不是绝对的。

有鉴于此，我们在编写法律硕士专业学位研究生教材时强调了以下三个方面的结合。

（1）针对性与通用性的结合。

与法学硕士研究生教材相比，本套教材的侧重点不同，但两者在知识的层次和水平上不应有高下之分。教材编写既要适应法律硕士研究生的培养目标，具有较强的针对性，同时也要具备很强的通用性，即教材也能够适应法学类研究生的教学和阅读需求，能够吸引法学类研究生以及相当水平的读者。没有针对性，教材就不会有特色；而没有通用性，教材的学术质量便无法保证。力求将教材内容的针对性和通用性结合起来，是本套教材的主要特色之一。

（2）应用性与理论性的结合。

根据法律硕士研究生的培养目标和特点，教材在内容安排或取材上强调突出应用性或实用性，尽可能减少"纯学术"的内容，力求寓学术性和研究性于知识性和应用性之中。在教材编写过程中不应把应用性和理论性对立起来。缺乏理论性的应用性，不可能达到研究生教材所要求的学术水准；反之，纯理论的知识、推理和论证也不符合法律硕士专业学位研究生教材的特点和要求。

（3）知识性与创新性的结合。

鉴于法律硕士研究生入学前多未受过系统的法学教育与训练，教材强调系统介绍相关学科的基本概念、原则原理和其他知识。在叙述时力求把"实然"的知识和"应然"的知识区分开来，把"通说"和作者个人的见解区分开来。对"实然"的知识要准确、清晰和简洁地告诉读者"事实是什么"；而对"应然"的知识，观点要明确，说理充分而精炼。"应然"的知识体现作者的学术敏感性和鉴别力，是教材具备创新性不可缺少的内容，但是，在比例搭配上，教材的重点放在对"实然"知识的介绍、分析和实际运用上，"应然"的部分要求少而精。务求避免对"实然"知识把握不准，而对"应然"知识的阐述过于艰涩、玄虚，以致产生或超出学生理解能力或误导学生的弊端。

在把握好上述三个结合的基础上，我们要求教材对概念的阐述务必准确、简练。对有分歧的概念，原则上要明确表明作者的态度。要让学生清楚地知道有没有通说、通说是什么、通说对不对，如不对，问题在什么地方。

以对案例和实际问题的分析引领和贯穿全书，是我们在教材编写过程中反复强调、要求各教材编写组努力做到的。案例可以是法院判决例以及其他实际发生的事件，也可以是根据教学需要假想的。对实际发生的有重大影响的法律事件或案件，要求本教材加以引用和分析，不使遗漏。

为增强教学效果，本套教材在结构上除正文外还设立了"要点提示"、"问题与思考"、"复习题及其解答提示"、"阅读书目"、"术语索引"等辅助部分。其中"要点提示"起提纲挈领的作用，使读者在每章伊始即可了解本章主要内容的概貌；"问题与思考"是本套教材特别设立的一个部分，目的是培养学生运用所学知识分析问题和解决问题的能力，同时加深对所学知识的理解。这部分内容将使教材具有良好的"延展性"，更能体现研究生教材的特色和要求。在每章之后给出复习题，不是本教材的首创，但对学生或读者如何解答复习题给予提示却是本套教材的特色。"阅读书目"意在开出一个精选的书单，使学生能够在教材的基础上研习更广、更深的知识，了解更为复杂的学术展开或学术论证的过程和特点等。"阅读书目"是对教材内容十分有益的补充，更是学生自学的阶梯。而"术语索引"则使教材兼具了"法学词典"的功能，方便学生和读者随时查阅教材要点。除"术语索引"外，部分教材还将编列"法规和判例索引"，使教材规范化和可读性达到更高水平。

编写法律硕士专业学位研究生教材对我们来说是一次全新的尝试，不足之处在所难免。竭诚欢迎从事法律硕士专业学位教育的相关单位和从事法学、法律硕士教育工作的教师及广大读者提出宝贵意见，以利在再版时对教材加以修改和完善。我们相信，以中国社会科学院法学研究所的学术资源和优势为后盾，经过不断摸索、改进和提高，本套教材一定能够成为法律硕士专业学位研究生教材的精品，为推进我国法律硕士专业学位教育，促进法学教育的不断改革和创新做出应有的贡献。本套教材的出版得到中国社会科学院社会科学文献出版社的大力支持，在此谨致衷心感谢。

法律硕士专业学位研究生通用教材

编辑委员会

2004 年 8 月

目　　录

第一编　总　　论

第二编　著　作　权

第三编　专　利　权

第四编　商　标　权

第六编　知识产权国际条约

第一编

总　　论

　　在当今世界，知识产权越来越成为人们热衷的话题。出现这种状况，主要有两个原因。一是随着世界贸易组织的成立和"知识产权协议"的广泛实施，知识产权成为国际贸易中的重要内容，成为人们关注的焦点。二是中国经济发展到今天，必须借助智力创新才能够跃上一个新的台阶，而这又与知识产权的保护密切相关。

　　知识产权是人们就其智力活动成果所享有的权利。同时，这种权利又是通过法律而创设的。作为总论，本编将从宏观的角度，讨论知识产权的保护客体、知识产权法律的起源、知识产权保护的宗旨、知识产权法的未来发展趋势，以及知识产权各个部门法之间的关系。至于知识产权的具体内容，如著作权、专利权、商标权和制止不正当竞争的权利，则留待后面的章节论述。

第一章 引 言

要点提示

　　本章主要论证了什么是智力活动成果，人们可以就哪些智力活动成果享有权利。"人类的智力活动成果是海洋，而知识产权保护不过是其中的几座孤岛"，既是对于知识产权保护的历史总结，也是对于知识产权保护现状的总结。

　　本章介绍了知识产权保护的几种基本理论，认为知识产权制度是一种人为设置的制度，其基本理论是"鼓励机制说"。自然权利说和社会公正说都不能解释知识产权制度的人为特征。

　　本章还论证了知识产权制度与主权国家的关系，论证了知识产权已经成为重要的社会财富形式，并由此而展望了知识产权制度发展的前景。

第一节　知识产权与智力活动成果

　　英国知识产权法学家本特利（Lionel Bently）和谢尔曼（Brad Sherman）出版过一部知识产权法教科书。该书 2001 年版本的封面设计颇有深意。封面的上方赫然写着英文的"知识产权法"（Intellectual Property Law）几个字，下方是两位作者的姓名。而在封面的中央，则是一幅人的大脑示意图。除了清晰可辨的口鼻部以外，剩下的都是沟徊纵横的大脑剖面，占据了突出而醒目的位置。再仔细看去，还有几个英文字词"原材料"或"有形物"（raw material）隐现于其中。

　　应该说，这个封面设计形象地说明了知识产权的保护对象是什么。具体说来，将封面上方的"知识产权法"几个字，与封面中央人的大脑示意图联系起来，表明知识产权法所保护的就是人的大脑的产物，或者说是人的智力活动的成果。如果进一步将"有形物"几个字与人的大脑联系起来，则表明知识产权法所保护的，应当是人的大脑与有形物相互作用而产生的那些智力活动成果，而非所有的智力活动成果。换句话说，人的智力活动成果，只有在与有形物有关，并且体现在一定的有形物之上或之中的时候，才有可能获得知识产权法律的保护。那些与有形物无关的智力活动成果，那些仅仅停留在人的头脑中的想法，都不可能成为知识产权法律保护的对象。

到目前为止，受到知识产权法律保护的这类智力活动成果，主要有作品、技术发明、工业品外观设计、集成电路布图设计、植物新品种、商业秘密、各种商业标记和各种制止不正当竞争等权利。与此相应，知识产权也就包括了版权、专利权、工业品外观设计权、集成电路布图设计权、植物新品种培育者权、商业秘密权、商业标记权和制止不正当竞争等权利。由于知识产权法律仍然处于不断的发展变化之中，也由于人的大脑与"有形物"相互作用而产生的智力活动成果处于不断的发展变化之中，今后还会有新的智力活动成果纳入知识产权法律的体系之中，也会有新的权利产生。

将作品、技术发明、工业品外观设计、集成电路布图设计、植物新品种和商业秘密理解为人的智力活动成果，并给予知识产权法律的保护，理解起来并不困难。然而，如何将各种商业标记和制止不正当竞争的权利理解为智力活动成果，并给予知识产权法律的保护，也许就不那么容易了。根据郑成思教授的观点，人们在设计和选择各种商业性标记的时候，已经付出了必要的智力劳动。更为重要的是，商业标记所代表的是产品、服务或企业的信誉，而这种种信誉在很大的程度上，又是由人的智力活动成果所造就的。例如，通过技术创新或新技术的运用而提高产品质量，通过营销方式的革新提高服务质量，以及通过广告活动提高产品、服务或企业的信誉，等等。[①] 在这里，我们也许用得着牛津版教科书封面所昭示的原理，"当人们在运用自己的智力劳动与有形物发生相互作用时，就已经有了智力活动成果的产生。"显然，无论是人们运用智力劳动设计或选择某一商业标记，还是运用新技术或新的营销方式去造就该商业标记所代表的商誉，都是人的大脑在与"有形物"发生相互作用，都已经有了智力劳动成果的产生。

对于各种制止不正当竞争的权利，也应当作这样的理解。制止他人

---

① 郑成思著《知识产权法》（第二版），法律出版社，2003，第6～7页。

对自己商标、商号和商品外观的假冒，制止他人对自己产品、服务或企业信誉的诋毁，甚至制止他人对其产品或服务的虚假宣传，都是为了保护自己的商业信誉和自己在市场上的恰当位置，从而保护自己的智力活动成果。从这个意义上说，各种制止不正当竞争的权利，是从另外一个角度，即制止他人不正当竞争的角度，来保护自己的智力活动成果。

从知识产权法的角度来看，牛津版教科书封面中的"有形物"，应当理解为既包括未经人力加工的原材料，也包括经过了人力加工的各种产品。或者说，"有形物"是指各种有形的物品或财产。这样，由人的大脑所产生出来的各种智力活动成果，就是不同于有形物质的东西，表现为创意或信息。或者说，由人的大脑所产生出来的各种智力活动成果，是无形的创意或信息，不同于有形的物品。而知识产权法律，无论是版权法、专利法，还是商标法和反不正当竞争法，则是通过赋予财产权的方式，保护这类无形的智力活动成果或者信息。正是从这个意义上说，知识产权是一种无形财产权利，是人们就无形的智力活动成果或者信息所享有的权利。这种财产权，不同于通常意义上的有形财产权。

由人的大脑所产生出来的各种智力活动成果虽然是无形的，但又必须体现在有形的物质载体上才能为人所感受，并由此而获得保护。这样就产生了将无形的智力活动成果，与有形的物质载体区别开来的必要。例如，版权保护的不是有形的纸张、画布、胶片、磁盘，而是体现在其中的作品。有形的纸张、画布、胶片和磁盘等，仅仅是作品的载体，不能将其与作品等同起来。专利权和商标权的保护也是这样。具体说来，专利权保护的不是有形的产品，而是体现在其中的发明或技术方案；商标权保护的不是有形的商标标牌，而是附着于商标标牌上的商标和商标所代表的商誉。有形的产品仅仅是发明或技术方案的载体，有形的标牌仅仅是商标的载体，不能将它们与专利权保护的发明或商标权保护的商标等同起来。在理解知识产权保护的客体时，必须将智力活动的成果，如作品、技术发明、商标，与具体的物质载体区别开来。

在当今的社会中，没有体现智力活动成果的有形产品几乎是不存在的。我们日常所见到的各种产品，如书籍、杂志、电脑、电视机、电冰箱、食品、衣物、小汽车、火车、飞机和各种机械等，都在不同程度上体现着人类的智力活动成果，如作品、技术发明、外观设计和各种商业标记。这样，人们在使用自己所购买来的有形产品的时候，就不能不顾及其中所体现的受到知识产权法律保护的智力活动成果，就不能想当然地对自己购买来的有形产品进行随心所欲的使用。例如，购买了一本画册的人固然可以任意处置作为有形物的画册，但是却不能未经许可而商业性地使用画册中印制的作品。因为作品作为一种智力活动成果是属于他人的东西，并没有随着画册（有形物）的买卖而发生转让。对于其他的智力活动成果，如专利法保护的技术发明、商标法保护的商业标记，也应当作同样的理解。购买了体现有专利技术之产品的人，不得未经许可商业性地使用产品中所体现的技术方案，购买了带有某一商标的产品的人，也不得未经许可而商业性地使用产品上的商业标记。因为无形的智力活动成果，并没有随着有形物的买卖而发生转让。

从这个意义上说，知识产权保护的结果之一，就是要限制人们对于有形物品的任意使用。因为在许多情况下，人们所拥有的有形物品之上或之中，可能体现有知识产权法律所保护的智力活动成果。人们在行使自己财产权的时候，不得侵犯他人的财产权，包括不得侵犯他人的无形财产权。当然，对于不要侵犯他人的"有形财产权"，一般说来不会发生理解上的问题。而对于不要在行使自己财产权的时候侵犯他人的"无形财产权"，则有可能发生理解上的困难。尤其是当无形财产与有形财产纠缠在一起，或者当无形财产体现有在有形财产之上或之中的时候，就有可能发生这种理解上的困难。或许我们在这里更要强调的是，人们在行使自己财产权的时候，尤其是要注意不得侵犯他人就无形财产所享有的权利。

人类的智力活动成果是无形的东西，全然不同于现实世界中的有形物品。与此相应，对于智力活动成果的保护，也不同于对于有形物品的保护。例如在没有法律的情况下，人们可以在土地上打上界桩或竖起栅栏而加以保护；可以在物品上面打上个人的印记，或者通过直接的控制而加以保护。然而就无形的智力活动成果来说，假如没有法律的保护，人们根本找不到打上界桩或做出标记的地方。即使是那些想以直接控制的方式，如通过保密来保护自己智力活动成果的人，也发现很难将之实际控制起来而不让他人知晓。在很多情况下，保密者将不得不付出更为高昂的代价。况且，各种文学艺术和科学作品、各种商业性标记，都是在公之于世以后才有意义。由此看来，对于智力活动成果的保护，就只能是法律所设定的保护。与此相应，知识产权也只能是一种由法律所设定的权利。

知识产权法律的各个构成部分，如版权法、专利法和商标法，主要的任务之一，就是规定自身的保护对象和保护条件。例如，版权法保护以文字、符号、色彩、线条、造型和数字等方式表达出来的作品，而且相关的作品还必须具有原创性。又如，专利法保护各种技术发明，而且有关的发明应当符合新颖性、创造性、实用性和充分披露等要求。再如，商标法保护各种商品商标和服务商标，而且有关的商标必须具有可识别性。其他的法律，如商业秘密法、集成电路布图设计法、植物新品种保护法，甚至反不正当竞争法，其主要的任务也是确定各自的保护对象和保护要件。或许我们可以说，知识产权法的各个构成部分，如版权法、专利法、商标法和反不正当竞争法，对于各自保护对象和条件的确定，就像是在不动产上打上界桩、在动产上打上印记一样。

知识产权法律所保护的虽然是无形的智力活动成果，不同于有形财产，但是知识产权法律的许多规定，又是来源于保护有形财产权的法律。事实上，知识产权法律就是以赋予财产权的方式，来保护那些符合法定要件的智力活动成果。这样一来，在知识产权的保护上就出现了一个悖论。一方面，人类的智力活动成果是无形的，人们就此所享有的财产权利是无形财产权利，似乎应当以不同的方式加以保护。但在另一方面，现行的知识产权法律又是在有形财产权法律的基础上发展起来的，大量借用了有形财产权法律的概念、术语和规则，然后再针对无形财产的特点有所改变和创新。这样，在现有的知识产权法律体系中，就充满了有形财产权法律的概念、术语、规则和制度，同时又充满了各种规则和制度的变形。于是，在很多人的眼里，尤其是在那些熟悉有形财产权法律人们的眼里，知识产权法律体系中充满了矛盾和理论上的不一致，甚至由此而对知识产权的保护提出了质疑。

知识产权法律的变异性，还体现在其他的一些方面。例如，为了确保法律规定的智力活动成果受到保护，知识产权法设定了一些必要的行政程序，如作品、外观设计、集成电路布图的注册，专利审查程序和商标审查程序，以及行政主管部门与司法机关的关系，等等。又如，针对无形财产权保护的需要，法律还设定了特别的诉讼程序和救济措施，如侵权构成的无过错原则，方法专利侵权诉讼中的举证责任倒置，诉前的临时性禁令，法定赔偿金，甚至必要的刑事责任，等等。从这个意义上说，大多数知识产权法律都是以保护财产权为主，同时又具有一些行政法和诉讼法的规定。

也许我们应该抛开保护有形财产权的法律，另起炉灶制定一套保护无形财产权的规范体系。因为我们所面对的毕竟是无形的智力活动成果，而非有形的物质或财产。然而，任何新的法律制度的发明，都离不开已有的法律基础。迄今为止，知识产权法律主要是在有形财产权法律的基础上发展起来的。就像某一个时代的智力活动成果，总是在人类此前成果的基础上产生的一样，知识产权法律也只能在人类已经取得的法律成就的基础上，不断发展和完善。当然，对于由此而产生的种种变异，我们又必须从无形财产权的特殊性上加以理解，而不能从有形财产权的角度或者民法的一般原则去理解。

第二节　知识产权制度的产生与发展

在人类社会发展的漫长历史中，对人的智力活动成果予以保护，不过是最近几百年的事情。在此之前，人类所有的智力活动成果，一旦产生出来就属于社会公有，人人可得以自由利用，不必取得提供者的许可。这样，无论是司马迁的《史记》，还是曹雪芹的《红楼梦》，都是不曾享有过版权的作品；无论是蔡伦的造纸术，还是毕昇的活字印刷术，也都是没有获得过专利权的发明。人们在使用或是利用他人的作品和技术发明方面，不必有任何的顾虑。直到今天，在许多人的眼里，基因资源、传统知识和民间文学艺术表述，还属于这样的智力活动成果。

应该说，在人类发展的相当长的历程中，对于经济和社会发展起关键作用的，主要是有形物质和人力劳动的投入。那时，人的智力活动成果在社会经济发展中的作用，与有形物质如土地和工具等相比，所起的作用并不突出。人们也没有意识到，应当对人的智力活动成果予以保护。然而，随着技术、商业和对外贸易的发展，人的智力活动成果在社会经济发展中的作用逐步凸现出来，终于产生了对人类的某些智力活动成果提供保护的必要。

对于人类智力活动的某些成果予以保护的制度，首先出现在西欧，并且发生了由特权（privilege）到财产权（property）的过渡。所谓特权，就是君主或国王以授予垄断权的方式，对某些智力活动成果，如技术发明和作品提供保护。在对技术发明提供特权保护方面，著名的有1474 年的"威尼斯法"（Venetian Decree of 1474），以及 1624 年英国的"垄断法"（Statute of Monopolies of 1624）。随着工业革命的来临，英国逐步修订《垄断法》，开始以财产权的方式保护技术发明。随后，美国、法国和荷兰也在 18 世纪末和 19 世纪初，颁布了以保护财产权为宗旨的专利法。在对于作品的保护方面，英国早期的保护不是对于作者的保护，而是对于出版者的保护。或者说，出版者对其所出版的作品，可以在一定的时间之内享有特权。直到 1710 年《安娜法》的颁布，英国才把保护作者放在了突出的地位上。到了法国大革命的时候，在天赋人权思想的影响下，法国颁布了《作者权法》，不仅以财产权的方式保护作品，而且更强调对于作者精神权利的保护。随后，欧美各国或依据英国的思路而制定版权法，或依据法国的思路而制定著作权法，其核心内容都是以财产权的方式保护作者所创作的作品。这样，西欧在对于技术发明和作品的保护方面，就完成了由特权到财产权的过渡。

　　大体也是在这个时候，西欧的商标保护也发生了根本性的变化。在欧洲的中世纪后期，商标大多由行会控制，只有本行会内的工匠可以使用，而行会之外的则不能使用。这种使用，显然具有特权的性质。随着近代工商业的发展，商标保护也发生了转变。1804 年法国颁布的《拿破仑民法典》，明确规定商标权是一种财产权，应当与其他财产权受到同样的保护。到了 19 世纪中后期，法国、英国和德国等国，相继颁布了以保护财产权为宗旨的商标法。与此同时，在法国、英国和德国还出现了制止不正当竞争的法律。①

　　商标作为指示商品来源的标记，可以说是古已有之。然而现代商标法律所保护的主要是商标所体现的"商誉"，而不仅仅是简单的对于商品来源的指示。以财产权的方式保护商标，实际上就是保护商标所有人就这种"商誉"所享有的权利，以及排除他人侵犯自己商誉的权利。应该说，商标所体现的商誉，是由工业革命以来商业活动的日益扩大和技术发明的广泛运用所造就的。这与工业革命以前的商标保护有着本质不同的含义。而制止不正当竞争的法律，则是对于市场竞争者商誉的进一步保护。按照相关的规定，市场竞争者不仅不得以假冒商标、商号和商品外观的方式利用他人的商誉，而且也不得以虚假宣传的方式，如夸大自己产品或服务、诋毁他人产品或服务，损害他人的商誉。

　　在 19 世纪中后期的欧美各国，对人类智力活动成果提供保护的主要有版权法（或著作权法）、专利法、商标法和制止不正当竞争的法律。但从那时以来，知识产权法律有了显著的扩张。这主要体现在两个方面。一是知识产权法律体系增加了新的内容，如植物新品种培育者权、集成电路布图设计者权和商业秘密权。二是版权法、专利法、商标法和反不正当竞争法本身的内容有了很大的扩张。例如，随着新技术的发展，摄影、电影、计算机软件相继纳入了版权保护的范围，并且产生

---

① 有关专利权、商标权和版权在西欧的起源与发展变化，可参见郑成思《知识产权论》（第三版），法律出版社，2003，第 1～27 页。

了表演者权、录音制品制作者权和广播组织权等邻接权。又如，早期的专利法主要是保护与机械、化学相关的发明创造。而目前的专利保护，则涉及了几乎所有的技术领域，既包括产品发明，也包括方法发明。再如，商标的保护也延及到了服务商标、集体商标和证明商标，而商标的构成要素也包括了文字、字母、数字、图形、颜色和三维标志等。至于反不正当竞争法，也不再局限于传统的假冒，如商标、商号和商品外观的假冒，而是扩展到了制止虚假宣传和诋毁他人商誉等领域，甚至包括了商业秘密、形象权和简单模仿等内容。

事实上，以"知识产权法"来统称保护人类智力活动成果的法律，也是发生在19世纪中叶。在此之前，虽然早已出现了版权法、专利法和商标法等概念，但还没有用知识产权法的概念将它们统在一起。事实上，"知识产权法"在欧洲大陆曾经是指保护作品的法律，相当于版权法或著作权法。① 直到今天，西班牙的《知识产权法》仍然相当于其他国家的版权法或著作权法，不包括工业产权的内容。但是从19世纪中叶开始，人们逐渐用"知识产权"来统称人类就其智力活动成果所享有的权利。与此相应，知识产权法也就包括了版权法、专利法、商标法和反不正当竞争法等内容。现在，知识产权或者知识产权法，已经成了国际上普遍接受的概念。"世界知识产权组织"的名称，世界贸易组织"与贸易有关的知识产权协议"，都说明了这一点。

知识产权虽然是人们就其智力活动成果所享有的权利，但是并非所有的人类智力活动成果都可以获得保护。从人类社会的发展来看，在相当长的一个历史进程中，并没有对人的智力活动成果提供保护。直到近现代，社会或国家才从人的智力活动成果中，划出了某些应当予以保护的部分，如作品、技术发明和商业标记等，并由此而形成了版权法、专利法、商标法和反不正当竞争法等。一方面，只有这些法律明确规定的，并且符合相关要求的那些智力活动成果，才可以受到保护。例如，只有符合原创性要求的作品才能够受到版权法的保护，只有符合新颖性、创造性和实用性的技术发明才能够得到专利法的保护。那些没有申请或者没有获得专利权的发明创造，那些以作品的方式披露出来的技术发明、创意和思想观念，以及那些以其他方式为人们所公知公用的技术，都不可能获得知识产权法律的保护。另一方面，即使是受到知识产权法律保护的智力活动成果，也会在法定的保护期限之后，或者在法律

---

① William Cornish, *Intellectual Property*, 4th edition, p.3, 1999.

规定的条件下，进入人人可以自由使用的公有领域。例如，作品在作者有生之年加 50 年（或 70 年）之后进入公有领域，专利技术在 20 年的保护期限届满后进入公有领域，商业秘密在失密后进入公有领域，等等。

从这个意义上说，人类的智力活动成果是海洋，而知识产权保护不过是其中的几个孤岛。或者说，就人类智力活动成果所处的状态来说，公有领域是一般原则，而知识产权保护则是例外。无论是版权法和专利法，还是商标法和反不正当竞争法，它们所保护的只是海洋中的几个孤岛，或者公有领域中的几块飞地。无论是从历史的角度来看，还是从现实的角度来看，知识产权所保护的智力活动成果，都是人类整体智力活动成果中很少的一个部分。那种认为所有的智力活动成果都应当得到保护的看法，是完全错误的。

公有领域理论是知识产权法中的一个重要理论。按照这个理论，处于公有领域中的智力活动成果，人人都可以自由利用。市场上的每一个竞争者，都可以在生产和销售的环节中，充分利用公有领域中的一切智力成果，或者由此而占据市场上的优势地位，或者由此而创造出新的智力成果，以求在竞争中占据优势地位。正如美国最高法院在 1938 年的一个判例中所强调的那样："就不受专利权或商标权保护的客体来说，分享其中的商业利益，是每个人都具有的权利。"① 既然每个人都有权使用公有领域中的智力活动成果，那么第一个使用了此种成果的人，就无权阻止他人以相同或类似的方式使用相同的成果。此外，按照公有领域的理论，任何人都不得将公有领域中的智力活动成果据为己有。如果某人以公有领域中的智力活动成果与他人交易，或者转让，或者许可，并由此而收取费用或者获得好处，则无异于是在从事商业欺诈。因为那是处于公有领域的智力活动成果，而非他个人的财产。

从公有领域的角度来说，知识产权所保护的智力活动成果，不过是公有领域中的几块飞地，或者海洋中的几个孤岛。事实上，即使是知识产权法律所划出的这几块飞地，或者这几座孤岛，也并非处于全然的"专有领域"之中。或者说，法律所赋予的智力活动成果权，并非绝对的权利。这是因为，知识产权法律在保护作品、专利技术和商标等智力活动成果的同时，还规定了一系列权利的限制和例外。例如，版权法在保护原创性作品的同时，规定了他人对于作品的合理使用和一系列的权

---

① Kellogg Co. v. National Biscuit Co., 305 U. S. 111 (1938).

利的限制与例外；专利法在保护发明专利的同时，规定了他人的"在先使用权"、专利的强制许可和为了科学实验的目的而使用专利技术。此外，商标法规定了他人可以合理使用商标的例外，商业秘密法规定了反向工程的例外。在对于植物新品种培育者权和集成电路布图设计者权的保护方面，也有一系列的权利的例外和限制。这表明，即使是那些处于专有领域中的智力活动成果，社会公众在一定的条件之下仍然可以对之加以利用，不需要获得权利人的许可。从某种意义上说，这可以看作是公有领域对专有领域的侵蚀。

规定知识产权的限制和例外，是在保护权利人的同时，兼顾社会公众的利益。事实上，知识产权法律的立法宗旨，就是平衡权利人与社会公众的利益。一方面，知识产权法律将某些特定的智力活动成果纳入保护的范围，这是对权利人利益的保护，其目的是鼓励他们生产和提供更多的智力活动成果。另一方面，法律又设定了某些特殊的情形，规定了权利的例外或者限制，其目的是保障社会公众在某种程度上，仍然可以利用这些受到保护的智力活动成果，不至于因为法律的保护而造成全然的垄断，甚至妨碍人类进一步的智力创造活动。现在有一些人错误地认为，知识产权的保护是对权利人的绝对保护，是对于社会公众利益的全然忽视，因而有必要对知识产权加以这样或那样的限制。显然，他们并不了解知识产权立法的宗旨就是平衡权利人与社会公众的利益，也不了解知识产权法律中兼顾公众利益的，对于知识产权加以限制的种种规定。

如何寻求知识产权保护的最佳平衡点，一直是困扰各国立法者和司法者的一个问题。过多地保护权利人的利益，必然会损害社会公众的利益，甚至阻碍人类的智力创造。如果过多地考虑社会公众的利益，不能充分保护权利人的利益，又有可能挫伤他们的积极性，达不到鼓励他们从事智力创造的目的。此外，寻求权利人与社会公众利益的平衡，还取决于一个特定国家或地区的社会经济发展水平。大体说来，社会经济发展水平较高的国家，如美国、欧洲和日本，对于权利人利益的保护可能会多一些。而社会经济发展水平较低的国家或地区，如发展中国家和最不发达国家，对于社会公众利益的考虑可能就会多一些。所以，知识产权保护的最佳平衡点，可能会因为国家或地区而有所不同。这种平衡点的选择，在充分尊重国际公约规定的前提下，是一个由各个主权国家自己决定的问题。

第三节 知识产权的基本学说

在西方国家，关于知识产权的获得和保护，主要有三种学说。这就是"自然权利说"、"公正说"和"鼓励机制说"。其中的公正说，又与自然权利说密切相关。

所谓自然权利说，是指人们在创作了相关的作品、发明了相关的技术和使用了相关的商业标记之后，就自然享有权利。或者说，人们就其智力活动成果所享有的是一种天赋的权利，是不以他人的意志，包括不以国家和法律的意志为转移的。任何人都不得剥夺和侵犯他们的天赋权利。

所谓公正说，是指作者因为创作作品、发明人因为技术发明、商家因为使用商业标记而付出了创造性的智力劳动，或者投入了大量的资本，他们由此而享有权利是正当的或公平的。他人未经许可不得使用他们的智力活动成果。这也就是人们通常所说的，谁播种，谁收获，没有播种者不得收获他人的劳动果实。

所谓鼓励机制说，是指国家或法律赋予作者、发明人或商家以相应的知识产权，其目的是鼓励作者、发明人和商家提供更多的智力活动成果，既有利于他们自己，也有利于社会公众。按照这种学说，知识产权既不是天赋人权，也不是依据公平公正原则而获得的权利；知识产权完全是人类社会的一种设计，通过赋予某些（而非全部）智力活动成果以财产权的方式，鼓励作者、发明者和商家提供更多的智力活动成果，达到有利于社会的某种目的。

在以上的三种学说中，用"自然权利说"和"公正说"来解释知识产权的获得和保护，可能会产生许多难以自圆其说或者不通的地方。

首先，按照"自然权利说"，人类就其智力活动成果所享有的应当是天赋权利。但是按照现有的知识产权法律体系，只有某些法律确定的智力活动成果，如作品、技术发明和商业标记等，在符合法定条件的情况下才有可能获得保护。而其他的未经法律规定的智力活动成果，如概念、原则、科学发现和数学公式等，以及不符合法定条件的智力活动成果，如不具有新颖性、创造性和实用性的技术发明，不具有识别性的商业标记，都不能获得法律的保护。而且，即使是受到保护的那些智力活动成果，提供者所享有的权利，无论是在空间上还是在时间上都是非常有限的。例如，版权的保护期为作者的有生之年加50年或70年，专利的保护期为自申请之日起的 20 年。又如，无论是版权还是专利权和商标权，都是依据一定国家或地区的法律而产生的权利，这些权利在其他国家或地区则有可能根本就不存在。

其次，按照"公正说"，只要人们提供了相应的智力活动成果，就应当享有权利并受到保护。然而，根据专利法的规定，当两个以上的人在各自独立的情况下做出相同的技术发明时，只有一个人可以获得专利权，而其他人则不能获得。按照商标法的规定，当两个以上的人在互不相知的情况下使用了相同的商业标记时，只有一个人可以获得商标权，而其他人则不能获得。在这种情况下，只能说第一个申请者是幸运儿，而其他的发明者或商标使用者则是现行制度的牺牲品。他们并没有因为自己所付出的创造性智力劳动，或者资金的投入而获得相应的权利。

除此之外，知识产权法律还规定了一系列关于权利的限制与例外，对权利人的权利加以不同程度的剥夺，以兼顾社会公众的利益。应该说，这种限制或剥夺，也是既不符合自然权利说，又不符合公正说。

这样，在知识产权的获得和保护上，能够做出较为恰当的理论说明的，就是"鼓励机制说"。事实上，鼓励机制说也是西方国家中占主导地位的知识产权学说。可以说，美国宪法中的"版权与专利权条款"就是这一学说的直接体现。根据规定，宪法保障作者和发明者在有限的期间内，就他们各自的作品和发明享有专有权利，其目的就是"促进科学和实用技术的发展"。按照鼓励机制说，作者就作品、发明人就技术发明、商家就商业标记所享有的权利，都是由国家或法律赋予的权利，既不是天生的自然权利，也不是依据公正或公平原则所获得的权利。同时，国家或法律在赋予某些权利的时候，又带有很强的社会目的性。就某一智力创造成果来说，是否赋予创造者享有一定的权利，完全由国家或社会依据一定的社会目的来设定，作为创造者的个人无权就此做出决定。法律明确规定予以保护的智力活动成果，处于专有领域之中，权利人享有有限的权利。法律没有明确规定予以保护的智力活动成果，则从一开始就处于公有领域之中，任何人都可以自由使用、抄袭或模仿。创造者的任何辩解，包括资金的投入、人力的投入和创造性智力劳动的投入，都不能改变这种状况。

当然，即使是对于"鼓励机制说"，也不断有人提出质疑。例如，如果说知识产权保护的目的是鼓励人们向社会提供更多的智力活动成果，现行的知识产权法律体系是否达到了这个目的？知识产权法律在保护某些智力活动成果的时候，是否在另一方面阻碍了社会公众获得更多的智力活动成果？从鼓励人们提供更多的智力活动成果的角度来看，知识产权的保护是否属于最佳方案？除了知识产权保护，是否还有其他的促进人们提供更多智力活动成果的方式？① 不过，在世界知识产权组织的巴黎公约和伯尔尼公约为世界各国普遍接受的情况下，在世界贸易组织的"知识产权协议"为国际社会普遍接受的情况下，对于知识产权保护的这类质疑，更多的是具有学理的意义，而非实际的意义。

此外，无论是"自然权利说"、"公正说"，还是"鼓励机制说"，都是产生于西方的关于知识产权获得和保护的学说。到目前为止，知识产权保护的理论基点，包括这些学说的理论基点，都是近代西方的个人主义和私有权利的理论。按照个人主义和私有权利的理论，智力活动成果是由个人（包括法人）提供的，由此而产生的权利是私有权利。显然，这与东方社会的集体主义和集体权利截然不同。因为按照东方社会的传统，每个人都生活在一个集体之中，属于集体的一分子。与此相应，每个人所创造出来的智力活动成果也就自然属于集体所有，并不成为某个人的私有物品。直到今天，发展中国家和最不发达国家具有优势地位的基因资源、传统知识和民间文学，仍然属于这样的智力活动成果。

这样，在人类智力活动成果的保护上，就出现了一个巨大的反差。现有的知识产权法律体系，是以西方的个人主义和私有权利理论为基础而构建的。按照这样的法律体系，只有那些属于个人的智力活动成果，或者能够成为私有权利客体的东西，才可以受到保护。而基因资源、传统知识和民间文学等智力活动成果，则不能纳入知识产权保护的范围。因为，这些智力活动成果都是由集体创造而形成的，或者属于一个部落，或者属于一个社区，甚至属于一个民族。从个人主义和私有权利的角度看来，基因资源、传统知识和民间文学等智力活动成果，从一个开始就处于公有领域之中，显然不属于知识产权保护的对象。

自20世纪末期以来，西方的以个人主义和私有权利理论为基础的知识产权法律体系，通过世界知识产权组织的巴黎公约和伯尔尼公约，尤其是通过世界贸易组织的"知识产权协议"，在全世界的范围内推广开来。同时，以私权为核心的知识产权的保护，也在全世界的范围内不断强化。在此背景之下，广大发展中国家和最不发达国家也相应提出要求，对自己具有优势地位的另一类智力活动成果，如基因资源、传统知

---

① 例如，David Vaver, Intellectual Property Law, Irwin Law, Canada, 1997, pp. 1～13.

识和民间文学，给予知识产权的保护。当现行的知识产权法律所保护的作品和技术发明，越来越多地依赖于基因资源、传统知识和民间文学的时候，或者从中吸取了大量的创作元素或发明元素的时候，这种保护要求也就具有更多的道义上的正当性。

或许，我们还是应该回到人类智力活动成果保护的起点上去。从一开始，人类的所有智力活动成果都是不受保护的。它们一旦产生出来，就属于社会全体，或者处于公有领域之中。直到近代的西欧，才依据个人主义和私有权利的理论，对某些特定的智力活动成果提供了保护，并发展出了现代的知识产权法律体系。既然如此，我们有没有可能回到智力活动成果开始受到保护的起点上去，依据集体主义和集体权利的理论，给某些特定的智力活动成果予以保护，并且发展出一套不同的法律规则来？或者说，我们有没有可能以赋予集体权利的方式，来保护人类的某些智力活动成果，如基因资源、传统知识和民间文学？按照这样一种集体权利，集体之内的人使用属于该集体的智力活动成果，可以不必获得任何人的许可。但如果集体之外的人使用属于该集体的智力活动成果，则应当获得许可并支付相应的报酬。而且，这种集体权利，可以是属于一个部落的权利，也可以是属于一个社区的权利，甚至是属于一个民族的权利。

毫无疑问，这种集体权利虽然不同于西方的私有权利，但在全面保护人类智力活动成果的方面，却可以成为私有权利的补充。从实用的角度出发，这种集体权利也可以对人类的另一类智力活动成果，如基因资源、传统知识和民间文学，提供必要的保护。

第四节　知识产权与主权国家

知识产权保护的特点之一是地域性。具体说来，知识产权是依据一定国家或地区的法律而产生的权利，它仅仅依据特定国家或地区的法律而有效，并依据该国或地区的法律而受到保护。一项在某一个国家产生并受到保护的知识产权，独立于在其他国家产生的权利。例如，一项发明如果在中国申请并获得了专利权，这项专利权就仅仅在中国有效。与此相关的技术发明，在其他国家也就处于公有领域之中。如果发明人还想让这项发明在日本、美国也获得专利保护，则必须在日本和美国申请专利。而且，一项专利权在中国的有效，并不说明它在日本或者在美国的有效。反之亦然。商标权的获得和保护，以及各种制止不正当竞争权利的保护，大体也是这样。

专利权和商标权的获得，要向有关国家的工业产权部门，如专利局或商标局进行申请，并在审查合格后获得授权。如果发明人或商标所有人没有在某一个国家进行申请，或者没有获得授权，就不能在这个国家获得保护。所以，理解专利权和商标权的地域性特征，相对来说比较容易。至于版权的地域性特征，某些人理解起来可能就会有一些困难。因为按照伯尔尼公约和各国版权法的规定，版权的获得是自动获得，不必履行任何手续。这似乎给人一种世界性版权的印象。事实上，即使是在版权自动获得的情况下，作者在某一国所享有的版权，也是依据该国法律获得的。这样，同一个作者在其作品完成以后，就依据不同国家的版权法在不同国家获得了不同的版权。版权的地域性，在权利人主张和维护权利的时候，尤其明显。假如某一作品在多个国家遭到盗版，版权所有人只能在不同的国家，依据其法律主张自己的权利。而且，某一行为在一个国家判定为侵权，并不意味着在其他国家也会判定为侵权。从这个意义上说，版权的获得和保护仍然是地域性的，仍然像其他知识产权一样，都是依据"一块一块"（patch to patch）的法律而获得和受到保护的。

知识产权的获得和保护是地域性的，但是对于智力活动成果的利用则是不受国界限制的。这是因为，知识产权所保护的作品、专利技术和商标等，都是以信息方式表现出来的无形财产，可以轻而易举地跨越国界而为其他国家的人所利用。这样，知识产权的地域性就为相应的保护带来了一系列的困难。事实上，正是在弥补地域性所带来的不利的过程中，才造就了一大批保护知识产权的国际条约和国际公约。

在国际交往和国际贸易相对不发达的时代，知识产权客体为他国人所利用的情形可能还不太突出。而到了国际交往日渐频繁，国际贸易日益发达的时候，由地域性所带来的对于知识产权保护的不利，就会突出地表现出来。到了19世纪中叶，在国际贸易较为发达的西欧地区，一些国家开始探索如何让本国的作者、发明人和商标所有人，在其他国家也能得到相应的保护。这种保护最初是以双边条约的方式出现的，大体是让另一国的国民依据本国的法律，获得相应的保护。当然，本国国民在另一国，也可以依据其法律获得相应的保护。[1] 显然，这样的保护，

---

① Lionel Bently & Brad Sherman, Intellectual Property Law, Oxford University Press, 2001, p. 6.

已经具有后来所说的国民待遇的含义，即允许他国的国民，享有与本国国民一样的待遇，依据本国的法律获得保护。

正是在这样的双边条约的基础之上，产生了两个重要的多边条约。1883年，法国、英国和比利时等国，在法国的巴黎缔结了"保护工业产权巴黎公约"。随后，法国、德国和瑞士等国，又于1886年在瑞士的伯尔尼缔结了"保护文学艺术作品伯尔尼公约"。巴黎公约和伯尔尼公约在知识产权的国际保护方面做出了一系列的规定，具有很丰富的内容。其中最突出的和最重要的，就是由此前的双边条约中发展而来的国民待遇原则。根据这个原则，巴黎联盟或伯尔尼联盟成员国的国民，都可以在该联盟的其他成员国，依据其法律主张工业产权或版权的保护，享有与该成员国国民相同的待遇。国民待遇原则的好处是，一方面可以对其他成员国国民的知识产权提供有效的保护，另一方面又没有干预各主权国家自主发展和实施法律的权力。当然，国民待遇的原则又是与最低保护的要求联系在一起的。

不过，巴黎公约和伯尔尼公约，包括它们所体现的国民待遇原则，并没有解决知识产权国际保护中的所有问题。例如，知识产权国际保护中的另一个突出问题，是各成员国法律中的程序问题，如专利的申请、商标的注册，甚至版权的注册，等等。根据这类程序，一项发明要想在10个成员国获得保护，就意味着要提交10件专利申请和进行10次审查，以及缴纳相应的各种费用。商标的注册也是这样。所以，为了减少各种行政程序为知识产权国际保护所带来的不便，各成员国又进行了一系列的努力。例如在版权保护方面采取了自动保护的原则，不以登记、注册和提交样书等作为前提条件。而在商标的注册和专利的申请方面，也形成了一系列巴黎公约之下的子公约，如1891年的"商标国际注册马德里协议"，1970年的"专利合作条约"等。

巴黎公约和伯尔尼公约自缔结以后，经历了一系列的修订，在内容上有了很大的扩展。同时，两个公约的成员国也不断发展，既包括了发达国家，还包括了许多发展中国家。这种发展，尤其是发展中国家的加入，也为两个公约带来了许多挑战。本来，巴黎公约和伯尔尼公约都是以西欧为中心的公约，最初的发起者和参加者也具有大体相同的利益。然而，随着广大发展中国家的加入，两个公约的成员国内部也发生了利益的分化。一方面，广大发展中国家出于自身发展的需要，希望更多地获得和利用技术发明或作品，因而要求降低知识产权保护的水平。另一方面，发达国家出于自身利益的考虑，又不断要求提高知识产权的保护水平，以保护自己占有优势的版权、专利和商标。这样，围绕着伯尔尼公约和巴黎公约的修订，发展中国家与发达国家在 20 世纪 60 年代和 70 年代，进行了一系列针锋相对的较量。这种较量，先是导致了发展中国家在 1967 年修订伯尔尼公约时赢得了一些利益，随后发达国家又在 1971 年颠覆了这些利益，重新修订了伯尔尼公约。与此同时，发展中国家与发达国家的尖锐对立，也造成了巴黎公约未能如期在 70 年代加以修订。在此之后，发达国家和发展中国家在公约修订的一系列问题上，已经难以达成一致。到了 20 世纪 80 年代，当巴黎公约和伯尔尼公约迎来一百年生日的时候，两个公约似乎也走到了尽头。①

在这种背景之下，以美国和欧盟为代表的西方发达国家，把提高知识产权国际保护水平的战场，转移到了关贸总协定的谈判之中。在 1986 年开始的关贸总协定乌拉圭回合的谈判中，以美国为代表的西方发达国家，力主将知识产权的保护纳入其中。尽管这在一开始遭到了发展中国家的强烈反对，但最终还是形成了“与贸易有关的知识产权协议”。随着 1995 年 1 月世界贸易组织的成立，知识产权协议又成了世界贸易组织总体协议中的一个部分。通过世界贸易组织和知识产权协议，知识产权的保护与更为广泛的国际贸易联系了起来，并且具有新的发展动力。

在知识产权的保护方面，知识产权协议的一个突出特点，是“伯尔尼公约加知识产权协议”、“巴黎公约加知识产权协议”。按照这个特点，协议首先将伯尔尼公约和巴黎公约中的实体性内容，如版权和工业产权保护的基本原则、最低要求等，纳入了自己的范围，要求全体成员予以遵守。在此基础之上，协议又增加了伯尔尼公约和巴黎公约中没有涉及的一些内容，如计算机软件作为文字作品予以保护，计算机软件、电影作品和录音制品所有人享有出租权，几乎一切技术领域中的发明都可以纳入专利保护的范围，专利权的保护期为自申请之日起的 20 年，强调了驰名商标的保护，规定了对于集成电路布图设计和商业秘密的保护，等等。这样一来，以美国为首的发达国家就绕开伯尔尼公约和巴黎公约，通过知识产权协议大大提高了知识产权的保护水平。

除此之外，与伯尔尼公约和巴黎公约相比，知识产权协议还有以下两个特点。第一，规定了知识产权的实施措施。这与权利人个人密切相

---

① Sam Ricketson, The Future of the Traditional Intellectual Property Conventions in the Brave New World of Trade-Related Intellectual Property Rights, IIC, Vol 26, 1995.

关。在伯尔尼公约和巴黎公约中，没有关于实施措施的规定。如果权利人想在有关的国家实施自己的权利，他可以依据国民待遇的原则，按照相关国家的法律程序寻求司法救济。而具体的法律程序和救济措施，则由各成员国的法律予以规定。与此不同，知识产权协议则专门规定了知识产权的实施，要求成员国通过民事的、行政的、刑事的措施，以及相关的边境措施，保障权利人的利益。第二，建立了争端解决机制。这与各成员国的利益密切相关。在伯尔尼公约和巴黎公约等知识产权国际公约的情况下，如果某一成员国没有遵守公约的规定，或者某一成员国的法律不符合公约的要求，其他成员国几乎没有可以强制其改正的措施。① 而依据知识产权协议和其他相关协议的规定，如果某一成员国没有遵守协议的规定，受到影响的成员国可以启动争端解决机制，要求违约的成员国遵守协议的规定。按照规定，相关的成员国之间可以通过磋商、专家小组裁定和上诉机构裁定的方式，解决有关的争端。如果败诉方不执行相关的裁定，则胜诉方可以采取不同程度的贸易制裁措施，迫使败诉方完全遵守协议的规定。显然，正是通过这样一套争端解决机制，知识产权的保护也具有了与贸易相关的强制性。

在关贸总协定乌拉圭回合的谈判中，为了诱使发展中国家和最不发达国家接受较高水平的知识产权保护协议，发达国家也在市场准入和关税减免等方面提供了一些优惠条件。同时还规定了发展中国家和最不发达国家在执行知识产权协议上，可以有 5 年或 11 年的过渡期。这些都是对于发展中国家和最不发达国家利益的考虑。从这个意义上说，世界贸易组织的协议至少在表面上，还是平衡了发达国家与发展中国家的利益。然而，就知识产权协议本身而言，则是一边倒向发达国家，严重忽略了发展中国家和最不发达国家的利益。这必然会引起相应的反弹。在世界贸易组织成立以后，发展中国家和最不发达国家在世界贸易组织及其他国际论坛上，反复提出了知识产权与公共健康的问题，基因资源、传统知识和民间文学保护的问题，以及在地理标志的保护中，不应当仅仅限于葡萄酒和烈性酒，还应该将更为广泛的农产品和手工艺品也纳入其中，等等。

在广大发展中国家和最不发达国家的努力之下，在 2001 年 11 月召

---

① 按照两个公约的规定，国际法院可以对公约做出解释，并要求相关的成员国履行其义务。但是，相关的成员国可以对国际法院的裁决做出保留。事实上，就伯尔尼公约和巴黎公约来说，尚没有发生过诉诸国际法院的事例。

开的世界贸易组织部长级会议上，通过了一个专门的《关于 TRIPS 协议与公共健康的宣言》。同时，会议通过的"多哈宣言"还要求知识产权协议理事会，研究将地理标志的保护延及到其他产品的问题，研究知识产权协议与基因资源、传统知识和民间文学保护的问题。目前，广大发展中国家和最不发达国家，继续在世界贸易组织、世界知识产权组织、《生物多样性公约》和世界粮农组织等论坛上，寻求对于公共健康的关注，寻求对于基因资源、传统知识、民间文学和地理标志的保护。显然，这些都是知识产权国际保护中的新课题。

第五节　知识产权与社会财富

依据知识产权法，人们就某些智力活动成果所享有的权利，是一种财产权利，能为权利人带来一定的经济利益。知识产权，无论是版权和专利权，还是商标权和制止不正当竞争的权利，都与权利人的经济利益密切相关。如今，知识产权已经成了重要的社会财富形式，其价值甚至超越了有形财产。例如，当比尔·盖茨名列世界十大首富的时候，并不是因为他拥有多少不动产或者动产，而是因为他所拥有的微软公司和计算机软件。美国华纳公司就其影视作品所享有的权利，IBM 公司拥有的专利权，以及可口可乐公司的商标权等，都是这样的社会财富。

随着作品创作方式和技术发明方式的改变，知识产权所有人的内涵也发生了重大的变化。例如在 19 世纪中叶以前，绝大多数作品和技术发明，都是由作为自然人的个人完成的。在这种情况下，版权和专利权的享有者，主要是个人。那时，商标权的享有者也主要是小型企业和个体工商业者。而在当今的世界，一些大型的作品，如计算机软件、影视作品、戏剧作品，都是通过企业投资，由许多个自然人创作完成。重大的技术发明，甚至绝大多数的技术发明，都是由企业投资和组织技术人员而完成。个体的技术发明，已经越来越少。由于这些作品和技术发明是由公司投资完成的，所以从一开始就以合同约定的方式，转移给了公司所有。由此而获得的版权和专利权，在绝大多数情况下也是归属于公司所有。集成电路布图的设计，植物新品种的培育，商业秘密的拥有，都是这样的情形。至于商标，尤其是驰名商标，更是属于公司或企业所有。只有企业才有雄厚的资金，通过新技术的采纳、营销方式的改革和商业广告的发布，提高商标所代表的商誉。这样一来，企业或公司已经成了主要的知识产权所有人，而作为自然人的个人，则不过是企业的一员，受雇从事相关的智力劳动。在很多情况下甚至被公司的外衣所埋没。

随着知识产权所有人内涵的变化，知识产权保护的重点也发生了变化。如果说在19世纪以前，知识产权主要是保护个人的智力活动成果，那么在现代社会经济的条件下，已经转向了保护公司的投资。事实上，绝大多数公司在论证软件、影视、专利技术和商标保护的时候，在极力鼓吹打击盗版和假冒的时候，强调的往往是公司的巨额投资，而非设计人、创作人和发明人的智力劳动。法院在侵权诉讼中判给专利权人、商标权人和版权人的巨额赔偿金，也从另一个角度反映了对于企业投资的保护。

企业拥有知识产权，尤其是跨国公司拥有大量的知识产权，不仅对知识产权法律的发展产生了深刻的影响，而且对国际经济和国际政治的发展产生了深远的影响。20世界80年代末和90年代，美国政府曾频繁运用其贸易法中的"特别301条款"，要求贸易伙伴保护美国人的知识产权。从表面上看，似乎是美国政府在运用贸易制裁的手段，强迫贸易伙伴接受高水平的知识产权保护准则。但在事实上，站在美国政府之后，推动美国政府挑起贸易争端的，却是那些知识产权所有人，尤其是那些享有知识产权的跨国企业。他们不仅推动美国国会制定了高水平的知识产权保护规则，而且推动美国政府通过贸易制裁的方式，将这套规则推向了全世界。他们这样做的根本目的，则是在全世界的范围内维护自己的经济利益。

在关贸总协定乌拉圭回合的谈判中，美国力主将知识产权的保护纳入其中，将知识产权保护与国际贸易联系起来，显然反映了跨国公司的利益。而日本、加拿大、澳大利亚和欧盟各成员国紧跟其后，全力支持美国的建议，也在很大程度上反映了跨国公司的利益。至少是在西方发达国家，跨国公司已经与相关国家的政府联手，不仅提高了国内知识产权保护的水平，而且还把这套高水平的保护准则推向了全世界。世界贸易组织的知识产权协议，已经深深地打上了跨国公司的印记。从这个意义上说，从知识产权的国际性保护出发，跨国公司正在以一种新的方式，突破主权国家的局限。

除了跨国公司的影响，对主权国家的立法和司法提出挑战的，还有数字技术和网络技术。在网络环境中，一件数字化作品上网以后，可以在瞬间传播到世界各地。侵权人甚至可以利用第三国的网站，将本国或第二国的作品上载到网上，供世界各地的网民下载。在这种情况下，是适用侵权人所在国的法律，还是适用侵权行为发生地的法律，就会成为一个问题。如果适用侵权行为发生地的法律，则所有能够接收到盗版作品的国家，都有可能成为侵权行为发生地。这样，如何从立法上规定侵权的管辖，如何在司法中进行管辖，以及一国法院所做出的判决是否在其他国家具有法律效力，就会成为一个个令人头疼的问题。显然，传统的主权国家和法律适用的观念，已经难以适应网络技术的发展。

概括起来，跨国公司与西方发达国家联手推行高水平的知识产权保护准则，发展中国家要求保护自己占有优势的基因资源、传统知识和民间文学，以及数字技术和网络技术的挑战等，都在从不同的角度冲击着现有的知识产权法律制度。这似乎预示着，知识产权法律体系正面临着一个新的变革。或许，从保护人类智力活动成果的角度出发，将有可能发展出一套全新的、深刻改变人类社会经济和政治的法律体系。

关于有形财产权保护的法律，如果从氏族社会末期私有财产的产生说起，已经有了五千年左右（甚至更长）的历史。而对有形财产权提供系统保护的民法体系，如果从罗马法说起，也已经有了将近 2000 年的历史。与此相比，对人类智力活动成果提供保护的知识产权法律，则只有短短的几百年的历史。与法学的其他学科相比，知识产权法还不过是一个新生儿。毫无疑问，随着智力活动成果在人类社会经济发展中所起作用的日益突出，随着人类智力活动成果成为越来越重要的财产形式，知识产权法律也会有一个突飞猛进的发展。知识产权法律发展到今天，还仅仅是一个开始。

问题与思考

在 2000 年前后修订专利法、著作权法和商标法的过程中，涉及了诉前的临时措施，如诉前的责令停止侵权，诉前的证据保全。有人认为，既然知识产权是民事权利之一种，既然知识产权法律是民事法律的一个部分，就不应当专门为知识产权设定诉前的临时措施。

对于这个问题，应当从知识产权是一种无形财产权的角度加以理解。知识产权固然是民事权利之一种，但是又不同于有形财产权。与此相应，对于无形财产权的保护，在某些方面也应当有别于有形财产权的保护。如果权利人发现有人正在侵犯自己的商标权或者著作权，如果不能采取诉前的责令停止侵权，或者不能采取诉讼提起之后的责令停止侵权，非要等到诉讼终结之后，势必会造成权利人更大的和无法挽回的损失。所以，针对无形财产权的特征，采取必要的诉前临时措施，或者诉讼提起后的责令停止侵权，就是非常必要的。在这个问题上，不能僵硬地去套用民事法律的一般规定。

复习题

1. 什么是人类的智力活动成果？
2. 如何理解知识产权制度的鼓励机制说？

阅读书目

Lionel Bently & Brad Sherman, *Intellectual Property Law*, Oxford University Press, 2001.

William Cornish, *Intellectual Property*, 4th edition, 1999.

David Vaver, *Intellectual Property Law*, Irwin Law, Canada, 1997.

郑成思：《知识产权论》（第三版），法律出版社，2003。

第二章　知识产权概论

要点提示

　　本章介绍了知识产权的定义和范围，并讨论了"知识产权为私权"的命题。

　　本章着重讨论了知识产权的特征，如无形、专有性、时间性和地域性，以及客体的可复制性。

　　本章还简要说明了知识产权各个部门法之间的关系，以及思想观念与著作权、专利权的关系。

　　人类具有无限的创造性。当人类在从事各类创造性活动的时候，会有一系列智力活动的成果产生，如文学艺术作品和技术发明等。这类智力活动成果是否应当获得保护，以及在何种程度上获得保护，就是知识产权法学所要解决的问题。作为概论，本章主要讨论知识产权的定义、特征和知识产权的各组成部分之间的关系。至于知识产权的具体内容，如版权、专利、商标和制止不正当竞争的权利，则留待随后的章节逐一讨论。

第一节　知识产权的定义和范围

一　知识产权的概念

　　知识产权是指人们就某些智力活动成果所享有的权利。其中的某些智力活动成果，主要是指作品、技术发明、工业品外观设计、商业秘密和各种商业标记。其中的权利，主要是指财产权利，但也包括诸如作者就其作品所享有的精神权利。

　　知识产权法律则是对某些智力活动成果提供保护，并确定相应保护条件的法律。人类的智力活动成果多种多样，只有法律明确规定的那些智力活动成果，如作品、技术发明、外观设计、商业秘密和商业标记，才可以受到保护。除此之外的智力活动成果，如科学发现、自然法则、数学公式和思想观念，则不受法律的保护，相关的提供者也不享有知识产权。从这个意义上说，知识产权是一种法律赋予的权利，与法律的规定密切相关。凡是法律予以保护的智力活动成果，提供者就可以在符合其他条件的情况下，享有权利并获得保护。凡是法律没有予以保护的智力活动成果，则没有知识产权的存在，也不会获得相应的保护。

知识产权保护人类的某些智力活动成果。这也就意味着，只有人类的智力活动成果才有可能受到保护。至于动物的"智力活动成果"，或者机器的"智力活动成果"，即使有的话，也不在知识产权保护的范围之内。假如某人所豢养的小狗或猴子，创作了一幅"绘画"，显然不能受到知识产权法（更确切地说是版权法）的保护。因为知识产权法只保护人类创作的作品，而非动物创作的"作品"。近年来，随着计算机技术的发展，出现了一些由计算机制作的资料。显然，这种非由人类"创作"的东西，也不属于版权保护的范围。美国第九巡回上诉法院在1997年的一个判例中就曾经指出："至少，为了让一个世俗的存在物承担侵犯版权的责任，这个存在物必须是复制了由另一个世俗的存在物创作的东西。"① 其中的"世俗的存在物"，就是指有血有肉的人。

严格说来，中文的"知识产权"这一术语，并没有很好地反映这类权利的基本特征。在英文中，与"知识产权"相对应的术语是 Intellectual Property。其中的 intellectual 意为智力，property 意为财产权。如果将这一术语直译过来，应当是智力财产权，其含义是指人的智力活动和由此而产生的财产权。而中文的"知识产权"，从字面上来看，似乎是说"知识"可以产生财产权。显然，"知识"不等于"智力"。② 在这里，为人们带来财产权利的，不是含义广泛的"知识"，而是特定的一些智力活动成果。尽管中文的"知识产权"这一术语，没有很好地反映这类权利的基本特征，但"知识产权"已经成为一个被普遍接受的概念，因而没有必要强行地改而使用其他的概念，如智力财产权等。不过，对于初学者来说，应该非常清楚地意识到，知识产权是指人们就某些智力活动成果所享有的财产权利，而非就某些"知识"所享有的财产权利。

---

① Urantia Found. v. Maaherra, 114 F. 3d 955 (9ᵗʰ Cir. 1997).

② 在英文中，"知识"是用另外一个词 knowledge 表述的。世纪之交流行的"知识经济"一词，在英文中就是 knowledge-based economy。

　　从历史的发展来看，用知识产权来统称与智力活动成果相关的权利，出现在 19 世纪中叶。在此之前，只有版权、专利权、商标权等概念，甚至包括制止不正当竞争的权利的概念，但并没有一个将这些权利统称在一起的概念。在欧洲大陆的一些国家，确实有知识产权的术语，但这个术语所指的是与作品相关的权利，相当于版权。到了 19 世纪中叶，人们逐渐以知识产权统称版权、专利权、商标权和制止不正当竞争的权利。到了今天，知识产权已经成了一个广为接受的概念，并且具有了特定的内涵和范围。应该说，用"知识产权"统称版权、专利权、商标权和制止不正当竞争的权利，恰好突出了这类权利的本质特征，即它们是关于某些智力活动成果的权利。

二　知识产权的定义

　　知识产权的定义，可以是概括式的，也可以是列举式的。本节一开始所说的，"知识产权是指人们就某些智力活动成果所享有的权利"，就属于概括式的定义。然而，相关的知识产权国际公约和大多数知识产权法教科书，都是以列举的方式来为知识产权下定义的。例如，1967 年的"建立世界知识产权组织公约"，就是以列举的方式来为知识产权下定义的。根据该公约的第 2 条第 8 款，知识产权包括以下的一些权利：
　　（1）与文学、艺术和科学作品有关的权利；
　　（2）与表演艺术家的表演、录音制品和广播有关的权利；
　　（3）与人类在一切领域中的发明有关的权利；
　　（4）与科学发现有关的权利；
　　（5）与工业品外观设计有关的权利；
　　（6）与商品商标、服务商标、商号及其他商业标记有关的权利；
　　（7）与防止不正当竞争有关的权利；
　　（8）以及产生于工业、科学、文学或艺术领域的其他智力活动的权利。[①]
　　"建立世界知识产权组织公约"虽然是以列举的方式为知识产权下定义的，但如果我们仔细体味，其中又蕴含着概括式的定义。具体说来，如果我们排除具体的权利内容，如与文学、艺术和科学作品有关的权利等，那么该定义中剩下的就是，"知识产权产生于工业、科学、文学艺术领域中的智力活动"。或者说，知识产权是关于工业、科学、文

---

　　① Convention Establishing the World Intellectual Property Organization, 1967, article 2 (8).

学艺术领域中的智力活动成果的权利。

显然，"建立世界知识产权组织公约"在为知识产权下定义的同时，已经划定了知识产权的大体范围。这就是版权、邻接权、专利权、科学发现权、工业品外观设计权、商标权、商号权和其他商业标记权，以及制止不正当竞争的权利。其中的科学发现权，一般理解为是指发现者享有精神权利，而不享有专有权。其中的第 8 项 "其他权利"，属于一个弹性条款，为新的知识产权内容留下了空间。

世界贸易组织 "与贸易有关的知识产权协议"（知识产权协议），也从贸易的角度出发，界定了知识产权的范围。根据协议的第 1 条和其他条款，知识产权包括以下的内容：

（1）版权与相关权；

（2）商标权；

（3）地理标志权；

（4）工业品外观设计权；

（6）专利权；

（7）集成电路布图设计权；

（8）未披露过的信息专有权。

其中的 "相关权"，即通常所说的邻接权。其中的集成电路布图设计，在美国又称为 "光罩作品"，在欧洲被称为 "拓扑图"，但其含义都是指体现在半导体芯片上的集成电路布图设计。其中的 "未披露过的信息"，是指商业秘密，第一次被纳入国际公约之中。在此之前，很多国家都没有将商业秘密纳入知识产权的范围，而是通过合同法或侵权法的方式加以保护。随着知识产权协议的缔结，商业秘密属于知识产权，已经成了定论。

知识产权协议在界定知识产权的范围方面，与 "建立世界知识产权组织公约"有一些不同之处。例如，协议所划定的范围，包括了集成电路布图设计权和未披露过的信息专有权，这属于新的知识产权内容。又如，协议突出了地理标志权，这是因为地理标志在国际贸易中具有重要的意义。而在 "建立世界知识产权组织公约" 中，地理标志仅仅是各种商业标记之一。再如，协议剔除了 "科学发现权" 和作者的精神权利。这是因为，这两项内容与贸易基本无关。大体说来，"建立世界知识产权组织公约" 所界定的知识产权及其范围，更多的是从学理的角度做出的，而知识产权协议所界定的知识产权范围，则更多的是从贸易的角度做出的。这样，二者在知识产权界定和范围划分上的不同，也就很容易理解了。

三 知识产权是私权

这里的私权，就是指民事权利。如同私法是指民事法律一样，私权也是指民事权利。

"知识产权是私权"这句话，出自知识产权协议的序言。当然，这并不是说直到知识产权协议作了这样的规定，人们才承认知识产权为私权。应该说，"知识产权是私权"，不过是对于既有事实的一个描述而已。例如在西欧，版权、专利权和商标权从一开始就是作为一种个人财产权而受到保护的。或者说，当社会和法律将某些智力活动成果划分出来并给予保护的时候，就是将它们作为个人财产予以保护的。这样，人们就某些智力活动成果所享有的权利，是一种私有财产权利。而受到保护的作品、技术发明和商标等，也都是权利人的个人财产。

不仅西欧的法律如此，以西欧的知识产权法律为样板而制定的美国、加拿大、澳大利亚和日本等国的法律，都是将版权、专利权和商标权等，作为民事权利予以保护的。中国近代从日本和欧洲引入知识产权法律的时候，也是把著作权、专利权和商标权作为民事权利来规定的。到了1986年的《民法通则》，又在第五章第五节中，对著作权、专利权和商标权作了原则规定。这样，知识产权就被明确纳入了民事法律的体系，成为了民事权利的一个组成部分。而到了2003年，当全国人大决定起草民法典的时候，知识产权的内容也被理所当然地纳入了起草大纲之中。

知识产权是私权或者民事权利，体现在许多方面。例如，知识产权的产生，主要是依据民法的财产权产生的原则，如原始取得或继受取得。而知识产权的流转，如转让和许可使用等，主要适用合同法的一般原则。至于在发生侵犯知识产权的情况下，权利人则应当依据民事诉讼法的有关规定，向民事审判庭提起诉讼。如果法院判定侵权，则权利人可以获得相应的民事救济，如禁令和损害赔偿等。

知识产权是私权，还意味着相关权利的获得，权利的转让和许可，以及侵权诉讼的提起等，都是权利人个人的事情。社会的公共权力机构应当尽可能少地介入其中。这样，在发生了盗版、专利侵权和商标假冒等侵权的情况下，应当首先由权利人自己主张权利，而不能等待政府机构的介入。如果在发生侵权的情况下，权利人没有起来维护自己的权利，可以视为对于侵权的默认或者对于自己权利的放弃。应该说，那些等待公共权力机构介入，甚至抱怨公共权力机构没有介入的人，还没有清楚地认识到知识产权是私有财产权的性质。

　　知识产权是私权，应当没有什么问题。与此相应，能否将知识产权法律也归入民事法律之中呢？答案又似乎没有那么简单。例如，至少是在专利法和商标法中，就专利或商标的申请、审查和授权，有一系列关于行政程序的规定，这应当属于行政法的范围。又如，在版权法、专利法、商标法和反不正当竞争法中，有一系列关于民事诉讼、行政诉讼和刑事诉讼的规定，以及一些相应的民事责任、行政责任和刑事责任，这似乎又应当属于民事诉讼法、行政诉讼法和刑事诉讼法的范围。除此之外，任何一个国家的知识产权法律，又在不同程度上受着相关国际条约或国际公约的影响，如巴黎公约、伯尔尼公约和知识产权协议，等等。这似乎又与国际法密切相关。

　　另外，知识产权法虽然是以民法为基础发展起来的，但是为了适应保护无形财产权的特殊需要，知识产权法律又不得不对民法的一些基本制度做出必要的改变。例如版权、专利权和商标权的保护期限，专利权和商标权取得上的授权制度，侵权构成上的无过错责任，方法专利侵权中的举证责任倒置，诉前的临时性禁令，法定赔偿金等。显然，如果将知识产权法纳入民事法律体系中，必然会将一系列与民法不相吻合，甚至矛盾的制度纳入民法之中。

　　这样一来，将知识产权法归入哪一个法律部门，就真的成了一个问题。或许，我们没有必要按照一般的做法，非要把知识产权法律归入某一个部门法之中。毕竟，知识产权法律所保护的是人类的某些智力成果，不同于传统的有形财产。同时，知识产权法在以民法为基础而发展的同时，还从保护这类特殊财产权的角度出发，吸纳了其他法律的一些东西。从这个意义上说，将知识产权法律作为一个单独的法律部门，也许更为合适。毫无疑问，随着人类智力活动成果在社会经济发展中所起作用的日益突出，随着知识产权保护的不断发展，这种看法将会为越来越多的人接受。

第二节　知识产权的特征

　　知识产权的特征，主要是指知识产权作为一种无形财产权利，与其他有形财产权不同的一些特征。至于知识产权与其他有形财产权相同的一些特征，则不在论述的范围。大体说来，知识产权的特征主要有无形、专有性、时间性、地域性。除此之外，知识产权的客体，如作品、专利技术和商标等，还具有可复制性的特征，也将在此一并论述。

一　无形

　　知识产权是一种无形财产权利，不同于人们就有形财产权所享有的权利。然而，如何理解知识产权的无形，却不是一个很容易说清楚的问题。

　　知识产权的"无形"特征，取决于它所保护的智力活动成果的特征。大体说来，人们就土地、房屋、汽车和衣物等有形财产所享有的权利，是有形财产权利。这是因为，土地、房屋、汽车和衣物等，是有形的物质或财产。与此不同，人们就某些智力活动成果所享有的权利，则是无形财产权利。这是因为，人的智力活动成果是无形的，表现为某种信息，而非有形的物质。或者说，受到保护的智力活动成果，如作品、技术发明、商业标记，是无形的财产，是就某些信息所享有的权利。

　　人的智力活动成果，产生于人的大脑与有形物质相互作用的过程中。或者说，当人的大脑与客观的有形物质相互作用时，就已经有了智力活动，并且有可能产生相应的智力活动成果。这种智力活动成果，可以是作品，也可以是技术发明，还可以是商业标记及其所代表的商业信誉。同时，人的智力活动成果又是无形的，不同于有形的物质。或者说，人的智力活动成果虽然产生于人的大脑与物质相互作用的过程中，但又不同于有形的物质或物品，总是表现为某种信息或创意。这种信息或创意是无形的，完全不同于有形的物质或物品。

　　但是在另一方面，由人的大脑所产生出来的智力活动成果，或者说某种信息或创意，又必须体现在一定的有形物质上，才能够为人们所感知，并且受到保护。例如，作品应当体现在一定的物质媒介上，技术发明应当体现在一定的产品上，商业标记也应当以某种方式体现出来，才能够受到保护。那些停留在某人的大脑之中的，那些没有体现在一定有形物质上的智力活动成果，要么不能受到知识产权法律的保护，要么难以受到知识产权法律的保护。

　　从这个意义上说，将无形的智力活动成果与有形的物质载体区别开来，就是至关重要的。例如，作品必须体现在一定的物质载体上，如纸张、画布、胶带、磁带或光盘上。但是，纸张等有形物质是作品的载体，不是作品本身。著作权法所保护的是作品，而不是作品的物质载体。即使作者将自己的手稿或者画稿转让给了他人，作者仍然对自己的作品享有版权。而获得了手稿或者画稿的人，也不得未经许可而以复制、发行等方式利用相关的作品。在这方面，美国版权法第202条有一个经典式的说明："对版权的拥有，不同于对体现了作品的任何有形物的拥有。"中国著作权法第 18 条也规定："美术等作品原件所有权的转移，不视为作品著作权的转移，但美术作品原件的展览权由原件所有人享有。"

不仅是作品的原件具有双重的性质，作品的复制件也具有双重的性质。当我们从市场上买回一本书，这是我们的有形财产，我们可以使用这本书，可以出借或转让这本书，甚至销毁这本书。但在同时，这本书还是他人作品的载体。在他人著作权有效的期间，不论我们如何处置作为有形财产的书，都不能不经权利人的许可而复制、发行、演绎、表演其中的作品。在计算机软件、电影作品和录音制品的情况下，我们甚至不能未经许可而出租从市场上买来的软件、录音带、录像带和光盘等。因为，计算机软件、电影和录音制品的权利人，还依据法律享有出租权。

专利权所保护的技术发明和商标权所保护的商标也是这样。例如，技术发明属于人的智力活动成果，必须体现在一定的产品之中。但是，专利权所保护的不是有形的产品，而是体现在其中的技术发明。合法获得了专利产品的人，虽然可以使用相关的产品，但是在未经授权的情况下却不得使用体现在其中的技术发明，或者说不得使用相关的技术来仿造专利产品。又如，商标属于智力活动的成果，代表了商标所有人的商誉。虽然商标必须体现在一定的物质载体上，如商标标牌或纸张上，但是商标权所保护的不是有形的商标标牌或纸张，而是附着于标牌或纸张上的商标，以及商标所代表的商誉。合法获得了带有某一商标标牌产品的消费者，可以使用或消费相关的产品，但是却不得未经许可而将产品上的商标标牌贴到其他厂家生产的商品上，也不得未经许可而将商标标牌贴到自己生产的商品上。显然，就专利权或者商标权的保护来说，有形的产品仅仅是发明或技术方案的载体，有形的标牌仅仅是商标的载体，不能将它们与专利权保护的发明或者商标权保护的商标等同起来。

知识产权是人们就智力活动成果所享有的权利。我们或许可以说，知识产权的所有人应当享有权利，占有、使用和处分相关的智力活动成果。就像在有形财产权的情况下，所有人享有占有、使用和处分的权利一样。然而，实际的情形并非如此。这是因为，智力活动成果是一种无形的财产，所有人不能像占有和处分有形财产那样，占有和处分无形的智力活动成果。无论是作品，还是技术发明，或者是商业标记，一旦公开以后就以信息的方式存在，任何人都可以不经权利人的许可而获得或使用相关的信息。而在有形财产权的情况下，权利人不仅可以实际占有有形的物品，而且可以以此为基础处分自己实际占有的物品。

这样，人们对智力活动成果的占有，就是一种法律上规定的占有，而非实际的占有。与此相应，知识产权的转让和许可，也有了不同于有形财产权的特点。例如，人们在转让或出租土地、房屋或者小汽车和计算机的时候，其标的就是相关的土地、房屋或者小汽车和计算机。随着有形物品的转让，相应的财产权也会归属于他人。而在知识产权转让或许可的情况下却不是这样。因为智力活动成果是无形的财产，是以信息方式体现出来的。权利人对于智力活动成果的占有，是一种法律规定的占有。所以，在知识产权的转让和许可中，与其说是转让或许可有关的智力活动成果，不如说是转让或许可有关的权利本身。因为社会公众中的任何人，即使没有受让权利或者获得许可，仍然可以从公开的渠道获得相关的智力活动成果，或者信息。

例如，在版权许可的情况下，权利人许可的是复制、发行、演绎、表演和展览自己作品的权利。即使作品的原件已经不在自己的手上，即使被许可人可以从其他途径获得作品的原件或复制件，作者都可以依据法律规定的权利，发放相关的许可。又如，专利权人许可他人制造和销售专利产品，许可的也是自己享有的制造权和销售权，而非具体的产品或技术。在这种情况下，专利权人甚至不必提供技术图纸和产品，因为被许可人完全可以从其他途径，如专利文献中，获得有关的技术信息。再如，在商标许可的情况下，商标权人所许可的也是使用商标的权利。在通常情况下，商标权人没有必要自己印制好有关的商标标识，然后提供给被许可人使用。因为被许可人完全可以从其他途径获得商标标识，自己印制或委托他人印制，然后贴在有关的产品上。以上所说的都是版权许可、专利权许可和商标权许可的情形。显然，即使是在版权转让、专利权转让和商标权转让的情况下，其具体做法也大体是这样。由此可见，权利人所转让的，不是作品、技术发明和商业标记，也不是体现有作品、技术发明和商业标记的有形物品，而是版权、专利权和商标权本身。

正是基于以上的原因，在一些大陆法系国家，知识产权又被称为是以权利为标的的物权。其含义显然是说，无论是知识产权的转让，还是知识产权的许可，其标的都是权利本身。①

---

① 郑成思教授曾经指出，在知识产权领域，"权利标的"、受保护"客体"及有关"载体"，都必须分得清清楚楚、不容混淆。〔郑成思：《知识产权法》（第 2 版），法律出版社，2003，第 18 页〕根据我们前面的论述，读者现在应该对这几个问题很清楚了。即载体是体现有智力活动成果的有形物质，客体是无形的智力活动成果，转让和许可的标的则是权利本身。

由于知识产权具有无形的特征，是以权利为标的的物权，也为知识产权的流转（转让或许可）带来了一系列不同于有形财产权的特点。例如，在有形财产权的情况下，一辆小汽车的主人只能把自己的小汽车出卖给一个人，不能同时出卖给两个以上的人，让他们单独拥有。同样，一所房子的主人，也不能把自己的房子同时出租给两个以上的人，让他们单独占有自己的房子。但是在知识产权的情况下，权利人却可以将自己的权利同时许可给多家。例如，版权所有人可以在同一天许可出版社出版自己的作品，许可演出团体表演自己的作品，许可他人翻译或改编自己的作品。专利权人、商标权人，也可以许可不同的生产者使用自己的专利技术，许可不同的市场主体使用自己的商标。在某些特殊的情况下，知识产权的所有人，甚至可以向不同的人转让自己权利的某些部分。例如，版权所有人把复制发行权卖给出版社，把舞台表演权卖给剧团，把展览权卖给博物馆，等等。在这种情况下，权利人所许可的，或者所转让的，都是权利本身。

显然，知识产权转让或许可中的上述特点，与权利的客体密切相关。知识产权的客体是无形的智力活动成果，它以信息的方式存在于那里。无论是一个被许可人，还是多个被许可人，都可以获得和了解完整的智力活动成果。例如，在版权许可的情况下，无论是获得复制发行许可的出版社，还是获得表演许可的演出团体，以至于获得翻译许可的人，都可以完整地获得和了解有关的作品，并在此基础上从事被许可的行为。在专利权许可、商业秘密许可和商标权许可的情况下，无论被许可人有多少，都可以获得完整的技术发明、商业秘密和商标，并按照被许可的范围加以利用。所以从这个意义上说，权利人对于智力活动成果的利用，他人对于智力活动成果的利用，都不会造成智力活动成果的损耗。而在有形财产权的条件下，无论是权利人自己对物的使用，还是许可他人对物的使用，都会造成有形物品的不同程度的损耗。同样，也正是从这个意义上说，知识产权的权利人，可以就自己享有权利的智力活动成果，发放很多的许可，并由此获得相应的利益。而在有形财产权的条件下，由于权利的客体是有形的物，权利人难以多头许可或多头转让。

此外，知识产权所具有的无形的特征，又为知识产权的保护带来了一系列的难题。例如在有形财产权中，权利人只要将自己的房屋或者小汽车看管好，就可以防止他人的偷窃。而在知识产权中，权利人对于有关智力活动成果的占有、使用和处分，是一种法律规定的权利。由于有关的智力活动成果是无形的，一旦公之于众，权利人就无法加以控制。在这种情况下，他人很容易背着权利人，利用相关的智力活动成果，甚至伪称自己是权利人。有可能在相当长的时间里，不仅社会公众不知道他人的侵权，就是权利人自己也不知道他人的侵权。这样，只有当权利人在主张自己权利的时候，只有在侵权诉讼中，才能够显示自己是权利人，才能够要求法院排除他人的侵权，并且赔偿自己的损失。正是基于这样的原因，在一些英美法系国家，知识产权又被称为"诉讼中的准物权"。其含义显然是说，只有在权利人所提起的侵权诉讼中，法院才能够确定他就某项智力活动成果享有权利，或者享有类似于物权的权利。

知识产权所具有的无形特征，是一个根本性的特征。对于学习和研究知识产权的人来说，只有在充分理解了无形的特征之后，才能够对知识产权及其保护有一个较为准确的认识。可以说，下面所要讨论的知识产权的其他四个特征，以及知识产权法不同于有形财产权法的一系列规定，都来源于知识产权是一种无形财产权的特征，或者说与无形的特征有着密切的关系。

二　专有性

专有性是指，知识产权属于权利人所有，只有权利人享有占有、使用和处分相关智力活动成果的权利，他人未经许可不得占有、使用和处分相关的智力活动成果。知识产权的专有性，有时又称为"垄断性"或"排他性"。无论是垄断性还是排他性，是从占有、使用和处分相关的智力活动成果而言的。不过，垄断性或多或少具有一些贬义，而排他性或专有性则是中性的，甚至是褒义的。所以在通常情况下，人们都是从积极的角度出发，将知识产权称之为排他性的权利（exclusive right）。

应该说，专有性或排他性，并非知识产权独有的特征。在有形财产权的情况下，权利人也应当对自己所有的物品，享有专有的和排他性的权利。他人未经权利人的许可不得占有、使用和处分相关的物品。然而，说到知识产权的专有性，又有其特定的含义。因为，知识产权的客体是无形的智力活动成果，体现为一定的信息或创意，一旦公开以后就处于权利人不能实际掌握的境地。作品、技术发明和商标都是这样。他人即使不经权利人的许可，仍然可以获得和利用有关的智力活动成果，或者背着权利人行使应当由权利人行使的权利。所以在知识产权的保护中，更要强调知识产权是一种专有权利，是一种排他性权利，他人未经权利人许可，不得以任何方式使用相关的作品、技术发明和商标。

说到知识产权的专有性，在专利权和商标权的领域，还有进一步的含义。例如在有形财产权的情况下，两个以上的人可以拥有完全相同的房屋、汽车、电脑等，并且各自享有各自的财产权。然而在专利权的领域，如果两个以上的发明人在互不相知的情况下，完成了相同的发明并且向专利局提出了专利申请，则只有一个人可以获得专利权。在商标申请的过程中也是这样。如果两个以上的申请人，就相同的商标向商标局提出了申请，也只有其中的一个人可以获得商标权。无论是专利法还是商标法，都不会允许两个或者两个以上的相同专利权或相同商标权的同时存在。当然，在版权保护的情况下，如果两个以上的作者在互不相知的情况下，独立创作了自己的作品，则即使有关的作品完全一样，每个作者都可以就自己的作品享有版权。事实上，这只是版权法强调作者独创的说法。至于两个以上的人，在互不相知的情况下创作出完全相同的作品，可能性究竟有多大，还是一个可以讨论的问题。此外，在商业秘密的情况下，法律也允许两个以上的人，就相同的技术信息和营业信息享有各自的权利。当然，如果知道或了解有关信息的人多了，该信息也就不会作为商业秘密受到保护了。

知识产权的专有性，还把受到保护的智力活动成果，与处于公有领域中的智力活动成果区别了开来。知识产权制度是一个历史性的产物。在此之前，人类的一切智力活动成果，从其一产生就处于公有领域之中。例如，《史记》、《汉书》一类的史书，《水浒》、《三国演义》、《西游记》和《红楼梦》一类的文学作品，从来没有获得过版权保护。又如，造纸术、印刷术、火药和指南针一类的发明，也从来没有获得过专利权的保护。只有在知识产权制度产生以后，有关的作品、技术发明和商业标记，才可以在符合法定要件的情况下，纳入受保护的专有领域之中。但即使是在这种情况下，有关的智力活动成果在保护期限届满以后，或者在法律规定的条件之下，仍然会进入公有领域，成为人人得以自由利用的东西。这样，只有那些符合法定条件的智力活动成果，才可以在一定的期限之内，处于权利人的专有领域之中。

此外，知识产权的专有性，并非绝对的专有。例如，在版权领域中，有一系列对于权利的限制，或者权利的例外。又如，在专利权领域中，有强制许可的制度，他人为了科学试验不经许可而使用相关发明的制度。在商标权领域中，有他人对于商标进行合理使用的制度。在商业秘密领域中，也有反向工程的例外，等等。但无论如何，这类对于知识产权的限制，并不否定权利的专有性。建立这些制度，只是在肯定知识产权专有性的前提之下，对于社会公众利益给予了适当的考虑。知识产权所有人所享有的权利，在其他情况下仍然是一种专有的权利。

三　地域性

地域性是指，知识产权是依据某一个国家或地区的法律而产生的，因而也只在这个国家或地区的范围内有效，在这个国家或地区的范围内受到保护。一旦超出这个国家或地区的范围，有关的权利就不再有效，就不能再受到这个国家或地区法律的保护。假如某一智力活动成果的所有人，如发明人、商标所有人，还想让自己的智力活动成果在其他国家也获得保护，则必须依据其他国家的法律，获得相应的权利，受到相应的保护。

知识产权的地域性，与有形财产形成了鲜明的对比。例如我们在中国拥有一架照相机，这在中国是我们的个人财产。如果我们把这架照相机带到了美国或者日本，这架照相机仍然是我们的财产。如果在美国或日本不慎丢失，或者被人抢走，我们还可以寻求当地警方的帮助，想方设法找回丢失的相机。但是在知识产权的情况下，就可能是另外一种情形。如果我们做出了一项发明，在中国申请并获得了专利权。那么这项专利权就仅仅在中国有效，仅仅在中国受到保护。如果我们想让这项发明在美国或日本也得到保护，则必须按照相关的规定在美国或日本申请专利，并获得授权。否则，我们的发明在美国或者日本就处于公有领域之中，人人可以自由使用。事实上，版权保护和商标保护的情形也是这样。这就是说，有关的版权和商标权是依据相关国家的法律获得的，并且仅仅在相关国家的范围之内有效。

知识产权与有形财产权在地域性特征上的不同，正好印证了国际私法中的一条原则。这就是：有形财产适用财产取得地法或物之所在地法；知识产权则适用权利登记地法或权利主张地法。[①]

理解知识产权的地域性特点，在某些情况下是非常重要的。例如在技术合作谈判中，如果外方合资者说他有一项专利，则中方的合作者必须问清楚，对方的专利是外国专利还是中国专利。或者说，对方所说的技术发明，有没有在中国申请并获得专利。如果外方的技术发明没有在中国申请并获得专利，即使他在本国享有专利权，这项权利在中国也没有效力，相关的技术在中国也处于公有领域之中。不仅技术合作如此，

---

① 郑成思：《知识产权法》（第2版），法律出版社，2003，第16页。

即使遭到外方侵犯专利权的指控，也应该首先搞清楚它在中国有没有专利权。如果他在中国没有专利权，则有关的侵权指控就没有法律上的依据，也不可能获得中国法院或者相关机构的支持。

除此之外，如果某一企业发现自己需要某一项技术，或者在查找专利文献的过程中发行了一项自己可用的技术，则首先应该看一下这项技术有没有在中国申请并获得专利。如果他人已经申请并获得了专利，则应该尊重他人的专利权，签订相应的许可合同。但如果这项技术没有在中国申请并获得专利，那么在中国就处于公有领域之中，任何人都可以自由使用。显然，充分理解地域性的特点，我们可以避免在技术合作中花冤枉钱，可以成功破解所谓的专利侵权，还可以自由使用许多有价值的技术。

说到商标的地域性，问题可能复杂一些。一般说来，他人的商标只要没有在中国申请商标注册并获得授权，那么有关的商标在中国就处于公有领域之中，任何人都可以使用，甚至申请注册并获得授权。例如，鳄鱼商标所有人在世界许多国家注册了自己的商标，但毕竟还有新加坡的鳄鱼和香港的鳄鱼。又如，耐克商标的所有人虽然也在世界许多国家注册了自己的商标，但毕竟还有西班牙的耐克。这些都表明，商标权，或者商标的保护，具有明确的地域性。当然，这只是就一般的情形而言。根据巴黎公约和相关国家的法律，驰名商标即使在某一国家没有注册，也应当获得一定程度的保护。如果他人在该国注册，商标所有人可以在 5 年之内要求撤销。应该说，有关驰名商标的特殊规定，也是从商品来源的角度，对于地域性原则的某种限制。

应该说，专利权和商标权的地域性，相对来说比较容易理解。例如，发明人为了获得专利权，必须首先向有关国家或地区的专利局提出申请，由专利局依据该国或该地区的法律进行审查并决定是否授权。与此相应，有关的专利权也只能在这个国家或地区的范围内有效。商标所有人要想在某一国家获得保护，也必须向相应的国家或地区的商标局提出注册申请，再经过审查后获得授权，并获得相应的保护。基于相关国家或地区的主管部门的授权，人们比较容易看到专利权或商标权的地域性特征。

而著作权的地域性，相对来说则难以理解。因为，依据各国的著作权法和相关的国际公约，著作权是自动获得，作者在作品完成之时就享有著作权。例如，按照中国著作权法和中国已经加入的《保护文学艺术作品伯尔尼公约》，一位中国公民在作品完成之时，不仅在中国享有著作权，而且在所有的伯尔尼公约成员国都享有版权。其他国家的公民依据其本国的版权法和伯尔尼公约，也会在本国和伯尔尼公约的所有成员国中自动获得版权。这似乎给人一种"全世界版权"的感觉。

事实上，这种感觉是完全错误的。以著作权的获得来说，在1992年10月中国加入伯尔尼公约以前，中国公民虽然依据中国法律就其所创作的作品在中国享有著作权，但在世界上许多国家都不享有著作权。同样，当时许多国家的公民就其所创作的作品，在中国也不享有著作权。即使是在中国加入了伯尔尼公约后的今天，作者就其所创作的作品，分别是就中国的法律享有中国的著作权，就美国的法律享有美国的著作权，就德国的法律享有德国的著作权，等等。这种状况在侵权诉讼中尤其突出。假如美国迪斯尼公司的版权在一百多个国家都受到了侵犯，迪斯尼公司如果想全面维护自己的权利，就必须分别向这一百多个国家的司法机关提起诉讼，打上一百多场官司。在这一百多场官司中，无论是美国的判决，还是法国或日本的判决，都只在那个国家的范围内有效，而不可能在其他国家产生效力。

知识产权虽然具有鲜明的地域性，但对于相关的智力活动成果的利用却是没有国界的。一些著名的文学作品、音乐和电影等，可以在许多国家被社会公众所阅读、聆听和观看。一些有价值的技术发明，也可以在许多国家被人们广泛利用。如果各个国家在知识产权保护的规定上差异太大，势必不利于对于智力活动成果的保护。正是基于知识产权的地域性特征和利用智力活动成果的无国界性，才产生了一系列双边的、多边的或国际性的保护知识产权的条约或公约，以协调各个国家的保护标准。可以说，正是知识产权的无形和地域性的特征，才造就了一大批知识产权的国际条约和公约。

四 时间性

时间性是指，知识产权具有一定的保护期限，有关的权利仅仅存在于法定的保护期限之内。保护期限一到，有关的权利就不再有效，原来受到保护的智力活动成果，也随之而进入公有领域，成为人人可得以利用的东西。

一般说来，有形财产权的保护不受时间的限制。例如一所房子，只要它持续存在，人们就可以几十年甚至几代人地占有它。一张桌子也是这样，只要它持续存在，也可以一直为人们所占有和使用。然而，绝大多数的有形财产都会随着时间的过去而磨损和灭失。例如，房子、桌子以至于小汽车和电视机等，都是如此。一旦有关的财产灭失，法律对于该项财产的保护自然失去意义，有关的权利也就不再存在。

知识产权虽然有一定的保护期限，但知识产权所覆盖的智力活动成果，从理论上讲却可以长期存在下去。例如，有些作品在产生之后的几百年甚至更长的时间里，都具有经济性利用的价值。鲁迅的作品曾经享有过著作权，现在已经进入了公有领域。然而，他的作品不仅在今天，甚至在几百年之后仍然具有经济性利用的价值。《论语》、《孟子》、《史记》和《红楼梦》等从来没有获得过著作权的作品，在今天仍然被出版商广泛复制发行，也从另外一个侧面印证了这个问题。又如，有些技术发明，即使在几十年之后，甚至几百年之后，也会具有使用价值。有关铁蒺藜的发明，直到今天还在使用，就说明了这一点。

虽然受保护的智力活动成果从理论上讲可以长期存在下去，并且在相当长的时间里具有经济性利用的价值，但是知识产权法，尤其是版权法和专利法，却断然规定了一个受保护的期限，或者权利的有效期限。根据相关的规定，只要权利的保护期限届满，不论有关的智力活动成果是否具有经济价值，也不论有关的活动成果具有多大的经济价值，都会毫无例外地进入公有领域。显然，这与有形财产权的保护形成了鲜明的对比。

规定知识产权的保护期限，主要是为了平衡权利人的个人利益与社会公众的利益。任何新的智力活动成果，都是在前人智力活动成果的基础上产生的。无论是新作品的推出，还是新技术发明的做出，都是在利用了大量的处于公有领域或专有领域的作品、技术之后而产生的。由于作者在创作作品的过程中，或者发明人在做出发明的过程中，付出了创造性的劳动，他应该就自己的作品或发明享有权利，并且在权利的保护期限内利用作品或者发明，收回投资并获取相应的利润。但是，这种对于作品或技术发明的专有，又不能无限期地延续下去。如果真的是这样，对于社会公众又不公平了。因为作者的创作，发明人的发明，都是在利用前人成果的基础上做出的。所以，有关的作品和发明在一定的保护期之后，也应该进入公有领域，成为人人可以自由利用的东西。从这个意义上说，如果不让作者或者发明者就其智力活动成果获得一定期限的保护，对他们来说就是不公平的，也难以达到鼓励创作和技术发明的目的。但是如果对作者或者发明人提供无限期的保护，或者过长的保护，对社会公众来说又是不公平的，甚至会阻碍人类文化和科学技术的发展。

某一类知识产权保护期限的长短，是由各种因素决定的。根据大多数国家知识产权法律的规定，版权的保护期为作者的有生之年加 50 年，专利权的保护期限为自申请之日起的 20 年。这两种保护期，见于伯尔尼公约和知识产权协议，属于国际惯例。当然，国际惯例的形成，又是由其他的一些因素造成的。例如，英国早期的《垄断法》规定，专利权的保护期限为 14 年。这是因为，当时英国工厂和作坊中流行的学徒期是 7 年，而规定 14 年的保护期，则可以让发明者有机会教会两批学徒，利用发明，收回成本并赚取利润。久而久之，这种 14 年的保护期，在很多国家又发展为 20 年的保护期，并在知识产权协议中作了明确规定。又如，按照英国的《安娜法》，版权的保护期为 14 年。如果 14 年的保护期限届满以后，作者尚未去世，则可以再续展 14 年。由此出发，版权保护的目的之一，就是要让作者及其继承人有机会利用作品，获取相应的经济收益。随着版权法的发展，在保护期限上不仅考虑了作者子女一代的利益，还考虑了作者的孙子女一代的利益，因而有了作者的有生之年加 50 年的保护期限。近年来，欧美许多国家把版权的保护期延长到了作者的有生之年加 70 年，原因之一就是人类的寿命已经大大延长，作者的有生之年加 50 年，已经不足以保障三代人的利益。

与版权和专利权的保护期限相比，商业秘密的保护期限比较特殊。应该说，商业秘密的保护期限取决于有关信息保密的时间。一项技术秘密或者营业秘密，能够保密一个月，有关的保护期就是一个月；能够保密一年或者十年，有关的保护期就是一年或十年。商业秘密的保护期限可以短到几天或几个月，例如有关的产品一旦上市，体现在其中的技术秘密就会成为公开的信息。商业秘密的保护期也可以长到上百年，例如可口可乐的独特配方，已经保密了百年之久。

事实上，在知识产权的保护方面，真正特殊的还是商标权的保护期。按照世界各国的法律，商标权的保护期或为 7 年，或为 10 年，或为 14 年，长短略有不同。但是世界各国的法律，包括知识产权协议又规定，商标权的保护期可以续展。而且，只要有关的商标一直在使用，这种续展就可以无限期地延续下去。事实上，这仍然是维护个人利益与社会公众利益的结果。因为，从商标所有人的角度来看，商标所代表的是商品或服务的商誉，是由商家通过提高产品质量，通过营销方式的革新而造就的。只要有关的商标持续使用，就应该以延展的方式继续进行保护，并由此而鼓励商家对商誉的持续投入。另一方面，从消费者大众的角度来说，他们是通过商标来认知自己喜爱的商品或服务的。如果商标保护期届满就不再予以续展，消费者将会感到无所适从。所以，允许商标权的续展，不仅可以鼓励商家对商誉的持续投入，而且有利于维护社会公众的利益。当然，如果商家停止了某一商标的使用，或者不愿意就某种商标所代表的商誉进行持续的投入，10 年左右的保护期，也为他们提供了放弃商标的机会。这些商标一旦进入公有领域，就会成为人人可以利用的东西。

从商标权的保护期限还可以看出，制止不正当竞争权利的保护期限，也是与商誉联系在一起的。只要有商誉的存在，只要有他人对于商誉的侵犯，权利人就可以提起相关的诉讼，在制止他人不正当竞争的同时，维护自己的商誉。

五　可复制性

严格说来，可复制性不是知识产权这种"权利"的特性，而是权利所覆盖的"客体"，也即智力活动成果的特性。或者说，受到知识产权保护的作品、技术发明和商标等，都具有可以复制在一定的物质载体上的特性。例如，一部作品，只有体现在有形的物质媒介上，才能够为他人所感知或了解，并由此而受到保护。技术发明和商标也是这样。一项技术发明只有体现在一定的产品之中，一件商标只有体现在一定的标牌或其他载体上，才能够为人们所感知，才能够受到保护。不过，这里所说的体现在一定的物质载体上，还不算是大量的复制。事实上，智力活动成果的可复制性，是指作品、技术发明和商标等可以被大量地复制，并由此而获得广泛的传播，或者得到广泛的使用。而著作权人、专利权人和商标权人的基本权利之一，就是自己复制或者许可他人复制作品，自己制造或者许可他人制造专利产品，自己使用或者许可他人使用自己的商标，并由此而获得相应的经济利益。

由于智力活动成果的可复制性，再加上知识产权的无形特征，也使得他人的非法复制或盗用活动很容易发生。例如，当作品通过授权而复制和发行以后，作者应当继续享有复制和发行的权利。但在此时，他人获得作品的复制品之后，却可以背着著作权人非法复制和非法发行作品，并且由此获得可观的经济利益。技术发明和商标的情况也是这样。当体现有专利技术的产品上市以后，当带有商标标识的产品上市后，他人都有可能背着专利权人仿造专利产品，或者假冒商标所有人的商标。

而且，这种非法复制、仿造和假冒，在很多情况下还会显示出对权利人没有直接损害的假象。例如，当某人的计算机或小汽车被盗走以后，他会立刻感受到直接的或显而易见的损害。但如果他的作品被人盗版，他的专利技术被他人盗用，或者他的商标被他人假冒，他在一定的时间内可能感觉不到直接的或明显的损害。正是由于这样一种原因，外国和中国都曾经发生过这样的现象，即法院一方面裁定盗版者、仿造者或者假冒者侵权，另一方面又判处了数额很少的赔偿金。当然，随着对于知识产权及有关客体认识的深入，这种现象已经成为历史。

智力活动成果的可复制性，以及他人很容易从事非法的盗版、仿造或假冒活动，也使得法院在侵权诉讼中很难准确计算损害赔偿的数额，如权利人的经济损失，侵权人的利润所得。可以说，知识产权法中的法定赔偿金就是由此而产生的。

第三节　知识产权之间的关系

知识产权之间的关系，是指各种知识产权，如版权、专利权和商标权之间的关系。尽管《建立世界知识产权组织公约》和知识产权协议对知识产权有不同的划分，但是按照人们普遍接受的看法，知识产权主要由四个部分构成，即版权（包括邻接权）、专利权、商标权和制止不正当竞争的权利。

此外，按照知识产权法的基本原则，纯粹的思想观念，包括没有具体化为作品、没有具体化为技术方案（发明）的思想观念，不受知识产权的保护。因为，如果对思想观念赋予专有权利，让某些人将某些思想观念专有起来，就会阻碍人类的创造性活动，从而有悖于知识产权保护的宗旨。

如果我们接受思想观念不受知识产权保护的看法，如果我们接受知识产权可以划分为版权与邻接权、专利权、商标权、制止不正当竞争权等四大部分的看法，那么，这四个部分的相互关系，以及它们与思想观念的相互的关系，就可以大致表现在图 2-1 示意图中。

下面，我们将依据示意图所列的内容，分别论述思想观念与版权、思想观念与专利权、版权与专利权、版权与商标权、专利权与商标权，以及制止不正当竞争权与版权、专利权和商标权的关系。

一　思想观念

依据知识产权法的基本理论，纯粹的思想观念是不受保护的。思想观念包括概念、公式、名词术语、客观事实、科学发现和科学原理等。思想观念一旦创造出来，就应该属于全社会共有，成为人人可以自由利

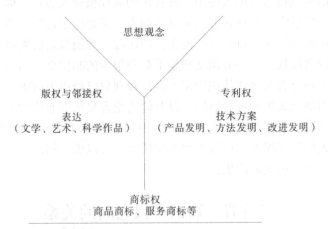

图 2 - 1

用的东西。思想观念的创造者不得将有关的成果据为己有。如果让思想观念的创造者享有专有权,如果让他们控制他人对有关思想观念的使用,必然会阻碍文学艺术和科学技术的发展。

需要说明的是,《建立世界知识产权组织公约》曾经将"科学发现权"纳入知识产权的范围。但这仅仅是指科学发现者对其所做出的发现享有精神权利,而非发现者对有关的科学发现或科学原理享有专有权。例如,著名物理学家爱因斯坦发现了"相对论",波尔发现了"量子理论",他们仅仅对有关的发现享有精神权利,甚至有关的理论可以被命名为"爱因斯坦理论"、"波尔理论",但他们无权阻止他人通过阐释有关的理论而创作作品,也无权阻止他人通过利用有关的理论而做出技术发明。

知识产权法虽然不保护思想观念,但对于思想观念的表达和依据思想观念所做出的技术发明,却是予以保护的。例如,"相对论"和"量子理论"虽然是不受保护的思想观念,但爱因斯坦和波尔阐释有关理论的作品却是版权保护的对象。又如,如果有人依据"相对论"或"量子理论"提出了具体的技术方案或者做出了技术发明,又可以成为专利法和商业秘密法保护的对象。当然,即使是在保护作品或技术发明的时候，版权法或专利法所保护的也仅仅是作品中的表达和具体的技术方案，而对于体现在作品或技术方案中的思想观念仍旧是不予保护的。作者无权阻止他人对于同一思想观念的阐释，发明者也无权阻止他人利用相同的思想观念做出自己的发明。

由于思想观念的创造需要付出艰苦的劳动，有些人误以为也可以就某种思想观念享有知识产权。本书的作者曾接触过这样一个事例。在20世纪90年代，一些植物学家在四川西部的山区发现了一种开放白色花朵的植物，将之命名为"佛莲"。这确实是一种美丽的植物，也确实是一个美丽的命名。随后，植物学家从不同的角度拍摄了"佛莲"的照片，并配以文字，印成画册广泛发行。也同样是四川的一个卷烟厂，以"佛莲"二字和素描的"佛莲"图案申请了商标注册。当"佛莲"牌香烟在市场上很受欢迎，卷烟厂也因此而大赚其钱的时候，植物学家们觉得自己的"知识产权"受到了侵犯。事实上，卷烟厂并没有侵犯植物学家们的任何知识产权。尽管植物学家们在命名这种植物时绞尽脑汁，耗费了大量的劳动，但"佛莲"毕竟是一个名词，是人们为某种客观存在的植物所起的名字。名词术语是不受知识产权保护的对象。如果让命名者享有控制他人使用"佛莲"一词的专有权利，无疑是对思想观念提供了保护，违背了知识产权保护的宗旨。当然，植物学家们对于自己拍摄的照片和编配的文字是享有版权的。如果卷烟厂未经许可而复制了有关的图片和文字，并在市场上发行，就会侵犯植物学家们的版权。

二　思想观念与版权

思想观念不受知识产权法的保护，但对于思想观念的表达却可以构成作品，受到版权法的保护。这里的表达是指对于思想观念的各种形式或方式的表述，如文字的、音符的、数字的、线条的、色彩的、造型的、形体动作的表述或传达等。具体到中国著作权法，就有文字作品，口述作品，音乐、戏剧、曲艺、舞蹈、杂技艺术作品，美术、建筑作品，摄影作品，电影作品和以类似摄制电影的方法创作的作品，工程设计图、产品设计图、地图、示意图等图形和模型作品，计算机软件等。[①]

与版权密切相关的还有邻接权，即作品的传播者，如表演者、录音制品制作者和广播组织，在传播作品的过程中对其创造性的劳动所享有

---

① 参见《中国著作权法》第3条。

的权利。在理解邻接权的时候要特别注意，邻接权是作品的转播者所享有的权利。首先要有作者创作的作品，然后才有表演作品的表演者、记载表演活动的录制者，以及传播作品、传播录音制品的广播组织。在理解邻接权的时候，一定要将版权保护的作品，与邻接权保护的表演、录音制品和广播节目区分开来。

版权法不保护思想观念，只保护对于思想观念的表达，二者的界线似乎很清楚。但实际情形并非如此。这首先是因为，表达不可能与思想观念截然分离，不体现任何思想观念的表达是不存在的。其次，在什么程度上某一思想观念还停留在不受保护的层次，在什么程度上已经具体化为受保护的表达，并没有一个统一的尺度。尤其是在具体的司法实践中，当涉及被告的作品是否侵犯了原告的作品时，什么是不受版权保护的思想观念，什么是受到版权保护的表达，或者说被告抄袭的是原告作品中的思想观念还是原告作品中的表达，就成了判定侵权与否的关键。

三 思想观念与专利权

思想观念不受保护，但依据科学发现、科学原理和客观事实等"思想观念"所做出的发明创造或技术方案，却可以构成专利权的保护对象。依据中国专利法实施细则第2条，可以获得发明专利权的技术发明有产品发明、方法发明和改进发明。

发明首先是一种新的创意或构思。其次，这种创意和构思又必须具体化为特定的技术方案，能够解决技术领域中的特定问题。在世界知识产权组织1979年为发展中国家起草的《发明示范法》中，有关发明的定义即说："发明是发明人的一种思想，这种思想可以在实践中解决技术领域中的特定问题。"一方面，如果一种新的创意或构思仅仅停留在思想观念的层次上，不能解决技术领域中的具体问题，就构不成发明。它仅仅是不受知识产权保护的思想观念。另一方面，能够解决技术领域中某一具体问题的方案，又必然是从一定的创意或构思发展而来的。离开思想观念（创意或者构思）的技术发明，也是不存在的。

思想观念与专利权的关系，或者说思想观念与技术发明之间的关系，所要解决的问题是，在什么程度上某一发明的创意和构思仍然停留在不受保护的思想观念的层次上，在什么程度上已经具体化为可以受到专利权保护的发明或技术方案。事实上，专利审查中所要求的"实用性"，就是指有关的发明创意和构思已经具体化为实用的技术方案。中国专利法第 22 条规定："实用性，是指该发明或者实用新型能够制造或者使用，并且能够产生积极效果。"依据美国专利法第 112 条，"实用性"还有一个含义，即申请人提交的说明书必须完全彻底地披露有关的发明，提供足够而清晰的信息，让相关技术领域中的人员能够制造或使用该项发明。这实际上是说，有关的发明创造不仅已经具体化为可操作的技术方案，而且还可以让相关技术领域中的一般技术人员利用该项发明。如果相关的技术人员经过自身的努力仍然达不到该技术方案的基本要求，或者说还需要通过自身的创造性努力去填补技术方案中的空白，则说明该技术发明不具有实用性。

四　版权与专利权

版权法保护作者对思想观念的表述，专利法保护发明者的技术发明，二者的分界线似乎很清楚。但是，对于某些既具有作品特征又具有技术发明特征的智力成果来说，就很难确定究竟是用版权法来保护，还是用专利法来保护了。这是因为，将某些智力活动成果纳入版权保护的范围，而将另一些智力成果纳入专利权保护的范围，完全是一种法律上的划分。而实际的智力成果创造者，尤其是那些在版权保护范围与专利权保护范围交界处从事创作或发明的智力劳动者，他们在从事有关的智力创造活动时，可能并不清楚自己的智力成果将来应作为哪一种权利受到保护。在这一点上，人类的智力创造活动是一个客观存在的整体，而版权的范围和专利权的范围，仅仅是一种人为的法律上的分割。

处于版权与专利权之间的主要有外观设计、计算机软件和集成电路布图设计。

外观设计既具有专利权所保护的技术发明的特征，又具有版权所保护的表述的特征。一方面，一些优美的工业品外观设计，如电视机的外形、汽车的外形，既是工业上实用的技术方案，又是某种美学观念的表达。另一方面，一些实用艺术品，如艺术器皿、艺术装饰品，主要是美学思想观念的表述，但同时又可以运用到产业中，批量生产后投放市场。工业品外观设计中既有技术方案的要素，又有美学观念表达的要素；实用艺术品中既有美学观念表达的要素，又有可以在产业上批量生产的特征。这些都表明，无论是工业品的外观设计，还是实用品的艺术表达（或外观设计），都是既具有技术方案的特征，又具有美学观念表达的特征。事实上，在工业品的外观设计与实用品的艺术表达（或外观设计）之间，从来就不存在一条清晰的分界线。

正是基于以上的原因，在外观设计或者实用艺术品的保护方面，世界各国也就有了不同的方式。例如，有的国家采纳了专利法的方案，有的国家采纳了版权法的方案，还有的国家则采取了二者兼有之的方式。然而，由于外观设计既具有技术方案的特征，又具有表达的特征，不论是武断地将之纳入专利法还是版权法，都会丢失一些受保护的因素。而在那些对外观设计既给予专利法保护，又给予版权法保护的国家里，又发现难以在专利法所保护的工业品的外观设计与版权法所保护的实用品的艺术表达之间，划出一条清楚的分界线来。面对这种状态，一些国家又采取了另外一种保护方式，即直接制定专门的外观设计保护法。其中，既吸收了版权法的一些原则和规定，又吸收了专利法的一些原则和规定。尽管如此，在确定保护客体是外观设计还是美术作品时，仍然会有一些困惑。基于此，英国的法律干脆规定，某一实用艺术品如果批量复制50件以上，就属于外观设计法保护的对象。而50件以下则属于版权法保护的对象。以复制品的50件划分版权保护与外观设计权的界限，仍然是法律的处断。

此外，如果某一外观设计具有了市场上的可识别性，能够指示商品或服务的来源，又可以作为商标得到商标法的保护，作为商品外观得到反不正当竞争法的保护。

计算机软件也处于版权保护范围与专利权保护范围之间。一方面，计算机软件可以作为文字作品得到版权保护。世界贸易组织"知识产权协议"和大多数国家的版权法都做了这样的规定。另一方面，计算机软件又具有解决实际问题的技术方案的特征。无论是我们日常使用的"视窗"操作系统，还是专门的财会、金融、通讯软件，都可以解决相关技术领域中的具体问题。这样，计算机软件既具有版权法所保护的"作品"的特征，又具有专利法所保护的"技术方案"的特征。现在，国际上流行的是将计算机软件作为文字作品，由版权法加以保护。但在近些年里，软件却越来越多地作为技术发明，由专利法予以保护。当然，计算机软件在作为专利法保护对象时，必须与硬件结合。单纯的没有与硬件结合的软件，仍然不能得到专利法的保护。

处于版权与专利权之间的还有集成电路布图设计。集成电路布图设计又称"光罩作品"（mask work），是指由一系列相关图形构成的，体现在一定的模具或半导体芯片上的三维布图设计。这种三维布图可以体现在一定的模具上，并通过这种模具来批量生产半导体芯片。这种三维布图也可以体现在半导体芯片上，其目的是让体现有该布图设计的半导体芯片产生某种电子功能。① 一方面，集成电路布图设计类似于受版权法保护的图形作品，并且可以通过模具或其他方式而批量复制。另一方面，集成电路布图设计又具有受专利法保护的技术特征，体现了布图设计的半导体芯片可以产生某种相互作用的电子功能。显然，无论是以单纯的版权法或单纯的专利法来保护集成电路布图设计，都是不恰当的。正是基于此种情况，美国于1984年通过了一部专门的"半导体芯片产品保护法"。1989年5月，在世界知识产权组织主持的华盛顿外交会议上，又缔结了一个《集成电路知识产权条约》。无论是美国的"半导体芯片产品保护法"，还是世界知识产权组织的《集成电路知识产权条约》，都是既吸收了版权法的原则和规定，又吸收了专利法的原则和规定。而且，非常有意思的是，美国的"半导体芯片产品保护法"后来被纳入了美国版权法，成为其中的第九章。而许多美国版权法的单行本，包括美国版权局所印发的版权法单行本，又剔除了第九章"半导体芯片产品保护法"，认为第九章的规定不属于版权法的组成部分。

五　版权与商标权

商标是将某一厂商的产品或服务与其他厂商的商品或服务区别开来的标志。同时，每一件商标又是由文字、字母、数字、图形、颜色等要素构成的。这样，任何一件商标，就其具有可识别性来说，可以作为商标受到商标法的保护；就其作为文字、字母、数字、图形、颜色等要素，或上述要素之组合来说，又可以作为作品受到版权法的保护。在这种情况下，一件商标中可能存在着两个权利。一个是商标权人就该商标所享有的权利，另一个则是他人对商标标识作为作品而享有的权利。作为商标所有人来说，要十分注意自己的权利与他人权利之间的关系，并且处理好两者之间的关系。否则，将由此而承担不必要的甚至是非常巨大的损失。

1997年北京市第一中级人民法院判决的"景阳冈酒厂"一案就说明了这一点。根据案情，画家刘继卣先生曾作有《武松打虎图》组画，山东省阳谷县景阳冈酒厂未经许可将其中的第11幅修改后放入自己的商标中，并且在国家商标局获得了注册。后来，刘继卣的法定继承人提起了该商标标识侵犯版权的诉讼。法院经过审理认定，景阳冈酒厂未经

① 参见美国"半导体芯片产品保护法"中有关半导体芯片产品和光罩作品的定义。17 U. S. Code, Section 901.

许可而在自己的商标中使用他人作品，侵犯了他人的版权，责令停止使用并赔偿原告损失。随后，国家商标局撤销了景阳冈酒厂的商标。

1997 年由上海市高级人民法院判决的"三毛集团"案也说明了商标权与版权的关系。根据案情，著名漫画家张乐平先生在长期的创作生涯中创造了一个大脑袋、圆鼻子、头上仅有三根头发的"三毛"形象。被告江苏三毛集团公司未经许可在其产品、广告、企业标记上广泛使用"三毛"形象。此外，被告还在 1995 年 11 月至 1996 年 2 月间，就 34 类商品向国家商标局提出了含有"三毛"漫画形象的商标申请。至案发时，已被核准 31 类。法院经过审理认定，被告未经许可而在商业标记中使用"三毛"漫画形象，侵犯了他人的版权，应该停止在产品、企业形象上使用"三毛"形象。随后，国家商标局撤销了被告在 31 类商品上注册的"三毛"商标。[①]

在以上两个案例中，商标所有人与商标标识之版权所有人不同，因而商标所有人应当妥善处理好其中的版权问题，如获得使用许可、向版权所有人支付报酬等。当商标所有人同时还是商标标识之版权所有人时，还有可能出现以版权维护商标权的情况。例如，有一家爱尔兰公司未在澳大利亚注册自己的商标，结果被他人注册了相同的商标。在不能以自己的商标权对抗他人的商标权时，这家爱尔兰公司诉被告侵犯了自己的版权。结果澳大利亚法院做出了有利于爱尔兰公司的判决，判决撤销了被告的商标。[②] 这是以版权维护自己商标权的典型事例。

六　专利权与商标权

专利法保护新的技术方案，保护构成发明的新产品、新方法以及产品或方法之改进，商标法保护有识别性的商标标识，以防止消费者在商品或服务来源上的混淆，二者似乎没有多少联系。然而，商标并不仅仅是一个商品的品牌，而是商品之质量、成分、外观设计、包装、售后服务等的集中体现，或者说是商品之声誉的集中体现。消费者在市场上认准某一商标而购买商品，所认准的实际上是该商标所体现的质量、成分、外观设计、包装，以及生产或提供该商品之厂家的信誉。显然，商标后面的这些因素又与专利权所保护的技术发明密切相关。新产品或新

---

① 关于以上两个案例，见郑成思主编《知识产权研究》第五卷、第六卷，中国方正出版社，1998。

② 参见郑成思《知识产权法》，法律出版社，1997，第 27 页。

方法的发明，对现有产品或方法的改进，以及就产品外形做出的新颖而美观的设计等，都会提高某一商品的质量、性能、外观和售后服务等，从而提高相关商标的声誉，赢得更多的顾客和利润。

此外，依据专利法获得保护的新产品，还有可能借助商标权得到实际上的延长。例如，当某一企业就一项新产品获得专利权以后，在专利权的有效期间内，该企业不仅可以生产和销售相关的专利产品，而且可以有意识地在市场上为专利产品创立品牌。当专利权届满后，从专利法的角度来说，由于同类厂家都可以自由使用该项技术生产同一产品，可以说原有厂家与其他厂家处于同一起跑线上。但从商标权的角度来说，原有厂家与其他厂家又不在同一起跑线上。因为，原有厂家已经在市场上为相关产品创出了品牌，在市场上占有了相当的份额，具有较强的竞争力。在某些情况下，原有厂家甚至可以凭借已经创出的品牌，占有如同该产品未丧失专利权条件下一样的优势。这实际上是用商标权的方式延续了对该项技术的有效保护。①

七　制止不正当竞争权与版权、专利权和商标权

制止不正当竞争权是指在工商业活动中制止他人违反诚实经营的竞争行为的权利。在实际的工商业活动中，不正当竞争的范围非常广泛。与此相应，制止不正当竞争的权利也是一项非常广泛的权利。同时，"不正当竞争"又带有很强的某一时代商业伦理的特征。因此，随着工商业活动的发展，随着商业伦理价值的变化，还会产生一些新形式的不正当竞争行为。所以，制止不正当竞争的权利，又是一项随着社会经济的发展而不断丰富和发展的权利。

据《保护工业产权巴黎公约》第10条之2，不正当竞争的行为有以下三种：不择手段地造成竞争对手之企业、商品或工商业活动混乱的行为；在商业活动中损害竞争对手之企业、商品或工商业活动信誉的虚假言辞；在商业活动中使用让公众对商品的性质、制造方法、特点、用途或数量产生误解的标识或说法。到了世界贸易组织的"知识产权协议"，又在巴黎公约的基础之上增加了对于商业秘密的保护。

这样，从国际公约的角度来看，不正当竞争的行为就至少有了四种之多，商业标识的假冒、虚假宣传、商业诋毁和侵犯他人商业秘密。除此之外，"知识产权协议"还就驰名商标的保护规定了反淡化的内容。

---

① 参见郑成思《知识产权法》，法律出版社，1997，第25页。

这在有些国家见于商标法之中，而在大多数国家则见于反不正当竞争法
之中。

关于制止不正当竞争的权利与版权、专利权和商标权的关系，有人
曾形象地将之比喻为是海水与冰山的关系。按照这个比喻，版权、专利
权和商标权是浮在海水上的三座冰山，而制止不正当竞争的权利则是托
起这三座冰山的海水。不属于版权、专利权和商标权的知识产权，或者
说版权法、专利法和商标法不予规范的知识产权，都可以在反不正当竞
争法中找到受保护的依据。[1]

就版权法与反不正当竞争法的关系来说，前者保护关于思想观念的
表达，后者保障版权所有人制止他人不正当竞争的权利。在这方面，书
刊名称和作品中人物形象的保护，都与反不正当竞争法有着密切的关
系。先说书刊名称。一般说来，书刊名称比较简短，不构成具有原创性
的表达或作品，因而得不到版权法的保护。但是，书刊名称又具有向社
会公众标示作品或刊物的作用，具有将这一作品与其他作品、这一刊物
与其他刊物区别开来的作用。就某一作品或刊物来说，其名称在某种意
义上具有商标的作用。显然，如果有人盗用了他人的书刊名称，尤其是
盗用了知名书刊的名称，必然会在社会公众之中造成混淆。因而，依据
世界上绝大多数国家的法律，有关的权利人都可以寻求反不正当竞争法
的保护。[2]

作品中的人物形象可以分为两类。一类是图形人物形象，一类是文
字作品中的人物形象。一般说来，图形人物形象，如迪斯尼的米老鼠和
唐老鸭，张乐平的"三毛"等，可以受到版权法的保护。因为这种人
物形象由线条、色彩、形状构成，再加上具有鲜明特色的语言和动作
等，本身就构成了版权法所保护的原创性表达。而文字作品中的人物形
象主要是由语言文字刻画而成，一般说来难以构成作品，不能获得版权
保护。但就一些知名作品来说，如果他人盗用了作品中的人物形象，有
关的版权人仍然可以寻求反不正当竞争法的保护。因为这种盗用带有利
用他人声誉和不正当竞争的特性。

---

[1]　参见郑成思《知识产权法》，法律出版社，1997，第479页。

[2]　例如，在1994年以前，德国对知名书刊名称的保护，是以反不正当竞争法为依据的。
而到了1994年，又改为以商标法保护知名书刊的名称。其中的推理也很简单，即盗
用他人知名的书刊名称，会造成消费者对商品来源的混淆。当然，受保护的书刊名称
必须是有识别性的，而且他人的盗用会造成消费者的混淆。参见德国1994年商标法
第5条和第15条。

就专利法与反不正当竞争法的关系来说，前者保护属于法定范围的、符合法定要求的技术发明，后者则对专利法不予保护的其他发明提供必要的保护。这主要是指商业秘密的保护。例如，当有关的技术发明属于专利法保护的范围，又符合新颖性、创造性和实用性等法定要求时，发明人可以寻求专利权的保护。但对于那些不属于专利法保护范围的发明，如一般的商业方法（折扣方法、广告计划、客户名单、办公室管理办法、簿记方法等），以及那些达不到专利法严格要求，如不符合新颖性、创造性和实用性的技术发明，发明人又可以依据商业秘密法加以保护。

就商标法与反不正当竞争法的关系来说，商标法只提供对于注册商标的保护，而不提供对于其他商业标记，如未注册商标、商号、商品外观的保护。这样，不受商标法保护的未注册商标和其他商业标记，都可以由反不正当竞争法予以保护。

除了与版权、专利权和商标权有关的一些内容，制止不正当竞争权利还有一些独特的保护内容。如制止虚假宣传、维护市场竞争者的商誉、保护形象权等。

应当说，在知识产权的保护中，制止不正当竞争的权利具有兜底的作用。如果某人认为自己享有一项知识产权，首先应当在版权法、专利法和商标法中寻找保护的依据。如果在版权法、专利法和商标法中找不到受保护的依据，就应该到反不正当竞争法中寻找保护的依据。当然，如果在反不正当竞争法中仍然找不到受保护的依据，那么这项"权利"可能就不属于知识产权，或者说可能就没有"权利"存在了。

┌─ **问题与思考** ─┐

2005 年初，一家外国汽车公司诉一家中国汽车公司侵犯了其知识产权。其具体情形是，该外国公司设计了一款新颖的小汽车车型，先在韩国上市。很快，中国的汽车公司模仿了这款汽车外形，并在中国上市。本案中的另一个情节是，这家外国公司并没有在中国申请外观设计专利。一年之后，媒体报道外国汽车公司撤诉。这个案件的焦点在于，这家外国公司就这款汽车外形是否享有知识产权，以及享有什么样的知识产权。

在知识产权的诉讼中，原告应当明确自己就什么样的智力活动成果，享有什么样的知识产权。具体说来，对方是侵犯了自己的版权，专利权，商标权，还是制止不正当竞争的权利？同样，被告在遭到他人的侵权起诉后，也应当仔细研究他人享有什么样的知识产权，自己是否侵犯了对方所享有的那一项或者几项知识产权，如版权，专利权，商标权，或者制止不正当竞争的权利。

在上述案件中，外国公司没有在中国申请外观设计专利权，因而不享有专利权。当外国公司试图寻求版权法的保护时，发现版权法不可能保护汽车的外形设计。（详见本书有关实用艺术品和外观设计的论述）当然，外国公司也怀疑对方偷窃了自己的商业秘密，甚至认为在很短的时间里对方不可能采用反向工程，模仿自己的汽车外形。但是，又提不出对方窃取商业秘密的证据。此外，中国公司的模仿也没有涉及反不正当竞争法中的"假冒"，因为汽车外形与功能性的要素密切结合，不可能成为商业标识。经过上述分析可以看出，外国公司就这款汽车外形既不享有版权和专利权，也不享有商标权和制止不正当竞争的权利。与此相应，中国的汽车公司也没有侵犯对方的任何知识产权。

这个案件也说明了这样一个问题：没有技术创新就不会有知识产权，但有了技术创新却不一定产生知识产权。有了技术创新，要及时申请和获取知识产权，如专利权。否则，相关的技术成果一旦公开，就会进入公有领域，成为人人可得以利用的东西。

复习题

1. 什么是知识产权？知识产权包括哪些内容？
2. 如何理解"知识产权是私权"？
3. 为什么说知识产权是一种无形财产权？
4. 为什么思想观念不受知识产权法的保护？

阅读书目

世界知识产权组织：《建立世界知识产权组织公约》，1967。
世界贸易组织：《与贸易有关的知识产权协议》，1995。
郑成思：《知识产权法》（第2版），法律出版社，2003。
李明德著《美国知识产权法》，法律出版社，2003。

第二编

著作权

　　早在人类社会之初，人们就在借助语言、音乐、形体动作和符号、色彩、线条、造型等工具，表达自己的思想情感、创意或者客观事实。随着文字、纸张、印刷术等的发明，这种表达不仅可以借助纸张等物质媒介为他人所感知，而且可以为越来越广泛的人群所感知。与此相应，对于人类的各种表达，或者由表达所构成的作品提供保护，防止他人未经授权而利用的需要也就产生了。根据现代的著作权法，当人们的表达构成作品并且可以为他人所感知的时候，就会成为著作权法保护的对象。

　　本编主要结合中国著作权法，讨论与作品和著作权相关的问题，如作品、著作权的内容、著作权的转让与许可，以及著作权的保护等。

第三章　著作权概论

要点提示

　　本章简要介绍了著作权的概念和著作权法的主要内容，以及著作权与科学技术发展之间的关系。

　　本章着重讨论了两大法系中的版权概念与著作权概念之间的区别，并讨论了中国著作权法在两个概念之间所作的选择。

第一节　著作权与著作权法

一　著作权

　　著作权是指文学、艺术和科学作品的创作者对其所创作的作品享有的权利。其中的作品，是指具有独创性的各种形式的创作成果，如小说、诗歌、散文、戏剧、绘画等。其中的权利，包括作者的精神权利和经济权利。

　　著作权有狭义与广义之分。狭义著作权，仅指作者就其所创作的作品而享有的权利。广义的著作权，还包括作品的传播者，如表演者、录音制品制作者和广播组织的权利。这叫做邻接权或相关权，是表演者、录音制品制作者和广播组织在传播作品的过程中，就自己的创造性劳动成果所享有的权利。

　　著作权是作者的精神权利与财产权利的合一。其中的精神权利，是与作者的人身密切相关的权利，在绝大多数情况下都是只能由作者本人享有和行使。其中的财产权利，可以让作者或其他权利人控制作品的使用，从而获得相应的经济利益。

　　就著作权中的财产权利来说，无论是转让权利还是许可权利，都要依据合同法的原则来实现。著作权的利用，在很多情况下都是由作者或其他权利人，签订权利的转让或许可合同，并由此获得相应的经济利益。所以，著作权合同在作品的广泛利用中，起着非常重要的作用。

在某些特殊情况下，单个的著作权人很难与大量的作品使用者签订许可合同，而作品的使用者也很难与一个又一个的著作权人签订许可合同。这在音乐作品的使用中尤其突出。于是，为了解决这一双方的难题，就产生了著作权中介组织，代表著作权人与作品的使用者谈判授权和使用费的问题。这就是著作权的集体管理组织。

著作权一旦受到侵犯，如他人未经许可而使用了享有著作权的作品，著作权人可以向法院提起侵权诉讼，或者要求有关的行政机构予以查处，并获得相应的法律救济。这叫做著作权的实施。显然，在著作权的保护中，著作权的实施至关重要。假如著作权人在自己的权利受到侵犯时，不能有效地实施自己的权利，他所享有的著作权就没有什么意义。

二 著作权法

如果说著作权是创作者就其所创作的作品享有的权利，那么，著作权法则是对文学、艺术和科学作品提供保护的法律，或者是对作者就作品所享有之权利的保护。大体说来，著作权法应当由以下五个部分构成：

（1）关于实体著作权的规定，如著作权保护的客体、著作权所有人、著作权的内容、著作权的保护期限和权利限制，等等；

（2）关于邻接权的规定，如表演者、录音制品制作者、广播组织等作品的传播者，就其传播作品的过程中所付出的创造性劳动而享有的权利；

（3）关于著作权合同的规定，如转让和许可著作权的原则、条款等；

（4）关于著作权集体管理的规定，如著作权中介组织的地位、作用等；

（5）关于著作权实施的规定，如侵犯著作权的民事救济、行政处罚和刑事制裁。[①]

现行的中国著作权法，大体由这五个部分的内容构成。

---

① 参见"迪茨教授关于修改中国著作权法的报告草案"，郑成思主编《知识产权研究》第10卷，中国方正出版社，2002。

第二节　著作权与科学技术的发展

著作权的产生与发展，与人类科学技术的发展密切相关。事实上，著作权制度本身就是科学技术发展的产物。在印刷术发明之前，人们主要以抄写、讲诵的方式来传播文学艺术作品和科技作品，不存在大量的复制，因而也不存在著作权保护的问题。随着造纸术的发明，尤其是印刷术的发明，对作品的大量而节省费用的复制成为可能，也就产生了著作权保护的必要。在中国，自宋代普遍采用了雕版印刷术以后，就有了版权保护的事例。如"已申上司，不许复版"之类。而在欧洲，也是在 15 世纪普遍采用了活字印刷术以后，才产生了对于版权的保护。直到今天，基于印刷术而产生的复制权，仍然是著作权制度中的一项基本的和最重要的权利。

著作权制度是科学技术的产物。自著作权制度产生后，它依然是随着科学技术的发展而不断发展变化的。或者说，科学技术的发展总是对著作权制度不断提出挑战，而著作权制度也在应战之中不断发展完善。大体说来，著作权制度应对科学技术挑战的发展，主要是在两个方面。一是随着科学技术的发展，产生了一些新的受保护客体，著作权制度逐渐将它们纳入了受保护的范围之中。一是随着科学技术的发展，产生了一些新的对于作品的利用方式，著作权制度逐渐将这些新的利用方式纳入了著作权的范围之内。此外，著作权体系中的邻接权制度的产生和发展，也与新的利用作品的方式密切相关。下面分别予以叙述。

一　新的作品种类

著作权最早主要是对文字作品予以保护。世界上的第一部著作权法，英国《安娜法》的名称"为鼓励创作而授予作者及购买者就其已经印刷成册的图书在一定时期之内享有权利的法"，即反映了这一点。后来，随着制图工艺的发展，又有了对于地图和图形的保护。例如，美国 1790 年颁布的第一部版权法，就是提供对于地图、图表和书籍的保护。到了 19 世纪后半叶，随着摄影技术的普及，摄影逐步成了受保护的作品。例如在 1865 年，美国版权法将摄影和底片纳入了著作权保护的范围。进入 20 世纪以后，科学技术的发展更是极大地扩大了作品的范围。20 世纪初，随着电影技术的产生和发展，有了对于电影作品的保护；20世纪中后期，随着计算机技术的产生和发展，又有了对于计算机软件的保护。

还有一些作品种类，原来就已经存在，但由于人们认识上的原因没有纳入著作权保护的范围。但在后来，随着人们认识的深入，也被逐步纳入了著作权保护的范围。例如，美国版权法1831年才规定了对于音乐作品的保护，1879年增加了对于绘画、素描和雕塑的保护，1990年则增加了对于建筑作品的保护。中国2001年修订著作权法，增加的杂技艺术作品、建筑作品和模型作品，也属于这类情形。

正是由于科学技术还在飞速发展，由于人们对于作品形式的认识还在不断深化，世界上绝大多数国家的著作权法，都在列举受保护作品时做出了弹性规定，如"应当受到保护的其他作品"、"法律和行政法规规定的其他作品"等。

二 新的权利内容

在早期，著作权的基本内容是复制权，这是基于印刷术而产生的权利。世界上第一部版权法《安娜法》也反映了这一点。《安娜法》的序言指出，颁布该法的主要目的是防止他人未经作者同意而擅自印刷、翻印或出版其作品。应该说，在著作权制度产生之后的很长时间里，对于作品的主要利用方式就是复制。如果我们还要再加上一个权利的话，那么这个权利也是与复制权密切相关的发行权。事实上，授权他人复制自己的作品，一般已经隐含了授权他人发行复制了的作品。所以直到今天，很多国家的著作权法并不单独规定一个发行权。

进入19世纪末期和20世纪以后，随着科学技术的发展，对于作品的利用方式发生了重大的变化。无线电广播技术、录音技术、摄影技术、电视技术和卫星传播技术，使得表演权和展览权纳入了著作权的范围之内。其中的表演权，既包括舞台表演权，又包括机械表演权。中国著作权法中的展览权、表演权、放映权和广播权，都属于这类权利。进入20世纪90年代以后，随着网络技术的迅速发展和普及，作品的利用方式又发生了一个根本性的变化。为此，世界知识产权组织于1996年制定了《世界知识产权组织版权条约》、《世界知识产权组织表演和录音制品条约》，规定了作者在网络环境中就作品所享有的权利。中国2001年修订的著作权法也规定了作者的"信息网络传播权"。

还有一些对于作品的利用方式，在一开始并没有纳入著作权的范围，但随着人们认识的深入，也逐步被纳入了权利的范围之内。这主要是指演绎权。中国著作权法中的摄制权、改编权和翻译权，都属于这样的权利。

随着科学技术的飞速发展，随着人们对作品利用方式的深入认识，还会有新的利用作品的方式产生。所以，各国著作权法在规定著作权内容时，大多也有一个弹性规定，即"应当受到保护的其他权利"，"应当由著作权人享有的其他权利"等。

三　邻接权的产生

无线电广播技术、录音技术、电视技术和卫星传播技术的产生，不仅增加了作品的利用方式，而且也将表演者、录音制品制作者和广播组织在作品传播过程中的作用突出了出来。表演者以自己的表演技巧和对于作品的理解来表演作品，录音制品制作者以自己的录制技巧和投资制作录音制品，广播组织以自己独特的视角编排广播节目，并为此而付出极大的投资。他们为作品的广泛传播付出了创造性的劳动和大量的投资，他们在此过程中形成的利益理应得到保护。这样，随着新的传播技术的产生和发展，与传播作品相关的表演者权、录音制品制作者权和广播组织权就逐步产生了，并且成为著作权法体系中的重要内容。

事实上，著作权集体管理组织的产生也与新的传播技术密切相关。例如，就音乐作品的著作权人来说，在19世纪主要是依靠词曲的印刷品来获得收益。随着无线电广播技术、录音录像技术、电视技术的产生和普及，一方面是音乐作品得以更广泛的使用，另一方面则是词曲印刷品销售量的锐减。随着音乐作品的广泛使用，单个的作者难以追踪自己的作品为多少人使用，而大量使用音乐作品的广播电视组织和其他机构，又难以与每一个音乐作品的所有人签订授权合同。于是，作为著作权人与作品使用者之间的中介组织，著作权集体管理组织首先在音乐作品的领域中应运而生。著名的GEMA（德国音乐著作权集体管理组织）和ASCAP（美国音乐作者和音乐出版商协会）等，就是这样的音乐作品的中介组织。当然，时至今日，尤其是在欧洲大陆国家，著作权的中介组织已经不限于音乐作品，而是延伸到了文字作品、摄影作品、美术作品等许多领域。

第三节　著作权与版权

著作权和版权，是两个含义略有不同的术语。在英文中，著作权是

author's right，版权是 copyright。从字面上讲，前者强调的是作者（author）的权利，如作者的精神权利和财产权利。而后者强调的是利用作品（copy，复制）的权利，既包括作者对于作品的利用，也包出版者一类的投资者对于作品的利用。事实上，由版权和著作权这两个概念，我们已经接触到了西方两大法系，即英美法系和大陆法系，在关于作品保护上的不同。

从版权或著作权的起源上看，最早的对于作品的保护，是授予出版商或者出版者的特权。15 世纪末，威尼斯共和国授予印刷商冯·施贝叶以印刷出版的专有权，有效期 5 年。这是西方世界第一个由统治政权颁发的保护翻印权的特许令。在此之后的 16 世纪初叶，罗马教皇、法国国王和英国国王等，先后向出版商颁发过禁止他人擅自翻印其书籍的特许令。而在英国，早在 1556 年就成立了钦定的"出版商公司"。1556～1637 年的 80 年间，英国前后颁布过 4 个《星法院法》，内容都是授予出版商公司以印刷出版的特权，以及限制图书的自由印制。

与此同时，对作者的权利也加以保护的要求在欧洲和英国越来越强烈。1709 年，英国议会通过了世界上第一部版权法，其名称是"为鼓励创作而授予作者及购买者就其已经印刷成册的图书在一定时期之内享有权利的法"。由于这部法律的全名太长，后人便以当时在位的英国女王的名字命名该法，称之为《安娜法》。根据规定，作者是第一个应当就作品享有财产权的人。作者对已经印制的书籍在重印时享有专有权，对创作完成但尚未印制的作品，也享有同意或禁止他人印刷出版的专有权。后者所具有的正是"版权"的含义。与此同时，《安娜法》对出版商的权利也给予了允分的重视。例如，出版商对他们依法印刷出版的书籍，享有翻印、出版和出售等专有权。

《安娜法》注重作者财产权利的特点，注重出版者对于作品利用的特点，影响了许多国家的法律，尤其是美国的版权法。可以说，美国版权法所继承和坚持的，正是《安娜法》的这一实质特征。

在法国，这种由出版者的特许权向作者权利的过渡，完成于 18 世纪末期的法国大革命。法国革命以天赋人权为旗帜，强调和突出与人有关的权利。所以，法国革命一方面废除了原有的各种特许权，包括出版者的特许权，另一方面又在新创立的著作权制度中突出了作者和作者的权利。1791 年，法国颁布了《表演权法》；1793 年又颁布了全面的《作者权法》。这样，在对于作品的保护方面，就把作者和作者的权利放在了核心位置上。事实上，从《表演权法》和《作者权法》这样的名称，就可以看出它们与英国《安娜法》的巨大不同。

随后，受法国大革命和法国民法典的影响，很多国家所建立起来的著作权制度，都沿用了"作者权"的概念。这样，"作者权"就成了与"版权"相对应的一个概念。在德国，以康德为代表的一些哲学家还提出了一种理论，认为作品不仅能为作者带来经济利益，而且反映了作者的人格（personality），是作者人格或精神的外延。这种观点与"作者权"的观念相结合，就导致了作者精神权利的产生和发展。这样，从强调作者的权利，再到强调作者的精神权利，就成了大陆法系著作权制度中的一个基本特点。这与强调版权为一种财产权利，并且兼顾出版者利益的英美法系形成了鲜明的对比。

随着英国和美国版权制度的建立和发展，随着欧洲大陆一系列国家受法国的影响而建立著作权制度，在对于作者和作品的保护上，就形成了两个各具自身鲜明特点的法律体系。随后，有一系列国家（主要是英联邦国家）效法英美而建立了自己的版权制度，又有一系列国家效法欧洲大陆（主要是法国和德国）而建立了自己的著作权制度。这样，版权或著作权保护上的英美法系和大陆法系的不同，又在全世界的范围内扩展开来。

日本在制定近代法律时，从德国引进了大陆法系的"作者权法"概念。不过，这一概念在日文中的表达是"著作权法"，其基本含义是著作者的权利法，仍然是"作者权法"的意思。20世纪初，中国在制定近代法律时，又从日本引进了"著作权"的概念，于1910年颁布了《大清著作权律》。随后，中华民国北京政府和南京政府所颁布的有关法律，都叫做《著作权法》。此外，大体是在引进"著作权"概念的时候，中国还从日本引进了"版权"的概念。而日文中的"版权"概念，又是来自于英美法系。

自"著作权"和"版权"这两个概念引进中国以后，人们或使用"著作权"，或使用"版权"，或二者交替使用。很多人甚至将二者视为同义语。然而细究起来，习惯于使用"著作权"的人，或者习惯于使用"版权"的人，又或多或少带有各自的侧重。而这种侧重，又不能不说与著作权或版权保护上的两大法系有着某种联系。

中国自1979年开始制定著作权法。在立法的过程中，拟定的法律究竟应当称为著作权法还是称为版权法，在立法者和学者中都发生了激烈的争论。尽管法律草案的名称在很长时间里称为《版权法》，但最终是以《著作权法》的名称获得了全国人大常委会的通过。为了弥合两个概念的差别，1990 年通过的《著作权法》专门制定了一个第 51 条，明确规定"本法所称的著作权与版权系同义语"。至 2001 年 10 月修订《著作权法》时，又在原有的基础上向前走了一步，在第 56 条中规定"本法所称的著作权即版权"。这种特别的规定和变化，似乎又透露出某种信息，"著作权"与"版权"并非完全相同。①

第四节　中国著作权法的制定与修改

　　中国虽然是造纸术和印刷术的故乡，但在中国古代，从来没有产生过著作权制度或者版权制度。直到 1910 年，清政府才颁布了中国历史上的第一部著作权法《大清著作权律》。由于清王朝的迅速灭亡，这部法律并没有实施，但它却对后来中华民国北京政府和南京政府的著作权法产生了重大影响。1915 年，中华民国北京政府在《大清著作权律》的基础上，颁布了一部《著作权法》。1928 年，中华民国南京政府又在《大清著作权律》的基础上颁布了一部《著作权法》，并在同时颁布了著作权法的实施细则。此后，这部著作权法又在 1944 年、1949 年做过修订，并且由国民党政府带到了台湾，继续在那里实施。

　　中华人民共和国成立之前，废除了国民党政府的"六法全书"，这包括南京政府的《著作权法》。而《中华人民共和国著作权法》又于 1991 年开始实施。这样，1949～1991 年之间，中国对于著作权的保护主要是依据一些行政法规。例如，1950 年的《关于改进和发展出版工作的决议》，1953 年的《关于纠正任意翻印图书现象的规定》，1958 年的《关于文学和社会科学书籍稿酬的暂行规定》（草案），1980 年的《关于书籍稿酬的暂行规定》，1984 年的《书籍稿酬试行规定》，1984 年的《图书期刊版权保护试行条例》。除此之外，1986 年颁布实施的《民法通则》，也规定了对于包括著作权在内的知识产权的保护。其中的第 49 条规定："公民、法人享有著作权（版权），依法有署名、发表、出版、获得报酬的权利。"这标志着以法律（而非法规）的形式对著作权予以保护的开始。

　　中国现行的著作权法于 1979 年开始起草。由于著作权法牵涉的社会利益十分广泛，在立法部门、行政部门、文化出版界和社会的其他层

────────────────

　　① 由于中国的现行法律称为《著作权法》，作者将尽力使用"著作权"而非"版权"的术语。

面都引起了广泛的讨论。参加讨论的范围之广，所提建议数量之多，属于前所未有。事实上，著作权法的起草所耗费的时间也很长，前后达11年之久。直到1990年9月7日，《中华人民共和国著作权法》才由全国人大常委会通过，于1991年6月1日起实施。著作权法实施之前，又颁布了由国务院通过的《中华人民共和国著作权法实施条例》。

1991年著作权法的制定，虽然充分考虑了中国的实际情况和各个层面的利益关系，但由于受到当时的历史条件的限制，仍然存在着许多不完善的地方。在著作权法实施以后，国际局势、中国的社会经济状况都发生了重大变化。例如，中国在1992年10月加入了《保护文学艺术作品伯尔尼公约》、《世界版权公约》，在1993年4月加入了《保护录音制品制作者防止未经授权复制其制品公约》（日内瓦公约）。而且，在中国正式加入伯尔尼公约之前，国务院还发布了一个《实施国际著作权条约的规定》，其中规定了一些著作权法中没有的内容。此外，自1992年以后，中国的市场经济不断完善，社会的政治、经济和文化都发生了重大的变化，社会各阶层的利益要求也随之而发生了变化。著作权法中的一些规定已经显得过时。这样，自1995年开始，有关部门就开始了修订著作权法的准备工作。

1999年11月，中美两国有关中国加入世界贸易组织的谈判结束。2000年5月，中国与欧盟有关中国加入世界贸易组织的谈判结束。这样，中国加入世界贸易组织的进程已进入最后的冲刺阶段。为了扫清加入世界贸易组织的障碍，中国的立法机关加快了包括修订著作法在内的法律修订工作。2001年10月27日，全国人大常委会通过了"著作权法修正案"，于公布之日开始实施。2002年8月，国务院发布了修改后的《中华人民共和国著作权法实施条例》，于2002年9月15日起实施。

2001年对于著作权法的修订是在中国即将加入世界贸易组织的背景下进行的，首先自然是要考虑"与贸易有关的知识产权协议"，使中国的著作权法与协议的有关规定一致起来。在这方面，新修订的著作权法主要有以下几个内容：

（1）规定了电影作品、计算机软件和录音制品的出租权；

（2）规定了数据库在符合汇编作品的要求时，可以作为汇编作品受到保护；

（3）加强了关于著作权实施措施的规定。

当然，2001年对于著作权的修订，并非仅仅为了中国加入世界贸易组织。所以，著作权法的修订还涉及了一系列其他的内容，解决了实践中已经发生的一些问题。例如，更加明确而详细地规定了外国人作品的保护问题，在著作权的客体中增加了杂技艺术作品、建筑作品、模型作品等。又如，进一步规定了著作权的许可使用合同和转让合同，规定了著作权集体管理组织的地位、作用和特征。此外，2001 年修订的著作权法还充分考虑了信息技术和网络技术对于著作权制度的挑战，参照国际条约，规定了信息网络传播权和对于技术措施、权利管理信息的保护。

问题与思考

美国有一位著名的版权学家说，进入 20 世纪以来，几乎每隔十年左右，版权制度就要有一次大的调整。而到了 20 世纪末期，版权制度调整则更为频繁。

美国学者所说的这段话，是针对技术发展及其对版权制度的挑战而言的。正如本章所述的那样，传播技术的不断发展，不仅造就了一些新的作品种类，而且使得对作品的利用方式发生了重大的变化。摄影作品、电影作品、计算机软件纳入版权保护的范围，表演权、展览权、信息网络传播权成为新的权利内容，都反映了这样的技术发展背景。

20 世纪 90 年代以来，数字化技术和网络技术的飞速发展，又为版权制度带来了新的挑战。国际社会制定的两个新条约，世界知识产权组织《版权条约》和《表演于录音制品条约》，规定了权利人就自己的作品、表演和录音制品享有的权利，规定了对于技术措施和权利管理信息的保护。

由此可以看出，版权制度与技术发展密切相关。技术发展不断对版权制度提出挑战，而版权制度也必须不断应战，适应新的技术环境。目前，包括数字技术和网络技术在内，作品传播技术仍在不断发展。我们应当密切关注技术发展带来的挑战，并通过立法和司法作出适当的调整。

复习题

1. 什么是著作权？著作权法由哪些部分构成？
2. 为什么说著作权与技术发展密切相关？

3. 著作权与版权是否有区别?

阅读书目

阿道夫·迪茨:《迪茨教授关于修改中国著作权法的报告草案》,郑成思主编《知识产权研究》第10卷,中国方正出版社,2002。

郑成思:《版权法》(修订本),中国人民大学出版社,1997。

第四章 著作权的客体

要点提示

　　本章从作品的角度入手，讨论了思想观念与表述的关系，以及作品的独创性。

　　本章还依据中国著作权法讨论了受保护的作品、不受保护的作品，以及几种特殊的作品，如演绎作品、汇编作品和实用艺术品。

　　著作权的客体是作品。如果说知识产权所保护的是人类的某些智力活动成果，那么著作权所保护的就是作品。作品是不同形式的对于思想观念的表述。著作权法的一个基本原则是只保护对于思想观念的表述，而不保护思想观念本身。同时，受保护的作品还必须具有独创性或原创性。没有独创性的表述，构不成著作权所保护的作品。

　　本节将讨论与作品有关的一些问题，如思想观念与表述，作品的独创性，受保护的作品，不受保护的作品，以及几种特殊的作品。

第一节　思想观念及其表述

一　思想观念与表述（idea and expression）

　　一般说来，思想观念是指概念、术语、原则、客观事实、创意、发现等等。宇宙、地球、物质等概念术语，剩余价值规律、狭义相对论和广义相对论等理论，2001 年 9 月 11 日美国发生大规模恐怖袭击事件等客观事实，都属于思想观念的范畴。

　　著作权法中的表述则是指对于上述思想观念的各种形式或方式的表达，如文字的、音符的、数字的、线条的、色彩的、造型的、形体动作的表述或传达等。从这个意义上说，表述所形成的就是作品。

按照著作权法的原理或长期以来形成的传统，著作权法只保护对于思想观念的原创性表述，而不保护思想观念本身。例如，爱因斯坦发现了相对论，这属于思想观念，不受著作权法的保护。就相对论作为思想观念来说，爱因斯坦不能阻止他人著书立说，对相对论作进一步的阐发。爱因斯坦也不能阻止他人运用相对论进行科学试验，甚至做出技术方案，申请和获得专利（假如有可能的话）。如果对相对论这一理论本身提供著作权的保护，让每一个使用相对论这一理论的人，或者让每一个使用相对论这一概念的人，都去寻求爱因斯坦的许可，其结果必然是阻碍科学技术和文化的发展，有悖于著作权法的宗旨。

但是，爱因斯坦在发现相对论以后，以论著的方式阐释和说明相对论，出版了一系列的文章和书籍。这是对于思想观念的表述，或者更具体地说，是对于相对论的表述，应当受到著作权法的保护。在爱因斯坦的作品受到保护的期间内，他人不得未经许可而复制爱因斯坦的作品，也不得抄袭或者改头换面地将爱因斯坦的著作当作自己的作品去出版发行。否则，就将构成侵犯著作权，并承担相应的法律责任。

客观事实也属于不受著作权保护的思想观念。作品中的事实，包括作者经过了艰苦劳动而发现的事实和由科学研究而发现的事实，都不能获得著作权保护。例如，美国法院在 1971 年的"米勒"一案中，针对有人提出的"研究可以获得版权"的命题，做了如下的论证：版权保护只延及于作者对于事实的表述，而不延及于事实本身。事实与事实之表述的分界来源于独创性的概念。显然，事实不是起源于作者，尽管作者的作品描述了事实。事实也不是起源于"发现"了事实的人，"发现者"仅仅是发现和记载事实而已。由于事实不是来源于任何个人，因而它们是不受版权保护的。[①]

应该说，著作权意义上的思想观念，其含义要比通常所说的思想观念宽泛得多，不仅包括了概念、原则、客观事实和发现等，而且包括了属于专利法保护的发明、程序、工艺和方法等。由此出发，任何技术方案，无论是以文字的形式披露的，还是以线条的、色彩的方式披露的，都不能获得著作权的保护。或者说，由作品所阐释、说明、披露的技术方案，属于著作权法不予保护的思想观念。如果有关的技术方案要想得到保护，只能寻求专利法的保护。

在这方面，我们可以举一个美国的判例予以说明。早在 1879 年，

---

① Miller v. Universal City Studios, Inc., 650 F. 2d 1365, 212 USPQ 345 (5th Cir. 1981).

美国最高法院就在"贝克"一案中阐释了技术与技术之表述的分界。[①]
根据案情，原告"赛尔登"出版了一部书，解释一种新的簿记方法，
并附有一些使用该簿记方法的空白表格。后来，被告"贝克"也出版
了相似的使用原告簿记方法的书籍，但对表格的栏目和标题作了一些变
化。原告诉被告侵犯版权。美国最高法院在本案的判决中提出了技术
（如簿记方法）与技术之表述（如簿记方法之表述）的分界。美国最高
法院认为，技术是由专利权保护的，而对技术的表述则是由版权保护
的，不能将二者混为一谈。"在书籍中描述某一技术，虽然可以获得版
权的好处，但不能因此而对技术本身获得排他性的权利。一个的目的是
解释，另一个的目的是使用。前者可以通过版权来保护；后者则只能通
过专利权来保护。"如果以版权的方式保护了书籍中披露的技术，就是
以版权的方式取代了专利权的方式，从而在事实上造成了版权所有人对
书籍中所说技术或方法的垄断。就本案来说，原告的书只是通过空白表
格的方式，解释和说明了一种新的簿记方法。他可以阻止他人印刷出版
他的书籍或书籍中的某一部分，但不能阻止他人使用他所描述或说明的
方法。美国最高法院最后得出结论说："空白账簿不是版权的客体。塞
尔登书籍的版权并不赋予他享有排他性的制作和使用账簿的权利，尽管
该账簿是由他编排设计的，并在该书中加以描述和说明的。"

正是基于思想观念与思想观念之表述的分界，许多国家的著作权法
都明确规定只保护对于思想观念的表述，不保护思想观念本身。例如，
美国版权法第 102 条第 2 款规定："在任何情况下，对于作者原创性作品
的版权保护，都不延及于思想观念、程序、工艺、系统、操作方法、概
念、原则和发现，不论它们在该作品中是以何种形式描述、解释、说明
或体现的。"又如，世界贸易组织"与贸易有关的知识产权协议"，也在
第 9 条第 2 款规定："版权保护应延及表述，而不延及思想观念、工艺、
操作方法或数学概念之类。"中国著作权法虽然没有做类似的规定，但明
确规定保护文学艺术和科学作品，又隐含了只保护表述不保护思想观念
的命题。因为"作品"就是对于思想观念的表述，而非思想观念本身。

著作权法只保护对于思想观念的表述，不保护思想观念，这就意味
着作者不能将自己作品中所体现的思想观念据为己有。对于同样的思想
观念，他人可以自由利用或自由进行原创性的再表述。由此而形成的表
述或作品，同样可以得到著作权法的保护。

---

① Baker v. Selden, 101 U. S. 99 (1879).

二 思想观念与表述的合并 (merger of idea and expression)

思想观念与表述的合并，又称为思想观念的"惟一表述"或"有限表述"。其基本含义是指，当思想观念与表述密不可分的时候，或者说当某种思想观念只有一种或有限的几种表述时，则著作权法不仅不保护思想观念，而且也不保护表述。因为在这种情况下，他人为了表述同样的思想观念，只能使用第一个人使用过的表述，或者只能使用与第一个人使用过的表述基本相似的表述。如果著作权法保护了该思想观念的唯一的或有限的表述，就等于在事实上保护了该思想观念。

思想观念与表述合并的理论，可以适用于功能性的和事实性的作品，如数学公式、竞赛规则、游戏规则、通用表格等。在某些特殊的情况下，这一理论还可以适用于实用艺术品和计算机软件等。为了说明思想观念与表述的合并，我们可以举两个美国的判例。

在1967年的"莫里斯"一案中，原告出版作品，描述了一套彩票促销规则。当被告使用几乎同样的规则推销彩票时，原告诉被告侵犯版权。法院首先比较了原告和被告的促销规则，认为二者基本相同。但法院在判决中指出："当不能获得版权的客体非常狭窄，以至于'只有主题'时，如果只有一种或最多几种有限表述方式的时候，允许版权保护就意味着，一方或几方可以就有限的几种表述方式获得版权，从而穷尽将来使用该客体的所有可能性。在这种情况下，说某种特定的表述方式来源于该客体，似乎是不准确的。应该说，允许就该客体的表述获得版权，该客体就会被占有。我们不承认版权是一个公众可能被将军的象棋游戏。"①

在1971年的"珠宝公司"案中，原告在胸针背面用19颗珍珠镶嵌了一个蜜蜂型的图案。当被告制造和销售类似的珠宝别针时，原告诉被告侵权。法院认为，蜜蜂型的珠宝别针是一个"思想观念"，被告可以自由使用；原告的珠宝别针是思想观念与表述的合并，不能获得版权。"当'思想观念'与它的'表述'不可分离时，不能就该'表述'获得版权。因为在这类情况下保护'表述'，将使得版权人在逃避专利法所要求的条件和限制的情况下，获得对'思想观念'的垄断。"②

---

① Morrissey v. Proctor & Gamble co. , 379 F. 2d 675, 154 USPQ 193 (1st Cir. 1967).

② Herbert Rosenthal Jewelry Corp. v. Kalpakian, 446 F. 2d 738, 170 USPQ 557 (9th Cir. 1971).

　　与"合并"理论密切相连的还有一个"情景"（scenes a faire）理论。如果说"合并理论"主要适用于功能性和事实性作品，"情景理论"则主要适用于文学性作品。根据这一理论，文学作品中的某些要素，如事件、人物的特性和特定的背景等，不受著作权保护。因为这些要素是特定主题或思想观念的必然派生物，或者说作者在处理同一主题时必不可免地会使用到类似的要素。例如，有关纽约警察的电影中往往会出现醉鬼、妓女、呕吐和汽车追逐一类的人物和情节。显然，如果对这些要素提供著作权保护，必然会阻止其他人就同一主题或思想观念进行创作。

三　思想观念与表述的分界点

　　著作权法不保护思想观念，只保护对于思想观念的表述，二者的界线似乎很清楚。然而，如果我们进一步深究什么是对于思想观念的表述，就会发现实际情形并非如此。这首先是因为，任何表述都不可能与一定的思想观念截然分离，不体现任何思想观念的表述是不存在的。其次，某一思想观念在什么程度上还停留在不受保护的层次上，在什么程度上已经具体化为受保护的表述，并没有一个统一的尺度。尤其是在具体的司法实践中，当涉及被告的作品是否侵犯了原告的作品时，什么是不受著作权法保护的思想观念，什么是受著作权法保护的表述，或者说被告抄袭的是原告作品中的思想观念还是原告作品中的表述，就成了判定侵权与否的关键。

　　在这方面，美国著名法官汉德（Learned Hand）在1930年的"尼克斯"一案中所提出的"摘要层次法"，具有一定的启示意义。"尼克斯"一案涉及原告的一部戏剧作品和被告的一部电影作品。两部作品都是关于一个犹太教家庭的孩子与一个爱尔兰天主教家庭孩子之间的故事，都涉及了爱情、宗教信仰、双方父亲的反对，以及年青一代超越家庭和宗教信仰的婚姻。原告的戏剧作品发表在先，被告的电影作品拍摄在后。当原告诉被告侵权时，法官汉德运用他所提出的"摘要层次法"进行了分析。他说："就任何作品，尤其是就戏剧作品来说，随着越来越远离情节，会有一系列越来越具普遍性的模式与之相应。最后一个模式可能就是该戏剧是有关什么的最一般的陈述，有时可能只包括它的名称。但是，在这一系列的摘要概括中，有一个不再受到保护的点。否则，剧作家就可能阻止他人使用其'思想观念'。除了思想观念的表述，他的财产权永远不及于思想观念。"至于受保护的表述与不受保的思想观念之间的临界点，又必须依据作品的种类、性质、特点等个案处理。正如法官汉德在"尼克斯"一案中所说："从来也没有人确立过，而且也没有人能够确立那个分界线。"①

这样，什么是不受保护的思想观念，诸如作品的主题，什么是受保护的对于思想观念或主题的表述，就应当由法院在具体的侵权诉讼中加以界定。

第二节　作品的独创性

作品的独创性，又称作品的原创性，是指作者在创作作品的过程中投入了某种智力性的劳动，创作出来的作品具有最低限度的创造性。这就意味着，作品是由作者独立创作的，而非抄袭的；作品体现了作者的精神劳动和智力判断，而非简单的摹写或材料的汇集。独创性是作品获得著作权保护的必要条件，只有具有独创性的作品才能获得著作权的保护。

说某一作品具有独创性，实际上是指作者的表述是新的或原创的，而非被表述的思想观念是新的或原创的。在这里，著作权法只要求对于思想观念的表述是新的或独创的，是不同于他人的表述，而不要求被表述的思想观念也是新的。事实上，即使是对于那些古老的，或者人人皆知的主题或思想观念，只要作者能够以独特而新颖的表述予以表达、阐发、论证，都可以获得著作权法的保护。当然，如果作者具有某种新的主题或思想观念，又必然有助于他创作出新颖独特的表述。

作品的独创性，也与作品的学术质量或艺术质量无关，与作品的市场销售量无关。一部学术或艺术质量上乘，在市场上销售量很大的作品，固然可以得到著作权法的保护。然而，一部表述蹩脚，质量平平，在市场上销售量不大的作品，只要是独创的，同样可以得到著作权法的保护。在这里，只要作者的表述是原创的，作品具有独创性，质量高的作品和质量低的作品，市场销售量大的作品和销售量小的作品，并无本质的区别。作品学术质量或艺术质量的高低，以及作品市场销售量的大小，是其他领域的问题，而非著作权领域的问题。著作权法所要解决的问题是，有关的表述是否具有原创性，是否构成了可以获得保护的作品。

应该说，作品应当具有独创性或最低限度的创造性，这只是一个一

---

① Nichols v. Universal Pictures Corp. , 45 F. 2d 119, 7 USPQ 84 (2d Cir. 1930).

般性的要求。在不同种类的作品中，独创性的体现方式，或者对于独创性的要求程度可能又是不同的。例如，在小说、诗歌、戏剧等文学作品中，虽然是就同一个主题进行创作，由于作者的阅历、角度、心理状态的不同，很容易创作出在表述上很不相同的作品，从而使得作品具有较高的独创性。而在人物传记、历史研究一类的作品中，由于不同作者所使用的资料基本相同或相似，创作出来的作品也具有或多或少的相似性。在这类作品中，独创性可能体现在作者对于材料的选择、编排和说明上，不同于文学作品所具有的独创性。至于一些事实性和功能性的作品，如摄影、地图、法律文书等，或者是要真实地反映客观现实，或者受到某些公文程式或惯例的限制，很少的一些变化，甚至是一些细小的变化，可能就体现了著作权法所要求的独创性。因此，法院在进行侵权认定时，尤其是涉及两部相似作品时，一般都会就不同种类的作品掌握不同的独创性标准。

一般说来，作品的名称不构成作品，不能受到著作权法的保护。尽管有些国家的著作权法规定，当作品的名称构成具有独创性的作品时，可以受到著作权法的保护。但在事实上，作品的名称几乎不可能构成具有独创性的作品。这是因为，作品的名称一般比较短小，或者概括地反映作品的内容，或者让人容易了解作品的主题，其本身难以构成具有独创性的作品。如果作品的名称要想构成具有独创性的作品，就必须具有一定的容量，不能过于短小。而这又与作品名称的宗旨不相符。

说到作品的独创性，还应该特别注意，独创性不同于专利法中的新颖性。按照新颖性的要求，专利申请案中的技术方案或发明，必须是新的或者不同于现有技术的。而且，当两个以上的申请案就同样的发明申请专利时，只有一个申请案可以获得专利权。而依据著作权法中的独创性要求，一部后来创作的作品，即使与原先的作品相同，只要是原创的而非抄袭的，就可以获得著作权。

关于这一点，美国著名法官汉德在1936年的"绍登"一案中，曾经写过这样一段被人广为引述的话："作品必须不是借来的，因为抄袭者在这个范围内不是'作者'。但如果通过某种魔力，一个从来不知济慈关于希腊之瓮颂歌的人重新创作了它，他就是作者；如果他就此获得了版权，其他人就不能复制那首诗，尽管他们可以复制济慈的。"①美国

---

① Sheldon v. Metro-Goldwyn Pictures Corp., 81 F. 2d 49, 28 USPQ 330 (2d Cir. 1936). 引文中的济慈（Keats），是19世纪初的英国诗人，写过许多著名的诗篇。

最高法院在1991年的"费斯特"一案中也说："原创性绝不意味着新颖性；一部作品即使与另一部作品极为相似，只要该相似性是偶然的，不是复制的结果，就是原创的。举例来说，有两位诗人互不相知，但创作了相同的诗。两部作品都不是新颖的，但都是原创的，因而都可以获得版权。"①

第三节　作品的种类

作品是由表述构成的。对于相同的或不同的思想观念，人们可以使用不同的形式予以表述，如文字的、音符的、数字的、线条的、色彩的、造型的、形体动作的，等等。与此相应，也就有了不同的作品种类，如文字作品、音乐作品、戏剧作品、舞蹈作品、美术作品和计算机软件等。

世界各国的著作权法都依据不同的划分方法或划分角度，规定了受保护作品的种类。例如，美国版权法第102条列举了8类受保护的作品。它们是：文字作品；音乐作品，包括配词；戏剧作品，包括配曲；表意动作和舞蹈作品；绘画、图形和雕刻作品；电影和其他视听作品；录音制品；建筑作品。而法国知识产权则列举了14类应当受到保护的作品。依据中国著作权法第3条，可以受到保护的作品有以下9类。

一　文字作品

文字作品是指小说、诗词、散文、论文等以文字形式表现的作品。文字作品是我们日常生活中最常见的作品种类。大凡书籍、书信、报纸杂志登载的作品，以及产品说明书等，都是文字作品。此外，按照世界贸易组织"与贸易有关的知识产权协议"第10条，计算机程序也应当作为文字作品来保护。由此看来，凡是以文字、数字、符号或记号来表述的作品，都属于文字作品的范畴。

二　口述作品

口述作品是指即兴的演说、授课、法庭辩论等以口头语言形式表现的作品。口述作品的最大特点是未经任何物质媒介的固定。即兴的演

---

① Feist Publications, Inc. v. Rural Telephone Service Co. , Inc. , 499 U. S. 340, 18 USPQ 2d 1275 (1991).

说、授课、法庭辩论等，如果经他人的速记，就会变成文字作品；如果经他人的录音录像，就会成为录音录像制品。即兴的演说、授课、法庭辩论等，如果经过这类方式的固定，就不再叫做口述作品。

是否保护口述作品，关键不在于这类作品是否构成著作权法所保护的作品，而是如何保护这类作品。例如，著作权法所列举的其他种类的作品，都固定于这种或那种物质媒介上。一旦发生了侵权的事实，权利人在侵权诉讼中很容易举证，说明自己就某一作品享有著作权。由于口述作品没有固定在任何物质媒介上，一旦发生侵权，权利人就很难在侵权诉讼中证明自己就某一口述作品享有著作权。由此看来，是否由著作权法或版权法保护口述作品，问题不在于这类作品是否符合著作权法所要求的独创性，而在于如何在侵权诉讼中有效地保护相关的权利。或者说，是否保护口述作品，主要是从诉讼中的举证来考虑的。

当然，在现代科学技术的条件下，没有加以"固定"的口述作品并不很多。速记、录音、录像等技术，已经可以将很多口述作品固定在某种物质媒介上。同时，真正就口述作品主张权利的诉讼案件，无论是在外国还是在中国，也不多见。所以，法律规定保护口述作品，并没有在司法实践中引发大的问题。

三 音乐、戏剧、曲艺、舞蹈、杂技艺术作品

音乐作品是指歌曲、交响乐等能够演唱或者演奏的带词或不带词的作品。

戏剧作品是指话剧、歌剧、地方戏等供舞台演出的作品。具体说来，戏剧作品是指出对话、旁白、音乐、配词等构成的剧本，而不是指在舞台上呈现出来的表演。例如，曹禺的《雷雨》、老舍的《茶馆》，都是剧本，属于我们所说的戏剧作品。由不同的演职人员班子将《雷雨》或《茶馆》搬上舞台，则属于对于剧本的表演。

曲艺作品是指相声、快书、大鼓评书等以说唱为主要形式表演的作品。曲艺作品大抵有两种情形。一种是以底本或脚本为基础，由演员加以表演，这相当于戏剧作品的情形。另一种是即兴的说唱，又相当于口述作品。在后一种情形下，说唱者既是曲艺作品的创作者，又是曲艺作品的表演者。

舞蹈作品是指通过连续的动作、姿势、表情等表达思想情感的作品。与戏剧作品的性质相同，舞蹈作品不是指演员在舞台上的表演，而是指创作者对舞蹈动作的设计。这种设计，可以以文字、草图、画面等

形式固定下来，并由表演者加以表演。舞蹈演员在舞台上所呈现的，仅仅是对于舞蹈作品的表演。当然在某些特殊的情况下，舞蹈作品的创作者和表演者可能是同一个人，如杨丽萍的《孔雀舞》。但即使在这种情况下，我们也不能将舞蹈作品的创作者和表演者混同起来。

杂技艺术作品是指杂技、魔术、马戏等通过形体动作和技巧表演的作品。这是 2001 年修订著作权法时新增加的受保护客体。

著作权法对杂技艺术作品的保护，主要是保护杂技艺术中的艺术成分，而非杂技表演中的技巧成分。例如，杂技表演中的钻圈、滚球、顶碗，魔术表演中的掩饰性动作，以及马戏表演中的跳跃障碍等，都不能获得著作权法的保护。否则，有人将这类技巧专有起来，排除他人使用，就会妨碍杂技艺术的发展，从而有悖于著作权保护的宗旨。事实上，体育竞技一类的表演之所以不能获得著作权的保护，就在于它们更多的是技巧而非艺术，是竞技而非作品。体操、跳水、滑冰、篮球、排球和足球等等，都是如此。

在对于杂技艺术的保护中，不仅要注意保护杂技的艺术方面，还要注意这类艺术方面是否构成了作品，是否达到了独创性的要求。如果有关的杂技表演没有达到独创性的要求，没有构成著作权意义上的作品，则不能受到保护。

四 美术、建筑作品

美术作品是指绘画、书法、雕塑等以线条、色彩或者其他方式构成的，有审美意义的平面或者立体的造型艺术作品。这样，美术作品就包括了各种形式的绘画，如油画、版画、水墨画、素描等，也包括了各种形式的雕刻和雕塑作品，如石雕、木雕和以各种材料（铜、铁、铝、塑料等）塑造出来的形象。

建筑作品是指以建筑物或者构筑物的形式表现的有审美意义的作品。按照著作权法实施条例，建筑作品是指"以建筑物或构筑物形式表现"的作品。这表明，在中国著作权法中，建筑作品不包括建筑设计图和建筑模型。当然，建筑设计图可以作为图形作品受到保护，建筑模型可以作为模型作品受到保护。做出这样的规定，可能是因为一般的建筑设计图和建筑模型都可以作为作品受到保护，但并非所有的建筑物都可以作为作品受到保护。这就意味着，建筑物的外观或空间布局的各种要素，只有在构成作品、符合独创性要求时，才能作为作品受到保护。

建筑作品受到保护的，仅仅是有关建筑外观的设计，包括整体的外形、空间和设计中各种因素的排列、结合。建筑物中的标准物件，如门窗、标准建筑材料等，均不属于建筑作品的范围。由此看来，作为建筑作品受到保护的，仍然是有关建筑物外观的艺术性设计，不包括实用性的建筑组成要件和标准建筑材料。

五　摄影作品

摄影作品是指借助器械在感光材料或者其他介质上记录客观物体形象的艺术作品。摄影作品在很大程度上取决于照相器材、感光材料和数码技术等等。构成著作权法意义上的摄影作品，必须具有某种程度的艺术表现形式，必须是反映了作者独特的审美眼光和艺术视角，以及反映了作者独特的曝光、编辑加工的技巧等。那些简单的拍照，如证件照、一般的留影等，因为不具有著作权所要求的独创性，所以都不属于受著作权法保护的作品。

此外，单纯的翻拍，如翻拍文件、美术作品，甚至翻拍他人的摄影作品，都是对原作或原件的复制，不属于摄影作品。

六　电影作品和以类似摄制电影的方法创作的作品

电影作品和以类似摄制电影的方法创作的作品，是指摄制在一定介质上，由一系列有伴音或者无伴音的画面组成，并且借助适当装置放映或者以其他方式传播的作品。电影作品和以类似摄制电影的方法创作的作品，包括故事片、纪录片、科教片、木偶片、动画片、无声片和电视剧等。

电影作品，是指拍摄完成的电影，而不是指具体的电影剧本、音乐、插曲、美术设计等。这与戏剧作品不同。因为在戏剧作品中，作品是指剧本，而不是搬上了舞台的演出。之所以出现这种差别，是由电影作品的特殊构成所决定的。例如，就一部故事片来说，其中不仅包括了文字脚本、分镜头剧本、音乐和插曲、服装和背景的美术设计，还包括了导演、演员、摄影、录音、剪辑等一系列创作人员和演职人员的创作活动。应该说，一部电影是一件由许多作品综合而成的作品，反映了许多人的创作劳动。

七　工程设计图、产品设计图、地图、示意图等图形作品和模型作品

工程设计图和产品设计图，是指为施工和生产而绘制的图形作品。

地图是反映地理现象的作品，如行政区划图、地形图、地质图、矿产资源分布图、街道图等说明事物原理或者结构的作品。一方面，地图必须反映真实的地理现象。这是不受著作权法保护的客观事实。另一方面，为了让阅读者充分理解地图的内容，或者突出某些必要的内容，作者又可以在地图上添加一些指示性的和艺术性的成分。这类成分又可以分为两类情形。一类是地图绘制中惯常使用的成分，如经纬线，指示不同政区的颜色，表示沙漠、河流、湖泊和海洋的颜色或线条等。这些成分处于公有领域，不受著作权法的保护。另一类则属于绘制者独创的指示性或艺术性成分，如以熊猫或老虎表示动物园，以球拍表示运动场所。此外，突出自然保护区而绘制的地图，突出餐饮业而绘制的市区图，突出文物古迹而绘制的地图，其中的编辑、取舍等，都可以受到著作权法的保护。

示意图是说明事物原理或者结构的作品。事实上，有很多地图就属于示意图。例如，街道示意图、公园示意图、公共交通示意图，等等。但示意图的范围比地图的范围更为广泛，可以包括人体解剖示意图、动物解剖示意图、供水管线示意图等、供电线路示意图等。在示意图中，受到著作权法保护的，也是绘制者独创的指示性和艺术性成分，以及绘制者独特的编辑、选择和加工等，而不包括示意图绘制中惯常使用的成分。

模型作品是指为展示、试验或者观测等用途，根据物体的形状和结构，按照一定比例制成的立体作品。

八　计算机软件

计算机软件包括程序和文档。按照世界上大多数国家的做法，包括世界贸易组织"与贸易有关的知识产权协议"，都是将计算机软件作为文字作品予以保护。中国著作权法没有明确规定将计算机软件作为文字作品来保护，而是将之作为一类特殊的客体予以保护。著作权法第58条还规定，计算机软件的保护办法由国务院另行规定。但根据国务院于2001年12月颁布的《计算机软件保护条例》（2002年1月1日起实施），对于计算机软件的保护，又是比照文字作品来规定的。

九　法律、行政法规规定的其他作品

这是一个弹性规定。一方面，随着科学技术的不断发展，有可能产生某些新的作品种类。就像历史上曾经产生过的摄影作品、电影作品、

计算机软件一样。另一方面，随着人类认识的不断加深，原来不认为是作品的某些客体，也可能被纳入著作权法保护的范围。就像历史上曾经对建筑物、杂技有过不同的看法一样。所以，做出这样一个弹性规定，就为把这类作品纳入著作权法的保护范围留下了余地。

值得注意的是，上述几类作品仅仅是对作品种类的一种大体划分，而非严格地按照某一标准的划分。由于划分的标准或角度不同，不仅各种类别之间存在重叠，如文字作品与戏剧作品，美术作品与摄影作品，等等。而且具体到某一件作品，也可能会跨越两个甚至更多的类别。例如，话剧作品，既属于文字作品，又属于戏剧作品。又如，一首带有配词的音乐作品，既属于音乐作品，又属于文字作品。至于电影作品，更是多种艺术形式的结合，如作为文字作品的脚本，作为音乐作品的音乐及插曲，以及作为美术作品的背景设计，等等。从这个意义上说，我们与其注重将某一作品套入著作权法所规定的某类作品中，不如注重该作品是否具有独创性，是否可以受到著作权法的保护。

第四节　几种特殊作品

在涉及中国著作权法所保护的作品时，除了以上 9 类作品，还有几种特殊的作品，如演绎作品、汇编作品、实用艺术品和民间文学艺术作品，值得单独讨论。这几种作品，或者没有列入著作权法第 3 条，如演绎作品、汇编作品和民间文学艺术作品；或者虽然可以纳入第 3 条的某一类中，但法律和实施条例都未作明确的规定，如实用艺术品。此外，与汇编作品相关联的，还有一个数据库的问题，也有必要略作讨论。

一　演绎作品

严格说来，中国著作权法及其实施条例没有出现过演绎作品的字样。但是，著作权法第 12 条规定："改编、翻译、注释、整理已有作品而产生的作品，其著作权由改编、翻译、注释、整理人享有，但行使著作权时不得侵犯原作品的著作权。"事实上，对已有的作品进行改编、翻译、注释、整理，并由此而产生的作品，正是我们一般所说的演绎作品。

演绎作品是基于现有的作品，通过重新创作或改编而形成的作品。演绎作品可以是基于一件已有作品而产生，例如将某一部外国文学名著翻译成中文，或者将某一首中国民乐改编成交响曲。演绎作品也可以是基于两件以上的现有作品而完成，例如依据某一作家的两部小说拍摄一部电视连续剧，或者依据某一领域中的两部以上的外文学术著作，编译成一部中文作品而出版。

演绎作品是我们日常生活中常见的一类作品。例如，各种形式的翻译作品，各种形式的音乐改编作品，根据他人的文学艺术作品而改编形成的戏剧、小说、曲艺、舞蹈、电影、电视系列剧，各种文学名著的压缩本、改编本、节略本、配图改编本。临摹他人绘画、雕塑等美术作品而形成的作品，也属于演绎作品。此外，编辑性的修改、注释、整理或经过其他变化，如果在整体上形成了一部原创性作品，也是演绎作品。

二 汇编作品

汇编作品也未见于中国著作权法第 3 条所列举的作品种类。但著作权法第 14 条规定："汇编若干作品、作品的片段或者不构成作品的数据或者其他材料，对其内容的选择或者编排体现独创性的作品，为汇编作品，其著作权由汇编人享有，但行使著作权时，不得侵犯原作品的著作权。"汇编作品大体可以分为两类，即集合作品和事实汇编。

集合作品，即汇编若干作品或作品的片段而形成的作品，如期刊、选集、百科全书一类的作品。在这类作品中，有一系列单独享有著作权的原创性作品，如单独的文章、词条等。同时，当这些作品经过选择、编排而汇集在一起时，又在整体上构成了一部可以受到保护的集合作品。可以说，集合作品就是将单独享有著作权的作品汇编在一起而形成的作品。集合作品的独创性体现在对于文章、词条等的选择和编排上，而不在于具体的文章和词条，因为这些文章和词条是单独享有著作权的作品。集合作品的著作权产生于对文章、词条的选择和编排，不延及于具体的构成成分。

事实汇编，又称数据汇编，是将不受著作权保护的事实或数据汇集在一起而形成的作品。集合作品与事实汇编的不同在于，前者的构成成分，无论是文章还是词条，都是享有著作权的，而后者的构成成分，如事实和数据，则是不受著作权保护的。事实汇编的独创性体现在对于事实或数据的选择、编排和排列上。只有当这种选择、编排和排列符合独创性的要求时，事实汇编才可以获得著作权。而且，对于事实汇编的保护只及于选择、编排和排列，不及于其中的事实本身。其他人可以自由使用事实汇编中的事实，只要他没有使用受保护的选择、编排和排列。

应该说，集合作品和事实汇编，是汇编作品的两个极端。例如，百科全书是典型的集合作品，电话号码本是典型的事实汇编。处于这两个极端之间的，还有大量的汇编作品，既汇集了一些享有著作权的作品，又汇集了一些不享有著作权的作品，甚至包括一些单纯的事实和数据。例如，一本关于"天堂"的选集，可能汇集了一些享有著作权的作品，还可能汇集了大量不享有著作权的作品。

汇编作品的著作权，不在于所汇集的作品、材料和数据是否享有著作权，而在于对有关材料的选择、编排和排列是否构成了著作权法保护的作品。如果有关的选择、编排和排列符合独创性的要求，则构成汇编作品，受到著作权法的保护。如果有关的选择和编排达不到独创性的要求，则不能受到著作权法的保护。当然，汇编者在汇集享有著作权的作品时，应征得相关著作权人的许可，否则会侵犯他人的著作权。

三 实用艺术品

实用艺术品是指具有实用性的艺术作品，如艺术台灯、艺术烟斗、艺术器皿、带有艺术图案的地毯或挂毯等。著作权法只保护实用品的艺术方面，而不保护实用品的实用方面。而且，实用品的艺术方面只有在构成了作品时，才能够获得著作权法的保护。

中国1991年著作权法没有提供对于实用艺术品的保护。然而在1992年9月，当中国加入伯尔尼公约之前，国务院颁布了一个《实施国际著作权条约的规定》。其中的第6条明确规定保护外国人的实用艺术品，保护期为作品完成后的25年。据此，中国人的实用艺术品仍然得不到保护。直到2001年修订著作权法，上述情况才发生了根本性的变化。不仅外国人的实用艺术品可以得到保护，中国人的实用艺术品也可以得到保护。而且，对于实用艺术品的保护期限，也不再是25年，而是与其他作品相同。

然而，如果我们仔细阅读中国著作权法，包括著作权法实施条例，却找不到"实用艺术品"几个字样。那么，著作权法是依据什么来保护实用艺术品呢？

从字面上看，实用艺术品包括两个方面，即"实用"的方面和"艺术"的方面。"实用"是从物品的用途、功能、作用来说的，例如台灯、钟表、桌椅、器皿、地毯等。从"实用"的角度来说，可能涉及物品的质料、结构、成分等。这类要素，如果能够得到知识产权保护的话，也应该属于专利法的领域，而不可能属于著作权法的领域。实用艺术品的"艺术"方面，则是指物品的艺术造型、外观设计、色彩装饰等，或者说是就物品的外观所做出的富有美感的艺术表述。事实上，著作权法对于实用艺术品的保护，就是保护它的艺术方面，保护它的构成作品的方面。例如，台灯、钟表和桌椅的造型和色彩装饰，地毯的图案设计，等等。

如果我们把著作权法对实用艺术品的保护定义为对其"艺术"方面的保护，如果我们承认这里的"艺术"方面就是对某种美学思想观念的表述，那么，我们就可以将实用艺术品归入"美术作品"的范畴。事实上，中国著作权法正是通过对于美术作品的保护，提供着对于实用艺术品的"艺术"方面的保护。据著作权法实施条例第4条："美术作品，是指绘画、书法、雕塑等以线条、色彩或者其他方式构成的有审美意义的平面或者立体的造型艺术作品。"从这个定义中，尤其是从"有审美意义的平面或者立体的造型艺术作品"中，我们不难体会出实用艺术品的"艺术"方面。

四　民间文学

中国著作权法第6条规定保护民间文学艺术作品，同时又规定保护办法由国务院另行规定。这表明，民间文学艺术是一种特殊的受保护对象。

严格说来，"民间文学艺术作品"的提法并不准确。比较适当的提法应当是"民间文学艺术"（folklore）或者"民间文学艺术表述"（expressions of folklore）。大体说来，民间文学艺术是指某一民族或某一地区人民的传统艺术表述，如民间传说、民间诗歌、民间音乐、民间舞蹈、民间服饰、民间建筑和民间宗教仪式等。显然，这类传说、诗歌、音乐、舞蹈、服饰、建筑和宗教仪式等，都是某种思想观念或情感的表述。

民间文学艺术的最大特点是世代流传、不断变化，没有形成固定下来的作品。说"民间文学艺术作品"的提法不太准确，正是从这个意义上说的。民间文学艺术一旦固定下来，并且构成了著作权法意义上的作品，就可以受到著作权法的保护。例如，经过整理而成为文字作品的藏族史诗《格萨尔王传》、吸取赫哲族民歌要素而创作的《乌苏里船歌》（郭颂），以及吸取陕西剪纸艺术而创作的蛇年邮票图案（白秀娥），都已经不再停留在"民间文学艺术表述"的层面上，成为直接受到保护的作品。

保护民间文学艺术，至少应当解决以下两个问题。第一，能否将民间文学艺术当作一种知识产权的对象来保护。民间文学世代流传、不断变化，或者存在于口头传说中，或者尚未形成作品，难以作为著作权保护的客体。第二，如何保护民间文学艺术。保护民间文学艺术的"表述"，尤其是保护没有构成作品的"表述"，确实是非常困难的。如果法律赋予民间文学艺术以某种权利，谁是权利的主体，权利的客体是什么，以及如何行使权利，都会出现一系列的不确定性。

应该说，是否保护民间文学艺术，以及以何种方式保护民间文学艺术，完全是由各个国家基于自己的利益而决定的事情。中国具有悠久的历史，众多的民族，辽阔的地域，民间文学艺术的资源非常丰富，应当尽早提供对于民间文学艺术的保护。早在 1991 年著作权法中，就规定保护民间文学艺术，规定由国务院制定有关保护办法。但时至今日，仍然不见有关规定或办法的踪迹。看来，中国应该加快"民间文学艺术保护办法"的制定。

五　数据库

数据库是指对于作品、数据或其他材料的系统汇编，而且使用者可以通过电子或其他的手段使用其中的数据。数据库与汇编作品密切相关，在范围上要大于汇编作品。数据库不仅包括汇编作品，而且包括不构成汇编作品的数据汇编。事实上，在受到著作权保护的汇编作品与不受著作权保护的数据汇编之间，并不存在一条清晰的分界线。如果考虑到汇编作品是作品、数据或其他材料的汇集，数据汇编也是作品、数据或其他材料的汇集，这种分界线就更难以划分了。

对于数据库的第一种保护方式，是将数据库作为汇编作品加以保护。如果数据内容的选择、编排具有著作权法所要求的独创性，构成了汇编作品，就可以得到著作权法的保护。但那些在选择和编排上缺乏独创性，不构成汇编作品的数据库，则得不到保护。比如以姓名为序编排的电话号码本。而且，即使是在构成汇编作品的情形下，对于汇编作品的保护也不及于数据库中的内容。

事实上，以汇编作品的方式保护数据库，保护的对象是"汇编作品"，而不是其中的数据或材料。即使第一个数据库的制作者投入了大量的人力、物力和资金来获取、订正和编排数据、资料，他的这种投资也不能通过汇编作品的方式得到保护。显然，这种保护方式远远不能满足数据库的制作者保护自己投资的要求。

对于数据库的第二种保护方式，是特殊权利（sui generis right）的保护。这是针对数据库内容的保护。在这方面，欧盟曾经在1996年3月发布过一个"关于数据库法律保护的指令"。下面，仅以欧盟的"数据库指令"为例，说明"特殊权利"对数据库内容的保护。

按照欧盟的"数据库指令"，受到保护的数据库，不仅包括电子数据库，还包括非电子数据库。数据库的内容可以是文学、艺术、音乐或其他形式的作品，也可以是图像、数字、事实和数据等。有关的数据库应当以系统、有序的方式编排，让使用者可以通过电子或其他方式使用或者获取其中的数据。数据库的保护期是自编写完成后的15年；数据库的任何一次新的更新，都可以使之获得一个重新计算的15年保护期。

根据欧盟的"数据库指令"，受保护的不是独创性的对于资料或数据的选择和编排，而是数据库制作者的投资，如人力、物力和资金的投入等。正是通过上述的投入，数据库的制作者才得以搜集、订正和编排出有关的数据库。根据规定，数据库的制作者有权禁止他人全部或大量抽取（extraction）数据库中的内容，有权禁止他人反复使用（re-utiliza-tion）数据库中的全部或大量内容。或者说，他人要想做上述两种方式的使用，就必须获得数据库制作者的授权。

第五节 不受法律保护的作品

中国著作权法在规定受保护作品的同时，还规定了一些不受著作权法保护的作品。这就是著作权法第4条和第5条的规定，其中涉及了四种不受保护的作品。

一 依法禁止出版传播的作品

著作权法第4条规定，依法禁止出版、传播的作品，不受本法保护。其中的"依法"，是指依据宪法、法律、行政法规和其他法律的规定；其中的"禁止出版、传播的作品"，主要是指内容反动、淫秽和违反社会公德的作品。值得注意的是，这里所说的是依据法律禁止出版、传播的作品，是由主管部门依据法律、法规确定的那些作品，而不是由某一使用者或者某个个人所确定的。

应该说，中国著作权法的这一规定，与伯尔尼公约的第17条存在着明显的差距。根据公约第17条的规定，对于任何作品或制品的发行、演出、展出，成员国政府都可以在必要时，通过法律或条例予以监督或禁止。按照这一规定，任何作品在其产生之后，都依据著作权法享有著作权。但是成员国可以通过法律、法规，在必要的时候限制或者禁止权利人行使自己的著作权，如不得发行、演出、展出相关的作品，等等。而按照中国著作权法第 4 条第 1 款的规定，依法禁止出版、传播的作品本身就不享有著作权。这显然是以其他法律的规定剥夺了作者依据著作权法所享有的权利。既然某些作品本身就不受著作权法的保护，再去谈以法律、法规监督或禁止某些作品的发行、演出、展出等，就失去了意义。

一般认为，在有著作权法存在的时代，作品一旦创作出来就应当享有著作权。至于权利人能否行使著作权，或者作品能否出版发行，则应当受到其他法律的限制。例如，即使是淫秽和违反社会公德的作品，也可以依据著作权法享有著作权。但是新闻出版法一类的法律，根据维护统治、维护社会公德的需要，又可以禁止这类作品的出版和传播。伯尔尼公约第 17 条所反映的正是这样的含义。而且，这样的说法与中国著作权法第 5 条第 2 款的规定也是一致的，即"著作权人行使著作权，不得违反宪法和法律，不得损害公共利益"。

此外，"淫秽"、"违反社会公德"一类的字词，也带有很强的某一时代道德评判的色彩。随着社会的发展、变革，随着人们道德意识的变化，在上一个时代是"淫秽"、"违反社会公德"的作品，在下一个时代可能并非淫秽或违反社会公德。例如，美国早期的判例基本上拒绝对淫秽作品提供版权保护。但在 1979 年的"米切尔"一案中，美国第五巡回上诉法院对此做出了澄清。该案的判决指出，以某一时代的标准判定作品为淫秽，然后否定版权保护，将导致对某些作品不提供版权保护。而在后世人看来，这些作品可能不仅不是淫秽的，甚至具有很高的文学价值。在这方面，法院举出了英国和美国的一系列例子，如英国拜伦、雪莱的作品曾被法院判定为不道德，而劳伦斯的《查泰莱夫人的情人》等作品也曾被美国法院判定为淫秽书籍。法院的判决还指出，各个地区关于某一作品是否淫秽的标准也是不一样的。如果各个地区的法院在"淫秽标准"的适用上各有分歧，就会造成全国性标准的不统一。①

---

① Mitchell Brothers Film Group v. Cinema Adult Theater, 604 F. 2d 852, 203 USPQ 1041 (5th Cir. 1979).

二　立法、行政和司法性质的文件

立法、行政、司法性质的文件，是指全国人大及其常委会制定的法律，国务院制定的行政法规，各省、自治区、直辖市人大及其常委会制定批准的地方性法规，民族自治地区的自治条例和单行条例，国务院各部委和地方政府依法制定的行政规章，各级立法机关、行政机关、人民法院和人民检察院做出的决议、决定、命令和其他具有立法、行政、司法性质的文件，以及由国家机关确认的上述文件的正式译文。

立法、行政、司法性质的文件，又称政府文件或官方文件，在世界上绝大多数国家都不受著作权法的保护。此外，一些政府间组织的正式文件，如欧盟委员会的文件，甚至一些国际性组织的文件，如联合国的一些文件和决议，世界贸易组织的一些文件和决议，也不受著作权法的保护。当然，也有个别国家如英国，规定官方文件享有政府版权或王室版权（crown copyright）。但即使是在这种情况下，这种王室版权也仅在英国有效，其他国家的人如中国人，仍然可以在中国自由使用英国的官方文件。因为，依据中国著作权法和中国加入的国际公约，英国的官方文件在中国不受保护。

政府文件或官方文件虽然不受著作权法的保护，但在使用这类文件时，至少还应当注意两个问题。

第一个问题是，不得随意编辑出版法律、法规的汇编。这是因为，早在1990年8月，国务院就颁布了一个《法规汇编编辑出版管理规定》。按照这个规定，为了维护国家法制的统一和尊严，凡属法律汇编，只能由全国人大法律工作委员会编辑；凡属行政法规汇编，只能由国务院法制局编辑；凡属军事法规汇编，只能由中央军委法制局编辑；凡属部门规章的汇编，由国务院各部委依照该部委的职权范围编辑；凡属地方性法规的汇编，由地方人大常委会及地方政府指定的机构编辑。上述法律、法规汇编的出版，也分别由有权编辑的部门，选择中央一级的出版社或地方出版社出版。法律及行政法规汇编的少数民族文本及外文本，分别由全国人大法律工作委员会和国务院组织翻译或协助审定。违反上述规定而擅自出版法律法规汇编的，将受到行政处罚。

结合著作权法和上述规定，某一个人或团体，可以自由使用法律法规等官方文件，如在专著中附上某一方面的法律法规，或者在杂志上刊登某一部新通过的法律或法规，不必经过立法、行政、司法机关的同意。但是，任何个人或团体，又不得随意编辑出版法律、法规的汇编。

如果真的有人这样做了，他违反的不是著作权法的规定，而是《法规汇编编辑出版管理规定》；他所受到的制裁，不是著作权法规定的制裁，而是《法规汇编编辑出版管理规定》中规定的行政处罚。

第二个要注意的问题是官方文件的译本。正式的官方文件的译本，如法律、法规的少数民族文字译本或者英文译本，不受著作权法的保护。但是，非正式的译本，无论是个人翻译的还是团体翻译的，无论是将中国的法律法规译成外文，还是将外国的法律法规译成中文，又是享有著作权的。例如，我们不能因为美国专利法不享有版权，就将翻译成中文的《美国法典》中的专利法拿来复制、发行。这是因为，美国专利法虽然不享有著作权，但那仅指英文版本或美国政府确定的其他译本。一位中国公民将美国专利法译为中文，他虽然不能就美国专利法享有著作权，但是他就自己的翻译却享有无可争议的著作权。这与演绎作品的情况是一样的。当然，这位中国公民也没有权利阻止他人重新翻译美国专利法，因为他的著作权仅仅局限于他的翻译。他人不仅可以重新翻译，而且还可以就自己的翻译享有著作权。

三　时事新闻

时事新闻，是指通过报纸、期刊、电台、电视台和网络等传播媒体报道的、单纯事实的消息。例如，2001 年 9 月 11 日美国发生大规模恐怖袭击事件，2003 年 5 月 21 日阿尔及尔发生大地震，等等。

一般说来，时事新闻只是对于客观事实的反映或报道，属于著作权法不予保护的思想观念和事实。按照著作权法的原理，不能因为第一个人报道了某一客观事实，他人就不能再去报道。所以，世界各国的著作权法均将时事新闻排除在著作权法保护的范围之外。例如，伯尔尼公约第 2 条第 8 款就规定，本公约的保护不适用于日常新闻或纯属报刊消息性质的社会新闻。

时事新闻不受著作权法的保护，并不意味着某一记者写作或发回的报道不受著作权法的保护，也不意味着某一报纸或期刊刊登的报道可以由他人任意转载。在这里，我们必须将以下两者区别开来，即一方面是不受保护的时事新闻（事实），另一方面是受保护的报道时事新闻的作品（表述）。例如，关于国家领导人出访的详细报道，关于宏观经济形势的详细报道，以及类似新闻调查一类的节目，其中不仅有不受保护的时事新闻（事实）的要素，还有受保护的文学艺术的创作和加工。任何人都不能以时事新闻不受保护为由，随意转载或转播他人的新闻报道或节目。

应该说，中国著作权法实施条例关于"时事新闻"的定义，就说明了这一点。根据实施条例第 5 条，"时事新闻，是指通过报纸、期刊、广播电台、电视台等媒体报道的单纯事实消息"。值得注意的是，这里所说的是"单纯事实消息"，而不是对于事实的报道。那些既有时事新闻，又有记者的文学艺术加工的报道，已经不再是单纯的事实消息。对于第一个人报道的时事新闻，他人或者可以传播其中的"单纯事实消息"，或者可以对该时事新闻进行自己的采访和报道。

四　历法、通用数表、通用表格、公式

历法、通用数表、通用表格和公式不受著作权法的保护，大体有两个原因。

第一个原因，涉及思想观念与其表述的"合并"。在历法、通用数表、通用表格和公式的情况下，对于相关的思想观念的表述，或者只有一种表述方式，或者只有有限的几种表述方式。如果允许某人就这类作品享有著作权，就会将相关的思想观念专有起来。

第二个原因，历法、通用数表、通用表格和公式，其中的绝大多数已经处于公有领域之中。例如，通用数表和通用表格中的"通用"两个字，已经表明这些东西是在公有领域之中。根据知识产权保护的原理，任何人都不得将已经进入公有领域的东西重新纳入专有领域。

此外，与时事新闻中的情形一样，要注意区分不受保护的历法、通用数表、通用表格和公式，以及他人在立法、通用数表、通用表格、公式基础上的创作成果。例如，一般说来历法不受保护。但如果某人以历法为基础，制作了设计新颖、装帧精美的台历或挂历，那么制作者对于其中的美术设计和装帧就享有著作权。任何人都不得以历法不受保护为由，擅自复制他人的台历或挂历。

┌─ 问题与思考 ─┐

2004 年，重庆有一位画家诉另一位画家侵犯了自己的著作权。具体说来，就抗日战争时期日军轰炸重庆的历史事实，两位画家分别创作了油画，其中都有朝天门码头、嘉陵江与长江的交汇、两边的山峦，以及日军轰炸的烟云，等等。（相关报道见《检察日报》2005 年 12 月 15 日）

　　要想判定该案的被告是否侵权，首先应该清楚什么是著作权保护的表述，什么是不受保护的思想观念。就本案而言，著作权的保护显然不及于朝天门码头、嘉陵江、长江、山峦和轰炸而起的烟云。这些都是客观事实。除此之外，创作油画作品的技法，如颜色、线条、笔法等等，也不属于作品。这样，著作权法所保护的就是对于思想观念的表述，以及由这样的表述所形成的作品。从相关的资料看，无论是原告的作品，还是被告的作品，都是具有很高的原创性的作品。他们都是在已有事实的基础上，运用自己手中的画笔和创作技法，对于日军轰炸重庆、中国人民艰难抗战这一主题，进行了表述，并由此而形成了各自的油画作品。应该说，在本案中不存在被告侵犯原告著作权的问题。

　　思想观念与表述的分界，是著作权法中的一个核心问题。著作权法明确不予保护的时事新闻、历法、通用数表、通用表格、公式，都体现了思想观念与表述的分界。而在著作权侵权诉讼中，被告是抄袭了原告的表述（作品），还是抄袭了原告作品中所体现的思想观念，对于侵权成立与否就是至关重要的。

复习题

1. 什么是思想观念？什么是思想观念的表述？
2. 什么是作品？什么是作品的独创性？
3. 如何理解实用艺术品的艺术方面？
4. 哪些作品不受中国著作权法的保护？

阅读书目

Paul Geller, Myers Nimmer: International Copyright Law and Practice, Matthew Bender, 2002.

郑成思:《版权法》(修订本)，中国人民大学出版社，1997。

吴汉东主编《知识产权法》，法律出版社，2004年1月。

李明德:《美国知识产权法》，法律出版社，2003年10月。

第五章　著作权的内容

要点提示

　　本章主要讨论著作权的内容，包括作者的精神权利和经济权利，以及有关经济权利的归类。

　　本章还着重讨论了著作权的各种限制，认为这是著作权法平衡作者利益和社会公众利益的核心之所在。

　　根据中国著作权法，著作权随着作品的完成而自动获得。这里的自动获得，既包括不需要加注版权标记，也包括不需要经过任何机关或个人的批准或授权。而且，著作权的产生，仅以作品的完成为要件，与作品的是否发表无关。著作权的自动获得，是世界上绝大多数国家实行的著作权获得方式，也是伯尔尼公约规定的著作权获得方式。

　　著作权由作者的精神权利和经济权利两部分构成。著作权法在规定各种权利的同时，还规定了权利的保护期和对于权利的各种限制。下面分别加以讨论。

第一节　作者的精神权利

一　精神权利的概念

　　精神权利（moral right）是指作者就作品中所体现的人格或精神所享有的权利。

　　作品是作者的人格或精神状态的延伸，或者说作品体现了作者的人格，体现了作者的思想、情感等精神状态。就同一个主题，作者可以用文字的、音符的、色彩的等方式加以表现，可以用小说、散文、诗歌、戏剧等方式加以表现。即使是用小说的方式表现同一个主题，比如爱情，随着年龄、性别、阅历和性格的差异，不同的作者创作出来的小说也是非常不同的。可以说，无论是在创作文字作品、音乐作品、美术作品、戏剧作品中，还是在创作图形作品、模型作品中，甚至是在编写计算机软件中，创作者都将自己的思想、情感、人格等等，或多或少地融入了作品之中。从某种意义上说，作品是作者人格和精神的产物，作者就其中所体现的人格和精神拥有绝对的权利。

作品是作者人格或精神的延伸，有关这种人格或精神的权利，也只能由作者本人享有。所以，在说到著作权中的精神权利时，更准确的说法应当是作者的精神权利。当我们说到著作权中的财产权利的时候，权利的享有者可以是作者，也可以是其他人，如受让人、继承人等等。而在说到著作权中的精神权利的时候，权利的享有者只能是作者，而不能是其他人。因为作者的精神权利是不可以转让的。正是基于这样的原因，本节的题目使用了"作者的精神权利"，而没有像许多论著那样泛泛去谈著作权中的精神权利。

在中国著作权法中，精神权利被称为"人身权利"。应该说，以"人身权利"指称精神权利，并不准确。人身权利是一个民法上的概念，包括人格权和人身权。其中的人格权是指自然人与生俱有的权利，如生命权、姓名权等等；其中的人身权是指自然人基于某种身份而产生的权利，如亲属权、配偶权等等。由此可见，人身权利是一种远比精神权利广泛得多的权利。用"人身权利"指称精神权利，很容易造成一些不必要的误解，让一些人从宽泛的人身权利的概念来理解狭窄的作者精神权利，从而扩大了作者精神权利的范围。

当然，作者的精神权利与人身权利具有一定的联系。例如，人们可以从身份的角度去理解作者与作品的关系。但是，民法上的身份权是基于伦理亲情而产生的身份性权利，与作者基于创作而产生的与作品的关系迥然不同。又如，人们也可以从人格的角度去理解作品中所体现的作者的人格。但即使是在这样的情况下，法国的法院还是认为，作者的精神权利不同于他的人格权，并且在司法实践中着力将作者的精神权利与他的"其他的人格权"（other rights of personality）区别开来。① 应该说，作者的精神权利与民法中的人格权最为接近，并且在范围上小于人格权。

在大陆法系国家，精神权利在著作权中居于核心的地位。一般认

---

① International Copyright Law and Practice, France, 2001.

为，作者就作品所享有的权利，是先有精神权利的产生后有财产权利的产生。作者的精神权利独立于财产权利而存在，甚至当所有的财产权利都已经不存在时，仍然有精神权利的存在。例如，依据德国著作权法，作者的精神权利是一项不可转让的权利。即使作者通过合同转让了所有的财产权利，他仍然保留着自己的精神权利。如果随着科学技术的发展而出现了利用作品的新方式，他仍然可以依据保留在自己手中的精神权利，控制对于作品的新的利用方式，并由此而享有新的财产权利。①

一般认为，作者的精神权利由四个部分构成，即发表权、署名权、保护作品完整权和收回作品权。对于这四个内容，各国著作权法的规定不尽相同。例如，法国规定的最为完整，将四项权利统统规定在了著作权法中。美国版权法在规定视觉艺术家的精神权利的时候，只规定了署名权和保护作品完整权。中国著作权法又有不同，规定作者享有发表权、署名权、修改作品权和保护作品完整权。虽然是四项权利，但又与法国所规定的四项权利不同，多了一个修改作品权，少了一个收回作品权。然而细究起来，修改作品权仍然是在四项权利之内。因为，修改作品权与保护作品完整权，大体是一个问题的两个方面。

由于各国著作权法对于精神权利的规定不尽一致，伯尔尼公约仅规定了其中的两项权利，即署名权和保护作品完整权。事实上，这正是作者精神权利的主要内容。其中的署名权，是作者向世人宣告自己与作品关系的一种权利。其中的保护作品完整权，则是作者维护自己人格或精神情感的完整性的权利。至于伯尔尼公约没有规定的发表权，在很大程度上与作者行使的各种经济权利相重合。即使不单独规定，也不会产生太大的问题。另一项没有规定的收回作品权，既涉及作者有多大的可能性收回已发表作品的问题，又涉及作者如何赔偿作品的使用者，如出版商的利益的问题。所以，即使在规定了收回作品权的国家，对这项权利也作了很大的限制。可以说，发表权和收回作品权，属于精神权利的边缘内容。

二　发表权

根据中国著作权法第 10 条第 1 款，发表权是指作者"决定作品是否公之于众的权利"。具体说来，是指作者有权决定其作品是否发表，何时发表，以及以何种形式发表。因为，作者是作品的创作者，只有作

---

① International Copyright Law and Practice, Germany, 2001.

者才知道作品是否已经创作完成，是否应当发表和以何种形式发表。也正是从这个意义上，只有作者才能行使发表权，决定是否发表、何时发表等事项。至少是在作者生存的期间，他人无权代替作者做出与发表有关的决定。

在说到作者的发表权的时候，要注意区分发表与出版的不同。出版是将作品制作成一定数量的复制品，提供给社会公众。其中的制作复制品，相当于行使了复制权；其中的提供给社会公众，又相当于行使了发行权。所以一般认为，出版是复制与发行的结合。而发表的含义则比出版的含义广泛得多。除了出版，还包括表演、展览、放映、广播等等。根据国际公约和有关国家的法律，以表演和展览等方式将作品公之于众，都不属于出版。例如，伯尔尼公约第 3 条规定，戏剧、音乐戏剧或电影作品的表演，音乐作品的演奏，文学作品的公开朗诵，文学或艺术作品的有线传播或广播，美术作品的展出和建筑作品的建造等等，均不构成出版。美国版权法第 101 条也明确规定，"公开表演或展览作品，不构成出版"。正是基于这样的认识，美国法院还判定，美国民权运动领袖马丁路德金虽然向二十多万公众发表了"我有一个梦"的演讲，但这不属于版权法意义上的"出版"，而属于表演作品。因为，他没有通过作品的复制品的方式向公众提供或传播的自己的作品。①

发表权与著作权中的各项财产权利密切相关。事实上，作者为了行使自己的发表权，必须决定是否以某种方式利用自己的作品，或者必须决定首先行使自己的哪一项财产权利。例如作品完成之后，作者无论是行使出版权（复制权和发行权），还是行使表演权或展览权，将自己的作品公之于众，本身又都是在行使精神权利中的发表权。与财产权利截然分开的发表权是不存在的。可以说，著作权法中有多少种经济权利，作者就有多少种行使发表权的方式。

正是基于发表权与财产权利的这样一种关系，很多国家的著作权法或版权法没有规定作者的发表权。至于那些规定了发表权的国家，也对发表权做出了类似于财产权利的一些规定。例如，中国著作权法实施条例第 17 条规定，作者生前未发表的作品，如果作者未明确表示不发表，作者死亡后可以由继承人或受遗赠人行使发表权。如果既没有继承人又无人受遗赠，则由作品原件的所有人行使发表权。又据中国著作权法第 21 条，财产权利的保护期为作者的有生之年加 50 年，精神权利中的发

---

① King v. Mister Maestro. , Inc, 224 F. Supp. 101 (S. D. N. Y. 1963).

表权的保护期限也是作者的有生之年加 50 年。而对于署名权、修改权和保护作品完整权的保护期限，则没有任何限制。

关于发表权与经济权利的这种关系，德国著名版权学家迪茨教授认为，法律在规定作者的各种经济权利的同时，又规定或承认作者的发表权，是为了强调作者精神权利的这一个方面，强调只有作者本人可以决定自己的作品是否发表和以何种方式发表。[1]

三　署名权

署名权是指，作者有权在自己所创作的作品上署名，向世人宣告自己与特定作品之间的关系。应该说，署名权已经进入了作者精神权利的核心。通过在作品上署名，作者向世人宣告了他与作品的自然关系，他与作品中所体现的思想、人格、精神、情感的关系。作者可以在作品上署名，是基于他与作品的这种自然关系；其他人不得在作者的作品上署名，是因为其他人与该作品之间不存在这种自然关系；作者因为他人的擅自修改而拒绝署名，也是因为他人的修改破坏了作者与作品的这种自然关系。从这个意义上说，作者与作品的关系，类似于父亲与子女的关系。大陆法系中将作者的署名权称之为"身份权"（right of paternity），所表达的就是这样一种自然身份关系。

作者署名的方式，应当是一种"善意的署名"或适当的署名。在印刷物和录音制品上署名，一般不会产生太大的问题。在电影作品中，由于参加创作的人员很多，不同作者的署名可能会有顺序、字体大小的问题。只要署名的方式符合一般认可的惯例，作者就应当接受，不能提出苛刻的要求。如果作者要求在实用艺术品上、建筑物上署名，就会产生一些问题。为了保证实用艺术品、建筑物的美观和整体效果，可能会限制作者的署名，或者让作者以适当的方式署名。至于计算机软件一类的作品，可能不涉及作者署名的问题。即使出现了所谓的署名，很可能就是投资者的名称，如微软公司等等，而不必是软件编写者的名字。所以，"善意的署名"或者适当的署名，也可以看作是对作者署名权的限制。

与作者署名权密切相关的，还有一个"冒名"的问题，即把自己的作品当作他人的作品发表。1995 年由上海高级人民法院判决的"吴冠中诉朵云轩"一案，所涉及的就是有人将自己所创作的绘画，假冒著

---

[1]　International Copyright Law and Practice, Germany, 2001.

名画家吴冠中的名字发表和拍卖。① 对于这种冒名作品，有的国家适用商标法或反不正当竞争法来加以制止。如果把作品当作产品，那么冒名将某一作品投入市场，就是一种不正当竞争行为，理应受到反不正当竞争法或商标法的制止。例如美国有一个判例，有人在音乐磁带的封面上显著地印上了一位著名演唱家的名字，但其中并没有该演唱家单独和主要演唱的歌曲，只有一两首歌曲的背景中有该演唱家的声音。法院判决这属于不正当竞争中的假冒。②

当然，冒名作品不仅仅是一个"假冒"的问题。从著作权法的角度来看，冒名作品还侵犯了被冒者的精神权利。因为，被冒者没有创作有关的作品，他与有关的作品不存在任何人格和精神上的联系。基于这样的原因，一些国家的著作权法从维护作者精神权利的角度，禁止冒名作品。例如，英国1988年著作权法在规定作者的精神权利时，就禁止他人假冒作者之名发表作品。中国著作权法第47条也禁止"制作、出售假冒他人署名的作品"。

《世界版权公约》所涉及的版权标记，与作者的署名权是否有关系呢？中国法院在2004年涉及了这样的问题。根据案情，日本动画形象"奥特曼"曾经是与米老鼠、唐老鸭齐名的动画形象。几家中国公司未经许可而生产和销售了"奥特曼"形象产品，并且带有版权标记@Tsuburaya Chaiyo。其中的Tsuburaya Chaiyo是一家泰国的被许可人，而非日本的著作权人。原告由此而主张被告侵犯了自己的署名权。虽然中国法院判定原告享有著作权，判定被告侵权，但又没有判决被告侵犯了原告的署名权。③ 因为按照《世界版权公约》和相关国家的法律，版权标记之后的人是版权所有人，可以是作者，也可以是版权的受让人，如出版者等等。版权标记仅仅是表明，该作品的版权所有人是谁，而不是署名的方式。即使版权标记后面的版权所有人写错了，也没有侵犯作者的署名权。当然，这种错误表示，可以通过其他的方式，诸如反不正当竞争法中的制止虚假标示的方式，加以纠正。

四　保护作品完整权和修改权

保护作品完整权，是指作者有权禁止他人歪曲、篡改和割裂其作

---

① 吴冠中诉上海朵云轩等侵犯著作权案，1995沪高民终（知）字84号。

② Gilliam v. American Broadcasting Companies, Inc., 192 USPQ 1 (2d Cir. 1976).

③ 《中国经济时报》2005年1月19日。

品，并且此种歪曲、篡改和割裂会有损于作者的声誉。与署名权一样，保护作品完整权也居于作者精神权利的核心。作品是作者精神和人格的产儿，体现了作者的思想、情感和精神、人格等等。如果作者不享有保护作品完整的权利，任由他人歪曲、割裂和篡改自己的作品，势必破坏了作品的完整性，破坏了体现在其中的精神和人格等等。

　　破坏作品完整性的含义十分广泛。例如，出版社或报社未经作者许可而大量删改作品，将宗教性的音乐用在商业性广告中，未经许可将装饰摄影作品的边框去掉，未经许可在绘画作品上增加色彩或删去某些部分。在法国还有一些典型的事例，如在已经修建好的建筑群中，加入了一个新的建筑，破坏了建筑作品的整体感。甚至有一个判例，一位艺术家设计了一件纪念碑作品，由于施工者任意改变，艺术家让施工者下令拆除了已经修建好的建筑物。①

　　保护作品完整权是一项由作者行使的权利，什么样的情形构成了对作品的歪曲、篡改和割裂，也由作者判定。但如果真的任由作者掌握歪曲、篡改和割裂的标准，必然出现某些作者滥用权利，提起一些琐碎而干扰他人的诉讼。所以，伯尔尼公约和很多国家的著作权法都规定，他人对作品的歪曲、篡改和割裂，必须达到有损作者声誉的程度。显然，这是对保护作品完整权的一种限制。根据这样一个标准，出版社、报纸杂志社可以对作品进行必要的文字性加工，实用艺术品的生产者可以因为生产的需要，建筑物的施工者可以因为施工的需要而对作品进行必要的更改。换句话说，这种修改是一种善意的修改，总体上不影响作品的完整性，而且在绝大多数情况下作者都能够接受。当然，什么是有损作者的声誉，什么是善意的修改，又应当在具体的司法实践中由法院加以确定。

　　在有些作品中，这种善意修改的幅度可能还很大。例如，电影作品是一种综合艺术作品，为了整部电影的最后效果，导演或制片人对于其中的各个作品和演员的表演，可能会做出较大的修改或删节。一般来说，当作者将自己的作品提交给他人拍摄电影，就意味着许可导演对作品进行较大的修改。中国著作权法实施条例第10条就规定："著作权人许可他人将其作品摄制成电影作品和以类似摄制电影的方法创作的作品的，视为已同意对其作品进行必要的改动，但是这种改动不得歪曲篡改原作品。"

---

　　① International Copyright Law and Practice, France, 2001.

　　与伯尔尼公约和很多国家的著作权法相比，中国著作权法在规定作者的精神权利时，多出了一项修改权，"即修改或者授权他人修改作品的权利。"修改权的规定，并不表明中国著作权法对作者提供了高于伯尔尼公约的保护。修改权可以作狭义和广义的理解。狭义的修改权与保护作品完整权具有相同的含义，不过是一项权利的两个方面。也就是说，从正面讲，作者有权修改自己的作品，或者可以授权他人修改自己的作品。从反面讲，作者有权禁止他人篡改、歪曲、割裂自己的作品。无论是自己修改还是禁止他人修改，目的都是维护作品的完整性，维护体现在作品中的作者的思想、情感、精神和人格。广义的修改权，则有可能理解为下面要讨论的"收回作品权"。因为，对于已经复制发行的作品，对于已经在市场上流通的作品进行修改，除了收回作品别无他法。

　　当然，中国著作权法规定作者享有修改权，还是有其特定的意义的。例如，当作品已经复制发行后，按照著作权法的有关规定，作者确实不能将已经在市场上流通的作品收回来，进行修改。但如果在作品再次复制之前，让作者有一个修改的机会，对于作者和社会公众都会是一件好事。当然，再次复制之前的修改，对于作品的利用者如出版社等而言，不一定有利。所以在这种情况下规定作者享有修改权，让作者依据修改权进行特殊情况下的修订，就是必要的。在这个意义上，修改权又可以算作"半个收回作品权"。①

五　收回作品权

　　收回作品权，是指作者有权收回已经复制发行的作品，其目的是修改作品或终止作品的复制发行。作者将已经完成的作品许可他人使用、复制、发行，表明作者已经行使了发表权，认为可以将自己的精神产儿交付给社会公众。在行使了发表权之后，又想将自己的作品收回，可以是因为作者的思想、情感、精神发生了变化，或者是作者认为发表作品的时机在事实上还不成熟，等等。应该说，收回作品权是对发表权的补充，是向作者提供一个机会，万一自己因为思虑不周而发表了作品，还能有一个补救的机会，收回作品进行修改或者终止作品的复制发行。

　　收回作品权是一项特殊而极端的权利。行使收回作品权涉及一系列

①　参见郑成思著《知识产权法》，法律出版社，2003，第319~321页。"半个收回作品权"的说法，是郑成思教授与作者讨论该问题时提出的。

的问题，诸如有无可能收回已经在市场上流通的作品，以及如何补偿作品的使用者如出版社、发行商的损失的问题。所以，伯尔尼公约没有规定这项权利，世界上绝大多数国家的著作权法也没有规定这项权利。事实上，就是在规定了这项权利的国家，作者也极少行使这项权利。因为按照有关国家的著作权法，即使有的作者想行使这项权利，也要受到一系列的限制，如补偿作品的使用者由此而产生的损失，等等。

六　精神权利的保护期

在论述精神权利的保护期以前，有必要先了解著作权保护上的"一元论"和"二元论"。按照"一元论"的理论，由作品的创作而产生的精神权利和经济权利是一个不可分割的统一体。在"一元论"的指导下，著作权法中许多有关精神权利的规定与经济权利密切相关，很多有关经济权利的规定也与精神权利密切相关。而按照"二元论"的理论，由作品的创作而产生的经济权利和精神权利是相互分离的。在"二元论"的指导下，著作权法中关于精神权利的规定与经济权利无关，关于经济权利的规定也与精神权利无关。严格说来，著作权保护上的"一元论"和"二元论"，仅仅存在于欧洲大陆法系国家的著作权法，与英美法系的版权法体系无关。而在大陆法系国家中，德国和法国又分别是"一元论"和"二元论"的典型。事实上，正是这种不同的理论，导致了德国和法国在精神权利保护期上的不同规定。

按照法国的"二元论"，精神权利与经济权利相互分离，因而精神权利的保护期与经济权利的保护期不同。按照法国著作权法的规定，经济权利的保护期为作者的有生之年加70年，或在合作作品的情况下为最后一位作者死后加70年，等等。而精神权利的保护则没有时间的限制，由作者的后代加以继承。在作者死后，一旦发生了侵犯作者精神权利事情，由作者的后代主张权利，维护其祖先的利益。

而按照德国的"一元论"，精神权利与经济权利为一个不可分割的统一体，所以精神权利的保护期与经济权利的保护期相同。根据规定，精神权利和经济权利的保护期都是作者的有生之年加70年，或在合作作品的情况下为最后一位作者死后加70年。如果在作者死亡后发生了侵犯作者精神权利的事情，在其死亡后的70年中，由继承人主张和维护。在作者死亡后的70年以后，发生了侵犯作者署名权和保护作品完整权的事情（这时已经不存在发表权的问题），则由国家的文化部门干预和纠正。而且，国家文化部门干预和纠正的，不仅涉及受到过著作权法保护的作品，还涉及没有受到过著作权法保护的作品，如著作权法产生以前的作品。

在精神权利的保护期上，德国的规定似乎比法国的规定更合理一些。例如，按照法国的规定，精神权利固然可以一直由作者的后代继承下去，但在没有了经济权利以后（作者死后 70 年），以及在过去了数代人之后，如何维护作者的精神权利就会发生问题。而按照德国的做法，作者精神权利的保护期与经济权利的保护期相同，过了保护期就将维护作者署名和作品完整的职责交给国家的文化部门。这样，不论在何种情况下，总会有一个专门机构负责此事。①

中国著作权法在作者精神权利的保护期上，接近于法国的"二元论"。即经济权利的保护期是作者的有生之年加 50 年，或者最后一个合作作者死亡后加 50 年，等等。而在精神权利的保护方面，署名权、修改权和保护作品完整权的保护没有时间的限制，发表权的保护期为作者的有生之年加 50 年。当然，发表权的保护期限是比照经济权利规定的，也显示了发表权与行使任何一项经济权利的密切关系。

第二节 经 济 权 利

一 经济权利的概念

著作权中的经济权利，又称财产权利，是指作者或其他著作权人所享有的利用作品并获得经济利益的权利。

经济权利的内容十分广泛，涉及复制、发行、出租、演绎、表演、广播、展览等等。大体可以说，经济权利的内容，以人们利用作品的方式而定。在著作权产生之初，经济权利主要是复制权和发行权。随着科学技术的发展，利用作品的方式更为广泛，经济权利的内容也更加丰富了起来。例如，随着广播电视技术而产生的广播权，随着互联网络而产生的信息网络传播权等等。我们甚至可以说，随着科学技术的不断发展，有多少种对于作品的利用方式，著作权人就享有多少种经济权利。

例如，一部文学作品可以被复制、发行，著作权人就有了复制权和发行权。同时，这部作品可以被翻译成其他文字复制、发行，可以被改

① International Copyright Law and Practice, Introduction, 2001. "迪茨教授关于修改中国著作权法的报告草案"，郑成思主编《知识产权研究》第 10 卷，中国方正出版社，2002。

编成戏剧或曲艺，可以被拍摄成电影或电视剧，著作权人就有了演绎权。此外，这部作品还可以在电台上被广播，在电视台上被朗诵，著作权人就有了表演权。在国际互联网的条件下，这部作品还可以被上载和传输到世界各地，著作权人又有了信息网络传输权。显然，对于任何一部作品，不论是文字作品、音乐作品、戏剧作品、美术作品，还是摄影作品、电影作品、计算机软件，都可以进行多种多样的使用。一些优秀的文学艺术作品，一些社会需求很大的图形作品和计算机软件等等，都是通过这样的方式被广泛使用或反复使用的。

关于经济权利的具体内容，世界各国著作权法的规定不尽一致。例如，美国版权法第 106 条规定了 5 种经济权利，即复制权、发行权、演绎权、表演权和展览权。中国著作权法第 10 条则规定了 12 种经济权利，即复制权、发行权、出租权、展览权、表演权、放映权、广播权、信息网络传播权、摄制权、改编权、翻译权、汇编权等等。对此，伯尔尼公约也没有一个统一的说法，只是列举了一些应当由作者享有的经济权利，如复制权、翻译权、表演权、广播权、朗诵权、改编权等等。

大体说来，著作权中的经济权利可以划分为三大类，即复制权、演绎权、传播权（或称表演权）。其中的复制，既包括传统的印刷复制，也包括现代的将作品固定在磁带、光盘和计算机的内存中，还包括让平面的作品体现为立体的形式（如建筑设计与建筑物）或者让立体的作品体现为平面的形式。其中的演绎，是他人在已有作品的基础上创作新的作品，如翻译、改编、拍摄成电影电视剧等等。其中的传播或表演，是以各种手段传播作品，不仅包括一般所说的舞台表演或传播，还包括通过广播、电视、卫星的机械表演或传播，以及通过转播设备、音响设备和放映设备的机械表演或传播。

为了讨论的方便，下面将中国著作权法规定的 12 项经济权利归纳为复制权、演绎权和传播权等三大类，分别予以论述。

二　复制权

在中国著作权法中，可以纳入"复制权"这个范围的，有复制权和与之相关的发行权、出租权。

（一）复制权

复制权是作者所享有的许可或者禁止他人复制自己作品的权利。著作权法第 10 条第 5 项规定："复制权，即以印刷、复印、拓印、录音、录像、翻录、翻拍等方式将作品制作一份或者多份的权利。"

　　复制权是自著作权法产生以来，作者或权利人所享有的一项基本权利。最初的复制主要是将作品复制在纸张等媒介上。后来，随着科学技术的发展，人们又将作品复制在胶片、磁带、录像带、磁性光盘和计算机的内存中。同时，复制的方式也随着科学技术的发展而发生了很大的变化。最初的复制主要是印刷，包括活字、雕版、石板印刷等等。后来又出现了照相翻拍、静电复印和激光照排等等。此外，随着人们认识的深入，一些原来不认为是复制的做法，也被承认为是复制。例如，美国原来不承认从平面的建筑设计图到立体的建筑物是复制，后来在加入伯尔尼公约以后则承认这也是复制。

　　此外，广义的复制还应当包括侵权认定中的抄袭和剽窃。抄袭和剽窃，并没有原封不动地复制原作，而是对原作进行了相当的改动。但是这种改动仍然是在原作表述基础上的非实质性改动，仍然没有脱离原作的基本表述，在一般读者看来二者没有实质性的不同。在很多国家的著作权法和法院的判决中，这种抄袭和剽窃被称之为"复制"，即被告非法复制了原告的作品。如果对应到英文，我们可以说狭义的复制，如中国著作权法所说的复制，相当于 reproduction，而广义的复制，即狭义的复制再加翻译、改编、抄袭、剽窃等等，相当于 copy。对于上述二者的区别，我们应当注意。

　　（二）发行权

　　发行权是作者所享有的许可或者禁止他人以出售、赠与和散发等方式发行自己作品的原件或复制件的权利。中国著作权法第10条第6项规定："发行权，即以出售或赠与方式向公众提供作品的原件或者复制件的权利。"

　　发行是通过出售、赠与、散发等方式，将作品的原件或一定数量的复制件提供给社会公众。当然在绝大多数情况下，发行仅涉及作品的复制件。在著作权法中，发行具有非常广泛的含义，不仅包括图书、报刊、美术作品的发行，也包括电影、录音录像制品的发行，以及摄影图片、实用艺术品、计算机软件的销售等等。发行，不仅包括有偿的发行，还包括无偿的发行，如赠与、散发等等。广义的发行，甚至包括出租、出借等等。例如，依据美国版权法，出租、租借和借阅等等，也属于发行。

　　在行使发行权的过程中，一定是发生了作为有形物的复制品的转手。这种转手，可以是通过销售的转手，也可以是通过赠与和散发的转手。随着发行权的行使，装载有作品的有形物或复制件，归属购买者或受赠者所有。

此外，依据"发行权一次用尽"的理论，他人在获得了作品的合法的复制件以后，可以进一步销售、转借、转卖，或者以其他方式处置，著作权人不得干预。显然，发行权只是表明，著作权人仅仅有权控制复制品的第一次公开发行，并由此而获得相应的经济利益。发行权一经行使，著作权人就不能继续控制有关复制品的进一步发行，如再销售、转卖、转借等等。当然，即使是在这种情形下，他人有权再销售、转卖、转借的，仍然是有形的物品，或者是装载有作品的这一件或者几件有形物品。而对于体现在有形物中的作品，他人无权作任何处置。例如，他人不能因为购买了一件复制品，就去表演、展览甚至复制其中的作品。

（三）出租权

出租权是电影作品、计算机软件的作者和录音制品制作者所享有的许可或禁止他人出租自己作品、录音制品的权利。

中国著作权法第 10 条第 7 项规定："出租权，即有偿许可他人临时使用电影作品和以类似摄制电影的方法创作的作品、计算机软件的权利，计算机软件不是出租的主要标的的除外。"另据著作权法第 41 条，录音录像制品的制作者也享有出租权。出租权与发行权的不同在于，发行权适用于所有的作品，而出租权只适用于电影作品、计算机软件和录音录像制品。其中的录音录像制品，又包括录音录像制品制作者的权利，属于邻接权的范围。

关于著作权法第 10 条第 7 项中的例外，"计算机软件不是出租的主要标的的除外"，因该如何理解呢？例如，汽车、飞机、轮船等运输工具中的某些系统装有计算机软件，并由此而控制汽车、飞机、轮船的开行或航行。同时，汽车、飞机和轮船等等又可以作为出租的对象。显然，当某人、某家航空公司、水上或海上运输公司租借汽车、飞机、轮船时，其主要标的显然不是其中的计算机软件。在这种情况下，计算机软件的所有人不得以享有出租权为由，妨碍汽车、飞机、轮船的出租。当然，如果有人开设了网吧，或者开设了计算机出租（包括硬件和软件）业务，就属于出租计算机软件了。

二　演绎权

演绎权是指作者许可他人在自己作品的基础上创作作品的权利。如果他人未经作者的许可而翻译、改编其作品，就侵犯了作者的演绎权。

　　演绎作品，又称派生作品，是指以原有作品为基础而创作出来的新作品。演绎作品中虽然有演绎者的创作成果，但又没有改变原有作品的基本表述。例如，将英文作品翻译为中文，将小说改编为戏剧或电影，编辑原有作品而形成编辑作品，以及缩写长篇小说，等等。其中都是既有演绎者的创作，又没有脱离原作的基本表述。如果有人依据原作的基本思想进行创作，创作出来的作品又摆脱了原作的基本表述，那就不再是演绎作品，而是一部新的作品了。

　　在一部演绎作品中，至少含有两个作品。一个是原有作品，又称基本作品；一个是派生作品，是演绎者创作活动的成果。与此相应，在一部演绎作品中也至少有两个著作权。一个是原作的著作权，一个是演绎者就自己的创作成果所享有的权利。演绎者在行使自己权利的时候，一定要注意原作的著作权。例如，当有人复制发行演绎作品的时候，当有人表演演绎作品的时候，不仅要获得演绎者的许可，还要获得原有作品权利人的许可。

　　在中国著作权法所规定的各项经济权利中，翻译权、改编权、摄制权和汇编权等四种权利可以归属于演绎权的范围。

　　（一）翻译权

　　翻译权是作者所享有的许可或禁止他人翻译自己作品的权利。中国著作权法第10条第15项规定："翻译权，即将作品从一种语言文字转换成另一种语言文字的权利。"翻译权主要是文字作品、戏剧作品和计算机软件作者所享有的权利。

　　（二）改编权

　　改编权是指作者享有的，许可或者禁止他人改编自己作品的权利。中国著作权法第10条第14项规定："改编权，即改变作品，创作出具有独创性的新作品的权利。"

　　改编是在原有作品的基础上创作出新的作品来。例如，将小说改编为戏剧，将独奏曲改编为交响乐，将一部科学专著改编为科普作品，将一部长篇小说改编为缩写本，等等。改编者在进行改编之前，或者在商业性地利用改编作品之前，都应当获得原作权利人的许可。由改编而形成的作品可以叫做改编作品。

　　（三）摄制权

　　摄制权是指作者享有的，许可或禁止他人将自己的作品摄制为电影的权利。中国著作权法第10条第13项规定："摄制权，即以摄制电影或者以类似摄制电影的方法将作品固定在载体上的权利。"由此看来，他人使用作者的作品摄制电影，或者以类似的方法将作品固定在载体上，必须获得作者的许可。

严格说来，中国著作权法所规定的"摄制权"，就是改编权的一种。将小说、戏剧、舞蹈、音乐、美术作品等等，以演绎或改编、加工的方式拍摄成电影，或者拍摄在电影里，都属于对于原作的改编。事实上，伯尔尼公约就是将"摄制电影权"作为改编权的一种来看待的。公约第 14 条第 1 款规定，文学艺术作品的作者享有专有权利，授权将这类作品改编或复制成电影，以及发行经过如此改编或复制的作品。

（四）汇编权

汇编权是指作者享有的，许可或者禁止他人将自己的作品收入某一汇编作品的权利。中国著作权法第 10 条第 16 项规定："汇编权，即将作品或者作品的片段通过选择或者编排，汇集成新作品的权利。"如果他人未经许可就将作者的作品纳入了汇编作品中，则会侵犯作者的汇编权。

在说到汇编权的时候，要注意汇编权与汇编作品的著作权的区别。汇编作品的著作权是就有关材料的选择、编排而言的，不涉及构成汇编作品的成分或具体作品。汇编作品中的每一个独立的作品，原作者仍然享有著作权。在这种情况下，原作者仅仅是将自己的汇编权许可给了汇编人，允许他将自己的作品编入汇编作品中。

三 传播权

传播权，又称公开传播权（right of public communication），是指著作权人所享有的，将作品公开传播给社会公众的权利。如果他人未经著作权人的许可，将享有著作权的作品向公众传播，就会侵犯著作权人的传播权。

在很多国家和很多学者那里，是以"表演权"来指称将作品公开传播给公众的权利。例如，法国知识产权法典第 122 条规定，表演是指以任何方式向公众传播作品，包括公开朗诵、音乐演奏、戏剧表演、公开演出、公开放映及在公共场所转播远程传送的作品，远程传送作品和向卫星传送作品。其中的远程传送是指，通过所有的电信传播方式，传送各种声音、图像、资料、数据及信息。

无论是以"传播"的方式，还是以"表演"的方式将作品传播给社会公众，都是既包括我们一般所说的"舞台表演"，如朗诵、舞台演出、演奏等，还包括我们不太了解的"机械表演"，如广播、放映、以音像制品的方式传播作品。例如，美国版权法第101条关于表演的定义就说："表演一部作品是指，以朗诵、表演、演奏、舞蹈或动作的方式，直接地或者以设备或程序来表现该作品，或者在涉及电影或其他影视作品时，以连续的方式表现其形象和让人听到有关的伴音。"上面所引述的法国著作权法中关于表演权的规定，也是既包括了舞台表演，又包括了机械表演。事实上，在现代科学技术的条件下，"表演作品"更多地是以机械表演的方式而非舞台表演的方式传播作品。我们在收音机里听到的，在电视上看到的，包括在电影院里、酒吧里、饭店里所听到、看到的作品，绝大多数都是将事先录制好的录音制品或电影作品，通过各种设备传达出来。

在说到"传播"或者"表演"时，关键的问题是如何定义"公开"。因为，如果他人不是公开地传播或表演作品，就属于著作权法所允许的合理使用。例如，仅仅在家庭或朋友的范围内观看一部电影，或者通过音响设备播放某一流行歌曲，著作权人都不得干预。这样，著作权人有权控制的仅仅是公开的传播或表演。或者说，他人未经著作权人的授权，只有在公开传播或表演有关作品时，才构成侵权。

在中国著作权法中，属于"传播权"的内容包括表演权、放映权、广播权和展览权。在中国著作权法中，还有一项信息网络传播权，即通过互联网络传播作品的权利，也属于传播权或表演权的范围。

（一）表演权

表演权是指作者享有的，通过朗诵、演奏、演唱、舞蹈等方式，以及通过各种设备和技术手段，向公众传播作品的权利。表演，既包括舞台表演，如朗诵、演奏、演唱和舞蹈等等，又包括机械表演，如使用各种设备和技术手段，传播已经录制好的舞台表演。表演权属于作者，他人表演作者的作品应当获得作者的授权，否则会侵犯作者的表演权。

在讲到作者的表演权时，要注意著作权中的表演权与邻接权中的表演者权的区别。表演权是作者许可或禁止他人表演自己作品的权利，是通过作品的创作而享有的权利。表演者权则是表演者就其表演形象和表演活动所享有的权利。一般说来，表演者在从事表演活动时，应当先获得著作权人的授权，然后才可以表演有关的作品。著作权人所授出的权利，就是表演权。当然，在某些自编自演的特殊情况下，作者和表演者是同一个人，则表演者不必征得别人的同意。但即使是在这种情况下，表演权和表演者权仍然是截然不同的两种权利。

（二）放映权

放映权是作者所享有的许可或禁止他人以放映机、幻灯机来放映自己作品的权利。中国著作权法第 10 条第 10 项规定："放映权，即通过放映机、幻灯机等技术设备公开再现美术、摄影、电影和以类似摄制电影的方法创作的作品的权利。"由此看来，放映权主要是美术、摄影和电影作品的作者或权利人所享有的权利。

严格说来，放映权属于机械表演权，即通过放映机、幻灯机等设备来表演美术、摄影和电影作品。放映显然不属于舞台表演作品。1991 年著作权法没有规定放映权，到 2001 年修订著作权法才规定了单独的放映权。规定放映权，显然是为了强调机械表演权的这一个侧面。

（三）广播权

广播权是作者所享有的授权或禁止他人以各种方式广播自己作品的权利。中国著作权法第 10 条第 11 项规定："广播权，即以无线方式公开广播或者传播作品，以有线传播或者转播的方式向公众传播广播的作品，以及通过扩音器、声音、图像的类似工具向公众传播广播的作品的权利。"大体说来，广播权所涉及的主要由文字作品、戏剧作品、音乐作品和电影作品等等。

在说到广播权时，也要注意将著作权中的广播权与邻接权中的广播组织权区别开来。广播权是作者许可或者禁止他人广播自己作品的权利，是作者因作品的创作而享有的权利。广播组织权是电台、电视台、卫星广播组织就自己编排的节目所享有的权利，可以授权或禁止他人重播或转播自己编排的节目。

（四）展览权

展览权是作者所享有的公开展览或展示其作品的权利。中国著作权法第 10 条第 8 项规定："展览权，即公开陈列美术作品、摄影作品的原件或者复制件的权利。"展览权所涉及的主要是美术作品和摄影作品。当然，在文字作品的原件或复制件的情况下，也会发生展览的问题。但在这时，更多地可能是作为美术作品、文物或者一个物品来展览的。

在说到展览权时，一个很重要的例外就是作品原件的所有人的权利。在传统上，作品的原件的所有人，如购得了画作原件的人，或者购得了作品手稿的人，虽然不享有著作权，但一直享有展示画作原件或作品手稿的权利。例如，中国著作权法第 18 条规定："美术等作品原件所有权的转移，不视为作品著作权的转移，但美术作品原件的展览权由原件所有人享有。"

（五）信息网络传播权

信息网络传播权是指作者所享有的，以有线或者无线的方式向公众提供作品，使公众可以在其个人选定的时间和地点获得作品的权利。中国著作权法第 10 条第 12 项规定："信息网络传播权，即以有线或者无线方式向公众提供作品，使公众可以在其个人选定的时间和地点获得作品的权利。"

作品在互联网上传播，涉及一系列的行为。首先，要将有关的作品数字化。在目前的技术条件下，几乎所有的作品，不论是文字作品、音乐作品、戏剧作品、美术作品，还是摄影作品、电影作品和图形作品等等，都可以数字化。至于计算机软件，本身就是一种数字化了的作品。任何作品的数字化都属于复制，都不是新作品的产生。按照著作权法的精神，这种复制权应当由作者享有。

其次，要将数字化的作品在网上传输。这既涉及数字化作品在一系列服务器和计算机中的复制，又涉及作品在网上的动态传输。这种传输，大体相当于一种对作品的机械表演。显然，对于数字化作品在网上的传输，应当由作者或权利人加以控制。这种权利，就是国际上所说的"向公众传播权"，也是中国著作权法所说的"信息网络传播权"。

再次，社会公众可以在自己选择的任何时间和地点，访问或者获得有关的作品。这是一种应访问者的要求而获得作品的方式，访问者的决定起着关键作用。我们可以与传统的电台、电视台的广播作一个比较。在电台、电视台广播节目的情况下，广播什么内容和何时广播，都是由电台或电视台决定，公众无权决定，只能依据电台或电视台的节目表选择自己喜爱的节目。而在网络传播的条件下，只要公众中的某一成员选定在某一时间和某一地点访问某一作品，他就可以获得他想获得的作品，而不必受制于他人的决定。这就是中国著作权法中说的"使公众可以在其个人选定的时间和地点获得作品。"

四 经济权利的保护期

世界各国的著作权法在规定经济权利的保护期时，都是依据著作权的不同归属而作了相应的规定。例如，著作权归属于自然人或公民的作品，著作权归属于合作作者的作品，著作权归属于雇主或法人的作品，都有不同的关于保护期限的规定。除此之外，世界各国的著作权法还依据某些特殊的作品种类，如电影作品、摄影作品、实用艺术品，规定了特殊的经济权利保护期。

中国著作权法也是从著作权的不同归属和作品的特殊种类两个方面，规定了经济权利的保护期限。

（一）公民或自然人作品的保护期限

中国著作权法第 21 条规定，公民的作品，其发表权和各项财产权利，保护期为作者的终生及其死后 50 年，截至于作者死亡后第 50 年的 12 月 31 日。如果是合作作品，截至于最后死亡的作者死亡后第 50 年的 12 月 31 日。

按照公民或自然人死亡计算的方法，经济权利的保护期限以作者的死亡时间作为计算的依据。无论是作品创作完成 60 年以后作者死亡，还是作品创作完成 1 年后作者死亡，都与保护期限的计算方法无关。也就是说，经济权利保护期限的长短，与作品的完成或发表无关，与作者死亡之前该作品已经被利用的时间长短无关。此外，作者死亡后加 50 年，不包括死亡的当年。从这个意义上说，作者无论是 1 月 1 日死亡，还是 12 月 31 日死亡，死后 50 年的期限都是从次年的 1 月 1 日开始计算。这样，虽然法律所规定的是作者死亡后的第 50 年的 12 月 31 日，但如果作者是 1 月 1 日死亡，而死后 50 年的期限又是从次年的 1 月 1 日起计算，就会在事实上多出一年的保护期。

（二）法人或其他组织作品的保护期限

在著作权归属于法人或者其他组织的情况下，难以用作者的"有生之年"或作者"死后"的方式来计算经济权利的保护期限。因为法人或其他组织没有像自然人那样的死亡问题。所以世界各国的著作权法都以相关作品的发表或者完成，作为计算保护期限的起算点。根据中国著作权法第 21 条的规定，法人或者其他组织的作品，著作权（署名权除外）由法人或者其他组织享有的职务作品，其发表权和各项财产权利的保护期为 50 年，截至于作品首次发表后第 50 年的 12 月 31 日，但作品自创作完成后 50 年内未发表的，本法不再保护。

（三）电影作品、摄影作品的保护期限

根据中国著作权法第 21 条的规定，电影作品和以类似摄制电影的方法创作的作品、摄影作品，其发表权和各项经济权利的保护期为 50 年，截至于作品首次发表后第 50 年的 12 月 31 日，但作品自创作完成后 50 年内未发表的，本法不再保护。

电影作品是一种特殊的作品，是将文字脚本、分镜头剧本、音乐和插曲、服装和背景的美术设计，融合在一起的作品。就电影作品所享有的经济权利的保护期为 50 年，是指整体的电影作品。就其中的文字脚本、分镜头剧本、音乐和插曲、服装和背景的美术设计来说，如果能够单独使用的话，则享有不同的经济权利的保护期。例如文字脚本和音乐插曲，作为可以独立于电影而存在的作品，其经济权利的保护期就是作者的有生之年加死后 50 年。这样，一部电影作品首次发表后的第 50 年以后，经济权利不再受到保护，进入了共有领域，人们可以自由地使用该电影作品。但如果有人不是使用整部电影，而是使用其中的文字脚本、音乐插曲，就应当注意文字脚本、音乐插曲的保护期限是否届满。如果发生了侵权，侵权人不得以整部电影作品进入了公有领域为由，为自己使用相关的文字脚本、音乐插曲进行辩解。

（四）作者身份不明的作品

作者身份不明的作品，具体是指假名作品、笔名作品和匿名作品。按照作者所享有的署名权，作者可以在作品上署名，也可以不署名，可以署真名，也可以署笔名或假名。如何署名，本来是作者所享有的精神权利，但在不署名（匿名）或者署假名、笔名的情况下，却会因此而给作者或其他人所享有的经济权利带来一定的影响。根据著作权保护期限计算的一般方法，经济权利的保护期限以作者的死亡为保护期限的起算点，如作者的有生之年加死后的 50 年或 70 年。但在假名作品、笔名作品和匿名作品的情况下，或者说在作者身份不明的情况下，经济权利的保护期限就难以计算了。所以世界各国的著作权法都有一个惯例，以这类作品的发表时间作为计算保护期限的起算点。

中国著作权法没有规定作者身份不明作品的保护期限，而是在实施条例中作了相应的规定。根据著作权法实施条例第 18 条的规定，作者身份不明的作品，其发表权和各项财产权利的保护期，截至于作品首次发表后第 50 年的 12 月 31 日。一旦作者的身份确定，则依据著作权法第 21 条的相关规定予以保护。

第三节　著作权的限制

著作权的限制，是指著作权法规定的对于著作权的各种限制和例外。世界各国著作权法的通行做法，都是先规定广泛的权利内容，然后规定一系列对于权利的限制。例如，法国著作权法第 122 条之 2 规定了广泛的复制权，第 122 条之 3 规定了广泛的表演权，然后在 122 条之 5 和之 6 规定了一系列对于复制权和表演权的限制。又如，美国版权法先是在第 106 条规定了广泛的复制权、发行权、演绎权、表演权和展览权，然后在第 107 条到 121 条的 15 个条文中详细规定了上述权利的限制、例外或适用条件。中国著作权法也是在规定了广泛的权利内容之后，又设立了专门的一节，详尽规定了权利的限制。而且，这一节的题目就叫做"权利的限制"。除此之外，中国著作权法还在其他地方规定了一些对于著作权的限制。

著作权法规定对于著作权的限制，是为了平衡作品的创作者与社会公众之间的利益。著作权法规定了作者或权利人的广泛权利，如果由作者或权利人不加限制地任意行使有关的权利，必然会妨碍社会公众对于相关作品的正当使用，甚至会妨碍体现在作品中的信息的传播。从这个意义上说，著作权法规定广泛的权利，是以维护作者或权利人的利益为基点。而规定各种各样的对于权利的限制，又是以社会公共利益为基点，是社会公共政策对对作者或权利人行使权利的限制。

对于著作权的限制，应当是由法律规定的，就像著作权人所享有的权利是由法律规定的一样。社会公众中的任何成员不得以自己认定的方式，在法律规定的限制之外限制著作权人的权利。所以，如何规定权利的限制，权利的限制有哪些具体的内容，就是著作权法中的一个核心问题。如果对于权利的限制过于广泛，或者在规定权利的限制方面过多地考虑了社会公众的利益，就会损害作者或权利人的利益，甚至会挫伤作者从事创作的积极性。如果对于权利的限制过于狭窄，或者过多地考虑了作者或权利人的利益，又会损害社会公众的利益，妨碍社会公众合理地使用有关的作品。当然，各个国家的著作权法在平衡这种利益关系时，都会考虑本国的社会经济发展状况，考虑本国的历史文化传统，以及相关的国际公约和国际惯例。

对于著作权的限制，主要有合理使用和法定许可。下面分别论述。

一　合理使用

合理使用是指，他人依据法律的有关规定而使用享有著作权的作品，不必征得著作权人的同意，也不需要向著作权人支付报酬，但是应当尊重作者的精神权利。

根据有关的国际公约，合理使用应当符合三个法定要件，即有关的使用是就具体的特殊情况而言，该特殊情况下的使用没有影响著作权人对于作品的正常使用，也没有不合理地损害著作权人的合法权益。这一般被称为合理使用的"三步检验法"。

关于合理使用的"三步检验法",见于伯尔尼公约第9条。不过,伯尔尼公约的有关规定仅仅局限于复制权,而没有涉及其他的权利内容。根据规定,成员国可以允许在某些特殊的情况下复制文学艺术作品,但这种复制不得损害作品的正常使用,也不得不合理地损害作者的合法利益。而到了世界贸易组织"与贸易有关的知识产权协议",则将伯尔尼公约的"三步检验法"扩展到了所有的著作权内容。协议第13条规定,全体成员应将权利的限制或例外局限于一定的特例,而且该种特例不应与作品的正常使用相冲突,也不应不合理地损害权利人的合法利益。这里所说的"权利的限制或例外",并没有局限于"复制权",而是指所有的著作权内容。1996年12月世界知识产权组织缔结的《版权条约》第10条,也将关于合理使用的"三步检验法"适用到了所有的权利内容。

虽然世界上绝大多数国家的著作权法都接受了从伯尔尼公约到"与贸易有关的知识产权协议"所规定的"三步检验法",但美国却在自己的版权法中另行规定了关于合理使用的"四个检验标准"。这"四个检验标准"是对美国法院相关判例的总结,有助于我们进一步理解什么是合理使用,以及检验合理使用应当考虑哪些因素。

根据美国版权法第107条,为了批评、评论、新闻报道、教学(包括为了课堂使用的多份复制)、学术和研究等目的,可以合理使用享有版权的作品。这种使用,可以是复制、演绎和发行,也可以是表演和展览。判定某一使用是否合理,可以通过以下四个标准。

第一,"使用的目的和特点,包括该使用是否具有商业的特性,或是否为了非赢利的教育目的。"依据使用的目的判定是否合理,尤其是允许以非商业性的目的使用享有版权的作品,一直是合理使用的基点之一。为了评论、批评、教学、学术、研究等目的而使用享有版权的作品,都属于合理使用。以商业性的或赢利性的目的使用有关作品,则不属于合理使用。

第二,"享有版权作品的特性",即原告的作品是事实性的还是虚构性的。一般说来,如果原告的作品是事实性的,如传记、历史、观点综述等,被告的引用、释义,甚至是大量地引用或解说,都可能是合理使用。但如果原告的作品是虚构性的,如小说、散文、诗歌,被告的引用或释义构成侵权的可能性较大。在这里,法律对于虚构性作品的保护范围要大于对事实性作品的保护。此外,在"哈勃"一案中,美国最高法院还认为，作品是否发表，也是构成其特性的一个重要因素。① 一般说来，使用未发表作品是不合理的，因为这侵犯了作者何时发表其作品的权利。

第三，"与享有版权作品的整体相比，使用的数量和质量。"在这里，使用的数量和质量都是就原告的作品而言的，而不是就被告的作品而言的。被告不能辩解说，由于复制来的东西仅在自己的作品中占有极少的部分，因而不属于侵权。同样，即使被告从原告的作品中拿走了很少的一部分，但如果这是原作中最重要的精华部分，仍然构成侵权。

第四，"对于享有版权作品的潜在市场或价值来说，使用所具有的影响。"这是判定合理使用的四个要素中最重要的一个。值得注意的是，这里所说的是对于作品的"潜在"市场或价值的影响，即是否"有可能"（而不是已经）损害作品的市场和价值。

中国著作权法第22条规定："在下列情况下使用作品，可以不经著作权人许可，不向其支付报酬，但应当指明作者姓名、作品名称，并且不得侵犯著作权人依照本法享有的其他权利。"这个规定虽然反映了合理使用的基本含义，但没有反映出关于合理使用的"三步检验法"。直到2002年9月颁布施行的著作权法实施条例，才在第21条中规定："依照著作权法有关规定，使用可以不经著作权人许可的已经发表的作品的，不得影响该作品的正常使用，也不得不合理地损害著作权人的合法利益。"应该说，将实施条例的这一规定与著作权法第22条的规定结合起来，合理使用的基本含义和相关的"三步检验法"就完整地体现在了中国著作权制度中。②

根据著作权法第22条，共有12种属于合理使用的特例或特殊情形。

（1）为个人学习、研究或者欣赏，使用他人已经发表的作品。这一例外，又称为个人使用。例如，将他人已经发表的英文作品翻译成中文，只要不去发表或出版，就属于个人使用。又如，将某人的摄影或绘画扫描到计算机的内存中，供自己、家人或朋友欣赏，也属于个人使用。但如果将该摄影或绘画发送给一定数量以上的人，则会超出合理使用的范围，有可能构成侵权。

---

① Harper & Row Publishers, In. v. National Enterprises, 471 U. S. 539, 225 USPQ 1073 (1985).

② 著作权法第22条一开始的规定"在下列情况下使用作品"，意味着有关的使用是就法律规定的特例而言，也即"三步检验法"中的第一个要素。

（2）为介绍、评论某一作品或者说明某一问题，在作品中适当引用他人已经发表的作品。这里所说的引用，是指在自己的作品中适当引用他人已经发表的作品。而且，引用的目的是为了介绍、评论某一作品，或者是为了说明某一问题，而不是以自己的作品取代他人的作品。

（3）为报道时事新闻，在报纸、期刊、广播电台、电视台等媒体中不可避免地再现或者引用已经发表的作品。这里所说的不可避免地再现或者引用已经发表的作品，仅指为了时事新闻的报道，而不包括其他情形中的再现或引用。例如，电视台为了报道某一个画展或摄影作品展，不可避免地会在报道中再现某些作品。著作权人不得以此为由诉电视台未经许可使用了自己的作品。

（4）报纸、期刊、广播电台、电视台等媒体刊登或者播放其他报纸、期刊、广播电台、电视台等媒体已经发表的关于政治、经济、宗教问题的时事性文章，但作者声明不许刊登、播放的除外。

（5）报纸、期刊、广播电台、电视台等媒体刊登或者播放在公众集会上发表的讲话，但作者声明不许刊登、播放的除外。

（6）为学校课堂教学或者科学研究，翻译或者少量复制已经发表的作品，供教学或者科研人员使用，但不得出版发行。这一项例外涉及了两种情形。

第一种情形是为了学校课堂教学而翻译或者少量复制已经发表的作品，供教学使用。这种情形只限于学校的课堂教学，不包括函授、刊授和互联网上的远程教育。根据欧美国家的做法，一般是以参加课堂学习的学生数量为准进行复制，如果有关的复制件经分发后还有剩余，应当由任课教师收回。复制的方式，一般也是限于一期杂志或一本文集中的一篇文章，或者一本书中的一章或一节，不得进行整本杂志和整本书的复制。

第二种情形是为了科学研究而少量翻译或复制已经发表的作品，供科研人员使用。欧美国家的做法一般也是一次只能复制一篇文章，或者一部著作中的一章或一节，不得对杂志和书籍进行整本复制。有关的复制只能是单份复制，不得多份复制。同一文章或章节的再次复制，必须是不相关联的。不得进行有系统的大量复制。

（7）国家机关为执行公务在合理范围内使用已经发表的作品。这里的国家机关是指国家的立法、行政和司法机关。国家机关使用已经发表的作品，必须是与执行公务有关。国家机关的工作人员如果在执行公务的范围之外使用他人的作品，则不属于合理使用。而且，即使是国家机关为执行公务而使用，也必须是在合理的范围之内，也必须是在必要的时候。对于上述限定条件，必须严格加以掌握。

（8）图书馆、档案馆、纪念馆、博物馆、美术馆等为陈列或者保存版本的需要，复制本馆收藏的作品。这里的复制仅指为了陈列或者保存版本的需要而复制，不包括为了其他目的的复制。

（9）免费表演已经发表的作品，该表演未向公众收取费用，也未向表演者支付报酬。

（10）对设置或陈列在室外公共场所的艺术作品进行临摹、绘画、摄影、录像。

（11）将中国公民、法人或者其他组织已经发表的以汉语言文字创作的作品翻译成少数民族语言文字作品在国内出版发行。

（12）将已经发表的作品改成盲文出版。充分考虑残疾人的需要，并由此而在一定程度上限制著作权，是各国著作权法或版权法的通行做法。但是在这里，仅仅是将作品改为盲文出版，范围仍然很小。

著作权法第 22 条还规定，上述所有合理使用的情形，都适用于对邻接权的限制，即对于出版者权、表演者权、录音录像制作者权、广播组织权的限制。

最后有必要重申，所有的上述 12 种情形，无论是适用于著作权还是适用于邻接权，都应当符合关于合理使用的"三步检验法"。不能因为某人对他人作品的使用属于上述 12 种情形中的一种，就认为一定属于合理使用。事实上，就"三步检验法"来说，符合上述 12 种情形中的一种或两种，仅仅是通过了第一步的检验，即对他人作品的使用是就特殊情形而言的。而是否构成合理使用，还应该通过第二步和第三步的检验，既没有与作品的正常使用相冲突，也没有不合理地损害著作权人的合法权益。

二 法定许可

法定许可，又称非自愿许可，是相对于自愿许可而言的。所谓自愿许可，是指著作权人与作品的使用人以自愿、平等、等价、有偿的方式商定使用许可，并获得一定的经济利益。自愿许可，也包括著作权人自愿将作品提供给他人免费使用。非自愿许可，则是通过法律明确规定，他人使用有关的作品，不需要获得著作权人的许可，但应当支付报酬。显然，在法定许可或非自愿许可的条件下，法律剥夺了著作权人商谈许可条件的机会，只留下了获得使用报酬的机会。而且，著作权人获得报酬的标准，也是由有关的法律、法规、行业协议、商业惯例所确定的。

世界各国的著作权法规定法定许可，出于多种考虑。有些法定许可是考虑公共利益的需要而制定，例如不经著作权人许可而将已发表作品使用在教科书中，广播电视组织使用他人已经发表的作品等。有些法定许可则是出于市场公平的考虑。例如音乐作品的著作权人如果授权一家录音制品制作者制作录音制品，他不得给予该录制者以排他性的许可；如果其他的录音制品制作者寻求他的授权，他必须以相同的条件许可第二、第三家录制者。这是为了防止第一家录制者垄断录制品的市场。还有些法定许可则是由于他人对于作品的使用过于广泛，著作权人无法自愿许可，甚至无法获得报酬。例如就空白磁带、空白录像带、复印机征收少量的使用费。这种情况下的法定许可，事实上是更好地保护了著作权人的利益。

中国著作权法所规定的法定许可主要有教科书法定许可，报刊转载法定许可，制作录音制品法定许可，播放已发表作品的法定许可。应当说，与其他国家著作权法中的非自愿许可相比，中国著作权法中的法定许可内容比较多。

（一）教科书法定许可

教科书法定许可是指，一定范围内的教科书的编纂者使用他人已经发表的作品，可以不经著作权人的许可，但要按照规定支付报酬。

中国著作权法第23条规定："为实施九年制义务教育和国家教育规划而编写出版教科书，除作者事先声明不许使用的外，可以不经著作权人许可，在教科书中汇编已经发表的作品片断或者短小的文字作品、音乐作品或者单幅的美术作品、摄影作品，但应当按照规定支付报酬，指明作者姓名、作品名称，并且不得侵犯著作权人依照本法享有的其他权利。"

（二）报刊转载法定许可

报刊转载的法定许可是指，当某一作品在报刊上发表以后，其他报刊可以不经著作权人许可而转载和摘编，但是应当按照有关的规定支付报酬。中国著作权法第32条第2款规定："作品刊登后，除著作权人声明不得转载、摘编的外，其他报刊可以转载或者作为文摘、资料刊登，但应当按照规定向著作权人支付报酬。"这一规定主要涉及作者的复制权和发行权。

（三）制作录音制品的法定许可

在欧美国家，一般都有制作录音制品的法定许可。根据规定，在音乐作品的著作权人许可某人制作和发行该音乐作品的录音制品后，如果又有人想就该音乐作品制作录音制品，著作权人或音乐著作权集体管理组织必须以同样的条件发放许可。规定制作录音制品的法定许可，主要是为了防止第一家获得许可的录音制品制作者垄断有关的录音制品市场。

中国著作权法第 39 条第 3 款规定："录音制作者使用他人已经合法录制为录音制品的音乐作品制作录音制品，可以不经著作权人许可，但应当按照规定支付报酬；著作权人声明不许使用的不得使用。"

（四）播放已发表作品的法定许可

播放已发表作品的法定许可，是指广播电台、电视台可以不经著作权人的许可而播放他人已经发表的作品，但应当按规定支付报酬。这主要涉及对于著作权人的表演权（广播权）的限制，其目的是将已经发表的作品更广泛地传播给社会公众。

┌┈┈┈┈┈┈┈┈┈┈┐
┊ **问题与思考** ┊
└┈┈┈┈┈┈┈┈┈┈┘

近年来，一些不甚了解知识产权制度的人，在一些场合或者文字中，大谈知识产权所有人与社会公众之间的利益平衡，并认为应当在知识产权制度中引入"平衡理论"，以纠正知识产权法对于权利人的过分保护。

事实上，现行的知识产权法，包括相关的国际公约和各国的立法，已经充分体现了知识产权所有人与社会公众之间的利益平衡。无论是相关的立法，还是相关的司法判例，都在着力寻求二者的利益平衡。一方面，知识产权法以赋予版权、专利权、商标权和反不正当竞争权的方式，保护智力劳动者的创造性成果，并鼓励他们从事更多的创造性活动。另一方面，知识产权法又通过种种方式来限定这类特殊财产权的保护。关于这种限制，在 1993 年的"怀特"一案中，美国法官科津斯基曾说过这样一段话：

"知识产权法律在将什么东西划出来留给所有人方面，在将什么东西留在公有领域让我们其他的人来利用方面，充满了在二者之间的谨慎平衡。寿命相对较短的专利权；寿命较长但又有期限的版权；版权保护中的思想观念与表述的分界；合理使用原则；禁止就事实享有版权；电视节目和音乐作品的强制授权；联邦对过于宽泛的各州知识产权法律的排除；商标法中的名义使用原则；制作录音制品的权利。所有的这些都削弱了知识产权所有人的权利，所有的这些又让公众能够使用他人创造的东西。而且，对于维护一个自由的，让创造性的天才成长的环境来说，这些又都是必需的。"①

　　当然，科津斯基所说的对于知识产权的限制，仅仅是其中的一部分。可以说，正是为了寻求人类智力成果的保护与利用之间的平衡，才为法律对知识产权的种种限制留下了余地，也为各个国家在此问题上的政策性考虑留下了空间。

复习题

1. 如何理解作者的精神权利？作者的精神权利有哪些？
2. 什么是著作权中的经济权利？经济权利有哪三大类？
3. 如何理解权利限制在著作权法体系中的地位？
4. 什么是合理实用的"三步检验法"？

阅读书目

Paul Geller, Myers Nimmer: International Copyright Law and Practice, Matthew Bender, 2002.

　　阿道夫·迪茨："迪茨教授关于修改中国著作权法的报告草案"，郑成思主编《知识产权研究》第 10 卷，中国方正出版社，2002。

　　郑成思：《版权法》（修订本），中国人民大学出版社，1997。

　　李明德：《美国知识产权法》，法律出版社，2003。

---

① White v. Samsung Electronics America, Inc. , 26 USPQ2d 1362 (9th Cir. 1993), Kozinski's dissenting opinion.

第六章　著作权的主体与归属

要点提示

　　本章讨论了著作权的主体和著作权的归属，即谁可以成为著作权的享有者，以及当作品创作出来以后，有关的权利归谁所有。

　　著作权的主体是指享有著作权的自然人和法人，而著作权的归属则是指作品创作出来以后，有关的权利归谁所有。在著作权的交易和利用，包括著作权的侵权诉讼中，明确著作权的主体是非常重要的。否则就有可能发生不是权利人而向他人转让或许可权利，不是权利人而提起诉讼的情形。

第一节　著作权的主体

　　著作权的主体，又称著作权人，是指依法就作品享有著作权的个人或法人。著作权的主体，既包括原始的著作权人，也包括继受的著作权人。根据中国著作权法，著作权的主体包括作者、著作权的继受人和外国人等等。此外，在特殊的接受遗赠和无人继承的情况下，国家也可以成为著作权的主体。

一　作者

　　根据中国著作权法，作者可以是自然人，也可以是法人或其他组织。又据规定，如果没有相反的证明，在作品上署名的公民、法人或其他组织为作者。

　　先来看自然人。根据著作权法，作者是直接创作了文学、艺术和科学作品的自然人。作品是人对于某种思想观念的表述，是人的思想、情感和精神状态的延伸。从这个意义上说，只有活生生的自然人才能够创作作品，才能够成为作品的创作者。大陆法系对于作者精神权利的强调，正是从自然人创作作品这一事实出发的。即使是在重视作品的传播和利用，相对忽略作者精神权利的英美法系国家，也承认作为自然人的作者是作品的创作者。在某些特殊的情况下，雇主或委托方不过是版权的享有者而已。

再来看法人。虽然作品的创作者一定是自然人，但在某些特殊的情况下又可以将法人或其他组织视为"作者"。中国著作权法第 11 条规定："由法人或者其他组织主持，代表法人或者其他组织意志创作，并由法人或者其他组织承担责任的作品，法人或者其他组织视为作者。"值得注意的是，这里所说的是将法人或其他组织"视为"作者，而不是说法人或其他组织"是"作者。这仍然表明，只有有血有肉的自然人才是作品的创作者，而作为无生命的法人等社会组织不是作品的创作者，只是在某些特殊的情况下将其"视为"作者。

与其他许多国家的著作权法不同，中国著作权法在涉及著作权的主体时，除了自然人和法人，还规定了一个"其他组织"。大体说来，其他组织是介于法人和自然人之间的一些组织，如大学的系、教研室，研究所的研究室，政府部门的处、室、科，以及临时成立的编写组或编委会等等。显然这是针对中国特殊情况的一个规定。这类其他组织，也可被视为作者。

二　继受著作权人

从著作权的获得方式看，著作权的主体可以分为原始著作权人和继受著作权人。原始著作权人是指创作作品并获得和享有著作权的作者，继受著作权人则是指通过受让、继承或受遗赠而获得和享有著作权的人。原始著作权人是通过创作作品而获得和享有著作权，而继受著作权人则是通过合同的约定或法律的规定获得和享有著作权，与作品的创作活动无关。

由于创作作品的作者是原始著作权人，由于作者的精神权利与作者的人身密切相关，属于不可转让的权利，所以继受著作权人通过转让、继承或遗赠所获得的，主要是财产权利。只有当某一作品在作者的有生之年没有发表的情况下，继承人或受遗赠人才可以继承和行使发表权。不过，发表权本来就与财产权利密切相关，而继承人或受遗赠人所获得的发表权似乎又具有更浓厚的财产权利的色彩。

继受著作权人可以是自然人，也可以是法人或其他组织。由于著作权中的财产权利由一系列具体的权利内容构成，继受著作权人所获得和享有的，可能是所有的财产权利，也可能是其中的一项或几项权利。例如在著作权转让的情况下，受让人由于利用作品的需要，只要获得其中的一项或几项权利就可以满足自己的需要。而在某些特殊的情况下，如继承或受遗赠的情况下，继承人或受遗赠人则有可能会获得所有的财产权利。

此外，在某些特殊的情况下，国家也可以成为著作权的继受主体。例如，作者死亡后相关的著作权无人继承，则著作权中的财产权利可以归国家继受。又如，在接受赠与的情况下，国家也可以成为著作权的继受主体。又据中国著作权法第19条的规定，著作权属于法人或其他组织的，如果法人或其他组织变更、终止后，其财产权利由承受其权利义务的法人或其他组织享有；如果没有承受其权利义务的法人或其他组织，则由国家享有。

三 外国人

从著作权主体的国籍来看，可以分为中国人和外国人。其中的中国人，既包括具有中国国籍的自然人，也包括依据中国法律成立的法人或其他组织。其中的外国人，则包括具有外国国籍的自然人、依据外国法律成立的法人或其他组织，以及不具有任何国家国籍的自然人。

在对于外国人作品的保护上，中国著作权法依据互惠原则和地域原则，分别做出了不同的规定。

（1）著作权法第2条第2款规定，外国人、无国籍人的作品根据其作者所属国或者经常居住地国同中国签订的协议或者共同参加的国家条约享有的著作权，受本法保护。这是依据互惠原则对外国人的作品给予保护。其中又分为依据双边条约的互惠和依据共同参加的国际条约的互惠。例如，1992年1月签订的中美知识产权保护备忘录规定，自1992年3月17日开始，中美两国相互保护对方国民的作品。这是依据中美两国双边条约的互惠。又如，中国于1992年10月加入伯尔尼公约，于2001年12月加入世界贸易组织并执行"与贸易有关的知识产权协议"。这样，中国与其他伯尔尼公约成员国，与其他世界贸易组织成员相互保护对方国民的著作权，就是依据共同参加的国际条约的互惠保护。

（2）著作权法第2条第3款规定，外国人、无国籍人的作品首先在中国境内出版的，依照本法享有著作权。这是依据地域原则给予的保护。即外国人或无国籍人的作品，只要首次出版的事实发生在中国，就可以受到中国著作权法的保护。

（3）著作权法第 2 条第 4 款规定，未与中国签订协议或者共同参加国家条约的国家的作者，以及无国籍人的作品，只要首次在中国参加的国际条约的成员国出版的，或者在成员国和非成员国同时出版的，受本法保护。这是结合互惠原则和地域原则而给予的保护。

四　香港、澳门和台湾地区居民

本来，在伯尔尼公约的条件下，中国人和外国人的区分是很清楚的。因为伯尔尼公约是一个只有主权国家才能加入的国际条约，中国的香港、澳门和台湾地区都不得加入。这样，大陆对于香港、澳门和台湾地区的自然人、法人或其他组织著作权的保护，只能依据大陆的法律，不存在适用相关国际公约或条约的问题。

然而在世界贸易组织的条件下，这个问题却变得复杂了起来。因为世界贸易组织的成员不仅有主权国家，还可以是某一个主权国家内的独立关税区。而且，按照世界贸易组织的有关协议，知识产权保护上的国民待遇原则，在独立关税区的情况下，其中的"国民"具体是指该关税区的居民。中国的大陆、香港、澳门和台湾地区，都已经作为独立的关税区加入了世界贸易组织，并且共同遵守"与贸易有关的知识产权协议"。这样，大陆地区对于香港、澳门和台湾地区的自然人、法人或其他组织著作权的保护，除了适用大陆地区的法律，还可以适用"与贸易有关的知识产权协议"。

第二节　著作权的归属

著作权的归属是指著作权归谁所有。只有在明确了著作权归属的前提下，著作权人才能够行使、转让和许可权利，并由此而获得相应的经济收益。同时，明确著作权的归属，也是受让人、被许可人获得权利和使用作品的前提。

一　著作权归属的一般原则

中国著作权法第 11 条第 1 款规定："著作权属于作者，本法另有规定的除外。"著作权属于创作作品的作者，这是著作权归属的一般原则，也是世界各国的著作权法所遵循的一个原则。

作者是指创作作品的自然人。然而在某些特殊的情况下，著作权又可以归属于作者以外的人或组织。例如，依据中国著作权法，由法人或其他组织主持，代表法人或其他组织意志创作，并由法人或者其他组织承担责任的作品，法人或者其他组织视为作者。在这类情况下，法律将法人或其他组织视为作者，将著作权赋予法人或其他组织，真正创作了作品的自然人则被排除在外，既不是作者也不享有著作权。

二　演绎作品的著作权归属

演绎作品是在他人作品的基础上，通过重新创作或改编而形成的作品。演绎作品可以是基于一件已有作品而产生，例如将某一部外国文学名著翻译成中文，将一部独奏曲改编为协奏曲。演绎作品也可以是基于两件以上的现有作品而完成，例如依据某一作家的两部小说拍摄一部电视连续剧，根据多部作品拍摄一部电影。演绎作品可以是依据他人处于公有领域中的作品而完成，也可以是依据他人处于专有领域中的作品而完成。演绎作品的著作权归属于演绎者。

三　合作作品的著作权归属

中国著作权法第 13 条规定："两人以上合作创作的作品，著作权由合作作者共同享有。"由此可见，合作作品是指两人以上合作创作的作品，他们创作的最终目的是将各自创作的部分合为一体，使之形成一部完整的作品。合作作品的著作权，归合作作者共同享有。依据中国著作权法，合作作品可以分为两种，合作作者行使著作权的方式也因此而有两种。

第一种是合作作品可以分割使用的。例如歌曲和歌词，一部学术著作中几位作者分别撰写的不同的章节，等等。在这种情况下，作者就各自创作的部分可以单独享有和行使著作权，但在行使著作权时不得侵犯合作作品整体的著作权。

第二种是合作作品不可以分割使用的。例如两个人合作撰写一篇学术文章，共同讨论提纲，然后由一个人撰写，再由一个人修改润色，两个人的创作成果难以分割。在这种情况下，合作作品的著作权由合作作者共同享有和行使。中国著作权法实施条例第 9 条规定："合作作品不可以分割使用的，其著作权由各合作作者共同享有，通过协商一致行使；不能协商一致，又无正当理由的，任何一方不得阻止他方行使除转让以外的其他权利，但是所得受益应当合理分配给所有合作作者。"

四　汇编作品的著作权归属

汇编作品是集合作品、作品的片段、事实和数据等等而形成的作品，如报纸、期刊、百科全书、选集和数据库等等。汇编作品的独创性体现在对于作品、作品片断、事实、数据等的选择和编排上。汇编作品的著作权归汇编者享有，但是汇编者在行使自己的著作权时，不得侵犯原作品的著作权。

汇编作品，尤其是其中的百科全书、报纸、期刊和选集等等，最大的特点是具有"双重著作权"。一方面，构成汇编作品的作品、作品的片段等等，可能是享有著作权的作品。所以汇编者在编选他人享有著作权作品的时候，应当获得原作著作权人的许可。另一方面，汇编者在选择和编排作品、作品的片段、事实、数据时，付出了具有独创性的智力劳动，这种选择和编排本身就构成了作品，汇编者对其享有著作权。

五　电影作品的著作权归属

在著作权法保护的对象中，电影作品是一种独特的作品。就电影作品基于一定的文学作品和脚本、分镜头剧本等等来说，它是一种演绎作品。就电影作品由脚本、对白、音乐、插曲、美术设计等等构成来看，由导演、演员、服装、道具、美工等等共同创作来看，又可以在某种程度上把电影视为合作作品。由于电影作品中体现了许多人的创造性劳动，最终的电影作品的著作权归属，就是一个非常复杂的问题。如果让每个创作者独立享有和行使自己的权利，要么电影作品完成不了，要么完成了以后也无法推向市场。

对于电影作品的著作权归属，世界各国的著作权法有不同的规定。按照美国版权法，电影作品的版权归制片人享有。这与美国版权法所规定的雇佣作品的版权属于雇主所有是一致的。因为在电影作品的情况下，是制片人投资拍摄电影，无论是导演、音乐作者、美工设计，还是演员和其他辅助人员，都是制片人的雇员。所以在雇佣关系下由雇员所创作出来的作品，理所当然由雇主享有有关的权利。而按照法国的著作权法，电影作品的原始著作权，包括精神权利和经济权利，只能属于参加创作的每一个人，如编剧、音乐作者、美工设计和导演等等。这与法国注重作者和作者的精神权利密切相关。因为，作品是由自然人创作者的，就电影作品所产生的一切权利，包括作者的精神权利和财产权利，首先只能归作者所有。当然在这个前提的基础上，法国著作权法又对作者行使精神权利和财产权利进行了一系列的限定，使得电影作品得以完成和发行。

在电影作品著作权的归属上，德国做出了介于法国和美国之间的规定。德国著作权法规定，电影作品的著作权归属于参加创作的各个自然人所有，如导演、编剧、音乐作者和对白作者等等。所有的这一切，都与法国著作权法的精神相一致。但是德国著作权法又规定，参加电影创作的各位作者，包括电影作品所依据的原作的作者，都在一开始就把自己的财产权利转让给了制片人，由制片人行使有关的财产权利。这可以叫做财产权利的法定转让。

中国著作权法在规定电影作品著作权归属的问题上，与德国比较接近。著作权法第15条规定："电影作品和以类似摄制电影的方法创作的作品的著作权由制片者享有，但编剧、导演、摄影、作词、作曲等作者享有署名权，并由权按照与制片者签订的合同获得报酬。"中国著作权法同时还规定，电影作品中的剧本、音乐等可以单独使用的作品，作者有权利单独行使其著作权。

六 职务作品的著作权归属

职务作品是指公民为完成法人或其他组织的工作任务而创作的作品。在欧美国家，职务作品又称雇佣作品（works made for hire），是指雇员在雇佣关系下所创作的作品。在职务作品的归属上，中国著作权法第16条依据作品创作完成的不同的情形，做出了两种不同的规定。

第一，职务作品著作权的一般归属。根据规定，职务作品的著作权在一般情况下归创作作品的作者所有，但法人或者其他组织有权在其业务范围内优先使用。在职务作品完成的两年内，未经单位同意，作者不得许可第三人以与单位使用的相同方式使用该作品。又据著作权法实施条例第12条，在职务作品完成后的两年之内，如果作者经过单位的同意，许可第三人以与单位使用的相同方式使用作品，则有关的收益由作者与单位按约定的比例分配。作品完成两年的期限，自作者向单位交付作品之日起计算。

第二，职务作品的特殊归属。在一些特殊的职务作品，如工程设计图、产品设计图、地图、计算机软件等职务作品的情况下，创作作品的作者享有署名权，除此之外的其他权利由法人或者其他组织享有。同时，法人或其他组织应当对作者给予奖励。值得注意的是，在这些特殊的职务作品的情况下，作者不仅不享有财产权利，而且不享有除署名权之外的其他精神权利。可以说，作者的精神权利也受到了很大的限制。

七　委托作品

委托作品是指作者受他人的委托而创作的作品。由于委托作品在很多方面与雇佣作品相似，所以在欧美国家一般都把委托作品归入雇佣作品，或者视为雇佣作品中的一种特殊情形。

中国著作权法第17条规定，委托作品著作权的归属由委托人和受托人（作者）通过合同约定。如果合同没有明确约定，或者没有订立合同的，著作权归属于受托人（作者）。按照这一规定，中国著作权法在委托作品著作权的归属上，基本上是把重心放在了受托方（作者）一方。

八　作品原件的转移与著作权的归属

作品的原件，尤其是美术作品的原件，本身就具有很高的收藏价值。因此，在作品原件的周转过程中，明了作品原件的归属与作品著作权的归属，就是非常重要的。

应该说，就一件作品的原件来说，存在着两个权利。第一个权利是作者就有形的物，如手稿（纸张）、画稿（纸张或画布）等等所享有的权利。这是作者所享有的有形财产权，作者可以占有和处分相关的纸张、画布等物品。正是基于这样的权利，作者可以出卖作品的原件，尤其是美术作品的原件，并获得相应的受益。而获得了美术作品原件的所有人，还可以在随后的时间里再次出售原件。第二个权利是作者就作品原件上所体现的作品享有的著作权，这是作者所享有的无形财产权。作者可以用合同的方式转让自己的著作权，可以用合同的方式许可他人以不同的方式使用自己的作品，甚至还可以因为继承而由继承人享有有关的著作权。

正是因为作品的原件，尤其是美术作品的原件，具有上述两个特征，所以作品原件的转移，并不意味着作者就作品所享有的著作权的转移。例如中国著作权法第18条规定，美术等作品原件所有权的转移，不视为作品著作权的转移。获得了作品原件的人，未经作者或其他权利人的许可，不得复制、发行或以其他方式利用有关的作品。当然，获得了作品原件（包括美术作品原件）的人，享有展览该原件的权利，有关作品的作者或者其他权利人无权干预。

1993 年 10 月，美籍华裔物理学家牛满江撰写了一个条幅，"贺自航灵芝孢籽粉赴美展览，育天下灵丹，除人间绝症"，送与中国食用菌技术开发公司的法定代表人潘自航。后来，该公司将其中"育天下灵丹，除人间绝症"的字迹，印制在包装袋上，装入灵芝孢籽粉后在市场上销售。牛满江起诉中国食用菌技术开发公司侵犯著作权。

在本案中，牛满江所撰写的条幅为美术作品。他将条幅送与潘自航，属于有形财产的转移。潘自航在获得了美术作品的原件后，可以悬挂在客厅或者公司的办公室里，进行展览。但是，未经许可而将其中的一个部分印制在包装袋上，就是侵犯了作者的著作权。因为，牛满江虽然将作品的原件交给了潘自航，但并没有把美术作品的著作权转让给潘自航。这样，食用菌公司在复制或者发表该作品时，应当获得著作权人牛满江的许可。未经许可而进行商业性的使用，就是侵犯了他人的著作权。

在此我们也可以再引申一步。媒体上经常看到美术作品原件拍卖的消息，包括某某作品拍出了上百万或者上千万元的消息。而结合著作权法的有关规定，无论竞拍者花了多少钱买回了美术作品的原件，只要该作品还在著作权法的保护期限之内，他所享有的仅仅是展览该作品的权利。如果他想复制、发行，或者在网络上传播该美术作品，仍然要获得著作权人的同意。

复习题

1. 依据中国著作权法，著作权的主体有哪些？
2. 依据中国著作权法，职务作品的归属原则是什么？
3. 如何理解作品原件的转移与著作权的归属？

阅读书目

Paul Geller, Myers Nimmer: International Copyright Law and Practice, Matthew Bender, 2002.

郑成思：《版权法》（修订本），中国人民大学出版社，1997。

李明德：《美国知识产权法》，法律出版社，2003 年 10 月。

第七章　著作权的转让和许可

要点提示

　　本章主要讨论著作权的利用，如著作权的转让和许可，以及著作权的继承和继受。

　　本章还讨论了著作权转让和许可合同，如合同的重要条款。在此基础之上，还讨论了特殊的著作权许可，即著作权的集体授权组织或集体管理组织。

　　作品一旦创作出来，就应当加以利用，并获得相应的经济利益。在获得了著作权的情况下，对于作品的利用，也就是对于著作权的利用。利用作品，可以是作者直接利用，也可以是通过著作权转让或者许可的方式，让他人加以利用。

　　著作权的转让和许可，都要通过合同而完成。此外，在涉及某些特殊作品，如音乐作品的情况下，可能还需要著作权集体管理组织的介入，代表著作权人与作品的使用者签订许可合同。下面分别讨论著作权的转移、著作权合同和著作权集体管理。

第一节　著作权的转移

　　著作权的转移（transfer），是指著作权通过一定的方式，永久或暂时地脱离作者，转移给他人所有或者由他人来行使。著作权的转移主要有三种方式，一是通过继承或继受归他人所有，二是通过合同转让（assign）给他人所有，三是通过合同许可（license）给他人行使。

　　著作权的转移，一般是指财产权利的转移。由于作者的精神权利具有与作者的人身紧密相连的特点，所以在一般情况下是不能转移的。这就意味着，作者的精神权利永远归属于作者，作者不得以合同的方式将自己的精神权利转让给他人所有。即使发生了这样的转让，按照很多国家的法律，这种转让也是无效的。

一　著作权的继承和继受

著作权的继承和承受，又称著作权的法定转移，是指著作权因为法律规定的继承而发生转移，或者因为著作权主体的变更和终止等原因而发生转移。

著作权的继承是指，著作权人死亡后，有关的权利由继承人按继承法的规定继承。例如，中国著作权法第 19 条规定，著作权属于公民的，公民死亡后，精神权利中的发表权和所有的财产权利，依照继承法的有关规定转移。其中的发表权，既具有精神权利的特征，又与财产权利密切相关，所以法律规定可以由继承人加以继承。关于这一点，著作权法实施条例第 17 条有进一步的规定：作者生前未发表的作品，如果作者未明确表示不发表，作者死亡后 50 年内，其发表权由继承人或者受遗赠人行使。

根据继承法第 3 条的规定，遗产是公民死亡时遗留下来的个人合法财产，其中包括属于公民的著作权和专利权中的财产权。著作权的继承人，既包括法定继承人，如死者的配偶、子女、父母等，又包括遗嘱继承人，如依据死者生前所立遗嘱而继承著作权的人。所以，继承和行使发表权和各项财产权利的人，既可以是法定继承人，又可以是受遗赠人。法定继承人和受遗赠人都是继承人。

著作权的继受是指，由法人或其他组织享有的著作权，在该法人或其他组织变更、终止后，由相应的法人或组织享有。中国著作权法第 19 条规定，著作权属于法人或其他组织的，法人或者其他组织变更、终止后，发表权和财产权利在本法的保护期限内，由承受其权利和义务的法人或者其他组织享有。此外，如果法人或其他组织变更、终止后，没有承受其权利义务的法人或者其他组织的，有关的发表权和财产权利则由国家享有。

二　著作权的转让

著作权的转让是指，作者或其他权利人将自己所享有的著作权，以合同的方式永久性地转移给他人所有，并由此而获得一定的报酬。著作权的转让是所有权的转让，是著作权脱离作者或其他权利人而归属于他人所有，这与著作权许可仅仅允许他人在一定时间内行使著作权不同。

一般说来，著作权的转让是永久性的，一直延续到著作权的保护期届满。

著作权的转让，可以是其中的一项或者两项权利的转让，也可以是著作权的全部转让。著作权的全部转让又叫做"著作权的卖绝"。而且，从原始著作权人那里获得了著作权的受让人，还可以将自己获得的著作权再次转让给他人。

对于著作权的转让，中国著作权法经过了从不允许到允许的发展变化。根据 1991 年著作权法的规定，作者和其他原始著作权人不得转让自己的权利。2001 年修订的著作权法则明确规定，著作权人可以转让著作权。其中的第 10 条规定，著作权人可以全部或者部分转让经济权利，并依照约定或者本法的有关规定获得报酬。此外，2001 年修订的著作权法第 25 条还规定，转让著作权应当订立书面合同，并规定了转让合同的主要条款。显然，允许著作权人转让全部或者部分财产权利，不仅有利于权利人在国内贸易和国际贸易中更好地实现自己的经济利益，而且也使得中国著作权法在这一问题上与绝大多数国家的著作权法一致了起来。

三 著作权的许可

著作权的许可是指，作者或其他权利人将自己所享有的著作权，在一定的期限内转移给他人使用，并由此而获得相应的报酬。著作权的许可不同于著作权的转让，它不是所有权的转移，而只是使用权的转移。一旦许可的期限届满，有关的权利即回归作者或权利人所有。

著作权的许可，可以是一项或几项权利的许可，也可以是著作权的整体许可。但从著作权许可的实践来看，绝大多数的许可都是一项或几项权利的许可，很少有著作权整体许可的事例发生。很多的作品使用者，如出版者、翻译者、演绎者、表演者，只要获得一项或几项权利就可以满足自己的需要，因而也没有必要获得整个著作权的许可。

著作权的许可方式主要有两种。一种是专有许可，即作者或权利人仅许可一家以某种方式使用自己的作品，不再向第三人发放同样的许可。专有许可又称为排他性许可。另一种是一般许可，即作者或权利人在许可一家以某种方式使用自己的作品后，还可以许可第三人以同样的方式使用自己的作品。与专有许可相对应，一般许可又称为非专有许可。

由于许可的种类不同，被许可人在诉讼中的地位也不同。按照国际上通行的惯例，在发生侵权的情况下，获得一般许可的被许可人不能以自己的名义提起诉讼，只能由著作权人提起诉讼。而在获得了专有使用权许可的情况下，则被许可人有权以自己的名义提起诉讼。这是因为，在发生著作权侵权的情况下，如果是一般许可，尽管被许可人也会遭受损失，但遭受损失最大的还是著作权人，所以应当由著作权人提起诉讼。而在专有许可的情况下，侵权活动直接损害的是被许可人的利益，所以被许可人可以以自己的名义提起诉讼，维护自己的利益。

第二节　著作权合同

著作权合同是指关于著作权归属、著作权转让和著作权许可的合同。就著作权的行使或作品的使用来说，主要是著作权转让合同和著作权许可合同。在绝大多数情况下，著作权的转让和许可都应当使用书面合同。当然在少数情况下，著作权的许可可以用口头合同的方式进行。有些国家在著作权法中规定了转让和许可合同，有些国家制定了专门的著作权转让和许可合同，还有的国家则通过一般的合同法规范著作权的转让和许可。

著作权合同首先是合同法的一个部分。无论是合同的订立、合同的效力、合同的履行，还是合同的变更和转让、合同的权利义务终止、违约责任等等，都应当符合合同法的一般原则和规定。例如，合同当事人的法律地位平等，一方不得将自己的意志强加给另一方；合同当事人享有自愿订立合同的权利，任何单位和个人不得非法干预；当时人应当遵循公平原则确定各自的权利和义务；当事人行使权利、履行义务应当遵循诚实信用原则；当事人订立合同、履行合同，应当遵守法律、行政法规，尊重社会公德，不得扰乱社会经济秩序，损害社会公共利益；依法成立的合同，对当事人具有法律约束力；当时人应当按照约定履行自己的义务，不得擅自变更或者解除合同；等等。①

同时，著作权合同又是著作权法的一个部分。由于著作权是一种无形财产权利，无论是著作权的归属，还是著作权的转让和许可，都带有一些自身的特点，不可能完全适用合同法的原则和规定。例如，著作权是一种特殊的无形财产，具有法定的时间性和鲜明的地域性。又如，著作权既包括作者的精神权利，又包括财产权利，并且只有财产权利才可

---

① 中国合同法第 3 条至第 8 条。

以转让或许可。除此之外，由于作者往往处于弱势地位，而作品的使用者如出版商、演出公司和广播组织等往往处于强势地位，还必须在适当的时候对"契约自由"的原则加以限制，以免弱势作者的利益受到过分的侵害。

根据中国著作权法第 25 条规定，著作权转让合同应当包括以下内容：

（1）作品的名称。由于作品是权利的客体，说明作品的名称就可以明确合同所转让的权利的客体，受让人也可以据此而以合同规定的方式使用有关作品。

（2）转让的权利种类、地域范围。例如，转让的是复制权还是表演权，是一项权利还是几项权利，是部分转让还是全部转让，等等。又如，由著作权的地域性所决定，转让的是在大陆地区的著作权还是香港、澳门、台湾地区的著作权，转让的是中国的著作权还是美国的、法国的、澳大利亚的著作权等等。

（3）转让价金。作者或其他著作权人转让著作权的目的就是为了获得一定的经济利益，而获得一定数量的价金正是这种目的具体体现。有关的价金，可以由当事人按照市场惯例确定，也可以参照国务院著作权行政管理部门制定的标准。

（4）交付转让价金的日期和方式。交付价金，可以采取一次性付清的方式，也可以采取按比例从受让人所获利润中提成的方式。但由于按比例提成的方式难以执行，所以在绝大多数的情况下，都是采取一次性付清的方式。

（5）违约责任。当事人如果没有履行合同的约定，应当承担的责任。在涉及国际性著作权转让时，还应当约定在发生纠纷时适用哪一个国家的法律来解释合同。

（6）双方认为需要约定的其他内容。

著作权许可使用合同有多种多样，大体可以以使用作品的方式，或者许可的权利种类来划分，如出版（权）合同、表演（权）合同、演绎（权）合同和展览（权）合同等等。其中的出版合同又可以分为图书出版合同和报刊出版合同；表演合同又可以分为舞台表演合同和机械表演（如广播组织的播放）合同；演绎合同又可以分为翻译合同、摄制电影合同、改编合同等等。

根据中国著作权法第 24 条，著作权许可合同应当包括以下内容：

（1）许可使用的权利种类。

（2）许可使用的权利是专有使用权还是非专有使用权。

（3）许可使用的地域范围、期间。

（4）付酬标准和办法。

（5）违约责任。

（6）双方认为需要约定的其他内容。

第三节 著作权集体管理

一 著作权集体管理

著作权的集体管理，是指集体管理组织接受著作权人的委托，集中向作品的使用者许可自己管理的著作权，并将有关的收益分发给著作权人。著作权集体管理组织则是一种中介机构，一方面接受著作权人的委托，集中管理相关的权利；另一方面又代表著作权人，向作品的使用者发放许可并收取费用，并在必要的时候代表著作权人提起侵权诉讼。从这个意义上说，著作权的集体管理又叫做著作权的集体授权，著作权集体管理组织又叫做集体授权组织。

著作权的许可，在很多情况下都可以由著作权人与作品的使用者，直接签订许可合同，商谈作品的使用和费用的支付。例如在授权他人复制发行作品的情况下，在授权他人演绎作品的情况下，权利人都可以与作品的使用者直接商谈作品的使用和费用，并签订相关的许可合同。然而在某些特殊的情况下，单个的权利人却很难与大量的使用者逐个签订许可合同，而作品的使用者，由于使用大量的作品，也很难与大量的权利人逐个签订许可合同。这在音乐作品的使用中尤其突出。为了应对这一难题，就产生了著作权的集体管理和中介组织。

大体说来，著作权集体管理组织主要有四方面的工作。一是接受著作权人的委托，代为管理相关的权利和作品。这包括制定和公布作品目录，检查作品被他人使用的情况，以及监督他人对于作品的使用。二是代表权利人与作品的使用者进行谈判，向作品的使用者发放使用许可。著作权集体管理组织的许可通常是一揽子许可，即授权使用者在一定期限内使用自己所管理的全部作品，而不论使用者在事实上使用了多少作品，也不论使用者对某一作品的使用频率是多少。与此相应，作品的使用者也依据一揽子合同，定期向集体管理组织支付费用。当然在必要的时候，集体管理组织也可以发放单项许可，许可他人使用自己所管理的某一件或某几件作品。三是收取和分配费用。著作权集体管理组是非营利性机构，属于社会公益组织。著作权集体管理组织在收取了作品使用费之后，除了扣除必要的管理费用，应当按照一定的方式或比例，将剩余的费用发放给著作权人。如何分配作品的使用费，是一项非常专业性的工作，由著作权集体管理组织依据作品的数量、使用频率、使用范围等等，制订分配的方案和标准。四是在必要的时候，代表著作权人提起侵权诉讼或参与仲裁活动，维护著作权人的利益。在中国，还包括在必要的时候向行政机关提起申请，要求查处侵权行为。

著作权的集体管理，发源于对音乐作品著作权的管理。国外出现较早的著作权集体管理组织，如法国的"音乐作者著作权集体管理组织"（SACEM）、英国的"音乐作品版权集体管理组织"（PRS）、"美国音乐作者和音乐出版商协会"（ASCAP），都是音乐作品著作权或版权的集体管理组织。这是因为，音乐作品是一种特殊的作品，为社会公众所广泛使用。例如，各种各样的音乐会、演唱会，广播电台、电视台等广播组织，车站、码头、航空公司、歌舞厅、酒吧、饭店、商场等商业性机构，都会大量使用各种各样的音乐作品。在这种情况下，音乐作品的著作权人难以与无数个作品的使用者签订许可合同，而作品的使用者也难以与无数个音乐作品的著作权人签订许可合同。所以在音乐作品的使用方面，著作权的集体管理组织就应运而生了。直到今天，世界各国的著作权集体管理组织，仍然主要是音乐作品著作权的集体管理。

在音乐作品的著作权集体管理方面，国际上还于1926年在巴黎成立了"国际词曲作者联合会"（CISAC），协调有关国家的音乐作品著作权的集体管理。这是因为，各个国家的音乐作品著作权集体管理组织，都只能在本国的地域之内展开集体授权和收取费用的活动。这与著作权保护的地域性密切相关。然而，音乐作品的使用又是跨越国境的。如何在国外发放本国音乐作品的一揽子许可，如何在国外收取本国音乐作品的使用费，就只能通过国际性的组织加以协调。"国际词曲作者联合会"就是为了加强各国著作权集体管理组织之间的联系，协调各国集体管理组织的授权、费用收取等工作而成立的。到目前为止，"国家词曲作者联合会"已经有170多个成员，其中的绝大多数都是音乐作品的著作权集体管理组织。

著作权的集体管理虽然发源于音乐作品著作权的管理，但随着作品传播技术的不断发展，在欧洲一些国家，尤其是在德国，也出现了一些其他作品的著作权集体管理组织。例如，管理文字作品著作权的集体组织，管理戏剧作品著作权的集体管理组织，管理美术作品"追续权"的集体管理组织，管理摄影作品著作权的集体管理组织，管理私人复制的集体管理组织，等等。随着互联网络的普及，各种著作权集体管理组织，包括音乐作品著作权集体管理组织，还把相关的业务延伸到了互联网上。

毫无疑问，随着作品传播技术的不断发展，著作权的集体管理还会有长足的发展。在某些著作权的行使中，尤其是就音乐作品的使用来说，著作权的集体管理发挥着非常重要的作用。人们已经很难想象，假如没有著作权的集体管理，著作权的行使，尤其是音乐作品著作权的行使，会以什么样的方式进行。

二　中国的规定和实践

中国著作权法对于著作权的集体管理也作了原则规定。2001年修改的著作权法第8条规定："著作权人和与著作权有关的权利人可以授权著作权集体管理组织行使著作权或者与著作权有关的权利。著作权集体管理组织被授权后，可以以自己的名义为著作权人和与著作权有关的权利人主张权利，并可以作为当事人进行涉及著作权或者与著作权有关的权利的诉讼、仲裁活动。"其中的"与著作权有关的权利人"是指邻接权人，"与著作权有关的权利"是指邻接权。

著作权法第8条还规定，著作权集体管理组织是非营利性组织，其设立方式、权利义务、著作权许可使用费的收取和分配，以及对其监督和管理等由国务院另行规定。这样，到了2004年12月，国务院公布了《著作权集体管理条例》，于2005年3月1日起施行。

根据条例的规定，著作权的集体管理，是指著作权集体管理组织经权利人授权，集中行使权利人的有关权利并以自己的名义进行的下列活动：与使用者订立著作权或者邻接权许可使用合同；向使用者收取使用费；向权利人转付使用费；进行涉及著作权或者与著作权有关的权利的诉讼、仲裁等。可以纳入著作权集体管理的权利，包括表演权、放映权、广播权、出租权、信息网络传播权、复制权等权利人自己难以有效行使的权利。

著作权集体管理组织，是指为权利人的利益依法设立，根据权利人授权、对权利人的著作权或者与著作权有关的权利进行集体管理的社会团体。著作权集体管理组织应当依照有关社会团体登记管理的行政法规和本条例的规定进行登记并开展活动。国务院著作权管理部门主管全国的著作权集体管理工作。申请成立著作权集管理组织，应当先向国务院著作权管理部门提出申请。获得许可后，还应当按照相关规定向民政部门办理登记手续。只有在完成了上述手续之后，才可以从事相关的业务。

根据条例，依法享有著作权或者邻接权的中国公民、法人或者其他组织，可以发起设立著作权集体管理组织。设立著作权集体管理组织，应当具备下列条件：发起设立著作权集体管理组织的权利人不少于50人；不与已经依法登记的著作权集体管理组织的业务范围交叉、重合；能在全国范围代表相关权利人的利益；有著作权集体管理组织的章程草案、使用费收取标准草案和向权利人转付使用费的办法草案。

著作权集体管理组织许可他人使用其管理的作品、录音录像制品等，应当与使用者以书面形式订立许可使用合同。著作权集体管理组织不得与使用者订立专有许可使用合同。使用者以合理的条件要求与著作权集体管理组织订立许可使用合同，著作权集体管理组织不得拒绝。许可使用合同的期限不得超过2年，合同期限届满可以续订。著作权集体管理组织可以在收取的费用中提取一定比例作为管理费，用于维持其正常的业务活动。其余的费用则应当全部转付给权利人，不得挪作他用。

著作权集体管理组织应当建立权利信息查询系统，供权利人和使用者查询。权利信息查询系统应当包括著作权集体管理组织管理的权利种类和作品、录音录像制品等的名称、权利人姓名或者名称、授权管理的期限，等等。

对于参加集体管理组织的权利人，《著作权集体管理条例》也作了具体规定。根据规定，权利人可以与著作权集体管理组织以书面形式订立著作权集体管理合同，授权该组织对其依法享有的著作权或者邻接权进行管理。权利人符合章程规定加入条件的，著作权集体管理组织应当与其订立著作权集体管理合同，不得拒绝。权利人与著作权集体管理组织订立著作权集体管理合同后，不得在合同约定期限内自己行使或者许可他人行使合同约定的由著作权集体管理组织行使的权利。权利人可以依照章程规定的程序，退出著作权集体管理组织，终止著作权集体管理合同。但是，著作权集体管理组织已经与他人订立许可使用合同的，该合同在期限届满前继续有效；该合同有效期内，权利人有权获得相应的使用费并可以查阅有关业务材料。

条例还规定，外国人、无国籍人可以通过与中国的著作权集体管理组织订立相互代表协议的境外同类组织，授权中国的著作权集体管理组织管理其依法在中国境内享有的著作权或者邻接权。

目前，中国只有一家著作权集体管理组织。这就是由国家版权局和中国音乐家协会共同发起，于1992年成立的"中国音乐著作权协会"（简称音著协）。根据章程，"音著协"设立会员代表大会，选举产生协会的理事会、常务理事会、主席和总干事。协会设立三个职能部门，即会员与资料部、法律与许可部、分配及技术部。协会总部设在北京，并在上海、广州等地设有办事处。

"音著协"现有会员2500多名，包括词、曲作者和出版社会员。协会管理会员作品的表演权、广播权和录制权，并于1994年加入了"国际词曲作者联合会"，还与37个国家和地区的著作权集体管理组织签订了互相代表的协议。"音著协"自成立以来，已经积极开展了许可使用、费用收取和分配的工作，并且成功地进行了一系列诉讼活动，维护了会员的权利和利益。

不过，相对于西方发达国家，中国的著作权集体管理还很不发达，相关的集体管理活动尚处于初步发展阶段。这种滞后，既不利于著作权人利益的实现，也不利于著作权人权利的维护。随着国务院《著作权集体管理条例》的颁布实施，随着著作权人权利意识的进一步觉醒，著作权的集体管理会在中国有一个很大的发展。

问题与思考

近年来，经常听到知识产权滥用的说法。对于这样的说法，应当具体分析。至少是在著作权人发放许可的问题上，很难滥用自己的权利。这是因为，著作权人在许可自己作品的时候，通常都面临着具有雄厚经济实力的出版商和广播组织。或者说，与出版商和广播组织相比，作者或者著作权人一般处于劣势地位，很难获得公平的许可使用费。

正是针对以上的情形，许多国家的著作权法或者版权法都做出了特殊的规定。例如，美国版权法第203条规定，作者在转让或许可（包括排他性许可和一般许可）版权之后，可以在版权保护期之内的某一个时间点上，终止有关的转让或许可，收回自己的权利，并重新考虑转让或授权，以获取相应的经济利益。这一般称为"作者的第二次机会"（author's second chance）。又如，德国在2001年还专门通过了一部"著作权合同法"，做出了一些有利于作者的规定。

　　中国 1991 年著作权法只规定了著作权的许可，而没有规定著作权的转让。同时还规定著作权许可使用合同的期限不超过 10 年，合同期满可以续订。这是为了避免作者在不太了解作品的市场价值时，将自己的权利廉价地转让给作品的使用者，或者长时间地许可给作品的使用者。到了 2001 年修订著作权法，一方面规定了著作权可以自由转让，另一方面又取消了许可合同不得超过 10 年的限制。尽管法律已经修订，但作者处于弱势地位的现状并没有改变。或许在必要的时候，中国还应该向德国学习，制定专门的著作权合同法，对作者的利益有所照顾。

复习题

　　1. 什么是著作权的转让？
　　2. 什么是著作权的许可？
　　3. 如何理解著作权的集体管理？

阅读书目

　　Paul Geller，Myers Nimmer：International Copyright Law and Practice，Matthew Bender，2002.

　　郑成思：《版权法》（修订本），中国人民大学出版社，1997。

　　李明德：《美国知识产权法》，法律出版社，2003 年 10 月。

　　《中华人民共和国合同法》。

　　《著作权集体管理条例》。

第八章　邻　接　权

要点提示

　　本章主要论述作品传播者的权利，如表演者权、录音制品制作者权、广播组织权，以及出版者的版式设计权。

第一节　邻接权的概念

　　邻接权是指作品的传播者，就其传播作品的过程中付出的创造性劳动和投资所享有的权利。其中的作品的传播者，包括表演者、录音制品制作者、广播组织。在我国，作品的传播者还包括录像制品制作者和出版者。其中的创造性劳动和投资，是指在作品的传播过程中，传播者所付出的创造性劳动和投资，以及由此而获得的成果。

　　"邻接权"译自法文和英文，其基本含义是指与著作权邻接的权利。显然，这个术语直观地反映了这种权利与著作权的关系。而在德文中，这类权利则称为"有关权"，即与著作权有关的权利。在世界贸易组织"与贸易有关的知识产权协议"中，这类权利也被称为"有关权"（related rights）。在中国著作权法中，邻接权被称为"与著作权有关的权利"，其含义也是"有关权"的意思。

　　不过，关于这类权利的更准确的提法，似乎应当是"作品传播者权"。一般说来，当作者创作出作品以后，总是希望作品能够最大限度地在公众中传播，从而获得最大的经济利益。然而，传播作品需要某种特殊的技能，以及与传播技能相关联的创造性劳动和投资。例如，表演作品需要特殊的技能和表演者的创造性劳动。又如，制作录音制品和通过广播电视传播作品，不仅需要特殊的技能和创造性的劳动，还需要大量的投资。无论是作品的表演者，还是录音制品制作者和广播组织，在传播作品的过程中都付出了相当大的创造性劳动和投资，应当对此享有权利并得到法律的保护。正是由于表演者、录音制品制作者和广播组织的创造性劳动和投资，作品才得以广泛传播，而传播者也在传播作品的过程就自己的创造性劳动和投资享有了一定的权利。所以，邻接权的准确含义就是"作品传播者权"。

作品的传播者通过创造性的劳动所获得的成果，不同于作者通过智力创作而获得的成果。作者通过自己的创造性劳动所创作出来的是作品，所获得的权利是著作权。而传播者通过创造性劳动和投资所创造出来的是"媒体产品"，如表演活动、录音制品和广播节目，所获得的权利是邻接权。媒体产品不是作品，它不是对于思想观念的表述，而是将作品呈现给社会公众的一种方式或形态。这相当于是对作品的"包装"。通过这种"包装"，社会公众可以更好地了解和接受作品。当然，传播者在将作品"包装"为媒体产品时，也附加了自己的创造性劳动和投资，并就此享有了权利。此外，作者创作的作品必须具有著作权法所要求的独创性，而"媒体产品"则不需要具备这样的独创性。我们甚至可以说，媒体产品只是就作品附加了一些易于为公众所接受的方式或形态。

由于媒体产品与作品密切相关，邻接权与著作权也存在着密切关系。首先，先有作品和著作权，才会有"媒体产品"和邻接权。所以，作品的传播者在使用他人作品时，应当获得著作权人的许可，除非法律有其他规定。这在中国著作权法的有关条文中，都有明确的规定。其次，由于"媒体产品"来源于作品，邻接权来源于著作权，作品的传播者在行使自己权利的时候，不得侵犯他人的著作权。例如，法国知识产权法第211条规定，邻接权不得损害著作权，有关邻接权的任何规定不得解释为限制著作权人行使自己的权利。

著作权是由作者的精神权利和财产权利所构成，既具有精神权利的特征，又具有经济权利的特征。而邻接权所具有的特征，则要比著作权复杂得多。一方面，某些邻接权既具有精神权利的特征，又具有财产权利的特征。这主要是指表演者的活动以及表演者就其表演活动所享有的权利。另一方面，大多数邻接权仅具有财产权利的特征，保护的是作品的传播者对媒体产品的技能性贡献和投资，不具有任何精神权利的特征。这主要是指录音制品制作者和广播组织所享有的权利。

国际上公认的邻接权，是指表演者权、录音制品制作者权和广播组织权。例如，1961年在罗马缔结的《保护表演者、录音制品制作者和广播组织公约》（简称罗马公约），就是规定了这三项权利。然而，从作品传播者权的角度出发，邻接权似乎又可以不仅仅局限于上述三种权利。事实上，正是从传播作品的角度出发，一些国家的著作权法不仅规定了上述三项邻接权，还规定了另外一些邻接权。例如在中国，在20世纪80年代制定著作权法时，出版发行是作品的主要传播方式。再加上著作权法的很多制定者长期从事出版工作，所以在邻接权中不仅规定了表演者权、录音制品制作者权和广播组织权，还规定了出版者权。此外，中国在20世纪80年代将录音录像制品放在一起管理，所以在规定邻接权时，也将录像制品和录音制品规定在了一起。

第二节　表演者权

一　表演者与表演活动

表演者是表演文学艺术作品的自然人。根据"罗马公约"第2条，表演者包括表演文学艺术作品的一切演员、歌唱家、演奏者、舞蹈者等等。法国知识产权法将表演者称为"表演艺术家"，具体定义为表演、演唱、演奏、朗诵文学艺术作品的人。

表演者所表演的作品，可以是仍然受到著作权法保护的作品，也可以是已经进入公有领域的作品。表演他人的仍然受到保护的作品，应当获得授权，并支付相应的报酬。表演已经进入公有领域的作品，或者从来没有受过著作权法保护的作品，如莎士比亚的作品、曹雪芹的作品，则不必寻求授权和支付报酬。在某些特殊的情况下，还会出现作品的作者和表演者为同一个人的现象。例如，杨丽萍是《孔雀舞》的作者，又是《孔雀舞》的表演者。又如，某些表演艺术家的即兴表演，既包含有作品，又包含有对作品的表演。

表演者权的客体是表演活动。表演活动则是指表演者通过自己对作品的理解和阐释，以声音、动作、表情等等将作品的内容传达出来，或者借助一定的工具如乐器、道具等等将作品的内容传达出来。

表演者权的客体是表演活动，而不是被表演的作品。例如，莎士比亚的戏剧是作品，虽然从来没有受到过著作权法或版权法的保护，但可以由不同国家和不同时代的表演者进行表演，并且就其表演活动享有表演者权。又如，中国的舞剧《红色娘子军》、《白毛女》，中国的话剧《雷雨》、《茶馆》，中国的音乐《梁祝》、《二泉映月》等等，曾经有过许多个"表演版本"和"表演",表演者对于每一个"表演版本"或每一次"表演活动"都享有表演者权。这种状况甚至发生在同一个表演者对同一个作品的数次表演上。例如杨丽萍曾经多次表演《孔雀舞》,她就自己每一次的表演活动都享有权利,绝非仅仅对自己的第一次表演享有权利,而对随后的表演活动就不享有权利。如果将表演者权的客体定义为被表演的作品,就有可能发生表演者仅在作品受保护期间就其表演活动享有权利,而在作品保护期届满以后就对其表演活动不享有权利的误解。甚至在某些从来没有受到过著作权法或版权法保护之作品的情况下,如莎士比亚的作品、曹雪芹的作品,得出表演这些作品不享有表演者权的荒谬结论。

严格说来,表演者权的客体是表演者的每一次表演活动,而不论这种表演活动是对于同一作品的表演,还是对于不同作品的表演,也不论这种表演活动是表演专有领域中的作品还是公有领域中的作品。

二 表演者权的内容

表演者权不同于表演权。表演权是作者就作品所享有的权利,是作者许可或禁止他人表演自己作品的权利。而表演者权则是表演者就其表演活动所享有的权利,是表演者许可或禁止他人利用自己表演活动的权利。当然,表演者权与表演权也有一定的联系。就某一些具体的表演活动来说,表演者必须先获得表演权的许可,才能够表演有关的作品,才能够发生自己的表演活动。

表演者权由表演者的精神权利和财产权利构成。先来看精神权利。由于表演者是自然人,表演者在表演有关作品时融入了自己对于作品的理解和阐释,并在表演的过程中将自己的内在精神状态外化在了表演活动中,所以表演者应当像作者一样享有一定的精神权利。根据中国著作权法第 37 条,表演者享有两项精神权利。一是表明表演者身份的权利,这类似于作者所享有的署名权。一是保护表演形象不受歪曲的权利,这类似于作者所享有的保护作品完整权。根据著作权法第 38 条的规定,对于上述两项表演者精神权利的保护,不受时间的限制。这与作者精神权利的保护期间没有限制是一样的。

再来看财产权利。表演者权的财产权利,是指表演者许可或禁止他人利用自己表演活动,并获得相应的经济收益的权利。其中的利用自己的表演活动,可以是对表演活动录音录像,可以是从现场直播和公开传送有关的表演活动,还可以是通过互联网络向公众传播有关的表演活动。根据中国著作权法第 37 条的规定，表演者享有以下 5 项财产权利：

许可他人从现场直播和公开传送其现场表演，并获得报酬；

许可他人录音录像，并获得报酬；

许可他人复制录有其表演的录音录像制品，并获得报酬；

许可他人发行录有其表演的录音录像制品，并获得报酬；

许可他人通过信息网络向公众传播其表演，并获得报酬。

又据著作权法第 38 条，表演者财产权利的保护期限为 50 年，截止于表演活动发生后的第 50 年的 12 月 31 日。

按照中国著作权法的规定，除了许可他人通过信息网络向公众传播其表演，表演者仅享有"第一次利用"其表演的权利。例如，表演者许可他人从现场直播和公开传送其现场表演，表演者许可他人录音录像、复制和发行录有其表演的录音录像制品，都是一次性的。如果有人合法购买了有关的录音录像制品以后，在电台、电视台、娱乐场所播放，虽然要向作者支付作品使用费，但却不必向表演者支付表演活动的使用费。

第三节　录　制　者　权

一　录制者权的主体与客体

录音录像制作者权可以简称为"录制者权"。录制者权的主体是制作录音录像制品的人。制作录音录像制品，虽然也需要自然人的操作和一定的录制技巧，但更多的是一种资金、人力和物力的投入。制作录音录像制品，不需要像作者那样将自己的精神状态外化在作品中，也不需要像表演者那样将自己对于作品的理解和自己的精神状态外化在表演活动中。所以，录制者既可以是自然人，也可以是法人。对于录制者权的保护，也不存在保护自然人的精神权利的问题。

说到录制者权的客体，情况就有些复杂了。先来看录音制品制作者权的客体。在一开始，对表演者的表演活动加以录制的，是录音制品制作者。所以，在录制者权的客体方面，首先提出应当受到保护的是录音制品，以及录音制品制作者就其录音制品享有的权利。当 1961 年制定"罗马公约"、1970 年制定《保护录音制品制作者防止未经授权复制其录音制品的公约》（简称日内瓦公约）时，都规定了对于录音制品的保护。与此相应，参加了"罗马公约"和"日内瓦公约"的大多数国家，也在著作权法或版权法中规定了对于录音制品的保护，而没有规定对于录像制品的保护。

再来看录像制品制作者权的客体。从字面上看来，当人们用录像的方式，将表演者的表演记载下来以后，所产生的就是录像制品。录像制品制作者权的客体，就是这种录像制品。例如，中国早在1991年著作权法实施之前，就在1982年由广播电视部发布了《录音录像制品管理暂行规定》，将录音制品和录像制品给予同等的保护。1991年的著作权法，也是将录音制品和录像制品放在一起予以保护。1991年修订著作权法，仍然将两种客体放在邻接权中予以保护，并增加了出租权和信息网络传播权。

然而，具体到什么是录像制品，录像制品与电影作品的区别是什么，又不是一个很容易说清楚的问题。我们知道，电影技术的产生，甚至早于录音技术。早期的拍摄电影，是将有关的作品记载于胶片之上。后来，随着技术发展，开始将电影作品记载于磁带之上。现在甚至出现了将电影作品记载于数字载体（光盘、内存）上的技术。如果现在有一个电影摄制组，根据某一文学名著改编而摄制一部电影，或者依据一定的电影脚本而摄制电影，人们会毫无异议地称之为电影作品。然而，当人们用摄制电影的方式，将舞台上的表演活动拍摄下来以后，或者将都市风光、田园风光或者自然景观拍摄下来以后，所产生的究竟是电影作品还是录像制品呢？

显然，或者认定为录像制品，或者认定为电影作品，会具有极其不同的法律后果。2004年，中国发生了一系列有关MTV的诉讼。大体说来，许多卡拉OK厅或者歌舞厅，以商业性的方式使用了他人的MTV，结果MTV的权利人向法院提起了一系列侵权诉讼。在诉讼中，权利人一方认为，MTV属于电影作品，或者准确说属于"以类似摄制电影的方式创作的作品"，所以诸多被告未经许可使用了自己的作品，构成了侵权。而诸多的被告则认为，MTV属于录像制品，录像制品制作者只享有复制和发行的权利，不享有放映权；自己只要向词曲作者支付使用费就可以了，而不必向录制者支付费用。与此相应，自己没有侵犯MTV制作者的权利。然而，法院的裁定都认为，MTV属于电影作品，或者说以类似摄制电影的方法创作的作品。

电影作品与录像制品的区别就在于是否具有著作权法所要求的独创性。就MTV来说，如果录制者在录制的过程中忠实记载了有关的表演，没有加入录制者的创造性劳动，那就属于录像制品。如果录制者在录制的过程中，在背景中加入了蓝天、白云、大海，加入了城市和乡村的风光，在灯光、色彩、角度等方面有独特的选择，在演员服饰、表演动作的设计方面有独特的构思，在后期的剪接方面有独特的考虑，那么由此所形成的就是电影作品，而不是录像制品。与此相应，这里所说的录制，就相当于是在拍摄电影作品。应该说，至少是在2004年，市场上所见的 MTV 都具有上述的特征，都属于电影作品，或者说以类似摄制电影的方法创作的作品。①

在拍摄城市风光，田园风光或者自然风光的情况下，在拍摄正在发生的新闻事件、体育比赛的情况下，甚至在拍摄朋友聚会和家庭生活的情况下，也都存在着是构成电影作品还是录像制品的问题。显然，如果有关的拍摄具有独创性，那就属于电影作品或者以类似摄制电影的方法创作的作品。从这个意义上说，不具有独创性的"录像"几乎是不存在的。因为人们在用摄像机拍摄各种风光的时候，在用摄像机拍摄各种新闻事件和体育比赛时，甚至是在拍摄聚会或家庭生活时，都会有一些不同角度、不同灯光的选择，都会有后期的剪接和制作，而这一切恰好符合著作权法所要求的独创性。

也许正是因为这样的原因，保护邻接权的国际公约，如"罗马公约"和"日内瓦公约"，都没有将录像制品纳入邻接权保护的范围。甚至是1996年缔结的《世界知识产权组织表演和录音制品条约》，也只是提到了录音制品，而没有将录像制品纳入其中。同时，世界上绝大多数国家的著作权法或版权法，在保护邻接权时也只是保护录音制品，没有保护录像制品的规定。在这些国家里，所谓的录像制品，就是电影作品（motion picture）。由此看来，中国著作权法将"录像制品"纳入邻接权的保护范围，就值得进一步推敲了。②

二 录制权的内容

"罗马公约"规定，录音制品制作者享有复制权，可以允许或禁

---

① 当然，这里所说的电影作品或者作品，是从著作权法的意义上来说的，而不是从艺术的角度或者一般人的看法来说的。就像在诗歌、小说作品中，有些诗歌、小说具有很高的艺术性，但有的诗歌和小说却是质量平平，甚至艺术性很低。但是，从著作权法的角度来说，无论是艺术性高的还是低的，只要具有独创性，就可以成为著作权法保护的作品。

② 由于中国著作权法规定了录像制品及其制作者权，所以本书还将适当使用"录像制品"的术语。

止他人复制其录音制品。世界贸易组织的"与贸易有关的知识产权协议"，对录音制品制作者规定了同样的权利。除此之外，协议还规定，录音制品制作者对其录音制品享有出租权。1996年12月缔结的《世界知识产权组织表演和录音制品条约》，系统规定了录音制品制作者享有的权利，包括复制权、发行权、出租权和通过互联网络向公众提供权。当然，无论是"罗马公约"还是"与贸易有关的知识产权协议"，或是《世界知识产权组织表演和录音制品条约》，都没有提及录像制品。

根据中国著作权法第41条，录音录像制作者对其制作的录音录像制品，享有以下四项经济权利：即许可他人复制、发行、出租、通过信息网络向公众传播并获得报酬。权利的保护期为50年，截止于有关的录音录像制品首次制作完成后的第50年的12月31日。

由于录音录像制品中含有他人的作品，含有表演者的表演活动，所以录音录像制作者在制作有关的录音录像制品时，还应当获得原作权利人的许可，获得表演者的许可。由此而产生的录音录像制品，也就含有了三个权利，即原作权利人的权利、表演者的权利、录制者的权利。与此相应，他人使用相关的录音录像制品，不仅要获得录制者的许可，还要在必要的时候获得原作权利人和表演者的许可。

第四节　广播组织权

一　广播组织与广播节目

广播组织是指通过载有声音、图像的信号而传播节目的电台、电视台等组织。早期的广播组织仅指无线电台一类的组织。后来，随着电视技术的发明和普及，又包括了电视台一类的组织。近年来，随着卫星广播技术和电缆广播技术的普及，广播电视组织又包括了卫星广播组织和电缆广播组织。

广播节目（broadcasts）是指广播组织自己编排并播放的节目。广播组织编排和播放自己的节目，要大量使用他人的作品、录音制品和录像制品，并且要向著作权人、表演者、录音录像制作者支付大量的报酬，或者自己投资创作作品、制作录音录像制品等等。而在广播组织大量存在的情况下，一些广播组织无偿地同时或事后转播他人的广播节目，既抢占了他人的广播节目市场，又损害了他人的经济收益。于是，一些国家开始保护广播组织，让广播组织就其编排、播放的节目享有许可或禁止他人使用的权利。1961 年缔结的"罗马公约"也将广播组织权纳入了国际保护的范围。

广播组织在编排节目的时候，要使用大量的文学艺术作品、录音制品、录像制品。广播组织根据自己播放的需要，在有关作品和录音录像制品的基础上，选择、编排成适合于播放的节目。从这个意义上说，广播组织自己编排的节目，相当于是一个编辑作品或集合作品。广播组织对这个编辑作品或集合作品享有专有权，可以许可或禁止他人转播自己编排的节目。至于其中的文学艺术作品、录音制品、录像制品，则单独受到著作权、表演者权、录制者权的保护。例如，甲广播组织经授权在节目中广播了某一文学艺术作品，乙广播组织也可以通过授权广播同一件文学艺术作品，乙并不侵犯甲的权利。但如果乙未经授权原封不动地转播了甲编排的节目，则侵犯了甲就自己编排的节目所享有的权利。

在说到广播节目时，还要注意将"广播节目"与广播节目中的作品、录音制品、录像制品区别开来。无论是中国的还是外国的广播电台、电视台，在从事"广播"的同时，还会制作一些作品或录音录像制品。这大体有两种情形。第一种是由电台、电视台投资制作的广播剧、电影、电视剧、风光片、新闻片等，本身就构成了受著作权法保护的作品。在这种情况下，电台、电视台可以作为制片人就有关的作品享有著作权。第二种情形是电台、电视台对有关的表演活动进行录音录像，则电台、电视台可以作为录制者对有关的录音录像制品享有邻接权。中国 1991 年著作权法曾经将二者混同起来，误以为广播组织权的客体就是广播组织制作的作品和录音录像制品。直到 2001 年修订著作权法才改而规定，广播电视组织权的客体是广播电视组织"播放的广播、电视"，具体就是指广播电视组织编排、播放的节目。

二　广播组织权的内容

根据罗马公约，广播组织权所享有的权利有三项：许可或禁止同时转播其广播节目，许可或禁止他人将其广播节目加以固定，以及许可或禁止他人复制固定后的节目载体。世界贸易组织"与贸易有关的知识产权协议"，大体规定了与罗马公约相同的内容。

根据中国著作权法第 44 条的规定，广播电台、电视台有权许可或禁止以下两种行为：（1）将其播放的广播、电视转播。这可以叫做广播组织的"转播权"，相当于罗马公约规定的第一项权利。（2）将其播放的广播、电视录制在音像载体上以及复制音像载体。这相当于罗马公约规定的第二项和第三项权利。显然，中国著作权法所规定的广播组织所享有的权利，与"罗马公约"的规定大体一致，也符合"与贸易有关的知识产权协议"的要求。

根据著作权法同一条的规定，广播电视组织享有的上述权利，保护期为50年，截至于有关节目首次播放后第50年的12月31日。

第五节　出版者的版式设计权

中国著作权法第四章是规定邻接权的章节，涉及了出版、表演、录音录像和广播。然而，在规定图书报刊出版的7个条文中，前6个条文都与图书期刊的出版合同相关，只有最后一个条文即第35条规定了图书期刊的版式设计权。这表明，出版者所享有的邻接权仅限于图书期刊的版式设计。

版式设计，是指印刷品的版面格式的设计，包括对版心、排式、用字、行距、标题、引文、标点等版面因素的安排。版式设计是在利用作品的基础上产生的，其目的是更好地将作品传播给社会公众。所以，版式设计是由出版者在传播作品的过程中创设的，属于邻接权保护的范畴。同时，出版者就自己的版式设计享有专有权，他人未经其许可，不得使用其出版物的版式设计。根据著作权法第35条的规定，版式设计权的保护期限为10年，截至于使用该版式设计的图书、期刊首次出版后第10年的12月31日。

将出版者纳入邻接权享有者的范围，这是中国著作权法的独特之处。这与中国著作权法制定之时，作品的利用方式主要是出版发行有关。按照一般的推理，既然邻接权是作品的传播者所享有的权利，既然出版者是作品的传播者，出版者理所当然应当享有一定的邻接权。然而，出版者权的客体是什么，有哪些内容，又不是一个容易说清楚的问题。

1991年著作权法实施条例第36条规定，与著作权有关的权益，包括"出版者对其出版的图书和报刊享有的权利"。第38条又规定："出版者对其出版的图书、杂志、报刊的版式、装帧设计，享有专有使用权。"这样，按照1991年著作权法实施条例，出版者所享有的邻接权，包括版式设计权和装帧设计权。然而，装帧设计是对报刊杂志和图书的装潢设计，包括封面、开本、书脊、封里和扉页等印刷物外观的设计。

在绝大多数情况下，装帧设计本身就构成了著作权法保护的作品，将其纳入邻接权的客体显然是不恰当的。所以，2001 年修订的著作权法第 35 条，将出版者享有的邻接权限定在了版式设计上，而没有再提装帧设计。与此相应，2002 年颁布的著作权法实施条例第 26 条也规定，与著作权有关的权益，就图书出版者来说，"是指出版者对其出版的图书和期刊的版式设计享有的权利。"

在 1991 年著作权法实施的年代里，除了将版式设计和装帧设计纳入出版者权保护的范围，有些人还将出版社依据当时的著作权法所享有的 10 年期的专有出版权也纳入了"出版者权"的范围。显然，这也是不恰当的。专有出版权是通过出版社与作者的合同约定而产生的，不是出版社通过作品的传播而产生的。甚至在作品尚未出版之前，出版社就可以依据合同和法律的规定，获得 10 年的专有出版权。这与出版社对作品的"包装"无关。

此外，版式设计权的范围也是一个值得讨论的问题。假如一家出版社出版了作者甲的著作，就独特的版式设计获得了权利，那么另外一家出版社出版作者乙的著作，可否使用相同的版式设计呢？如果不允许使用，则等于是用邻接权的方式，提供了一种类似于专利的保护。显然，这不是立法者的本意。应该说，版式设计权的保护范围是极其有限的，只有当他人出版同样作品的时候，才不得使用第一个出版者的版式设计。而两家或者更多的出版者出版同一作品的情形，如果不是说没有的话，也是不多见的。

当然，规定版式设计权的保护也不是没有意义的。例如，在古籍出版的情况下，虽然有关的作品不再受到著作权法的保护，但在出版同样作品的情况下，在后的出版者就不得抄袭在前出版者的版式设计。又如，在数字扫描技术的情况下，如果某一网络公司在扫描已经出版的作品后，又把扫描后的作品原封不动地放在网络上，就有可能侵犯出版者的版式设计。

┌─┼─┼─┼─┼─┼─┼─┐
│ **问题与思考** │
└─┼─┼─┼─┼─┼─┘

邻接权是"著作权法体系"的一个概念。这是因为，著作权法体系强调"作者"创作作品，"作者"享有有关的权利。随着录音技术和广播技术的发展，出现了录音制品和广播节目。录音制品中虽然包含了表演者对相关作品的表演活动，以及对于表演活动的固定，但都不属于新作品的创作，很难套用"作者权"的概念。广播组织编排的广播节目，也属于这种情形。而在另一方面，表演者在表演有关作品的时候，录制者在固定有关表演的时候，广播组织在编排有关节目的时候，又投入了创造性的劳动或者人力和资金，应当加以保护。这样，在"著作权法体系"中就产生了"邻接权"或者"相关权"的概念，其含义是说有关的表演、录音制品和广播节目，虽然不属于作品，但与作品相邻接或者相关，应当受到保护。由此看来，"邻接权"就是一个与"作者权"相对应的概念。

"版权法体系"中没有邻接权的概念。大体说来，版权法体系强调对于作品的利用，强调版权所有人的利益，不太注重作品的创作者。正是由于这个原因，版权法体系却更轻松地应对了录音技术和广播技术的挑战。这就是直接将录音制品当作"作品"，纳入版权保护的客体。例如，美国版权法所保护的客体中，就有录音作品的种类。根据解释，录音作品的版权人至少有三个：词曲作者，表演者，录制者。这样，在对"录音作品"提供保护的时候，就保护了表演者和录制者的权利。在美国，没有广播组织权的概念。因为，广播节目既包含了广播组织自己制作的"作品"，又包含了获得授权使用的"作品"，而将这些"作品"编排在一起又会构成"汇编作品"。在发生侵权的情况下，只要作品的版权人，或者获得授权的广播组织主张权利就可以了。

近年来，由于美国的影响，邻接权中的"广播组织权"似乎有被淡化的倾向。例如世界贸易组织的"知识产权协议"第14条说，成员可以不规定广播组织权，但其前提是对广播内容享有权利的人可以在侵权发生时，制止有关的侵权活动。又如，世界知识产权组织的《表演和录音制品条约》，只规定了对于表演和录音制品的保护，没有规定广播节目的保护。当然在另一方面，欧洲大陆国家的立法，包括欧盟的相关指令，仍然在强化对于邻接权，包括广播组织权的保护。例如，欧盟2001年6月发布的"信息社会版权保护指令"，在吸纳世界知识产权组织《版权条约》、《表演和录音制品条约》的同时，特别规定了网络环境中的广播组织权的保护。

上述情形表明，著作权法体系与版权法体系的较量仍在继续。两个体系的融合，尤其是在邻接权问题上的融合，恐怕还要假以时日。

复习题

　　1. 什么是邻接权？邻接权有哪些内容？

　　2. 什么是表演者权？

　　3. 什么是录制者权？

　　4. 什么是广播组织权？

阅读书目

　　Paul Geller, Myers Nimmer: International Copyright Law and Practice, Matthew Bender, 2002.

　　阿道夫·迪茨："迪茨教授关于修改中国著作权法的报告草案"，郑成思主编《知识产权研究》第10卷，中国方正出版社，2002。

　　郑成思：《版权法》（修订本），中国人民大学出版社，1997。

第九章　著作权的侵权与救济

要点提示

本章主要讨论著作权侵权的种类，如直接侵权、间接侵权、违约侵权和侵犯作者的精神权利等等。

本章还讨论了侵权的诉讼管辖与诉讼时效，诉前的临时措施，侵犯著作权的民事责任，以及侵权的行政查处和刑事制裁。

著作权是一种排他性权利，只能由权利人行使。如果他人未经著作权人的许可而行使了应当由著作权人行使的权利，就属于侵犯著作权。由于广义的著作权既包括作者的精神权利和财产权利，还包括作品传播者的权利，所以本节所说的侵犯著作权，不仅涉及作者的精神权利和财产权利，在某些情况下也涉及侵犯邻接权。

侵犯著作权有直接侵权、间接侵权、违约侵权和仅仅侵犯作者的精神权利等。如果著作权人发现他人侵权，可以请求著作权行政管理部门查处，也可以向法院提起诉讼。在向法院提起诉讼之前，著作权人经过法院的核准，还可以采取一些临时措施，以有效地保护自己的权利。如果法院经过审理确定被告侵权，侵权人应承担民事责任，构成犯罪的还应承担刑事责任；如果著作权行政管理部门经过查处确定侵权，可以给予侵权人以程度不同的行政处罚。

本章讨论著作权的侵权与救济，主要涉及著作权侵权的种类、侵犯著作权和其他权利的行为、诉前的临时措施、侵权诉讼和侵权责任等问题。

第一节　著作权侵权种类

一　直接侵权

直接侵权是指他人未经著作权人的许可，以复制、发行、演绎、表演、展览等方式直接利用了有关的作品。由于著作权是权利人就作品所享有的权利，是权利人控制作品的使用方式的权利，所以直接侵权又可以说是他人未经许可从事了应当由著作权人从事或控制的行为，或者说他人未经许可而使用了有关的作品。依据中国著作权法，侵犯著作权包括侵犯复制权、发行权、出租权、展览权、表演权、放映权、广播权、信息网络传播权、摄制权、改编权、翻译权、汇编权等等。如果再加上侵犯邻接权，又有侵犯表演者权、录制者权、广播组织权和出版者的版式设计权等等。

侵犯著作权，一般是从侵权人的角度来说的，即侵权人未经著作权人的许可而以复制、发行、演绎、表演或展览等方式利用了有关的作品。然而在具体的司法实践中，当审判者确定侵权与否的时候，又是从作品的角度来看的，即被告的作品是否侵犯了原告作品的著作权。或者说，被控侵权的作品是否复制了来源于原告的作品，两部作品之间是否存在着表述上的相同或实质性相似。

法院在确定被控侵权的作品侵犯了原告作品的著作权时，可能出现两种情况。第一种情况是被控侵权的作品与原告的作品完全相同或部分相同。被控侵权的作品与原告的作品完全相同，大体是指被告原封不动地复制、发行、表演、展览了原告的作品，或者说被告原封不动地使用了原告的作品。被控侵权的作品与原告的作品部分相同，大体是指被告复制了或抄袭了原告作品中的某些部分。一般说来，两部作品在表述上完全相同或相似，或者部分表述完全相同或相似，就可以断定被告复制了或抄袭了原告的作品。第二种情况是，被控侵权的作品与原告的作品不是完全相同或部分相同，只是在表述上具有实质性的相似。例如，被告对原告的作品进行了改头换面的使用，或者使用了原告作品中的一些章节、片断，或者使用了原告作品的基本情节，等等。一般说来，在这种情况下判定侵权与否，要比第一种情况困难。

即使被控侵权的作品与原告作品具有某些部分的相同，也不一定构成侵权。例如，被告可能是合理引用原告的作品，被告作品和原告作品的某些相同片断都是来源于第三人的作品等等。至于被告作品与原告作品在表述上的"实质性相似"，也因为作品性质的不同而不同。例如，如果原告的作品是原创性较高的文学艺术作品，被告作品构成侵权的可能性就比较大。但如果原告的作品是对于某些事实的记载、研究，被告作品构成侵权的可能性就较小，因为两部作品可能同样取材于公有领域或第三人的作品。

在两部作品存在实质性相似的判定中，区分思想观念与思想观念的表述是非常重要的。由于著作权法只保护思想观念的表述，不保护思想观念本身，所以被控侵权的作品与原告作品的实质性相似必须是表述上的相似，而非思想观念上的相似。说被控侵权的作品复制了或抄袭了原告的作品，都是就作品的表述而非作品所反映的思想观念而言的。

一般说来，按照世界各国著作权法的惯例，在追究侵权人的民事责任时，侵犯著作权的构成不需要考虑侵权人的主观状态。也就是说，直接侵犯著作权的民事责任的归责原则是无过错原则，即使侵权人没有主观上的故意或过失，只要在客观上造成了侵犯他人著作权的事实，就构成了侵权。在这里，还要特别注意，在民事侵权构成上适用无过错原则，并不等于在民事责任的承担上也完全适用无过错原则。

民事侵权责任主要有停止侵权和损害赔偿。从侵权人承担停止侵权的角度来看，只要侵权人造成了侵犯他人著作权的客观事实，就应当承担停止侵权的责任。这是从无过错原则而言的。否则，如果法院已经判定被告侵权，被告仍然继续侵权，则不仅属于故意侵权，而且属于藐视法庭。而在损害赔偿责任的承担上，则应当考虑侵权人的主观状态。如果侵权人是无过错而侵权，法院可以不判或少判损害赔偿金。如果侵权人是过失而侵权，法院一般会减轻损害赔偿的数额。如果是故意侵权，则侵权人不仅要赔偿权利人的所有损失，还可能承担双倍的或三倍的损害赔偿金。

二　间接侵权

间接侵权是指第三人虽然没有直接侵犯他人的著作权，但由于他协助了第二人的侵权，或者由于他与第二人之间存在着某种特殊的关系，应当由他承担一定的侵权责任。间接侵权主要有"协助侵权"和"转承侵权"两种。世界各国一般不在著作权法或版权法中规定协助侵权和转承侵权，但法院可以在具体案件的审理中裁定，让没有直接实施侵权行为的第三人为第二人的侵权行为承担责任。

由于中国著作权法中没有关于间接侵权的规定，司法实践中有关这方面的判决也不很成熟，所以下面仅以美国的有关判例为例，说明间接侵权中的"协助侵权"和"转承侵权"。

协助侵权（contributory infringement）是指第三人通过引诱、教唆和提供物质手段的方式，促使第二人侵犯他人的著作权。协助侵权的构成要件有两个：一是"知道"，即协助侵权者有主观上的故意。二是以引诱、促使或以提供物质手段的方式协助第二人侵犯了他人的著作权。

美国第九巡回上诉法院于 1996 年判决的"弗诺维萨"一案，是一个关于协助侵权的典型判例。在该案中，原告是音乐唱片的版权所有人。被告则是一个跳蚤市场的管理者，将摊位出租给各种各样的小商贩。当有些承租的小商贩销售了侵犯原告版权的录音制品后，原告诉被告协助侵权。关于"知道"，法院认为原告已经充分证明了被告知道侵权活动。例如，当地的司法官员曾突击搜查过跳蚤市场，收缴过 38000 多张侵权录音制品；当地司法官员还向市场管理人通报过那里的侵权活动，要求市场管理人收集有关情况；原告也曾经到跳蚤市场检查过侵权活动，并将有关情况通报给市场的管理者。关于"物质协助"，法院认为，被告向直接侵权者提供了一系列服务，诸如场地、公用事业设备、停车场、广告、巡查和顾客等。如果没有被告提供的场地、设施和服务等等，根本就不可能发生规模如此巨大的侵权活动。法院最后得出结论，被告的行为符合协助侵权的两个要件，已经构成了协助侵权。①

转承侵权（vicarious infringement）是指在某种特殊的相互关系中，第三人应当为第二人的侵权承担责任。一般说来，转承侵权存在于代理关系中。例如，雇员在其职责范围内，代理人在其代理范围内侵犯了他人的著作权，雇主或被代理人都应承担侵权责任。但是，著作权侵权中的转承侵权又远远不止于此。

1963 年由美国第二巡回上诉法院判决的"夏皮罗"一案，是一个关于转承侵权的典型判例。在该案中，被告是一个大连锁商店的主人，他的一个承租者销售了侵权的录音制品。在判决中，法院将通常的代理关系向前推进了一步，让事实上没有雇佣直接侵权者、但又从直接侵权者的行为中获得了经济利益的第三人，承担侵犯版权的责任。根据该案，判定转承侵犯版权的标准有两个：一是转承侵权者有能力制止侵权活动，一是转承侵权者由侵权者的侵权活动获得了直接的经济收益。法

① Fonovisa, Inc. v. Cherry Auction, Inc. 37 USPQ2d 1590 (9th Cir. 1996).

院在判决中指出，连锁店与承租者签订有出租合同，规定承租者应当遵守连锁店所制定的所有管理规则和规定，这说明连锁店主人有能力管理和控制承租者。此外，根据出租合同，承租者应当将销售录音制品之收益的 10~12% 缴纳给连锁店，这说明连锁店主人从他人的侵权活动中获得了直接的经济收益。这样，即使连锁店主人不知道承租者的侵权行为，也应该承担侵权责任。

在"夏皮罗"中，美国第二巡回上诉法院还就转承侵权区分了两种类型的案件。第一类是"房东—房客"类案件（landlord—tenant cases）。在这类案子中，由于房东已将房屋完全交给了房客占有，他不可能知道房客的侵权行为，也不能控制已经出租了的房屋，因而他不为房客的侵权行为负责。第二类是"舞厅"类案件（dance hall cases）。在这类案件中，由于娱乐场所的管理者能够直接控制房屋设施，由于管理者从他人的侵权活动中直接获得了收益，即观众为观看侵权表演而支付了费用，所以他对侵权表演负有责任。①

一般说来，按照世界各国的著作权法或版权法的惯例，间接侵犯著作权的构成，应当考虑侵权者的主观状态。例如，在协助侵权的构成中，侵权者应当具有主观上的故意，即在"知道"的情况下，以引诱、促使或以提供物质手段的方式协助他人侵权，并造成了他人侵权行为的实现。又如，在转承侵权的构成中，侵权者具有主观上的过失，即侵权者应当知道代理人或其他人的侵权活动，并且从他人的侵权活动中受益。

追究间接侵权者而非直接侵权者的责任，为权利人提供了诉讼上的便利。一般说来，权利人选择起诉协助侵权者或转承侵权者，往往是因为直接的侵权者难以追究，或者即使追究了也难以获得足够的损害赔偿金。例如，在上述"弗诺维萨"一案中，录音制品的版权人很难对销售侵权复制品的一个个摊位承租者提起诉讼，而且即使诉讼获胜也很难以获得足额的损害赔偿金。又如，在"夏皮罗"一案中，如果录音制品的版权人起诉连锁店的承租者，最后也将面临不能获得足额赔偿金的问题。所以，让权利人在某些情况下可以追究间接侵权者的责任，包括协助侵权者和转承侵权者的责任，就在事实上为权利人提供了另外一个选择，有利于权利人从不同的角度出发更有效地维护自己的利益。

---

① Shapiro, Bernstein and Co. v. H. L. Green Co. , 316 F. 2d 304 (2d Cir. 1963).

三　违约侵权

有关著作权的违约，是指著作权合同的双方当事人没有按照合同的约定履行义务，或者没有完全履行义务。例如，涉及著作权许可合同的，出版者在出版了他人的作品后，没有按照合同的约定向作者支付报酬，或者没有及时支付报酬。又如，作者没有按照许可合同的要求向出版者交付作品，或者在约定专有出版权的情况下又将作品交给了其他出版者。在涉及著作权转让合同时，转让人违约又将有关权利转让给第三人，或者受让人没有按照约定支付合同的价金，或者没有足额支付合同的价金，等等。按照世界各国的著作权法或其他法律，违反与著作权有关的合同，应当按照合同法或其他相关的民事法律规定加以解决。中国著作权法第53条也规定，当事人不履行合同，或者履行合同义务不符合约定条件的，应当依照民法通则和合同法的有关规定承担责任。

然而，著作权合同中的违约又可能不仅仅是违约，还会发生因为违约而侵犯著作权的问题。例如，在著作权许可合同中，著作权人与某一剧团签订合同，许可该剧团表演自己的作品。但如果该剧团除了表演该作品，还将该作品复制发行，则该剧团不仅违反了许可合同，而且侵犯了作者的复制权和发行权。又如，作者与某一出版社签订合同，许可出版社以本国文字出版自己的作品。如果该出版社在出版本国文字的同时还翻译出版了外文版本，则该出版社不仅违反了合同，而且侵犯了作者的翻译权。此外，在著作权转让合同中，作者或著作权人只转让了特定的一项或若干项权利，而受让人未经许可还使用了其他的权利内容，等等。根据世界各国的著作权法或版权法，许可合同中没有明确许可的权利，转让合同中没有明确转让的权利，包括签订许可合同或转让合同时未知的作品使用方式，都归属于作者或权利人所有，被许可人或受让人未经授权不得使用。例如，中国著作权法第26条即规定，许可使用合同和转让合同中著作权人未明确许可、转让的权利，未经著作权人同意，另一方当事人不得行使。

因为违约而侵犯他人的著作权，违约者有两个责任，即违约责任和侵权责任。其中的违约责任可以依据合同法和其他民事法律进行追究，其中的侵权责任则可以依据著作权法进行追究。许多国家的法律都规定，违约同时又构成侵犯著作权的情况下，受害人可以或依据合同法要求赔偿，或依据著作权法要求赔偿。

著作权合同中的违约侵权，属于直接侵犯著作权的行为，因而适用无过错原则。

四 侵犯作者的精神权利

虽然著作权主要是一种财产权利,大多数侵权行为也都是侵犯了他人的财产权利,但毕竟存在着一些仅仅侵犯了作者精神权利的情形,或者既侵犯了财产权利又侵犯了作者的精神权利的情形。按照中国著作权法的规定,作者享有的精神权利包括发表权、署名权、修改权和保护作品完整权。因而,侵犯作者的精神权利也是就这几种权利而言的。下面,仅就侵犯作者的发表权、署名权和保护作品完整权略作说明。

由于作者的发表权通常与财产权利的行使密切联系在一起,所以未经作者的同意而发表有关的作品,不仅会侵犯作者的发表权,而且会侵犯作者的财产权利。例如,某一出版者未经作者同意而出版了作者尚未创作完成的作品,就在侵犯作者的发表权的同时,侵犯了作者的复制权和发行权。又如,某一表演者未经作者许可而表演了作者创作完成但尚未发表的作品,也是既侵犯了作者的发表权,又侵犯了作者的表演权。在判定侵犯发表权的情形下,还要特别注意发表权是一项"一次性使用"的权利。如果作者以许可复制发行的方式,或者以许可他人表演的方式公开自己的作品,行使了发表权,则他人在此之后的未经许可而复制、表演、演绎该作品,都是侵犯了作者的财产权利,而没有侵犯作者的发表权。

侵犯作者的署名权,是现实生活中较为常见的一类案件。例如,未经合作作者许可,将自己与他人合作创作的作品,当作自己单独创作的作品来发表。又如,没有参加作品的创作,为了谋取个人名利,在他人创作的作品上署名。此外,制作、出售假冒他人署名的作品,从某种程度上也属于侵犯了他人的署名权。

歪曲、篡改他人的作品,属于侵犯作者的保护作品完整权的行为。但是,行为人的所作所为必须是损害了作者的声誉,才构成侵权。如果只是就作品进行了文字性的修改,或者就作品进行了一些技巧性的调整,就不属于侵犯作者的保护作品完整权。此外,在电影一类的作品中,为了整部作品的完整性和剧场效果,可以对相关的文字、音乐、剧本、美工等作品作必要的删节、修改,只要没有对有关作者的声誉造成较大的损害,也不属于侵犯了作者的保护作品完整权。

侵犯作者的精神权利,一般都会获得法院下达的禁令,即侵权人不得继续侵犯权利人的精神权利。但是在能否获得损害赔偿的问题上,大陆法系和英美法系的做法却不尽相同。一般说来，在侵犯作者精神权利的情况下，英美法系仅下达禁令，不判给损害赔偿。例如，英国版权法第 103 条是关于侵犯精神权利的法律救济，但是该条只规定了禁令的救济，没有规定损害赔偿的救济。又如，美国版权法基本没有规定对于作者精神权利的保护，因而也没有规定侵犯作者精神权利的法律救济。根据反不正当竞争法和其他法律，在侵犯作者精神权利的情况下，权利人一般可以获得禁令的救济，但不能获得损害赔偿，或只能获得名义性损害赔偿。例如在 1990 年的"瓦吉纳"一案中，法院依据纽约州的"艺术家权利法"裁定，被告肢解了原告的美术作品，严重损害了原告的声誉。但法院只是责令被告散发相应数量的更正性资料，并判处了 1 美元的名义性损害赔偿金。[①] 法院一般认为，作者的精神损失难以用金钱衡量。

在侵犯作者精神权利的情形下，大陆法系国家在下达禁令的同时，一般还会依据具体情况判给损害赔偿。例如在法国，民事诉讼中的制裁措施包括禁令和损害赔偿两种。在侵犯著作权的案件中，无论是侵犯了精神权利还是财产权利，都可以适用禁令和损害赔偿。[②] 又如，德国著作权法第 97 条第 2 款规定，在作者和表演者的精神权利遭到侵犯的情况下，即使他们没有因此而遭受经济上的损失，也可以获得法院判给的损害赔偿。显然，这与德国的著作权法理论密切相关，即作者的精神权利有助于实现其财产权利，而财产权利的充分实现又有助于提高作者的声誉。所以，损害作者的精神权利必然造成作者经济利益上的损失，因而法院在适当的情况下完全可以判给损害赔偿。[③]

第二节　侵犯著作权的行为

世界各国的著作权法或版权法，一般都是详尽规定作者和其他权利人，如表演者、录制者和广播组织所享有的各项权利，包括作者和表演者的精神权利。然后规定，凡是未经作者、表演者、录制者、广播组织许可而侵犯上述权利，都属于侵权行为，应当受到法律的制裁。按照这种立法体例，凡是著作权人或邻接权人有权利控制的行为，就是他人未

---

① Wojnarowicz v. American Family Association, 17 USPQ2d 1337 (S. D. N. Y. 1990).

② International Copyright Law and Practice, France, 2001.

③ International Copyright Law and Practice, Germany, 2001.

经许可不得从事的行为；凡是著作权人或邻接权人享有的权利，就是他人不得侵犯的东西。一般说来，著作权法不需要在规定了权利内容之后再次罗列哪些行为是侵权行为。

然而，中国著作权法却在详尽规定著作权人和邻接权人所享有的各项权利的同时，又在第46条和第47条详细罗列了19种侵犯著作权、邻接权和其他权利的行为。尽管这些侵权行为大体可以（并非完全可以）与法律所规定的各项权利对应起来，法律还是依据行为的危害程度的不同和接受制裁的不同，分别在两个条文中对19种侵权行为作了规定。

这虽然是中国著作权法的一个特殊之处，但有没有必要做这样的处理，还值得探讨。第一，著作权法在作这种罗列的时候，可能会丢失一些东西。例如第46条在罗列侵犯精神权利的时候，就没有涉及作者的修改权和表演者的精神权利。第二，著作权法第47条所罗列的某些行为，并不属于侵犯著作权的行为。例如，在网络环境中规避他人技术措施和破坏权利管理信息的行为，出版他人享有专有出版权图书的行为，以及制作出售假冒他人署名的作品的行为。第三，按照这样的规定方式，审判者将不得不把有关的侵权行为套入到法律规定的行为中去，然后再去适用不同的制裁措施。然而在具体的司法实践中，将被告的侵权活动套入到第46条或47条规定的某一行为中，可能是很困难的。因为侵权者可能同时从事了许多个侵权行为。由此看来，比较恰当的作法应当是规定，凡是未经权利人许可而使用了他人作品，或者未经许可而从事了应当有权利人从事的行为，都是侵权行为。然后在此基础上再规定一些特殊的禁止性行为，如规避他人技术措施、破坏他人权利管理信息等等。这样，既不至于遗漏某些侵权行为，又能够对其他禁止性的行为作出必要的规定。

一　第46条所规定的行为

根据规定，实施了著作权法第46条所列侵权行为的，只承担停止侵害、消除影响、赔礼道歉和损害赔偿等民事责任。这些行为是：

（1）未经著作权人许可，发表其作品的；

（2）未经合作作者许可，将与他人合作创作的作品当作自己单独创作的作品发表的；

（3）没有参加创作，为谋取个人名利，在他人作品上署名的；

（4）歪曲、篡改他人作品的；

（5）剽窃他人作品的；

（6）未经著作权人许可，以展览、摄制电影和以类似摄制电影的方法使用作品，或者以改编、翻译、注释等方式使用作品的，本法另有规定的除外；

（7）使用他人作品，应当支付报酬而未支付的；

（8）未经电影作品和以类似摄制电影的方法创作的作品、计算机软件、录音录像制品的著作权人或者与著作权有关的权利人许可，出租其作品或者录音录像制品的，本法另有规定的除外；

（9）未经出版者许可，使用其出版的图书、期刊的版式设计的；

（10）未经表演者许可，从现场直播或者公开传送其现场表演，或者录制其表演的；

（11）其他侵犯著作权以及与著作权有关的权益的行为。

以上的前5种侵权行为都是侵犯作者精神权利的行为；第（6）（7）（8）三项是侵犯作者财产权利的行为，其中的第（8）中侵权行为还涉及了录音制品的出租权，又属于邻接权的内容；第（9）（10）两项是侵犯邻接权的行为。第（11）项则是一个弹性规定。

二 第47条所规定的侵权行为

根据规定，从事了著作权法第47条所列的侵权行为，不仅要承担民事责任，还可以由行政机关给予行政处罚，构成犯罪的还要追究刑事责任。也就是说，第47条所列侵权行为的危害程度较大。这些行为是：

（1）未经著作权人许可，复制、发行、表演、放映、广播、汇编、通过信息网络向公众传播其作品的，本法另有规定的除外；

（2）出版他人享有专有出版权的图书的；

（3）未经表演者许可，复制、发行录有其表演的录音录像制品，或者通过信息网络向公众传播其表演的，本法另有规定的除外；

（4）未经录音录像制作者许可，复制、发行、通过信息网络向公众传播其制作的录音录像制品的，本法另有规定的除外；

（5）未经许可，播放或者复制广播、电视的，本法另有规定的除外；

（6）未经著作权人或者与著作权有关的权利人许可，故意避开或者破坏权利人为其作品、录音录像制品等采取的保护著作权或者与著作权有关的权利的技术措施的，法律、行政法规另有规定的除外；

（7）未经著作权人或者与著作权有关的权利人许可，故意删除或者改变作品、录音录像制品等的权利管理电子信息的，法律、行政法规另有规定的除外；

(8) 制作、出售假冒他人署名的作品的。

以上的第 (1) 项是侵犯作者财产权利的行为；第 (3) (4) (5) 项是侵犯邻接权的行为。第 (6) (7) 项是关于网络环境中保护技术措施和权利管理信息的规定，第 (2) 项和第 (8) 项是关于其他侵权行为的规定。严格说来，这后 4 项都不是侵犯著作权或邻接权的行为，而是与著作权或邻接权保护相关的规定。这可以叫做著作权法禁止的其他行为。

第三节　民事侵权诉讼

著作权人或邻接权人在自己的权利受到侵犯后，可以通过数种途径解决侵权纠纷，如调解、仲裁、向著作权行政管理机构投诉，或者向人民法院起诉。其中最主要的是向行政机关投诉和向法院起诉。此外，严重侵犯著作权和邻接权的行为，还会受到刑罚的制裁。这里先讨论民事侵权诉讼中的相关问题，行政查处和刑事制裁则留待后面讨论。

一　诉讼管辖与诉讼时效

先来看诉讼管辖。根据民事诉讼法的有关规定，著作权人或邻接权人应当向被告所在地或者侵权行为发生地的人民法院提起诉讼。就被告所在地来说，侵犯有形财产权和侵犯无形财产权的情形是大体一致的。也就是说，被告的所在地是相对确定的。就侵权行为发生地来说，侵犯有形财产权和侵犯无形财产权的情形就大不相同了。侵犯有形财产权，有形财产在哪里，侵权行为发生地就在哪里。而在侵犯无形财产权的情况下，侵权行为则可能发生在很多地方。例如，有人未经著作权人和邻接权人许可，在广州制作盗版光盘，又将盗版光盘销售到了上海、南京、北京、哈尔滨等地，则不仅广州是侵权行为发生地，上海、南京、北京和哈尔滨等地也都是侵权行为发生地。又如，有人未经著作权人许可，在某一个小城市制作了盗版的书籍或画册，又将盗版的书籍或画册销往全国的许多城市。在这种情况下，不仅复制地是侵权行为发生地，而且所有的盗版书籍或画册的销售地都是侵权行为发生地。这样，著作权人或邻接权人在考虑提起诉讼的法院时，就有了多种选择。

到目前为止，绝大多数知识产权案件，包括与著作权侵权纠纷有关的案件，都是由北京、上海的法院审理和判决的，原因之一就是权利人通过侵权行为发生地的规定，选择了向北京或上海的法院提起诉讼。例如在1997年由北京市第一中级人民法院判决的"武松打虎图"一案中，被告山东省阳谷县景阳冈酒厂，未经许可而在商标中使用了他人的绘画作品，原告在北京提起了侵犯著作权的诉讼。被告在诉讼中辩解说，自己的住所地是阳谷县，侵权行为地也是阳谷县，原告不应当在北京提起诉讼。而实际的情形是，被告将带有自己商标的白酒销售到了全国很多城市，包括北京市。本案的原告就是在北京的一个商场买到了两瓶带有被告商标的白酒，并开具了发票，作为被告侵犯了自己权利的证据。这样，侵权行为地就不仅是在阳谷县，而且发生在了北京市。由此出发，北京市的法院就可以管辖本案。

事实上，著作权侵权诉讼管辖中的上述情况，不仅发生于中国，也发生于西方发达国家。例如在德国，侵犯著作权纠纷的案件一般都由柏林和慕尼黑的法院受理，而柏林和慕尼黑的法院中也因此而有了一些高水平的专门审理著作权侵权纠纷案件的法官。正是由于这样的原因，北京和上海从事知识产权产权审判的法官人数较多，专业素质也相对较高。

再来看诉讼时效。按照民法通则的规定，诉讼时效的期间为两年，自权利人知道或者应当知道自己的权利受到侵犯之日起计算。但是，在侵犯无形财产权的情况下，时效期间的计算方式也与有形财产权的情况不同。例如，侵权人可能是未经授权，先复制了原告的作品，又销售了非法复制的作品。又如，侵权人销售未经许可而复制的作品，或者未经许可而表演他人的作品，可能长达几年之久。那么，两年的诉讼时效期间，究竟是从非法复制开始计算，还是从非法销售开始计算？究竟是从第一次非法销售或表演开始计算，还是从最后一次非法销售或表演开始计算？或者说，将每一次的非法复制，将每一次的非法销售或表演，都作为一个不同的起算点？

应该说，正确的时效期间的计算方式是把侵犯著作权视为连续侵权，把连续侵权中的每一个侵权行为分别视为一个起算点，只追究自起诉之日起往前推的2年之内的侵权行为，而不追究更远的侵权行为。例如在1997年北京市第一中级人民法院判决的"武松打虎图"一案中，被告山东阳谷县景阳岗酒厂未经许可将他人的绘画作品修改后放入自己的商标中，并且在国家商标局获得了注册。在诉讼中，被告提出，自己从1980年就开始使用原告的作品，1989年11月又获准注册，而原告直到 1996 才起诉，早已超过了 2 年的诉讼时效。然而法院在判决中指出，被告自 1980 年至 1996 年原告起诉时一直在使用原告的作品，其行为是连续性的，权利人的权利也一直处于被侵害的状态。法院还指出，权利人可以在知道或者应当知道自己的权利受到侵害两年内主张权利；权利人知道或者应当知道权利遭到侵害而在两年内不主张的那部分侵权，应当认定超过诉讼时效。依据这样的推理，法院仅追究了自原告提起诉讼之日前两年内，被告所从事的侵犯著作权的活动，而没有追究更远的侵权行为。[1]

将侵犯著作权的行为视为连续侵权，把连续侵权中的每一个侵权行为分别视为一个起算点，不仅适用于著作权侵权，也适用于专利权和商标权等知识产权的侵权。时效期间的这种计算方式，是由知识产权所具有的无形特征所决定的。在有形财产权的情况下，侵权人非法拿走他人的财产，比如偷走他人的小汽车、电视机，是一次性行为，时效期间的计算方式自然是从权利人知道或者应当知道自己的权利受到侵害时开始计算。而在无形财产权的情况下，侵权人对于他人财产权的侵害，具有一种连续侵权的特点。比如就侵犯复制权来说，尽管是一部作品，每复制一次就是一次侵权。就发行权来说，每卖出去一件复制品就是一次侵权。就表演权来说，每表演一次（无论是舞台表演还是机械表演）都是一次侵权。就景阳冈酒厂未经许可而使用他人的作品来说，自 1980 年以来一直在进行着一次又一次的侵权。可以说，酒厂每复制一次含有他人作品的商标标识，就是一次侵权；每在市场上卖出一瓶带有其商标标识的酒，就是一次侵权。正是依据这样的特点，侵犯知识产权的时效期间的计算，是以每一个侵权行为作为一个起算点，而不是以第一个或最后一个侵权行为作为起算点。

此外，在说到诉讼时效时还应当特别强调，著作权是一种实体性权利，具有法定的保护期。即使权利人没有在某一侵权行为发生后的 2 年之内提起诉讼，也不会因此而导致著作权的丧失。权利人所丧失的，仅仅是请求法院保护的程序性权利。或者说，权利人因为诉讼时效的原因，不能就诉讼提起之日起 2 年以前的侵权行为追究责任，但他不会因此而丧失仍然有效的著作权。如果侵权人所从事的是连续侵权行为，只要有关的著作权仍然处于法律保护的期限之内，著作权人就可以随时提起诉讼，要求法院责令被告停止正在进行的侵权行为。当然在损害赔偿

---

① 郑成思主编《知识产权研究》第五卷，中国方正出版社，1998 年 5 月。

的问题上，著作权人只能追究自诉讼提起之日起向前推2年内的侵权行为，并就此获得损害赔偿。

关于这一点，最高人民法院于2002年10月发布的《关于审理著作权民事纠纷案件适用法律若干问题的解释》第28条有明确的规定。根据规定，侵犯著作权的诉讼时效为两年，自著作权人知道或者应当知道侵权行为之日起计算。权利人超过两年起诉的，如果侵权行为在起诉时仍在持续，在该著作权保护期内，人民法院应当判决被告停止侵权行为；侵权损害赔偿数额应当自权利人向人民法院起诉之日起向前推算两年计算。

二　诉前的临时措施

根据著作权法第49条和50条的规定，著作权人和邻接权人可以在起诉之前采取一些临时性措施，以保障自己的权利。这些临时措施有诉前的责令停止侵权、诉前的财产保全和诉前的证据保全。

（一）诉前的责令停止侵权

根据著作权法第49条，著作权人或邻接权人有证据证明他人正在实施或即将实施侵犯其权利的行为，而且不加以及时制止将会使其合法权益受到难以弥补的损害的，可以在起诉之前向人民法院提出申请，采取责令停止有关行为的措施。

根据最高人民法院的有关司法解释，著作权人和邻接权人申请诉前责令停止侵权的，应当向侵权行为地或被申请人所在地的人民法院提起，并递交书面申请状和缴纳有关的费用。申请状中应当写明当事人及其基本情况；申请的具体内容和范围；申请的理由，包括有关行为如不及时制止，将会使著作权人或邻接权人的合法权益受到不可弥补的损害的具体说明。人民法院做出的裁定，仅限于申请人申请的范围。著作权人或邻接权人在提出诉前的责令停止侵权的申请时应当提供担保，申请人不提供担保的，则驳回申请。在执行停止有关行为裁定的过程中，被申请人可能因采取该项措施造成更大损失的，人民法院可以责令申请人追加相应的担保。申请人不追加担保的，可以解除责令停止有关行为的措施。

人民法在收到有关责令停止侵权的申请后，如果符合上述有关的条件，应当在48小时内做出书面裁定，并且应当立即执行。人民法院做出诉前责令停止有关行为的裁定，应当及时通知被申请人，至迟不得超过5日。被申请人对诉前责令停止有关行为的裁定不服的，可以在收到裁定之日起10日内申请复议一次。复议期间不停止裁定的执行。根据规定，人民法院对复议申请进行审查时，应当考虑以下几个方面：被申请人正在实施或者即将实施的行为是否侵犯著作权或邻接权；不采取有关措施，是否会给申请人的合法权益造成难以弥补的损害；申请人提供担保的情况；责令被申请人停止有关行为是否损害社会公众利益。

在人民法院采取责令停止有关行为的措施后，著作权人或邻接权人应当在15日以内提起诉讼，否则人民法院将解除有关的措施。责令停止侵权的措施，一般应维持到终审法律文书生效时为止。人民法院也可以根据案情，确定停止有关行为的具体期限。期限届满时，根据当事人的请求及追加担保的情况，可以做出继续停止有关行为的裁定。

此外，根据最高人民法院的有关司法解释，著作权人和邻接权人在提起诉讼时或提起诉讼后，也可以请求法院做出先行停止侵权的裁定。有关申请、证据提交、担保、裁定的执行和复议等等，与诉前责令停止侵权的申请相同。这相当于西方国家中侵权诉讼提起后的临时性禁令。

（二）诉前的财产保全

根据中国著作权法第49条，著作权人或邻接权人有证据证明他人正在实施或即将实施侵犯其权利的行为，而且不加以及时制止将会使其合法权益受到难以弥补的损害的，可以在起诉之前向人民法院提出申请，采取财产保全的措施。人民法院在处理有关财产保全措施的申请时，适用民事诉讼法第93条至96条和第99条的规定。

根据民事诉讼法的有关规定，利害关系人因情况紧急，不立即申请财产保全将会使其合法权益受到难以弥补的损害的，可以在起诉前向人民法院申请采取财产保全措施。申请人应当提供担保，不提供担保的，驳回申请。人民法院在接受申请后，必须在48小时内做出裁定。裁定财产保全措施的，应当立即开始执行。申请人在人民法院采取保全措施后15日内不起诉的，人民法院应当解除财产保全。财产保全限于请求的范围，或者与本案有关的财产。财产保全采取查封、扣押、冻结或者法律规定的其他方法；人民法院冻结财产后，应当立即通知被冻结财产的人；财产已被查封、冻结的，不得重复查封、冻结。被申请人提供担保的，人民法院应当解除财产保全。申请有错误的，申请人应当赔偿被申请人因财产保全所遭受的损失。当事人对财产保全的裁定不服的，可以申请复议一次。复议期间不停止裁定的执行。

（三）诉前的证据保全

中国著作权法第50条规定，为制止侵权行为，在证据可能灭失或者以后难以取得的情况下，著作权人或者邻接权人可以在起诉前向人民法院申请保全证据。人民法院在接受申请后，必须在 48 小时内做出裁定。裁定采取保全措施的，应当立即开始执行。人民法院可以责令申请人提供担保，申请人不提供担保的，驳回申请。申请人在人民法院采取措施后 15 日内不起诉的，人民法院应当解除保全措施。

根据最高人民法院的有关司法解释，著作权人和邻接权人申请诉前保全证据的，应当向侵权行为地或被申请人所在地的人民法院提起，并递交书面申请状和缴纳有关的费用。申请状应当说明以下情况：当事人及其基本情况；申请保全证据的具体内容、范围、所在地点；请求保全的证据能够证明的对象；申请的理由，包括证据可能灭失或者以后难以取得，而且当事人及其诉讼代理人因客观原因不能自行收集的具体说明。人民法院做出诉前证据保全的裁定，应当限于著作权人或邻接权人申请的范围。申请人申请诉前保全证据可能涉及被申请人财产损失的，人民法院可以责令申请人提供相应的担保。申请人不提供担保的，驳回申请。申请人在人民法院采取证据保全措施后 15 日内不起诉的，人民法院应当解除证据保全措施。

三　被告的辩解

权利人在提起侵权诉讼时，应当提供证据，证明自己是权利人，证明被告侵犯了自己的权利。这叫做谁主张谁举证。一般说来，原告的举证责任并不繁重，只要证明自己是权利人，证明被告接触过自己的作品，被告的作品与自己的作品完全相似或者实质上相似，就完成了举证责任。在此之后，举证责任就转移到了被告一方，由被告证明自己没有侵权，或者即使侵权也不应当承担损害赔偿，等等。

面对原告的侵权主张，被告应当认真调查和分析，然后提出相应的辩解。当原告提出了侵犯著作权或邻接权的主张以后，绝不意味着被告就应该束手就擒，丝毫不加辩解。可以说，绝大多数原告提出侵权的主张，都是自己的权利受到了侵犯，都是为了维护自己的权利。但是，这并不排除某些原告提起诉讼的目的是恶意骚扰被告，甚至不是权利人就冒充权利人提起了诉讼。此外，原告即使是真正的权利人，即使是善意地提起诉讼以维护自己的权利，但由于认识上的原因，也有可能把本来不属于侵权的行为误认为是侵犯了自己的权利。因此，无论出现何种情况，被告都应该认真调查和分析原告的诉讼主张，同时反思和分析自己的有关行为或活动，然后在此基础上提出自己未侵权的辩解，或虽然侵权但不应当承担损害赔偿，或者只应当支付少量的损害赔偿金。

如果说，原告提起侵权主张是为了维护自己的权利，被告在研究和分析有关情况的基础上提出未侵权的辩解，或者提出不承担或少承担损害赔偿的辩解，也是为了维护自己的权益。从这个意义上说，被告经过认真调查和分后提出必要的辩解，就是非常重要的。司法的公正，只有在原告和被告双方充分辩论的基础上才有可能达到。仅仅有原告的指控而没有被告的辩解，只会造成在维护权利旗帜下掩盖的司法不公正。

大体说来，根据民事诉讼法、著作权法和其他法律的规定，被告可以提出的没有侵权、虽然侵权但可以不承担或少承担损害赔偿责任的辩解，主要有以下几种。

第一，被告可以就原告的诉讼资格提起质疑。如原告不是著作权人或邻接权人；原告虽然曾经是权利人或被许可人，但受让权利或被许可的期间已经届满；在中国特殊的情况下，被告还可以提出原告只是一般许可合同中的被许可人，原告没有资格提起诉讼。

第二，自己的商业活动与原告的作品或受保护客体毫无关系，原告是恶意提起诉讼，其真实目的是骚扰自己正常的商业活动。

第三，原告的作品不属于著作权法保护的客体。例如有关的作品属于法律法规等政府文件，或者属于时事新闻，或者属于历法、数表、通用表格和公式，或者属于依法禁止出版、传播的作品，等等。

第四，原告的作品受著作权法保护的期限已经届满，或者被告使用的是处于公有领域中的作品。

第五，自己的作品虽然与原告的作品相似，但属于独立创作，自己没有见过而且也不可能见到原告的作品。或者说，自己的作品和原告的作品均来自于第三人的作品，或者来自于公有领域中的作品，不存在自己抄袭原告作品的问题。

第六，自己虽然使用了原告的作品或其他受保护的邻接权客体，但有关的使用属于著作权法规定的合理使用，或者属于权利的例外和限制。

第七，原告没有及时提起侵权诉讼，有些侵权行为已经超过了诉讼时效，被告只应当就诉讼提起以前两年以内的侵权行为承担赔偿责任。

四　民事责任

如果法院经过审理认定被告侵犯了原告的著作权，则被告应当承担一定的民事责任。根据中国著作权法，法院可以责令侵权人停止侵权、赔偿损失、赔礼道歉和消除影响、支付律师费，以及没收非法所得、侵权复制品和进行违法活动的财物。

（一）责令停止侵权

依据著作权法第46条和第47条的规定，如果法院判定侵权成立，侵权人应当承担停止侵害的责任。应该说，著作权人或邻接权人在诉前和诉讼提起后申请的责令停止侵权的临时措施，也属于责令停止侵权的一种。事实上，法院应权利人的申请而裁定责令停止侵权的临时措施，已经考虑了案件的基本情形，已经得出了被告侵权可能性极大的结论。否则，法院就不会裁定责令停止侵权的临时措施。当然，这种侵权可能性极大的结论还需要经过进一步的审理而得到证实。

（二）赔偿损失

赔偿损失的基本含义是说，让权利人从侵权人那里得到足够的赔偿，以弥补权利人因为他人侵权而造成的损失，使他处在一个侵权似乎没有发生过的地位上。这就是一般所说的"填平原则"。然而，现代的损害赔偿制度已经有了进一步的发展。例如，侵权人不仅要"填平"权利人因为侵权行为而遭受的损失，而且要"填平"权利人因为追究侵权行为而付出的费用，包括律师费和诉讼费等等。此外，在欧美国家，为了惩罚故意侵权者和屡次侵权者，或者为了惩罚恶意骚扰他人而提起诉讼的原告，法院还可以判罚两倍或三倍的损害赔偿。

根据中国著作权法，损害赔偿金的计算方式有三种。

一是权利人的实际损失，即著作权人或邻接权人因为被告的侵权行为而遭受的损失，或者说如果没有侵权人的行为权利人可以获得的收益。这又有两种计算方式。一是销售损失，适用于原告与侵权人是市场上的直接竞争者的情形。在这种情况下，可以假定侵权人每销售一件侵权物品，权利人就会有一个相应的损失。二是许可使用费，适用于原告与侵权人不是市场上的直接竞争对手。在这种情况下，权利人所丧失的是发放许可证和获得许可使用费的机会，或者说侵权人未经权利人许可而使用了相关的作品或受保护客体，使得权利人不能获得相应的许可使用费。如果权利人曾经向第三者发放过许可证，则许可使用费反映了权利人的实际损失。如果权利人没有向他人发放过许可证，则可以用市场价值的方法来计算他的实际损失。即根据市场惯例和合理条件，权利人会要求多少使用费，或者说一般的被许可人愿意出多少使用费。

二是侵权人的利润所得，即侵权人因为侵权而获得的收益。在确立侵权利润的过程中，原告必须首先举证，说明侵权人的总收入。总收入是指用侵权销售的总数乘以侵权复制品的单价。但由于原告难以获得被告的销售记录和其他资料，他在说明侵权人的总收入上会有许多困难。一旦原告证明了被告的总收入，举证的责任即转移到了被告头上。被告必须说明哪些费用不属于侵权利润，应当从总收入中减去。在司法实践中，应当减去的费用包括材料费、运输费、租金、设备折旧费，等等。

三是法定损害赔偿，即由法律规定一个赔偿额度，由法庭依据侵权的具体情况，在此额度内确定一个合理的赔偿数额。根据中国著作权法第48条，法定赔偿金的额度为50万元以下。法定损害赔偿为著作权人或邻接权人提供了一个有利的选择。当他认为自己的实际损失和侵权者的利润所得难以证明或者不能证明时，或者认为要求实际损失和侵权利润赔偿对自己不利时，就可以选择法定损害赔偿。

（三）消除影响、赔礼道歉

消除影响是指，侵权人因为自己的侵权活动而对权利人造成了不良的影响，应当采取某些必要的措施，以消除有关的不良影响。赔礼道歉是指侵权人以适当的方式公开或不公开地向权利人表示歉意，例如在报刊等媒体上发布致歉的声明，或者在私下里向权利人表示歉意。

在具体案件中，消除影响和赔礼道歉往往合并在一起适用。一般说来，责令侵权人承担消除影响、赔礼道歉的责任，大多是在侵犯作者精神权利的案件中。例如侵犯了作者的署名权，擅自篡改或肢解了作者的作品，对作者的声誉造成了不良的影响或损害。关于消除影响和赔礼道歉，民法通则只规定了"消除影响"。针对侵犯作者精神权利的特殊需要，著作权法又增加了"赔礼道歉"。所以在侵犯作者精神权利的情况下，侵权人往往是既承担消除影响的责任，又承担赔礼道歉的责任。当然，在不仅侵犯了作者的精神权利而且侵犯了作者的财产权利的情况下，消除影响和赔礼道歉还可以与其他的民事责任，如停止侵权、赔偿损失和支付律师费等合并适用。

（四）支付律师费

著作权法第48条规定，侵权人向权利人支付的损害赔偿数额，还应当包括权利人为制止侵权行为所支付的合理开支。根据最高人民法院《关于审理著作权民事纠纷案件适用法律若干问题的解释》第26条的规定，"合理开支"包括权利人或者委托代理人对侵权行为进行调查、取证的合理费用。又据"解释"同一条的规定，人民法院根据当事人的诉讼请求和具体案情，可以将符合国家有关部门规定的律师费用计算在赔偿范围内。其中的国家有关部门，具体是指司法部，即按照司法部公布的律师费用计算方法来确定律师费。这样，损害赔偿的数额，除了权利人的实际损失或侵权人的非法所得，还包括了调查取证的费用和律师费。

（五）没收非法所得、侵权复制品以及进行违法活动的财物

著作权法第 51 条规定，人民法院在审理有关案件中，对于侵犯著作权或邻接权的，可以没收非法所得、侵权复制品以及进行违法活动的财物。对于没收来的侵权复制品和用于侵权活动的工具，法院可以责令销毁或者以其他方式加以处置。一般说来，侵权的复制品由于质量低劣，应该予以销毁。用于侵权活动的工具或财物，则可以变卖或以其他方式处置，以其价金冲抵损害赔偿金。

第四节 行政查处与刑事制裁

一 行政查处

根据中国著作权法和实施条例的相关规定，著作权人或邻接权人在权利受到侵犯的时候，可以向著作权行政管理部门进行投诉，要求查处。除了向法院提起侵权诉讼，权利人在发生侵权的时候还可以向行政机关投诉，这是中国著作权法的独特规定。按照这种规定，著作权人和邻接权人就多了一条解决侵权纠纷的途径。当然，按照"与贸易有关的知识产权协议"第 49 条的规定，在以行政程序确认案件的是非，并责令侵权人承担民事责任时，有关的程序必须符合民事程序的原则。

除了应权利人的请求而查处侵犯著作权或邻接权的纠纷，著作权行政管理部门还可以主动查处一些重大的侵权案件，以维护权利人和社会公众的利益。根据规定，国务院著作权行政管理部门查处在全国有重大影响的著作权侵权案件，地方著作权行政管理部门查处本行政区域的侵权行为，对于同时侵犯著作权和危害社会经济秩序的行为，给予行政处罚。

侵权人受到行政处罚的行为，是著作权法第 47 条明确列举的 8 种行为。根据著作权法第 47 条第 1 款，适用行政处罚的前提条件是，有关的行为在损害了权利人利益的同时，还损害了或者严重损害了社会公共利益。这表明，在发生了著作权法第 47 条所述 8 种侵权行为的情况下，侵权人首先应当承担的仍然是民事责任，如停止侵权、消除影响、赔礼道歉、赔偿损失等。由于这些侵权行为同时还损害了或者严重损害

了社会公共利益，因而可以由著作权行政管理部门给予行政处罚。

根据规定，著作权行政管理部门可以给予的行政处罚有以下 5 种：责令停止侵权行为；没收违法所得；没收、销毁侵权复制品；罚款；没收主要用于制作侵权复制品的材料、工具、设备等。

著作权行政管理部门做出的行政处罚决定，具有法定的强制力。一经做出，被处罚人应当执行。如果当事人对行政处罚决定不服，可以依据行政复议法申请行政复议，也可以依据著作权法向人民法院起诉。不执行行政处罚决定，又不向人民法院起诉的，著作权行政管理机关可以申请人民法院强制执行。著作权法第 55 条规定："当事人对行政处罚不服的，可以自收到行政处罚决定书之日起三个月内向人民法院起诉，期满不起诉又不履行的，著作权行政管理部门可以申请人民法院执行。"

二 刑事制裁

对于严重侵犯著作权和邻接权，同时又对社会公共利益造成了严重损害的，或者对社会经济秩序造成了严重危害的，可以追究侵权人的刑事责任。对严重的侵权者适用刑事制裁，是打击著作权侵权行为的最严厉措施。世界各国的著作权法或者与著作权有关的刑事法律，都规定了应当受到刑事制裁的严重侵权行为，以及相应的制裁措施。

中国在制定 1991 年著作权法时，没有制定刑事制裁的条款。到了 1994 年 7 月，全国人大常委会通过了《关于惩治侵犯著作权的犯罪的决定》，对刑法做出补充规定，追究某些侵犯著作权和邻接权的犯罪者的刑事责任。1997 年 3 月，全国人民代表大会又修订刑法典，将上述决定中的有关内容纳入了刑法典中。现行刑法关于著作权犯罪和相应的刑事制裁措施，规定于第 217 条、218 条和 220 条等三个条文中。

根据刑法第 217 条的规定，以营利为目的，有下列侵犯著作权情形之一，违法所得数额较大或者有其他严重情节的，处三年以下有期徒刑或者拘役，并处或单处罚金；违法所得数额巨大或者有其他特别严重情节的，处三年以上七年以下有期徒刑，并处罚金：

（1）未经著作权人许可，复制发行其文字作品、音乐、电影、电视、录像作品、计算机软件及其他作品的；

（2）出版他人享有专有出版权的图书的；

（3）未经录音录像制作者许可，复制发行其制作的录音录像制品；

（4）制作、出售假冒他人署名的美术作品的。

刑法第 218 条规定的犯罪行为是，以营利为目的，销售明知是本法

第217条规定的侵权复制品，违法所得数额巨大的，处三年以下有期徒刑或者拘役，并处或者单处罚金。

此外，刑法第220条针对单位犯罪的情形做了具体的规定。根据规定，单位犯有本法第217条和218条所列之罪的，对单位判处罚金，并对其直接负责的主管人员和其他直接责任人员，依照上述各条的规定追究刑事责任。

问题与思考

1997年的"武松打虎图"一案，对于人们认识知识产权侵权的连续性，认识知识产权侵权的诉讼时效，具有非常重要的意义。随后，最高人民法院在一系列司法解释中相继规定，无论是侵犯著作权的，还是侵犯专利权或者商标权的，如果有关的侵权行为是连续侵权，则追究自诉讼提起之日起向前推2年内的侵权行为，并就此计算损害赔偿。显然，这符合知识产权为无形财产权的特征。

然而在近年来的知识产权保护中，尤其是在专利权的保护中，也出现了另一个问题。那就是，当他人在侵权的时候，权利人并不着急制止。而当侵权人做大了以后，权利人才提起诉讼，要求高额的赔偿。这就是人们常说的"放水养鱼"、"养肥了再杀"。显然这对于侵权人来说又是不公平的。因为，某些侵权人并不知道自己的行为侵犯了他人的权利，或者即使知道，看到权利人没有采取行动，就以为自己可以继续相关的商业活动。

解决这一问题的途径，是在原有的诉讼时效的基础上，引入英美法系的几个概念，如"懈怠"（laches）、"禁止反悔"（estoppel）和"默许"（acquiesence）的辩解。其中的懈怠是指权利人虽然已经知道他人在侵犯自己的权利，但是未能在合理的期间内提起诉讼。其中的禁止反悔是指，权利人已经以明示的或者暗示的方式向侵权人表明，自己不会实施相关的权利，包括不会提起侵权诉讼。其中的"默许"是指，权利人以不提起诉讼的方式，默认了侵权人的行为。显然，在这几种情形下，侵权人基于权利人的懈怠、默许、明示或者暗示，有可能继续甚至扩大相关的商业活动。如果在这种情况下，还允许权利人追究诉讼提起之前的损害赔偿，显然会有损于侵权人。

按照美国的相关判例，在这种情形之下，权利人即使提起了诉讼，也不能获得诉讼提起之前的损害赔偿。当然，如果权利人提起诉讼之后，侵权人仍在侵权，则可以要求停止侵权，并要求诉讼提起之后的损害赔偿。这是因为，权利人已经不再懈怠、默许、明示或者暗示放弃权利。

除此之外，美国专利法第286条还规定，如果侵权人从事相关行为之后的六年内，权利人没有提起诉讼，则不能获得诉讼提起之前的损害赔偿。

上述的有关规定表明，知识产权法充满了对于权利人利益和社会公众利益，甚至是权利人与侵权人利益的平衡。如果不能采取连续侵权的诉讼时效，既不符合知识产权为无形财产权的特征，也会严重损害权利人的利益。如果只强调连续侵权的诉讼时效，没有懈怠、禁止反悔和默许一类的辩解，又会不合理地损害侵权人的利益。毫无疑问，当中国的知识产权法律，或者相关的司法解释引入了懈怠、禁止反悔和默许一类的辩解之后，有关的法律规定将会更为合理。

知识产权法居然会考虑侵权人的利益，这恐怕是一些人想不到的。

复习题

1. 著作权的侵权有哪些种类？
2. 如何理解著作权侵权中的侵权行为发生地？
3. 如何理解著作权侵权中的诉讼时效？
4. 诉前的临时措施有哪些？
5. 侵犯著作权的民事责任有哪些？

阅读书目

Paul Geller, Myers Nimmer: International Copyright Law and Practice, Matthew Bender, 2002.

郑成思：《版权法》（修订本），中国人民大学出版社，1997。

郑成思：《世界贸易组织与知识产权》，中国人民大学出版社，1996。

李明德：《美国知识产权法》，法律出版社，2003。

第三编

专利权

　　人类社会的进化，是在人与自然界不断互动的过程中展开的。在这种互动和进化的过程中，人的劳动，以及与劳动相关的技术发明，起了决定性的作用。例如，保存火种，制作石器、渔网、弓箭，修建房屋，刀耕火种，都是早期的技术发明。显然，正是在一项又一项技术发明的基础上，人类社会才得以不断地进步。到了近代，当技术发明的价值越来越为人们认识的时候，就有了专利保护的产生。迄今为止，专利保护已经涉及了几乎所有技术领域中的发明。

　　本编主要结合中国专利法，讨论与技术发明和专利权相关的问题，如发明的含义、专利权的获得、专利权的转让与许可，以及专利权的保护，等等。

第十章　专利权概论

要点提示

　　本章讨论了专利权、专利和专利法等概念，简要说明了专利制度在促进技术和经济发展方面所起的主要作用。

　　本章着重讨论了有关专利制度的"合同理论"，认为这是理解专利法律中一系列规定的关键所在。

　　本章还简要回顾了专利制度在西方国家的起源和发展，以及专利制度在中国的产生和发展。

第一节　专利权与专利制度

一　专利权与专利

　　专利权是发明者就其技术发明所享有的专有权利。其中的技术发明，在中国专利法中又称为发明创造。

　　专利权的客体是技术发明，如关于产品的发明、关于方法的发明，以及有关产品和方法之改进的发明，等等。在有些国家，专利权的客体还包括工业品的外观设计和植物新品种等等。

　　专利权虽然是发明者就其技术发明所享有的专有权利，但是并非所有的技术发明都可以获得专利权。著作权的获得是自动获得。而专利权则不是这样，有关的发明人要向国家专利部门提出申请，并在符合相关条件的前提下才能获得专利权。只有那些符合专利法要求的技术发明，如符合新颖性、创造性和实用性的技术发明，才能够获得专利权。至于那些不符合新颖性、创造性、实用性和其他要求的发明，尽管属于技术发明，也不能获得专利权或者专利法的保护。当然在必要的时候，发明人可以用商业秘密的方式来保护那些难以获得专利权的技术发明。

专利权是权利人就相关的技术发明所享有的权利。在专利权有效的期间内，权利人可以自己利用相关的发明，也可以通过转让或者许可的方式，让他人利用相关的发明。根据世界贸易组织的"知识产权协议"和各国专利法，专利权人可以通过制造、使用、许诺销售、销售和进口的方式，自己利用或者许可他人利用专利权所覆盖的技术。与此相应，专利权的内容就包括了制造权、使用权、许诺销售权、销售权和进口权。

专利权是一种排他性的权利。如果他人未经专利权人的同意而使用了相关的发明，就会构成侵权。这种侵权，可能是侵犯制造权、使用权，也可能是侵犯许诺销售权、销售权和进口权。权利人可以在其中的任何一个环节上维护自己的权利。

专利权是一种私权。当专利权受到他人侵犯时，权利人可以向法院提起民事诉讼，寻求相应的法律救济，如禁止被告侵权和获得相应的损害赔偿。当然在中国的具体情况下，权利人除了向法院提起诉讼，还可以向专利管理机关提出申请，要求查处侵权。

汉语中的"专利"一词，是一个语意较为广泛的术语。根据中国专利法，"专利"一词至少具有以下两个含义。一是指专利权。例如，专利法第12条规定："任何单位或者个人实施他人专利的，应当与专利权人订立书面实施许可合同，向专利权人支付专利使用费。"这里所说的"专利"就是他人所享有的专利权。任何单位或者个人要想行使其中的制造权、使用权、销售权和进口权等等，都必须获得专利权人的许可，并且支付专利权使用费。二是指专利技术，或者专利权所覆盖的发明。专利法第14条规定："国有企事业单位的发明专利，对国家利益或者公共利益具有重大意义的，国务院有关主管部门和省、自治区、直辖市人民政府报经国务院批准，可以决定在批准的范围内推广应用……。"显然，这里所说的"专利"就是指专利权所覆盖的技术，或者发明。事实上，我们日常生活中所说的"专利"，也具有上述两层含意，有时候是指专利权人所享有的专利权，有时候则是指专利权所覆盖的技术或发明。

在英文中，与汉语"专利"一词相对应的是"patent"。英文的patent一词来源于"letters patent"。据说，在中世纪后期的英国，国王在授予某些技术发明以垄断特权的时候，总是颁发一种证书，载明有关的发明和特权的期限。其中的"letters"是指证书，而"patent"则是公开的意思。这是因为，当时英王所颁发的这类证书是不封口的，不同于另一类封口的证书（letters close）。所以从字面上来看，"letters patent"的最初含义就是公开的证书，任何人都可以了解其中的内容。[①] 随着时间的推移，人们逐渐使用 patent 一词指称国家专利机关所授予的专利证书和与之相关的专有权利。与此相应，patent 也具有了专利权或者排他性地实施某项技术发明之权利的含义。这样，现代英文中的"patent"一词就具有两层含意，即公开的证书和专利权。显然，这与汉语中的"专利"有所不同，因为汉语中的"专利"没有公开的证书的含义。在汉语中，"公开的证书"的含义是由"专利证书"来表达的。

此外，汉语中"专利"一词的另一个含义"专利技术"，在英文中是用"patented technology"或者"patented"来表示的。

由上可见，英文中作为名词来使用的"patent"，与汉语的"专利"一词还是有着这样或那样的区别。其中，最大的区别是汉语中的"专利"不具有公开的证书的含义。当然，我们今天使用"专利"一词，也不会产生问题。因为，无论是英文的 patent，还是汉语的"专利"，在指称"专利权"方面是一致的。与此同时，经过若干年的宣传普及，社会公众也已经知道专利技术是一种公开的技术，任何人都可以通过查阅专利文献获取相关的信息。这样，"专利"一词在某种程度上也带有了"公开"的含义。

二 专利法

如果说专利权是发明者就其技术发明所享有的权利，那么专利法则是对技术发明提供保护的法律。具体说来，专利法是通过赋予发明人以专利权的方式，来保护相关的技术发明，让获得了专利权的发明人在一定的期限之内，排他性地利用专利权所覆盖的技术发明，收回成本并获得一定的利益。由此出发，专利法主要有以下几部分内容。

（1）规定专利权的客体，即什么样的发明可以获得专利权。根据中国专利法，可以获得专利权的客体有发明、实用新型和外观设计。而根据美国专利法，可以获得专利权的客体有发明、外观设计和植物新品种。此外，即使是对于发明的规定，各个国家的专利法也不尽一致。例如，根据中国专利法，发明包括产品发明、方法发明和改进发明。而根

---

① 参见 Black's Law Dictionary, 5th edition, 1979；汤宗舜著《专利法教程》（第三版），法律出版社，2003，第 7 页。

据美国专利法，发明则包括方法、机器、物质合成和产品，以及相关的改进。

（2）规定获得专利权的实质性要件，如新颖性、创造性和实用性等。尽管专利法是保护技术发明的，但是只有那些符合新颖性、创造性和实用性等要件的发明，才有可能获得专利权，或者获得专利法的保护。

（3）规定专利的申请程序及相关的要求。专利权的获得不是自动获得，而要经过国家专利机构的审查和批准。因此，如何提出专利申请，什么人可以提出申请，应当提交什么样的申请文件，以及专利局如何审查相关的申请，在什么情况下可以批准专利，等等，就是世界各国专利法中的一个重要内容。只有那些通过了审查的申请案，才有可能获得专利权。

（4）规定专利权的内容，如制造权、使用权、销售权和进口权，以及专利权的保护期限、专利权的限制等等。

（5）规定专利权的归属和转移。就前者而言，涉及了职务发明情况下专利权的归属，个人发明情况下专利权的归属，以及合作发明情况下的专利权归属等问题。就后者而言，涉及了专利权的转让和许可，以及相应的合同问题。

（6）规定专利权的侵权与救济。在发生侵权的情况下，专利权人通常可以向法院提起诉讼，寻求责令停止侵权和损害赔偿等法律救济。在中国的特殊情况下，专利权人还可以请求专利管理机关查处侵权，及时制止侵权活动。此外，在确定被告是否侵犯了原告专利权的过程中，还会涉及如何解释权利要求书和划定专利权保护范围的问题。这也是专利权保护中的一个核心问题。

以上就是专利法的主要内容。本编也将依据这些内容，讨论与专利法相关的问题。

三 专利制度的作用

专利制度是指一个国家的专利法和与之相关的法律规定。大体说来，专利制度在保护技术发明、促进技术发展和产业发展方面，有以下几方面的作用。

（一）鼓励技术发明

技术发明对于人类社会的发展具有非常重要的意义。中国古代有关造纸术、印刷术、火药和指南针的发明，古代希腊关于杠杆、水泵的发明，都表明了这一点。在现代社会，技术发明不仅对人类社会的发展起着积极的推动作用，而且某些重大的技术发明还有可能造就一个新的产业。例如，有关电灯、电话、广播、电视、计算机和互联网络的发明，都造就了一个又一个深刻影响人类社会经济、文化和政治的产业。

发明者在技术创新的过程中，要投入大量的资金和物力，要付出大量的精神劳动。在很多情况下，发明者要想做出相关的技术发明，还必须具有某种天才的创造力。这种天才的创造力并非人人具有。然而，技术发明一旦完成，又会体现为某种信息。随着产品的上市，相关的技术发明也会公之于众，成为人人可以无偿使用的技术资源。如果真的是按照这样一种逻辑，即发明者在投入了人力、物力和创造性才能后，不能获得任何市场回报，而他人则不必花费任何劳动就可以无偿使用相关的技术发明，那么发明者也就丧失了从事技术创新的积极性。

专利制度则是通过赋予发明者以专利权的方式，让发明者在一定的期限之内，排他性地利用相关的技术发明，或者许可他人利用相关的技术发明，从而收回投资或成本，赚取一定的利润，为进一步的发明创造积累资金。而发明者之外的其他人，未经许可则不得利用相关的技术发明。应该说，即使是在专利制度下，技术发明并没有改变其为信息的特征。发明者之外的其他人，仍然可以通过产品的上市或者专利文献的检索而获得相关的技术信息。但是由于有了专利制度，发明人有可能就相关的技术发明或者信息享有专有权利，并且通过法律的手段排除他人的无偿使用。这样，他人要想利用相关的技术或者信息，就必须获得专利权人的许可，并且支付相应的报酬。显然，正是通过赋予发明者以专利权的方式，专利制度鼓励了发明和技术创新。

鼓励发明者从事技术创新，并非只有专利制度。例如，前苏联和中国都实行过发明奖励制度。按照这种制度，发明者在完成了有价值的技术创新之后，可以获得奖状、奖章和一定的奖金，而有关的技术发明则归社会公有，人人可得以利用。但是实践证明，这种奖励制度的作用非常有限，难以产生大量的具有社会使用价值的技术发明。其次，在这种制度下，就技术发明进行人力、物力和资金投入的是国家或者公共基金，有关的发明归属于社会公有以后，国家难以获得直接的经济利益。同时，发明人在完成发明以后也不关心有关技术成果的市场开发，甚至有很多的技术成果本身就不具有任何市场价值。这样，发明奖励制度所造成的结果可能是，国家年年有技术创新资金的投入，但年年所产生的技术创新成果非常有限，并且很多成果不具有市场价值。

　　而专利制度则是利用市场杠杆，保护相关的技术发明。按照专利制度，从事技术创新所需要的人力、物力和资金，都由发明者自行投入。在完成了一项技术发明之后，是否申请专利，何时申请专利，也由发明人自己做出决定。如果发明人决定申请专利，则有关的专利申请费、专利审查费和专利维持费，统统由发明者或者专利权人支付。甚至是在发生侵权的情况下，如果专利权人要想维护自己的权利，制止他人的侵权，也是由专利权人自己承担相关的费用，如诉讼费、律师费等等。在这里，专利制度仅仅是在相关申请案符合法律要求的情况下，赋予发明者在一定的期间内就相关的发明享有专利权，排他性地自己利用或者许可他人利用相关的发明。即使国家的专利机关经过审查授予了某一项专利权，也不表明有关的发明就一定可以为发明人或者专利权人带来一定的经济利益。如果发明者判定有关的技术发明不具有市场价值，他可以不申请专利。① 如果专利权人认为有关的发明不仅不能带来经济利益，还需要自己支付必要的专利维持费，他也可以早日放弃专利权。

　　由此看来，专利制度是通过市场杠杆的方式，最大限度地保护那些具有一定市场价值的技术发明。发明人只有就那些具有一定市场价值的技术发明申请专利，并在一定期限之内排他性地自己利用或者许可他人利用相关的发明，才具有一定的经济意义。在市场杠杆的作用之下，发明人会自动放弃那些不具有市场价值的技术发明，专利权人也会自动放弃那些不具有市场价值，甚至市场价值较小的专利权。与此相应，为了获取相应的经济利益，专利权人也会不遗余力地维护自己的具有广阔市场前景的专利技术。

　　（二）传播技术信息

　　发明者在技术创新的过程中投入了大量的人力、物力和资金，包括付出了创造性的才能，必然会关心成本的回收和利润的赚取。至少，发明者不愿意让竞争者无偿使用自己的技术发明，反过来构成对自己的威胁。这样，在没有专利制度的情况下，发明者只能采取保密的方式，或者设置种种障碍，防止他人无偿利用自己的技术发明。传统的"传子不传女"或者"传媳不传女"，所反映的就是这样一种心态。显然，这不仅不利于发明者从事技术创新，而且也不利于整个社会技术水平的提高。因为，技术信息的保密，可能导致其他发明者重复发明已有的某些

---

① 在2002年前后，中国的一些省市为了鼓励专利申请，由政府部门为专利申请人支付申请费，这显然属于违背市场规律、违背专利制度宗旨的做法。

技术。

根据专利制度，发明者在申请专利时，必须向社会公开自己的技术发明。具体说来，发明者在申请专利时，应当提交专利说明书和必要的附图，详细披露自己的技术发明。这样，专利申请文件所披露的技术发明，就至少具有了两个作用。

首先，为他人进一步的技术创新提供了一个基础。在这方面，其他技术发明者可以通过查询专利文献，了解到在相关的技术领域中已经有人做出了某某发明，或者已经达到了某种技术高度。这样，他们就可以在现有技术的基础上进行新的发明活动，避免重复劳动。如果他人对相关的专利文献不管不问，即使完成了同样的技术发明，也会因为缺乏新颖性而不能获得专利。而且，最为关键的是，在他人就同一技术享有专利权的情况下，重复发明者甚至不能商业性地利用自己做出的技术发明。

其次，由专利局所公布的技术文献中，不仅有专利说明书和必要的附图，还有专利申请人或者专利权人的姓名和地址。这样，如果某一企业经过查询专利文献，对某一专利技术发生兴趣，或者想利用某项专利技术，就可以直接与专利权人联系，洽谈技术转让或者许可的问题。显然，专利制度不仅赋予了发明人以专利权，还对相关的技术发明起了积极的推广作用。

此外，专利制度下的技术转让或者许可，还具有风险性小的特点。例如，在商业秘密的转让或者谈判中，权利人总是会担心一旦买卖不成，会将自己的商业秘密泄露出去。而专利制度则为技术转让或许可提供了一种可靠的保障。就专利权人来说，他已经就某项技术享有了专利权。即使转让或者许可谈判失败，谈判的另一方也不敢使用自己的技术，否则会构成侵权。就受让人或者被许可人来说，他在签订合同以前可以通过专利文献判断有关的技术对自己是否有价值，以及有多大的价值。而在受让了有关的技术以后，他就是专利权人，可以排除他人未经许可而使用相关的技术。而在获得了许可以后，他就是被许可人，可以在合同约定的范围内使用相关的技术，并且在必要的时候提起针对他人的侵权诉讼，保护自己的利益。

（三）引进外国的先进技术

现代国际经济合作，无论是货物贸易还是投资贸易，都会涉及很多高新技术。事实上，在现代的国际贸易和投资中，高新技术或者专利技术所占的比重是很大的。从技术发明者或者专利权人的角度来看，他们也必然会关心自己的技术发明或者专利技术，能否在相关的国际贸易和投资中得到有效保护。

然而，专利制度带有强烈的地域性。在一个国家有效的专利权，仅在该国的范围内获得保护。或者说，仅仅在一个国家获得了专利权的技术发明，在其他国家都有可能处于公有领域之中，属于人人可得以利用的技术。这样，专利权人在把自己的产品卖到其他国家以前，或者将自己的技术投资到其他国家以前，必须在相关的国家申请并获得专利。只有这样，专利权人才有可能在相关的贸易国或者投资国，保护自己的技术发明。但如果相关的贸易国没有有效的专利制度，技术发明者就不愿意把自己的产品卖到该国，也不愿意将自己的技术投资到该国。

由此看来，一个国家如果能够建立一个强有力的专利保护制度，就相当于搭建了一个有效地吸引外国投资的框架。在这样一个框架下，外国企业不仅愿意把高新技术产品卖到该国，而且还愿意将高新技术投资到该国。因为在这样一个框架之下，外国投资者不仅可以在相关的国家申请专利，而且可以在专利权受到侵犯时有效地维护自己的权利。在20世纪80年到90年代之前，很多外国企业不愿在中国投资，或者不愿将高新技术投资到中国，原因之一就是当时的中国或者没有建立专利保护制度，或者虽然有了专利制度但又不能有效地保护专利权人的合法利益。近年来，随着中国知识产权保护水平的提高，越来越多的跨国公司来华投资、建厂，甚至把技术研发基地都设在了中国。这种变化，说明了专利制度在引进外国先进技术中的巨大作用。

说到专利制度与引进技术的关系，还有一个问题需要澄清。在中国专利局所收到的发明专利申请中，大约80%为外国申请案。有人以此说明中国的专利制度主要是保护外国人的技术发明。事实上，从引进外国技术的角度来看，中国专利局所收到的申请案中有80%来自国外，正说明了专利制度吸引外国先进技术的作用。而且，不仅中国的专利申请量是这样，欧美许多发达国家的专利申请量也是这样。外国的专利申请案多，恰好表明该国的专利制度在吸引外国先进技术方面发挥了良好的作用。

显然，随着中国技术创新能力的不断提升，随着中国企业在海外投资的日益增多，我们的企业也应该积极在相关的投资国申请专利，保护自己的技术发明。

四　专利制度中的合同理论

专利权与其他知识产权一样，是一种无形财产权，适用有关知识产权的理论学说，例如鼓励机制说。除此之外，在西方发达国家还有一些有关专利权的学说。例如，"发明奖理论"认为，发明人在从事技术创新的过程中，投入了大量的人力、物力和创造性的精神劳动，而专利权则是对于发明人的一种奖励。否则，将不会有人愿意从事发明创新。又如，"发展国家经济论"认为，实行专利制度是国家的一项经济政策，其目的是通过赋予发明人以专利权的方式，刺激技术创新，实现国家的经济发展。应该说，在种种有关专利权的学说中，"合同理论"是一种人们普遍接受的学说。

按照合同理论，专利权是发明者个人与社会公众之间所达成的一个协议。作为协议的一方，发明人必须在申请专利时，通过专利文献详细披露自己的技术发明；作为协议的另一方，以国家专利机关为代表的社会公众，则在有关的发明符合其他条件的情况下，赋予发明人以一定期限的专有权利，让发明人排他性地自己利用或者授权他人利用相关的发明。换句话说，专利制度是以授予专利权的方式，换取发明者向社会公开自己的技术发明。而发明人公开自己技术发明的对价，则是社会公众赋予自己一定期限的专利权。

应该说，合同理论在某种程度上不仅合理地解释了专利权，而且也合理地解释了专利制度中的一些具体规定。例如，根据世界各国的专利法，发明人在专利申请文献中，必须详细披露自己的技术发明，并且使得相关领域中的一般水平的技术人员可以实施该发明。如果发明人没有充分披露自己的发明，则表明他没有尽到合同义务，因而会导致申请案被驳回。即使由于种种原因而被授予了专利权，也会导致专利权无效。

又如，按照世界各国专利法的规定，申请人所披露的发明，对于现有技术来说必须是新的和具有创造性的技术发明。与现有技术重复的，或者与现有技术相比缺乏创造性的发明，都不能获得专利权。发明人不能辩解说，自己在从事技术创新的过程中已经投入了大量的人力、物力和创造性的劳动，社会公众应当赋予他以专利权。因为，在社会公众已经拥有某项相同或者类似技术的情况下，发明人的重复发明不具有专利权或者合同的对价。社会公众不可能，也没有必要就一项没有对价的技术授予专利权。

再如，根据专利法的原理，对于专利局授予的专利权，任何人都可以提出挑战。这是因为，专利权是申请人与专利局达成的协议，可能会出现申请人的错误或者专利局的错误。如果合同的一方以不符合专利法规定的技术获得了专利权，就会形成一份虚假合同，损害社会公众的利益。所以，按照专利法的规定，被许可人、被控侵权人和社会公众中的任何成员，都可以对已经授予的专利权的有效性提出挑战，从而纠正专利局或申请人的错误，解除虚假的专利权或者合同。

此外，按照合同理论，发明人在申请专利时，不得故意隐瞒某些重要的技术文献，也不得欺骗专利局。因为，向专利局隐瞒重要的技术文献或者欺骗专利局，就相当于是在欺骗社会公众。由此而获得的专利权，也相当于是申请人与社会公众订立了一个欺诈性合同。按照很多国家的专利法，一旦发现这种欺骗，将导致专利权的无效。

第二节　专利制度的起源与传播

专利制度起源于13、14世纪的欧洲。当时，随着资本主义商品经济的萌芽，欧洲的一些国家开始以授予特权的方式，或者引进外来的新技术，或者鼓励本国国民从事发明创造。例如在1331年，英王爱德华三世曾授予一位工艺师以特权，让他就织布和染布的技术享有垄断权。又如，佛罗伦萨曾在1421年，授予一名建筑师以特权，就其运输大理石的"带吊机的驳船"享有三年的垄断权。随着这种特许制度的起源和发展，欧洲许多国家的君主都曾经授予过垄断性的特权。

世界上第一部具有近代专利制度性质的法律，是1474年由威尼斯议会通过的专利法。根据这部法律，任何人在威尼斯城制造了前所未有的机械装置，同时又达到了可以具体使用和操作的程度，就可以向市政机关登记，获得10年的专有权利。在此期间，他人未经发明人的许可，不得制造与该装置相同或者相似的产品。如果有人未经许可而制造，则发明人可以到市政机关告发。市政机关可以责令侵权者赔偿100金币，并销毁侵权物品。应该说，威尼斯专利法已经包括了近代专利制度的一些基本要素，如只有新颖而实用的技术发明才可以获得专有权利；发明人应当向专门机构登记并获得批准；他人未经许可不得实施相同或者相似的技术发明；侵权者应当承担相应的法律责任；等等。

近代的专利制度起源于国家或者君主所授予的特权，这对当时的技术创新和经济发展起了一定的作用。然而，到了16、17世纪，这种君主所授予的垄断权利越来越泛滥，甚至成了赏赐臣下和增加王室收入的工具。这自然引起了新兴资产阶级的不满。1923年，新兴资产阶级占主导地位的英国议会，通过了一部"垄断法"。制定这部法律的初衷是限制英王权利，既废除国王原来授予的所有垄断权，又禁止国王今后不得再授予类似的垄断权。但是作为例外，法案又规定，可以对新产品的真正的第一个发明人授予垄断权。正是从这一例外出发，"垄断法"的一些规定奠定了现代专利制度的一些基本规定。例如，将垄断权授予新产品的真正的第一个发明人，体现了新颖性的要求和先发明原则。又如，发明人在获得垄断权以后可以在本国独占地实施或者制造该产品，这反映了专利权的内容。再如，垄断权的保护期限为14年，垄断权的授予不得抬高物价和破坏贸易，等等。应该说，"垄断法"是近代的第一部专利法，其中的一些基本规定深刻地影响了其他国家的，尤其是美国的专利法。

美国于1776年宣告独立，1787年制定宪法。在美国宪法中，突出的特点之一是有一个"版权与专利权条款"。其中规定，"为了促进……实用技术的发展"，国会有权"保障……发明者在有限的期间内就他们各自的……发现享有专有权利。"[①]正是依据这一规定，美国国会很快就在1790年制定了美国历史上的第一部专利法。由于美国与英国的特殊渊源关系，这部专利法主要参考了英国的"垄断法"，并在此基础上有所发展。这与美国早期的法律制度大多来源于英国的法律制度是一致的。

在欧洲大陆，专利制度的建立，以法国和德国为代表。先来看法国。在法国大革命之前的相当长的时间里，法国国王也像英国国王一样，滥授垄断特权。法国大革命爆发后，于1791年制定了第一部专利法。受天赋人权思想的影响，法国专利法规定，发明是发明人的财产，法律应当保障发明人就其财产享有专有权利，排除他人的侵权。这样，专利权就与人权密切地联系在了一起。再来看德国。德国在统一之前，大部分邦国都制定了专利法，如1812年的巴伐利亚专利法，1815年的普鲁士专利法。统一之后，德国又在1877年制定了统一的专利法。大体与此同时，欧洲的其他国家，如荷兰、奥地利、西班牙和意大利，也

---

① Article I, Section 8, Clause 8 of the U. S. Constitution. 英文中的discovery不完全等同于汉语中的"发现"。在汉语中，"发现"是指获知自然界和人类社会中原本存在的东西，"发明"是指创造出原本不存在的东西。而英文中的discovery则兼有invention（发明）的含义。同时，英文中的invention也不仅是指科技领域中的发明，还包括由商业秘密法保护的客户名单、广告计划、折扣方法等内容。

相继制定了专利法。

俄罗斯本来在1812年已经效仿欧洲制定了专利法。1917年10月革命后，新成立的苏维埃政权于1919年颁布了一个新的专利法，规定发明可以属于国家所有，发明人则获得发明证书和奖金。这就在事实上创立了一种新的奖励制度。到了1931年，前苏联又颁布了一个《发明和技术改进条例》，规定了一种双轨制的发明保护方式。根据规定，发明人可以选择发明人证书，获得相应的奖金。与此同时，有关的发明也归国家所有，任何企业都可以自由使用。除此之外，发明人也可以选择专利证书，获得15年的专有权利，并由此而获得收益。由于不同的经济体制和实施方面的条件，几乎所有的国内发明人都选择了发明证书，而几乎所有的外国发明人都选择了专利证书。与此同时，这套双轨制还影响了东欧各国和中国。但是事实证明，这套双轨制，尤其是其中的发明证书制度，在促进技术发明方面还存在着种种问题，不利于调动发明人，包括发明人所在单位的积极性。这样，到了1991年前苏联解体后，俄罗斯等国就废除了保护发明的双轨制，改而采取发明专利制度。

此外，随着专利制度在许多国家的建立，在国际层面上还出现了协调各国专利法，对发明专利进行跨国保护的需要。这样，到了1883年，法国、巴西和瑞士等11个国家在巴黎签订了《保护工业产权巴黎公约》，以协调各成员国的专利制度，达到对发明专利进行国际性保护的目的。巴黎公约自签订以来，已经几经修改，最近的文本是1971年的斯德哥尔摩文本。在巴黎公约的基础上，世界贸易组织的"知识产权协议"，又对专利保护中的一些重大问题作了规定，协调了世界贸易组织成员的专利制度。目前，世界上已经有170多个国家和地区建立了专利制度。

第三节　中国专利制度的建立与发展

一　1949年以前的专利制度

中国古代虽然有包括四大发明在内的许多技术发明，但是没有产生出鼓励技术发明的专利制度或者类似的制度。对于中国来说，专利制度是一个舶来品。

最早将专利制度介绍到中国来的是太平天国的洪仁玕。他在《资政新篇》中提出，如果有人能像外国一样制造火车、轮船，"准以自专其利，限满准他人仿做。"他还提出，将发明分为不同的等级，给予不同的保护期限。所谓"器小者赏五年，大者赏十年，益民多者年数加多，无益之物，有责无赏，限满准他人仿做。"当然，《资政新篇》只是洪仁玕提出的施政建议，而且在太平天国后期的政局之下，也没有实施的可能性。

中国历史上第一个有关专利的法规，是 1898 年清政府颁布的《振兴工艺给奖章程》。根据规定，凡发明新方法制造重要的新产品，或者新方法兴办重大工程而有利于国计民生的，可以获准 50 年的专利；一般的新产品可获准 30 年的专利；即使仿造西方的产品，也可以获准 10 年的专利。而且，这个章程还反映了中国传统的官本位思想，即依据发明的大小，分封大小不等的官职。

中华民国成立后，工商部于 1912 年颁布了"奖励工艺品暂行章程"，规定对于新产品的发明或者产品的改进给予 5 年以下的专利。在此基础上，中华民国北京政府于 1923 年颁布了《暂行工艺品奖励章程》，南京政府于 1928 年颁布了《奖励工艺品暂行条例》。这两个规章，都将专利扩展到了制造方法的发明或者改进。除此之外，南京政府还在 1932 颁布了《奖励工业技术暂行条例》，并在 1939 年进行了修订。其中增加了对于"新型"（实用新型）和"新式样"（外观设计）的保护。

在上述法律法规的基础上，到了 1944 年，中国终于颁布了第一部正式的专利法，规定对发明、新型和新式样给予专利权的保护。其中，发明专利的保护期限为 15 年，新型为 10 年，新式样为 5 年，均自申请之日起算。根据规定，这部专利法应当于 1949 年 1 月起实施，但由于当时国内战争的局势，根本就没有在中国大陆实施过。只是随着国民党政府的退居台湾地区，这部专利法才得以在台湾地区实施，并且几经修改而延续至今。

二 新中国的专利制度

新中国成立后，于 1951 年 8 月颁布了《保障发明权与专利权暂行条例》，并于同年 10 月颁布了该条例的实施细则。正如条例的名称所显示的那样，这个条例最大的特点是采取了发明权与专利权的双轨制。根据规定，在一般情况下，发明人可以自由选择申请发明权或者专利权，并分别获得发明权证书或专利权证书。在获得发明权的情况下，发明人可以获得奖金、奖章、奖状或勋章等；在获得专利权的情况下，发明人在专利权保护期限内可以独占实施有关的发明。除此之外，如果有关的发明涉及国防安全、需要迅速推广、属于职务发明等等，则只能申请发明权而不能申请专利权。

《保障发明权与专利权暂行条例》于公布之日起实施。依据这个条例，在长达13年的时间里，国家共批准了6项发明权，4项专利权，数量并不多。到了1963年，随着政治指导思想的变化，国务院颁布了《发明奖励条例》，同时废止了《保障发明权与专利权暂行条例》。根据《发明奖励条例》，对那些具备新颖性和实用性，其技术水平处于国内或国际领先的发明创造，发给发明证书。这样，自1950年以来实行的保护发明的双轨制，就变成了单一的发明权制度，不再有专利权制度的存在。

1978年以后，随着改革开放政策的贯彻实施和国家经济建设的发展，建立专利制度的建议再次提了出来。与此同时，对外交往的需要，也迫切需要中国制定自己的专利法。例如，1979年签订的《中美高能物理协定》和《中美贸易协定》，都提到了对于包括专利权在内的知识产权的保护。这样，到了1980年，国务院批准成立了"中国专利局"，并由此而加快了专利法的起草工作。当然，在此过程中，也发生过中国要不要制定专利法，以及专利制度姓"社"还是姓"资"的争论，专利法的制定进程因此而受到了一定的影响。

1984年3月，全国人大常委会通过《中华人民共和国专利法》，于1985年4月开始实施。在专利法实施之前，国务院又于1984年1月颁布了专利法实施细则。大体说来，专利法参考世界各国的专利制度和有关的国际公约，并考虑中国的实际情况规定了对于发明、实用新型和外观设计的保护，规定了授予专利权的实质性要件、专利的申请和审查程序、专利权的无效程序和侵权的法律救济，等等。此外，专利法还考虑到我国即将加入《保护工业产权巴黎公约》的前景，体现了国民待遇、优先权和专利独立等三大原则。

1992年9月，专利法进行了第一次修订，于1993年1月开始实施。这次修订，是在关贸总协定乌拉圭回合谈判已经提出"与贸易有关的知识产权协议"草案、中美两国于1992年初达成关于知识产权保护谅解备忘录的背景下进行的。修订的内容主要是扩大了专利权保护的客体、延长了专利权保护期限、增加了进口权，以及增设了本国优先权等。

2000年8月，在中国即将加入世界贸易组织的背景下，全国人大常委会再次修订了专利法，于 2001 年 7 月开始实施。这次修订，主要是为了让中国专利法符合"知识产权协议"的基本原则和最低要求，为中国加入世界贸易组织扫清障碍。与此相应，专利法的修订也主要集中在权利的实施方面，如诉前的责令停止侵权和证据保全，以及判给胜诉方以适当的律师费等等。除此之外，还规定了许诺销售权、对专利复审委员会的所有决定都可以进行司法复审等等。

目前，专利法的第三次修订正在酝酿之中。

问题与思考

关于专利制度，有若干种不同的理论。例如，天赋权利说认为，只要发明人做出了相关的发明，就应当获得权利。又如，发明奖励论认为，发明人在作出相关发明的过程中，付出了一定的劳动、时间和金钱，应当通过专利制度予以奖励。再如，发展国家经济理论认为，授予某些发明创造以专有权利，有利于一个国家社会经济的发展。而且，也只有那些有利于社会经济发展的发明创造才可以被授予专利权。

然而，在各种不同的理论中，对专利制度作出比较恰当说明的，还应该是合同理论。按照合同理论，专利权就是一个合同。作为合同的一方，发明人或者专利申请人应当充分披露有关的发明；作为合同的另一方，以专利局为代表的社会公众，则在相关发明符合法定条件的情况下，授予发明人或者申请人以一定期限的专有权利。在专利文献中，充分披露有关的发明是由说明书来完成的，而界定发明范围，或者将来受到专利权保护范围的文件，则是"权利要求书"。这样，权利要求书的撰写，以及如何在权利要求书中确定发明的范围，就是非常重要的。记得有一位专利审查部门的负责人说，他们在培训专利代理人的时候，总是要告诉受训者："当你们在撰写专利要求书的时候，你们就是在撰写合同。"

近年来，一些对知识产权制度了解不深的人，忽然发现了合同中的"对价理论"，并且想把这种"对价理论"推广到知识产权制度之中。然而，至少是在专利法中，合同理论以及与之相关的对价理论，早已存在了几百年，并且被人们用来说明专利制度中的一些问题。至于将"对价理论"推论到整个知识产权制度，是否可行，以及在什么程度上可行，恐怕也不像有些人所想象的那样简单。

复习题

1. 什么是专利权？什么是专利技术？
2. 专利制度在促进技术和经济发展中主要有哪些作用？
3. 如何理解专利制度中的"合同理论"？

阅读书目

汤宗舜：《专利法教程》（第三版），法律出版社，2003。

汤宗舜："回忆专利法的起草"，载刘春田主编《中国知识产权二十年》，专利文献出版社，1998。

郑成思著《知识产权论》（第三版），法律出版社，2003。

第十一章 专利权的客体

要点提示

　　本章讨论了专利权的客体，即专利权所覆盖的技术发明，如有关产品的发明，有关方法的发明，以及有关产品或方法的改进发明。

　　本章还依据中国专利法，重点讨论了发明、实用新型和外观设计，以及不授予专利权的客体。

　　专利权的客体是指专利权所覆盖的发明。如果从专利法的角度来说，则是指专利法可以保护哪些发明，或者可以就哪些发明授予专利权。纵观世界各国的专利法，专利权的客体有发明、实用新型、工业品外观设计和植物新品种。但是对于这四类客体，各国专利法却有着不同的做法。例如，很多国家的专利法只保护发明，而不保护型用新型、工业品外观设计和植物新品种。又如，美国专利法虽然保护发明、工业品外观设计和植物新品种，但没有实用新型的保护。然而，无论各国专利法如何规定，又都毫无例外地提供了对于发明的保护。从这个意义上说，专利权的基本客体是发明，专利法也首先是发明保护法。至于有些国家对于其他客体的保护，不过是在发明专利的基础上有所增减而已。

　　根据中国专利法，专利权的客体共有三类，即发明、实用新型和外观设计。在中国专利法中，这三类客体统称为"发明创造"。

第一节 发　　明

一　发明的含义

一般说来，发明是指人们通过创造性的智力活动，制造或者设计出了某种前所未有的东西。发明不同于发现。发现是指在自然界或者人类社会本来就客观地存在着某些东西，人们通过观察、实验、总结，找到了这些东西。例如，发现冥王星、发现化学元素周期表、发现相对论等等。而发明则是指人们通过自身的创造性劳动，制造或者设计出了某种以前不存在的东西。

以上所说的发明是通常意义上的发明。至于专利法所说的发明，在范围上则要狭窄一些。因为根据专利法的规定，发明专利权的客体仅限于技术方案，如有关新产品的发明，有关新材料的发明，有关产品制造的新方法的发明，等等。除了技术方案之外，其他的一些发明，如办公室的管理方法、商品打折的方法、成本核算方法、市场营销策略，甚至客户名单、原材料供应商名单等等，虽然都可以纳入广义的发明范围（创造出了某些前所未有的东西），但却不属于专利权的客体。这类发明不属于专利法所保护的技术方案，无论如何新颖和具有创造性，都不能获得专利权的保护。假如有关的发明人要想寻求保护，也只能采用商业秘密法的方式。

专利法所说的发明，是指关于技术方案的发明。这种发明，首先表现为某种创意或者构思。① 事实上，这也符合智力活动成果的基本特征，即有关的发明是人的大脑与有形物质相互作用的产物，首先产生于人的大脑之中。其次，这种创意或者构思还必须具体化，能够解决技术领域中的特定问题。或者说，有关的创意或者构思形成了具体的技术方案。关于发明的这两个方面，我们可以举世界知识产权组织的《发明示范法》予以说明。这是为发展中国家所起草的一部示范法，其第112条说："发明是发明人的一种构思，这种构思可以在实践中解决技术领域中的特定问题。"

在有关发明的定义中，强调构思和实用两个方面，具有非常重要的意义。一方面，任何技术方案都体现为创意或者构思，属于无形的智力活动成果，不同于具体的产品。具体的产品只是这种创意或者构造的承载者。另一方面，有关的技术创意或者构思又必须具体化，能够解决技术领域中的特定问题。如果某个技术创意或者构思还没有具体化，不能解决具体的技术问题，则不属于专利法意义上的发明，而有可能是不受

---

① 英文中的 idea 具有多重含义，既包括不能受到知识产权法保护的"思想观念"，也包括较为具体的创意和构思。如果有人在专利权的意义上说专利法保护 idea，则是指有关技术方案的创意或者构思应当受到保护，而不意味着对于抽象的思想观念的保护。

知识产权法保护的思想观念。

世界各国的专利法对于发明的定义，大体采取了两种方式。一是概括式的定义。例如日本专利法第 2 条规定："本法所说的发明，是指利用自然规律所做出的高水平的技术创造。"二是列举式定义。例如美国专利法第 101 条规定："凡发明或发现任何新颖而实用的方法、机器、产品、物质合成，或其任何新颖而实用之改进者，可按本法所规定的条件和要求获得专利权。"这表明，专利权的客体有四种，即方法、机器、产品和物质合成。大体说来，概括式定义从发明的本质出发，以抽象的方式界定了发明。但根据概括式定义，人们难以明确具体的发明是什么。而列举式定义则从具体的发明种类入手，简单明了地规定了可以受到专利权保护的发明种类。当然，列举式定义也有其缺陷，容易遗漏某些发明类别，而且所列举的各个种类之间也容易出现交叉或重复。例如美国专利法中的机器与产品，就有交叉和重复之处。

尽管列举式定义有这样或那样的不足，但世界上绝大多数国家的专利法，都是以列举的方式来规定发明专利权的客体的。根据中国专利法实施细则第 2 条，专利法所说的发明，是指对产品、方法或其改进所提出的新的技术方案。与此相应，发明专利权的客体，包括产品发明、方法发明和改进发明。

二　发明的种类

产品发明是指人们就各种有形物品或物质所做出的技术方案。其中的有形物品或者物质，包括各种机器、设备、工具、材料和生活用品等等。值得注意的是，这里所说的发明是指人们就产品所做出的发明，可以是整体的产品，也可以是产品的构成部分或零件。如果细分起来，产品发明又可以分为三类：物品发明，包括各种制成品和用品；物质发明，包括化学物质、药品、食品等；材料发明，包括合金、玻璃、陶瓷、水泥等。[①]

方法发明是指人们就工艺、方式或步骤所做出的技术方案。其中的方法有多种多样，包括产品的制造方法、物质的转换方法、物质的测量方法、温度或湿度的控制方法、信号的传递方法，以及产品的新的用途等等。方法发明大体可以分为两类：制造产品的方法发明，例如制造产品的机械方法、物理方法、化学方法、生物方法等等；其他的方法发

---

① 汤宗舜：《专利法教程》（第三版），法律出版社，2003，第 41～42 页。

明，如物质的测量方法、温度或湿度的控制方法、通讯方法等等。

改进发明，是指人们就已有产品或方法所提出的具有实质性革新的技术方案。改进发明与产品发明和方法发明的根本区别在于，它不是有关新产品或者新方法的技术方案，而是对已有产品或者方法的革新。这种革新性技术方案的提出，或者使得原有产品和方法发生了重大的新变化，或者使得原有产品和方法产生了显著的新特性。应该说，改进发明并没有从根本上突破原有产品或方法的基本格局，但在此基础上提出的革新性技术方案，又使得原有的产品或方法产生了新的变化或者带有了新的特性。

严格说来，改进发明应当或属于产品发明，或属于方法发明。不过，专利法将改进发明单独列举，又有其特殊的意义。因为从技术进步和发展的角度来看，改进发明也具有非常重要的意义。事实上，在现代技术条件下，绝大多数的发明专利都是改进发明。例如，电视机是一个产品发明。然而，自电视机发明以来，就电视机已经产生了成千上万的改进发明。从电子管到晶体管再到集成电路，从黑白显示到彩色显示再到液晶显示，从笨拙到灵巧以至于成为手掌上的电视，都属于一个又一个的改进。有关电脑、电冰箱、飞机、汽车等等，也都有一系列的改进发明。事实上，正是由于无数改进发明的产生，才使得有关的产品更适合于使用，或者更容易为消费者所接受。在方法发明方面，有关的情形也是如此。

如果我们真的将改进发明融入产品发明或者方法发明之中，那么有关产品发明和方法发明的定义就应当是：产品发明是指人们就产品所提出的技术方案，这种技术方案或者导致了新产品的产生，或者导致了原有产品的改进；方法发明是人们就工艺、方式和步骤所提出的技术方案，这种技术方案或者导致了新方法的产生，或者导致了原有方法的改进。

最后还应说明，专利法所说的发明是就产品或方法所提出的技术方案，而非已经付诸实施的技术方案，或者由技术方案产生的产品或方法。事实上，专利法所要求的实用性，是指相关的技术方案具有产业上的实用性，而非已经产生了具体的产品或者方法。当然，如果有关的技术方案已经付诸实施，产生了具体的产品或方法，同样可以获得专利法的保护。与此相应，在获得了专利权的情况下，权利人可以要求保护的也是技术方案，而非具体的产品或方法。具体的产品或者方法，仅仅是相关技术方案的体现者。

第二节　实 用 新 型

一　实用新型的含义

实用新型也是技术方案之一种，属于发明的范畴。将"实用新型"从发明中分离出来，作为一类单独的保护对象，是一种特殊的做法。大体说来，发明专利权的授予条件，尤其是有关创造性的条件，要求比较高，因而达到相关要求的发明并不很多。这样，在仅仅提供发明专利权保护的国家，很多次要的小发明就难以获得专利权的保护。为了弥补发明专利的这一缺陷，有些国家采用了实用新型制度，对达不到发明专利权要求的那些小发明或者次要发明，给予实用新型的保护。

对实用新型提供保护的国家并不很多。根据统计，目前世界上保护实用新型的国家大约有30多个。在这些国家中，对实用新型进行保护的方式又不尽相同。一种方式是将实用新型纳入专利法的保护范围，称之为实用新型专利。例如，巴西、菲律宾和中国就采取这种方式。另一种方式是通过专门的实用新型法律来提供保护，称之为实用新型证书。例如德国和日本都有专门的实用新型法律。大体说来，在保护实用新型的国家中，大多都是采用专门立法和注册的方式予以保护。

中国在保护实用新型方面，与世界上绝大多数国家不同，采取了专利法的方式。与此相应，发明人就实用新型所获得的权利，也称之为实用新型专利权，而不是实用新型证书。根据专利法实施细则第2条，实用新型是指对产品的形状、构造或者其结合所提出的适于实用的新的技术方案。根据这个定义，实用新型具有以下两个特征。（1）实用新型是就产品所提出的技术方案，如机器、仪器、用具或日用物品等等，而制造产品的方法则不在实用新型的范围之内。（2）实用新型所涉及的产品，必须是具有一定形状和构造的产品。或者说，实用新型是就产品的形状和构造所提出的技术方案。没有固定形状的产品，如液体、气体、粉状物、粒状物，以及合金、陶瓷等材料，都不能纳入实用新型的保护范围。事实上，实用新型的这两个特征，也反映在了这种受保护客体的名称上，即适于实用的新的"有型"产品。

二　实用新型与发明的不同

如前所述，实用新型是技术发明之一种。在专利法所保护的发明创造中，实用新型与发明的区别，不在于技术上的不同，而在于法律规定上的不同。

第一，实用新型的范围小于发明。发明可以是就产品所做出的发明，也可以是就方法所做出的发明。但实用新型则只涉及产品，不涉及方法。而且，在产品发明中，既可以是针对"有型"产品的发明，也可以是针对"无型"产品的发明。但实用新型所涉及的仅仅是"有型"的产品，只涉及产品的形状、构造或其结合。

第二，实用新型的创造性低于发明。我国专利法对于发明专利的要求是，有关的技术方案同申请日以前的技术相比，有突出的实质性特点和显著的进步。而对实用新型的要求则是，有关的技术方案同申请日以前的技术相比，有实质性特点和进步。前者所要求的是"突出的实质性特点"和"显著进步"，后者的要求则是"实质性特点"和"进步"。两相比较，对于发明专利的要求显然远远高于对实用新型的要求。

第三，实用新型专利权的审批程序比发明专利权的审批程序简单。根据我国专利法，专利局在收到发明专利权的申请文件后，先进行"形式审查"，如有关的申请文件是否齐全，文件填写是否符合规定等等，然后再在一定的期限内进行"实质审查"，即有关的技术发明是否符合新颖性、创造性和实用性的要求。至于实用新型专利权的申请，专利局在收到有关文件后，只进行形式审查，而不进行实质审查。如果形式审查合格，专利局就可以公告，并颁发实用新型专利权证书。当然，对实用新型申请案不进行实质性审查，并不意味着实用新型专利权没有新颖性、创造性和实用性的要求。按照我国专利法，在实用新型专利权的侵权诉讼中，如果被控侵权人对实用新型专利权的有效性提出质疑，则由专利复审委员审查有关的实用新型是否符合新颖性、创造性和实用性的要求。

第四，实用新型专利权的保护期限低于发明专利权的保护期限。根据我国专利法，发明专利权的保护期限为20年，自申请之日起算。而实用新型专利权的保护期限为10年，自申请之日起算。

由以上几点可见，实用新型专利权所保护的是那些创造性水平较低，市场寿命相对较短的，就产品的形状和构造所做出的技术方案。无论是较低的创造性的要求，还是简单快速的审批程序，以及较短的权利保护期限，都符合这类技术方案的特点。

第三节　外　观　设　计

一　外观设计的含义

外观设计，又称工业品外观设计（industrial design），是指产品的外表式样。这种外表式样，由形状、图案和色彩等要素组成，可以装饰或美化产品，从而吸引市场上的消费者。例如，日本《外观设计法》第2条规定："外观设计是指由产品的形状、图案、色彩或其结合构成的，通过视觉能够感知其美感的设计。"又据中国专利法实施细则第2条，外观设计是指对产品的形状、图案或者其结合，以及色彩与形状、图案的结合所做出的富有美感，并适于工业应用的新设计。

根据上述定义，外观设计有以下几个特点。

第一，外观设计是就产品的外表所做出的设计。所谓产品，是指人工制造出来的一切物品。美国有一个关于外观设计的判例，曾经依据字典的定义说："产品是指人的双手利用原材料制成的任何物品，不论该物品是直接用手制成的，还是用机器和工艺制成的。"[①] 这样，产品就具有最为广泛的含义，涵盖了除自然物以外的所有物品。应该说，就外观设计的保护来说，紧扣"产品"是非常重要的。如果有关的设计不是就产品的外表做出的，或者说有关的设计没有适用于产品的外表，则不属于外观设计的范畴。游离于产品之外的设计，例如纸张上的、画布上的、计算机屏幕上的，可以作为作品受到著作权法的保护。

第二，外观设计是指形状、图案或其结合，或者色彩与形状、图案的结合。在这里，形状和图案是两个基本要素。其中，形状是指三维产品的造型，如电视机、电脑、小汽车等的外形。图案一般是指二维的平面设计，如床单的图案、地毯的图案、包装材料的图案等等。当然在有些情况下，图案和形状也可以结合起来，构成某种外观设计，如电冰箱上的图案、包装盒上的图案等等。而色彩则可以或与形状相结合，或与图案相结合，成为形状或图案的组成部分。

第三，外观设计必须富有美感，或者具有装饰性。事实上，对产品的外表做出有关形状、图案、色彩的设计，本身就会蕴含着对于美感或者装饰性的追求。或者说，运用形状、图案和色彩等要素装饰产品的外

---

① In re Hruby, 373 F. 2d 997, 153 USPQ 61 (CCPA, 1967).

型，必然会带来一定的美感。当然，对于外观设计美感的要求不能定得
太高。在这方面，美国有两个判例很能说明问题。在1930年的"科林"
一案中，当事人就一件混凝土搅拌器的外观设计提出了专利申请，专利
局以缺乏装饰性美感为由驳回了申请案。而关税与专利上诉法院则推翻
了专利局的决定，指出："对于外观设计专利中美和装饰性的要求，不
能定义为在美术作品或艺术作品中所见的美和装饰性。"法院认为，制
定外观设计法的目的，就是鼓励人们"尽可能消除许多机器或机械装置
上所具有的，不雅观的和令人厌恶的特征，因为这些特征使人压抑而非
激起美感。"① 在1981年的"康迪克"一案中，第八巡回上诉法院驳斥
了如下的看法，即玩偶形的垃圾桶外观设计不符合专利法装饰性的要
求。在法院看来，这个看法忽略了一个重要的关键点，即外观设计专利
仅与"工业"艺术相关，而非与美术相关。专利法所说的是就"产品"
所做出的装饰性外观设计，而非美术品的外观设计。"要求一个垃圾桶
玩偶美丽，也许是期望过多。就本案说来，只要它不丑陋，尤其是与现
有的外观设计相比不丑陋，就已经足够了。"②

第四，外观设计必须适合于产业上的应用。所谓产业上的应用，是
指有关的外观设计可以通过工业方式大量复制。如同一外观设计的电视
机、电脑、小汽车、地毯、布料等等，可以通过生产线或其他方式批量
生产。那些不能批量生产的外观设计，尽管很有美感，也不能获得外观
设计专利权的保护。

二 外观设计、技术发明和作品

外观设计处于技术发明与作品之间，既与技术发明密切相关，又与
美学观念的表达密切相关。因而有必要就外观设计与技术发明的区别、
外观设计与美术作品的区别略作说明。

先来看外观设计与技术发明的区别。由于外观设计是就产品的外
表、式样所做出的富有美感的设计，外观设计仅仅与三维的或两维的，
可以承载外观设计的产品有关。除此之外的方法、气态物、液态物、粉
状物、颗粒物等等，都与外观设计无关。按照中国专利法，如果某人就
三维的或两维的产品做出了技术发明，如改进了结构、成分、功能、用

---

① In re Koehring, 37 F. 2d 421, 4 USPQ 169 (CCPA, 1930).

② Contico International, Inc. v. Rubber-maid Commercial Products, Inc., 212 USPQ 741 (8th Cir. 1981).

途等等，可以获得发明专利权或者实用新型专利权的保护。如果某人就三维或两维产品的外表、式样做出了富有美感的设计，则可以获得外观设计专利权的保护。在这里，技术发明是对于产品的构造、成分、功能、用途的追求，而外观设计则是对于产品的外表式样的美学追求。与此相应，发明（或实用新型）专利权保护的是产品的功能性方面，而外观设计专利权保护的是产品的装饰性（或美感）方面。外观设计无论如何有创造性，都不会增加产品的功能或实用。

当然，技术发明追求功能、外观设计追求美感，仅仅是一种理论上的或者就绝大多数情形所做出的归纳。事实上，在某些情况下，有一些技术发明会同时具有美感的追求，而有一些外观设计也会同时具有功能的追求。例如，小汽车的流线型外表设计，既具有功能性的特征（减少阻力），又具有美感的特征。在这种情况下，发明人或设计人也许应当寻求双重的保护，以发明专利权保护功能性方面，以外观设计专利权保护装饰性（或美感）方面。事实上，当一种全新的有"型"产品问世的时候，会同时具有技术发明的特征和外观设计的特征。发明人可以或者寻求对于技术方案的保护，如发明专利权或实用新型专利权；或者寻求对于外观设计的保护，如外观设计专利权。在必要的情况下，发明人还可以同时寻求对于技术发明和外观设计的双重保护。

除此之外，当外观设计的要素与产品的技术要素或功能性要素混合在一起，或者说某一产品的外观主要是受技术要素支配时，有关的发明人只能寻求发明专利权的保护，而不能寻求外观设计专利权的保护。因为在这种情况下，在保护外观设计的同时，还有可能将技术性要素也保护起来。这种保护有悖于外观设计专利权的宗旨。

再来看外观设计与美术作品的区别。美术作品是对于美学思想观念的表达，既包括体现在平面（两维）介质上的作品，如绘画、书法等等，也包括体现在立体（三维）介质上的作品，如雕刻、雕塑等等。就美术作品的创作来说，也需要使用形状、图案、色彩等要素。这样，无论是在美学观念的表达方面，还是在形状、图案、色彩等要素的运用方面，美术作品与外观设计都有着相同之处。不过，外观设计是就产品的外表、式样做出的设计，与产品的功能要素密切结合。或者说，就形状、图案、色彩所做出的设计，只有在附着于产品的时候，才属于外观设计。如果这种设计游离于产品之外，就有可能属于美术作品，不属于外观设计专利权的保护客体。

区别外观设计与美术作品的难点，在于实用艺术品。一方面，实用艺术品如艺术台灯、艺术珠宝、工艺美术品等等，是以形状、图案、色彩、雕塑和雕刻等形式构成，可以获得著作权法的保护。另一方面，实用艺术品又可以投入工业应用，进行批量生产，其形状、图案、色彩的结合又可以纳入外观设计的范畴。或者说，实用艺术品的艺术方面，外观设计的装饰性方面，都是美学思想观念的表达。这样，与实用品相关的美学思想观念的表达，在什么情况下属于外观设计，在什么情况下属于美术作品，就成了一个在理论上和实践中都难以解决的问题。

关于二者的区别，也许应该回到外观设计的定义上去。即外观设计是就产品的外表式样所做出的设计，它与产品的功能性要素密切联系在一起。而美术作品则游离于产品之外，或者可以与实用品分离开来。事实上，这正是美国法院所提出的区别外观设计与实用艺术品的艺术方面的标准。在1954年的"梅泽"一案中，原告创作了一个人体雕塑，并将之用作台灯的底座和支柱。美国最高法院判决，由于小雕像可以从实用品（台灯）中分离出来，并且成为一件美术作品，所以可以获得版权法的保护。① 这就是著名的"分离特性与独立存在"的原则。这个判决的意见，反映在美国现行版权法第101条关于实用艺术品的定义中。根据定义："（三维的美术品、雕刻品和实用艺术品）应包括工艺美术品，但这只涉及工艺美术品的外形而不涉及其机械的或实用的方面；实用品（本条有定义）的外观设计，当其所具有的图形、雕刻或雕塑的特征能够从物品的实用性方面分离出来，能够独立于物品的实用方面而存在，而且也只有在这种程度上，该外观设计应被视为图形、雕刻或雕塑作品。"

事实上，这种"分离特性与独立存在"的原则，也可以从表述与思想观念的关系上得到说明。根据版权法的原理，当某种思想观念只有一种或者有限的几种表述的时候，版权法不仅不保护思想观念，而且不保护表述本身。因为在这种情况下保护表述，就有可能将思想观念也保护起来。具体到外观设计，它是就产品的外表式样所做出的设计，与产品的功能密切结合在一起，只能获得外观设计专利权的保护。如果把这种外观设计作为美术作品加以保护，就会在保护美学表述的同时，把产品的功能性要素也保护了起来。而这又是与版权法的保护宗旨相违背的。所以，只有当实用品的艺术方面能够与实用品分离开来，能够构成作品的时候，才可以获得版权法的保护。显然，从"分离特性与独立存在"原则的角度来看，或者从"唯一表述"的角度来看，实用品的艺

---

① 　Mazer v. Stein, 347 U. S. 201, 100 USPQ 325 (1954).

术方面能够构成作品的，并不很多。

除此之外，当某一外观设计在市场上获得了第二含义，可以指示商品来源的时候，还可以获得商标法或者反不正当竞争法的保护。当然在这种情况下，仍然不涉及产品的功能性或技术性要素。否则就会以商标权的保护标准取代发明专利权的保护标准。

三　外观设计保护现状

外观设计属于智力活动成果，应当受到知识产权法的保护。然而，外观设计是就产品的外表所做出的设计，一方面与产品的功能密切相关，另一方面又是对于美学思想观念的表达。因此，在对于外观设计的保护上，究竟是采用专门法的方式，还是采用版权法的方式，甚至是采用专利法的方式，就成了一个值得讨论的问题。

在国际方面，巴黎公约要求成员国保护外观设计，但没有规定以何种方式加以保护。这是 1958 年修订巴黎公约时加入的内容。这样，究竟采用专门法还是采用其他法律保护外观设计，就是一个由成员国自己决定的问题。不过，从巴黎公约要求保护外观设计来说，这种保护应当是一种工业产权的保护，而非版权法的保护。到了世界贸易组织的"知识产权协议"，也是要求各成员保护外观设计，而没有规定以何种方式加以保护。根据协议，外观设计的所有人享有制造权、销售权和进口权，保护期不少于 10 年。这也表明，对于外观设计的保护是一种工业产权的保护。

法国早在 1860 年就通过了一部工业品外观设计保护法，对外观设计给予工业产权的保护。同时，法国的著作权法也提供对于实用艺术品的保护。这样，法国对于工业品的外观设计，包括实用品的艺术方面，就提供了外观设计法和著作权法的双重保护。当然，就某一个具体的外观设计或实用品的艺术方面来说，究竟是应该用外观设计法来保护，还是应该用著作权法来保护，则要视具体的情况而定。事实上，绝大多数外观设计可能符合外观设计法的要求，而不一定符合著作权法的要求。所以在法国，对于工业品的外观设计或者实用品的艺术方面，比较保险的方式还是先申请外观设计注册。荷兰、比利时和卢森堡等国，与法国的做法大体相同。

德国在 1876 年颁布过一部《外观设计与模型著作权保护法》，对外观设计提供了专门保护。后来，这部法律演变为《外观设计法》，并于 1986 年进行了较大的修改。与此同时，德国著作权法自 1907 年以后就保护实用艺术品。从表面看来，工业品的外观设计或者实用艺术品的艺术方面，既可以得到外观设计法的保护，又可以得到著作权法的保护。但在事实上，德国在著作权保护方面采用了一个"有限保护"原则，只对于真正的原创性设计给予著作权的保护。在这方面，德国法院也很保守，在10件工业品外观设计的案件中，有9件得不到著作权的保护。所以，外观设计人或实用艺术品的作者，为了让自己的美学表述得到保护，最好还是首先申请外观设计注册。

在保护工业品的外观设计和实用品的艺术方面，英国的做法也许最值得称道。按照英国1988年《版权、外观设计和专利法》，工业品的外观设计或者实用品的艺术方面，从理论上讲都可以得到版权法的保护。但是，当外观设计所适用的产品批量生产时，则只能获得外观设计法的保护，而不能获得版权法的保护。这是因为，有关的产品可以批量生产，表明就该产品所做出的外观设计与产品的实用性方面密切联系，属于工业产权的范畴。在这方面，英国法律还具体提出了一个判定标准，即有关的产品如果复制了50件以上，并且投放到了市场上，就不再适用版权法的保护。当然，纯粹的艺术品，如雕塑、雕刻、绘画等等，即使复制了50件以上，也仍然属于版权法保护的作品。[①]

在对于工业品外观设计的保护方面，中国和美国等国的做法也许最为特别。因为这些国家没有制定专门的外观设计法，而是用专利法来保护外观设计。与此相应，有关的权利也被称之为外观设计专利权。从理论上说，这多少有些不合适。因为专利权保护的应当是技术方面的发明，而非美学观念的表述。在外观设计的保护方面，正是因为有关的美学表述是与功能性的产品密切结合，适合于产业应用，不便于纳入版权法中，很多国家才制定了专门的外观设计保护法。显然，就工业品外观设计的保护来说，最好的方式还是制定专门的外观设计保护法。

第四节　不授予专利权的客体

专利法保护技术发明，但并非所有的技术发明都可以获得专利权。世界各国的专利法或其他法律都规定了一些不授予专利权的技术发明。

---

① 以上有关法国、德国和英国的情形，参见 International Copyright Law and Practice, France, Germany, United Kingdom, 2001；"迪茨教授关于修改中国著作权法的报告草案"，郑成思主编《知识产权研究》第10卷，中国方正出版社，2002。

例如，美国法律规定，用于原子武器的核材料或原子能不能获得专利权。又如，中国专利法第5条规定，违反国家法律、社会公德或者妨害公共利益的发明创造，不授予专利权。应该说，将这些客体排除在专利权保护的范围之外，是出于对于国家安全和社会公共利益的考虑。而且，这样的规定也符合巴黎公约和"知识产权协议"。

除了上述规定之外，中国专利法还专门规定了一些不授予专利权的客体，而专利局的《审查指南》也就不授予实用新型专利权的客体作了特别规定。下面分别叙述。

一 不授予专利权的客体

根据中国专利法第25条的规定，共有5项客体不授予专利权。其中，前四项不属于技术发明的范畴，后一项虽然属于技术发明的范围，但因为涉及国家安全而不授予专利权。

（一）科学发现

科学发现是指人们对于自然界已经存在的物质、现象、规律或定律的认识或揭示。在这里，人们所认识或揭示的对象是自然界本来就存在的东西，并非新的发明或技术方案，因而不能获得专利权的保护。事实上，科学发现不仅不能获得专利权的保护，而且不能获得任何知识产权的保护。当然，科学发现与发明有着密切的关系，任何技术发明都是利用现有的物质、自然现象和规律而做出的。离开客观物质、自然现象和规律的技术方案是不存在的。

（二）智力活动的规则和方法

智力活动的规则和方法是指人们进行思维、推理、分析、判断的规则和方法，如数学方法、游戏规则、统计方法、会计方法、经营管理方法。这类规则和方法，仅具有思维的特征，不属于技术方案，也没有解决实际的技术问题，所以不能获得专利权的保护。

在说到数学方法时，可能又会涉及计算机软件。毫无疑问，计算机软件是采用数学方法编写的，因而其本身不能获得专利权的保护。然而，当计算机软件与硬件相结合，能够形成解决技术问题的方案时，又可以获得专利权的保护。在这种情况下，与其说专利权保护的是计算机软件，不如说保护的是体现在计算机软件中的技术方案。在理解计算机软件的专利权保护时，明了这一点是非常重要的。

（三）疾病的诊断和治疗方法

这里的疾病是指人体或动物罹患的各种病变，因个体的差异而有所不同。与此相应，对于疾病的诊断和治疗，包括运用某些方法的诊断和治疗，也会因为个体的不同而有所不同。这样，疾病的诊断和治疗方法，即使属于新颖而有创造性的发明，也不具有产业上的可应用性，因而不能获得专利权的保护。当然，不授予专利权的仅仅是诊断和治疗疾病的方法，而不包括诊断和治疗疾病的仪器、设备和药品等产品。

（四）动物和植物品种

动物和植物都是有生命的物体，一般是依据生物学的方法培育和繁殖，不属于人工制造的物品。尽管通过人工选择、杂交、嫁接、辐射等特殊的方式，可以培育出新的动物或植物品种，但动植物新品种的产生，仍然是遵循生物学的方式，不同于产品发明或方法发明。此外，是否对动物新品种提供专利权的保护，还涉及到人类的伦理问题。

正是由于以上的原因，世界各国基本上不提供对于动物新品种（微生物除外）的保护。而在对于植物新品种的保护方面，绝大多数国家也是采用专门法律加以规定，而没有纳入专利法的范围。1961年缔结的《保护植物新品种国际公约》，其基本思路也是提供一种不同于专利权的保护方式。到了世界贸易组织的"知识产权协议"，一方面要求成员国保护植物新品种，另一方面又没有对保护方式加以硬性规定。这样，各个成员就可以自由选择植物新品种的保护方式，如专利法的方式，专门法的方式，或者二者结合的方式。正是基于这样的规定，也是基于植物新品种的特殊性，我国于1997年3月通过了《植物新品种保护条例》，以专门法的方式提供对于植物新品种的保护。

中国专利法虽然不提供对丁动物和植物品种的保护，但又规定可以保护动物和植物品种的生产方法。值得注意的是，这里所说的生产方法是指，主要是非生物学的方法。这样，生产动物和植物品种的、主要是生物学的方法，仍然得不到专利权的保护。一种方法是否属于"主要是非生物学的方法"，取决于技术方案在该方法中的介入程度。如果人的技术介入对该方法所要达到的目的或者效果起了主要的或者是决定性的作用，则该方法就可以获得专利权的保护。例如，采用辐照饲养法繁殖高产乳牛的方法，改进饲料繁殖瘦肉型猪的方法，都属于"主要是非生物学的方法"。

（五）用原子核变换方法获得的物质

这主要是指一个或几个原子核经过裂变或者聚合而产生的物质。这种物质可以用于能源或者原子武器，关系到国防安全和重大的公共利益，不能被某一个或者某些人所垄断。所以有关这种物质的发明不能获得专利权。

以上是现行专利法所规定的 5 种不授予专利权的客体。根据 1985 年专利法，除了上述客体以外，还有两类不授予专利权，即食品、饮料和调味品，药品和用化学方法获得的物质。当时，对于前者不授予专利权，是考虑到食品、饮料和调味品关系到人民的日常生活，如果对有关的发明授予专利权，可能导致食品涨价，影响社会全体成员的利益。对于后者不授予专利权，主要是考虑到药品，尤其是化学药品，关系到社会全体成员的健康。而用化学方法生产的物质，尤其是农业化学物质，对于农业和农民的影响较大。事实上，对于这两类客体不授予专利权，曾经是很多国家的通行做法。例如，直到 20 世纪 70 年代，还有个别发达国家对食品、饮料和调味品，对药品和化学物品不授予专利权。而很多发展中国家直到 90 年代仍然对药品和化学品不授予专利权。这都是对于本国利益或者公共利益的考虑。

但是在另一方面，无论是有关食品、饮料和调味品所做出的发明，还是有关药品和化学物质所做出的发明，都属于技术发明的范畴，都应当纳入专利权的保护范围。其中，尤其是关于药品的发明，发明人不仅要投入大量的资金、人力和物力，还要经过多年的临床试验才能够上市。在此过程中，发明人承担的各种风险都很大，任由他人仿制必然会损害发明人的利益。所以国际上从 20 世纪 70 年代开始，就着力推动对于药品和化学品的专利保护。从 1986 年开始的关贸总协定乌拉圭回合谈判，更是积极推动国际贸易中的知识产权保护，包括对于药品和化学品的专利权保护。最后，乌拉圭回合所形成的"知识产权协议"明确规定，几乎一切技术领域中的发明都可以获得专利权的保护，从而把药品和化学品纳入了专利权的保护范围。随着世界贸易组织的成立和知识产权协议的生效，对药品和化学品提供专利权的保护，已经成为一项国际性的规则。

中国早在世界贸易组织成立之前，就提供了对于药品和化学品的专利权保护。首先，1985 年专利法虽然不提供对于药品和化学品的产品专利权保护，但又提供了方法专利权的保护。其次，到了 1992 年，中美两国签订有关知识产权保护的备忘录，中方承诺对药品和农业化学物质给予专利权的保护。随后，我国修改专利法，自 1993 年 1 月开始对药品、化学品提供专利权的保护。与此同时，有关产品专利权的保护也延伸到了食品、饮料和调味品。

二 违反国家法律、社会公德或者妨害公共利益的发明创造

根据我国专利法第2条,发明、实用新型和外观设计可以获得专利权。与此同时,专利法第5条又规定:"对违反国家法律、社会公德或者妨害公共利益的发明创造,不授予专利权。"显然,这一规定是对专利法第2条所做出的限制。根据这样的规定,有关的发明创造(包括发明、实用新型和外观设计),即使不属于专利法第25条规定的不授予专利权的客体,如果违反了国家法律、社会公德,或者妨害了公共利益,仍然不能获得专利权。假如因为审查的疏忽而对有关客体授予了专利权,也应当在相关的程序中被宣告为无效。

(一)违反国家法律的发明创造

根据国家知识产权局的《审查指南》,这里的法律仅指全国人大及其常委会通过的法律,不包括国务院的行政法规和地方性的法规。也就是说,只有违反全国人大及其常委会所制定的法律的发明创造,才不能获得专利权的保护。

违反国家法律的发明创造,有两种含义。一是发明创造的目的本身就违反国家法律,例如用于赌博、吸毒、伪造货币、伪造公文印鉴的发明创造。这类发明虽然从技术的角度来看属于发明创造,但由于发明的目的与国家法律相违背,因而不能授予专利权。二是发明创造的目的本身不违反法律,但是有关发明创造的实施应当受到国家法律的限制。例如有关武器弹药买卖和使用的限制,有关麻醉药品、有毒药品的生产、买卖和使用的限制,等等。根据有关的国际公约和法律规定,不授予专利权的发明创造,仅指前一种意义上的发明创造。例如,我国专利法实施细则第9条规定:"违反国家法律的发明创造,不包括仅其实施为国家法律所禁止的发明创造。"而对于后一种意义上的发明创造,可以授予专利权,但在生产、销售和使用的过程中又必须遵守相关的法律法规。

(二)违反社会公德的发明创造

社会公德是指某一个社会中公众普遍接受或者支持的伦理道德。社会公德是一个不断变化的概念,在不同的社会和不同的时代,社会公德可能会有不同的含义。尽管如此,人类的一些基本价值观至少在目前阶段在各个国家还是一致的。例如,淫秽的或者亵渎宗教的外观设计,可以让偷窃者双目失明的技术发明,都属于违反社会公德的发明创造。

（三）妨害公共利益的发明创造

根据国家知识产权局的《审查指南》，妨害公共利益是指，发明创造的实施或利用会给公众或者社会造成危害，或者会使国家或者社会的正常秩序受到影响。应该说，妨害公共利益也是一个较为抽象的概念，在不同的国家或者社会可能会有不同的理解。但是，依据现行的法律和人们普遍接受的观念，严重污染环境、损害珍贵资源、破坏生态平衡、致人伤残、鼓励犯罪的发明创造，都属于妨害公共利益的发明创造。

在理解妨害公共利益的发明创造时，要注意区分两种情况。一种情况是，某些发明创造在客观上就是妨害公共利益的，不能获得专利权的保护。另一种情况是，某些发明创造只是由于使用不慎或者滥用，才会损害公共利益。例如，对人体有毒副作用的药品，放射性的治疗方法，使用不慎会杀死农作物的农药等等。显然，对于这类发明创造应该授予专利权，只是在使用中应当遵守有关的法律法规或者操作规章。

┌─ **问题与思考** ─┐

专利法的宗旨是保护技术发明。然而，什么是技术发明，技术发明的范围是什么，却是一个不断变化的问题。

例如，专利法保护技术发明，是技术发明保护法。但是在一些国家的专利法中，却将外观设计纳入了保护对象之中。这显然是因为，工业品的外观设计与工业品的功能或者实用方面密切相关。英国、德国和法国的工业品外观设计保护法，既具有版权的特征，又具有专利权的特征，就说明了这一点。又如，植物新品种是否属于技术发明，是否应当纳入专利法，也是一个广受争议的问题。从智力劳动的角度来说，在人工的帮助下培育出植物新品种，应当属于技术发明的范畴。然而，将植物新品种纳入专利保护范围，可能会发生一系列问题。所以，尽管美国将植物新品种的保护纳入了专利法中，并且试图说服其他国家仿效其做法，但是绝大多数国家仍然是以专门法的方式保护植物新品种。事实上，《保护植物新品种国际公约》所采取的就是专门法的保护方式。由此也可以看出，有一些技术发明，由于其自身的特殊性，不一定能够纳入专利法的保护范围。

此外，人们对于技术发明的认识，也会随着技术发展而不断变迁。早期的专利法，主要是保护机械方面的技术发明。到了19世纪，化工方面的技术发明逐步进入了专利法保护的范围。到了 20 世纪中期，有关生物工程技术的发明又进入了专利保护的视野。而到了 20 世纪末期，随着计算机技术、网络技术的迅速发展，有关信息技术的发明也纳入了专利保护的范围。这就是我们现在所说的计算机软件专利和商业方法专利。显然，随着现实世界技术的不断发展，专利法所界定的"技术"的范围也会不断更新。

复习题

1. 什么是发明？发明有哪些种类？
2. 什么是实用新型？实用新型与发明有什么区别？
3. 什么是外观设计？外观设计的保护是否应当单独立法？

阅读书目

汤宗舜：《专利法教程》（第三版），法律出版社，2003。

郑成思：《知识产权法》（第二版），法律出版社，2002。

李明德：《美国知识产权法》，法律出版社，2003。

张晓都：《专利实质条件》，法律出版社，2002。

第十二章　获得专利权的
实质性要件

要点提示

　　本章讨论了获得发明专利权的实质性要件，如新颖性、创造性和实用性。

　　本章还依据中国专利法讨论了获得实用新型专利权和外观设计专利权的实质性要件。

　　根据专利法，一项发明创造，除了不违反国家法律、社会公德或者不妨害社会公共利益，或者不属于专利法排除在外的客体，要想获得专利权的保护，还必须符合一些其他的要件。例如，就发明和实用新型来说，只有在符合新颖性、创造性和实用性三个要件的情况下，才可以获得专利权。又如，就外观设计来说，只有在符合新颖性和原创性等要件的情况下，才可以获得专利权。由于这些条件所涉及的都是发明、实用新型和外观设计的技术内容或其本质，所以又称为获得专利权的实质性要件。[①]

　　世界上很多国家的专利法只保护发明专利权。与此相应，在这些国家里，新颖性、创造性和实用性等三个要件，也仅仅是针对发明专利权而言。在很多国家里，这三个要件又称为"可获专利性"（patentability），或者称为专利权的"三性"。如前所述，很多国家在保护技术发明方面，没有实用新型的概念。即使是在保护实用新型的那些国家里，大多也是采取注册制，既没有"实用新型专利权"的称呼，也没有严格

---

①　获得专利权的"实质性要件"，也是一个与"形式要件"相对应的说法。所谓形式要件，是指专利申请人必须是法律上合格的申请人，申请人及时递交了合乎法律要求的请求书、权利要求书、说明书和摘要等申请文件，及时交纳了法律规定的费用等等。事实上，要想就一项发明创造获得专利权，符合各种形式要件也是必要的。

的"三性"（尤其是创造性）要求。但是，依据中国专利法，不仅有实用新型专利权的存在，而且有对于实用新型专利权的实质性要求。相比较而言，只是在创造性的要求上，实用新型专利权低于发明专利权。

为了叙述的方便，下面先讨论发明专利权的实质性要件，然后再讨论实用新型专利权和外观设计专利权的实质性要件。

第一节 新 颖 性

一 新颖性的概念

新颖性是指，可以获得专利权的技术发明是新的，或者是前所未有的。通常情况下，新颖性是从反面来理解的，即只要现有技术中没有的，就是新颖的。隐含在新颖性后面的含义是，只要人们在某一技术领域中完成了新的发明创造，对现有技术作出了新的贡献，就有可能获得专利权的保护。当然，这里的新颖性是一个客观的标准，如果某人自以为发明了新的东西，但实际上却仍然属于现有技术的范围，则不能获得专利权的保护。

从世界各国的专利法来看，判定新颖性的标准大致有三种。

一是相对新颖性，又称国家新颖性标准，即判定一项技术是否具有新颖性，是依据该国的现有技术。具体说来，在专利申请日之前没有相同的技术在国内的出版物上发表过，也没有相同的技术在国内公知公用过。按照这种标准，申请案中的技术是否已在国外的出版物上公开过，是否已在国外公知公用，都不在考虑之中。即使相关的技术在国外已经发表或者公知公用，也只有在到达本国之后才成为本国现有技术的一部分。实行这种标准的目的，是引进国外的新技术，为本国产业服务。英国自 1623 年"垄断法"以来，一直坚持本国新颖性标准，直到 1977 年才因为参加"欧洲专利公约"而放弃这种标准。应该说，在现代信息传播技术的条件下，在涉及国外出版物上公开的技术方面，坚持国家新颖性的标准已没有必要。

二是绝对新颖性，又称世界新颖性标准，即判定一项技术是否具有新颖性，是依据全世界范围内的现有技术。具体说来，在申请日以前没有相同的技术在全世界范围内的出版物上公开过，也没有相同的技术在全世界范围内公知公用过。这与前面所说的"国家新颖性"标准恰好相反。最早采取绝对新颖性标准的是 1973 年缔结的"欧洲专利公约"。

所以这个公约的成员国，如法国、德国、英国等等，在其国内的专利法中也采用绝对新颖性标准。除此之外，非洲知识产权组织的"班吉协定"，以及日本、韩国等国的专利法，也都采用绝对新颖性的标准。采用绝对新颖性的标准，一般发生在专利组织和协定中。这是因为，该区域中各个国家的往来比较多，甚至形成了一个经济共同体，即使是在公知公用方面也不可能采取相对新颖性的标准。这样，绝对新颖性就成了一个不可避免的选择。采取绝对新颖性的标准，有可能保证申请案中的技术发明，成为真正的甚至是全世界范围内的新技术。

　　三是混合新颖性，即判定一项技术是否具有新颖性，兼具绝对新颖性和相对新颖性的标准。具体说来，在申请日以前没有相同的技术在全世界范围内的出版上公开过，也没有相同的技术在本国公知公用过。或者说，就新颖性的判定来说，"出版物"的标准是全世界的，而"公知公用"的标准则是一国的。由于这个标准既兼顾了在现代信息技术条件下，人们比较容易获得出版物上的技术信息的特点，又有利于引进本国尚未公知公用的技术，所以为很多国家如美国、加拿大、澳大利亚和中国所采取。例如，中国专利法第22条规定："新颖性，是指在申请日以前没有同样的发明或者实用新型在国内外出版物上公开发表过、在国内公开使用过或者以其他方式为公众所知。"

　　值得注意的是，新颖性的标准，无论是相对新颖性，还是绝对新颖性或者混合新颖性，都不仅是对于专利审查员的要求，而且是对于申请人的要求。按照很多国家的专利申请程序，申请人应当在申请案中引证自己已知的现有技术，包括来自出版物的技术信息和公知公用的技术信息，以证明自己的技术发明具有新颖性和创造性。在此基础上，专利局的审查员也要检索相关的文献，并在现有技术的基础上做出申请案是否具有新颖性的结论。

　　应该说，无论是发明人还是专利审查员，都不可能百分之百地知晓现有技术。例如在绝对新颖性的标准下，假如申请人或者审查员还有可能了解全世界范围内出版物上公开的技术的话，那么他们无论如何也不可能了解全世界范围内公知公用的技术。事实上，即使是全世界范围内出版物上披露的技术信息，申请人或者专利审查员也不可能完全掌握。例如，太平洋某一岛国上的报纸上披露的技术信息，或者摆放在图书馆里的一份手稿中所披露的技术信息，都很难进入申请人或者审查员的视野。所以在这种情况下，无论是绝对新颖性还是混合新颖性，更多地都是侵权诉讼中被控侵权人可以利用的一个抗辩。也就是说，只要侵权人提出了证据，证明享有专利权的技术在申请日之前已经在某一出版物上公开过，或者在全世界的范围内（或者该国的范围内）公知公用过，就可以使专利权归于无效，从而免除自己的侵权责任。也正是从这个意义上说，申请人对于现有技术的任何隐瞒，或者可以骗过专利局，但在未来的侵权诉讼中，都可能成为被控侵权人打败自己的武器。

在理解新颖性时还应当注意，判定新颖性是进行一对一的比较，即把申请案中的技术发明与一件现有技术相对比。如果申请案中的技术与一件现有技术相同或者基本相同，则丧失新颖性；如果二者不相同，则不丧失新颖性。判定新颖性，不能把申请案中的技术与两件或者两件以上的原有技术相对比，也不能综合两件或者两件以上的原有技术与申请案中的技术相对比。在这里，"一对一"的比较是判定新颖性的方法，而"几对一"的比较则是判定创造性的方法。

二　现有技术

现有技术是指某一特定技术领域在某一特定日期以前所具有的技术知识的总和。就专利法来说，现有技术不仅与申请案的新颖性要求相关，而且与创造性的要求有关。无论新颖性的判定还是创造性的判定，都是以申请日以前的现有技术作为依据。

现有技术最大的特征是已经公开，社会公众可以从不同的途径获得有关的技术或者体现有关技术的产品。现有技术的公开，可以是通过出版物的公开，也可以是通过公知公用而公开。

先来看出版物的公开。通过出版物公开，是相关的技术信息得以公开的最常见的方式。专利文献、书刊杂志、技术手册、学术论文和技术报告等等，都是社会公众获取相关技术信息的常见途径。值得注意的是，专利法所说的出版物，不同于我们日常所说的出版物，不仅包括书籍报刊和杂志等正式出版物，而且包括许多种类的非正式出版物，如向公众散发的技术手册、技术论文、技术报告、产品说明书，以及收藏在公共图书馆中的论文和报告等等。同时，专利法所说的出版物，也没有限定描述技术的载体和文字。例如，有关的载体可以是纸张、胶片、芯片、光盘等等，有关的语言可以是中文、英文、法文、阿拉伯文等等。在这里，关键的问题是，有关的出版物完整而清楚地披露了某一技术，使得相关领域中的技术人员可以了解和实施该技术。

再来看通过公知公用的公开。这又有公开使用和以其他方式为公众知晓两种情况。所谓公开使用，是指通过公开的销售、使用等方式公开某一技术。例如，将体现有某一技术的产品投放市场，购买者通过观察或分解产品就可以了解或实施该项技术。又如，将某种新的技术或方法公开演示，或者允许公众成员参观有关的生产线、车间、技术图纸，使得他人可以了解和实施有关的技术或方法。所谓以其他方式为公众所知，是指除了出版物和公开使用的方式，采用其他的方式公开某项技术。例如，通过口头宣讲、展览、演示、广告宣传等方式公开某一技术，使得相关领域中的技术人员可以了解和实施该技术。

以上所说的公开，无论是通过出版物的公开，还是通过公知公用的公开，都是指有关的技术向社会公众的公开。如果发明人在采取保密措施的前提下，向特定的合作者、技术鉴定人、专利代理人、试验产品的技术人员披露有关的技术，无论是通过提供技术资料的方式，还是通过使用、演示、宣讲、展示的方式，都不属于公开了有关的技术。事实上，所有的专利申请案中的技术，包括那些获得了专利权的技术发明，在申请专利之前都会在一定的范围内为某些特定的人员所知。只要这种"知道"是在保密关系的范围之内，就不属于专利法所说的公开。

值得一提的是，破坏某一申请案之新颖性的技术，往往不是他人的技术，而是发明人不慎而公开的技术。或者说，发明人自己不慎而将有关的技术过早地公开，使之成为"现有技术"，并反过来破坏了自己申请案的新颖性。例如，在提出专利申请之前，将体现有技术发明的产品上市销售。又如，在学术会议上或者刊物上发表有关的技术成果，然后再去申请专利。这种现象表明，发明人在提出专利申请之前，必须严格把关，不要轻易公开自己的技术，使得自己将来无法申请和获得专利权。事实上，就新颖性的要求来说，只要先提出了专利申请，然后再将产品上市，或者发表自己的技术成果，都不会破坏申请案的新颖性。

三　抵触申请

中国专利法第 22 条规定："新颖性，是指在申请日以前，……也没有同样的发明或者实用新型由他人向国务院专利行政部门提出过申请并且记载在申请日以后公布的专利申请文件中。"由此可见，所谓的抵触申请，是指在后的申请案与在先的申请案相抵触，而且在先申请案在后来由专利局加以公布。

在抵触申请中，在先申请案中的技术不属于现有技术。因为，在申请人提出申请以前，在先申请案中的技术并没有公开。申请人在提出自己的申请案时，不知道也不可能知道在先申请案中的技术。只是随着专利局日后的公开，在先申请案中的技术才浮现出来，为在后申请人和社会公众所知悉。但是，如果忽略在先申请案中的技术，又有可能出现"双重专利"的情况，即在符合其他条件的情况下，既对在先申请案中的技术授予专利权，又对在后申请案中的相同技术授予专利权。而这又是专利法所不允许的。

为了解决这个问题，各国专利法曾经采用过不同的办法。例如，德国和法国最初采用的办法是，将在后申请的权利要求与在先申请的权利要求进行比较，如果相同就将在后申请驳回。这叫做"先权利要求制"，是从不能重复授权的角度来说的。另一种方法则是将在先申请案中的技术，视为"现有技术"。只要在先申请案中的技术得以公开，就视为在后申请人在提出申请之时已经知悉该项技术，从而将相同的在后申请案驳回。这叫做"全文内容制"，是从新颖性的角度来说的。[①] 显然，中国专利法的规定，就是这种"全文内容制"。

四　不破坏新颖的公开

按照新颖性的要求，凡是在申请日以前公开的技术，无论是他人公开还是发明人自己公开，都属于现有技术。同时，只要现有技术中的某一技术与申请案中的技术相同，申请案即丧失新颖性。这是有关新颖性的一般规定。除此之外，世界各国的专利法又规定，一项技术发明在某些特定情形下的公开，可以在某一特定的时期之内，不破坏在后申请案的新颖性。这叫做不破坏新颖性的公开。

根据中国专利法第二十四条，申请专利的发明创造在申请日以前六个月内，在三种情形下不丧失新颖性。

第一，有关技术在中国政府主办或者承认的国际展览会上首次展出的。值得注意的是，这里所说的展览会，是指中国政府主办的或者承认的国际展览会，而非一般的展览会。同时，展出的技术是在该展览会上首次展出，而非二次或者三次展出。

第二，有关技术在规定的学术会议或者技术会议上首次发表的。根据专利法实施细则第31条，这是指国务院有关主管部门或者全国性学术团体组织召开的学术会议或者技术会议，而非一般的学术会议或者技术会议。同时，发表的技术成果也是首次发表。

第三，他人未经申请人同意而泄露其内容的。例如，申请人的合作

---

① 汤宗舜：《专利法教程》（第三版），法律出版社，2003，第86~87页。

者、专利代理人、技术转让人，未经申请人的同意而泄露了有关的技术。除此之外，申请人的竞争者通过非法手段获得申请人的技术发明并加以泄露的，也属于他人未经申请人同意而泄露其技术内容。

应该说，上述不丧失新颖性的公开，效力是非常有限的。从时间上讲，在上述三种情况下，申请人必须在六个月内提出专利申请，并提出相关的证明文件或者证据。如果申请人在公开后的六个月内没有提出专利申请案，或者没有提交相关的证明文件或者证据，则不适用有关的例外。从空间上说，上述例外的效力往往仅限于本国。如果申请人还想在国外申请专利，则有关的国家是否承认公开技术的展览会为国际展览会，是否承认公开技术的学术会议或者技术会议，都是不确定的。因为，各国在这方面的规定并不相同。而且，各国专利法中不丧失新颖性的例外，在大多数情况下都是适用于本国。例如，美国专利法第 102 条规定，申请人在相关产品公开上市后的一年之内申请专利，不丧失新颖性。① 但是，这一规定仅仅适用于有关产品在美国的上市和在美国的专利申请。

此外，就随后提出的专利申请来说，展览会上公开的日期，学术会议或技术会议上公开的日期，以及他人泄密的日期，都不是专利申请日期。在这里，专利申请日仍然是实际提出申请的日期。这样，如果在有关技术的公开日和申请人提出专利申请的日期之间，他人善意地提出了同样的申请案，则在后的申请人不得以展览会上的公开、学术会议或技术会议上的公开、他人未经自己同意的公开，来主张权利或者对抗他人的善意申请。

由此可见，法律规定的不破坏新颖性的公开，只是对于某些公开行为的补救。这种补救，无论是在时间上还是在空间上都是非常有限的。所以，就发明人或者申请人来说，最好的方式还是先提出专利申请，然后再去参加展览会或者发表技术成果。

第二节　创　造　性

一　创造性的含义

创造性是指，专利申请案中的技术发明与申请日以前的现有技术相

---

① 美国专利法的这一做法，是允许发明人先试探自己的技术发明是否有市场价值，然后再决定是否申请专利，并且在申请专利时不因为产品的上市而丧失新颖性。

比，具有明显的不同和显著的进步。在很多国家的专利法中，创造性是用另外一些术语来表述的，如创造性步骤、创造高度、非显而易见性，等等。

在世界各国早期的专利法中，大多只有新颖性和实用性的要求。这样，一件技术发明只要具备了新颖性和实用性就可以获得专利权。但是人们很快就发现，这样一来一些只有小小改进的技术也可以获得专利权。这不仅影响了在先专利权的实施，而且对于技术进步的作用也不大。于是，随着专利审查实践和司法实践的发展，逐步出现了"发明高度"、"创造性步骤"和"非显而易见性"等概念。按照这些概念，只有那些在现有技术基础上有所突破、有所创造的发明才可以获得专利权，而那些小改小革的技术，尽管符合新颖性的标准，也不能获得专利权的保护。

在很长的时间里，"创造性步骤"和"非显而易见性"等标准，仅仅存在于专利审查实践和司法实践中，后来才逐渐纳入了专利法的条文之中。例如，美国于1952年修订专利法时，将判例法所创立的"非显而易见性"纳入了专利法中。又如，欧共体于1963年签订斯特拉斯堡公约，统一了专利法的某些要求，其中也要求授予专利权的技术发明，应当是产业上能够运用的，新颖的和包含创造性步骤的技术发明。随后，欧共体的成员国都在专利法中明确规定了创造性步骤的要求。

现在，技术发明只有符合创造性要求才能够获得专利权，已经成了一个普遍接受的标准。例如，世界贸易组织的"知识产权协议"第27条规定，对于所有技术领域中的发明，只要是新颖的，包含有创造性步骤的，可以在产业上应用的，各成员就应当给了专利权的保护。这样，至少是世界贸易组织的成员，都必须要求申请专利的技术发明符合创造性的要求。

应该说，无论是"创造性"还是"创造性步骤"，都是比较模糊的概念。它们只是表明，可以获得专利权的技术发明，应当在现有技术的基础上有所进步或有所突破。在这方面，美国专利法中的"非显而易见性"或许有助于我们理解"创造性"或者"创造性步骤"。非显而易见性的英文是"nonobviousness"，来自于拉丁文的"via"。而"via"的基本含义是道路。在这里，我们可以把某一技术领域中的发明想象为一条道路，同时想象有关的技术人员在从事发明的道路上徐徐前行。如果有关的技术摆在道路上明显的地方，技术人员一眼就可以看到，或者不用费力就可以找到，则这项技术就是显而易见的（obvious）。如果有关的技术不是摆放在道路上明显的地方，需要技术人员付出相当的努力才可以获得，那么这项技术就是非显而易见的（nonobvious）。这甚至包括一些出人意料的发明，以及别人经过努力仍然达不到的发明。显然，非显而易见性从另一个比较形象的角度，在某种程度上解释了创造性或者创造性步骤。事实上，欧洲专利公约第56条虽然使用了"创造性步骤"的术语，但是在解释这一术语时又使用了"非显而易见"的术语。[①] 这也表明，如果我们理解了"非显而易见性"，就会更好地理解"创造性"或者"创造性步骤"。反之亦然。

此外，根据中国专利法第23条，就发明专利权来说，创造性是指同申请日以前的现有技术相比，申请案中的发明具有"突出的实质性特点和显著进步"。但是，这种规定方式，仅仅是为了将发明专利权的创造性要求与实用新型专利权的创造性要求（实质性特点和进步）区别开来。这并不表明中国的发明专利权的创造性标准，比其他国家的创造性标准或非显而易见性标准更高。

二　判定创造性的要素

如前所述，创造性或者创造性步骤，甚至包括非显而易见性，都是相对模糊的概念。不同的专利审查员，不同的法官，不同技术领域中的人员，都会有自己的标准或者看法。所以，为了避免在适用这类标准时产生的差异太大，世界各国的专利制度，包括专利审查准则或者指南，都规定了一些判定创造性的要素。大体说来，这些要素主要有以下两个。

第一，要以申请案中的技术发明与申请日以前的现有技术相比，判定申请案中的技术是否具有创造性。通常，进行比照的现有技术，是指同一技术领域中的技术，而非其他领域中的技术。同时，现有技术是指申请日以前的现有技术，也就排除了申请日以后公开的技术，包括排除了抵触申请中他人在先申请的相同技术。

判定创造性，是综合两个以上的现有技术，与申请案中的技术发明进行比较，看后者是否具有创造性或者非显而易见性。这与判定新颖性的标准不同，因为在判定新颖性时，是将申请案中的技术与一项现有技

[①] "An invention shall be considered as involving an inventive step if, having regard to the state of the art, it is not obvious to a person skilled in the art." Article 56, Inventive Step, European Patent Convention.

术相比较，是进行一对一的比较。而判定创造性，则是综合两件或者更多的现有技术，并由此而判定申请案中的技术是否具有创造性。

第二，综合现有技术而判定申请案中的技术是否具有创造性的，是相关技术领域中的一般水平的技术人员。应该说，这个"一般水平的技术人员"是一个法律上的假定。按照这个假定，"一般水平的技术人员"对于某一技术领域中的现有技术，无论是通过文献公开的，还是通过公知公用公开的，都是无所不知。而且，随着世间的推移，他的技术知识也在不断增加。同时，"一般水平的技术人员"在创造性方面又是表现平平，只能使用现有技术，只能做一些简单的归纳和概括。假如某项申请案中的技术发明，在他看来是非显而易见的，或者是具有创造性的，就可以获得专利权。假如在他看来是显而易见的或者不具有创造性的，则不能获得专利权。

应该说，做出这样一个法律上的假定，就是要求专利审查员在判定申请案中的技术发明是否具有创造性时，或者法官在审理有关创造性的案件时，让自己尽可能地扮演这样一个"一般水平的技术人员"的角色。一般说来，专利审查员是某一技术领域中的专家，比较容易扮演这样一个角色。而在司法实践中，则是由相关技术领域中的工程师或者技术专家提出意见，然后由法官站在"一般水平技术人员"的立场上，判定有关的技术是否具有创造性或者非显而易见性。

曾经有人批评说，让一般水平的技术人员来判定创造性，带有太多的主观性。事实上，在专利的审查和司法实践中，这种主观性是不可避免的。就新颖性的判定来说，是将申请案中的技术与现有技术中的一件进行比较，相对客观一些。然而在判定创造性时，无论是综合两件以上的现有技术，还是在现有技术水平的基础上判定有关的技术是否具有创造性，都离不开人或者人的主观性。事实上，做出这样一个法律上的假定，即一般水平的技术人员，其目的就是要尽可能减少审查员或者法官的主观任意性，相对客观地判定有关的技术是否具有创造性。

除了以上两个要素，在很多国家的专利审查和司法实践中，还提炼出了一些辅助性的判定要素。例如，在美国的专利审查和司法实践中，这类辅助性要素有商业性成功、长期存在但未能解决的技术难题、商业性默认等。

其中的商业性成功是指，如果某一发明在市场上很受欢迎，获得了成功，就表明该发明具有非显而易见性。因为，如果该发明是显而易见的，则他人受市场需求和利润的诱惑可能早已做出了发明。

其中的长期存在但未能解决的技术难题是指，某一技术领域一直存在某一特定的问题，很多人试图解决都没有成功。如果在这种情况下某一发明解决了该问题，则有关的发明就是非显而易见的。因为，如果该发明是显而易见的，则他人可能早已做出了有关的发明。

其中的商业性默认是指，发明人的主要竞争者愿意花钱获得专利许可，或者为了避免侵权而在该专利发明的外围从事发明，则表明该发明具有非显而易见性。因为，发明人的主要竞争者是最有可能挑战专利权合法性的人，如果他们愿意签订专利许可合同或者在该专利发明的外围从事发明，则表明他们承认该项专利是符合法定要求的。

需要说明的是，创造性或者非显而易见性是从现有技术与申请案中的技术的关系来说的，是从技术本身进行的测试。而上述的辅助性测试标准，则是从技术之外来说的。因此，辅助性测试标准只是对有关发明是否具有创造性或者非显而易见性的辅助性说明，不能取代技术本身的要求。

第三节　实　用　性

实用性是指，申请案中的技术发明能够在产业上应用，并且可以产生有利于人类社会的积极效果。应该说，实用性既是有关的技术发明获得专利权的必要条件，又是人们发明某项技术的目的。因为人们做出某项技术发明并且申请专利，其目的就是要解决实际存在的技术问题，并由此而获得一定的经济利益。

理解专利法上的实用性，要注意以下三个要素。

第一，申请案中的技术发明不是停留在思想观念或者理论的层面上，而是已经具体化为特定的技术方案。如果有关的发明是一件产品或者是就产品而做出的，则该产品可以被重复制造；如果有关的发明是一种方法或者是就方法而做出的，则该方法可以被重复使用。那些仍然停留在思想观念或者理论层面上的，不能在产业上加以具体应用的东西，不能获得专利权的保护。

第二，申请案中的技术发明能够在产业上重复应用，并且达到一定的规模。例如，有关的产品可以批量生产，有关的方法可以反复使用。如果有关的发明创造是利用独特的自然条件完成的，则不具有产业上的重复应用性和产业上的规模性。例如，依据特定的地形所开凿的人工运河、所修建的大桥和堤坝等等，尽管有技术发明的含量存在于其中，却不具有产业上的实用性，因而不能获得专利权。

第三，申请案中的技术发明能够产生某种对人类社会有益的效果。或者说，它能够满足人类社会的某种需求，它是有用的。例如，可以制造出新产品、提高产品产量或质量、改善产品功能、节省能源的技术发明，都属于能够对人类社会产生积极效果的发明。反之，如果申请案中的技术发明会造成严重的环境污染、会严重浪费能源、使产品的功能退化等等，则表明不具有实用性。

根据以上的标准，我们就可以理解专利法所排除的某些客体，实际上是不具有实用性的客体。例如，科学发现不具有实用性。又如，智力活动的规则和方法、疾病的诊断和治疗方法，都不具有产业上的重复应用性。再如，违反国家法律、社会公德或者妨害公共利益的发明，都是对人类社会有消极作用的发明。除此之外，与已知的科学原理或规则相冲突的发明（如永动机之类），有关的技术人员经过大量实验仍然达不到预期结果的发明，以及超过合理范围之危险的发明等，都是缺乏实用性的发明。

此外，要求申请案中的技术发明具有实用性，并不意味着有关的技术发明达到了完美无缺的地步。事实上，任何一项技术发明，尤其是开拓性的技术发明，都是不完美的，都存在着这样或那样的缺陷。正是在此基础上，随后的改进发明才使得有关的产品或者方法不断完善起来，使之逐步趋于完美。从实用性审查的角度来看，有关的技术发明所存在的缺陷或者不足，只要没有严重到使该项技术无法实施，或者该项技术的优点或者进步超过了缺陷或者不足，就可以认定该技术发明具有实用性。

而且，要求申请案中的技术发明具有实用性，也不意味着该技术发明一定具有市场上的价值，可以为发明人或者专利权人带来可观的经济利益。在专利审查中，实用性仅仅是表明，有关的技术发明能够应用于产业之中，能够产生积极的社会功能。至于某一项技术发明是否真的在产业中得以大规模的应用，是否真的为专利权人带来了经济利益，则取决于市场需求等其他的一些要素。或者我们可以这样说，专利法所要求的实用性是从技术本身的特性出发的，而某一项技术是否具有经济利益上的价值，则是由市场因素决定的。

由此出发，我们就可以理解，世界各国获得了专利权的技术发明，只有5%左右具有市场价值，可以为专利权人带来一定的经济利益。而其他的95%左右获得了专利权的技术发明，尽管具有技术本身的实用性，却不具有或者基本不具有市场价值，不能为专利权人带来经济利益。由此出发，我们也可以理解专利法中的另一个制度，即专利权的维持年费在专利权的有效期间内不断增长，而且越来越高。这样，当专利权人感觉到自己所获得的经济利益尚不足以抵消专利年费，或者说自己难以通过专利技术获得经济利益时，就会尽早放弃专利权，使有关的技术进入公有领域。

在这里我们或许可以说，获得专利权，或者有关的技术发明具有专利法所要求的实用性，并不意味着专利权人获得了一张市场准入证书或者获取经济利益的证书。有关的技术发明是否能够进入市场，是否能够为专利权人带来实际的经济利益，仍然取决于市场的要素。

第四节　实用新型和外观设计专利权的要求

一　实用新型专利权的实质性要求

正如我们在论述专利权客体时所说的那样，从技术的角度讲，实用新型也是技术发明之一种。将发明专利权与实用新型专利权区分开来，仅仅是专利法上的一种规定。由于新颖性、创造性和实用性都是从技术方案本身来说的，实用新型专利权与发明专利权的实质性要求应当是大体相同。事实也正是如此，专利法在规定新颖性、创造性和实用性等要求的时候，通常是将发明和实用新型放在一起规定，并在必要时规定二者的不同之处。

具体说来，在新颖性和实用性方面，发明专利权和实用新型专利权的要求是一致的。例如专利法第 22 条规定："新颖性，是指在申请日以前没有同样的发明或者实用新型在国内外出版物上公开发表过、在国内公开使用过或者以其他方式为公众所知，也没有同样的发明或者实用新型由他人向国务院专利行政部门提出过申请并且记载在申请日以后公布的专利申请文件中。"又如专利法第 22 条规定："实用性，是指该发明或者实用新型能够制造或者使用，并且能够产生积极效果。"

而在创造性的要求方面，发明专利权与实用新型专利权则有很大的不同。例如，就发明专利权来说，创造性是指同申请日以前已有的技术相比，该发明有"突出"的实质性特点和"显著"的进步。而就实用新型专利权来说，则是该实用新型有实质性特点和进步，没有"突出"和"显著"的要求。这样，实用新型专利权所要求的创造性，就要低于发明专利权。如果说中国专利法中对于发明专利权的创造性要求与其他国家是一致的话，那么对于实用新型专利权的创造性要求则要低一些。显然，在中国技术水平相对落后的一个时期内，这种较低的创造性要求，有利于鼓励中国国民申请专利。

在说到实用新型专利权的实质性要件时，还有一个情况应当注意，即对于新颖性、创造性和实用性的审查，不是在授予专利权之前，而是在授予专利权之后的纠纷解决程序之中。也就是说，专利局对于实用新型专利权的申请案，只进行形式审查，而不进行有关"三性"的实质审查。只要形式要件合格就可以授予专利权。至于该项实用新型专利权是否符合新颖性、创造性和实用性的法定要求，则留待以后的纠纷解决程序加以解决，如侵权诉讼和无效程序。这与发明专利申请案的审查不同。

二 外观设计专利权的实质性要求

正如我们在前面论述外观设计专利权的保护客体时所说的那样，外观设计是就产品的外表式样所做出的富有美感的设计。一方面，外观设计是美学思想观念的表达，具有作品的尤其是美术作品的特性。这种美学思想观念的表达不同于产品的技术性和功能性要素。另一方面，外观设计又是就产品的外表所做出的设计，与产品密切联系在一起。或者说，外观设计没有与产品分离开来，不属于著作权法保护的作品。

与外观设计的美学表述特征相对应，世界各国对于外观设计的保护要求，截然不同于发明专利权的要求。例如，世界贸易组织的"知识产权协议"第25条规定，全体成员应当保护具有新颖性和原创性的外观设计。而且对于外观设计的保护，不得延及于主要由技术性或功能性要素构成的设计。

中国虽然将外观设计纳入了专利法的范围，但是外观设计专利权的获得要件与发明专利权和实用新型专利权的获得要件，却有着很大的不同。根据专利法第23条，授予专利权的外观设计，应当同申请日以前在国内外出版物上公开发表过或者国内公开使用过的外观设计不相同和不相近似。按照这个规定，获得外观设计专利权的要件有两个，不相同和不相近似。其中的不相同是指外观设计的新颖性，而不相近似则是指外观设计的独创性。①

---

① 由独创性（originality）也可以看出外观设计的表述特征，与作品而非技术要素相接近。

（一）新颖性

新颖性是指申请案中的外观设计，与申请日以前国内外出版物上公开的和国内公知公用的外观设计不相同。在这里，外观设计专利权的新颖性，也是混合新颖性，即出版物的标准是全世界的，公知公用的标准是国内的。除此之外，专利法所规定的抵触申请、不丧失新颖性的公开，也都适用于外观设计的新颖性。

在判定外观设计的新颖性方面，是将申请案中的外观设计与"现有外观设计"中的一件进行比对。如果二者相同，则申请案中的外观设计不具有新颖性。如果二者不相同则具有新颖性。这与发明专利权和实用新型专利权的新颖性判定方法一样。不过，外观设计新颖性的判定标准又有不同之处。这是因为，相同的外观设计可以适用于不同的产品之上，从而不丧失新颖性。例如，根据专利局颁发的《审查指南》，外观设计相同是指被对比的外观设计与在先设计是同一类的产品的外观设计。产品种类不同时，即使其外观设计的三要素（形状、图案、色彩）相同，也不应认为是外观设计相同。[①]

关于这个问题，国际上于 1968 年在瑞士的洛迦诺缔结了一个《工业品外观设计国际分类洛迦诺协定》，于 1971 年生效。这个协定是《巴黎公约》的子公约，只有巴黎公约的成员国可以参加，目前共有 45 个成员国。其中所附的"国际分类表"从产品的角度出发，将外观设计可以装饰或者适用的产品分为 31 个大类，并且在每一大类下面又划分为若干小类和项目。中国于 1996 年 9 月加入洛迦诺协定，并且早在加入之前就采纳了其中的"国际分类表"。所以，就外观设计专利权来说，无论是在新颖性方面还是在独创性方面，我们都必须注意产品的分类和洛迦诺公约中的分类表，甚至在必要的时候考虑每一大类之下的小类和项目。

（二）独创性

独创性是指申请案中的外观设计，与申请日以前国内外出版物上公开的和国内公知公用的外观设计不相近似。所谓不相近似，是指二者具有实质性的不同。而实质性的不同，则正是指外观设计应当具有独创性。

外观设计的独创性不同于发明和实用新型的创造性。这体现在以下

---

① 国家知识产权局《审查指南》（2001 年），第四部分第五章"外观设计相同和相近似的判断"，第七节"判断基准"。

几个方面。

第一，在发明和实用新型的创造性判断中，是综合两个以上的现有技术，与申请案中的发明或者实用新型进行对比，判定后者是否具有创造性。而在外观设计的判定中，是将申请案中的外观设计与一件现有外观设计相比对，判定前者是否具有独创性。也就是说，外观设计独创性的判定，仍然是"一对一"的比照，而非"几对一"的比照。在这一点上，外观设计独创性的判定方式与新颖性的判定方式相似。

同时，根据《审查指南》，这种独创性或者不相近似的判定，是就相同种类或者相近似种类的产品而进行的。只有在相同种类或者相近似种类的产品方面，才可能存在外观设计相近似的情况。所谓相似种类的产品，是指用途相近的产品。

第二，在发明和实用新型创造性的判定中，判定申请案中的发明或者实用新型是否具有创造性的，是该技术领域中一般水平的技术人员。而在外观设计的独创性判定方面，则是一般水平的消费者。这个一般水平的消费者，也是一个法律上的假定。就市场上某一个种类的产品来说，他具有一般消费者的知识水平和认知能力。由于不同种类的产品有不同的消费者群体，这个一般水平的消费者也会因为产品种类的不同而有所不同。例如，汽车产品的购买者是比较细心的消费者，能够发现汽车外观设计上的细微变化。而大路货的购买者，如饮料、牙膏、调味品的购买者，则可能不具有这样的细心。

按照《审查指南》，对于外观设计的新颖性和独创性，专利审查人员要从一般消费者的角度进行判断，而不是从专业设计人员或者专家等的角度进行判断。如果在一般消费者看来，被对比的外观设计与在先的外观设计不相近似，前者就具有独创性。如果一般消费者将被对比的外观设计误认为、混同为在先的外观设计，则表明二者是相近似的，前者不具有独创性。

由以上两个方面的不同可以看出，判定外观设计独创性的标准，更接近作品是否具有独创性的标准，以及商标是否混淆的标准，而与发明和实用新型的创造性标准相去甚远。

(三) 其他规定

细心的读者也许会发现，在讲到外观设计专利权的实质性要件时，没有说到实用性。事实上，外观设计是适用于各种各样产品的创新。只要产品是实用的，外观设计的实用性也就蕴含在其中了。假如某个"外观设计"不具有实用性，能够与产品的功能性或者实用性分离开来，那也就不再是外观设计，而是作品了。

　　本来，专利法所规定的外观设计授予专利权的实质性要件就是新颖性和独创性。但是在 2000 年修订专利法时，又在上述要件之后加了一句"并不得与他人在先取得的合法权利相冲突。"① 根据最高人民法院 2001 年 6 月发布的《关于审理专利纠纷案件适用法律问题的若干规定》第 16 条："专利法第 23 条所称的在先取得的合法权利包括：著作权、商标权、企业名称权、肖像权、知名商品特有包装或者装潢使用权等。"

　　严格说来，授予专利权的外观设计不得与他人在先取得的合法权利相冲突，不是获得外观设计专利权的实质性要件。因为，这个规定不是从外观设计本身来说的，而是从申请案中的外观设计与其他知识产权的关系来说的。做出这样的规定，是因为在现实生活中经常有人未经许可，将他人享有权利的作品、商标、企业名称、肖像、知名商品特有的包装装潢拿来，私自申请外观设计专利。由于外观设计的专利申请不进行有关新颖性和独创性的实质审查，这类外观设计也往往被授予了专利权。在获得了这样的"专利权"之后，一些人又宣称所谓的权利冲突，甚至以此要挟著作权人、商标权人等等。专利法明确规定授予专利权的外观设计不得与他人在先取得的合法权利相冲突，就是宣告这类所谓的专利权自一开始就无效。

　　应该说，2000 年修订专利法做出这样的规定，是为了更好地规范外观设计专利申请中的某些不正当行为，并不是要创立一个新的外观设计专利权的实质性要件。或许，在外观设计专利申请比较成熟以后，可以删掉新加上的这一规定。

　　┌┈┈┈┈┈┈┐
　　┊ **问题与思考** ┊
　　└┈┈┈┈┈┈┘

　　专利法是保护技术发明的法律。然而，并非所有的技术发明都可以获得专利法的保护。首先，发明人在作出了相关的技术发明之后，必须向国家专利机关提出申请。没有提出专利申请的技术发明，显然不会获得专利法的保护。其次，申请案中的技术发明必须是专利法予以保护的

---

① 专利法第 23 条的规定是："授予专利权的外观设计，应当同申请日以前在国内外出版物上公开发表过或者国内公开使用过的外观设计不相同和不相近似，并不得与他人在先取得的合法权利相冲突。"

技术发明。专利法不予保护的技术发明，如有关原子材料的技术发明、有关动植物新品种的技术发明，都不能获得专利法的保护。再次，申请案中的技术发明，还必须符合专利规定的"三性"要求。那些不符合新颖性、创造性和实用性的技术发明，无论发明人付出了怎样的智力劳动和资金投入，都不能获得专利法的保护。

在专利法所要求的"三性"之中，新颖性和实用性的判定相对容易一些。例如，新颖性的判定，是以一项现有技术与申请案中的技术进行比对。如果相同或者基本相同，则丧失新颖性。又如，实用性的判定，是从工业批量生产、对社会有积极意义的角度进行。如果不能产业性利用，或者对于人类社会没有积极作用，则不具有实用性。应该说，在"三性"之中，创造性的判定是最困难的。例如，判定创造性要综合申请日以前的现有技术，这对于专利审查员来说就是一个巨大的挑战。又如，创造性本身就是一个模糊的字词，在不同的技术领域，在不同的时间段，都会有不同的理解。再如，让专利审查员扮演一个"一般水平的技术人员"，综合申请日以前的现有技术，判定申请案中的技术发明是否具有创造性，同样具有很大的难度。

应该说，总结创造性判定的要素，尤其是总结不同技术领域中的创造性判定要素，始终是专利审查员面对的难题。

复习题

1. 什么是新颖性？什么是混合新颖性？
2. 什么是创造性？如何理解创造性判定中的一般水平的技术人员？
3. 什么是实用性？
4. 什么是外观设计专利权的实质性要件？

阅读书目

汤宗舜：《专利法教程》（第三版），法律出版社，2003。

郑成思：《知识产权法》（第二版），法律出版社，2002。

张晓都：《专利实质条件》，法律出版社，2002。

李明德：《美国知识产权法》，法律出版社，2003。

第十三章　专利权的申请与获得

要点提示

本章介绍了专利申请人和专利申请文件，重点探讨了专利申请文件中的"权利要求书"，以及权利要求书的法律属性。

本章简要介绍了专利的申请程序，并讨论了其中的专利申请日和与之相关的国际优先权和国内优先权。

本章讨论了专利申请的复审和专利权的无效制度，尤其是与专利权无效相关的一些理论问题。

专利权的获得不同于著作权的获得，不是自动获得。虽然从某种意义上说，发明人完成某项发明创造之后，可以在采取保密措施的情况下获得商业秘密法的保护。① 但是，发明人要想就自己的发明创造获得专利权，则要向国家的专利机关提出申请，并且在审查批准后才能够获得专利权。否则，有关的发明创造只是发明创造，最多只能在符合相关条件的情况下作为商业秘密来保护。

与此相应，世界各国的专利法也都规定了专利权的申请程序和审查、授权程序，如什么样的人可以申请专利，应当提交什么样的申请文件，专利部门如何审查和批准专利权，以及专利申请的复审和专利权的无效等等。就专利权的获得来说，有关的发明创造不仅要符合专利权的实质要件，还要符合专利法要求的各种形式要件，并在此基础上通过专利机关的审查程序。

本章将主要依据中国专利法的有关规定，对专利权的申请、审查和授权程序做一简要说明。

---

① 如果在申请专利以前没有采取保密措施，有关的发明创造就会进入公有领域，发明人或者设计人也不能获得专利权。

第一节　专利申请人

专利申请人是指有权利或者有资格申请专利权的人。一般说来，做出了发明创造的人就可以提出专利申请案，成为专利申请人。按照中国专利法，无论是完成了发明或者实用新型的人，还是完成了外观设计的人，都可以成为专利申请人。

在专利制度产生的早期阶段，发明人在绝大多数情况下都是自然人或者个人，因而专利权的申请人也基本是发明者个人。然而，随着技术的进步和发明难度或复杂程度的增加，很多技术发明已经难以由单个的个人完成。这样，就出现了法人单位组织雇员完成的发明（职务发明），以及合作发明和委托发明等等。与此相应，专利申请人的情形也发生了很大变化，除了个人申请人以外，还涉及了职务发明的申请人、合作发明的申请人、委托发明的申请人，等等。除了上述各种申请人以外，各国专利制度还有吸引外国技术和保护外国技术投资的作用，这又涉及了外国的专利申请人。

一　发明人或设计人

这里所说的发明人或者设计人，是指完成发明创造的自然人。他们在完成了相关的发明创造之后，可以向专利机关提出专利权的申请。如果获得了专利权，则可以成为专利权人。

自然人成为发明人或者设计人，大体有两种情形。一是独立的发明人或者设计人，他们不属于任何单位或法人，完全以自己的物质条件和技术能力完成相关的发明创造。二是隶属于单位或法人的个人，他们在本职工作之余完成发明创造，成为发明人或者设计人。在中国专利法中，这称为"非职务发明创造"。专利法第7条规定，发明人或者设计人就其非职务发明创造申请专利权的，任何单位或者个人不得压制。

此外，根据专利法第6条，利用本单位的物质技术条件所完成的发明创造，单位与发明人或者设计人订有合同，对申请专利的权利和专利权的归属做出约定的，从其约定。在这种情况下，利用单位的物质技术条件完成发明创造的发明人或者设计人，也可以依据合同的约定成为专利申请人，并在获得专利权以后成为专利权人。

二 职务发明创造的专利申请

专利法第 6 条规定，职务发明创造是执行本单位的任务所完成的，或者主要是利用本单位的物质技术条件所完成的发明创造。职务发明创造归属于单位所有，可以由单位申请专利，并在获得专利权后成为专利权人。职务发明创造大体有两种情形。

第一种情形是执行本单位的任务所完成的发明创造。根据专利法实施细则第 10 条，这又包括三种情形：在本职工作中完成的发明；履行本单位交付的本职工作以外的任务所完成的发明创造；退职、退休或者调动工作后一年内做出的，与其在原单位承担的本职工作或者原单位分配的任务有关的发明创造。

第二种情形是主要是利用本单位的物质技术条件所完成的发明创造。在这种情况下，发明人或者设计人不是在完成本职工作的过程完成了发明创造，也不是接受单位指派的任务而完成了发明创造，而是主动完成了有关的发明创造。但是，发明人或者设计人在完成相关发明创造的过程中，又主要是利用了本单位的物质技术条件。根据专利法实施细则第 10 条，这里所说的物质技术条件，是指本单位的资金、设备、零部件、原材料或者不对外公开的技术资料等。

除此之外，2000 年修订的专利法第 6 条还规定，利用本单位物质技术条件所完成的发明创造，单位与发明人或者设计人订有合同，对申请专利的权利和专利权的归属做出约定的，从其约定。这就意味着，在这种情况下，有关的发明创造有可能成为职务发明创造，也有可能成为个人发明创造。

应该说，中国专利法对于职务发明创造的规定，尤其是其中所使用的一些术语，如单位、本职工作、分配的任务等等，都带有计划经济体制的色彩。至于其中的一些规定，如"主要"是利用本单位的物质技术条件，又带有很大的模糊性。一旦发生"职务发明"或"非职务发明"的争执，判定起来就比较困难。所以在这个问题上，更为合理的方式应当是通过合同约定发明创造的归属，约定单位和发明人或设计人的利益。

事实上，中国专利法所说的职务发明，在很多西方国家叫做"雇佣发明"，即雇员在受雇期间所完成的发明。在西方国家，对于这类发明的归属，以及发明人应得的利益，一般都是通过合同（如雇佣合同、项目合同）加以约定。而且在绝大多数情况下，雇佣发明均归属于雇主，由雇主根据自己的利益决定是否申请专利，以及如何处置专利权。而发明者个人的利益，包括是否获得奖励或者利润提成等等，也会在合同中反映出来。

三　合作发明创造和委托发明创造的专利申请

合作发明创造是指两个以上的个人或者单位共同完成的发明创造。合作发明创造可能涉及两个以上的个人，也可能涉及两个以上的单位，还可能涉及两个以上的个人和单位等等。

合作完成的发明创造，在通常情况下应当归属于所有参加研究、开发、设计的单位或者个人，由他们共同提出专利申请，并在获得专利权的情况下成为共同权利人。当然，合作者也可以通过合同约定发明创造的归属，以及专利申请权的归属。例如，中国专利法第8条规定，两个以上单位或者个人合作完成的发明创造，除另有协议的以外，申请专利的权利属于完成或者共同完成的单位或者个人，申请被批准后，申请的单位或者个人为专利权人。

委托发明创造是指一个单位或者个人委托其他单位或者个人完成的发明创造。在委托发明创造的情况下，相关成果的归属，以及专利申请权和专利权的归属，通常都会在委托合同中加以约定。当然，委托方的权利义务，受托方的权利义务，包括委托的目的、任务，研究、开发或设计的资金、报酬、步骤、期限等等，都会在委托合同中反映出来。这样，相关的发明创造归谁所有，谁可以申请专利权并且拥有专利权，都会比较明确。

当然在委托发明的情况下，也可能发生发明创造归属不明，包括专利申请权归属不明的情形。在这种情形下，国外的一般做法是有关的发明归属于委托方，委托方可以申请并获得专利权。这是因为，在通常情况下委托方是出资方，委托发明与雇佣发明相似，或者说属于雇佣发明中的一种特例。这样，有关的发明创造归属于委托方就是很正常的。不过在中国专利法中，当有关发明创造的归属，包括专利申请权的归属不明时，发明创造和专利申请权归属于受托方所有。例如，专利法第8条规定，一个单位或者个人接受其他单位或者个人委托所完成的发明创造，除另有协议的以外，申请专利权的利归属于完成或者共同完成的单位或者个人。申请被批准后，申请的单位或者个人为专利权人。显然，这是一个有利于受托方的规定。同时，正是因为有这样一个规定，委托方更应该注意在合同中明确自己的权利和义务。否则，有关的发明创造和相关的专利申请权就会归属于受托方所有。

此外，在合作发明创造和委托发明创造的专利申请权的归属上，我国专利法长期以来只规定了单位，而没有规定个人。这表明，有关的发明创造，尤其是涉及合作发明创造和委托发明创造时，基本上是由单位完成的。直到 2000 年修订专利法，才在有关的规定中加入了"个人"的字样，成为"单位或者个人"。应该说，这一修订也反映了中国社会结构和经济结构的变化，以及个人在合作发明和委托发明中的作用。

四　外国专利申请人

这里所说的外国人，既包括外国的自然人，如外国发明人或者设计人，也包括外国法人，如发明人或者设计人的雇主。如果外国的自然人或者法人来中国申请专利，就会成为外国专利申请人，并且在获得批准之后成为专利权人。

严格说来，外国专利申请人是指居住在中国之外的外国申请人，而且有关的发明创造也是完成于国外。至于在中国境内有经常居所的外国人、外国企业或者外国其他组织，在申请专利时则比照中国人或法人办理。当然在这种情况下，有关的发明创造也应当是在中国完成的。事实上，1985 年开始实施的专利法第 6 条曾经规定，对于职务发明创造，集体所有制单位、在我国境内的外资企业和中外合资经营企业申请专利的，申请被批准后，专利权归该企业所有。到了 2000 年修订专利法则修改了此条，不再对中国境内的外资企业和中外合资经营企业的职务发明另行规定。无论是修改前还是修改后的规定都表明，这些企业申请专利是比照中国法人办理的。而修改后的规定还表明，专利法不再从投资方的角度来区别中国境内的企业。

关于居住在中国之外的外国自然人和法人，专利法第 18 条规定了在三种情形下可以来中国申请专利，并在批准后成为专利权人。

第一，外国人的所属国与中国签订了相关的双边协议。事实上，这一款的适用范围非常狭窄。因为到目前为止，我国与外国签订的涉及专利权保护的双边协议，只有 1979 年的《中美贸易协定》，其中规定中美两国保护对方法人或者自然人的专利权。而且，在中美两国都是巴黎公约成员国和世界贸易组织成员的条件下，即使没有这一协定，也会保护对方法人或者自然人的专利权。

第二，外国人的所属国与我国共同参加了相关的国际公约。在这方面，有关的国际公约主要是指《保护工业产权巴黎公约》和《与贸易有关的知识产权协议》。根据巴黎公约的国民待遇原则，凡是公约成员国的国民，包括自然人和法人，在工业产权保护方面，在其他成员国都享有国民待遇，可以申请和获得专利权。而且，即使是非成员国的自然人或者法人，只要在某一成员国有经常居所或者真实有效的营业所，也可以在各成员国享有国民待遇。而世界贸易组织的"知识产权协议"，也在工业产权的保护方面规定了与巴黎公约相同的国民待遇。

中国已经在1985年3月（专利法实施以前）加入了巴黎公约，在2001年12月加入了世界贸易组织。所以，来自巴黎公约成员国的国民，在中国专利法于1985年4月实施之初就可以在中国申请和获得专利权。而自2001年12月以来，所有的世界贸易组织成员的国民，也可以在中国申请和获得专利权。

第三，外国人的所属国与中国有专利保护的互惠做法。如果外国人的所属国不属于以上两种情况，只要该国的专利法依据互惠原则，允许中国人申请和获得专利权，则中国也允许该国国民来中国申请和获得专利权。

事实上，按照上述第二种和第三种情形，世界上绝大多数国家的国民都可以来中国申请和获得专利权。应该说，这是有利于吸引外国发明创造的规定。

不过，巴黎公约所规定的国民待遇，包括"知识产权协议"所规定的国民待遇，也不是绝对的。根据巴黎公约第2条，凡是有关司法程序、行政程序和司法管辖权，以及有关文件的送达地址和代理人的资格等等，允许成员国不适用国民待遇原则。这样，国民待遇原则就主要是指工业产权的实体性规定，而非获得和维持权利的程序性规定。与此相应，中国专利法第19条规定，外国人在中国申请专利的，应当委托中国的专利代理机构办理，而不能自行办理。显然，做出这样的规定是出于文件送达、文字语言的便利，以及国内代理机构对于法律和程序的了解等等。

五　专利申请权的转让

专利申请权是一项财产权利，因而可以转让。说专利申请权是一项财产权权利，首先是因为有关的发明创造具有财产的性质。事实上，无论是专利申请权还是获得批准的专利权，都是就相关的发明创造而言的。在这里，发明创造是人的智力活动成果，而专利申请权或者专利权，都是就发明创造所设定的权利。

就已经完成的发明创造来说，早在申请专利以前就可以转让。当然在这种情况下，有关的发明创造必须处于保密的状态，成为商业秘密的客体。与此相应，对于尚未申请专利的发明创造的转让，也相当于是商业秘密的转让。尽管受让人获得了有关发明创造的所有权，但并不能排斥第三人拥有同样的发明创造，以及就同样的发明创造抢先申请专利。

严格说来，专利申请权的转让，不是指申请专利以前对于有关发明创造的转让，而是指申请专利以后对于专利申请权的转让。在这种情况下，专利申请人是把专利申请权作为财产权来转让的。通常，专利申请权的转让应当订立合同，并由国家专利机关进行登记。这是因为，专利申请是由国家专利机关公告的，记载了专利申请人的姓名等事项，所以专利申请权的转让也要通过公告，变更有关的事项。例如，中国专利法第 10 条规定，转让专利申请权的，当事人应当订立书面合同，由专利部门予以登记和公告。专利申请权的转让，自登记之日起生效。

此外，按照专利法第 10 条的规定，中国单位或者个人向外国人转让专利申请权的，必须经过国务院专利行政部门的批准。

六　发明人的署名权

发明人有权在专利文件中表明自己的身份，这是巴黎公约的规定，也是对于发明人人身权利的尊重。这样，无论是专利申请权的转让，还是专利权的转让，也无论有关的权利转让了多少次，社会公众都可以通过专利文件知道谁是该项技术的发明人。

有些国家如美国的专利法甚至规定，只有发明人才可以申请专利。这样，即使是在雇佣发明或者委托发明的情况下，有关的发明可能归属于雇主或者委托人，但是提出专利申请的人则必须是发明人，而不能是雇主或者委托人。当然，美国专利法做出这样的规定，主要是受制于宪法的规定。因为美国宪法第 1 条第 8 款第 8 项规定，为了促进实用技术的发展，国会有权保障"发明者"在有限的期限内就"他们"各自的发现（明）享有专有权利。其中的"发明者"是指自然人而非法人。

中国专利法没有像美国专利法那样，要求只有发明人或者设计人才可以申请专利权。这样，在职务发明和委托发明的情况下，以及有关发明创造在申请专利以前就已经转让的情况下，非发明人或设计人也可以成为专利申请人。尽管如此，中国专利法第 17 条仍然规定，发明人或者设计人有权在专利文件中写明自己是发明人或者设计人。这里的文件，既包括专利申请文件，也包括专利证书。这里所说的发明创造，不仅包括非职务发明创造，也包括职务发明创造、委托发明创造。而且，这里所说的发明人或者设计人，有可能是一个人，也有可能是多个人。无论在何种情况下，真正从事发明创造的发明人或者设计人，都有权利在专利文件中写明自己是发明人或者设计人。

第二节 专利申请文件

专利申请文件是指申请人向专利机关提出专利申请时应当提交的文件。根据专利法实施细则第 3 条的规定，专利法和实施细则规定的各种手续，包括专利申请手续，都应当以书面方式办理。这叫做专利申请的书面原则。

关于专利权的申请文件，各国专利法的规定基本一致。根据我国专利法第 26 条的规定，申请发明或者实用新型专利权的，应当提交请求书、说明书及其摘要和权利要求书等文件。这是因为，发明和实用新型都属于技术发明，具有相同的特性，所以专利法把二者的申请文件放在一起规定。又据专利法第 27 条，申请外观设计专利权的，应当提交请求书、该外观设计的图片或者照片，并写明使用该外观设计的产品及其所属的类别。

下面先叙述申请发明专利权和实用新型专利权的文件，如请求书、权利要求书、说明书和摘要，然后再叙述申请外观设计专利权的文件。

一 请求书

请求书是申请人向专利机关提交的请求授予专利权的文件。请求书一般是专利机关制作的格式文书，包括申请人的姓名、地址，提出申请的年月日，发明或使用新型的名称，发明人或设计人的姓名、地址。如果申请人是法人，则应当写明法人的正式名称、地址和其代表人的姓名。如果专利申请是由代理人办理，则应当写明专利代理人的姓名和地址，并且附上委托书。如果申请人要求国际或者国内优先权，也应当在请求书中加以说明，并提交相应的文件。在请求书中，还应当填写一个申请文件的清单。

二 说明书

说明书是阐述有关发明创造的具体内容的文件。专利法所要求的对于相关发明创造的披露，就是通过说明书来实现的。所以，说明书应当对申请专利权的发明或者实用新型做出完整、清楚和具体的说明，使得相关技术领域中的一般水平的技术人员能够理解和实施有关的发明或者实用新型。

说明书应当包括以下内容：发明或者实用新型的名称；该发明或者实用新型所属的技术领域；背景技术水平的描述，包括背景技术的检索以及申请人的理解；对发明或者实用新型的完整、具体和清楚的描述，能够解决的技术问题，以及与现有技术相比所具有的优点；必要的附图以及对于附图的说明；具体实施方式，即申请人认为实现该发明或者实用新型的最佳方式，在必要时可以举例说明。一份好的说明书，应当基本按照上述顺序加以撰写。

撰写说明书，应当充分公开有关的发明或者实用新型。充分公开有关的技术方案，是授予专利权的前提条件。当然，充分公开的标准是让相关技术领域中的一般水平的技术人员可以实施有关的发明或者实用新型。在此前提之下，申请人可以保留一些具体的技术技巧，以商业秘密的方式加以保护。

三　权利要求书

权利要求书是说明专利权保护范围，或者说有关的发明或实用新型在什么样的范围内获得保护的文件。权利要求书是一个具有法律效力的文件。在有关的申请案获得专利权以后，权利要求书既是确定专利权保护范围的依据，又是判定他人是否侵权的依据。

权利要求书应当说明发明或者实用新型的范围，或者说有关的发明或者实用新型的技术特征。从这个意义上说，权利要求书应当尽可能广泛地将发明或者实用新型的内容容纳进来，以求获得最为广泛的保护。但在同时，权利要求的范围也不能过于宽泛，超出了发明或者实用新型。如果过于宽泛，就有可能将现有技术容纳进来，或者将不可实施的内容容纳进来，从而不能获得专利权。当然，如果权利要求书的范围过于狭窄，又可能遗失一些发明创造的内容，不能获得专利权的保护。

一般说来，一项发明或者实用新型由一些必要的技术特征所构成。所谓必要技术特征，是指该发明或者实用新型必须具备的技术特征。如果缺少了一项或者几项必要技术特征，就不再成为该发明或者实用新型。除此之外，一项发明或者实用新型还可以有一些附加的技术特征，对必要技术特征加以限定或者说明。这两种技术特征对应到权利要求书，就是独立权利要求和从属权利要求。所谓独立权利要求，就是从整体上反映有关的发明或者实用新型，记载其中的必要技术特征。所谓从属权利要求，则是在引用必要技术特征的基础上，记载那些附加的技术特征，对必要技术特征加以限定或者说明。从记载或者反映发明创造的角度来看，权利要求书至少应当具有一项独立权利要求。当然，在事实上权利要求书往往会记载若干个必要技术特征，因而有若干个独立权利要求。至于从属权利要求则是选择性，申请人认为没有必要时也可以不撰写附加技术特征。

权利要求书与说明书有着密切的关系。权利要求书的内容必须以说明书为基础，不得超出说明书的范围。这是因为，说明书是对于有关发明或者实用新型的披露，权利要求书则是在此基础之上，对于属于申请人的发明创造的记载，以及对于专利权范围的界定。如果权利要求书的内容超出了说明书的范围，则有可能将申请案之外的技术内容纳入专利权保护的范围，或者表明申请人没有在说明书中充分披露相关的发明创造。权利要求书超出说明书的范围，有可能导致申请案的驳回。

大体说来，权利要求书有两个基本作用。一是记载或反映属于申请人的发明创造。如果说专利法是保护发明创造的法律，这种保护就反映在权利要求书中。具体说来，发明人或者设计人在完成了有关的发明创造之后，可以要求专利机关授予专利权。在此过程中，申请人通过权利要求书记载了属于自己的发明创造，而专利机关则通过审查程序，就记载在权利要求书中的发明创造授予专利权。从这个意义上说，专利权是依据权利要求书的范围而确定的，而权利要求书又是依据发明创造的内容而确定的。与此相应，反映在权利要求书中的发明创造，也必须是属于申请人的发明创造。申请人不得将他人的或者公有领域中的技术据为己有，否则专利申请案将遭到驳回。当然，申请人也不应该遗漏一些属于自己的发明创造，否则不能就自己的发明创造获得充分保护。

二是公告的作用，向社会公众表明专利权保护的范围，或者说哪些内容是属于专利权人的发明创造。通过权利要求书的公告，他人如果想使用权利要求范围之内的技术，就应当获得专利权人的许可，否则就会构成侵权。通过权利要求书的公告，社会公众也可以在权利要求的范围之外从事发明创造，不会侵犯专利权人的权利。

四　摘要

摘要是对说明书内容的简短概括，包括有关发明或者实用新型所属的技术领域，所要解决的技术问题，主要技术特征和用途，等等。摘要的目的是传播技术信息，让有关的技术人员迅速了解该项发明创造的内容，以及便于读者进行文献检索。所以，摘要应当短小精悍，便于阅读。

五 申请外观设计专利权的文件

外观设计是指对产品的形状、图案或者其结合，以及色彩与形状、图案的结合所做出的设计。外观设计不同于技术发明，既难以用文字来说明有关的设计，也难以用文字来表述权利要求范围。所以申请专利权所提交的文件也有所不同。根据专利法第 27 条，申请外观设计专利权应当提交请求书、图片或者照片。

申请外观设计专利权的请求书，与申请发明专利权或实用新型专利权的请求书基本相同，只是由于外观设计难以命名，所以应当填写该外观设计所适用的产品的名称。如果申请人不了解使用该外观设计的产品的种类，可以暂不填写。

图片或者照片应该反映申请专利权的外观设计。为了清楚显示有关的外观设计，申请人通常会提供不同角度、不同侧面或者不同状态的图片或者照片。这样，申请人通过图片或者照片，就达到了专利法所要求的披露自己的发明创造的目的。与此相应，申请人所提供的图片或者照片，也明确了要求保护的范围。一旦获得外观设计专利权，专利权的保护范围，以及侵权与否的认定，都以图片或者照片为准。

在必要的时候，申请人也可以对有关的外观设计做简单的文字说明。

六 专利申请的单一性

在撰写和提交专利申请文件时，申请人还要注意专利申请的单一性。所谓专利申请的单一性，又叫做"一申请一发明"，是指一件专利申请应当限于一件发明创造。这个原则不仅适用于发明和实用新型，也适用于外观设计。例如，我国专利法第 31 条规定，一件发明或者实用新型专利申请，应当限于一项发明或者实用新型；一件外观设计专利申请，应当限于一种产品所使用的外观设计。

实行专利申请的单一性原则，是为了便于专利申请的分类、检索和审查。当今世界的专利申请浩如烟海，涉及的技术领域或产品种类也很多，因而有必要对专利申请分门别类，既便于专利机关的检索和审查，也便于社会公众的查询。如果有人将两个以上不同技术领域中的发明创造，放在一个专利申请案中，就会不利于专利机关的检索和审查，不利于社会公众的查询。而且，这样的专利申请，即使授权以后，专利权人也难以将自己的专利权转让或者许可给他人。因为，有关的专利权可能涉及了两个以上不同的技术领域。此外，实行专利申请的单一性原则，也可以防止申请人将两项以上的发明创造放在一个申请案中，达到少交申请费、审查费和专利权维持费的目的。

按照专利申请的单一性原则，申请人在准备专利申请文件中，要注意遵守"一申请一发明"的原则。如果专利机关在审查时发现申请案没有满足单一性原则，将要求申请人分案申请，交纳相关的费用。

当然在某些特殊的情况下，专利法也允许将两项以上的发明创造合并在一起申请专利权。例如，我国专利法第31条规定，属于一个总的发明构思的两项以上的发明或者实用新型，可以作为一件申请提出；用于同一类别并且成套出售或者使用的产品的两项以上的外观设计，可以作为一件申请提出。因为在这种情况下，有关的发明、实用新型和外观设计是在同一个类别中，不会造成检索、审查和查询的困难。

第三节　申请日与优先权

申请人在准备好相关的专利申请文件以后，就应该及时向专利机关提出专利权的申请。而专利机关在收到相关的专利申请文件以后，也会确定一个专利申请日，并通知申请人。在这个申请日的基础上，申请人还可以依据专利法和相关的国际公约，享有在国外提出同样主题专利申请的国际优先权，以及在国内提出同样主题的后续专利申请的国内优先权。与此相应，申请日又具有了国际优先权日和国内优先权日的含义。

下面分别叙述申请日、国际优先权和国内优先权。

一　申请日

当申请人向专利机关提出专利申请文件后，就表明已经正式提出了专利申请。专利机关在收到申请文件后，应当确定申请日，编排申请号，并书面通知申请人。根据我国专利法第28条的规定，专利机关收到申请文件之日为申请日。如果申请文件是邮寄的，以寄出的邮戳日为申请日。如果邮戳不清楚，则以专利机关实际收到的日期为申请日。申请人接到专利机关的通知后，如果认为申请日不对，可以提交相关的证据如挂号邮件的收据，要求专利机关予以更正。

在专利权的申请方面，中国与世界上绝大多数国家一样，采取"先申请原则"，即两个或两个以上的申请人分别就同样的发明创造申请专利的，专利权授予最先提出申请的人。这样，在完成发明创造以后，尽早提出专利申请就是非常重要的。如果某人先完成了发明创造，但由于种种原因没有及时申请专利，就有可能被后完成者抢先申请，从而不能获得专利权。实行"先申请原则"，可以鼓励申请人及早提出专利申请。

与先申请原则相对应的是"先发明原则"，即两个以上申请人就同样的发明创造申请专利的，专利权授予最先完成发明创造者。实行"发明在先原则"，有利于先完成了发明创造，但由于种种原因没有及时申请专利的人，是一种比较公平的做法。但是一旦发生专利申请冲突，确定谁是真正的在先发明人，往往会耗费专利机关和法院的时日和精力。为了简便起见，世界上绝大多数国家采用了"先申请原则"，只有美国和菲律宾采取"先发明原则"。

在专利申请中，有时可能发生两个以上的申请人，就同样的发明创造在同一天提出专利申请的事情。针对这种情况，中国专利法实施细则第13条规定，两个以上的申请人在同一日分别就同样的发明创造申请专利的，应当在收到专利局的通知后自行协商确定申请人。如果协商不成，专利局将驳回各方的申请。这是因为，同样的发明创造只能有一个申请人，只能授予一项专利权。

申请日的确定，对于专利申请人具有非常重要的意义。首先，从申请日的次日开始，专利申请案中的发明创造就会成为现有技术的一个部分，如果再有相同的发明创造申请专利，都会因为缺乏新颖性而不能获得专利权。其次，从申请日的次日开始，申请人就可以实施专利申请案中的发明创造，如制造有关的产品，使用有关的方法或者外观设计，展示和销售有关的产品，以及在出版物上、学术研讨会上发表有关的发明创造。或者说，申请人的实施行为或者发表行为，都不会破坏他的申请案的新颖性。第三，如果有关的申请案在将来获得了批准，专利权的保护期限也是从申请日开始起算的。

此外，申请日的确定对于专利局的审查程序也是非常重要的。这主要是针对发明专利的申请案而言的。例如，自申请日起算满18个月以后，专利局就可以公开有关的申请案。又如，就发明专利权的申请来说，自申请日起算的三年以内，申请人必须提出实质审查的请求。否则有关的申请案将视为撤回。再如，在有关新颖性和创造性的审查中，

"现有技术"是指申请日以前的技术。申请日及其以后所公开的技术，都不属于现有技术的范围，不能作为新颖性和创造性审查的参考。

二 国际优先权

按照巴黎公约，公约成员国的国民在一个成员国提出发明专利、实用新型或者外观设计注册的申请以后，又在一定的期限内在其他成员国申请保护的，应当享有优先权。其中的一定的期限，就发明专利和实用新型的申请来说是 12 个月，就外观设计注册的申请来说是 6 个月。按照这个规定，如果某人在一个成员国就发明专利、实用新型或者外观设计注册提出了申请，又在 12 个月或者 6 个月内在其他成员国提出了同样的申请，其他成员国都应当承认他的第一个申请日为本国的申请日，而不是他在该成员国真正提出申请的日期。与此相应，他在第一个成员国提出申请的日期就叫做"国际优先权日"。

国际优先权对于专利申请人来说是非常重要的。首先，专利申请人在提出申请时，不必同时向本国和外国提出申请。按照优先权原则，申请人还有 12 个月或者 6 个月的时间，考虑自己的发明创造需要在哪些国家获得保护，并办理必要的手续。在此期间，申请人不必担心他人抢先就自己的发明创造申请专利，因为他在其他国家的申请日是他第一次提出申请的日期。在此期间，其他人即使就同样的发明创造提出了申请，也会因为缺乏新颖性而遭到驳回。其次，在 12 个月或者 6 个月的期间内，申请人可以在原有申请案的基础上进行改进，并将改进的成果纳入到新的申请案中，或者在符合专利申请单一性原则的前提下，将几个相关的专利申请合并到 起提山中请案。而且，中请人在就申请案进行上述改动的时候，仍然享有原有的申请日及相应的好处。

值得注意的是，国际优先权不是一项自动产生的权利。申请人就相同的发明创造向其他国家提出专利申请时，应当要求享有优先权，并提交相关的证明文件。一般情况下，专利申请的请求书中有一栏，是否要求优先权。申请人只要填写要求优先权，写明第一次提出专利申请的日期、申请号和受理国家的名称，就可以了。当然，在此之后的三个月内，申请人还要提交在国外第一次提出专利申请的文件副本。如果申请人没有主张优先权，则不会自动享有优先权；如果申请人在三个月内没有提交第一次专利申请的文件副本，视为未要求优先权。

中国是巴黎公约的成员国，应当执行公约有关优先权的要求。专利法第 29 条规定："申请人自发明或者实用新型在外国第一次提出专利申请之日起 6 个月内，又在中国就相同主题提出专利申请的，依照该外国同中国签订的协议或者共同参加的国际条约，或者依照相互承认优先权的原则，可以享有优先权。"这样，外国人来中国申请专利，只要是巴黎公约成员国的国民（包括可以享受国民待遇的人），只要他们在国外已经提出了专利申请，并且提出了国际优先权的要求，提交了相关的文件，就可以在中国享有国际优先权。

此外，根据"知识产权协议"，世界贸易组织成员的国民在专利申请方面，也享有国际优先权。

三 国内优先权

国内优先权又叫做本国优先权，是指本国国民在提出专利申请之后的 12 个月之内，可以就相同的主题再次向专利局提出申请，并且享有优先权。值得注意的是，国内优先权仅涉及发明和实用新型专利申请，不涉及外观设计专利申请。这与国际优先权不同。

规定国内优先权，可以让本国申请人享受若干好处。例如，申请人在提出发明或者实用新型的专利申请之后，如果在 12 个月之内又做出了新的改进，他可以提交一份新的申请案，同时又以第一次提出申请的日期为新申请案的申请日。显然，这有利于申请人在提出专利申请后继续对相关的技术进行改进、增补和发展，既提出一份新的申请案，又享有原有的申请日。又如，申请人可以在符合单一性原则的前提下，将几个专利申请案合并为一个，在优先权的期限内提出一份新的申请，并且享有最早一个申请案的申请日。在这种情况下，申请人还可以达到节省申请费用的目的。此外，在中国专利法既保护发明又保护实用新型的情况下，国内优先权还有另外一个含义，即申请人可以在 12 个月之内将发明专利申请改为实用新型专利申请，或者将实用新型专利申请改为发明专利申请。当然，无论在何种情况下，申请人一旦依据国内优先权提出了新的申请，在先的申请案都会被视为撤回。

国内优先权制度是在国际优先权的基础上发展起来的，很多国家的专利法都不仅规定了有利于外国申请人的国际优先权，也规定了有利于本国申请人的国内优先权。中国 1985 年实施的专利法没有国内优先权的规定，至 1992 年修订专利法才引进了国内优先权的制度。显然，这是一项有利于本国申请人的举措。

与国际优先权一样，国内优先权也不是自动产生的，申请人应当在提出新的申请时要求享有国内优先权。同时，根据专利法实施细则第

33 条的规定，提出后一申请时，在先申请的主题有以下情形的，不得作为要求本国优先权的基础：已经要求外国优先权或本国优先权的；已经被授予专利权的；属于按照规定提出的分案申请的。

第四节　专利申请的审查

一　专利申请审查概述

在专利申请的审查方面，世界上主要存在着三种审查方式，即形式审查制、实质审查制和请求审查制。

形式审查制，又叫登记制或注册制。按照这种审查制度，专利机关仅对申请文件是否完备、申请文件的填写是否符合法律规定、申请人是否交纳了申请费用，以及申请案中的发明是否属于专利法保护的范围等形式要件进行审查。只要有关的申请案的形式要件符合要求，就可以授予专利权。至于该申请案中的发明是否符合专利权的实质性要件，如新颖性、创造性和实用性，则不予以审查。如果有关的"发明"不符合专利权的实质性要件，则留待侵权诉讼中由法院加以解决。我国对于实用新型和外观设计专利的审查，就是采取形式审查的方式。

在形式审查制下，专利局不必配备太多的审查人员，专利申请案的审查和授权也简单易行，申请人很快就可以获得专利权。但是形式审查制不涉及专利权的实质性要件，由此而获得的专利授权的质量也不高，权利状态不稳定，很容易在侵权诉讼或其他程序中被宣告为无效。这种专利权，既不利于专利权的转让或者许可，也不利于社会公众对于专利技术的利用。所以世界上的绝对大多数国家都不再采用形式审查制。即使是采取形式审查方式，也会与"异议程序"或者实质审查程序结合起来。[①]

实质审查制，又叫全面审查制。按照这种制度，专利机关对于专利申请案，不仅进行申请文件、申请费用、申请人资格、有关技术是否属于专利法保护范围等形式要件方面的审查，而且要进行新颖性、创造性和实用性等实质要件的审查。只有在有关的申请案既符合形式要件，又符合实质要件的情况下，才可以授予专利权。美国目前所采取的审查方

[①] 欧洲的一些国家，如荷兰、法国，会在欧洲专利局进行实质审查的基础上，以形式审查的方式决定是否授权。

式，就是全面审查制度。按照美国专利法的规定，有关的申请案还必须符合充分披露，以及披露最佳实施方案的要求。

在实质审查制下，由于专利机关对有关的申请案进行了全面的审查，尤其是在现有技术的基础之上进行了新颖性、创造性和实用性的审查，所授予的专利权质量比较高，权利状态比较稳定，有利于专利权人转让、许可他人实施自己的技术，也有利于社会公众利用相关的技术。当然，按照实质审查制的要求，专利机关要配备相当数量的审查人员。他们应当具有较高的技术水平、丰富的审查经验，以及通晓多种外国文字。除此之外，专利局还要配备良好的办公设施，包括完备的专利文献和非专利文献的检索系统。即使如此，仍然会有审查、授权速度慢，申请案大量积压的弊病。

请求审查制，又叫做早期公开、延迟审查制。按照这种制度，专利机关在收到专利申请案以后先进行形式审查，然后在申请日起算的 18 个月以后公开有关的申请案。这种公开相当于发明的公开，因为公开的申请文件包括说明书和权利要求书。这就是"早期公开"的含义。自申请案公开以后，从申请日起算的一定时期内如 3 年、5 年，申请人可以要求专利机关对自己的申请案进行实质审查。如果在法定的期限内，申请人没有提出实质审查的要求，则有关的申请案视为撤回。

实行请求审查制有若干好处。就申请人来说，经过了 3 至 5 年的时间，他可能发现申请案中的技术难以实施，或者可以为新的技术所取代，或者没有市场价值等等。在这种情况下，他可能认为获得专利权、维持专利权没有什么意义，因而不再花钱要求专利机关进行实质审查。这实际上是给申请人提供了一个放弃专利申请案的机会。当然，如果申请人认为申请案中的技术很好，具有相当的市场前景，也可以交纳相关的费用，启动继续审查的程序。就专利机关来说，由于申请人通过不要求实质审查的方式放弃了许多申请案，也大大减轻了工作量，减少了专利申请案的积压。在这种情况下，专利机关只需要对数量不多的申请案进行实质审查，然后做出授权与否的决定。

请求审查制是由荷兰专利局于 1964 年创立。由于这种制度优点突出，所以为很多国家所采纳。我国专利法从 1985 年开始，一直实行这种制度。

二　发明专利申请的审查

根据中国专利法，在受理了发明专利的申请以后，专利局要经过初步审查、公开申请案和实质审查等程序，然后在符合专利法要求的情况下授予专利权。

（一）初步审查

所谓初步审查，就是对专利申请文件进行形式要件方面的审查。包括：申请文件是否齐全，撰写是否符合法律要求；申请人是否属于法律规定的合格的申请人；申请发明专利权的主题是否明显违反国家法律、社会公德或者妨害公共利益，是否明显属于专利法不予保护的客体；申请专利权的主题是否明显不符合单一性原则；对申请文件的修改是否明显超出原始公开的范围；申请人是否交纳了足够的申请费用；等等。值得注意的是，这里所说的是"明显"的缺陷。如果不是明显的缺陷，则留待以后的实质审查解决。

经过初步审查，如果有关的缺陷可以通过补正的方式加以解决，则应当通知申请人在指定的期限内补正。如果存在不可克服的缺陷，则应当给予申请人以答辩的机会。如果经过补正或者陈述意见，仍然不符合专利法要求的，则应当予以驳回。

（二）公开申请案

对于通过初步审查的发明专利申请案，自申请日起算满 18 个月，专利局就可以公开申请案。在申请人要求优先权的情况下，则是自优先权日起算满 18 个月公开申请案。这叫做申请案的早期公开。当然，申请人也可以要求专利局早日公开自己的申请案，而不必等待 18 个月的期限。

随着申请案的公开，专利申请案中的技术发明就会为社会公众所知晓，也有可能为他人所实施。在这种情况下如何保护申请人的利益，就是一个值得讨论的问题。大体说来，早期公开的申请案，没有进行过实质审查，将来不一定能够获得专利权。所以申请人无权要求他人停止实施自己申请案中的技术。但是在另一方面，他人对于有关技术的实施，可能又是基于专利申请案的公开。针对这种情况，专利法第 13 条规定，发明专利申请公开以后，申请人可以要求实施其发明的单位或者个人支付适当的费用。这是对于专利申请案的临时保护，是防止他人任意实施专利申请案中的技术发明的一个措施。当然，如果申请人撤回申请案，或者申请案经过实质审查被驳回，这种临时保护也就不存在了。

值得注意的是，专利法所规定的是"可以"要求适当的费用。这样，实施有关技术的单位或者个人就有可能拒绝支付费用。不过，在获得专利权以后，申请人就可以依据已经获得的专利权，要求有关单位或者个人支付有关的费用。如果有关单位或者个人仍然拒绝支付，权利人可以请求专利管理机关处理，或者向法院提起诉讼。①

（三）实质审查

自发明申请案公开以后，申请人就可以随时要求专利局进行实质审查。当然这里所说的"随时"，是指申请日起算的三年以内。这叫做请求审查。如果申请人在上述期限内没有提出实质审查的要求，则视为申请案的撤回。当然在必要的时候，专利局也可以不等申请人的请求，自动开始实质审查。

所谓实质审查，就是对申请案中的技术方案进行新颖性、创造性和实用性的审查，以及申请案是否对相关的技术发明进行了充分公开。除此之外，实质审查还包括对形式审查中的某些内容进行进一步的审查，如是否违反国家法律、社会公德或者妨害公共利益，是否属于专利法不予保护的客体，申请人是否合格等等。

经过实质审查，如果没有发现驳回理由的，专利局就应当授予专利权，并且予以登记公告。如果发现有不符合专利法规定的内容，则应当通知申请人或者代理人，要求在指定的期限内进行陈述或者修改。对于不符合专利法要求，包括经过陈述或修改仍然不符合专利法要求的申请案，应当予以驳回。如果申请人对驳回决定不服，可以在收到通知后的三个月内，请求专利复审委员会进行复审。

三 实用新型和外观设计专利申请的审查

实用新型和外观设计专利申请的审查，要比发明专利申请的审查简单得多。专利局在受理了申请案以后，只要进行初步审查，就可以决定授权与否。

对于实用新型和外观设计专利申请的初步审查，主要包括以下内容：申请文件是否齐全，撰写是否符合法律要求；申请人是否属于法律规定的合格的申请人；申请实用新型或者外观设计专利权的主题是否明显违反国家法律、社会公德或者妨害公共利益，是否明显属于专利法不予保护的客体；申请实用新型或者外观设计专利权的主题是否明显不符合单一性原则；对申请文件的修改是否明显超出原始公开的范围；申请

---

① 如果获得专利权，保护期限为自申请日起算的 20 年，自然包括申请案公开到获得授权的时段。至于获得专利权以后，如果他人未经权利人同意而实施其专利技术，就会构成侵权。

人是否交纳了足够的申请费用；等等。

经过初步审查，如果没有明显的违反法律规定的内容，专利局应当授予专利权。至于有关的实用新型申请案是否符合新颖性、创造性、实用性和其他的法律要求，以及有关的外观设计申请案是否符合新颖性、原创性和其他的法律要求，则留待以后的无效程序或者诉讼程序解决。经过初步审查，如果发现实用新型或者外观设计申请案中存在着明显的缺陷，就应当通知申请人加以补正。如果有关的缺陷不能补正，或者经过补正后仍然不符合法律要求，则应当驳回申请。如果申请人对驳回申请的决定不服，可以在收到通知后的三个月内，请求专利复审委员会进行复审。

由于实用新型和外观设计的专利申请案在经过了初步审查后就授予专利权，没有进行过实质审查，所以授予的专利权的质量不高，有关权利的状态也很不稳定。从审查实务来看，重复授权、不符合实质性要件的授权很多。这些问题，只能在以后的无效程序和诉讼程序中加以解决。

第五节　专利申请的复审与专利权的无效

一　专利申请的复审

申请人提出的专利申请案，经过专利局的审查，只会产生两个结果。或者授予专利权，或者驳回专利申请。专利局所做出的驳回专利申请的决定，无论是针对发明专利申请的，还是针对实用新型或者外观设计专利申请的，也无论是在初步审查之后做出的，还是在实质审查之后做出的，如果申请人不服，都可以在收到通知后的三个月之内，要求专利复审委员会进行复审。

在通常情况下，专利局的审查人员会认真从事申请案的审查工作，并在相关资料或者证据的基础上做出驳回申请的决定。但是这并不排除审查员会发生判断的失误，现有技术检索的遗漏，以及个别人的玩忽职守。所以按照世界各国专利法的规定，申请人如果对专利局的驳回决定不服，可以或者要求专利复审委员会进行复审，或者要求专利法院复审。设立复审程序，一方面为申请人提供一个维护自己合法权益的机会，另一方面也为专利机关提供了一个纠正可能发生的失误的机会。事实上，各国专利复审委员会（或者专利法院）确实纠正过许多失误的案件，并且做出过一些有影响力的裁决。

按照中国专利法，专利复审委员会在接到复审要求后，通常是将有关的文件送交原来做出驳回决定的部门，由该部门审查自己的决定是否适当。这叫做"前置审查"。如果原来的审查部门认为请求复审的理由成立，愿意撤回原来的驳回申请的决定，则专利复审委员会不再进行审查，直接做出撤销决定。如果原来的审查部门坚持自己的驳回决定，则专利复审委员会组成合议小组，或者撤销原来的驳回决定，或者维持原来的驳回决定。

如果申请人对专利复审委员会的决定仍然不服，可以在收到通知之后的三个月内向法院提出诉讼。

二　专利权的无效

（一）专利权无效的理论

根据世界各国的做法，专利权授予之后，任何人都可以对专利局授予的专利权提出质疑，要求法院或者专利复审委员会宣告专利权无效。这是因为，在专利申请的过程中，申请人可能会有意无意隐瞒一些事实，如可以破坏自己申请案的新颖性、创造性的现有技术，没有充分披露有关的发明创造和最佳的实施例，权利要求书所界定的范围过大，申请人不是合格的申请人，等等。而在专利审查过程中，专利局或者专利审查员也有可能发生一些失误，如遗漏了某些重要的现有技术，对不应当授予专利权的客体（专利法不保护的发明创造，违反国家法律、社会公德或者妨害公共利益的发明法创造）授予了专利权，对同样的发明创造授予了两项以上的专利权，等等。无论是申请人的失误，还是专利局的失误，都有可能对某些不应当授予专利权的申请案授予了专利权。这样，专利局所授予的专利权，只能是一种推定有效的权利。至于这种权利是否真的有效，还应当接受第三人的挑战，由法院或者专利复审委员会做出决定。

我们说专利局所授予的专利权是一项推定有效的权利，任何人都可以对这种推定有效的专利权进行挑战，还隐含着这样一个前提，即专利局所授予的专利权，应当是就真正的发明创造所授予的。专利法的一个基本理论是，申请人将真正属于自己的发明创造公开；作为这种公开的对价，代表国家或者社会公众利益的专利局，赋予申请人在一定期限之内享有排他性的权利。这样，申请案中的发明创造就必须是属于申请人的，就必须是真正的发明创造，就必须是充分公开了的发明创造。否则，国家或者社会公众所授予的专利权，就可能是没有对价的或者对价不够的排他性权利。如果授予了这样的专利权，就会损害国家或者社会公众的利益。

支持上述理论的另一个说法是，专利局所授予的专利权，毕竟只是申请人与专利局之间互动的结果。在这个过程中，申请人和专利局可能会有失误，申请人可能会有意隐瞒一些事实真相，专利审查员也可能会玩忽职守。这样，专利局所授予的推定有效的专利权，就应当接受社会公众的挑战，并在相关的司法或者行政程序中剔除那些虚假的和有瑕疵的"专利权"。与此相应，对推定有效的专利权提出挑战的，就可以是社会公众中的任何人，包括被控侵权者和专利技术的被许可人。按照国外的一些判例，即使许可合同中订立了被许可人不得挑战专利权有效的条款，法院仍然允许被许可人挑战专利权的有效性。也许，只有被许可人才更清楚有关的专利权是否真的有效。

在国外的专利司法实践中，专利权的无效宣告是非常重要的。根据有关的数字，在美国的专利司法实践中，大约有40%左右的专利权被法院宣告为无效。而根据欧洲专利局提供的数字，由欧洲专利局所授予的专利权（指定国为德国的部分），在德国的司法实践中，约有三分之一被宣告为无效，约有三分之一被要求修改保护范围，约有三分之一被维持有效。①

（二）中国专利法的规定

应该说，中国专利法的有关规定也体现了上述的理论，即专利局所授予的专利权是推定有效的，任何人都可以对之挑战，请求宣告无效。按照专利法第45条的规定，自专利局授予专利权之日起，任何单位或者个人认为该专利权的授予不符合专利法的有关规定的，可以请求专利复审委员会宣告该专利权无效。其中的任何单位或个人，显然也包括了被控侵权人和被许可人。

根据中国专利法的规定，宣告专利权无效的请求，是向专利复审委员会提出。社会公众提出这样的请求，大体有两个时机。一是社会公众直接向专利复审委员会提出无效请求。二是在侵权诉讼中被控侵权人向专利复审委员提出无效请求。在后一种情况下，法院可以根据情况中止诉讼程序，等待专利复审委员会的决定。② 如果专利复审委员会宣告专

---

① 有关欧洲专利局和德国司法实践中的数字，系本书作者于2003年1月访问欧洲专利局时所获得。

② 按照西方国家的一般做法，授予专利权是专利局（行政机关）的事情，判定专利权有效与否是法院的事情。

利权无效，则诉讼终止。如果专利复审委员会维持专利权有效，或者部分有效，则有关的诉讼程序可以继续进行。

显然，在中国专利法的背景之下，专利权的无效程序意义更为重大。因为实用新型专利权和外观设计专利权，是在初步审查之后授予的。由于没有经过实质性审查，不符合专利法规定的"专利权"，重复授予的"专利权"随处可见。只有通过无效程序，包括诉讼中的无效请求，才可以将虚假的和有瑕疵的"专利权"剔除出去。根据有关的数字，经过专利复审委员会或法院的审理，大约有60%以上的实用新型专利权被宣告为无效。当然，即使是通过了实质审查的发明专利权，也会有大量虚假的和有瑕疵的"专利权"，也需要通过无效程序加以剔除。

根据专利法的规定，被宣告为无效的专利权视为自始无效。这是毫无疑问的。因为，虚假的专利权，或者某一专利权中的虚假的部分，从一开始就不应该授予专利权。当然，这也有例外。根据专利法第47条，宣告专利权无效的决定，对于以下三种情况不具有追溯力：在宣告专利权无效前，人民法院做出并且已经执行的专利侵权的判决、裁定；已经履行或者强制执行的专利侵权纠纷处理决定；以及已经履行的专利实施许可合同和专利权转让合同。

做出上述规定，主要是为了稳定已经执行的判决、裁定和处理决定，以及已经履行的合同。如果因为有关的专利权被宣告无效，再去推翻法院或者行政机关已经执行的判决、裁定和处理决定，再去推翻已经履行的合同，势必造成许多不必要的混乱。当然，这里又有例外。如果专利权人出于恶意，给他人造成了损失，则应当进行赔偿。

对于专利复审委员会做出的宣告专利权无效或者维持专利权有效的决定，如果当事人不服，可以在收到通知后的三个月内，向人民法院提起诉讼。

三　专利复审委员会

按照大多数国家的专利法，均在专利局之内或者之外设立专利复审委员会。如果申请人对专利局做出的驳回申请案的决定不服，就可以要求专利复审委员会进行复审。当然，有的国家如德国，没有设立专利复审委员会，而是设立了专门的专利法院，对专利局驳回申请的决定进行复审。

在这方面，中国与大多数国家一样，在专利局之内设立了专利复审委员会，由专利局指定的技术专家和法律专家组成，并由专利局长兼任主任委员。在职能上，与大多数国家的专利复审委员会相比，中国的专利复审委员会又多了一项。除了对驳回专利申请的决定进行复审并做出复审决定外，还对宣告专利权无效的请求进行审理，做出宣告无效、部分无效或维持有效的决定。在很多国家，后一项职能是由法院行使的。

按照1984年专利法，专利复审委员会的决定分为两类。一类是关于发明专利权的决定，如果当事人不服，可以到法院起诉。另一类是关于实用新型和外观设计专利权的决定，为终局决定，当事人必须服从，没有司法复审的机会。至2000年8月修订专利法，改为专利复审委员会做出的决定，无论是关于发明专利权的，还是关于实用新型和外观设计专利权的，无论是有关专利申请复审的，还是有关专利权无效程序的，如果当事人不服，都可以到人民法院起诉。在这种情况下，专利复审委员会是作为被告来应诉的。

问题与思考

有一位深圳的专利权人曾经抱怨自己的专利权得不到保护。仔细听下来，问题出在专利确权程序上。具体情况是，他拥有一项专利权，发现有人侵权后在深圳市中级人民法院提起了侵权诉讼。依照通常的做法，被告很快提出了原告专利权无效的主张。依据我国专利法的规定，只有专利复审委员会可以做出专利权是否有效的决定，受理案件的法院不能做出相关决定。所以，深圳市中级人民法院也按照通常的做法，停止侵权案件的审理，等待专利复审委员会的决定。如果专利复审委会宣告专利权无效，则原告提起侵权诉讼的前提不复存在，法院就会终止审理。如果专利复审委员维持专利权的有效性，则法院可以继续审理，判定被告是否侵权。

然而，对于专利复审委员会决定的司法复审，使得这个问题变得更为复杂起来。依据专利法的相关规定，对于专利复审委员会的决定，当事人不服可以起诉到北京市第一中级法院。对北京市第一中级法院的判决再不服，还可以上诉到北京市高级法院。如果北京市高级法院最终做出了专利权有效的判决，则深圳市中级人民法院恢复审理活动，确定被告是否侵权。如果深圳市中级法院做出了侵权的判决，当事人不服还可以上诉到广东省高级法院。

这样一来，一个专利侵权案件走完这样的程序，少说也要有三、五年的时间。而有些专利技术，可能不等这样的程序走完，就已经丧失了市场上的价值。显然，如此纷繁复杂的程序，不仅不利于权利状态的确定，而且不利于权利人的保护。

解决这个问题的方案之一，是由受理案件的法院直接决定专利权是否有效。如果判定专利权有效，可以继续判定被告是否侵权。如果判定专利权无效，则可以终止有关的审理。事实上，欧美一些国家在专利侵权诉讼中所采取的，就是这样的做法。

对于这个方案，也有人担心法官不懂技术问题，会做出错误的判断。这又涉及了另外一个问题，即专利权的有效与否，是一个法律问题还是技术问题。应该说，专利权的有效与否，包括有关的技术发明是否符合新颖性、创造性和实用性的标准，都是法律问题。按照美国的做法，专利权尽管涉及了技术问题，但可以通过专家证人的方式，帮助法官理解相关的技术问题，然后在此基础之上做出有关法律问题的判断。按照德国的做法，则是在法院中设立专门的技术法官，与法律法官一起审理相关的案件。与德国的做法相似，日本也在法院中设立了技术调查官，由他们帮助法官理解相关的技术问题。

应该说，有关知识产权的很多案件，虽然会面临技术问题，但法院最后所裁定的仍然是法律问题。或者说，很多案件表面上看来设及了复杂的技术问题，但法律所面对的，包括法官所面对的，仍然是法律的问题。这个结论不仅适用于有关专利权的案件，也适用于有关著作权、商标权和反不正当竞争的案件。

复习题

1. 什么是职务发明创造？职务发明创造归谁所有？
2. 为什么说权利要求书是一个具有法律效力的文件？
3. 什么是国际优先权？什么是国内优先权？
4. 什么是专利审查中的请求审查制？
5. 如何理解专利权无效的制度？

阅读书目

汤宗舜：《专利法教程》（第三版），法律出版社，2003。

郑成思：《知识产权法》（第二版），法律出版社，2002。

李明德：《美国知识产权法》，法律出版社，2003。

第十四章 专利权的内容

要点提示

本章特别指出，专利权是权利人就相关的发明创造所享有的权利；专利权的内容则是权利人利用相关发明创造的方式，如制造、使用、销售和进口等等。专利权不同于专利权人可以享有的权利。

本章简要讨论了专利权的例外，如销售权用尽、先用权、在外国运输工具上使用相关的专利技术，以及为了科学研究和实验的目的而使用相关的专利技术。

本章还讨论了专利权的保护期限，尤其是专利权的维持年费与专利权提前终止之间的关系。

专利权是指专利权人就相关的发明创造所享有的权利，如利用专利技术制造、使用、销售、进口相关的产品。专利权不同于专利权人可以享有的权利。专利权人可以享有的权利，除了专利权，可能还有其他的权利，如注明专利标记的权利，转让或者许可自己的专利权的权利，以及用自己的专利权进行担保、抵押、入股、投资的权利等等。本章所说的专利权的内容，仅指专利权人利用自己的发明创造的方式，如制造、使用、销售和进口等等，而不包括专利权人可以享有的其他权利。

专利权虽然是一项排他性的权利，但不是一项绝对的权利。专利权的保护有一定的期限，并且可能因为某些原因而提前终止。除此之外，专利权人在利用自己的发明创造的时候，还要受到各种各样的限制，如他人的先用权和为了科学研究的使用等等。

第一节　专利权的内容

一　专利权的规定方式

著作权法和商标法所规定的权利，通常都是以肯定性的方式规定的。例如，根据著作权法，作者享有复制权、演绎权和表演权等等。又如，根据商标法，商标所有人对注册商标享有专用权。当然，隐含在这类规定之后的另一层含义是，他人未经权利人的同意，不得以同样的方式使用作品或者注册商标。

然而，世界上绝大多数国家对于专利权内容的规定，则是采取了排他性的方式。按照这种方式，专利法不是规定专利权人享有制造权、使用权和销售权等等，而是规定他人未经专利权人的同意不得制造、使用和销售专利权所覆盖的产品。例如，美国专利法第271条规定，在专利权的有效期内，任何人未经专利权人的许可而制造、使用、销售、许诺销售和进口专利权所覆盖的发明，都是侵权。又如，世界贸易组织的"知识产权协议"第28条规定，专利权人享有以下排他性的权利：就产品专利而言，有权制止第三方未经其同意而制造、使用、许诺销售、销售和进口该产品；就方法专利而言，有权制止第三方未经其同意而使用该方法，以及使用、提供销售、销售和进口依照该方法直接获得的产品。

在这方面，中国专利法也采取了相同的规定方式。专利法第11条规定："发明和实用新型专利权被授予后，除本法另有规定的以外，任何单位或者个人未经专利权人许可，都不得实施其专利，即不得为生产经营目的制造、使用、许诺销售、销售、进口其专利产品，或者使用其专利方法以及使用、许诺销售、销售、进口依照该专利方法直接获得的产品。""外观设计专利权被授予后，任何单位或者个人未经专利权人许可，都不得实施其专利，即不得为生产经营目的制造、销售、进口其外观设计专利产品。"

关于这种规定方式，可以有不同的解释。有一种解释认为，专利权所覆盖的技术发明，本来就是属于专利权人的，他实施或者利用有关的技术发明，不需要法律的授权。这种说法似乎难以解释，在作者创作了作品的情况下，著作权法仍然规定作者享有复制权、演绎权和表演权等等。所以，对于这种规定方式，也许还应该从专利权所覆盖的技术发明来予以说明。

正如本编第二章第一节所论述的那样，专利法所说的产品发明或者方法发明，是指就产品或方法所提出的技术方案。而在一项具体的产品或者方法之中，则有可能存在着许多项专利技术和非专利技术。例如，甲发明了一个全新的器械，属于开拓性的发明创造，包括 ABC 三个主要技术特征。但是该开拓性的产品，在使用方面有很多缺陷，达不到理想的效果。假如乙在此基础上，就 B 和 C 做出了显著改进，大大克服了该器械的缺陷，其主要技术特征是 B′和 C′。如果甲乙二人都获得了专利权，他们仅就自己的发明享有权利。甲未经乙的许可，不得使用乙的专利权所覆盖的 B′和 C′；而乙未经甲的许可，也不得利用甲的专利权所覆盖的 ABC。无论是甲还是乙，要想生产出功能和效果更好的产品，都必须在获得许可的情况下使用对方的技术发明。所以在这种情况下，甲和乙所享有的专利权都是，他人未经许可不得使用自己的技术发明。甲不能因为自己就 ABC 享有专利权，就在制造产品的过程中使用乙的技术 B′和 C′，而乙也不能因为自己就 B′和 C′享有专利权，就在制造产品的过程中使用甲的技术。

以上只是一个简单的为了说明问题的例子。而在现实生活中，一件产品如电视机、计算机，可能会涉及很多很多的专利技术，以及很多很多的非专利技术。这样，每一个专利权人所享有的权利都是，他人未经许可不得为制造、使用、销售和进口产品的目的而使用自己专利权所覆盖的技术。而每个人为了制造、使用、销售和进口相关的产品，除了利用自己的专利技术，还需要获得许可使用他人的专利技术。

二 发明专利权和实用新型专利权的内容

在专利法只保护发明的国家里，专利权是针对发明而言的。而在中国专利法中，不仅有发明专利权，还有实用新型专利权和外观设计专利权。这里先说发明专利权和实用新型专利权的内容。

发明分为产品发明和方法发明，而两种专利权的内容也不尽相同。此外，从技术的角度来看，实用新型属于产品发明的一种，二者的区别仅在于获得专利权的要件有所不同。一旦获得了专利权，专利权人对于实用新型和产品发明的利用方式并无不同。所以，这里把产品发明专利权和实用新型专利权的内容放在一起论述，然后再说明方法专利权的内容。

（一）产品发明专利权和实用新型专利权的内容

根据我国专利法和绝大多数国家专利法的规定，就产品专利权来说，专利权人享有以下五项权利。

（1）制造权，即防止他人利用自己的专利技术制造相关产品的权利。

（2）使用权，即防止他人使用含有自己专利技术的产品的权利。使用权是针对使用相关的专利产品而言的。从使用权的角度来看，不问有关的产品是由谁制造的。只要使用者未经许可使用了含有专利技术的产品，就有可能构成侵权。而且，这里的使用可能是为了展示的使用，也可能是为了发挥其技术功能的使用；可能是一次使用，也可能是多次使用。

（3）许诺销售权，即防止他人以广告、展示等表达销售意思的方式，准备销售含有专利技术的产品的权利。

许诺销售，是 2000 年修订专利法时根据"知识产权协议"，赋予专利权人的一项新的权利内容。许诺销售的英文是"offer for sale"或"offer to sell"，直译过来应当是"为了销售而提供"。英文中的"sell"是指真实的销售，如一手交钱，一手交货。这样，"offer for sale"就是指真实销售以前的一系列推销活动，如广告、展示等等。

（4）销售权，即防止他人销售含有专利技术的产品的权利。与许诺销售相对应，这里的销售是指真实的销售，或者产品的成交。

（5）进口权，即防止他人进口含有专利技术的产品的权利。这里的进口是指，含有专利技术的产品从国外输入中国，而不论这项技术在产品的制造国是否获得了专利权的保护。同时，含有专利技术产品的进口，也与进口的目的无关，不论该产品是用来销售的还是用来无偿发放的。

进口权与专利权的地域性密切相关。一项技术发明有可能在一个或者数个国家获得专利权，但不可能在全世界所有的国家都获得专利权。这样，在没有获得专利权的那些国家里，该项技术就处于公有领域之中，人人可得以利用，制造甚至出口含有该项技术的产品。在这种情况下，如果在获得了专利权的国家里，专利权人就自己的技术发明不享有进口权，任由他人进口含有专利技术的产品，就会严重损害自己的利益。当然，专利权人享有进口权，并非只是利用进口权阻止相关产品的进口。他也可以在获得权利金或者其他好处的前提下，允许含有专利技术的产品进口。

在 1985 年专利法中，没有进口权的规定，直到 1992 年修订专利法才规定了进口权。这不仅使得中国专利法在这个问题上与绝大多数国家一致起来，而且有利于专利权的保护。

（二）方法专利权的内容

根据我国专利法和绝大多数国家专利法的规定，就方法专利权来说，专利权人享有以下五项权利。

（1）使用专利方法的权利。方法发明，可以是制造产品的方法，也可以是其他的方法，如温度控制的方法，化学分析的方法，等等。就方法专利权的这项内容来说，是指专利权人可以防止他人未经许可而使用自己的专利方法，而不论相关的方法是产品制造的方法，还是其他的方法。

（2）使用依照专利方法直接获得的产品的权利。

（3）许诺销售依照专利方法直接获得的产品的权利。

（4）销售依照专利方法直接获得的产品的权利。

（5）进口依照专利方法直接获得的产品的权利。

在以上权利内容中，后四项所涉及的都是制造产品的方法。按照中国 1984 年专利法，方法专利权只涉及方法本身，不涉及依照方法直接获得之产品。这样，他人即使制造、使用、销售了相关的产品，都不会侵犯专利权人的权利。专利权人只能阻止他人未经许可而使用自己的专利方法。但是，他人是否在制造过程中使用了自己的专利方法，专利权人又难以证明。所以到了 1992 年修订专利法，才按照国际上的惯例，将方法专利权的保护范围延伸到用该方法直接获得之产品上。

在制造产品的方法的情况下，有关的产品既可以用专利方法直接获得，也可以用非专利方法获得。与此相应，方法专利权所保护的仅仅是依照专利方法直接获得之产品，包括该产品的使用、许诺销售、销售、进口。如果他人用其他方法制造了相同的产品，并且使用、许诺销售、销售和进口相同的产品，则不在专利权的范围之内。然而在现实生活中，即使被告使用专利方法获得了相同的产品，专利权人也很难证明被告所使用的是自己的专利方法。这样，在方法专利侵权的认定上，就出现了举证责任倒置的方式。按照这种方式，如果方法专利权人在市场上看到了与自己的方法直接获得的产品相同的产品，就可以推定该产品是依照自己的方法专利直接获得的，并且提起侵权诉讼。这时，就由被告承担举证责任，证明自己的产品是以其他方法获得的，而非依照专利方法直接获得的。如果被告不能证明自己使用了其他方法获得产品，则可以推定被告使用了专利权所覆盖的方法。

三 外观设计专利权的内容

由于外观设计可以采用专利权的方式加以保护，也可以采用其他权利方式予以保护，如制定专门的外观设计法，所以外观设计所有人在不同的国家所享有的权利内容也不尽一致。根据中国专利法，外观设计所有人在获得了专利权的情况下，就相关的外观设计享有以下一些权利内容。

（1）制造权，即防止他人制造含有自己的外观设计之产品的权利。

（2）销售权，即防止他人销售含有自己的外观设计之产品的权利。

（3）进口权，即防止他人进口含有自己的外观设计之产品的权利。

如果与发明专利权的内容相比，就会发现少了使用权和许诺销售权。事实上，将外观设计使用到相关的产品上，本身就属于制造含有外观设计的产品。所以就外观设计专利权来说，制造权已经含有了使用的意味。至于许诺销售权，本来是应该规定的。例如美国专利法保护的外观设计专利权，就含有许诺销售的内容。不过，"知识产权协议"是将外观设计作为单独的保护客体，而没有纳入专利权的客体之中。与此相应，"知识产权协议"在规定外观设计权利人所享有的权利时，也只是提到了制造、销售和进口的内容，没有许诺销售的内容。这样，中国专利法即使没有规定外观设计专利权人享有许诺销售权，也符合"知识产权协议"的基本要求。

在理解外观设计专利权的时候，还应当注意以下两点。

第一，外观设计由形状、图案和色彩等要素构成，必须附着于一定的产品之上。外观设计不可能脱离具体的产品而独立存在。与此相应，外观设计专利权所保护的是附着于产品之上的外观设计，而不是产品本身。这样，中国专利法第11条第3款所说的"制造、销售、进口其外观设计专利产品"，其含义就是含有外观设计的产品，而非产品本身。因为，产品本身可能含有公有领域中的技术，也可能含有他人的发明专利权或者实用新型专利权所覆盖的技术。而外观设计专利权所保护的不是功能性的技术要素，而是形状、图案和色彩等非功能性的要素。

第二，外观设计专利权所保护的是某类产品上所使用的外观设计。外观设计所使用的产品有一个国际分类。按照这种分类方式，外观设计人在申请专利权时，必须指明相关的外观设计所使用的产品种类。这样，在获得了外观设计专利权之后，权利人只能防止他人未经许可而将专利权所覆盖的外观设计使用在指定的产品种类上，而不能阻止他人将相同或近似的外观设计使用在其他产品种类上。

第二节　专利权的例外

专利权是一种排他性的权利。根据这项权利，他人未经许可而使用专利权所覆盖的技术发明，无论是有关产品的技术，还是有关方法的技术，都会构成侵权。专利权人可以禁止他人未经许可而使用专利权所覆盖的技术。当然，在某些特殊的情况下，他人虽然未经许可而使用了专利权覆盖的技术，却不会构成侵权。这称为专利权的例外，或者专利权的限制。

专利权的例外，是由各国专利法明确规定的。根据中国专利法第63条，共有以下四种例外。

一　销售权用尽

销售权用尽是指，当专利权人自己制造或者进口含有专利技术的产品，或者许可他人制造或者进口含有专利技术的产品，并且将有关产品上市销售以后，购买者可以进一步许诺销售、销售和使用该产品，专利权人不得加以干预。这一规定称为专利权用尽或者销售权用尽，也适用于依照方法专利直接获得的产品。

销售权用尽的依据是，专利权人在销售含有专利技术的产品时，已经获得了一定的经济回报，实现了自己的权利。而购买者在支付了相应的费用后，就不再受到专利权人的控制，可以自由使用相关的产品，或者进一步销售相关的产品。

销售权用尽，仅适用于合法购买者对于所购得产品的进一步销售和使用，而不适用于进一步的制造或进口。购买者不得以销售权用尽为由，转而制造或者进口含有专利技术的产品。同时，销售权用尽所适用的是专利权人自己制造或者进口，或者许可他人制造或者进口的产品。如果购买者买到的是未经许可而制造或者进口的产品，则专利权人仍然可以禁止购买者使用或者销售有关的产品。

二　先用权

在现实的技术创新活动中，可能会有很多人同时研究或开发某项技术。当两个或更多的人在互不关联的情况下研究开发了同样的技术，按照专利法只有最先提出申请者可以获得专利权。如果其他人由于种种原因没有申请专利，只是已经制造或者准备制造含有该项技术的产品，则有可能遭到专利权人的禁止。这对于已经制造者或者做好制造准备者显然是不公平的，因为他不仅在研发相关技术中投入了资金和人力，而且在制造或者准备制造的设备中投入了资金和人力。所以世界各国的专利法都规定，已经制造者或准备制造者享有"先用权"，可以在原有的范围内继续制造专利产品或使用专利方法。例如我国专利法第 63 条规定，在专利申请日以前已经制造相同产品、使用相同方法，或者已经做好制造、使用的必要准备，仅在原有范围内继续制造、使用的，不视为侵权。

值得注意的是，先用权的适用条件非常狭窄，仅指专利申请日前他人已经制造或者准备制造的情形。他人的制造可能是内部使用，也可能是尚未上市。如果他人在专利申请日以前已经公开使用或上市有关的产品，就会破坏申请案的新颖性，也就不存在先用权的问题。只是在专利申请日以前，他人的制造或者使用尚没有公开，或者仅仅做好了制造的准备，才有了专利申请人可以获得专利权，也才有了他人的先用权问题。

享有先用权者在原有的范围内制造专利产品或者使用专利方法，是专利权的例外或者对于专利权的限制。那么，由此制造出来的产品，或者用专利方法直接获得的产品可否上市销售呢？按照先用权的主旨，应当是可以的。否则，仅在原有的范围内制造专利产品或者使用专利方法，就失去了意义。事实上，近年来国内外司法中探讨的另一个问题是，在原有的范围内制造专利产品或者使用专利方法，是否该"范围"一成不变。例如，是否可以随着社会需求的扩大，让"原有范围"也有所扩大。

三 外国运输工具上使用专利技术

根据《保护工业产权巴黎公约》的规定，某一成员国的运输工具如果临时进入了另一成员国，而且该运输工具上使用了另一成员国的专利产品或者专利技术，不视为侵犯专利权。这是为了避免专利的地域性而对国际运输造成不必要的麻烦。如果专利权人依据自己的专利权，对临时进入本国的外国运输工具主张专利侵权，就会影响正常的国际贸易。据此，我国专利法第 63 条也规定，临时进入中国领陆、领水、领空的外国运输工具，依照其所属国同中国签订的协议或者共同参加的国际条约，或者依照互惠原则，为运输工具自身需要而在其装置和设备中使用有关专利的，不视为侵权。

值得注意的是，这里所说的是在外国运输工具上而非本国运输工具上使用专利技术。同时，使用专利技术是为了运输工具自身的需要，而非其他目的。例如运输工具中所装载的货物使用了专利技术，就不属于运输工具上使用。

四　为了科学研究和实验而使用专利技术

为了科学研究和科学实验而使用他人的专利技术，是世界各国专利法所规定的专利权的例外。我国专利法第 63 条规定，专为科学研究和实验而使用有关的专利技术，不视为侵权。不过专利法所规定的这一例外，适用范围非常狭窄，仅限于单纯的科学研究和实验，不包括为了商业性目的的研究和实验。例如有一个环保研究所，其下属机构在清扫垃圾的工具上使用了他人的专利技术，就不属于为了科学研究和实验的使用。

第三节　专利权的期限与终止

一　发明专利权的期限

专利权的期限系由两个因素所决定。一方面，确定专利权的保护期限，应当考虑发明人或者设计人的利益，让他们有足够的时间利用自己的发明创造，收回资金投入并获得一定的利润。如果保护期限过短，将难以达到鼓励发明创造的目的。另一方面，确定专利权的保护期限，也应当考虑社会公众的利益，让专利权所覆盖的发明创造在合理的期限以后进入公有领域，成为人人可得以利用的技术。如果保护期限太长，将导致社会公众支付过多的专利使用费，并且不利于产业的发展。显然，专利权期限的长短，应当在平衡上述两方面利益的基础上确定。

英国早期的《垄断法》，规定专利权的保护期限为 14 年。据说，当时英国工厂和手工作坊中所盛行的学徒期是 7 年，而 14 年的保护期则可以让完成发明的师傅教会两批学徒，并在此期间收回投资和赚取利润。在世界贸易组织成立以前，世界各国的专利权期限不尽相同，长的有 20 年，短的有 10 年、8 年，甚至 5 年。与此相应，专利权期限的计算方式也不尽相同。例如，虽然世界各国的专利权保护期限都是自申请日起算，但美国却是自授权之日起算的 17 年。随着世界贸易组织的成立和"知识产权协议"的生效，专利权的期限和计算方式在全世界范围内也一致了起来。根据"协议"，专利权的保护期限，不应当少于自申请日起算的 20 年。

除了自申请之日起算的 20 年保护期，各国在专利权保护期限上还有一些特殊规定。例如，有关药品的发明虽然可以及时申请专利，但药品在上市之前还要耗费一定的时日，经过临床实验和药品管理部门的审批。这样，药品专利权人收回投资和赚取利润的期间，也会因为临床实验和行政审批而大大缩短。因此，很多国家的专利法都规定，经药品专利权人的申请，专利权的期限可以适当延长。根据美国专利法，药品专利权的保护期限最多可以延长 5 年。除此之外，有关兽用药品、农业化学品的专利权，也有类似的延长保护期限的规定。

中国 1985 年专利法规定，发明专利权的期限为 15 年。这是参照当时世界上绝大多数国家的做法，以及考虑到中国刚刚实施专利法的实际情况而做出的规定。到了 1992 年修订专利法的时候，"与贸易有关的知识产权协议"的草案已经出台，国际上有关专利权的保护期限将延长至自申请之日起算的 20 年。所以，按照当年修订的专利法，专利权的期限自 1993 年开始为申请日起算的 20 年。不过到目前为止，中国还没有特殊情况下延长专利权期限的规定。

专利权的期限自申请日开始计算，又会发生另一个问题。因为，严格说来，一项专利权仅仅在授权以后才发生效力。例如，我国专利法第 39 条规定："发明专利权自公告之日起生效。"这样，自申请日到授权之日，有关的技术是否应当得到保护，以及如何得到保护，就成了一个题。先来看申请案公开到专利权授予期间的保护。根据专利法第 13 条，发明专利申请公开后，申请人可以要求实施其发明的单位或者个人支付适当的费用。这是对有关的技术发明的临时保护。再来看从申请日到申请案公开日的情形。如果专利申请人在提出申请之后就将含有专利技术的产品上市，或者发表论文公开有关的技术发明，那么从申请日到申请案公开的期间，申请案中的技术发明是否可以得到某种程度的保护呢？对此，专利法未作明确规定。从实际的情况来看，自申请日到申请案公开的 18 个月期间，有关的技术发明是得不到任何保护的。这样，专利权期限计算方式中的申请日，不过是计算专利权期限的一个日期，而非专利权真实获得保护的日期。

二　实用新型和外观设计专利权的期限

实用新型虽然也是技术发明的一种，但由于法律所要求的创造性程度较低，所以发明人或者设计人所投入的资金和人力也会相对较少，由此产生的实用新型的技术创新含量也比较低。与此相应，在保护实用新型的国家里，实用新型的保护期限都比较短，如5年、8年或10年等等。

中国虽然将实用新型纳入了专利法中加以保护，但实用新型专利权的期限却比较短。根据1985年专利法，实用新型专利权的保护期限为5年，自申请日起算，可以续展3年。这样，实用新型专利权最长可以获得8年的保护。至1992年修订专利法，实用新型专利权的期限改为10年，自申请日起算。同时取消了可以续展的规定。

外观设计是就产品的外表、式样所做出的富有美感的设计。由于很多国家采用专门立法的方式来保护外观设计，外观设计的保护期限也比较长。例如，根据法国知识产权法典，工业品外观设计的保护期限为25年，并且可以再续展25年。而在专利法保护外观设计的国家里，保护期限则相对较短。例如，美国专利法规定，外观设计专利权的保护期限为14年，自授权之日起算。在这方面，世界贸易组织的"知识产权协议"将外观设计作为单独的保护客体，要求对原创性的外观设计提供至少10年的保护。

中国采用专利权的方式来保护外观设计。与此相应，外观设计专利权的保护期限也比较短。根据1985年专利法，外观设计专利权的保护期限为5年，自申请日起算，可以续展3年。至1992年修订专利法，外观设计专利权的保护期限为10年，自申请之日起算。同时取消了可以续展的规定。由此可见，中国对于外观设计的保护，已经满足了"知识产权协议"的要求。

三　专利权的终止

专利权的终止是指专利权停止有效。专利权停止有效的最常见的方式，是专利权期限的届满。如专利权自申请之日起20年届满，实用新型专利权和外观设计专利权自申请之日起10年届满，等等。事实上，这应该叫做专利权的期限届满。这样，专利权的终止主要就是指专利权期限届满以前，专利权由于其他的原因而提前失效。

专利权提前终止的原因主要有两个。一是专利权人以书面声明的方式，宣布放弃专利权。这是一种积极的放弃专利权的方式。二是专利权人通过不按时缴纳维持年费的方式而放弃专利权。这是一种消极的放弃专利权的方式。根据规定，专利局在收到专利权人放弃权利的声明后，或者在专利权人没有按照规定及时缴纳专利维持年费以后，应当予以登记公告。随后，专利权所覆盖的发明创造就会进入公有领域，人人可以自由使用。

专利权的提前终止，不同于专利权的无效。如果专利权被宣告为无效，视为自始无效，或者自始不存在。而专利权的提前终止，则是在专利权正常有效的情况下，因为专利权人的积极弃权或者消极弃权而停止有效。或者说，在专利权人积极或者消极弃权以后，并不影响专利权在此之前的有效性。

在现实生活中，专利权人很少有主动宣布放弃专利权的。这样，专利权提前终止的最常见的方式，就是专利权人未按照规定及时缴纳专利维持年费。事实上，专利年费的缴纳方式带有鼓励专利权人尽早放弃专利权的意味。按照专利法的规定，专利权人在获得专利权以后，应当逐年缴纳专利维持年费。这是专利权人的义务。而且，随着专利权保护期限的延续，专利年费会越来越高。如果专利权人觉得每年缴纳的费用与专利权的收益相比不划算，就会停止缴纳年费而放弃专利权。

事实上，随着专利权期限届满而停止有效的专利权并不很多。只有那些具有较高市场价值的专利权，权利人才会尽力维持，包括缴纳越来越高的维持年费。根据有关的估计，具有市场价值的专利权，在世界各国的比例一般是在5%左右。而在这5%左右的专利权之中，具有较高市场价值，值得维持到专利权期限届满的，不过1~2%左右。由此看来，95%以上的专利权都有可能在专利权期限届满以前，因为不按规定缴纳费用而提前终止。

说到这里，也就涉及另外一个问题，即专利权的作用是什么。应该说，专利局在进行专利审查时，主要是从技术本身去考虑的，例如有关的申请案是否属于专利法保护的客体，是否具有新颖性、创造性和实用性，以及申请案是否充分披露了有关的发明，等等。至于申请案中的发明创造，包括获得批准的专利权是否具有市场价值，则是一个由市场决定的问题。专利权的授予，并不保证有关的发明创造一定具有市场利用的价值。专利证书也不是一个市场准入的证书，或者权利人一定获得某种经济利益的证书。专利权的授予，只是为权利人提供了一种可能性，让他有可能通过自己利用、或者许可他人利用相关的发明而获得一定的经济利益。至于这种可能性能否实现，以及实现到什么程度，应当由市场加以决定。

正是从这样一个角度，我们才可以理解世界各国占90%以上的专利权都是没有市场价值的专利权。同时，值得专利权人一直维系下去的，以及遭到他人侵权的专利权，通常都是有市场价值的专利权。

问题与思考

据说，在治疗白血病方面有一种特效药。这种药品的发明者在很多国家，包括在中国和印度都申请并获得了专利权。由于该药品是专利药品，在中国的售价很高，普通家庭难以购买。但是，这种药品在印度的售价却较低，其价格相当于中国售价的十分之一。那么有没有可能将产于印度的药品进口到中国呢？

这个问题涉及专利产品的平行进口。所谓平行进口，是指获得合法授权的产品从一个国家进口到另一个国家。例如，在上述白血病药品的情况下，专利权人已经在印度发放了许可，获得了相应的费用。如果允许这种药品自印度输入中国，就是允许平行井口。如果不允许输入中国，就是不允许平行进口。

平行进口与权利用尽相关。如果不允许平行进口，表明权利用尽是一国之内的用尽。如果允许平行进口，则表明权利用尽是国际性的用尽。关于权利用尽，世界贸易组织的"知识产权协议"未作规定，留待各个成员决定。这实际上意味着，各成员可以在权利用尽的问题上做出有利于自身的规定。

在专利权的用尽方面，中国目前的法律并不明确。而且，依照一般的理解，包括本章有关进口权的论述，专利权的用尽是一国之内的用尽。这样，产于印度的治疗白血病的药品，难以合法地进口到中国。与此相应，中国的病人为了获得有关的药品，就要支付很高的价钱。或者因为不能获得药品而等待死亡。

看来，在衡量各种利弊的前提下，我们似乎应该利用"知识产权协议"留下的空间，规定专利权的国际性用尽，允许专利产品的平行进口。

┌ **复习题** ┐

1. 什么是专利权？专利权有哪些内容？
2. 如何理解方法专利权延及于用该方法直接获得的产品？
3. 专利权的例外有哪些？
4. 如何理解专利权的提前终止？

┌ **阅读书目** ┐

汤宗舜：《专利法教程》（第三版），法律出版社，2003。
郑成思：《知识产权法》（第二版），法律出版社，2002。
尹新天：《专利权的保护》（第二版），知识产权出版社，2005。
李明德：《美国知识产权法》，法律出版社，2003。

第十五章　专利权的转让与许可

要点提示

　　本章讨论了专利权的转让与许可，并特别指出专利权转让或者许可的标的是权利本身，而非专利权所覆盖的技术。

　　本章着重讨论了专利权许可的种类，如独占许可、独家许可和普通许可，以及许可合同的主要内容。

　　本章还讨论了专利权的强制许可，以及发放强制许可的具体情形，如防止专利权滥用的强制许可，为了公共利益的强制许可，以及从属专利的强制许可。

　　专利权是一项财产权利。专利权人可以自己利用专利权所覆盖的发明创造，获得相应的经济利益。与此同时，专利权人也可以通过许可他人使用相关发明创造的方式，获得一定的经济利益。此外，专利权人还可以通过转让专利权的方式，获得必要的经济利益。事实上，在很多情况下，专利权人并不是自己利用相关的发明创造，而是通过转让或许可专利权而获得必要的经济利益。本章将简要讨论专利权的转让和许可，以及专利权许可中的特殊情形，如强制许可和计划许可。

第一节　专利权的转让

一　专利权转让的含义

　　专利权的转让属于所有权的转让，即专利权从一个所有人的手中转移到了另一个所有人的手中。专利权的转让，通常是通过买卖方式而完成。当然在特殊情况下，也可以通过以物易物的方式完成。专利权的转让完成之后，原来的所有人就专利权所覆盖的发明创造不再享有任何权利。

专利权是就某项发明创造所创设的权利。在专利权属于某人所有的情况下，他享有控制该项发明创造的排他性权利，如制造、销售、使用和进口含有专利技术的产品。所谓专利权的转让，是专利权人将控制该项发明创造的权利，转移到他人手中。在专利权的转让中，没有发生实际的物品的交换，只是发生了控制某项发明创造的权利的转让。在专利权的转让中，也没有发生某项发明创造的转移，因为发明创造记载在专利文献中，体现在特定的产品之中，属于技术信息。专利权转让的标的不是具体的技术信息，而是控制该项技术信息的权利，或者说是专利权本身。

既然专利权的转让是控制某项发明创造的权利的转让，专利权的转让就只能是整体的转让。这是因为，专利权申请和授予的原则都是"一发明一专利"，不可能就两项以上的发明授予一项专利权，或者就一项发明授予两项专利权。而专利权人就该项发明创造所享有的专有权利，也是一项整体的权利。所以，专利权人必须将覆盖某一发明创造的制造、使用、许诺销售、销售和进口的权利，一体转让给他人所有，而不能只转让其中的一项或者几项权利。只有在专利权许可的情况下，才可以许可他人行使一项或者几项权利，如制造、销售含有专利技术的产品等等。

二　专利权转让的具体规定

专利权的转让，必须订立书面合同。这是因为，专利权是一项无形财产权利，所涉及的是权利的转移而非物品的转移。订立书面合同，既表示对于权利转让的慎重，也可以载明转让的事项和内容，作为日后查验的依据。一般说来，专利权转让合同应当包括以下内容：专利权人和受让人的名称、住址；专利权的申请日、申请号、专利号和专利权的剩余期限；专利权所覆盖的发明创造的名称和内容；转让的价金和支付方式；违约责任；争议解决方法；等等。

根据专利法第10条，专利权的转让合同由当事人签订后，应当报专利局登记公告。只有在经过专利局登记公告后，专利权的转让才发生效力。做出这样的规定，仍然是基于这样的前提，即专利权是一项无形财产权利，专利权的转让不发生物品的转移，只发生权利本身的转移。既然专利权的获得要经过公告，专利权的转让也应该经过公告。否则，专利权人有可能背着合法受让人再次转让已经不属于自己的专利权，而其他人也可能谎称自己就某项发明创造受让了专利权。

专利权的转让，是以权利为标的的转让。在转让的过程中，专利权人应当保证其所转让的专利权是一项真实有效的专利权，而非虚假的或者期限已满的专利权。其中的真实有效，是指在中国按照中国法律真实有效的专利权，以及在转让之时真实有效的专利权。根据专利法的规定，在专利权授予之后，社会公众中的任何成员，包括被控侵权人都可以挑战专利权的有效性，要求宣告专利权无效。所以，专利权人不能保证自己所转让的专利权，在转让之后不被宣告为无效。对于此种风险，应当由受让人认真加以评估，判断是否需要受让有关的专利权。

以上是关于专利权转让的情形。在中国专利法中，专利申请权的转让是与专利权的转让放在一起规定的。应该说，专利申请权的转让，与专利权转让的规则基本相同。例如，转让人和受让人应当订立书面转让合同，所转让的专利申请权是一项真实有效的权利，有关的合同应当在专利局登记公告，等等。专利申请权的转让，与专利权转让的不同之处在于，一个是发生在专利权授予之前，一个是发生在专利权授予之后。当然，在转让专利申请权时，由于有关的发明创造尚未获得专利权，受让人的风险可能会更大一些。与此相应，受让方也应当更加仔细评估有关的风险，包括是否有可能获得专利授权的风险。

在涉及全民所有制单位的专利申请权和专利权转让方面，中国专利法有一个变化。按照1985年专利法，全民所有制单位可以申请专利权，如果获准专利权，则专利权归国家所有，该单位只有持有权。如果该单位要转让自己的专利申请权或持有的专利权，必须获得上级主管机关的批准。到了2000年修订专利法则删除了这一规定。这就意味着，全民所有制单位的专利申请权和获得批准的专利权，属于单位所有。有关单位可以自由处置自己的专利申请权和专利权，包括转让相关的专利申请权和专利权。应该说，这是所有制方面的一大突破。

此外，中国单位或者个人向外国人转让专利申请权或者专利权的，必须经国务院有关主管部门批准。这是为了防止有关国计民生的重大技术发明轻易落入外国人手中。

第二节　专利权的许可

一　专利权许可的含义

专利权的许可是指专利权人允许或同意他人利用专利权所覆盖的发

明创造，如制造、使用、销售、进口含有专利技术的产品，或者使用专利方法。专利权的许可可以是就某一项权利内容的许可，如仅仅制造含有专利技术的产品，或者仅仅进口含有专利技术的产品。专利权的许可也可以是两项以上权利内容的许可，如制造和销售含有专利技术的产品。此外，专利权的许可还可以是某一期限之内的许可，或者某一地域之内的许可。如五年之内在某一省、市制造和销售含有专利技术的产品，或者在特定的期限和范围内进口含有专利技术的产品。

专利权的许可，是专利权内容的许可，而不是发明创造的许可。或者说，专利权许可的标的是利用相关发明创造的方式，而不是具体的发明创造。这是因为，有关的技术发明或者记载在专利文献之中，或者体现在有关的产品之中。即使他人没有获得专利权人的许可，也可以利用专利权所覆盖的技术。所以专利权的许可，就是专利权人允许他人以某种指定的方式，在指定的期限和地域之内，利用专利权所覆盖的发明创造。如果他人未经许可而利用了相关的发明创造，则属于侵犯专利权的行为。

专利权的许可不同于专利权的转让，不发生所有权的转让。不论专利权人许可他人以何种方式利用专利技术，也不论这种许可的期限有多长，地域范围有多大，专利权仍然掌握在权利人的手中。而被许可人则只能在被许可的范围之内，按照合同约定的方式利用专利权所覆盖的发明创造。如果被许可人超越了合同约定的范围和方式，专利权人就可以以自己掌握的专利权为由，或者诉被许可人违约，或者诉被许可人侵权。

二　专利权许可的种类

按照被许可人范围的不同，专利权的许可主要有以下三种。

（1）独占许可（exclusive license），即专利权人在约定的期限、地域之内，以约定的方式，将专利权覆盖的发明创造仅仅许可给一个被许可人使用。按照此种许可方式，专利权人在约定的期限和地域之内，既不得以同样的方式使用专利技术，也不得再许可他人以同样的方式使用专利技术。这样，在合同约定的期限、地域之内，只有被许可人可以以合同约定的方式使用专利技术，包括专利人权人在内的所有的人，都不得以同样的方式使用专利技术。与此相应，也没有任何人成为被许可人的竞争对手。

（2）独家许可（sole license），又称排他许可，即专利权人在约定的期限和地域之内，以约定的方式，将专利权覆盖的发明创造许可给一个被许可人使用，同时自己也保留了在相同的期限和地域之内，以相同的

挑战专利权的有效性，要求宣告专利权无效。那么被许可人是否可以挑战专利权的有效性呢？按照通常的情形，只要许可合同没有禁止被许可人挑战专利权的有效性，被许可人就可以要求宣告专利权无效。按照美国的相关判例，即使许可合同中禁止被许可人挑战专利权的有效性，此种条款也不具有约束力。因为，被许可人在某种程度上更了解专利技术的价值，更了解该技术是否应当获得专利权。所以，允许被许可人挑战专利权的有效性，是确保专利权仅仅授予真正的发明创造的措施之一。

此外，即使是在签订了专利权许可合同的情况下，专利权人仍然可以转让自己的专利权。当然，专利权人在转让自己的专利权的时候，应当充分考虑被许可人的利益。同时，专利权的受让人也应当充分考虑此前发生的许可合同。在这里，最好的做法是专利权受让人继续承认原有的许可合同，由被许可人按照合同规定向自己支付费用。如果专利权人因为自己的转让行为而对被许可人造成了损失，应当给予赔偿。

最后，根据专利法实施条例第15条的规定，专利权的许可合同应当自生效之日起的3个月内向专利局备案。按照这个规定，专利权的许可合同自当事人订立时生效，不以备案为生效的前提。这与专利权转让的合同不同。在专利权转让合同的情况下，当事人之间订立的合同只有在专利局登记公告后，合同才生效。而在专利权许可合同的情况下，专利局的备案和公告，仅仅起到一个以备查考和公示的作用，与合同的生效与否无关。

第三节　非自愿许可

在通常情况下，专利权人许可他人利用自己的专利技术，都是出于自己的意愿。或者说，许可人与被许可人经过商谈，就许可的期限、地域、使用规模、使用方式、价金和支付方式等等，自愿达成协议。但在某些特殊的情况下，也会发生违背专利权人的意愿，由国家或政府出面将专利技术许可给他人使用的情形。这主要是指各国专利法所规定的强制许可。除此之外，中国专利法所规定的国家推广应用专利技术，也属于非自愿许可。

一　强制许可概说

专利权是一种排他性的权利。专利权人在利用自己专利权的过程中，有可能发生滥用的情形，如恶意不实施专利技术，在合理的商业条件下不向他人发放许可，在许可合同中搭售与专利技术无关的产品或技术，等等。为了防止专利权人滥用自己的专利权，就有了强制许可的规定。所以从这个意义上说，强制许可也是对于专利权的一种限制。

强制许可不仅见诸于各国的专利法中，也见诸于相关的国际公约之中。例如，巴黎公约第5条很早就规定，为了防止专利权人在行使权利的过程中滥用专利权，成员国有权采取立法措施，核准必要的强制许可，以减少专利权人滥用的弊病。巴黎公约还将不实施专利作为滥用的事例。世界贸易组织的"知识产权协议"虽然没有使用强制许可的术语，但是也在第31条规定，成员可以制定法律，允许他人未经专利权人许可而使用其专利技术。其中的他人，包括政府或者经过政府授权的人。由此可见，这种政府使用或者政府授权他人的使用，所具有的仍然是强制许可的含义。在此基础上，"知识产权协议"还对强制许可的情形和条件做出了具体规定。

无论是根据巴黎公约还是"知识产权协议"，强制许可都是针对发明专利权而言。当然在必要的时候，也可以针对实用新型。不过，强制许可在任何情况下都不适用于外观设计。这显然是因为，发明专利权和实用新型专利权所覆盖的都是技术发明，一旦专利权人就该项技术享有了专有权利，其他人很难找到替代技术。而在外观设计的情形下，即使其他人不使用相关的外观设计，也很容易找到替代的外观设计，并将之适用到具体的产品上。中国专利法在这方面也有相同的规定，即强制许可仅适用于发明专利权和实用新型专利，而不适用于外观设计专利权。

强制许可应当个案处理。根据相关的国际公约和中国专利法的规定，主管专利的机关在受理强制许可申请的时候，应当根据个案原则做出是否授予的决定。例如，是否真的发生了必须强制许可的国家紧急情况；专利权人是否真的滥用权利，在合理的商业性条件下拒绝发放许可。同时，获得了强制许可的人，只能在强制许可的范围之内使用有关的专利技术。被许可人不得再向他人发放分许可，也不得阻止专利权人再向他人发放许可。由此可见，强制许可不是独占许可或独家许可，而是不得发放分许可的普通许可。除此之外，强制许可的理由消除之后，如国家紧急状况已经结束，专利权人还可以要求政府主管部门终止强制许可。

强制许可只是剥夺了专利权人发放许可的权利，但没有剥夺专利权人获得经济利益的权利。所以，被许可人获得了强制许可以后，仍然应当向专利权人支付使用费。根据中国专利法第54条，取得强制许可的单位或者个人应当向专利权人支付合理的使用费，其数额由双方协商解决。如果双方不能达成协议，则可以由专利局裁决。

强制许可的决定，包括对于专利使用费的裁决，是国家专利局做出的行政决定。根据专利法第 55 条，专利权人对专利局做出的强制许可的决定不服的，专利权人和取得强制许可者对专利局所做出的使用费裁决不服的，可以在收到通知之日起的三个月内向人民法院起诉。这种诉讼，是以专利局作为被告的行政诉讼。

二 强制许可的情形

强制许可的具体情形和适用条件，应当由专利法加以明确规定。我国 1984 年专利法规定了两种强制许可的情形，即不实施专利的强制许可、从属专利的强制许可。其中的不实施专利的强制许可，显然来源于巴黎公约。至 1992 年修订专利法，将不实施专利的强制许可改为滥用专利权的强制许可，并对申请强制许可的理由作了具体规定。除此之外，还根据国际上的流行趋势，增加了为了公共利益的强制许可。到了 2000 年修订专利法，又依据世界贸易组织的"知识产权协议"，对强制许可的规定进行了进一步的完善。根据现行的专利法，有以下三种强制许可的情形。

（一）防止专利权滥用的强制许可

专利法第 48 条规定，具备实施条件的单位以合理的条件请求发明或者实用新型专利权人许可实施其专利，而未能在合理长的时间内获得这种许可时，国务院专利行政部门根据该单位的申请，可以给予实施该发明专利或者实用新型专利的强制许可。

其中的合理的条件，是指按照市场惯例获得专利权许可的条件，如专利使用费、使用专利技术的方式、产品的规模等等。如果专利权人要求过高的专利使用费，或者要求搭售无关的技术和产品，都属于滥用专利权。在申请防止滥用的强制许可时，申请人应当举证说明自己以合理的条件请求专利权的许可，并且在合理长的时间内未能获得许可。同时，专利权人在收到相关的申请文件的副本后，可以在指定的期限内陈述自己的意见。最后则由专利局做出是否授予强制许可的决定。

（二）为了公共利益的强制许可

专利法第 49 条规定，在国家出现紧急状态或者非常情况时，或者为了公共利益的目的，国务院专利行政部门可以给予实施发明专利或者实用新型专利的强制许可。

其中的国家出现紧急状态，是指外敌入侵、内部动乱和其他危及国家安全的状态。其中的非常情况，是指国家紧急状态以外的其他紧急情形，如疫病流行、自然灾害等等。其中的公共利益，是指除了紧急状态和非常情况以外的其他危害公共利益的状态。应该说，为了公共利益的目的具有最为广泛的涵义，既包括国家紧急状态和非常情况，还包括其他一些情形。什么叫作为了公共利益的目的，应当由专利局和法院依据具体情况作出解释。

为了公共利益的强制许可，不同于防止专利权滥用的强制许可。此种强制许可的发放，不需要任何人的申请，可以直接由国务院或者专利局做出决定。当然，国务院或者专利局在做出了强制许可的决定后，应当及时通知专利权人。同时，在做出强制许可的理由消除后，专利权人可以要求国务院或者专利局终止强制许可。

（三）从属专利的强制许可

专利法第50条第1款规定，一项取得专利权的发明或者实用新型比前已经取得专利权的发明或者实用新型具有显著经济意义的重大技术进步，其实施又有赖于前一发明或者实用新型的实施的，国务院专利行政部门根据后一专利权人的申请，可以给予实施前一发明或者实用新型的强制许可。

从属专利又称依存专利，是指实施在后的专利技术，必须同时实施某项在前的专利技术；或者实施在前的专利技术，必须同时实施在后的专利技术。如果专利权人之间能够达成许可协议，自然不存在强制许可的问题。因此，这种情形是指专利权人之间不能达成许可协议时，在后的专利权人可以请求专利局发放强制许可。当然，专利局发放有关从属专利的强制许可，还有一个前提条件，那就是后一发明或者实用新型与前一发明或者实用新型相比，具有显著经济意义的重大技术进步。

又据专利法第50条第2款，在对后一专利权人发放了上述强制许可后，国务院专利行政部门也可以根据前一专利权人的申请，给予他实施后一发明或者实用新型的强制许可。这样，将第1款和第2款的规定结合起来，既可以保证后一专利权人实施前一专利权人的发明或者实用新型，也可以保证前一专利权人实施后一专利权人的发明或者实用新型，从而达到双方当事人在实施专利技术上的利益平衡。

三　国家推广应用专利技术

1984年通过的专利法没有规定为了公共利益的强制许可。这样，专利法必须在某种程度上对此问题有所反映。同时，受当时计划经济思想的影响，在反映这一问题时就有了一个计划许可的规定。按照规定，国务院有关主管部门和省、自治区、直辖市政府可以根据国家计划，将全民所有制单位持有的发明创造专利，指定特定的单位加以实施。中国集体所有制单位和个人的专利，对国家利益或者公共利益具有重大意义，需要推广应用的，可以参照前述规定办理。显然，计划许可的规定在某种程度上反映了为了公共利益的强制许可。当然，计划许可仅针对中国人，尤其是中国全民所有制单位持有的专利，而不包括外国人的专利。

随着中国经济体制的改革，尤其是市场经济体制的建立，到了2000年修订专利法，就删除了计划许可的字样，改为了国家推广应用某些专利技术。现行专利法第15条规定，国有企业事业单位的发明专利，对国家利益或者公共利益具有重大意义的，国务院有关主管部门和省、自治区、直辖市人民政府报经国务院批准，可以决定在批准的范围内推广应用，允许指定的单位实施，由实施单位按照国家规定向专利权人支付使用费。同时还规定，中国集体所有制单位和个人的发明专利，对国家利益或者公共利益具有重大意义，需要推广应用的，参照前述规定办理。

应该说，无论是原来的计划许可还是现在的国家推广应用，都是一个备而不用的条款。因为到目前为止，尚没有发生过一件计划许可或者国家推广应用的事例。同时，这一规定是否有必要继续存在，也值得推敲。因为，为了国家利益或者公共利益推广应用某些专利技术，完全可以纳入到为了公共利益的强制许可之中。

问题与思考

专利权的强制许可，是平衡专利权人利益与社会公众利益的重要工具，也是遏制专利权人滥用权利的有效手段。中国自制定专利法之初，就注重社会公共利益，对强制许可作了较多的规定。例如，要求专利权人必须在中国实施其专利技术。后来，中国依据世界贸易组织的"知识产权协议"，对相关的规定作了调整，形成了现在的规定。这就是防止专利权滥用的强制许可，为了公共利益的强制许可，以及从属专利的强制许可。

然而非常遗憾的是，中国自1985年实施专利法以来，还没有发生过一起强制许可的申请案。在一开始，大家似乎在等待一个强制许可的实施办法。2003 年 7 月，国家知识产权局颁布的《专利实施强制许可办法》开始实施。到了 2006 年 1 月，国家知识产权局颁布的《涉及公共健康问题的专利实施强制许可办法》也开始实施。但是仍然没有发生强制许可的申请案件。

在一些会议上经常听到这样的说法，如中国的制药企业举步维艰，中国民众吃不起专利药品，等等。很多人都认为法律应当对此作出反映，一些人甚至主张修改专利法，改变相关的规定。然而问题在于，我们对于现有的法律规定是否已经充分利用，或者说现有的法律规定是否已经用尽？如果我们对于现有的规定尚且没有去利用，或者没有充分利用，即使修改了相关的法律，又怎么能够保证达到预期的效果呢？

事实上，即使是在国家知识产权局没有出台《专利实施强许可办法》、《涉及公共健康问题的专利实施强制许可办法》的时候，我们也可以依据专利法有关强制许可的规定，向国家知识产权局（专利局）提出申请，要求发放许可。假如国家知识产权局（专利局）没有发放强制许可，我们甚至可以向法院提起诉讼，要求法院作出相应的判决。应该说，国家知识产权局有没有颁布有关的办法并不重要，重要的是我们是否充分利用了现有法律法规的规定。

至少是在知识产权法律方面，当我们碰到新问题的时候，首先应该问的是，现有的法律规定是否可以解决有关的问题。只有在充分利用了现有的法律法规定之后，或者现有的法律规定不能解决有关问题的时候，才会涉及法律的修订。

┌─ **复习题** ─┐

1. 如何理解专利权转让和许可的标的？
2. 专利权许可合同有哪几类？
3. 专利权的强制许可有哪几种情形？

┌─ **阅读书目** ─┐

汤宗舜：《专利法教程》（第三版），法律出版社，2003。
郑成思：《知识产权法》（第二版），法律出版社，2002。
《中华人民共和国合同法》，1999。

第十六章 专利权的侵权与救济

要点提示

　　本章主要讨论了专利侵权的含义和权利要求的解释，认为解释权利要求是确定侵权与否的前提。

　　本章讨论了专利侵权的种类，如字面侵权、等同侵权和协助侵权。

　　本章讨论了专利侵权者应当承担的民事责任，如责令停止侵权，赔偿损失等等。

　　本章还讨论了违反专利法的其他行为，如假冒他人专利、冒充专利等等。

　　专利权是财产权。他人未经许可而使用专利权所覆盖的发明创造，只要不属于专利法所规定的例外，就属于侵犯专利权的行为。在发生了专利侵权以后，专利权人或者利害关系人可以向法院提起诉讼，或者要求专利管理机构查处。法院一旦判定侵权成立，则侵权人要承担相应的法律责任，如停止侵权、赔偿损失等等。

　　本章讨论专利权侵权的含义、权利要求的解释方式、侵权的种类、侵权诉讼的提起、诉前的临时措施和侵权的责任。除此之外，本章还将讨论违反专利法的其他行为，如假冒他人专利、冒充专利、泄露国家机密和工作人员的渎职等。

第一节 专利权的侵权

一 专利权侵权的含义

按照中国专利法，专利法保护的客体有发明、实用新型和外观设计。其中，发明和实用新型属于技术发明的范畴，外观设计属于美学表达的范畴。为了论述的方便，本节先讨论发明专利权和实用新型专利权的侵权，然后再讨论外观设计专利权的侵权。

根据专利法的规定，专利权人对专利权所覆盖的技术发明，享有排他性的制造、使用、许诺销售、销售和进口的权利。如果他人未经许可而为生产经营的目的，制造、使用、许诺销售、销售和进口了含有专利技术的产品，或者使用了专利方法，以及使用、许诺销售、销售和进口了依据专利方法直接获得的产品，都属于侵犯专利权的行为。与此相应，侵犯专利权的行为就有制造、使用、许诺销售、销售和进口等等。

判定一个行为是否侵犯了他人的专利权，首先应当搞清楚专利权的保护范围，或者专利权所覆盖的技术发明。如果未经专利权人许可的行为涉及了专利权所覆盖的技术，或者含有专利技术的产品或方法，就有可能构成侵权。如果有关的行为与专利权所覆盖的技术无关，或者与专利权所覆盖的产品或方法无关，就不会有侵权的发生。在这里，专利权的保护范围，或者专利权所覆盖的技术发明，是由权利要求书所界定的。

判定专利权的侵权，是以权利要求书所界定的保护范围，或者权利要求书所记载的技术发明，与被控侵权的产品或方法作比较。本来，侵权与否是从行为人的角度来说的，即被告是否未经许可而利用了专利权所覆盖的技术发明，如制造、使用、许诺销售、销售和进口了含有专利技术的产品。但是在具体的司法实践中，为了判定的方便，则是从权利要求书的范围与被控侵权的产品或方法的角度来进行对比的。如果权利要求书所确定的技术发明范围落入了被控侵权的产品或方法之中，或者被控侵权的产品或方法中体现了权利要求书所记载的技术特征，则有可能有侵权的发生。否则就不会有侵权的问题。这似乎是在判定，被告的产品或方法是否"侵犯了"原告权利要求书所记载的技术发明。

判定专利权的侵权与否，只能以权利要求书所界定的保护范围与被控侵权的产品或方法作比较，而不能以原告的产品与被告的产品作比较。曾经有一些原告，以自己的产品与被告的产品相同为由，诉被告侵犯了自己的专利权。也曾经有极为个别的法官，由于不了解专利权保护和专利侵权认定的特点，看到被告的产品与原告的产品相同，就误以为被告侵犯了原告的专利权。这是完全错误的。因为，就原告的产品来说，可能含有专利技术，也可能不含有专利技术。被告的产品也是这样，既有可能含有原告的专利技术，也有可能不含有原告的专利技术。

如果原告的产品不含有自己的专利技术，或者被告的产品不含有原告的专利技术，在仅仅比对产品的情况下，都可能得出被告侵权的错误结论。

为了说明这个问题，我们也许有必要回到专利法保护技术发明的基点上。具体说来，专利法是通过赋予技术发明以专利权的方式，来保护那些符合专利法要求的技术发明。那么，技术发明是什么呢？根据中国专利法，技术发明可能是某种新产品的发明，或者某种新方法的发明。更确切地说，技术发明是就产品所做出的发明，或者就方法所做出的发明。在专利制度保护之初，技术发明可能是一件全新的产品的发明，或者全新的方法的发明。但是在现代科学技术的条件下，绝大多数发明不是全新产品、全新方法的发明，而是在已有产品或方法之上做出改进的发明。事实上，即使是那些全新品或全新方法的发明，如电视机、计算机、移动电话、橡胶硫化方法等等，也都是因为有了大量的改进发明，才具有了广大的市场前景。从这个意义上说，中国专利法所说的产品发明、方法发明，更准确地说应该是就产品所做出的发明，或者是就方法所做出的发明。就一件具体的产品如电视机、计算机、移动电话来说，可能既含有原告的专利技术，又含有大量的非专利技术或者他人的专利技术，甚至包括被告的专利技术。这样，如果以原告的产品与被告的产品进行比对，然后做出侵权与否的结论就是不恰当的。如果有人真的去做这样的比对，只能说明他不了解专利权保护的是什么，也不了解专利侵权的含义是什么。

那么，为什么要以权利要求的范围，或者权利要求书所记载的技术特征与被控侵权的产品进行比对呢？这是因为，发明人或者设计人在做出了有关产品或方法的发明之后，有可能向专利局提出专利申请。为了提出专利申请，他应当在说明书中充分披露自己的发明创造，应当在权利要求书中说明自己的技术发明的特征，以及该技术发明的范围。专利权一旦授予以后，权利要求书所划定的范围，就是该专利权的保护范围。至于专利权人自己制造的产品或使用的方法，或者许可他人制造的产品或者使用的方法，都不过是权利要求范围的具体体现。这大体可以看作是，发明人做出了相关的技术发明；申请人在权利要求中记载了该技术发明的范围；专利权获得后，该专利权的保护范围就是权利要求书所记载的范围。如果他人未经许可而利用了权利要求书中所记载的技术发明，如制造、使用、许诺销售、销售和进口了含有专利技术的产品，就属于侵权。否则就不属于侵权。在这里，我们或许还要多说一句，只有被告利用专利技术，制造、使用、许诺销售、销售和进口了含有专利技术的产品，才属于为了生产经营的目的利用专利技术，才有可能构成侵权。如果被告仅仅研究专利技术，而没有在生产经营活动中利用专利技术，就不可能构成侵权。所以正是从这个意义上说，侵权判定中的对比物，就是被控侵权的产品。

以权利要求的范围与被控侵权的产品或方法对比，是指以专利权授予时的权利要求范围，而不是申请文件提出之时的专利要求范围。因为在专利申请提出之时，申请人所划定的权利要求范围可能过大，把一些公有领域中的技术或者他人的专利技术都包括了进来。这样，在专利审查的过程中，审查员与申请人可能要不断讨论，将公有领域中的技术和他人的专利技术剔除出去，最后只留下真正属于发明人的东西。同时，专利申请文件公告以后，社会公众对于该专利权保护范围的了解，也是来自于公告的权利要求书。

二　权利要求书的解释方法

在侵权诉讼中，为了判定被告是否侵权，或者被控侵权的产品或方法是否体现了权利要求书所记载的技术发明，法院或者专利管理机关首先应当确定专利权的保护范围。而确定专利权的保护范围，就涉及到了权利要求书的解释。

本来，专利申请人应当在权利要求书中清楚而准确地记载自己的技术发明，而法院或专利管理机关在判定侵权与否时，也应当以此为准与被控侵权的产品或方法进行比较。但在事实上，权利要求书不可能清楚而准确地记载相关的技术发明。首先，发明人是相关技术领域的行家里手，对有关的技术问题非常清楚。但他们在撰写专利权利要求书的时候，是否清楚哪些技术发明应当受到保护，是否能够以法律的语言清楚而准确地表述受保护的技术发明的范围，却是一个值得怀疑的问题。如果考虑到权利要求书往往是由专利代理人代为撰写或帮助撰写，这又涉及了专利代理人是否准确地理解了相关的技术发明，是否清楚地表述了应当受到保护的技术范围。其次，权利要求书使用文字撰写的，而现有的文字语言能否足够地用来描述一个前所未有的发明创造，是很值得怀疑的。相对于人类丰富而多彩的思想观念和发明创意来说，人类的语言是贫乏的。针对某一项崭新的和开拓性的发明创造来说，人们甚至难以找出适当的文字语言对之加以足够的描述。第三，受到现有技术水平的限定，发明人和撰写人可能还没有完全弄清楚有关发明创造的范围，更无法预料随着技术发展本来应当纳入受保护范围的某些东西。

　　这样，解释权利要求书，尽可能准确地确定专利权的保护范围，就成了判定专利侵权的先决条件。这在后面要讨论的"等同侵权"之中，尤为重要。事实上，如何解释权利要求书，如何确定专利权的保护范围，也就成了一门非常重要的学问。大体说来，世界上共有三种权利要求的解释方法。

　　第一种是周边限定原则。按照这种解释方法，专利权的保护范围是由权利要求书所决定的，法院在确定专利权的保护范围时，应当根据权利要求书的文字进行解释。权利要求书所记载的技术发明的范围，就是专利权保护的最大范围。在通常情况下，法院所确定的专利权保护范围，要略小于权利要求书记载的范围。美国所采取的权利要求解释方式，就是周边限定原则。与这种方式相对应，发明人在撰写权利要求书时，要尽可能完整地记载自己的技术发明，要尽可能准确地表述其中的每一个技术特征，并由此而划定自己权利的界限。

　　第二种是中心限定原则。按照这种解释方法，权利要求书虽然也是确定专利权保护范围的依据，但法院在具体的解释上又不必完全拘泥于权利要求书的文字。法院可以以权利要求书所记载的发明为中心，全面考虑技术发明的目的、性质和说明书及附图，将中心周围一定范围内的技术也纳入到专利权的保护范围之中。德国曾经采用这个原则解释权利要求书，确定专利权的保护范围。

　　按照中心限定原则，专利权所保护的是发明的构思或创意，而不限于权利要求书所记载的技术特征。权利要求书不过是对发明构思或创意的一种表述，除此之外可能还存在一些其他的表述，或者因为权利人的忽略而没有纳入权利要求书的东西。而且，随着技术的发展，某些原来不清楚的东西可能会清楚起来，某些原来没有纳入专利权范围的东西也可能纳入进来。这样，法院在解释权利要求书的时候，就应该把这些本来应该受到保护的东西也纳入到专利权的范围之内。显然，采用中心限定原则解释权利要求书，可以给予专利权人以比较充分的保护。但是采用中心限定原则，也会产生一些弊病。例如，权利要求书具有向社会公众通告相关专利权保护范围的作用。如果按照中心限定原则，将权利要求书没有记载的一些东西纳入到专利权的范围之内，社会公众就会感觉到专利权的保护范围不够确定，从而不利于竞争者的正常商业活动。除此之外，按照中心限定原则解释权利要求书，也容易对专利权的保护范围做出扩大性解释。

第三种是折中原则。按照这个原则，专利权的保护范围也是由权利要求书所决定的，这与周边限定原则相同。但是，法院在具体的解释上，又可以参考说明书和附图，以解释权利要求书中的模糊不清之处。显然，采取这种解释方法，一方面恪守了权利要求书记载的范围，不至于让社会公众感到专利权的保护范围不够确定。另一方面又允许法院依据说明书和附图，解释权利要求书中的模糊不清之处，从而给予专利权人以公正的保护。应该说，按照这种解释方式，发明人在撰写权利要求书时，也要尽可能完整地记载自己技术发明的范围，也要尽可能准确地表述其中的每一个技术特征。不过，如果出现了权利要求书的记载模糊不清的情况，出现了新的技术现象的情况，法院又可以依据说明书和附图加以解释。当然，法院对于权利要求书的解释，在任何情况下也不得超出说明书和附图的范围。

以折中原则解释权利要求书，是世界上大多数国家专利法或专利司法实践所采取的原则。例如，欧洲专利公约和公约的成员国，都采用这个原则来解释权利要求书。事实上，我国专利法也是采取这个原则解释权利要求书，确定专利权的保护范围。专利法第56条说："发明或者实用新型专利权的保护范围以其权利要求的内容为准，说明书及附图可以用于解释权利要求。"

应该说，采用不同的权利要求解释方式，必然会导致不同的权利要求书的撰写方式。按照周边限定原则，发明人必须在权利要求书中尽可能完整地记载自己的发明，尽可能准确地记载每一个技术特征，以此划定自己要求保护的范围。而按照中心限定原则，发明人必须在权利要求书中尽可能完整地记载自己的发明构思或创意，说明应当受到保护的中心内容。至于折中原则，虽然叫做"折中"，但在事实上仍然偏向于周边限定原则。因为按照这种原则，发明人在撰写权利要求书的时候，仍然必须尽可能完整地记载自己的发明，尽可能准确地记载每一个技术特征，只是在解释其中的模糊不清之处时，可以参考说明书和附图而已。与上述三种解释方式相应，发明人在不同的国家申请专利权的时候，也要在权利要求书的撰写方式上有所变化。否则，可能影响对于自己利益的保护。

三　专利权侵权的种类

专利权的侵权主要有三类，即字面侵权、等同侵权和协助侵权。其中的字面侵权和等同侵权属于直接侵权，协助侵权又叫做第三人责任。

（一）字面侵权（literal infringement）

字面侵权，又叫不折不扣的侵权，是指侵权人未经专利权人许可，直接仿制了专利权所覆盖的产品，或者直接使用了专利权所覆盖的方法。或者说，权利要求书中所记载的技术特征，没有任何变化地体现在了被控侵权的产品或方法之中。在这种侵权之中，侵权人对权利要求书中的技术特征未作任何改变，相当于是把权利要求书的字面内容原封不动地运用到了自己的产品或方法之中。所谓字面侵权或者不折不扣的侵权，正是从这个意义上说的。

在判定是否发生字面侵权的时候，要注意两个问题。第一，要以权利要求的范围与被控侵权的产品或方法进行比较。如果权利要求的内容原封不动地体现在了被控侵权的产品或方法之中，则有字面侵权的发生。如果没有原封不动地体现在被控侵权的产品或方法之中，则不会有字面侵权的发生。第二，如果被控侵权的产品或方法中的技术特征多于权利要求书所记载的技术特征，仍然会有侵权的发生。因为，就一个具体的产品或方法来说，总是体现有很多的技术特征，其中既有原告专利权所覆盖的技术特征，又有处于公有领域中的或者他人专有领域中的技术特征。但如果被控侵权的产品或方法中所体现的技术特征，少于权利要求书所记载的技术特征，则不会有侵权的发生。例如，权利要求书记载的是 5 个技术特征，被控侵权的产品中仅体现了 4 个或者 3 个，则不仅不是侵权，而且可能是一个新的技术发明。因为，以更少的技术特征达到相同的或者大体相同的技术效果，这本身就是发明创造。

（二）等同侵权（the infringement under the doctrine of equivalents）

等同侵权，又称依据等同理论的侵权，是指被控侵权产品或方法中的一个或几个技术特征虽然与权利要求书中的技术特征不一样，但二者只有非实质性的区别。或者说，在专利法看来，被控侵权产品或方法中的那一个或几个技术特征等同于权利要求书中的某一个或某几个技术特征。

等同侵权是相对于字面侵权而言的。在实际的工商业活动中，很少发生字面侵权或者不折不扣的侵权。侵权人总是既想利用他人的专利技术，又想逃避侵权的指控。例如，他会对专利权所覆盖的产品做一些变化，增加某些要素、改变产品的形状、大小或者比例，或者进行等效替换。又如，他会对专利权所覆盖的方法做一些变化，把几个步骤合并成一个，或者把一个步骤分解成几个，或者等效替换某一个或某几个步骤等等。在这种情况下，判定侵权与否就会困难得多。因为，如果有关的变化比较小，与原有的专利技术没有实质性的区别，就有可能构成侵权。但是，如果有关的变化比较大，使得专利权所覆盖的技术发生了重大的变化，则这种变化本身就有可能成为一项新的发明。

判定等同侵权，是以权利要求书所记载的技术特征，与被控侵权的产品或方法进行比较。在这种比较中，尽管被控侵权产品或方法中的某些技术特征与权利要求书所记载的技术特征有所不同，但只要前者与后者相比，是以实质上相同的方式，发挥着实质上相同的功能，并且达到了实质上相同的效果，就可以判定等同侵权的成立。因为在这种情况下，侵权人是以实质上相同的技术特征，"窃取"了专利权所覆盖的技术发明。

判定等同侵权，不是以权利要求书所记载的技术特征，与被控侵权产品或方法中所体现的技术特征，进行整体上是否实质上相同的判定。而是以权利要求书中所记载的某一项或某几项技术特征，与被控侵权产品或方法中相对应的技术特征进行对比，看二者是否实质上相同。或者说，判定等同与否，是以技术特征对技术特征，而不是以整体的发明对被控侵权的产品或方法。

判定等同侵权，是以相关技术领域中一般水平的技术人员，综合侵权发生时的"现有技术"而加以判断。如果在这个一般水平的技术人员看来，被控侵权产品或方法中的某一项或某几项技术特征，与权利要求书所记载的某一项或某几项技术特征，以实质上相同的方式，发挥着实质上相同的功能，达到了实质上相同的效果，就会有等同侵权的发生。或者说，在这个一般水平的技术人员看来，被控侵权产品或方法中的技术特征与权利要求书所记载的技术特征相比，不具有创造性，或者是显而易见的，就属于等同侵权。值得注意的是，这里所说的一般水平的技术人员，与判定创造性或者非显而易见性的一般水平的技术人员相同，都是一种法律上的假定。不同的是，判定创造性或非显而易见性的"现有技术"是指申请日以前的技术，而判定等同侵权的"现有技术"则是指侵权发生时的技术。

判定等同与否，事实上是在对权利要求书进行解释。或者说，法院在进行等同与否的判定时，是在判定被控侵权产品或方法中的某些技术特征，是否与权利要求所记载的某些技术特征实质上相同，是否应当把这些技术特征也纳入专利权保护的范围。如果法院经过审理认定，被控侵权产品或方法中的某一项或某几项技术特征，应当纳入专利权保护的范围，就会判定有等同侵权的发生。如果法院认定被控侵权产品或方法中的某一项或某几项技术特征，不应当纳入专利权保护的范围，则不会有等同侵权的发生。

等同侵权的概念，一般存在于司法实践中，而不一定直接见诸于专利法中。例如，美国专利法中就没有等同侵权的概念，相关的标准和要素系依据判例法而来。与此相同，中国专利法中也没有等同侵权的概念。但是，最高人民法院于2001年6月发布的"关于审理专利纠纷案件适用法律问题的若干规定"，则对等同侵权作了规定。根据该规定第17条，专利权的保护范围应当以权利要求书所记载的必要技术特征所确定的范围为准，也包括与该必要技术特征相等同的特征所确定的范围。"等同特征是指与所记载的技术特征以基本相同的手段，实现基本相同的功能，达到基本相同的效果，并且本技术领域的普通技术人员无须经过创造性劳动就能够联想到的特征。"

应该说，最高人民法院的上述司法解释，已经包含了判定等同与否的一系列要素。例如，专利权保护的范围应当包括"与该必要技术特征相等同的特征所确定的范围"，这是把等同的技术特征纳入了专利权保护的范围。又如，"与该必要技术特征"相等同，表明等同与否的判定是"技术特征对技术特征"，而不是整体的发明与被控侵权的产品或方法。再如，"普通技术人员"的概念，手段、功能、效果的基本相同，都是国际上通行的判定等同与否的要素。

（三）协助侵权（contributory infringement）

协助侵权，又叫帮助侵权，是指第三人的行为虽然没有直接侵犯第一人的专利权，但是却诱导或促成了第二人对于第一人专利权的侵权，并因此而承担侵权责任。所以从这个意义上说，协助侵权又可以称为"第三人责任"。

协助侵权可以是第三人向直接侵权人提供设备、零件或产品，使得直接侵权者可以利用相关的设备、零件或者产品，侵犯他人的专利权。协助侵权也可以是第三人引诱或教唆直接侵权者，侵犯他人的专利权。当然在很多情况下，提供设备、零件或者产品，与引诱或教唆是联系在一起的。

例如在美国1980年的"道森"一案中，罗姆公司发现某种丙烷化合物具有除去稻田中杂草并有利于稻谷生长的特性，而丙烷化合物的此种作用以前不为他人所知。罗姆公司申请并获得了一项使用丙烷化合物以除去杂草的方法专利。由于丙烷化合物是已知的处于公有领域中的产品，罗姆公司的方法专利不覆盖丙烷化合物。而且，在现有技术中，丙烷化合物没有什么明显用途，新的用于除去杂草的方法使其获得了显著的用途。罗姆公司生产并向广大农户销售丙烷化合物，这意味着向购买者发放了方法专利的使用许可。道森化学公司也生产该种丙烷化合物，但它向罗姆公司要求方法专利的许可时，遭到了拒绝。道森化学公司遂直接向农户出售自己生产的丙烷化合物，并且知道购买者只能用于除草并侵犯罗姆公司的方法专利。美国最高法院判定，购买道森公司丙烷化合物的农户直接侵犯了罗姆公司的方法专利权，道森公司构成了协助侵权。[①]

法律规定协助侵权，可以让专利权人更有效地追究他人的侵权责任，包括更有效地制止他人的侵权。例如在上述美国的判例中，罗姆公司没有起诉分散的农户直接侵犯了自己的专利权，只对道森公司提起了协助侵权的诉讼。因为，起诉分散的农户侵权，在诉讼技术上和最后所能获得的赔偿上，都有许多问题。这样，专利法中的协助侵权，就为专利权人追究他人的侵权责任和有效制止侵权提供了另一条途径。

在专利侵权中，协助侵权的构成必须有行为人的主观故意，这与直接侵权的构成不同。在专利权的直接侵权中，侵权者的主观意图不是侵权成立的要件。也就是说，无论侵权者主观上是否知道自己的行为侵犯了他人的专利权，也不论他是否有可能知道自己的行为侵犯了他人的专利权，只要有客观的侵权事实存在，就可以判定为侵权。这叫做"无过错责任"。而在协助侵权中，行为人的主观意图却成为侵权成立的要件之一。例如，第三人是故意引诱或教唆第二人侵犯他人的专利权，或者故意向第二人提供设备、零件或产品，并且知道第二人会由此而侵犯他人的专利权。上述美国判例所反映的情况正是这样。道森公司知道农户会使用自己提供的丙烷化合物侵权，仍然向农户出售丙烷化合物，具有主观上的故意。如果第三人在提供相关设备、零件或者产品时，不知道他人会用来侵权，则不构成协助侵权。

值得注意的是，协助侵权的构成以直接侵权的发生为前提。如果没有直接侵权的发生，即使第三人提供了有关的设备、零件或者产品，即使第三人对第二人进行了引诱或者教唆，仍然不会有协助侵权。事实上，协助侵权是让第三人为第二人的侵权行为承担责任。如果第二人没有侵权，第三人的责任就无从谈起。

中国专利法中没有协助侵权的规定。但是民法通则第130条规定的

---

① Dawson Chem. Co. v. Rohm Hass Co., 448 U. S. 176, 206 U. S. P. Q. 385 (1980).

共同侵权，可以引申为包含了专利权的协助侵权。因为最高人民法院2001年发布的司法解释规定，在计算机网络环境下，教唆或者帮助他人侵权，可以按照民法通则第130条关于共同侵权的规定追究责任。按照这样的推理，也可以适用于协助侵犯专利权的行为。

四 外观设计专利权的侵权

（一）外观设计专利权侵权的概念

在外观设计专利权的申请文件中，既没有权利要求书也没有说明书，只有表明该外观设计的图片或者照片。同时，具体的外观设计总是适用于或者体现于某一类别的产品之上。所以，外观设计专利权的保护范围就是由图片或者照片，以及体现该外观设计的产品种类来确定的。正如我国专利法第56条所说："外观设计专利权的保护范围以表示在图片或者照片中该外观设计专利产品为准。"这样，确定外观设计专利权的保护范围，就不存在像发明专利权和实用新型专利权那样的权利要求解释。

判定外观设计专利权的侵权与否，要注意以下几个问题。

第一，判定外观设计专利权的侵权与否，是以图片或者照片所确定的专利权保护范围，与被控侵权的产品上的外观设计进行对比。或者说，是以专利权所覆盖的外观设计，与被控侵权的外观设计产品进行比较，看被控侵权产品上的外观设计是否侵犯了专利权所覆盖的外观设计。这与判定是否侵犯发明专利权或实用新型专利权的方法一样，不存在以原告的产品与被告的产品进行比对的问题。因为，原告的产品可能并没有体现专利权所覆盖的外观设计，或者所体现的外观设计已经有所变化。况且，外观设计专利权所保护的是表示在图片或者照片中的外观设计，而非实际产品上使用的外观设计。

第二，外观设计是适用于或者体现于某类产品之上的外观设计，而非所有的产品之上。这是因为，就外观设计的保护来说，有一个产品种类的问题。某一外观设计，必须体现在某类产品之上。[①] 正是从这个意义上说，我国专利法把体现有某一外观设计的产品，称之为"外观设计专利产品"。这样，只有在同类产品上，未经专利权人的许可而使用了专利权所覆盖的外观设计，才有侵权的发生。如果产品种类不同，即使

---

① 不体现在具体产品上的"外观设计"，要么存在于某人的脑海里，要么属于著作权法保护的作品。

外观设计或者外观设计的要素相同或者相似，也不存在侵权的问题。

第三，虽然外观设计必然适用于或者体现于某类产品之上，虽然中国专利法中所使用的术语是"外观设计专利产品"，但是对于外观设计专利权的保护从来不延及于产品本身。产品的结构、功能、成分、效果等等，假如能够受到保护的话，应当由发明专利权、实用新型专利权或者商业秘密加以保护。

第四，在中国以专利权的方式保护外观设计的情况下，外观设计专利权是一种排他性的权利。只要他人未经专利权人的许可，在指定的产品上使用了专利权所覆盖的外观设计，就会构成侵权。即使他人所使用的外观设计是自己独立创作的，或者全然不知道有关专利权的存在，也仍然会构成侵权。这与著作权的保护不同。因为依据著作权法的原理，假如两个人在互不知晓的情况下独立创作了完全相同的作品，两部作品都可以受到保护。

（二）外观设计专利权侵权的判定标准

在判定外观设计专利权的侵权时，也会涉及"相同"和"实质性相似"的问题。所谓相同，是指被控侵权的外观设计，与专利权所覆盖的外观设计相同。所谓实质性相似，是指被控侵权的外观设计，与专利权所覆盖的外观设计具有实质上的相似性。显然，这种"相同"和"实质性相似"，有点类似于前面所说的"字面侵权"和"等同侵权"。

如果被控侵权的外观设计与专利权所覆盖的外观设计相同，则很容易判定侵权的成立。但如果被控侵权的外观设计与专利权所覆盖的外观设计相似，则侵权与否的判定就会困难得多。如果被控侵权的外观设计只作了一些小的变化，侵权的可能性就比较大。如果被控侵权的外观设计变化很大，以至于成了一个新的外观设计，则不会有侵权的发生。这种变化大小的判定，或者侵权与否的判定，就在于二者是否实质性相似。

在外观设计侵权的司法实践中，法院通常采用一个"一般水平购买者"或者"一般水平消费者"的标准。这个一般水平的购买者具有一般的注意力，如果在他的眼里，被控侵权的外观设计与专利权所覆盖的外观设计具有实质性的相似，并且他在购买这一外观设计时，误认为是另一外观设计，就会有侵权的发生。当然，这里所说的"一般水平购买者"，也是一种法律上的假定，是要求法官或者专利管理机关的人员从这样一个角度，判定被控侵权的外观设计与专利权所覆盖的外观设计是否实质性相似，以及是否有侵权的发生。

外观设计侵权认定中的"一般水平购买者"，与商标侵权认定中的"一般水平消费者"有些类似。所以从这个意义上说，外观设计专利侵权认定的标准，包括"相同"和"实质性相似"，也与商标侵权的认定类似。

第二节　专利侵权诉讼与民事救济

一　专利侵权纠纷的解决途径

根据中国专利法的规定，在发生专利权的侵权纠纷以后，双方当事人首先应当协商解决。如果不能协商，或者协商不成，则专利权人或者利害关系人可以向人民法院提起侵权诉讼，或者请求专利管理机关处理。前者属于司法程序，后者属于行政程序。

（一）人民法院

专利侵权纠纷的处理，无论是从技术的角度来看，还是从法律的角度来看，都具有很强的专业性。所以，为了保证专利侵权审判的质量，专利侵权案件的管辖应当相对集中。根据最高人民法院于2001年6月发布的《关于审理专利纠纷案件适用法律问题的若干规定》，专利纠纷案件的第一审案件，由各省、自治区、直辖市政府所在地的中级人民法院管辖。这就意味着，只有广州市、南京市、武汉市一类的中级人民法院可以管辖专利纠纷案件。与此同时，最高人民法院在必要的时候，还可以指定其他的一些中级人民法院管辖专利纠纷案件。例如，广东的深圳市、佛山市的中级人民法院就是这类被指定管辖专利纠纷案件的法院。到目前为止，共有53个中级人民法院可以管辖专利纠纷案件。

这样，专利侵权纠纷案件的管辖与著作权、商标权侵权纠纷案件的管辖，就有了很大的不同。不仅北京市、上海市的几个区级的知识产权审判庭不能管辖专利侵权纠纷案件，而且很多的中级人民法院也不能管辖专利侵权纠纷案件。应该说，比较集中的管辖，有利于保障专利侵权审判的质量。

事实上，不仅专利侵权纠纷的处理具有很强的专业性，就是有关专利申请权、专利权权属、专利权或专利申请权转让合同纠纷案件、假冒他人专利纠纷案件，以及发明专利申请公布后、专利权授予前使用费纠纷案件，职务发明创造的发明人、设计人奖励、报酬纠纷案件，不服专利管理部门行政决定的案件，都是专业性很强的案件。根据最高人民法院的规定，这类案件的一审，也由前面所说的那些中级人民法院管辖。至于不服专利复审委员会决定，不服国务院专利行政部门（国家专利局）关于实施强制许可决定的案件、关于强制许可费用裁决的案件、关于行政复议决定的案件，本来就是由北京市第一中级人民法院管辖。这种管辖，除了地域上的特点之外，也符合专利案件具有很强专业性的特点。

前面所说的都是专利纠纷案件，包括专利侵权纠纷案件的一审管辖。按照现行的司法体系，对于一审判决不服的当事人，可以上诉到各省、自治区和直辖市的高级人民法院。后者所做出的判决为终审判决。必要的时候，最高人民法院还可以提审某些有代表性的案件。尽管如此，各省、自治区和直辖市高级人民法院在受理专利纠纷案件的上诉中，由于对专利法认识的差异，由于审判法官专业水准的不同，也造成了法律适用上的差异。有时，这种差异还比较明显。例如，同样的专利侵权案件，原告在不同的省、市起诉，最后的判决可能完全相反。所以，如何解决这个问题，还值得深入探讨。

近年来，国际上出现了设立专门的专利上诉法院的新趋势。例如，美国于1982年设立了联邦巡回上诉法院，为专门的专利纠纷案件的上诉法院。按照这样的体系，一旦发生专利侵权，或者有人对专利权的有效性提出挑战，由联邦地方法院审理。如果当事人对地方法院的判决不服，则一律上诉到联邦巡回上诉法院。这就在很大程度上统一了专利侵权认定的标准、专利权有效与否的标准。与此同时，当事人不服专利复审委员会的决定，也由联邦巡回上诉法院审理。这样，联邦巡回上诉法院就不仅领导了全国各地联邦地方法院的专利审判活动，而且领导了专利局的审查和授权活动，从而鼓励了技术发明，鼓励了发明人申请和保护自己的专利。最近几年，美国的做法引起了许多国家的注意。其中，韩国于1998年成立了专门的专利上诉法院，日本于2004年成立了知识产权上诉法院，我国的台湾地区也在2004年成立了类似的知识产权上诉法院。显然，这种设立专门的专利上诉法院的新趋势，值得我们研究和借鉴。

（二）管理专利工作的部门

在中国，专利管理机关处理专利侵权纠纷，有其独特的历史原因。制定1984年专利法时，法院体系刚刚恢复不久，法官中懂得专利法并且能够审理专利侵权案件的人员极少。同时，那些懂得专利法并且能够处理专利纠纷的专业人才，大多在专利管理机构之中。这样，1984年专利法就规定，发生专利侵权纠纷时，专利权人或者利害关系人可以请求专利管理机关处理，也可以直接向人民法院起诉。显然，在专利侵权纠纷的处理上，专利管理机关处于优先于法院的地位。与此同时，专利管理机关在处理专利侵权纠纷时，不仅可以责令侵权人停止侵权，而且可以责令赔偿损失。当然，如果当事人对专利管理机关的处理决定不服，可以向人民法院起诉。除此之外，根据1989年12月中国专利局发布的《专利管理机关处理专利纠纷办法》，专利管理机关不仅可以处理专利侵权纠纷，还可以处理专利申请公布后、专利权授予前使用费纠纷案件，以及专利申请权纠纷和专利权属纠纷。在处理这些纠纷时，专利管理机关首先进行调解，调解不成则做出决定。由此可见，在当时的历史条件下，专利管理机关扮演着解决民事权利纠纷的角色，承担了应当由法院处理的事务。

随着国家经济体制和政治体制的改革，法院在处理民事法律纠纷中所发挥的作用越来越大。就知识产权的司法来说，经过十多年的发展，已经产生了一大批既懂得专利法，又可以高质量审理专利侵权纠纷的法官。这样，到了2000年8月修订专利法时，就改而规定在发生专利侵权纠纷时，专利权人或者利害关系人可以向人民法院起诉，也可以请求管理专利工作的部门处理。而且，在管理专利工作的部门处理的情况下，只可以责令侵权人停止侵权，不能责令赔偿损失。这里有两点值得注意。第一，在处理专利侵权纠纷方面，法院处于优先于管理专利工作部门的地位。第二，管理专利工作的部门只能责令侵权人停止侵权，不能再责令赔偿损失。在损害赔偿的问题上，管理专利工作的部门可以应当事人的请求，就赔偿数额进行调解。如果当事人没有请求调解，或者调解不成，仍然可以向人民法院起诉。

这样一来，管理专利工作的部门在处理专利侵权纠纷方面所起的作用就很小了。因为在通常的情况下，专利权人或者利害关系人，总是既想让侵权人停止侵权，又想获得损害赔偿。如果前往管理专利工作的部门要求查处，即使认定侵权，也只能获得责令停止侵权的决定，不能获得自己想要的损害赔偿。尽管专利法规定管理专利工作的部门可以调解损害赔偿的数额，双方当事人却往往难以达成协议。所以，为了获得损害赔偿，权利人还必须向法院提起诉讼。又据最高人民法院于2001年发布的《关于审理专利纠纷案件适用法律问题的若干规定》，即使管理专利工作的部门做出了侵权或者不侵权的认定，人民法院仍然应当就当事人的诉讼请求进行全面审查。这就意味着在司法程序中，管理专利工作的部门所做出的侵权与否的决定并不作数，一切还得从头开始。既然这样，专利权人或者利害关系人为什么非要先走行政程序再走司法程序呢？为什么不在一开始就直接向人民法院提起诉讼，毕其功于一役呢？事实上，自2001年专利法修正案生效以来，专利权人或者利害关系人请求管理专利工作的部门查处侵权的案件，已经急剧下降。这也表明，处理专利侵权纠纷的重心，已经从行政管理机关转向了司法机关。

　　当然，按照2000年修订的专利法，在处理专利侵权纠纷方面，仍然为管理专利工作的部门留下了一点空间。但这种空间有没有必要，以及在多长时间内有必要，都值得进一步探讨。

二　专利侵权诉讼中的一些特殊规定

　　在专利侵权诉讼中，有关诉讼管辖和诉讼时效的规定，与著作权侵权诉讼的规定基本一致。例如，专利权人或者利害关系人可以向被告所在地，或者侵权行为发生地的有管辖权的中级人民法院提起诉讼。又如，专利权人或者利害关系人应当在知道或者应该知道侵权行为发生的两年之内提起侵权诉讼。在持续侵权的情况下，法院可以责令侵权人停止侵权，但损害赔偿的计算则自起诉之日向前追溯两年，超过两年的部分不予追究。

　　除了诉讼管辖和诉讼时效，还有几个问题值得略加讨论，如方法专利侵权的举证责任、实用新型专利权的检索报告、诉前的临时措施等。

　　（一）方法专利侵权的举证责任

　　在一般的民事诉讼中，包括绝大多数知识产权侵权诉讼中，都是由原告举证证明被告侵犯了自己的权利。这就是通常所说的"谁主张，谁举证"。例如在侵犯产品专利权的情况下，原告可以根据被告制造、使用、销售或者进口的产品，举证证明被控侵权的产品中含有自己专利权所覆盖的技术，被告侵犯了自己的专利权。

　　然而在侵犯方法专利权，尤其是在侵犯制造产品的方法专利权的情况下，这种举证原则就会让专利权人陷入困境。按照专利法的规定，方法专利权的保护延及于直接利用该方法所获得的产品。但是，如果专利权人在市场上发现了某种产品，与使用专利方法直接获得的产品相同，却很难证明该产品是使用自己的专利方法生产的，还是使用其他的方法生产的。因为专利权人无法进入他人的企业，调查他人所使用的方法是自己的专利方法还是其他方法。这样，世界很多国家的专利法就规定了举证责任的倒置，即在侵犯方法专利权的诉讼中，由被告举证证明自己所使用的是其他的方法，而非专利权人的方法。如果被告不能证明自己所使用的是其他的方法，则推定被告使用了专利权所覆盖的方法。

在方法专利权侵权的认定上，我国专利法也采取同样的举证责任的倒置。专利法第 57 条规定："专利侵权纠纷涉及新产品制造方法的发明专利的，制造同样产品的单位或者个人应当提供其产品制造方法不同于专利方法的证明。"这样，方法专利权人只要证明被告制造了与自己的专利方法直接获得的产品相同的产品，就算完成了举证责任。剩下的就是由被告证明自己所使用的方法不同于原告的专利方法。如果不能证明，就表明该产品是使用原告的专利方法获得的，被告应当承担侵权责任。

（二）实用新型专利权的检索报告

在我国，实用新型专利权的授予没有经过实质审查。所以，有关的专利权是否真实有效，包括是否重复授权，都很值得怀疑。所以，在实用新型专利权的侵权诉讼中，被告总是要提起无效请求。按照原来的做法，法院也总是中止诉讼，等待专利复审委员会的决定。如果专利复审委员会宣告有关的实用新型专利权无效，法院就会终止侵权诉讼；如果有关的实用新型专利权有效，则继续相关的诉讼。这种处理纠纷的方式，既耗费当事人的时间和财力，也耗费了法院和专利复审委员会的大量时间和精力。

至 2000 年修订专利法，参考国外的做法，要求实用新型专利权人在提起侵权诉讼之时，应当向法院或者管理专利工作的部门出具专利局所做出的检索报告。根据专利法实施细则第 55 条和 56 条的规定，授予实用新型专利权的决定公告后，实用新型专利权人就可以要求专利局做出实用新型专利检索报告。如果专利局经过检索认为，有关的实用新型不符合专利法关于新颖性或者创造性要求的，应当引证对比文件，说明理由，并附具所引证文件的复印件。当然，如果专利局经过检索没有发现影响新颖性或者创造性的对比文件，也会在检索报告中做出说明。显然，通过这种检索报告，获得授权的实用新型专利权人也就可以在某种程度上了解自己权利的状态，包括是否应当转让、许可，是否应当提起侵权诉讼等等。

根据最高人民法院 2001 年 6 月发布的《关于审理专利纠纷案件适用法律问题的若干规定》第 9 条，在人民法院受理的侵犯实用新型专利权的纠纷案件中，如果原告出具的检索报告未发现导致实用新型专利权丧失新颖性、创造性的技术文献的，尽管被告提出了宣告无效的请求，人民法院可以不中止诉讼。在这种情况下，被告可以在继续参与诉讼的情况下，请求专利复审委员宣告该实用新型专利权的无效。

值得注意的是，专利局就实用新型专利权所做出的检索报告，仅仅具有参考性。即使检索报告没有发现影响实用新型专利权的新颖性和创造性的文献，也不表明该专利权就一定有效。一方面，这种报告是专利局一方做出的，没有专利权人或者被控侵权人的参与，可能是片面的。另一方面，这种报告仅仅涉及了实用新型的新颖性和创造性，而一项专利权的有效与否还会涉及其他的因素，如说明书是否充分披露了有关的发明创造，是否具有实用性等等。所以，最后的结论仍然要以专利复审委员会的结论为准。当然，如果当事人就专利复审委员会的结论提起了诉讼，则以法院的结论为准。

（三）诉前的责令停止侵权和财产保全

2000 年修订专利法时，规定专利权人或者利害关系人有证据证明他人正在实施或者即将实施侵犯其专利权的行为，如不及时制止将使其合法权益受到难以弥补的损害的，可以在起诉前向人民法院申请，采取责令停止有关行为和财产保全的措施。关于前者，最高人民法院于2001 年 6 月发布的《关于对诉前停止侵犯专利权行为适用法律问题的若干规定》，作了详细规定。关于后者，最高人民法院于 2001 年 6 月发布的《关于审理专利纠纷案件适用法律问题的若干规定》，也有详细规定。大体说来，专利法规定的诉前的责令停止侵权和财产保全，与著作权法基本相同。但是与著作权法相比，专利法没有规定证据保全。

尽管专利法规定了诉前的责令停止侵权和财产保全，但法院在裁定这两项措施时要十分谨慎。这是因为，专利权是由专利局根据申请人提供的申请文件，以及审查员检索到的文献，在审查了各项法律要件后授予的权利。无论是申请人还是专利局，所看到的现有技术文献和公知公用的技术都是有限的，专利权的有效性还有待于进一步的证明。以有待于近一步证明其有效性的专利权，裁定诉前的责令停止侵权和财产保全，显然是比较危险的。这样，法院在下达诉前的责令停止侵权和财产权保全时，应当掌握更为严格的标准，例如确信专利权不会被宣告为无效，确信专利权人或者利害关系人将会遭受不可弥补的损失，等等。

事实上，即使是在西方发达国家，适用诉前的责令停止侵权和财产保全，包括适用诉讼提起后的临时性禁令，都是非常慎重的。例如在美国，虽然法律规定了提起诉讼后的临时性禁令，但法院在专利侵权诉讼中却极少适用。原因就在于有关的专利权是否真实有效，还有待于诉讼程序的进一步证实。相比较而言，在版权诉讼和商标权诉讼中，法院适用临时性禁令的比例则要大得多。原因也在于版权和商标权的有效性比较易于判定。

三 未侵权的辩解

面对原告的侵权诉讼，被告也可以提出一系列的辩解，表明自己没有侵犯原告的专利权。例如，体现在被控侵权产品或方法中的技术是公有领域中的技术，或者是自己的技术，或者虽然是他人专有领域中的技术，但自己已经获得了许可。又如，体现在被控侵权产品或方法中的技术虽然是原告的专利技术，但属于专利法所允许的例外，如自己享有先用权，有关的使用是为了科学实验的使用，以及专利权已经用尽等。显然，被告提出各种各样的辩解以及相关的证据，有利于法院澄清事实，并由此而做出恰当的侵权与否的判决。与此相应，被告在遭受了侵犯专利权的指控以后，也应当充分利用答辩的机会，做出有利于自己的答辩。

在专利侵权诉讼中，被告通常采用的策略是主张原告的专利权无效。如果原告的专利权无效，有关的侵权诉讼自然失去了依据。这属于釜底抽薪的做法。具体说来，被告主张专利权无效的理由可以有以下一些：原告的专利权缺乏新颖性，例如在申请日之前已经有相同的技术存在，或者原告已经在申请日之前自行公开了相关的技术；原告的专利权缺乏创造性或者非显而易见性，例如专利局的判定标准有问题，或者没有参考某些重要技术文献；原告的专利权缺乏实用性，例如相关技术领域中一般水平的技术人员不能实施有关的技术发明；专利说明书对有关的技术发明未作充分披露，故意隐瞒了一些重要的技术要素；权利要求书中的某些技术特征得不到说明书的支持；以及专利申请人不合格，是剽窃他人技术成果，或者将与他人合作的技术成果据为己有而申请专利权；等等。

正如前面在论述专利权无效程序时所说的那样，在世界各国的专利司法实践中，专利权被宣告为无效的比例是比较大的。这是因为，专利权是基于申请人所提供的资料和专利局所掌握的资料，经过专利局的审查程序而授予的，没有经过社会公众，包括被控侵权人或被许可人的挑战。这样，专利局所授予的专利权就只能是一项推定有效的专利权，至于该项专利权是否真的有效，还应该在司法程序中加以检验。如果被告在诉讼程序中提出了新的技术文献或者公知公用的技术，推翻了原告的专利权，则一方面可以让被告摆脱侵权的指控，另一方面也可以让社会或国家剔除虚假的专利权。显然，被告挑战原告专利权的做法是值得提倡的。

在西方发达国家，当被告提出专利权的无效主张后，通常是由法院来确定有关的专利权是否有效。例如在美国，是否授予专利权是行政机关（专利局）的事情，而确定专利权有效与否则是司法机关的事情。专利局所授予的专利权只是一项推定有效的权利，至于该项权利是否真实有效则由司法机关作出判决。而且，法院做出的某项专利权有效的判决，也是仅就该案有效，并不保证以后不被判定为无效。这是因为，法院进行的每一次审理，所涉及的证据可能是不同的。

而在中国，无论是由一般社会公众提出的宣告专利权无效的主张，还是诉讼中被告提出的宣告专利权无效的主张，都是向专利复审委员会提出的。与此相应，专利权是否有效的决定也是由专利复审委员会做出的。当然，如果当事人对专利复审委员的决定不服，还可以向北京市第一中级人民法院起诉，以及向北京市高级人民法院上诉。这就涉及另外一个问题，如果在专利侵权诉讼中，被告向专利复审委员提起了无效请求，法院是否应当中止诉讼，等待专利复审委员会的决定？

按照最高人民法院于2001年6月发布的《关于审理专利纠纷案件适用法律问题的若干规定》，在发明专利权的侵权纠纷案件中，被告在答辩期间请求宣告该项专利权无效的，人民法院可以不中止诉讼。这显然是因为，发明专利权经过了专利局的实质审查，被认定为有效的可能性比较大。又据规定，在侵犯实用新型专利权和外观设计专利权的纠纷案件中，如果被告在答辩期间内请求宣告该项专利权无效的，人民法院应当中止诉讼。但在某些情形下也可以不中止诉讼。例如，原告出具的检索报告未发现导致实用新型专利丧失新颖性、创造性的技术文献的；被告提供的证据足以证明其使用的技术已经公知的；被告请求宣告该项专利权无效所提供的证据或者依据的理由明显不充分的。

最高人民法院的上述司法解释有几点值得注意。第一，在侵犯专利权的诉讼中，有一个被告请求宣告专利权无效的期间。在侵犯实用新型专利权、外观设计专利权的纠纷案中，被告只有在答辩期间请求宣告该项专利权无效的，人民法院才应当中止诉讼。如果过了答辩期间，人民法院可以中止也可以不中止诉讼。第二，规定所涉及的答辩期间，以及是否中止诉讼，仅仅涉及法院的诉讼程序，与专利复审委员会的程序无关。即使法院不中止诉讼，例如在侵犯发明专利权纠纷的情况下，被告仍然可以请求专利复审委员宣告专利权无效。当然这又涉及另一个问题，如果法院判决侵权后，专利复审委员会又宣告相关的专利权无效，应当如何处理。对此，专利法第 47 条规定："宣告专利权无效的决定，对在宣告专利权无效前人民法院作出并已执行的专利侵权的判决、裁定，已经履行或者强制执行的专利侵权纠纷处理决定，以及已经履行的专利实施许可合同和专利权转让合同，不具有追溯力。但是因为专利权人的恶意给他人造成的损失，应当给予赔偿。"

这种程序上的错综复杂也提出了一个问题，专利侵权纠纷中提出的专利权无效的主张，应当由专利复审委员会处理，还是由审理案件的法院直接处理。根据现有的程序，在有关专利侵权的诉讼中，如果被告提出了专利权无效的主张，法院通常都会中止诉讼，等待专利复审委员会的决定。一旦专利复审委员会做出了维持有效或者宣告无效的决定，当事人不服还可以起诉到北京市第一中级人民法院，甚至上诉到北京市高级法院。最后，当北京市高级法院作出了专利权有效的裁定，原审法院才会恢复审理活动。不过，在这种情况下，仍然会有当事人不服判决而上诉，直至省一级的最高法院作出终审判决。如果一个专利侵权案件走完这样纷繁复杂的一个程序，少则三五年，多则六七年，既耗费了当事人大量的时间和金钱，又不利于专利权的保护。显然，这样一套程序是否合理，是否应当继续存在下去，就是一个很值得探讨的问题。

但是在专利侵权纠纷中，如果由受理案件的法院先确定原告的专利权是否有效，然后再判决被告是否侵犯了专利权，不仅程序上简单得多，而且会节省很多时间。事实上，许多西方国家，包括美国在内，就是这样做的。当然，如果由法院做出专利权是否有效的判决，有人会担心法官是否能够理解专利权所涉及的技术问题，并进而做出恰当的判决。应该说，对于这个问题的回答也很简单，专利权虽然涉及技术问题，但是专利权是否有效却是一个法律问题。法官完全可以在技术专家的帮助之下，理解相关的技术问题，然后在此基础之上做出有关法律问题的裁定。至少在美国，对于这个问题的回答就是这样。

四 民事救济措施

专利侵权具有严格的含义，即被控侵权的产品或者方法中体现了专利权所覆盖的发明创造。只要被告的行为构成了侵权，就是真实地使用了原告的技术，或者使用了与原告技术等同的技术，因而有关的产品或方法不存在假冒伪劣的问题。这样，侵犯专利权所涉及的就仅仅是专利权个人的利益，不涉及对于社会公共利益的侵犯。也正是从这个意义上说，世界上绝大多数国家的专利法仅追究侵权者的民事责任，而不追究其刑事责任。中国专利法也是这样。

根据专利法的相关规定，侵犯专利权的民事责任主要有停止侵权和赔偿损失。如果法院认定被告侵犯了原告的专利权，可以责令被告停止侵权、赔偿损失。但在管理专利工作的部门认定侵权的情况下，只能责令停止侵权，不能就赔偿损失做出决定。

（一）责令停止侵权

责令停止侵权，是法院或者管理专利工作的部门命令被告停止侵权行为，如不得继续制造、使用、许诺销售、销售或者进口含有专利技术的产品，或者不得继续使用专利方法，或者不得继续使用、许诺销售、销售或者进口用专利方法直接获得的产品。

如前所述，在专利侵权诉讼中，法院很少适用诉前的责令停止侵权和诉讼提起后的临时性禁令。事实上，在制止专利侵权方面，责令停止侵权的作用也不是很大。因为在很多情况下，侵权人会与专利权人达成许可协议，继续使用相关的技术，并且支付专利费用。出现这样的情况有两方面的原因。一方面，很多专利权人并不直接生产专利产品或者使用专利方法，而是以发放许可获得利益。或者虽然直接生产专利产品或者使用专利方法，仍然希望通过许可获得更多的经济利益。另一方面，被告虽然被认定侵权，但他为了生产相关的专利产品，或者使用相关的专利方法，已经做出了巨大的投资，也愿意在支付合理费用的条件下将有关的生产活动继续下去，赚取自己的利润。事实上，在很多情况下，被告能够将专利权所覆盖的技术使用到具体的产品之中，或者使用到具体的生产方法之中，本身就会有创造性的劳动体现于其中。当然，除非专利权人拒绝发放许可，或者被告转产不再使用原告的专利技术，双方才会丧失合作的基础。

（二）赔偿损失

专利法第60条规定，侵犯专利权的赔偿数额，按照权利人因他人侵权所受到的损失或者侵权人因侵权所获得利益确定；如果权利人的损失或者侵权人获得的利益难以确定，参照该专利许可使用费的倍数合理确定。由此可见，赔偿数额的计算有三种方式：权利人的损失，侵权人的利益所得，以及许可使用费的倍数。

在专利侵权的情况下，无论是权利人的损失，还是侵权人的利益所得，计算起来都是非常困难的。至于专利许可使用费，如果权利人发放过许可，还比较容易参照。如果没有发放过许可，就难以参照了。根据最高人民法院于 2001 年发布的《关于审理专利纠纷案件适用法律问题的若干规定》，没有专利使用费可以参照，或者许可使用费明显不合理的，人民法院可以根据专利权的类别、侵权人侵权的性质和情节等因素，一般在 5000 元以上 30 万元以下确定赔偿数额，最多不得超过 50 万元。

又据专利法第 63 条，为生产经营的目的使用或者销售不知道是未经专利权人许可而制造并售出的专利产品或者依照专利方法直接获得的产品，能证明其产品合法来源的，不承担赔偿责任。做出这个规定，显然是鼓励使用者或者销售者说明侵权产品的来源，有利于追究制造者或者进口者的侵权责任。值得注意的是，为生产经营的目的使用或者销售侵权产品，仍然属于专利法所说的侵权，只是使用者或者销售者在不知的情况下，在证明其产品合法来源的情况下，才可以免除赔偿责任。而且，免除赔偿责任的，仅限于使用或者销售的行为，不涉及制造或者进口的行为。

第三节　违反专利法的其他行为

侵犯他人专利权，本身就是违反专利法的行为。所以，本节将要讨论的是除此之外的，违反专利法并且应当受到法律制裁的行为。根据我国专利法，这些行为主要有假冒他人专利、冒充专利、泄露国家秘密和工作人员的渎职等。

一　假冒他人专利

假冒他人专利，主要是指未经专利权人许可而在自己制造或者销售的产品、产品包装上标注他人的专利号。除此之外，还包括未经许可而在广告或者其他宣传材料中使用他人的专利号，使人将所涉及的技术误认为是他人的专利技术；或者在合同中使用他人专利号，使人将所涉及的技术误认为是他人的专利技术；以及为了假冒他人专利而伪造或者编造他人的专利证书、专利文件或者专利申请文件。

未经许可而在自己制造或者销售的产品、产品包装上标注他人的专利号，可以有两种情形。一种是假冒者的产品与他人的专利技术无关，假冒者以假充真，在自己制造或者销售的产品上、产品包装上标注他人的专利号。另一种是假冒者的产品不仅体现了他人专利权所覆盖的技术，侵犯了他人的专利权，而且假冒者还在产品及其包装上标注了他人的专利号，假冒了他人的专利。这样，第二种情形实际上又有两个行为，即前者属于侵犯专利权，应当追究民事侵权责任；后者属于假冒他人专利，应当追究假冒责任。

根据专利法第 58 条，假冒他人专利的，将会受到行政处罚，构成犯罪的则依法追究刑事责任。其中的行政责任是指，管理专利工作的部门应当责令改正并予公告，没收违法所得，可以并处违法所得三倍以下的罚款，没有违法所得的，可以处以 5 万元以下的罚款。关于刑事责任，我国刑法第 216 条规定，假冒他人专利，情节严重的，处三年以下有期徒刑或者拘役，并处或者单处罚金。

假冒他人专利者所承担的法律责任，主要是行政责任和刑事责任。这表明，追究假冒他人专利者的法律责任，是从维护社会公共利益的角度出发的，而不是从维护个人利益的角度出发的。显然，假冒者未经许可而在自己的产品及其包装上标注他人的专利号，在宣传资料和合同中标注他人的专利号，以及为了假冒而伪造专利证书、专利文件等等，是为了欺骗社会公众，让社会公众误以为有关的产品是专利产品，误以为有关的技术是专利技术。当然在假冒者同时侵犯了专利权人个人利益的时候，也可以追究假冒者的民事责任。

假冒他人专利，一定是在相关的产品上、产品包装上、宣传资料中或者合同中，标注了他人的专利号，使社会公众误以为有关的产品是专利产品，有关的技术是专利技术。如果他人未经许可仅仅使用了专利权所覆盖的技术，而没有在产品及其包装上打上他人的专利号，则属于专利侵权，不属于假冒他人专利。在这种情况下，只能追究侵权人的民事责任，不能追究行政责任或刑事责任。2000 年，由山东省聊城市中级法院审结的一个案子，就混淆了专利侵权与假冒他人专利的界限。该案涉及一项有机玻璃保温杯的实用新型专利权，被告只是制造和销售了有关的保温杯，没有在产品或者包装上打上他人的专利号。但无论是一审的阳谷县法院还是二审的聊城市中级法院，都认定即使被告没有打上专利号，也是假冒他人专利，并由此而追究了被告的刑事责任。这是一个典型的将专利侵权混淆为假冒他人专利，并由此而追究被告刑事责任的错案。

随着 2001 年 7 月专利法实施条例的颁布，随着 2004 年 12 月最高人民法院和最高人民检察院发布《关于办理侵犯知识产权刑事案件具体应用法律若干问题的解释》，这个问题已经非常清楚。具体说来，专利法实施细则第84条有关假冒他人专利的几种行为，都有未经许可标注他人专利号的要件。而最高人民法院和最高任检察院的《解释》，又在第10条重复了专利法实施细则的规定。这样，标注他人专利号，就是构成假冒他人专利，包括追究假冒者刑事责任的必备条件。

应该说，在现实的经济生活中，发生假冒他人专利的情形并不多见。很多经营者出于利益的驱动，可能会侵犯他人的专利权。但在没有侵犯他人专利权的情况下打上他人的专利号，或者在虽然侵犯了他人专利权的情况下仍然打上他人的专利号，其必要性并不很大。再往前推一步，即使有人在自己的产品及其包装上打上了他人的专利号，即使有人在广告宣传资料和合同中打上了他人的专利号，大多也不过追究行政责任而已。既假冒他人专利，又严重到构成犯罪，应当是少而又少的。至少，从刑事犯罪的构成来看，相关的要件应当是比较严格的。

二　冒充专利

冒充专利是指以非专利产品冒充专利产品，以非专利方法冒充专利方法。假冒他人专利是指假冒他人的专利权，使用他人的专利号，而冒充专利则是无中生有，编造了专利标记和号码。根据专利法实施细则，冒充专利的行为包括：制造或者销售标有专利标记的非专利产品；专利权在被宣告无效后，继续在制造或者销售的产品上标注专利标记；在广告或者其他宣传材料中将非专利技术称为专利技术；在合同中将非专利技术称为专利技术；伪造或者变造专利证书、专利文件或者专利申请文件。

冒充专利所侵犯的是国家专利局的权力。因为，授予专利权，发给专利号码和相应的证书及文件，是专利局依照职权从事的行为。冒充专利，编造专利标记和号码，以及伪造或者变造相关的证书文件，则是非法从事了本来应当由专利局从事的行为。同时，以非专利产品冒充专利产品，以非专利方法冒充专利方法，又具有对于社会公众的欺骗性。所以，追究冒充专利者的法律责任，也是从维护国家专利机关的权威，维护社会公共利益的角度出发的。在冒充专利的情况下，不涉及任何专利权人的个人利益。根据专利法第59条，以非专利产品冒充专利产品、以非专利方法冒充专利方法的，由管理专利工作的部门责令改正并予公告，可以处5万元以下的罚款。显然，这里只涉及了行政处罚。

三　国外有关虚假标记的规定

在大多数西方发达国家，在专利产品及其包装上标注专利标记和号码，以及在相关的广告宣传资料中标注专利标记和号码，是专利权人的一项义务。其作用是向社会公众通告有关专利权的信息，告诫相关的人员不要侵犯其专利权，或者由此而寻求授权。与此相应，无论是假冒他人专利还是冒充专利，都属于虚假标记的行为。

美国专利法第292条所规定的"虚假标记"（false marking），就包括了假冒他人专利和冒充专利。例如，未经专利权人许可，为了欺骗社会公众的目的，在物品上使用他人的专利标记或专利权人的名称。又如，为了欺骗社会公众的目的，在非专利产品上标注专利标记，或者在未申请专利的物品上标注"已申请专利"、"专利审查进行之中"。根据规定，每一次虚假标记可处以500美元的罚金。而且任何人都可以起诉虚假标记，有关的罚金一半归起诉者，一半归美国政府。

两相比较我们就会发现，中国对于假冒他人专利和冒充专利的处罚，要远远重于美国。尤其是在假冒他人专利方面，中国甚至要追究情节严重者的刑事责任，处以三年以下有期徒刑或者拘役，并处或者单处罚金。是否有必要对假冒他人专利者追究如此严重的刑事责任，以及在有了行政处罚的前提下是否还有必要追究刑事责任，都是一个值得进一步探讨的问题。

此外，现行中国专利法中的假冒他人专利和冒充专利，是否有必要像美国专利法那样统称为"虚假标记"，也是一个值得进一步探讨的问题。毕竟，无论是假冒他人专利还是冒充专利，都是在产品上、宣传广告中或者合同中作出有关专利权的虚假标记。

四　泄露国家秘密与工作人员渎职

先来看泄露国家秘密。专利法与国家秘密有着密切的关系，因为有些专利技术会涉及国家的安全和重大的经济利益。例如，包括中国在内的很多国家都规定，用原子核变换方法获得的物质，不能获得专利权。这显然是基于国家安全的考虑。除此之外，我国专利法第4条还规定，申请专利的发明创造涉及国家安全或者重大利益需要保密的，按照国家有关规定办理。根据这个规定，一些涉及国家安全或者重大利益的发明，发明人虽然可以申请并获得专利，但要按照特定的程序办理。在这方面，中国还在2003年发布过一个《国防专利条例》，规定了涉及国防发明的专利申请程序。

尽管获得专利权的前提条件是公开披露有关的发明创造，但在某些发明涉及国家安全或者重大利益的情形下，有关的专利文件，包括权利要求书和说明书都不得公开。这是很多国家专利审查实践中的通行做法。从表面上看来，这似乎与"专利"的本义（公开的文件）不相吻合。不过，这正是各个国家为了本国安全或者重大利益而采取的必要措施。

在泄露国家秘密方面，还有一个向国外申请专利权的问题。在通常情况下，技术发明者既可以在中国申请专利，也可以向外国申请专利。而且从国家经济利益的角度来说，应当鼓励发明人向国外申请专利，在国外获得由专利权而带来的经济利益。然而，如果一味鼓励发明人向国外申请专利，就有可能将涉及国家安全或者重大利益的发明公开给外国人。为了从程序上避免这种情况，专利法第 20 条规定，中国单位或者个人将其在国内完成的发明创造向外国申请专利的，应当先向国家专利局申请专利，然后委托指定的代理机构办理。这样，专利局在初步审查中就可以进行筛选，如果发现涉及国家安全或者重大利益的发明创造，不仅要按照相关的规定特别办理，而且可以要求发明人不得向国外申请专利。按照专利法第 64 条，违反上述规定而向国外申请专利，泄露国家秘密的，由所在单位或者上级主管机关给予行政处分；构成犯罪的，依法追究刑事责任。

再来看工作人员渎职。专利法第 67 条规定，从事专利管理工作的国家机关工作人员以及其他有关国家机关工作人员，玩忽职守、滥用职权、徇私舞弊，构成犯罪的，依法追究刑事责任；尚不构成犯罪的，依法给予行政处分。这是有关国家工作人员渎职的规定，也是对于专利行政部门工作人员和相关国家机关工作人员的特别要求。

问题与思考

专利侵权具有特定的含义，与著作权侵权、商标侵权的认定有很大的不同。

大体说来，发明人做出了某一技术发明之后可以申请专利。他在申请专利的时候，应当在权利要求书中记载自己的技术发明，包括该技术发明的主要特征和范围。而专利局在审查的过程中，往往会要求申请人修改权利要求，并最终确定权利要求的范围。这样，专利权一旦授予后，专利权的保护范围就是权利要求所划定的范围。（技术发明—权利要求范围）

与此相应，专利侵权的含义就是，记载于权利要求书中的技术方案，或者以字面的方式，或者以等同的方式，体现在了被控侵权的产品或方法之中。如果从制造产品或者使用方法的角度来说，则是被告未经许可使用了权利要求所记载的技术方案。如果权利要求中的某一或某几个技术特征，没有以字面的方式或者等同的方式，体现在被控侵权的产品或方法之中，就没有侵权的发生。显然，只要有侵权的发生，被告就是以字面的方式或者等同的方式，使用了原告的技术方案，不存在假冒伪劣或者欺骗社会公众的问题。

近年来，中国加大了对于知识产权侵权的打击，包括采取必要的刑事措施，打击侵犯知识产权的犯罪。2004 年 12 月，最高人民法院和最高人民检察院还联合发布了《关于办理侵犯知识产权刑事案件具体应用法律若干问题的解释》，在刑法相关条款的基础上，对侵犯注册商标权、著作权、商业秘密的犯罪，以及假冒他人专利的犯罪作了更为具体的规定。一些细心的研究者发现，无论是在专利法中，还是在刑法典中，都没有关于专利侵权的犯罪规定。于是，一些人撰文或发表言论，认为应当追究专利侵权者的刑事责任，以完善知识产权的刑事保护体系。

毫无疑问，现有的法律已经规定了侵犯著作权、商标权和商业秘密的犯罪。但是知识产权法律的体系来看，又没有规定侵犯专利权的犯罪。这似乎是在一个完整的圆圈上出现了一个缺口。于是，有些人试图将这个缺口补上。但是，在补上缺口之前，我们首先应该搞清楚这个圆环上为什么出现了一个缺口。从专利侵权的含义来看，假如真的发生了侵权，被告就是真真实实地使用了原告的技术方案，不存在假冒伪劣或者欺骗社会公众的问题。在这种情况下，专利侵权就仅仅是侵犯了专利权人的"私权"，而没有侵犯社会公众的利益。显然，由于专利侵权的特定含义，不追究侵权者的刑事责任，就是情理之中的事情。

美国对于知识产权，包括专利权的保护是非常有力的。但是，美国专利法也没有规定侵权者的刑事责任。我国台湾地区的专利法，原来规定有侵权者的刑事责任。到了 2002 年也废除了其中的追究刑事责任的条款。德国、法国、日本等国，虽然规定了专利侵权的刑事责任，但基本上没有用过。因为，刑事责任的证据要求，要远远高于民事责任的证据要求。所以，专利权人基本都是诉诸民事法庭，追究侵权者的民事责任。

也许有人会说，如果仅仅追究民事责任，难以遏制那些屡次侵权者和恶意侵权者。关于这个问题，也许有必要引进惩罚性赔偿金的做法。按照英美等国的做法，对于屡次或者恶意侵犯他人专利权的人，可以适用两倍或者三倍的损害赔偿金，使之感到与其侵权，不如支付适当的费用获得专利权人的许可。

当然，在损害赔偿金的问题上，无论是现行的"填平"原则，还是应当引进的惩罚性原则，都是在民事性质的范围之内。无论如何，我们不能把民事性质的侵权错误地理解为刑事性质的犯罪。

复习题

1. 专利侵权的含义是什么？
2. 什么是权利要求解释中的"折中原则"？
3. 如何认定等同侵权？
4. 专利侵权是否应当追究刑事责任？
5. 什么是假冒他人专利？什么是冒充专利？

阅读书目

汤宗舜：《专利法教程》（第三版），法律出版社，2003。

郑成思：《知识产权法》（第二版），法律出版社，2002。

尹新天：《专利权的保护》（第二版），知识产权出版社，2005。

程永顺：《中国专利诉讼》，法律出版社，2005。

李明德：《美国知识产权法》，法律出版社，2003。

第四编

商 标 权

　　早在原始社会末期，人们就开始在自己施加了劳动的某些产品上打上印记，以示有关的产品属于自己所有，他人不得染指。随着私有制的产生和简单商品经济的发展，当产品上的这类印记可以指示产品或商品来源的时候，就产生了最初的商标。到了近代，伴随着资本主义商品经济的发展，终于产生了商标保护的需要，并且由此而产生了商标保护的法律制度。

　　本编将讨论与商标和商标权相关的问题，如商标的构成和种类、商标权的获得、商标权的转让和许可，以及商标权的保护，等等。

第十七章 商标权概论

要点提示

　　本章简要讨论了商标与商标的作用，商标权与商标法的概念，并着重讨论了商标与商誉的关系。商标权不仅是商标所有人就商标所享有的权利，而且是商标所有人就商标所代表的商誉享有的权利。

　　本章还简要叙述了商标法制的起源与发展，讨论了商标法的立法原则，如保护商标权人的利益、保护消费者大众的利益，以及保障市场秩序的正常进行。

第一节 商标与商标制度

一 商标与商标的作用

　　商标是一种商业标记，其目的是将一个生产经营者所提供的商品或服务与其他生产经营者所提供的同类商品或服务区别开来。其中的商标，既包括与商品相关联的商品商标，也包括与服务相关联的服务商标。

　　商标通常由文字、字母、数字、图案、三维标志等要素构成，也可以由颜色、声音、气味等要素构成。只要相关的要素或者要素的组合具有显著性，可以将一个生产经营者所提供的商品或者服务与其他生产者提供的商品或者服务区别开来，就可以成为商标。

　　商标的作用主要有以下四个。

　　第一，区别的作用。某一生产经营者使用商标的目的，就是把自己所提供的商品或服务与其他人所提供的商品或服务区别开来，让消费者通过不同的商标去选择不同的生产经营者所提供的商品或服务。与此相应，商标必须具有可识别性，易于消费者识别不同的生产经营者所提供的商品或服务。

第二，指示商品或服务来源的作用。如果说区别的作用是从生产经营者的角度来说的，指示商品或服务来源的作用则是从消费者的角度来说的。或者说，消费者在市场上通过商标就可以大体了解该商品或服务来源于哪一个生产经营者，或者某一个特定的生产经营者。在这方面，消费者甚至不必知道某一商品或服务提供者的具体名称，而只要知道该商品或服务来源于某一特定的提供者就可以了。与此相应，商标只能由商标所有人或者被许可人使用，不得由其他人使用。否则就会造成商品或服务来源上的混淆。

第三，指示商品或服务的质量。一般说来，某一商标所标示的商品或服务，都具有比较稳定和一贯的质量。消费者根据自己的经验，大体可以感知某一品牌的商品或服务具有什么样的质量。当然，商标并不保证自身所标示的商品或服务具有很高的质量，而只是表明带有这一商标的商品或服务具有比较稳定和一贯的质量。至于相关商品或服务的质量的高低，则是另外一个问题。与此相应，相关的生产经营者也会对有关的商品或服务，进行不断的质量投资，保持和提高商标的信誉，从而赢得消费者的青睐。

第四，广告宣传的作用。事实上，商标本身就是一种广告。商标往往短小精悍，无论是在声音和外形方面，还是在含义方面，都便于人们记忆和呼叫。一方面，商标的这种特性便于消费者相互议论，从而更广泛地宣传某种商标所标示的商品或服务。另一方面，生产经营者也可以利用商标的这一特点，发起广告宣传或者促销活动，刺激或者影响更多的消费者来购买自己所提供的商品或服务。

二　商标权与商标法

（一）商标权与商誉

如果说商标是区别不同的生产经营者所提供的商品或服务的标记，商标权则是生产经营者就自己的商标所享有的专有权利。根据这种专有权利，商标所有人可以在自己提供的商品或服务上使用相关的商标，也可以许可他人在同类商品或服务上使用自己的商标。但是，他人未经商标所有人的许可，不得在相同或者类似的商品或服务上使用相关的商标。

商标权的获得有不同的方式。在以"使用"获得商标权的国家里，只要生产经营者在商业活动中使用了相关的商标，就可以获得商标权。在这类国家里，商标注册所具有的主要是公告的作用。而在以"注册"获得商标权的国家里，生产经营者只有在注册了有关的商标之后，才可以获得商标权。当然在这类国家里，已经在商业活动中使用的未注册商标，也可以获得诸如反不正当竞争法的保护。

从表面上看来，商标权所保护的是有关的商业性标记，如文字、字母、图形、色彩或三维标志等等。然而在事实上，商标权所保护的更多的是相关商标所代表的商誉。

就商业性标记来说，生产经营者在选择或者使用了有关的商标后，可以就自己的商标享有权利。在这方面，商标所有人在选择有关商标，包括构思、筛选、取舍等方面都付出了一定的劳动。在以注册取得商标权的国家里，商标所有人还必须经过申请注册的程序，才可以获得商标权。所以从这个意义上说，商标权确实是就商业性标记所享有的权利。

但是，商标并非简单的商业性标记，而是某种商誉的体现。当商标所有人在相关的商品或者服务上使用了有关的商标之后，就会建立起商标与特定的商品或服务之间的关联，并由此而形成某种商誉。所谓商誉，就是消费者对商标，以及该商标所标示的商品或服务的积极评价。例如，我们在市场上看到一个驰名商标，这是一个商业性标记。但是这个商标之所以驰名，更重要的是该商标所代表的有关产品或服务的商誉。从这个意义上说，商标权不仅是商标所有人就自己的商业性标记所享有的权利，而且是对于商标后面的商誉所享有的权利。与此相应，我们对于商标的认识也不能停留在商业性标记的层面上，而应该深入到商标所代表的商誉的层面上。

事实上，在商标权的保护方面，对于商誉的保护远远超出了对于标记本身的保护。从某种意义上说，商标不过是商誉的代表。例如，侵权人在自己的商品或服务上假冒或者模仿他人的商标，其目的是为了利用他人商标后面的商誉。又如，"飞鸽"、"凤凰"、"永久"一类的自行车商标曾经闻名遐迩，具有很高的商誉。然而，随着商誉的逐步丧失，这些商标也就仅仅剩下了一个空壳，甚至不再成为商标。一个商标之所以驰名，不在于人们选择了什么样的标记，而在于该商标是否在消费者之中享有较高的商誉。

从商标权与商誉的关系来看，那些仅仅获得了注册而从来没有在商业活动中使用过的商标，是否应当获得保护，以及在什么程度上获得保护，就是一个很值得探讨的问题了。显然，这类商标从来没有使用过，也没有建立过商标与特定商品或服务之间的关联，更没有我们所说的商誉的存在。这样，即使对这类商标提供保护，也不过是在保护一个空壳（标记）而已。这类商标的所有人所宣称的商标权，最多也不过是对于一个空壳所享有的权利。至于那些将他人未注册商标抢注下来，并且以所谓的"商标权"禁止他人继续使用的人，则毫无疑问是利用了现有制度的漏洞，强夺了他人的财产。对于这样的"商标权"，法律不仅不应当保护，还应当对抢注者加以制裁。

诚然，以"注册"获得商标权在很多方面比"使用"获得商标权优越。但是，从商标权与商誉的关系来说，使用相关的商标，建立起商标与商品或服务的关联，并由此而获得商标权，显然更符合商标权保护的本质。从这个意义上说，采用了注册获得商标权制度的国家，例如中国，要在制度设计上防止市场经营者注册囤积商标，防止市场经营者抢注他人的未注册商标，并以此妨碍他人正常的商业活动。在这方面，我们不能过于强调注册获得商标权的合理性，而应当关注与之共生的不合理因素，并在制度上有所补救。例如，定期清理没有在商业活动中使用过的商标，让其他市场经营者加以利用。又如，通过商标权无效的制度和制止不正当竞争的制度，防止对于他人未注册商标的抢注，等等。

除此之外，从商标权与商誉的关系来看，驰名商标应当是在市场上具有较高声誉的商标。然而在目前，中国的工商行政机关所认定的驰名商标，尤其是近几年来所公布的一批又一批的驰名商标，是否真的具有较高的市场声誉，或者具有全国性的较高市场声誉，也是值得怀疑的。或者说，这些纳入驰名商标名录的商标是否真的比其他商标驰名，都是值得怀疑的。显然，只有关注商标与商誉的关系，关注驰名商标与较高市场声誉的关系，才有可能评选出真正的驰名商标。否则，有关的程序就会让某些人加以利用，将本来不太驰名的商标变为驰名商标，并以此而谋取市场上的优势地位。

（二）商标权与商标法

如果说商标权是商标所有人就其商标及其商誉所享有的权利，那么商标法就是对商标权提供保护的法律。大体说来，商标法有以下几个方面的内容。

第一，规定商标权的客体，即商标的种类、商标的构成要素和商标的显著性。例如，商标可以分为商品商标、服务商标、集体商标和证明商标等等。又如，商标可以由文字、数字、字母、图案、颜色、三维标志等等构成。再如，可以作为商标来使用的标记，必须具有显著性，可以识别商品或服务的来源等等。

第二，规定商标权的获得方式，如通过使用而获得，或者通过注册而获得。在这方面，世界各国的商标法都规定了商标注册的程序，如申请案的提出、申请案的审查、公告、异议，以及商标权的无效等等。

第三，规定商标权及其限制。例如，将核准注册的商标使用于核定使用的商品或服务之上。这是商标权人实现商标功能并且获得经济利益的主要途径。除此之外，与其他的知识产权一样，商标权也不是一项绝对的权利。例如，商标所涉及的文字、字母、数字、颜色等等，甚至包括整体的商标，他人都可以在相关的商业活动中进行合理使用。只要这种使用没有造成商品或服务来源上的混淆，商标权人就不得禁止。

第四，规定商标权的转让和许可。例如商标权是否可以转让，以及转让的要件等等。又如，商标权许可的要件、方式，以及合同的条款等等。这也是商标所有人实现自己利益的重要途径。

第五，规定商标权的侵权与救济。例如，在发生商标侵权的情况下，商标权人以何种方式制止他人的侵权，以及可以获得什么样的法律救济等等。由于假冒商标的行为不仅会侵犯商标所有人的利益，还会侵犯社会公众的利益，所以还会涉及追究假冒者刑事责任的问题。

以上就是世界各国商标法的主要内容。本编也将依据上述内容，讨论与商标权保护相关的内容。

三　商标、商标权与商标专用权

先来看商标与商标权。在世界许多国家的商标法律和相关的国际公约中，很多条文都是将"商标"和"商标权"不加区别地交叉使用。在国内外的很多学术著作中，也有此种情形。这是因为，在商标法的领域中，权利（商标权）与权利所保护的客体（商标），在很大程度上是重合的。说到商标保护、商标转让、商标许可，也就意味着商标权的保护、商标权的转让、商标权的许可。或者说，在商标法的领域中，人们基本可以用"商标"的术语代替"商标权"，并且不会引起太大的误解。[①] 所以本编在随后的讨论中，也会交叉使用"商标"和"商标权"

---

① 参见郑成思《知识产权法》（第二版），法律出版社，2003，第193~194页。在专利法的领域，汉语中的"专利"既可以指专利权，也可以指专利技术。参见本书第三编第一章。

的术语。

再来看商标权与商标专用权。世界许多国家的商标法律和相关的国际公约，在说到商标所有人所享有的权利时，都使用了"商标权"的概念。与其他知识产权一样，"商标权"是一种专有权利，既包括商标所有人使用自己的商标，也包括排除他人未经许可而使用自己的商标。而中国则有所不同，在制定1983年商标法时使用了"商标专用权"的术语，并且一直沿用了下来。从字面上看，"商标专用权"是指商标所有人享有使用相关商标的专有权利，他人不得干预。当然，也正是由此出发，又可以推导出他人未经许可不得使用自己商标的含义。这样，"商标专用权"虽然强调了商标所有人专有使用的一面，但并没有排除他人未经许可不得使用的含义。

由此可见，中国商标法所使用的"商标专用权"一词，与国际上通常所说的"商标权"一词，并无实质上的不同。或者说，中国商标法中的"商标专用权"，在绝大多数情况下所具有的都是"商标权"的含义。所以，为了讨论问题的方便，本编将使用"商标权"而非"商标专用权"的术语。

第二节　商标制度的起源与发展

一　西方商标制度的产生

在产品或商品上打上特定的标记，是一种古老的做法。例如，古埃及古墓中出土的陶器上，就有陶工姓名的标记。又如，中国西汉五凤年间的瓷器上，也有"五凤"的标记。不过，这类标记与商品的来源无关，因而与指示商品来源的商标也相去甚远。

应该说，商标制度的产生与近代的商品经济密切相关。例如，在英国1618年的一个商标判例中，涉及了一个布商假冒另一个布商的商业标识，法庭就此下达了禁止令。通过判例解决有关商标的争执，反映当时英国的商品经济已经发展到了一定的程度。随着商品经济的进一步发展，到了1804年法国的《拿破仑民法典》，则明确规定商标权为一种财产权，应当与其他财产权受到同等保护。在此基础上，法国还在1857年颁布了世界上第一部《商标法》。

除此之外，西方各主要国家在19世纪后期也相继制定了商标法律。例如，英国于1862年颁布了首部商标法，然后又在1875年颁布了注册商标法。又如，德国于 1874 年颁布了注册商标法，瑞士于 1890 年颁布了商标法，日本于 1804 年颁布了商标法。甚至是中国的香港地区，也于 1973 年从欧洲大陆直接引进了注册商标制度。这与香港的贸易地位有关。

在西方国家中，美国商标法的发展比较特殊。在对于商标的保护方面，美国继承了英国法律的传统，即对于商业中使用的商标，提供普通法的保护。这属于各州规范的事务。与此同时，美国宪法又授权国会可以规范州与州之间的贸易和国际贸易。所以，随着州际贸易和国际贸易的发展，也出现了制定联邦一级商标法的需要。到了 1870 年，美国国会颁布了一部联邦商标法，但在 1879 年被美国最高法院判决为违宪。因为该法制定的依据是宪法中的"版权与专利权条款"，而最高法院则认为商标既不属于版权保护的客体，也不属于专利权保护的客体。到了 1881 年，美国国会改而依据宪法中的"贸易条款"制定了新的商标法。但出于谨慎的原因，仅仅规定了对外贸易中使用的和对印第安人贸易中使用的商标，而没有涉及州际贸易中使用的商标。直到 1964 年颁布的"兰哈姆"法，美国国会才确定了联邦一级的商标注册制度。而相关的推理也很简单。因为在现代的商业活动中，任何贸易都会带有州与州、甚至国与国的特征，所以与此种贸易相关的商标，都应该由联邦的法律加以规范。

在 19 世纪后期，随着西方国家纷纷制定或颁布商标法，随着资本主义商品经济的一体化，还出现了协调各国商标制度，对商标提供国际性保护的必要。1883 年缔结的"保护工业产权巴黎公约"明确规定了对于商标的保护。到了 1893 年，一些国家又在巴黎公约的基础上，缔结了"商标国际注册马德里协定"。在此之后，巴黎公约和马德里协定都有过一系列的修改，包括马德里议定书的制定。大体说来，巴黎公约所规定的是有关商标保护的实体性内容，如商标的独立性原则，对于商品商标和服务商标的保护，对于驰名商标的保护，以及禁止将某些标记作为商标而使用，等等。而马德里协定和马德里议定书则是有关程序性的规定，如商标国际注册的提出、商标国际注册的审查、指定国家的授权和保护期限等等。

世界贸易组织的"知识产权协议"是继巴黎公约之后，协调各国商标保护的又一个国际公约。根据协议，世界贸易组织的成员必须遵守巴黎公约的实体性条款，包括有关商标保护的实体性条款。在此基础之上，"知识产权协议"又对商标保护作出了一些特殊的规定，如商标的构成要素、商标的注册、商标的保护期限及其续展、商标的续可与转让，以及驰名商标的保护及其认定原则，等等。除此之外，"知识产权协议"有关权利实施的规定，也有利于商标的国际性保护。

到了 20 世纪后期，随着一些区域性市场的形成，还出现了一些区域性的商标保护条约。这是介乎于国际公约和双边条约之间的商标保护条约。例如，比利时、荷兰和卢森堡于 1971 年建立了统一的商标局，并且制定了《比荷卢统一商标法》。又如，欧共体理事会于 1988 年发布了《缩小成员国商标法差异的一号指令》，以协调欧共体各成员国的商标保护。到了 1993 年，欧共体又颁布了《共同体商标条例》，凡依照该条例一次申请而获得的商标注册，将同时在欧共体各成员国生效。这是相对于欧洲共同体市场的商标保护。除此之外，1993 年美国、加拿大和墨西哥签订的《北美自由贸易协定》，其中有关商标的规定也具有协调三国商标保护的含义。

二 中国商标制度的产生与发展

中国自春秋战国开始，就有了在产品或商品上打上标记的做法。但这类标记是否具有指示商品来源的意味，尚难以定论。根据确凿的证据，最晚在北宋时期就出现了指示商品来源的商标。当时，山东济南有一刘家功夫针铺，门前立有一个石兔作为商标。现存于中国历史博物馆的商品包装纸上不仅有商标的图案，而且有"认门前兔儿为记"的文字。除此之外，包装纸上还有如下的广告用语："收买上等钢条，造功夫细针，不误宅院使用，客转与贩，有加饶，请认白。"显然，这类商标的出现，与北宋时期较为发达的商品经济密切相关。

尽管中国在宋代就出现了"白兔"一类的商标，但保护商标权的法律制度，则是在近代才产生的。而且，由中国近代的社会性质所决定，这种商标法律在一开始主要是保护外国人的商标。例如，1902 年的《中英续订商约》，1903 年的《中美商约》和《中日商约》，都有对于外国人商标予以注册和保护的规定。到了 1903 年，清政府颁布了《商标注册试办章程》及其细则。其中章程 28 条，细则 23 条。这是中国历史上第一部商标法规。但限于当时的历史条件，这部商标法规并未真正实施。

到了中华民国时期，北京政府于 1923 年颁布了《商标法》共 44 条，另有实施细则 37 条。与此同时，北京政府还在农商部下面设立了商标局，处理有关商标注册事宜。商标局于 1927 年迁到南京。到了

1930 年，南京政府又重新颁布了《商标法》共 40 条，以及实施细则，于 1931 年 1 月开始实施。后来，这部法律几经修订，又于 1949 年由国民党政府带到了台湾。

中华人民共和国成立后，当时的政务院于 1950 年颁布了《商标注册暂行条例》。条例采取了自愿注册的原则，即公私厂商和合作社对自己所使用的商标，可以依据《条例》注册并获得专有使用权。而没有申请注册的商标，仍然可以合法使用，只是不享有条例所规定的专用权而已。又据规定，获准注册的商标，专用权的期限为 20 年，期满可以续展。

到了 1963 年，国务院又颁布了一个《商标管理条例》，以及《商标管理条例实施细则》。这个条例的最大特点就是实行"全面注册"制度，即所有的商标都必须先注册才能使用。按照这个条例，商标是代表商品质量的标记，国家通过商标的全面注册对商品质量加以监管。与此相应，使用商标的企业负有注册的义务、不使产品质量下降的义务、不得终止使用的义务等等。由此可见，《商标管理条例》是当时计划经济的典型反映。

1978 年以后，随着改革开放政策的贯彻实施和国家经济建设的发展，对商标保护也提出了新的要求。1979 年制定的刑法第 127 条规定："违反商标管理法规，工商企业假冒其他企业已经注册的商标的，对直接责任人员，处三年以下有期徒刑、拘役或者罚金。"这是针对 1963 年商标管理条例及其实施细则所作的规定。与此同时，国家工商行政管理部门也在积极起草商标法。到了 1982 年 8 月，全国人大常委会通过了《中华人民共和国商标法》，于 1983 年 3 月起实施。与此同时，国务院还颁布了《商标法实施细则》，与商标法同时实施。

商标法自 1983 年实施以后，又进行了两次修订。第一次是在 1993 年 2 月修订，主要是增加了对于服务商标的保护，确立了撤销注册不当商标的制度。修正案于当年 7 月开始实施，与之相对应的商标法实施细则也在同时实施。第二次是在 2001 年 10 月修订，主要是为了让商标法符合"知识产权协议"，为中国加入世界贸易组织铺平道路。与此相应，修正案也对商标法作了较大的修改。如明确规定了对于驰名商标的保护和认定原则，规定了对于集体商标、证明商标和地理标志的保护，规定自然人也可以申请商标注册，以及强化了对于商标权的保护，等等。新修正案于当年 12 月 1 日开始实施。2002 年 8 月，国务院又公布了新的商标法实施条例。

在理解我国的商标制度时，除了商标法及其实施细则，还要注意与之相关的一些法律法规和司法解释。例如，国家工商行政管理总局于2002年9月发布实施的《商标评审规则》，于2003年6月开始实施的《驰名商标认定和保护规定》、《集体商标、证明商标注册和管理办法》等等。又如，最高人民法院于2002年1月发布实施的《关于诉前停止侵犯注册商标专用权行为和保全证据适用法律问题的解释》，于2002年10月发布实施的《关于审理商标民事纠纷案件适用法律若干问题的解释》，等等。除此之外，由国务院通过并于2004年3月开始实施的《知识产权海关保护条例》中，也有一些与商标保护相关的内容。

第三节　商标法的立法原则

商标法的立法原则是指商标法的立法宗旨或立法目的。根据世界各国的商标法，商标法的立法原则大体有三个。一是保护商标权人的利益，尤其是保护商标所体现的商誉。二是保护消费者的利益，免除消费者在商品或服务来源上的混淆。三是制止利用他人商标和商誉的不正当竞争行为，保障市场秩序的有序进行。事实上，中国商标法的第1条就反映了上述的立法原则："为了加强商标管理，保护商标专用权，促使生产、经营者保证商品和服务质量，维护商标信誉，以保障消费者和生产、经营者的利益，促进社会主义市场经济的发展，特制定本法。"

先来看对于商标权人利益的保护。商标是生产经营者在自己所提供的商品或服务上使用的标记。为了吸引更多的消费者，商标所有人不断提高自己产品或服务的质量，发起各种各样的广告或者促销活动，建立自己的商标与特定商品或者服务的关联，树立自己的品牌在消费者大众中的良好信誉。而他人在同类商品或服务上使用相同或近似的商标，无非是想利用商标权人的商誉，让消费者误以为自己所提供的商品或服务来源于商标权人。如果商标法不能有效保护商标权人的商标及其商誉，势必挫伤生产厂商通过商标创立良好信誉的积极性，不利于良好市场秩序的形成。由此出发，世界各国的商标法都是把保护商标权人的利益，尤其是保护商标所体现的商誉，作为商标法的基本原则。

再来看对于消费者利益的保护。商标的主要作用是指示商品或服务的来源，便于消费者依据日常的购买经验，选择自己需要的商品或服务。同时，众多商标在市场上的出现，也便于消费者在不同竞争者所提供的同类商品或服务中做出明智选择。如果不同的厂商使用了近似的商标，甚或有的厂商盗用了他人的商标，必然会在消费者中造成商品或服务来源上的混淆。这种商品或服务来源上的混淆，不仅剥夺了消费者做出明智选择的权利，而且损害了消费者的利益。所以，世界各国的商标法，都是把保护消费者的利益作为立法的基本原则。

当然，商标法对于消费者的利益保护，不是通过直接的对于消费者的保护来实现的，而是通过对于商标权的保护来实现的。或者说，在发生了商标侵权的时候，虽然消费者的利益受到了损害，但却不能直接提起诉讼，也不能直接要求侵权者赔偿自己的损失。按照世界各国商标法的规定，只有受到侵害的商标权人可以提起诉讼，要求被告停止侵权和赔偿损失。不过，商标权人在制止他人侵权的同时，总是既维护了自己的利益，又维护了消费者的利益。从这个意义上说，商标法的一个聪明之处就是，让商标权人替代消费者向侵害者复仇，而不必让消费者亲自行为。

最后说到保障市场秩序的正常进行。应该说，侵犯他人的商标权，包括假冒他人的商标，本身就是一种不正当竞争行为。这种行为的实质，就是在相同或者类似的商品或服务上，使用与他人的商标相同或者近似的商标，从而达到利用他人商誉，进行不正当竞争的目的。而制止商标假冒或者侵权，不仅可以保护商标权人和消费者的利益，而且能够保障市场秩序的正常进行。所以从这个意义上说，商标保护的最终目的是保障市场交易的有序进行，促进社会经济的发展。

┌─────────────┐
│ **问题与思考** │
└─────────────┘

商标与商誉的关系，是商标法中的一个核心问题。尤其是在中国这样的国家里，商标法采用了申请在先而非使用在先的原则，关注商标与商誉的关系，就是非常重要的。

正如本章所讨论的那样，商标权所保护的更多的是商标所代表的商誉，而非空洞的商业标记。在很多情况下，尤其是就商业中实际使用的商标来说，商标与商誉是密切联系在一起的。保护商标就是保护商标所代表的商誉。然而在某些情况下，那些已经注册的商标仅仅是一个标记，从来没有在实际的商业生活中使用过，因而也不存在与之相关的商誉。这类商标是否应当获得保护，以及获得什么样的保护呢？

在我们的现实生活中，经常发生抢注他人已经使用的商标，进而阻止他人使用，甚至起诉他人侵权的情形。抢注者的目的，并非使用抢注了的商标，而是待价而沽，或者阻止他人的使用。显然，他人正在使用的商标，已经建立了一定程度的商誉。抢注者抢注这类商标，是以表面"合法"的手段，攫取他人的商誉。当抢注者提起诉讼时，或者要求工商行政管理部门查处的时候，法院或者工商行政管理部门，是否应当保护这种抢注的商标呢？

按照注册原则和申请在先原则，显然应该保护已经注册的商标。他人即使已经使用，也不能受到保护。但是这样一来，在他人抢注了自己的商标以后，在先使用者的商誉就不再受到保护。为了维护自己的商誉，继续使用自己的商标，在先商标使用人甚至不得不出钱买回原本就属于自己的商标。这样的结果是否有些荒谬呢？

解决上述问题的办法之一，是在坚持注册原则和申请在先原则的前提下，最大限度地引入使用在先的原则，作为注册原则和申请在先原则的补充。而引入在先使用原则，就是关注和最大限度地保护已经使用的商标，及其所代表的商誉。

美国商标法曾经在很长的时间里，采用使用获得权利的原则。这个原则的理论基点是，商标只有经过使用才可以获得商誉，才有予以保护的必要性。后来，美国不得不在一定程度上接受注册原则，规定意图使用的商标也可以获得注册。但即使是在这种情况下，美国仍然坚持商标权是就商誉所享有的权利，保护商标权就是保护商标所代表的商誉。

复习题

1. 什么是商标？商标的作用有哪些？
2. 如何理解商标与商誉的关系？
3. 商标法的立法原则是什么？

阅读书目

郑成思：《知识产权法》（第二版），法律出版社，2002。
吴汉东主编《知识产权法》，法律出版社，2004。
黄晖：《商标法》，法律出版社，2004。
李明德：《美国知识产权法》，法律出版社，2003。

第十八章　商标的种类与构成

要点提示

　　本章讨论商标的种类，如商品商标、服务商标、集体商标和证明商标，并讨论了商标分类的不同标准。

　　本章讨论了商标的构成要素，如文字、字母、数字、图形、颜色和三维标志，以及禁止和限制作为商标使用的标志。

　　本章着重讨论了商标的显著性，包括内在显著性、获得显著性和丧失显著性等等。

　　商标权的客体是商标。或者说，商标权所保护的是商标。商标可以用于商品之上，也可以用于服务之上，因此而有商品商标和服务商标。同时，商标是由文字、字母、数字、图形、颜色、三维标志而构成，或者由上述要素的结合而构成，所以又有了文字商标、数字商标、图形商标、颜色商标等等。除此之外，可以获得商标权的商标，还必须具有显著性，能够在市场上指示商标或服务的来源。与此相应，商标又有了显著性较强的商标或者显著性较弱的商标。

　　商标权来自于商标的使用或者注册。或者说，商标权是由商标的使用或者注册而产生的。例如，某一商家在市场上使用了某一商标，并由此而获得了商标权。又如，某一商家先设计出某一商标，然后向国家的主管机关申请注册并获得授权。显然从逻辑上说，商标先于商标权而产生。所以本章先讨论商标，包括商标的种类、商标的构成要素、商标的显著性，以及不与他人在先权利相冲突，等等。

第一节　商标的种类

一　商标的分类

商标的分类，可以采用不同的标准。例如，从商标使用的对象来说，可以划分为商品商标和服务商标。又如，从商标的构成要素来说，可以划分为文字商标、数字商标、图形商标和颜色商标等等。再如，从商标的显著性来说，可以划分为显著性较强的商标和显著性较弱的商标；从商标的驰名与否来说，可以划分为驰名商标与非驰名商标，等等。除此之外，按照有关的商标是否获得了国家主管部门的注册，还可以划分为注册商标和未注册商标。

应该说，上述各种分类方式都从不同的角度揭示了商标的特征或者属性，有利于人们从不同的角度去认识和把握商标。然而从商标法的角度来说，对于商标的分类却并不如此复杂。世界各国的商标法，包括巴黎公约、世界贸易组织的"知识产权协议"，所涉及的商标通常只有五类，即商品商标、服务商标、集体商标和证明商标，以及驰名商标。显然，就商品商标和服务商标来说，这是依据商标所使用的对象来划分的。就集体商标和证明商标来说，又是依据该商标归谁所有，可以由谁来使用，以及在什么样的条件下可以使用来规定的。至于驰名商标的特殊保护，则是从商标的驰名度来说的，而不论有关的商标是商品商标还是服务商标，是集体商标还是证明商标。事实上，在这五类商标之中，只有商品商标和服务商标是基本的商标，而集体商标、证明商标和驰名商标，都可以或纳入商品商标，或纳入服务商标。例如，集体商标和证明商标，可以使用于商标之上，也可以使用于服务之上。又如，驰名商标即包括驰名的商品商标，又包括驰名的服务商标，等等。

大体说来，以不同的标准划分商标的类别，更多地具有学理上的意义。而商标法所列举的商品商标、服务商标、证明商标和集体商标，以及驰名商标，则是从实际的商业活动出发，规定哪些商标应当受到保护，并没有拘泥于某种分类标准。这也再次表明，包括商标法在内的知识产权法，是应对现实的挑战而不断发展，不依任何理论体系的逻辑而转移。

本节将依据中国商标法，分别讨论商品商标、服务商标、集体商标和证明商标。至于驰名商标，由于所涉及的问题较为复杂，将在本编的

第七章中加以讨论。

二　商品商标

商品商标是最为古老的商标。例如，中国宋代的"白兔"商标，就是使用于"功夫针"上的商标。而英国最早注册的"BASS"（红三角图案）商标，也是使用在啤酒之上的。[①] 事实上，在服务业没有显示出重要性以前的时代里，商标就是指商品商标。而商品商标也是唯一受到商标法保护的商标。例如，英文中的"trademark"，不仅在过去，而且在今天也仍然是指商品商标。至于服务商标，则是由"service mark"来表示的。在相当长的一段时间里，英文的商标法就是"Trademark Law"，也就是商品商标法。又如，中国于1983年开始实施的商标法，也是只保护商品商标，而不保护服务商标。直到1993年修订商标法，才因为服务业的重要性而加入了服务商标的保护。再如，人们日常生活中所说的商标，在绝大多数情况下也是指商品商标，而非服务商标。只是在某些特定的情况下，人们为了将二者区别开来，才会使用商品商标和服务商标的术语。

商品商标是使用于商品之上的商标。但是严格说来，"使用于商品之上"的说法却并不准确。因为，在商品商标的情况下，商标既可以使用在商品之上，还可以使用在商品的包装之上，以及与商品相关的广告宣传资料之中。所以准确地说，商品商标是"与商品有关的商标"，可以根据具体情况以不同的方式而加以使用。例如，某某品牌的面粉、白糖、咖啡和茶叶等等，只能将商标印制在包装之上。又如，某某品牌的汽车、机器、电视机等等，则可以将商标镶嵌在或者粘贴在商品的某一个部位上。更有许许多多的商品商标，既出现在商品之上，又出现在商品的包装之上。

市场上的商品形形色色、林林总总。如果不对商品进行分类，同时又要求就所有商品而注册的商标不得重复，就会造成商标的穷尽，而且也不利于主管机关对商标注册的管理。所以世界各国为了商标注册的目的，都对商品进行了分类。在一开始，各个国家对商品的分类，差异较大，不利于商标的国际性注册。为了弥补这一缺陷，一些国家于1957年签订了一个《商标注册用商品和服务国际分类协定》。由于这个协定是在法国尼斯签订的，所以又称为"尼斯协定"。协定的后面附有一个

---

① 黄晖：《商标法》，法律出版社，2004，第2页。

商标注册用商品或服务的分类，称为"尼斯分类"。尼斯分类每五年修订一次，或者增加新的商品种类，或者调整原有的商品分类。最近一次的分类修订于 2002 年 1 月开始使用。

"尼斯分类"将商品分为 34 个类别。大体说来，1 类到 5 类为化学、医药等制品；6 类到 15 类为机械、电子、仪器、车辆、乐器和军火等；16 类到 28 类为纸类、日常用品、皮革、服装、玩具等；29 类到 34 类为食品、饮料、酒水、烟草等。显然，这样一种分类，既方便了商标使用者注册相关的商标，也方便了主管机关对注册事宜的处理。[①]

中国自清末颁布《商标注册试办章程》以后，也相继公布过几个商品分类表。其中，1963 年制定、1981 年公布的商品分类表，将商品划分为 78 个大类，而每一个大类之下又有一些小类。这样，在商标法于 1983 年开始实施后的一段时间里，相关的商标注册就是按照这个分类表进行的。直到 1988 年 11 月，我国才开始使用"尼斯国际分类"。1994 年 8 月，我国正式成为"尼斯协定"的成员国。

三　服务商标

服务也是一种古老的贸易方式。例如古代就有教育、医疗、餐饮、住宿和交通服务等等。然而在相当长的一段时间里，服务既不像商品那样重要，也不太重视商标的使用。自人类社会进入二十世纪以来，随着技术的发展、贸易的增加，以及经济的全球化，服务在社会经济生活中所起的作用也越来越大。与此相应，对于服务商标的保护也逐渐纳入了世界各国的商标法中。

1958 年，"保护工业产权巴黎公约"在里斯本修订，增加了对于服务商标的保护。这就是公约的第 6 条之 2。但在当时的历史条件下，只是规定各成员国应当保护服务商标，但并不要求对于服务商标提供注册保护。这样，是否对服务商标提供注册保护，就由各成员国自行决定。而到了世界贸易组织的"知识产权协议"，则要求各成员对商品商标和服务商标提供同样的保护。例如，协议第 15 条要求，只要有关的标记能够区别不同的商品或服务，成员就应该予以注册。

中国 1983 年开始实施的商标法没有规定对于服务商标的保护。直到 1993 年修订商标法，才增加了服务商标的保护。同时规定，对服务商标提供注册保护，商标法有关商品商标的规定，都适用于服务商标。

---

① 黄晖：《商标法》，法律出版社，2004，第 30 页。

应该说，1993 年修订商标法提供对于服务商标的保护，一方面反映了中国商标法与国际商标制度的接轨，另一方面也反映了服务业已经在社会经济生活中扮演着越来越重要的作用。

与商品的分类一样，服务也有分类。当中国在 1993 年开始提供对于服务商标的保护时，就直接使用了"尼斯国际分类"中有关服务的分类。不过，按照当时的分类，服务共有 8 类。而按照 2002 年 1 月开始使用的新的分类，服务共有 11 类，涉及了广告、金融、保险、房屋修建、电信、运输、材料处理、教育、科研、餐饮、旅店、医疗等行业。

在这里还必须注意，服务商标所有人所提供的服务，必须是针对他人的服务，而非针对自己的或内部的服务。因为，商标法的宗旨之一是保护消费者利益，使消费者免于商品或服务来源上的混淆。所以服务的对象只能是他人而非自己。与此相应，某一商家为自己的员工所提供的餐饮、运输和教育等等，就不能申请服务商标的注册。此外，服务商标所有人所提供的服务，还必须是与商品的销售相分离的服务，而非附属于商品销售的服务。如果某一商家所提供的服务，仅仅是为了销售自己的商品，如开展促销活动，打出促销广告，那么该服务就没有与商品的销售分离开来，就不属于可以申请服务商标注册的服务。

四　集体商标和证明商标

集体商标是指社团、工商协会或其他集体组织所拥有的供其成员使用的商标。集体商标通常由代表集体成员的社团、协会或其他组织申请注册，并由集体中的成员所使用。集体商标可以是商品商标，也可以是服务商标。集体商标是向消费者表明，由该集体之成员所提供的商品或服务，具有某种共同的特点，或者达到了某种共同的标准。或者说，某一集体的成员通过使用集体商标，将自己所提供的商品或服务与他人所提供的商品或服务区别了开来。当然，某一个集体成员在使用集体商标的同时，还可以使用自己的特有商标，进一步将自己所提供的商品或服务与其他成员所提供的商品或服务区别开来。

集体商标是社团、协会或者其他集体组织所拥有的商标，仅供本集体的成员使用，不得允许集体成员外的商家使用。同时，拥有该商标的集体组织，如社团、协会等等，即使从事了相关的商业活动，如销售商品或提供服务，也不得使用自己所拥有的集体商标。也就是说，集体商标是供集体的成员使用的。不仅集体之外的人不得使用，而且拥有该商标的集体组织本身也不得在相关的商品或服务上使用。当然，该集体组织可以通过广告等活动，宣传自己的集体商标。

巴黎公约第 7 条之 2 规定了集体商标的保护。按照规定，各成员国应当提供对于集体商标的注册和保护。即使拥有某一集体商标的协会，不是依据该成员的法律而在其地域之内成立，也没有在该成员国内设立营业所，该成员也应当对相关的集体商标提供注册和保护。按照这样的规定，即使一个按照美国法律在美国成立的集体组织，即使该集体组织在中国没有设立营业所，在不违反中国法律的情况下，中国仍然应当对于该组织拥有的集体商标予以注册和保护。

证明商标是指使用于商品或服务之上的，用以证明使用者所提供的商品或服务达到了某种要求或标准。例如就商品来说，证明商标可以证明该商品所使用的原料、该商品的制造方式、该商品所具有的质量和功能，已经达到了某种标准。又如就服务来说，证明商标可以证明该服务的精确度、该服务的质量，已经达到了某种标准。当然，证明商标也表明，使用该商标的商家所提供的商品或服务，不同于其他商家所提供的同类商品或服务。日常生活中比较常见的证明商标有"纯羊毛标志"、"绿色食品标志"、电工产品的"长城标志"等。此外，美国的"UL"标志是一种产品安全的检验标志，也属于常见的证明商标。

证明商标可以由某一个行业协会申请注册，也可以由国家的主管机关申请注册，甚至可以由某一个公司申请注册。在具体的操作过程中，证明商标的所有人应当为某种商品或服务设定特定的标准，如商品所使用的原料，商品应当达到的质量，应当具有的功能，以及服务的来源、特性和质量等等。申请使用证明商标的商家，只要其所提供的商品或服务达到了相关的标准，证明商标的所有人就应该允许他们使用相关的证明商标。证明商标的所有人不得歧视商品或服务的提供者，不得在相同的条件下允许这部分申请者使用证明商标，而拒绝另一部分申请者使用证明商标。而且，非常重要的是，证明商标的所有人还必须监控证明商标使用者的产品或服务，包括是否持续符合自己设定的标准。一旦发现使用者的商品或服务出现问题，如质量下降、原材料虚假等等，则应当立即取消有关商家使用证明商标的资格。此外，证明商标只能用于证明相关的商品或服务已经达到某种标准，不得用于其他的目的。

证明商标是提供给他人使用的。假如证明商标的所有人也在市场上提供相关的商品或服务，则不得使用该证明商标。或者说，证明商标的所有人不得以该商标进行自我证明。这与集体商标的情形类似。

　　集体商标和证明商标，虽然在很多国家的商标法中并列为受保护的客体，但二者却没有实质性的区别。如前所述，集体商标是向消费者表明，使用该商标的成员所提供的商品或服务，已经达到了某种标准，或者具有某种特性。事实上，集体商标的所有人通常也会对成员所提供的商品或服务设定某种标准或要求。只有当某一成员所提供的商品或服务符合相关标准或要求时，才会被允许使用集体商标。这样，使用了该集体商标的成员不仅将自己提供的商品或服务与其他人的商品或服务区别了开来，而且向消费者表明自己的商品或服务已经达到了某些特定的要求或标准，具有某些特性。从这个意义上说，集体商标也具有证明相关商品或服务的作用。

　　应该说，集体商标与证明商标的区别，主要是一种形式上的区别。这就是，集体商标的使用仅仅向该集体的成员开放，不向集体之外的商家开放。而证明商标则必须向所有的商家开放，只要申请者所提供的商品或服务达到了证明商标所要求的标准，就可以使用相关的商标。从这个意义上说，集体商标相当于一个封闭的俱乐部，而证明商标则相当于一个开放的俱乐部。

　　正是基于以上的原因，巴黎公约仅规定了集体商标的保护，而没有规定证明商标的保护。同时，某些国家的商标法中也仅仅提到集体商标，而没有提到证明商标。但是这样的规定，并不妨碍对证明商标提供必要的保护。

　　中国1983年和1993年的商标法，都没有规定对于集体商标和证明商标的保护。然而1993年7月开始实施的商标法实施细则，则规定了对于集体商标和证明商标的保护。基于此种规定，国家工商行政管理局还在1994年12月发布了一个《集体商标、证明商标注册和管理办法》，就相关问题做出了具体规定。不过，商标法没有规定集体商标和证明商标，而商标法实施条例做出相关的规定，也被认为是超出了"商标法"的范围。

　　到了2001年修订商标法，则将实施条例中的规定上升到了商标法中，明确规定了对于集体商标和证明商标的保护。这样，按照商标法的规定，可以申请注册的商标就有了四种之多，即商品商标、服务商标、集体商标和证明商标。随后，国家工商行政管理总局又于2003年4月发布了新的《集体商标和证明商标注册和管理办法》，于2003年6月开始实施。

第二节　商标的构成要素

一　商标构成要素概说

世界许多国家的商标法，包括一些国际公约，都规定了可以构成商标的要素或者标志。例如美国联邦商标法规定，商标可以由文字、姓氏、象征、设计或以上之组合构成。其中的"象征"和"设计"具有非常广泛的含义，包括数字、颜色、气味、声音、产品的包装、产品的外观设计等等。又如，世界贸易组织的"知识产权协议"第15条规定，任何视觉可感知的标记或标记的组合，都可以作为商标而注册。其中的标记主要是指文字（包括姓氏）、字母、数字、图形要素、色彩的组合，以及上述要素之组合。

按照中国1983年和1993年商标法的规定，构成商标的要素只有文字、图形或二者的组合。其中的文字虽然可以解释为包括字母、数字，但是却难以将颜色容纳进去；其中的图形也是指平面的图形，而不包括立体的标记。例如，当可口可乐商标所有人来中国申请注册"包装瓶"的外形时，就遭到了商标局的拒绝，因为当时的商标法不保护立体商标。直到2001年修订商标法，才依据世界贸易组织的"知识产权协议"，规定商标可以由可视性的标志构成，包括文字、图形、字母、数字、三维标志和颜色组合，以及上述要素的组合。这样，不仅立体商标和颜色组合商标可以获得注册和保护，而且更细致地列举了文字、字母、数字等要素。这样，中国商标法所保护的标记及其构成要素，就与"知识产权协议"的要求，以及大多数国家的商标法一致了。

"知识产权协议"所说的"视觉可感知的标记"，中国商标法所说的"可视性标记"，又在事实上排除了另外几类商标构成要素，如气味和声音等等。近年来，在欧美一些国家，已经出现了气味商标和声音商标，并且获得了法律的保护。但依据"协议"，世界贸易组织的成员可以不提供对于气味商标和声音商标的保护。这样，至少在目前阶段，中国商标法没有提供对于气味商标和声音商标的注册和保护。

此外，尽管文字、字母、颜色、图形等等是构成商标的要素或者标志，人们有时也会将这类要素或标志称为"商标"，如文字商标、数字商标、颜色商标、立体商标，甚至气味商标、声音商标等等。但是这种说法，是从商标的构成要素或者标记来说的，与商标法所说的商品商标、服务商标不在同一个层面上。此外，在现实的商业生活中，仅仅以文字、字母、数字、图形、颜色作为商标的并不多见。而常见的则是将其中的若干个要素组合在一起，构成一个商标。例如"可口可乐"商标，既有文字，又有图形和颜色。所以从这个意义上说，我们把文字、字母、数字、图形、颜色等等称为商标的构成要素，也许更为合理。

二　可视性标志

这里所说的可视性标志，也就是"知识产权协议"所说的视觉可感知的标志。根据中国商标法，这类标志主要有文字、图形、字母、数字、三维标志和颜色组合。下面分别叙述。

（一）文字

文字是最常见的商标构成要素，如"海尔"、"长虹"、"松下"、"雀巢"等等。而且，这里所说的文字，并不局限于汉文，还可以是少数民族文字，以及其他的外国语言文字。就其中的汉文来说，也是既包括简化字，又包括繁体字，甚至必要的异体字。

（二）图形

图形也是比较常见的商标构成要素，如"壳牌"石油商标中的贝壳图形、"奥迪"汽车商标中的四个圆环图形、中国国际航空公司商标中的"凤凰"图形、中国工商银行商标中的"工"字图形，等等。

（三）字母

这里所说的字母，更多地是指外文字母，尤其是拉丁语系文字中的字母。如英文字母、法文字母、德文字母、西班牙文字母等等。我们常见的字母标记有麦当劳商标中的"M"，国际商业机器公司的商标"IBM"，大众汽车公司的"VW"，宝马汽车公司的"BMW"，等等。

（四）数字

以数字作为商标的构成要素，也是一种比较常见的方式。例如，德国的4711香水，法国的"CHANEL No. 5"香水，美国的"7-ELEVEN"便民商店，都是著名的由数字构成的商标。又如，中国的"999"胃泰，"555"电池，"国窖1573"，也是非常著名的由文字构成的商标。甚至是近年来出现的"8848"网站、"3721"网站，也属于以数字构成的商标。

（五）三维标志

以三维标志作为商标，又叫做"立体商标"，比较典型的有可口可乐包装瓶的外形，酒鬼酒的包装瓶外形，麦当劳和肯德基的招幌，以及

"Pizza Hut"的房屋外形，等等。事实上，原来的茅台酒的包装瓶外形、六神丸的葫芦形包装瓶，都曾经具有可识别性，可以作为商标受到保护。但由于当时中国不保护立体商标，所以并未获得商标法的保护。时至今日，茅台酒包装酒瓶的外形已经广为他人模仿，不再具有显著性和可识别性。

以三维标志作为商标，在日常的商业生活中并不多见。这有两个原因。第一，三维标志缺乏内在的显著性，难以作为商标受到保护。按照商标法的要求，商标必须具有显著性，可以指示商品或服务的来源。诸如文字、图形等等，很容易获得内在的显著性，从而指示商品或服务的来源。而三维标志则不具有这种内在的显著性，其本身难以指示商品或服务的来源。只有当三维标志获得了市场上的第二含义之后，能够指示商品或服务的来源时，才可以作为商标受到保护。第二，很多三维标志，尤其是产品的外形，往往与产品的功能性要素结合在一起。如果以商标法保护三维标志的同时，还保护了商品的功能性要素，就超出了商标法的范围。因为，商品的功能性要素，即使可以获得保护的话，也属于专利法的范围。所以，中国商标法第12条明确规定："以三维标志申请注册商标的，仅由商品自身的性质产生的形状、为获得技术效果而需要的商品形状或者使商品具有实质性价值的形状，不得注册。"

（六）颜色组合

以颜色作为商标，在日常的商业活动中也不多见。原因也在于，颜色本身不具有内在的显著性，只有当某种颜色在市场上获得了第二含义，能够指示商品或服务来源的时候，才可以作为商标受到保护。应该说，这种情况并不多见。除此之外，还有一个"颜色功能性理论"。例如，农业机械产品大多使用绿色，这是为了与田野的色彩相匹配。又如，节日的礼品及其包装大多使用红色，这是为了与喜庆的气氛相匹配。再如，药品生产者在不同的药品上使用不同的颜色，以便消费者辨别不同的药品。在上述几种情况下，相关的颜色都不得由一两个商家专有起来，作为商标而受到保护。所以，在颜色功能性理论的支配下，即使有些颜色在市场上获得了第二含义，可以指示商品或服务的来源，也难以作为商标受到保护。

值得注意的是，世界贸易组织的"知识产权协议"，以及中国商标法，所说的都是颜色的组合。这就意味着，几种颜色组合在一起，能够指示商品或服务来源的时候，可以作为商标受到保护。但是，单一的颜色是否可以作为商标受到保护呢？在美国的相关判例中，曾经确定过单一颜色可以作为商标受到保护。例如在"康宁玻璃纤维"一案中，法院认定原告就绝缘层上使用的粉红色，可以作为商标获得注册和保护。又如，在"夸里泰克斯"一案中，法院认定原告在干洗衬垫上使用的金绿色，可以作为商标受到保护。然而，按照中国目前的商标法，单一的颜色即使能够指示商品或服务的来源，也不能获得注册和保护。

三　其他标志

这里所说的其他标志，是指除了视觉可感知的标记之外的那些可以构成商标的要素，如声音和气味。

先来看声音。以声音作为商标，在日常生活中并不罕见。从理论上说，只要消费者在听到某种声音的时候，可以与特定的商品或服务来源联系在一起的时候，该种声音就可以成为商标。例如，英特尔公司在所有的广告中都使用一段特殊的音乐，而社会公众在听到这段特殊音乐的时候，也会将其与英特尔公司或者英特尔芯片联系起来。除此之外，微软公司"windows"软件一开始的声音，中央电视台"新闻联播节目"的开头音乐，都具有这种识别商品或服务来源的作用。

目前，欧美一些国家已经注册了一些声音商标，或者通过判例确立了一些声音商标。例如，美国"全国广播公司"（NBC）就注册了节目一开始的三声钟声，以之作为商标。又如，美国还有就啤酒注册的狼的嗥叫声商标，就娱乐服务注册的猫的咪鸣声商标。此外，在欧共体法院2003年的一个判例中，原告将贝多芬著名钢琴曲《致爱丽丝》的头九个音符注册为商标，并附有一个说明。

再来看气味商标。相对声音来说，以气味作为商标的实例则要少得多。虽然从理论上说，只要相关的气味可以指示商品或服务的来源，就可以作为商标受到保护。但是在现实的商业生活中，可以指示商品或服务来源的气味并不多见。在美国1990年的一个案例中，申请人克拉克女士在其提供的缝纫线和绣花线上使用了一种气味，具有强烈的鲜花芳香，使人联系起鸡冠花的盛开。虽然商标审查员否决了注册申请，但商标复审委员会认定这种气味具有显著性，可以指示商品的来源，因而可以获得注册。此后，美国商标局还收到了一些具有独特气味的注册申请，例如有人就体育器材使用的合成润滑剂申请樱桃气味的商标。

将声音和气味作为商标予以保护，除了显著性的要求以外，还涉及受理注册和予以保护的一些实际问题。例如，如何描述相关的声音和气味，如何让社会公众知晓相关的声音和气味，以及在侵权诉讼中如何判定侵权与否，都还需要进一步的探讨。所以到目前为止，世界贸易组织的"知识产权协议"，以及很多国家的商标法，都将商标的构成要素局限在"视觉可感知"的标志上，没有对声音商标和气味商标提供注册保护。

四 禁止和限制作为商标的标志

根据巴黎公约，各成员国的国徽、官方检验标记和政府间组织的会徽，禁止作为商标使用。除此之外，世界各国的商标法也都规定了一些禁止作为商标的标志，以及某些限制作为商标的标志。下面仅依据中国商标法，对禁止和限制作为商标的标志略作说明。

（一）禁止作为商标使用的标志

根据中国商标法第 10 条，下列几种标志不得作为商标：

（1）同中华人民共和国的国家名称、国旗、国徽、军旗、勋章相同或者近似的，以及同中央国家机关所在地特定地点的名称或者标志性建筑物的名称、图形相同的；

（2）同外国的国家名称、国旗、国徽、军旗相同或者近似的，但该国政府同意的除外；

（3）同政府间国际组织的名称、旗帜、徽记相同或者近似的，但经该组织同意或者不易误导公众的除外；

（4）与表明实施控制、予以保证的官方标志、检验印记相同或者近似的，但经授权的除外；

（5）同"红十字"、"红新月"的名称、标志相同或者近似的；

（6）带有民族歧视性的；

（7）夸大宣传并带有欺骗性的；

（8）有害于社会主义道德风尚或者有其他不良影响的。

在以上 8 类禁止作为商标使用的标志中，前 5 种属于巴黎公约禁止作为商标的标志，即成员国的国徽、官方检验标记和政府间组织的会徽。后 3 种则是参照各国的立法例，结合中国的实际情况做出的规定，大体可以纳入违背道德风尚的范畴。

（二）限制作为商标的标志

按照商标法的规定，限制作为商标使用的标记，主要有地理名称和描述商品的标志。

先来看地理名称。商标法第 10 条第 2 款先是规定，县级以上行政区划的地名或者公众知晓的外国地名，不得作为商标。这属于禁止性的规定。但是，如果有关的地名具有其他的含义，则可以作为商标使用。例如，青海省西宁市有一个"互助土家族自治县"，该县的一个酒厂申请注册了"互助"商标。其中的"互助"就是从其他含义的角度来说的。又如，长安（县）、同心（县），以及国外的"NICE"（法国的尼斯市）、"PHOENIX"（美国的凤凰城）等等，也都是具有其他含义的地名。

除此之外，商标法还规定，地名可以作为集体商标和证明商标的组成部分，而且历史上已经注册的使用地名的商标继续有效。

再来看描述商品的标志。商标法第 11 条规定，以下三类标志不得作为商标使用：

（1）仅有本商品的通用名称、图形、型号的；

（2）仅仅直接表示商品的质量、主要原料、功能、用途、重量、数量及其他特点的；

（3）缺乏显著特征的。

但在此基础上，商标法又规定，如果上述标志通过市场上的使用，获得了显著特征，便于区别的，也可以作为商标来使用。这里所说的获得显著性，也就是通常所说的获得了第二含义，可以指示商品或服务的来源。

第三节　商标的显著性

一　显著性概说

商标的显著性是指，相关的标志具有显著的特征，能够指示商品或服务的来源。如前所述，商标的基本作用是区别不同商家所提供的同类商品或服务，向消费者指示商品或服务的来源。只有那些具有显著性的商标或标志，才可以起到区别商品或服务的作用，才可以起到指示商品或服务来源的作用。所以，相关的标志具有显著性，是商标构成的一个基本要求。只有具有显著性的标志，才可以作为商标来使用。例如，中国商标法第 9 条规定，申请注册的商标，应当有显著特征，便于识别。与此相应，不具有显著特征的商标，则不得注册为商标。

商标的显著性，不同于著作权法所要求的独创性，或者专利法所要求的新颖性。作为商标而使用的标志，不必是独立创作的和新颖别致的。即使是常见的文字、常见的色彩，只要能够指示商品或服务的来源，就可以作为商标使用。例如"苹果"电脑、"枫叶"服装、"牡丹"香烟、"999"胃泰，以及四个圆环构成的"奥迪"商标。当然，如果商家能够独创一些新颖别致的标志，则由此而构成的商标会具有更强的显著性。如"海尔"电器、"柯达"胶卷、"Exxon"加油服务，都属于独立创作的并且具有新颖性的标志。

不同的商标，或者说由不同的要素或者标志所构成的商标，具有不同的显著性。具体说来，有的商标具有较强的显著性，有的商标具有较弱的显著性。有的标志，由于其构成要素的特点，具有内在的显著性，可以直接作为商标来使用。而有的标志，由于其构成要素的特点，不具有内在的显著性，只有在市场上获得了显著性，或者获得了第二含义以后，才可以作为商标来使用。例如，在美国的司法实践中，法院按照显著性的强弱，将商品或服务的标志划分为四大类。从显著性的由强到弱，这四类标志是：

臆造性标志（fanciful marks）和任意性标志（arbitrary marks）；

暗示性标志（suggestive marks）；

描述性标记（descriptive marks）；

通用标志（generic marks）。

其中的臆造性标志、任意性标志和暗示性标志，都是具有内在显著性的标志；描述性标志本身不具有显著性，但如果在市场上获得了显著性或者第二含义，则可以作为商标来使用。至于商品或服务的通用标志，则不得作为商标来使用。

值得注意的是，很多商标都是组合商标，由两个或者多个要素组合而成。例如，可口可乐的商标是由文字、图形、色彩构成的商标。又如，美国便利店"7-eleven"商标，是由数字、图形和色彩构成的商标。与此相应，在判定组合商标是否具有显著性时，应当采取整体判定的方式。因为，就某一组合商标来说，将其中的各个要素分解开来看，可能都不具有显著性。然而，由几个要素组合形成的标志，则有可能成为具有显著性的商标。所以，如果某一标志在整体上具有显著性，就可以认定是具有显著性的商标。

下面我们将按照显著性的强弱，讨论有关的商标或标志，并顺带讨论某些商标丧失显著性的问题。

二 具有内在显著性的标志

大体说来，臆造性标志和任意性标志，以及暗示性标志，都是具有内在显著性的标志，可以作为商标来使用。当然相比较而言，暗示性标志的显著性又要弱一些。

臆造性标志是指，有关的标志由杜撰出来的文字或词汇构成，其本身不具有特定的含义。例如，就加油服务所使用的"Exxon"，就复印机所使用的"Xerox"，就属于臆造的标志。因为在以前的英文中，从来就没有过这两个词汇。据说，美国的两个加油业巨头在当年合并的时候，为了寻求一个显著性突出的商标，曾经颇费心机。他们遍查词典，并就英文字母组合的字词作了深入的研究和广泛的统计，最后得出结论认为，"Exxon"几个字母的组合最不容易构成英文的单词，因而也最具有显著性。此外，中国的"海尔"也属于这样的标志。因为在此之前的中文中从来就不存在"海尔"这个词汇，完全是杜撰出来的。而且，按照汉语的造词习惯，即使将"海"与其他的字词组合起来，如海浪、海水、海量等等，也不容易与"海尔"相近似。

任意性标志是指，有关的文字或词汇虽然存在于现实生活中，具有通常理解的含义，但是通过非同寻常的使用方式，却具有意想不到的效果和显著性。例如，将"苹果"（Apple）用于计算机，将"绿叶"（Green Leaf）用于保险服务，就属于任意性商标。因为，将"苹果"与计算机联系起来，将"绿叶"与保险服务联系起来，属于非同寻常的使用方式。事实上，中国的"娃哈哈"商标，"枫叶"商标，也属于任意性商标。将"娃哈哈"三个字与矿泉水一类的饮料联系起来，将"枫叶"与服装联系起来，都属于非同寻常的使用方式，因而获得了意想不到的效果和显著性。

暗示性标志是指，由某些文字或词汇构成的标志，以非直接的方式描述了相关的商品或服务，而消费者通过一定的推导或者联想，又能够将该标志与相关的商品或服务联系起来。例如，就长途汽车服务所使用的"灰狗"（Greyhound）商标，就捕虫器所使用的"Roach Hotel"，都属于暗示性商标。因为"灰狗"含有快速的意思，"Roach Hotel"含有将害虫捕捉在一起的意思。此外，中国的"永久"自行车、"健力宝"饮料、"北极星"钟表，都属于暗示性商标。事实上，就中国的文化传统来说，我们更愿意为商品或服务取一个具有某种"含义"的商标，就像我们在为自己的孩子取名时所追求的那样。也正是从这个意义上说，中国企业所使用的商标，很多都是暗示性的商标。例如，"东风"牌汽车、"飞鸽"牌自行车、"英雄"牌自来水笔、"大白兔"奶糖、"双星"牌胶鞋、"古桥"牌空调，以及中国国际航空公司的"凤凰"

标志、东方航空公司的"燕子"标志，等等。

以上三种标志，无论是臆造性标志和任意性标志，还是暗示性标志，都是具有内在显著性的标志，能够很好地区别相关的商品或服务，向消费者指示商标品或服务的来源。所以，这三种标志，无论是作为商标来使用，还是申请商标注册，在显著性方面都不会有什么问题。

三 获得显著性的标志

获得显著性的标志是指，某些标志虽然不具有内在的显著性，但是通过在市场上的使用，逐步获得了显著性或者第二含义，可以指示商品或服务的来源。在这种情况下，这些标志就可以作为商标来使用。获得显著性的标志，大体可以分为三类。第一类是描述商品或服务的质量、原料、功能、用途、数量及其他特点的文字和词汇；第二类是姓氏和地理名称；第三类是字母、数字、图形、颜色和三维标志等等。下面先简要讨论上述三类标志，并然后再讨论与获得显著性相关的问题，并顺带讨论一下商品或服务的通用标志。

（一）描述性字词

描述商品或服务的字词，通常不得作为商标来使用。这是因为，其他商家也需要使用这类字词来描述相关的商品或服务。如果任由某些商家以注册商标的方式将这类字词垄断起来，并且禁止其他商家使用这类字词描述相关的商品或服务，不但会造成不公平的商业竞争，而且会妨碍正常的商业活动。

但是在另一方面，一些描述性的字词，通过在市场上的长时间使用，已经获得了显著性或者第二含义，能够指示商品或服务的来源，则可以作为商标来使用。例如在美国，就饼干使用的"干脆"（crunchy），就咸味坚果所使用的"啤酒坚果"（beer nuts），就饭店所使用的"牛肉与酒酿"（beef & brew），就银行服务业所使用的"第一层"（Firs Tier），都是在市场上获得了第二含义或显著性的商标。又如在中国，"美加净"化妆品、"冰山"制冷设备、"椰风"饮料、"五粮液"白酒、"黑又亮"鞋油、"两面针"（中草药）牙膏，也都是这类获得了显著性或者第二含义的商标。

（二）姓氏和地理名称

姓氏通常是对于某个具体的自然人的称呼，其目的是区别不同的个人，而不是作为商标来使用。然而，自古及今，无论中外，人们又都有一个在商业活动中使用自己姓氏的习惯。根据商标法的原理，当这种使用获得了市场上的显著性或者第二含义，可以指示商品或服务来源的时候，就可以作为商标来使用。例如，"福特"（Ford）汽车，"米奇林"（Michelin）轮胎，"张小泉"剪刀，"李福寿"毛笔，都是这样的商标。

地理名称通常是对于某个地点的称呼，其目的是区别不同的地点，而不是作为商标来使用。然而，某些特定的地点又与某些特定的商品具有密切的关系。例如青岛崂山的矿泉水与啤酒，茅台镇的水与白酒，嘉陵江与摩托车，等等。这样，在长期的商业性使用中，一些地理名称就获得了显著性或者第二含义，可以指示商品的来源。例如，"青岛"啤酒、"茅台"白酒、"泸州"白酒、"燕京"啤酒、"阳澄湖"大闸蟹、"嘉陵"摩托车、"常柴"柴油机、"黄河"载重车，等等。

（三）字母、数字、图形、颜色和三维标志

如果说由语言文字构成的商标，有可能是臆造的标志、任意的标志和暗示的标志，或者是描述性的标志，那么字母、数字、图形、颜色和三位标志，在通常情况下都是描述性的，不太可能成为臆造的、任意的和暗示的标志。或者说，字母、数字、图形、颜色和三维标志一般不具有内在的显著性，不能直接作为商标来使用。只有当它们通过长期的使用，获得了市场上的显著性或者第二含义后，才可以作为商标来使用。

例如，麦当劳的"M"、国际通用电气公司的"IBM"、美国电报电话公司的"AT&T"，就属于获得了显著性的字母商标。又如，"4711"香水、"夏内尔5号"香水、"999"胃泰、"国窖1573"白酒，也属于获得了显著性的数字商标。而"奥迪"汽车的四个圆环图形、"壳牌"石油的贝壳图形、"金绿色"干洗衬垫、"粉红色"绝缘纤维，以及可口可乐包装瓶的外形，都是在市场上获得了显著性或者第二含义的图形商标、颜色商标和三维商标。

（四）与获得显著性相关的问题

按照获得显著性的理论，有关的标志原来不具有显著性，只是由于在市场上的长期使用，才获得了显著性，可以指示商品或服务的来源。对于此种获得显著性的标志，国家的商标注册机构应当予以注册，并提供相应的保护。这样，获得显著性就隐含着另外一层含义，即使有关的标志不具有显著性，有关的商家也可以在市场上使用，并且通过使用而使之获得显著性。否则，有关的标志就没有机会获得显著性。

事实上，"获得显著性"理论还意味着，当有关的标志经过使用获得显著性，能够指示商品或服务来源的时候，有关该标志的"商标权"就已经产生了。行政机关的注册，不过是对于这种已经形成的"商标权"的认可。理解这一点，对于那些强调注册获得商标权的国家，尤其是强调行政机关授予商标权的国家，是非常重要的。

在说到"获得显著性"的时候，还要特别注意该术语的另外一个说法"第二含义"。所谓第二含义，是指相关的标志产生了新的含义，不同于原有的含义。正是通过这个"第二含义"，有关的标志才获得了显著性，可以指示商品或服务的来源。与此相对应的一个问题就是，他人可以在"原有含义"的层面上使用相关的标志，商标权人不得加以禁止。例如，在"黑又亮"的情况下，其他的鞋油厂商完全可以描述自己的产品可以让他人的皮鞋又黑又亮。又如，在"青岛"啤酒的情况下，位于青岛市的其他啤酒厂商，完全可以描述自己的产品产自青岛。在字母、数字、图形、颜色和三维商标的情况下，也是这样。从这个意义上说，他人只要不是在第二含义的层面上使用有关的标志，只要有关的使用不会产生商品或服务来源上的混淆，商标所有人就不得加以禁止。否则，商标所有人就会通过标志的"第二含义"将第一含义也垄断起来。

由此出发，也产生了注册或使用商标上的另一个问题。在现实的商业活动中，有些商家急功近利，尽量使用描述性字词、地理名称等等，让自己的商标叫得响一些，易为消费者记忆。然而，当有关商标的知名度打出来以后，他人可能会在商标、商品包装上，以原有含义使用自己商标中的字词或者标志。在这种情况下，商标所有人就会感到无能为力。例如，"云南红"葡萄酒、"宁夏红"葡萄酒、江西的"老俵"白酒，就是这样的例子。一旦出名，其他厂家就会在其商标、商品包装上使用"云南红酒"、"宁夏红酒"、"老俵酿制的白酒"等等。所以从这个意义上说，如果企业对某种商品或服务有长远经营的打算，还是尽可能以臆造性标志、任意性标志、暗示性标志作为商标。像"Exxon"、"海尔"、"苹果"、"娃哈哈"这样的商标，就是非常成功的例子。

此外，在以人名作为商标的时候，还要注意一个问题，即有关的人名一旦获得了显著性或者第二含义，就脱离了原有的自然人，成为指示商品或服务来源的商标。在这种情况下，原来的自然人或者其继承人，不得要求撤销已经注册或者使用的商标。[①]

（五）商品或服务的通用标志

商品或服务的通用标志，如饼干、花生、汽车、计算机、电视机、

---

① 2003年时，发生过李福寿的后代要求法院判决撤销"李福寿"毛笔商标的事情。

保险、银行和饭店等等，不得作为商标来使用。一方面，这类通用标志是提供同类商品或服务的商家都要使用的，可以用来描述自己商品或服务的标志。如果由其中的某一商家专有起来，必将影响正常的交易秩序，并且有失公平。另外一方面，商品或服务的通用标志，不具有商标应当具有的显著性，因而不能起到区别商品或服务的作用，不能向消费者指示商品或服务的来源。例如，"饼干"牌饼干，"汽车"牌汽车，显然不能起到区别的作用和指示来源的作用。

尽管如此，按照中国商标法第 11 条规定，商品的通用名称、图形和型号，经过使用取得显著特征，并便于识别的，可以作为商标注册。经过使用而使得商品的通用名称、图形和型号获得显著特征，成为商标并获得注册，这种可能性有多大，还是很值得怀疑。

此外，我们说商品或服务的通用标志，是就该标志所涉及的商品或服务来说的。例如，"汽车"与汽车制造业，"电视机"与电视机制造业，"银行"与银行服务业，等等。如果人们把这类商品或服务的通用名称，"任意"使用到其他类的商品或服务上，可能就会形成一个"任意性"商标。例如，"苹果"牌电脑、"红豆"牌服装，就是这样的任意性商标。

四　丧失显著性

丧失显著性是指，某一商标原来具有显著性，可以指示商品或服务的来源，但由于商标所有人使用的不慎或者由于客观现实的变化，该商标逐步丧失了显著性，变成了商标或服务的通用标志。某一商标一旦丧失了显著性，变成了商品或服务的通用标志，就不能再作为商标来使用。与此相应，原来的商标权人也就丧失了就该标志所享有的商标权。在实行注册制的国家里，有关的注册会被撤销。

事实上，在我们的日常生活中，曾经是商标而变成了商品通用标志的事例，并不罕见。例如，我们比较熟悉的阿司匹林（乙酰水杨酸）、凡士林（护肤油脂）、氟利昂（制冷剂）、尼龙（Nylon），曾经都是具有显著性的商标，现在成了商品的通用名称。还有一些我们不太熟悉的，例如赛璐玢（Cellophane，透明包装纸），滚动电梯（Escalator），蹦床（Trampoline），羊毛脂（Lanolin），煤油（Kerosene），也曾经是具有显著性的商标。

此外，由商标权的地域性所决定，某些标志在很多国家可能还是具有显著性的商标，但在另一些国家中则可变成了商品的通用名称。例如，"香槟"（Champagne）在欧洲国家和很多国家是一个地理标志，但美国的相关机构则认为，香槟在美国已经成了"泡沫白葡萄酒"的通用名称。又如，"吉普"（Jeep）在美国和很多国家是一个商标，但是韩国的有关机构则认定，吉普在韩国已经成了越野车的通用名称。

某一商标丧失显著性，成为商品的通用名称，既可能归咎于商标所有人，又可能是因为社会经济生活的变化。就前者来说，商标所有人管理不善，听任他人将自己的商标作为商品的通用名称来使用，可能会导致商标丧失显著性，成为商品的通用名称。就后者来说，随着社会生活的变迁，购买者习惯于用某个商品的商标来称呼相关的商品，也会导致商标丧失显著性，成为商品的通用名称。无论出于那种原因，只要有关的商标丧失了显著性，成为商品的通用名称，就不得再作为商标来使用，有关的注册也应当被撤销。

例如，在美国1921年的"拜仁公司"一案中，法院认为拜仁公司就其新药品所使用的商标"阿司匹林"，在一开始是"臆造性"的商标。但在随后的过程中却变成了"乙酰水杨酸"的通用名称。尽管拜仁公司争辩说，"阿司匹林"是商标，自己是在商标的意义上使用该标志。但是法院却认为："唯一的问题仅仅是一个事实的问题：就双方所争执的文字的用途来说，购买者对它的理解是什么？如果购买者将它理解为是某种被销售的产品，那么我认为，不论原告怎样努力让购买者理解出更多的意思，也没有什么用处。"① 而在1963年的"瑟毛斯"（thermos）一案中，法院甚至试图拯救正在丧失显著性的商标。根据案情，原告曾经就真空玻璃保温瓶享有"瑟毛斯"的商标。但由于原告在广告和其他商业活动中的不谨慎，"瑟毛斯"逐渐丧失显著性，在一部分消费者中演变成了产品的通用名称，所以被告使用"瑟毛斯"来描述自己生产的真空玻璃保温瓶。由于还有一部分消费者认为"瑟毛斯"是商标，所以法院判令被告可以使用"瑟毛斯"描述自己提供的真空保温瓶，但必须使用小写的t（thermos）而非大写的T（Thermos）。而且，被告还必须在thermos前面加上公司的名称。同时，原告也可以不加改变地在原有范围内继续使用Thermos，以之作为商标。② 然而到了8年之后，法院终于裁定"瑟毛斯"已经演变成了商品的通用名称，不再具有商标的意义。

---

① Bayer Co. v. United Drug Co. , 272 F. 505 (2d Cir. 1921).
② King-Seeley Thermos Co. v. Aladdin Industries, Inc. , 138 USPQ 349 (2d Cir. 1963).

丧失显著性的商标，往往是用在新产品之上的商标，以及市场占有率很大的商标。例如，"阿司匹林"、"赛璐玢"、"氟利昂"、"尼龙"，都是使用在新型产品之上的商标。与此同时，商标所有人所提供的该种商品又几乎垄断了市场。在这种情况下，消费者就倾向于使用容易记忆的商标来称呼相关的商品。久而久之，有关的商标就会丧失显著性，变成产品的通用名称。从这个意义上说，使用有关商标的商家，积极向消费者说明自己的商标，说明有关产品的通用名称，就是非常重要的。例如，"施乐"（Xerox）是静电复印机的商标。由于施乐牌的静电复印机占了市场份额的 70% 以上，很多社会公众都将静电复印机称为 "xerox"，甚至将 xerox 作动词化的使用。例如，"我打算去施乐我的论文（I am going to xerox my paper）。" 为此，"施乐" 公司通过广告和其他方式，反复向社会公众强调，"施乐" 是静电复印机的商标，商品的通用名称是静电复印机。显然，"xerox" 正面临着变为商品通用名称的危险。

第四节　不与在先权利冲突

一　在先权利概述

作为商标而使用的标志，不得与他人的在先权利相冲。例如，中国商标法第 9 条规定，申请注册的商标不得与他人在先取得的合法权利相冲突。这是就注册商标而言的。如果从反不正当竞争法的角度来看，还应当包括未注册商标也不得与他人的在先权利相冲突。

这里所说的在先权利，首先是指他人就注册商标所有享有的权利，以及他人就已经使用并且具有显著性的商标所享有的权利。这样，在后申请注册的商标，或者作为商标来使用的标志，都不得与他人在先注册的商标相冲突，也不得与他人在先使用的商标相冲突。

这里所说的在先权利，其次是指其他的在先权利，如他人就姓名和肖像享有的权利，他人的著作权、外观设计专利权、商号权、地理标志权，以及他人就知名商品的特有名称和包装、装潢所享有的权利，等等。这些权利所涉及的内容，如姓名和肖像、作品、外观设计、商号、地理标志、知名商品的特有名称和包装装潢，都可以成为商标或者商标的构成要素。

中国 1983 年和 1993 年商标法，都没有规定在先权利的问题。不过，在 1993 年 7 月开始实施的商标法实施细则中，则有相关的内容。根据 1993 年商标法实施细则第 25 条的规定，侵犯他人合法的在先权利进行商标注册的，属于以欺骗手段或者其他不正当手段获得注册的行为。到了 2001 年修订商标法，则在商标法第 9 条中直接规定，申请注册的商标不得与他人在先取得的合法权利相冲突。

就商标法的规定来看，申请注册的商标不得与他人的在先权利相冲突，实际上是申请人的一项义务。这就要求申请人在申请商标注册的过程中，遵守诚实信用的原则，一方面不要未经许可而使用他人的姓名、肖像、作品和外观设计，另一方面也不要使用他人在先的商业标志，如已注册商标、未注册商标、商号、地理标志、知名商品特有的名称和包装装潢等等。当然，如果申请人违背这项原则，未经许可将他人的姓名、肖像、作品、外观设计、商号、地理标志、知名商品的特有名称和包装装潢作为商标来使用或注册，商标局可以通过注册审查程序予以驳回，相关的权利人也可以通过异议、撤销等程序，维护自己的权利。

二　冲突的具体情形

大体说来，与在先商标权的冲突，属于商标法本身的问题，可以通过注册审查、异议、撤销等程序解决。而与其他在先权利的冲突，则涉及了其他的法律。这里仅叙述与其他在先权利的冲突。

（一）姓名和肖像

按照商标法的规定，可以将自己的姓名和肖像作为商标来使用，包括申请注册。例如"福特"牌汽车、"李宁"牌运动服装，等等。但是，将他人的姓名和肖像作为商标来使用，包括申请注册，则应该获得他人的许可。否则就会侵犯他人的姓名权和肖像权。

（二）作品

每一个商标标志，尤其是由文字、字母、数字、图形、颜色等要素组合而成的商标，首先都是一个作品，可以获得著作权。同时，按照著作权法的原理，创作作品的人只能是有血有肉的自然人，原始的著作权通常归作者个人享有。这样，商家在将有关的标志作为商标来使用的时候，或者在申请注册的时候，首先应该解决著作权的问题。例如，雇主可以通过合同的方式约定，有关标志的著作权归属雇主所有。又如，商家可以通过转让的方式获得有关的著作权，或者获得许可将有关的标志作为商标来使用。如果未经他人的许可而将有关的作品用作商标，或者用作商标的构成成分，就会侵犯他人的著作权。甚至会发生因为侵犯他人著作权而导致商标权丧失，或者注册商标被撤销的情形。

（三）外观设计

外观设计是就产品的外表和式样所做出的设计，通常由形状、图案和色彩构成，可以起到装饰和美化产品的作用，从而吸引市场上的消费者。一些独特而显著的外观设计，经过市场上的使用，甚至有可能成为指示商品来源的商标。按照中国的法律，外观设计的所有人可以申请并且获得专利权。所以，如果某一商家将他人享有专利权的外观设计用作商标，就应当获得他人的许可。否则会侵犯他人的外观设计专利权。

（四）商号

商号，又叫字号，是某一厂商特有的表明其身份的标志。商号可以将不同的厂商区别开来，向消费者表明有关的商品或服务是由自己所提供的。商号权则是商家就自己的商号或身份所享有的权利。如果擅自将他人的商号作为商标来使用，或者反过来将他人的商标作为商号来使用，都会造成商品或服务来源上的混淆，并且侵犯他人的在先权利。

（五）地理标志

地理标志是指表示某一商品来源于某一特定地区的标志，而且该商品的特定质量、信誉或其他特征，主要由该地区的自然因素或人文因素所决定。如新疆葡萄干、宁夏枸杞、景德镇瓷器等等。地理标志一般由当地的行业协会管理。如果未经许可将他人的地理标志作为商标来使用，就会侵犯他人的地理标志权。而且，如果有关的商品不是来源于特定的地理区域，则不仅会侵犯他人的地理标志权，还会形成对消费者的欺骗和误导。

（六）知名商品的特有名称和包装装潢

知名商品是指在市场上具有一定的知名度，为相关公众所知悉的商品。一般而言，知名商品特有的名称、包装、装潢，已经在市场获得了显著性，可以在某种程度上指示商品的来源。与此相应，提供该商品的商家，也就自己的知名商品的特有名称、特有包装、特有装潢享有权利。如果擅自将他人知名商品的特有名称、特有包装、特有装潢作为商标来使用，就会侵犯他人的在先权利，并且有可能造成消费者在商品来源上的混淆。

除了以上六种情形之外，作为商标使用的标志，还不得与他人在先的特殊标志相冲突，包括不得与奥林匹克标志相冲突。否则也会造成对于他人在先权利的侵犯，导致商标权的无效或者商标注册的撤销。

值得注意的是，绝大多数的商标都是组合商标，由文字、图形、颜色、字母、数字等数种要素构成。所以，将他人的姓名、肖像、作品或者商号、地理标志纳入组合商标之中，成为商标的一个构成要素，也仍然属于侵犯他人在先权利的行为。例如在"武松打虎图"案中，在"三毛"案中，侵权人都是将他人的作品作为商标的一个组成部分来使用的。在这种情况下，只有一个构成要素侵犯了他人的在先权利，就有可能造成整个商标的无效，如商标注册的撤销，未注册商标的禁止使用。

（ 问题与思考 ）

商标必须具有显著性。只有具有显著性的商标，才可以指示商品或服务的来源。与此相应，已经丧失显著性的标志，就不能再作为商标来使用。

尽管"吉普"在美国是商标，"香槟"在法国是地理标志，但是在我国，二者在相当长的时间里都是作为产品名称来使用的。直到今天，岁数稍微大一些的人，仍然习惯地使用吉普车和香槟酒的说法。在20世纪80年代末和90年代，国家工商行政管理局曾数次发文，要求使用"越野车"而非吉普车的说法，要求有关厂家不得在葡萄酒类产品上使用"香槟"或者"Champagno"的字样。然而，相当多的社会公众在日常生活中仍然使用"吉普车"的说法，仍然使用"喝香槟"的说法。这就提出了一个问题，行政机关的公文，能否将产品的通用名称改变为商标。或者说，行政机关的公文能否将已经处于公有领域中的东西，改变为专有领域中的东西。

或许，在这个问题上，美国和韩国的做法更为合理。尽管"香槟"在欧洲是地理标志，但是在美国却是泡沫白葡萄酒的通用名称；尽管"吉普"在美国是商标，但是在韩国却是某种汽车的通用名称。

（ 复习题 ）

1. 依据商标法，商标有哪些种类？

2. 商标的构成要素有哪些?

3. 什么是商标的内在显著性? 什么是商标的获得显著性?

4. 如何理解商标不得与在先权利相冲突?

阅读书目

郑成思:《知识产权法》(第二版),法律出版社,2002。

吴汉东主编《知识产权法》,法律出版社,2004。

黄晖:《商标法》,法律出版社,2004。

李明德:《美国知识产权法》,法律出版社,2003。

第十九章　商标权的获得

要点提示

本章讨论了商标权的获得方式，如使用获得和注册获得。

本章简要介绍了商标注册的申请与审查，包括商标注册的申请在先原则和优先权原则，以及注册商标的核准。

本章着重讨论了商标注册核准之前的"公告异议"程序和核准之后的无效制度，并探讨了与之相关的理论依据。

商标权是商标所有人就自己的商标所享有的权利。大体说来，商标权的获得方式有两种，即使用获得和注册获得。严格说来，通过注册获得的商标权，应当叫做注册商标权，或者注册商标专用权。中国与世界上绝大多数国家的商标法一样，采取注册获得商标权的方式。与此相应，商标法及其实施细则和其他的行政法规，也规定了详细的商标注册的申请、申请的审查与核准的程序。此外，即使是已经核准注册的商标，也有可能违反法律规定或者侵犯他人的在先权利，所以商标法及其实施细则还规定了注册商标的撤销程序。

本章将讨论商标权的获得，包括商标权的获得方式、商标注册的申请与审查，以及注册商标的撤销。

第一节　商标权的获得方式

一　使用获得

早期的商标权都是通过使用而获得。具体说来，商家在自己所提供的商品上使用相关的商标，从而将自己的商品与他人的同类商品区别开来。同时，消费者也通过自己的购买经验，凭借不同的商标购买自己的满意的商品。这样，商家针对自己的商标就享有了某种无形财产权。与此相应，如果提供同类商品的商家使用了与他人商标相同或者近似的标志，不仅有可能造成商品来源上的混淆，还会侵犯他人的商标权。不过在早期，人们往往是通过制止假冒的方式来保护自己的商标权。即使有商标的注册，也不过是确认相关的财产权利而已。例如，英国于1862年颁布的商标法，美国于1870年颁布的商标法，都是确认已经存在的商标或者商标权的法律。

随着商业和市场的发展，尤其是全国性贸易和国际性贸易的发展，仅仅依靠使用而获得商标权，就显得远远不够了。因为在国内某一个区域使用的商标，可能不为其他区域的消费者或者商家所知，更难以为国际市场上的竞争者所知。这样，该商标很容易被其他地区或其他国家的人所使用，造成同样或者近似商标为两个或者两个以上商家同时使用的局面。更为重要的是，市场竞争者在其他地区或其他国家，甚至在本地区，都面临着保护自己商标的困难。在有关的侵权诉讼中，他必须首先证明自己就某一商标享有权利，而相关的举证又存在着一定的难度。尤其是当两个以上的商家使用相同或者相似商标的情况下，要想证明谁先使用，谁享有商标权，就更加困难了。这样，注册商标制度也就应运而生了。

然而，即使是在世界大多数国家都采取了注册商标制的情况下，仍有一些国家坚持使用获得权利的原则。其中最典型的就是美国。按照美国的商标法，商标权因使用而获得。商标的注册，主要是具有在全国范围内的通告作用，以及方便美国商标所有人在国外申请商标注册。按照这种制度，只有已经在商业中使用的商标，才可以获得联邦的商标注册。直到1988年，美国国会才修改商标法，除了已经使用的商标，有"真诚使用意图"的商标，也可以获得联邦注册。但是，注册申请人必须证明自己有真诚使用的意图，并且在注册之后的三年之内真实使用有关的商标。否则，有关的注册将被撤销。

事实上，即使是在那些实行了商标注册制的国家里，通过使用某一商标而获得商标权，仍然是获得权利的一种方式。在这些国家里，通过商标注册而获得权利，属于注册商标权，受到商标法的保护。除此之外，在实际商业生活中使用的没有注册的商标，如果具有显著性，可以指示商品或服务的来源，还可以作为未注册商标，受到反不正当竞争法或其他法律的保护。例如在中国，虽然绝大多数商标可以通过注册获得商标法的保护，但仍然有一些未注册商标，包括知名商标的特有名称和包装装潢，可以在具有显著性的条件下，获得反不正当竞争法的保护。有关商家就未注册商标，包括知名商品的特有名称和包装装潢所享有的权利，就是通过使用而获得的权利。当然，这类通过使用而获得的商标权，不能获得商标法的保护，只能获得反不正当竞争法的保护。

二　注册获得

注册获得商标权，是指有关的商标只有在通过了国家机关的注册和核准之后，才享有商标权。严格说来，通过注册所获得的商标权，应该叫做注册商标权。与注册商标权相对应的，则是未注册商标权。

从商标权保护的历史来看，商标注册制，或者通过注册而获得商标权的制度，出现得比较晚。但由于注册制度适应了国内市场一体化和国际贸易的需要，所以为很多国家所采纳。对于商标所有人来说，注册具有全国范围内通告的作用，可以在侵权诉讼中作为拥有权利的直接证据。同时，商标所有人还可以借助其国内的注册，寻求自己的商标在其他国家的注册和保护。而对于市场上的其他竞争者来说，也可以通过注册商标的档案系统，了解他人的商标状况，在使用或者注册自己商标的时候，避免与他人商标的相同或者近似。除此之外，在注册商标制度下，商标权的转让和许可都要经过登记或者备案，并且向社会公示，这也有利于商标权转让或许可的安全。

通过注册获得商标权，并不排除以使用获得商标权。这就是对于未注册商标的保护。在实行注册制的国家里，大多采用自愿注册的原则。商家对于自己使用或者准备使用的商标，可以通过注册的方式获得商标权，也可以不注册而加以使用，并且在获得显著性以后受到反不正当竞争法或其他法律的保护。这样，商标所有人就可以根据需要而决定自己使用的商标是否需要注册。对于准备长期使用的商标，例如就那些质量稳定、市场前景看好的商品上使用的商标，应当及时申请注册。而对于不打算长期使用的商标，例如就短期经销或者试产试销商品上使用的商标，则可以不去注册。当然，只有获准注册的商标，才会获得注册商标权，获得商标法的保护。没有申请注册的商标，虽然可以使用，但不能获得商标法的保护。

目前，采取注册商标制的国家，基本都采取自愿注册的原则。事实上，即使是采用使用获得商标权的国家如美国，也是采取自愿注册的原则。获得联邦注册的商标，具有在全国范围内通告的作用，而未注册商标只是没有获得这类好处而已。

中国1950年颁布的《商标注册暂行条例》，就是在注册制的基础上采用了自愿注册的原则。而到了1963年颁布的《商标管理条例》，则改而采取"全面注册"制度，即所有的商标都必须先注册才能使用。与此相应，也就没有了未注册商标。这与当时的计划经济体制和通过商标管理商品质量的思路相关。到了1983年开始实施的商标法，又顺应国际商标保护的趋势，恢复了注册制基础之上的自愿注册原则。不过，自1983年开始实施的商标法，也不是彻底的自愿注册制度。因为按照商标法的规定，国家规定必须使用注册商标的商品，必须申请注册，未经核准注册的，不得在市场上销售。在一开始，必须使用注册商标商品的，是人用药品和烟草制品。其中的人用药品，涉及人民生命安全的问题，要求使用注册商标，可以监管药品的质量。其中的烟草制品，涉及国家烟草专卖的法律法规。目前，只有烟草制品必须使用注册商标。

第二节　商标注册的申请与核准

与版权的自动获得不同，注册商标权是经过国家主管部门的审查和核准之后才获得的。在这一点上，注册商标权的获得与专利权的获得类似。当然，这里所说的注册商标权，又是与未注册商标权相对应的。应该说，未注册商标权是经过使用而自动获得的。

本节将简要讨论商标注册的程序性规定，包括申请在先原则和优先权原则、注册商标申请的提出、审查与核准等等。

一　申请在先原则和优先权原则

申请在先原则，又称先申请原则，是指两个或者两个以上的申请人，在同一种商品或者类似商品上，以相同或者近似的商标申请注册的，申请在先的可以获得注册商标权，而申请在后的则予以驳回。显然，申请在先原则是注册获得商标权制度的一种逻辑延伸。既然商标权是通过国家机关的注册而获得，那么谁先申请谁就应该获得商标权。与此相应，申请在后者不仅不能获得商标权，也不能对抗在先的申请者。

按照申请在先原则，无论相关的商标是否已经在商业活动中使用，都可以申请注册并获得商标权。甚至当有人在先使用，但没有申请注册的情况下，他人也可以就相同或者近似的商标申请注册，并排斥在先使用人的继续使用。所以按照申请在先原则，商家或者应当在使用之前就申请商标注册，或者应当及时注册已经使用的商标，以免造成他人抢先注册带来的被动。由此看来，申请在先原则带有强烈的鼓励商家及时或者尽早注册商标的意味。

当然，申请在先也不是一项绝对的原则。这表现在两个方面。首先，两个以上的申请人在同一天，在同一种商品或者近似商品上，以相同或者近似的商标申请注册的，使用在先者可以获得商标权。这是使用在先原则对于申请在先原则的补充。当然，按照商标法的规定，如果两个以上的申请人同日使用，或者都没有使用的，可以由申请人自行协商解决。如果不能协商，或者协商不成的，或者由申请人以抽签的方式确定一个申请人，或者由商标局裁定确定一个申请人。

其次，对于他人使用在先并且已经具有一定影响力的未注册商标，申请人不得抢先注册。这是以未注册商标来对抗他人的注册申请，也是对于先申请原则的补充和限制。对此，2001 年修订的商标法第 31 条作了明确规定："申请注册不得损害他人现有的在先权利，也不得以不正当手段抢先注册他人已经使用并有一定影响的商标。"当然，未注册商标所有人在对抗他人的注册申请时，必须证明自己的商标已经具有一定的影响，以及他人的抢先注册是出于恶意或者采取了不正当的手段。应该说，满足这种举证要求，具有一定的难度。

优先权原则是指，巴黎公约成员国的国民在商标注册"申请日"的确定方面，享有申请方面的优先权和展览会上使用的优先权。而且，这两种优先权都与上述的申请在先原则密切相关。

先来看申请优先权。按照规定，巴黎公约成员国的国民在某一个成员国第一次提出商标注册申请后，如果在 6 个月内又就同样的商标在其他成员国提出注册申请的，以第一次提出申请的日期为申请日。这样，申请人在后来的申请中，就商标注册申请日就享有了一种优先权。即使他人在 6 个月内之内在其他成员国中就相同或者近似的商标提出了注册申请，只要享有优先权的申请人到该成员国申请商标注册，就可以获得申请在先的地位。

再来看展览会优先权。根据规定，巴黎公约成员国的国民，如果使用相关商标的商品首先是在国际性的展览会上展出，则在该展览之日起的 6 个月内，商标所有人在公约成员国提出注册申请时，可以享有优先权，以展览之日作为申请日。这样，即使在此期间有人就相同或者近似商标在某一成员国提出了申请，只要商标所有人前往该成员国申请注册，就可以获得申请在先的地位。

对于这两种优先权，中国商标法都有规定。关于前者，商标法第24条规定："商标注册申请人自其商标在外国第一次提出商标注册申请之日起六个月内，又在中国就相同商品以同一商标提出注册申请的，依照该外国同中国签订的协议或者共同参加的国际条约，或者按照相互承认优先权的原则，可以享有优先权。"关于后者，商标法第25条规定："商标在中国政府主办的或者承认的国际展览会展出的商品上首次使用的，自该商品展出之日起六个月内，该商标的注册申请人可以享有优先权。"

关于优先权，无论是申请方面的优先权，还是展览会方面的优先权，都不是自动产生的。相关的权利人应当在提出商标注册申请的时候提出书面申请，并在三个月内提交相关的证明文件，例如第一次提出商标注册申请的副本，或者展出其商品的展览会名称、在展出商品上使用该商标的证据、展出日期等。如果没有提出书面声明，或者逾期未提交相关的证明文件的，视为未要求优先权。

二　商标注册申请的提出

商标注册的申请，应当向国家主管商标注册的机关提出。具体到中国，就是向国家工商行政管理总局下的商标局提出。按照现行商标法的规定，申请人既可以委托专门的商标代理组织办理申请事务，也可以直接到国家商标局办理申请事务。但由于商标注册申请带有比较强的专业性，人们通常都是委托商标代理组织办理。

商标注册申请的提出，涉及申请人的资格、申请文件和申请日的确定等问题。下面分别叙述。

（一）申请人资格

按照现行商标法的规定，任何民事主体都可以申请注册商标，成为注册商标权人。商标法第4条规定："自然人、法人或者其他组织对其生产、制造、加工、拣选或者经销的商品，需要取得商标专用权的，应当向商标局申请商品商标注册。""自然人、法人或者其他组织对其提供的服务项目，需要取得商标专有权的，应当向商标局申请服务商标注册。"而且，两个以上的自然人、法人或者其他组织，可以共同向商标局申请注册同一商标，共同享有和行使该商标专用权。

在申请人的资格上，中国商标法在2001年的修订中有一个较大的变化。按照原来的商标法，可以申请商标注册的有"企业、事业单位和个体工商业者"。这些申请人虽然可以归结为法人和其他组织，但是却不包括自然人。显然，这是与原来的计划经济体制，或者商品经济不发达的状况相适应的规定。但是很多国家的商标法，都规定无论是自然人还是法人，都可以申请商标的注册，成为商标权人。事实上，巴黎公约所说的可以申请商标注册的成员国国民，也是既包括自然人也包括法人。这样，中国在参加巴黎公约以后，外国的自然人按照公约的规定可以到中国来申请商标注册，而中国的自然人反而不能申请商标注册。为了弥补这一缺陷，到了2001年10月修订商标法，将注册商标的申请人改为"法人、自然人和其他组织"。这样，在申请人的资格方面，商标法的规定就与巴黎公约和世界各国的商标法一致了起来。同时，自然人可以申请商标注册，也反映了中国市场经济的进一步成熟。

在注册商标申请人的资格方面，还涉及一个外国人的问题。商标法第17条规定，外国人或者外国企业在中国申请商标注册的，应当按其所属国与中国签订的协议或者共同参加的国际条约办理，或者按照对等原则办理。其中的国际条约，主要是指巴黎公约和"知识产权协议"。这样，所有的巴黎公约成员国和世界贸易组织的成员，其国民都可以到中国来申请商标注册。当然，中国国民也可以到这些国家或成员申请商标注册。商标法第18条还规定，外国人或者外国企业在中国申请商标注册和办理其他商标事宜的，应当委托国家认可的具有商标代理资格的组织代理。这样，与中国人相比，外国人就不能直接到国家商标局办理商标注册申请或其他商标事宜，而只能委托国家认可的代理组织代理。当然，这种程序上的限定，更便于相关文件的送达和商标局工作效率的提高，事实上有利于对外国申请人合法权益的保护。

（二）申请文件

提出商标注册申请，还涉及申请文件的问题。根据商标法及其实施细则的规定，申请人应当提交"商标注册申请书"、商标图样、证明文件和申请费用。

"商标注册申请书"是一个格式文件，应当填写申请人的基本信息，加盖申请人的印章或者由申请人签字。在填写"申请书"的过程中，最重要的是按照《商标注册用商品和服务国际分类表》，填报使用商标的商品类别和商品名称，或者服务类别和服务名称。如果商品名称或者服务项目没有列入分类表的，则应当附送对于该商品或服务的说明。在通常情况下，一份申请书上填报的商品或服务应当限定在一个类别之内。

每一件商标申请应当提交商标图样10份。商标图样必须清晰、便于粘贴。以三维标志申请注册商标的，应当在申请书中予以说明，并提交能够确定三维形状的图样。以颜色组合申请注册商标的，应当在申请书中予以说明，并提交文字说明。

申请商标注册的，申请人应当提交能够证明其身份的有效证件的复印件。商标注册申请人的名义应当与所提交的证件相一致。代理组织代理他人申请商标注册或者办理其他商标事宜的，还应当提交委托书。申请注册集体商标和证明商标的，应当在申请书中予以声明，并提交申请人资格证明文件和使用管理规则。

除此之外，申请人提出商标注册申请时，还应缴纳相应的费用。

（三）申请日的确定

商标注册的申请日期，以商标局收到申请文件的日期为准。申请人享有优先权的，以优先权日为申请日。申请日的确定，对于商标注册的申请非常重要。如果以后再有人在同一种商品或者类似商品上，以相同或者近似的商标申请注册，就会依据"申请在先原则"而被驳回。如果申请人是第一次提出商标注册申请，并且还想在巴黎公约成员国或者世界贸易组织的成员内申请商标注册，申请日又会成为日后其他申请的优先权日。

三 商标注册申请的审查与核准

（一）形式审查与实质审查

商标局对于申请人提交的相关文件，要进行形式审查和实质审查。

所谓形式审查，是对于申请文件是否齐备，填写是否符合要求进行审查。根据规定，申请手续齐备并按照规定填写申请文件的，商标局予以受理并书面通知申请人；申请手续不齐备或者未按照规定填写申请文件的，商标局不予受理，书面通知申请人并说明理由。申请手续基本齐备或者申请文件基本符合规定，但是需要补正的，商标局通知申请人予以补正，限其自收到通知之日起30日内，按照指定内容补正并交回商标局。在规定期限内补正并交回商标局的，保留申请日期；期满未补正的，视为放弃申请，商标局应当书面通知申请人。由此可见，形式审查与申请日的确定密切相关。

所谓实质审查，是对于申请案中的商标是否符合注册条件而进行审查，例如是否符合商标注册的绝对条件，是否符合商标注册的相对条件。

其中的绝对条件，是指申请案中的商标是否属于商标法禁止使用的标志，是否具有显著性。就禁止使用的标志来看，不仅要审查有关的商标是否属于禁止使用的标志，还要审查是否含有商标法禁止使用的标志。就显著性来说，不仅要看申请案中的商标是否具有内在的显著性，还要看是否获得了市场上的第二含义或者显著性。经过审查，如果申请案中的商标不符合注册的绝对条件，则予以驳回。

其中的相对条件，是指申请案中的商标是否与他人的在先权利相冲突。在这方面，商标局的审查主要是检索他人已经注册的商标，或者已经初步审定的商标，然后确定是否与申请案中的商标相同或者相近似。如果相同或者近似，有可能造成消费者的混淆，则驳回商标注册申请。

（二）公告异议与核准注册

经过实质审查，如果申请案中的商标符合商标法的有关要求，则初步审定和予以公告。所谓初步审定，是指商标局经过审查初步认定，申请注册的商标可以获得注册。所谓予以公告，则是在《商标公告》上公告初步审定的商标，由社会公众和在先权利人提出异议。其中的在先权利人，既包括在先注册的商标权人、在先初步审定已经公告的商标注册申请人，还包括具有在先权利的著作权人、外观设计专利权人、商号权人、地理标志权人、知名商品特有名称和包装装潢的权利人，以及肖像权人和姓名权人等。

异议程序不仅有利于维护有关当事人的合法权益，而且有助于及时纠正商标审查工作中的偏差。正是从前一个意义上说，享有在先权利的人，尤其是商标权人，要特别重视"异议程序"。国外一些大公司通常设有专门负责商标事务的人员，经常查看《商标公告》，一旦发现他人申请注册的商标与自己的商标相同或者像近似，就会利用异议程序来维护自己的权利和利益。否则，一旦他人的近似商标注册以后，就只能启动更为困难的撤销程序，造成对于自己权利的损害。

根据规定，对于初步审定的商标，自公告之日起三个月内，任何人都可以向商标局提出异议。商标局在受理异议时，应当听取异议人和被异议人陈述的事实和理由，经过调查核实后作出裁定。当事人不服的，可以自收到通知15日之内向商标评审委员会申请复审，由商标评审委会做出裁定。对商标评审委会的裁定仍然不服的，可以在收到通知之日起的30日内，向人民法院起诉。

对于初步审定的商标，如果在公告期内无人提出异议，或者虽然提出异议但不成立的，商标局予以核准注册，发给注册证书，并在《商标公告》上予以公告。同时，商标局设立《商标注册簿》，记载注册商标及有关注册的事项。

核准注册，意味着商标注册申请人已经获得了注册商标权。在随后的商业活动中，商标权人可以在核定使用的商品或服务上，或者相关的包装、说明书、广告上标明"注册商标"的字样或者注册标记，如®或者在圆圈内写一个"注"字。

第三节 注册商标的无效

一 注册商标无效的概念

注册商标的无效，是指社会公众或者在先权利人，要求商标行政机构撤销已经注册的商标的制度。世界各国的商标法律，包括中国商标法，都规定了注册商标的无效制度。注册商标被宣告为无效，也意味着相关的"注册商标权"自始无效。

商标注册申请的核准，意味着申请人获得了注册商标权。然而从法律上讲，由此而获得的商标权，仅仅是一种推定有效的权利。商标局的审查员在审查过程中，虽然对申请案进行了形式审查和实质审查，并且经过了公告和异议的程序，但由于检索的范围有限，也由于判断上的失误，仍然可能核准注册了不符合条件的商标。除此之外，享有在先权利的人，包括在先的注册商标权人，可能因为疏忽或者其他原因，没有在法定的"异议"期间提出异议。这样，他们就可以利用"无效"程序，要求商标行政机构撤销已经注册的商标。

从程序的衔接上看，注册商标的无效是异议程序的延续。按照商标法的规定，商标局对于初步审定的商标予以公告，供社会公众和在先权利人提出异议。提出异议的期限是三个月。如果无人提出异议，或者异议不成立，则核准注册并予以公告。自核准注册之日起，社会公众或者在先权利人如果认为已经注册的商标不符合法定的条件，则可以启动无效程序，要求撤销已经注册的商标。与此相应，中国商标法第42条也规定，对核准注册前已经提出异议并经裁定的商标，不得再以相同的事实和理由提出无效请求。

尽管注册商标权的无效制度非常重要，但中国现行的商标法并没有出现"无效"两个字。当然，这并不是说商标法中没有无效程序，而是将无效程序纳入了更为宽泛的"撤销程序"之中。例如，对于已经注册的商标，社会公众或者在先权利人可以要求商标评审委员会裁定

"撤销"该注册商标，这相当于我们前面所说的无效程序。又如，注册商标不使用或者使用不当，商标局也可以依据相关的法律规定，"撤销"有关的注册商标。由此而撤销的商标，其商标权自裁定生效之日起失效，与无效程序中的"商标权"自始无效不同。显然，前一个"撤销"（无效）是由商标评审委员会作出决定，后一个"撤销"是由商标局作出决定；前一个撤销的结果是有关的"注册商标权"自始无效，后一个撤销的结果是注册商标权自裁定生效之日起失效。

由此可见，在中国现行的商标法中，是将"无效"和"撤销"混同在了一起，并且统称为撤销。所以，在未来的商标法修订中，明确规定"无效"程序，并且将"无效"与"撤销"区分开来，是一个应当加以解决的问题。

二　商标无效的理由

根据中国商标法，注册商标无效的理由主要有以下几种。

第一，注册商标使用了禁止用作商标的标志。禁止用作商标的标志，见于商标法第10条，涉及国家及国际组织的名称或标志、官方标志或印记、违反公共秩序的标志，等等。这些标记不得作为商标使用，也不得注册为商标。一旦发现有人将这类标志注册为商标，或者已经注册的商标中含有这类标志，有关的注册商标都应当被宣告为无效。

第二，注册商标不具有显著性。例如，仅有本商品的通用名称、图形、型号的，仅仅直接表示商品的质量、主要原料、功能、用途、质量、数量及其他特点的。除此之外，具有功能性的三维标志也不得注册为商标。

第三，以欺骗或者其他不正当手段取得注册的。

第四，与他人的在先权利相冲突，包括与他人已经注册的商标或者初步审定的商标相同或者近似，与他人的姓名权、肖像权、著作权、外观设计专利权、商号权、地理标志权、知名商品的特有名称和包装装潢权相冲突。

除此之外，商标法第13条还规定，就相同或者类似商品申请注册的商标是复制、摹仿或者翻译他人未在中国注册的驰名商标，容易导致混淆的，不予注册并禁止使用；就不相同或者不相类似商品申请注册的商标复制、摹仿或者翻译他人已经在中国注册的驰名商标，误导公众，致使该驰名商标注册人的利益可能受损害的，不予注册并禁止使用。凡是违反上述规定的注册商标，应当被宣告为无效。

根据商标法的规定，凡属于前三种情况的注册商标，无论何时发现，一律撤销。这叫做注册商标无效的绝对理由。凡属于后两种情况，可以在该商标核准注册之日起的 5 年内，启动注册商标的无效程序。如果超过了 5 年的时间，有关的注册商标就会成为不可争议的商标。这叫做注册商标无效的相对理由。当然在涉及驰名商标的时候，如果他人的有关注册是恶意注册，则不受 5 年时间的限制。

规定有关的注册商标在 5 年后成为不可争议的商标，是为了平衡注册商标人与在先权利人的利益。一方面，如果在先权利人在 5 年的时间里，对注册商标权与自己权利的冲突采取容忍或者默认的态度，则表明他容忍他人权利的存在。例如，在先的注册商标所有人，对于在后的近似注册商标容忍或者默认，表明他有可能认为不会损害自己的权利。又如，在先的著作权人、肖像权人对于他人将自己的作品、肖像注册为商标采取容忍或者默认的态度，也表明他在事实上允许他人使用自己的作品或者肖像。而在另外一方面，在此 5 年的期间里，在后的注册商标人已经在相关的商标上做了大量的投资，如提高产品质量、实施有效的市场营销策略、提高商标所代表的商誉等等。在这种情况下，如果任由他人在 5 年之后随时提出无效的主张，就会损害注册商标人的利益。所以，5 年的期间是一个平衡在先权利人与在后注册商标所有人的利益的期间。

三　商标评审委员会

按照中国商标法，注册商标的无效是向商标评审委员会提出，并由其做出是否无效的裁定。这与很多西方国家由法院做出注册商标无效的决定不同。所以，这就涉及了商标评审委员会的地位和作用。

商标评审委员会设在国家工商行政管理总局之下，与商标局一样，都是国家工商行政管理总局的下属机构。大体说来，商标局处理有关注册商标审查和核准的事宜，商标评审委员会则处理有关注册商标争议的事宜，从程序上对商标局的工作进行监督。这里所说的"商标争议"，既包括注册商标的无效请求，还包括不服商标局各项决定而提起的复审请求。根据商标法的有关规定，商标评审委员会处理以下四种"商标争议"案件。

（1）不服商标局驳回商标注册申请的决定，申请复审的案件。在注册商标申请的过程中，商标局可能以申请案中的商标违反商标法的禁止性条款、不具有显著性、与在先注册的商标或者在先初步审定的商标相同或者相近似为由，驳回注册申请。如果申请人对商标局驳回注册申请的决定不服，可以请求商标评审委员会复审。

（2）不服商标局的异议裁定，申请复审的案件。对初步审定、予以公告的商标提出异议的，商标局应当听取异议人和被异议人陈述的事实和理由，并在调查核实后做出裁定。如果当事人不服商标局作出的裁定，可以在 15 日之内向商标复审委员会申请复审。

（3）对于已经注册的商标，认为注册不当或者与在先权利相冲突的，可以请求商标评审委员会撤销。这是注册商标的无效。

（4）不服商标局撤销注册商标的决定，申请复审的案件。在注册商标核准公告以后，可能出现连续三年停止使用的情形，也可能出现自行改变注册商标、自行转让注册商标的情形，以及使用注册商标的商品粗制滥造、以次充好的情形。这些情形都有可能导致商标局撤销注册商标。如果当事人对商标局撤销注册商标的决定不服，可以申请商标评审委员会复审。

按照原来商标法的规定，由商标评审委员会做出的裁定，包括注册商标无效的裁定，都是终局裁定。即使当事人不服，也不能向法院起诉。到了 2001 年 10 月修订商标法，依据"知识产权协议"，改为对商标评审委员会做出的裁定不服的，可以在收到通知之日起 30 日内向人民法院起诉。按照现行的法律，这种诉讼的原告是不服裁定的当事人，被告是商标评审委员会。同时，商标裁定程序的对方当事人可以作为第三人参加诉讼。

问题与思考

美国商标法原来奉行"使用获得权利"的原则，只有已经在商业活动中真实使用的商标才可以获得联邦的注册。到了 1988 年修改商标法，才不得不按照国际上的惯例，改为即使没有真实使用的商标，也可以获得注册。在修改法律的过程中，很多人担心这样会使得商标注册泛滥。例如，某些人会利用法律的规定，通过注册而囤积大量的可以作为商标来使用的标记。一方面，他们通过注册占有了相关的标记，另一方面又不打算使用，从而占用商标资源，甚至造成商标资源的枯竭。针对这种担心，美国联邦商标法规定了"意图使用"的要求，并规定了严格的注册程序。

1. 申请人在提出申请时，提交真诚使用商标的声明，并说明将要在何种产品或服务上使用有关的商标。

2. 经过审查、公告和异议等程序后，由专利商标局颁发"允许通知"（a notice of allowance），而非注册证书。

3. 在颁发"允许通知"之后的 6 个月内，申请人必须提供在商业中真实使用商标的声明，或者寻求延期；专利商标局可以依据申请人的延期申请，给予申请人另外 6 个月的期限，让申请人提交真实使用的声明。

4. 如果申请人有正当理由，可以再申请延期 6 个月；如果理由成立，再申请的延期期间最多可以达到 24 个月。这样，从获得"允许通知"之日起，申请人可以在 36 个月的时间里向专利商标局提出真实使用的声明。如果再加上自申请提出之日起到获得"允许通知"之日的期间，申请人还可以有 12 个月以上的时间。这实际上意味着，申请人自提出申请之日起，大约有 4 年多的时间将有关的商标投入真实的商业性使用。

5. 专利商标局在接到真实使用的声明后，将再次进行审查。如果经审查决定接受真实使用的声明，才颁发注册证书。

与美国商标法形成鲜明对比的是，中国商标法从一开始就采用注册原则，只有注册才能够获得商标权。基于这样的原则，一些企业不仅注册了自己已经使用的或者准备使用的商标，而且注册了一些根本不打算使用的商标。更有甚者，则是抢注他人已经使用的商标。到了 2001 年修订商标法，允许个人申请商标注册以后，很多个人也开始大量注册根本不可能使用的商标。这样一来，不仅造成了商标资源的枯竭，而且造成了申请案的大量积压。至于某些企业或者个人囤积商标的目的，显然不是为了在商业中的使用，而是为了打击竞争对手，或者为了出售商标获得经济利益。

显然，要想解决这个问题，在注册原则的前提之下，适当引进"意图使用"的制度，就是非常有必要的。

复习题

1. 商标权的获得方式有哪两种？
2. 什么是注册商标的申请在先原则？
3. 什么是注册商标申请中的"公告异议"制度？
4. 什么是注册商标的无效？理由有哪些？

阅读书目

郑成思：《知识产权法》（第二版），法律出版社，2002。

吴汉东主编《知识产权法》，法律出版社，2004。

黄晖：《商标法》，法律出版社，2004。

李明德：《美国知识产权法》，法律出版社，2003。

第二十章 商标权的内容与限制

要点提示

本章讨论了商标权的内容，如专有使用权和禁止权，以及禁止权的范围为什么大于使用权的范围。

本章着重讨论了注册商标权的续展，以及续展的理论依据。

本章还讨论了商标权的限制，如商标权用尽、他人对于商标的合理使用等等。

商标权是市场主体就商标或商业标志所享有的权利。具体到注册商标权，则是就注册商标所享有的权利。商标权包括专用权和禁止权，即注册商标所有人有权在相关的商品或服务上使用注册商标，并有权阻止他人未经许可而使用自己的注册商标。同时，商标权也不是一项绝对的权利，在某些情况下会受到法律的限制，例如商标权的用尽，以及他人可以在某些情况下合理使用注册商标，等等。此外，由于使用不当、连续三年不使用，以及没有及时续展，注册商标还可能被撤销，相关的商标权也因此而终止。

本章讨论商标权的内容和限制，包括商标权的内容、商标权的续展和终止、商标权的限制。

第一节 商标权的内容

一 商标权的含义

商标权是市场主体就商标所享有的权利，包括商标权人自己使用商标和禁止他人未经许可而使用商标。由此可见，商标权所涉及的是商标，是就商业标志所享有的权利。至于商标权的转让或者许可，所涉及的则是权利而非标志。或者说，商标权的转让或者许可，其标的是权利而非标志。因为，他人即使没有获得商标权人的许可，也可以将已经出现在市场上的商标"拿来"使用。当然，这种未经许可的使用在很大的程度上可能构成侵权。

我们说商标权是就商标所享有的权利，与著作权是作者就作品享有的权利，专利权是发明人就发明享有的权利是一样的。因为，无论是作品、发明还是商标，都体现为某种信息，都是某种无形财产。与此相应，著作权、专利权、商标权，也都是就无形财产而享有的权利。我们说商标权人可以转让和许可商标权，与著作权人可以转让和许可自己的著作权，或者专利权人可以转让和许可自己的专利权，也是一样的。就知识产权的转让或者许可来说，其标的都是权利本身，而非权利所覆盖的作品、发明和商标。即使他人没有获得权利人的许可，也可以从市场上获得相关的作品、发明或者商标。事实上，这与知识产权是无形财产权的命题是一致的。

目前，有很多论著将商标权人享有的转让权和许可权，也作为商标权的内容，与专用权和禁止权并列。有些论著甚至还将"质押权"也纳入了商标权的范围。显然，这是混淆了商标权与商标权人可以享有的权利。商标权是就商标所产生的权利，不同于商标权人所享有的权利。商标权人除了享有商标权，还享有处分商标权的权利，如转让、许可、质押自己的商标权。商标权人所享有的权利，要大于商标权的范围。

正是从商标权不同于商标权人所享有的权利的角度出发，本章仅讨论商标权的内容，如专用权和禁止权。至于商标权的转让和许可，则留待下一章讨论。

二　专用权与禁止权

专用权是指，商标权人对自己的注册商标享有专有使用的权利。他人未经许可，不得使用相关的注册商标。应该说，专用权是商标权的核心，也是商标权保护的核心。

当然，商标权专用权也有其特定的范围。这个范围，是由核准注册的商标和核定使用的商品或服务所决定的。例如，商标法第51条规定："注册商标的专用权，以核准注册的商标和核定使用的商品为限。"这个规定也适用于服务商标。由此可见，商标权人不得随意改变已经核准注册的商标，也不得超出核定使用的商品或服务而使用注册商标。这是因为，商标保护的目的是防止商品或服务来源上的混淆。商标权人随意改变注册商标，或者超出商品或服务的范围而使用注册商标，同样会造成消费者在商品或服务来源上的混淆。

与专用权相对应的则是禁止权，即商标权人可以禁止他人在同类或者类似的商品上使用与自己的注册商标相同或者近似的商标。例如，根据商标法第52条："未经商标注册人的许可，在同一种商品或者类似商品上使用与注册商标相同或者近似的商标，"属于侵权行为，商标权人可以加以禁止。

尽管禁止权与专用权是相对应的，但是禁止权的范围却大大超出了专用权的范围。这是商标权保护中的一个突出特点。例如，就专用权来说，商标权人只能将核准注册的商标，使用于核定使用的商品或服务之上。而就禁止权来说，商标权人不但可以禁止他人在同类商品或服务上使用相同的商标，还可以禁止他人在类似商品或服务上，使用相同或者近似的商标。或者说，专用权的范围是同类商品或服务，与相同的商标。而禁止权的范围，则还包括了：同类商品或服务，近似商标；类似商品或服务，相同商标；类似商品或服务，近似商标。

禁止权的范围大于专用权的范围，也是由商标法的宗旨，防止消费者在商品或服务来源上发生混淆而决定的。因为，他人未经许可而将注册商标使用在同类商品或服务上，固然会造成商品或服务来源上的混淆；他人未经许可而将相同的商标使用在类似的商品或服务上，或者将近似的商标使用在同类或者类似的商品或服务上，也会造成商品或服务来源上的混淆。事实上，市场上的许多不正当竞争者，总是将近似的商标使用在同类或者类似的商品或服务上，既想利用他人商标所代表的商誉，又想逃避侵权的指控。所以从维护正常的竞争秩序来说，对于这类的"搭车"行为，应当坚决制止。

第二节　商标权的续展和终止

一　商标权的续展

商标权的续展，实际上是指注册商标的续展。由于商标权是就注册商标所享有的权利，所以商标注册申请获得核准之日，就是注册商标权获得之时。与此相应，注册商标的续展，也就意味着商标权的续展。

与所有的知识产权一样，商标权的保护也是有期限的。在有的国家，注册商标的保护期限是7年，有的是10年，还有的则是14年甚至

20 年。尽管世界各国所规定的注册商标的保护期限不尽一致，但是又都规定，只要注册商标一直在使用，就可以在期限届满之时进行续展。而且，续展的次数不限。对于这一点，"知识产权协议"也作了肯定。其第 18 条规定："商标的首次注册和每一次续展，其保护期不得少于 7 年。商标注册可以无限制地续展。"这样，只要商标权人一直在相关的商品或服务上使用自己的注册商标，并且不断地加以续展，商标权就有可能永远存在下去。

在权利的保护期限上，商标权的保护期限不同于著作权和专利权，是由权利所涉及的客体所决定的。著作权的客体是作品，专利权的客体是技术发明，都是一次性创作或者发明的。所以在保护期限届满以后，人们利用有关的作品和技术发明，不会产生什么问题。而商标权的客体则不同。虽然对于某一个商标的选择是一次性的创造性劳动，但是对于商标的投入，尤其是对于商标所体现的商誉的投入，则是持续性的。正是由于这种持续性的投入，商标具有以下两个显著的特征。

第一，商标具有指示商品或服务来源的作用。如果在商标所有人持续使用注册商标，而且该商标也持续具有指示功能的情况下，因为注册商标的保护期限届满而不能续展，使之进入公有领域，成为人人可以利用的资源，必然会造成消费者在商品或服务来源上的混淆，造成市场上的混乱。这样就会有悖于商标法的立法宗旨。

第二，注册商标虽然是一种商业标志，但是商标所体现的却是一种商誉，如消费者对有关商品或服务的积极评价和认可等等。而且，商标所体现的商誉，是通过改进商品或服务的质量，通过大量的专利技术和非专利技术的使用，通过良好的营销策略和售后服务，通过大量的广告宣传而营造出来的。良好的商誉，不能因为注册商标的期限届满而不能继续拥有。否则，商标所有人就会丧失投资商标、投资商誉的积极性。所以从这个意义上说，商标权不仅是对注册商标所享有的权利，而且是对该商标所体现的商誉所享有的权利。注册商标的续展，不仅意味着商标权的续展，也意味着商标所体现的商誉的续展。

在中国，注册商标的保护期限是 10 年，自核准注册之日起算。期限届满可以续展，每次续展的保护期限也是 10 年，并且可以无限制地续展。根据商标法的规定，注册商标期限届满需要继续使用的，应当在期满 6 个月以前申请续展注册。在此期间未能提出申请的，可以给予 6 个月的宽限期。如果宽限期满仍然没有提出申请的，注销其注册商标。根据规定，商标局在收到注册商标的续展申请后，只进行必要的形式审

按照这样的标准，对于商标权的限制主要有权利用尽、合理使用和为了新闻报道的使用等三类情形。

一　商标权用尽

商标权用尽是指，带有某一商标的商品经过商标权人的同意投入市场后，购买者可以使用或者进一步销售该商品，商标权人不得干预。商标权用尽，又称为"第一次销售理论"。这是因为，商标权人通过自己的第一次销售，已经行使了自己的权利，获得了必要的商业性回报，从而穷尽了自己的商标权。如果允许商标权人在第一次销售以后，仍然可以干预购买者对于商品的使用或者进一步销售，必然会阻碍商品的流通，阻碍商品功能的正常发挥。

另外，按照商标指示商品来源、商标法防止消费者混淆的标准来看，带有某一商标的商品合法售出后，他人使用该商品，或者进一步销售该商品，有关的商标都在继续发挥着指示商品来源的作用，都不会造成消费者在商品来源上的混淆。因为，无论购买者如何使用，也无论购买者如何进一步销售，该商品仍然是来源于商标权人。或者说，有关商品来源于商标权人的事实，不会因为他人的使用或者进一步销售而改变。

当然，商标权用尽也不是一项绝对的理论。大体说来，在进一步销售带有某一商标的商品的时候，不得改变商品的基本成分、部件或者形态。例如，有人收购某一品牌的旧电池，加以翻新后再出售，商标权人可以加以禁止。又如，有人收购使用过的打印机滚筒，灌装上自己的铅粉以后，以原有的商标再出售，商标权人也可以加以禁止。再如，美国有一个判例，被告在市场上购买了大量原告生产的手表，取出表芯后放在自己生产的表壳中，但是又使用了原告的商标进一步销售，法院判定侵权。因为，被告的手表中虽然使用了原标的表芯，但由于是与被告的表壳一起使用，已经构成了一项新的产品。[①] 显然，在上述几种情况下，有关商品的成分、部件或者形态已经改变，不再是来源于商标权人，或者不完全是来源于商标权人。他人继续使用原有的商标销售有关的产品，不仅会造成商品来源上的混淆，而且还会严重损害商标权人的声誉。

与商标权用尽相关的还有一个"平行进口"的问题。平行进口，又称"灰色市场"或"灰色市场商品"（gray-market goods），是指在国外生产的带有本国商标的商品，未经商标所有人的许可而输入了本国。

---

①   Bulova Watch Co. v. Allerton Co., Inc., 140 USPQ 440 (7th Cir. 1964).

所谓灰色市场商品，是指上述的商品；所谓平行进口，是指将上述商品输入本国的行为。

本来，商标权是一种地域性的权利，商标权在一国之内的用尽不会存在什么问题。但是商标权是否可以在国际贸易中用尽，或者说是否可以采纳商标权"国际用尽"的原则，却是一个非常复杂的问题。一方面，绝大多数跨国公司，尤其是出口型的跨国公司，都在世界很多国家注册了自己的商标，获得了地域性的保护。从这个意义上说，他们希望按照商标保护的地域性原则，防止平行进口或不同区域之间的相同商品的竞争，从而达到分割市场，获取最大利益的目的。但是在另一方面，不同国家市场上出现的相同商品，又是商标权人自己制造或者许可他人制造的商品，不存在假冒或者来源上混淆的问题。这样，即使将甲国生产的产品进口到乙国，也不会生消费者混淆的问题。从这个意义上说，似乎又不应该限制商品的平行进口。

对于平行进口，历来存在着赞同和反对的理论。与此相应，世界各国在此问题上的规定也不尽一致。例如，美国通过判例确定了在某些情况下，带有某一商标的"灰色商品"可以输入美国。又如，欧盟从欧洲共同体市场的角度出发，规定了欧盟内部的"商标权用尽"，但同时又对来自欧盟以外的"灰色商品"加以限制，否定了商标权的国际用尽理论。正是基于此种情况，世界贸易组织的"知识产权协议"没有对商标权的用尽做出具体规定，而是由各个成员通过国内法解决相关的问题。

事实上，平行进口涉及的是商业利益的问题。例如，一些生产于发展中国家的商品，价格相对低廉。这类商品一旦大量涌入发达国家，就会冲击该国的市场，使商标所有人蒙受重大损失。所以商标所有人一般反对商标的"国际用尽"。但是就某些出口商来说，他们一旦发现带有同一商标的商品，在不同国家有不同的差价，又总是希望将价格低的合法产品输入到价格高的国家，从商品差价中获得利益。甚至是很多发展中国家，也希望采纳商标权的"国际用尽"，获得更多的外汇。

目前，中国还属于劳动力成本较低，相关产品价格较低的国家。所以，商标法和相关的法律并未涉及"平行进口"的问题。但是，随着中国市场经济的发展，尤其是劳动力成本和商品价格的提高，也会面临平行进口的问题。

二 合理使用

合理使用是指，对于商标或者构成商标的文字、字母、数字、色彩、图形等要素，他人可以在不造成商品或服务来源混淆的前提下，在商业活动中加以使用。事实上，对商标或者构成商标之要素的合理使用，与商标的基本功能和商标法的宗旨是吻合的。因为，商标的功能是指示商品或服务的来源，商标法的宗旨是防止消费者在商品或服务来源上的混淆。所以，只要他人对于商标或者其构成要素的使用，没有侵犯商标权人的权利，没有造成消费者在商品或服务来源上的混淆，就是合理的。而且，即使他人的使用是商业性的，也属于合理使用。

正是基于以上的原因，世界各国的商标法，包括有关的国际公约，都规定了对于商标及其构成要素的合理使用。例如，世界贸易组织的"知识产权协议"第17条规定："成员可以规定商标权的有限例外，诸如合理使用描述性的术语，但其前提是，此类例外考虑了商标所有人和第三人的合法利益。"又如，1992年《欧共体协调成员国商标立法一号指令》第6条也规定，商标权人不得以自己的商标禁止他人在商业中使用自己的姓名和地址，不得禁止他人描述商品或服务的种类、质量、数量、用途、价值、地理来源，或者商品的生产年代或服务的提供年代，以及不得禁止他人使用指示商品或服务的其他特征。

中国商标法原来没有规定商标及其构成要素的合理使用。但是到了2002年8月颁布的商标法实施条例，则依据"知识产权协议"和相关的国际惯例，规定了对于注册商标的合理使用。商标法实施条例第49条规定："注册商标中含有的本商品的通用名称、图形、型号，或者直接表示商品的质量、主要原料、功能、用途、重量、数量及其他特点，或者含有地名，注册商标专用权人无权禁止他人正当使用。"

除此之外，尽管是相同或者近似的商标，只要他人没有使用在同类或者类似的商品或服务上，而且不会造成消费者的混淆，商标权人也不得加以禁止。因为，这种对于相同或者近似商标的使用，既没有侵犯商标权人的权利，也没有造成消费者在商品或者服务来源上的混淆。事实上，这也是国际社会签订《尼斯协定》，各国商标机构使用《商标注册用商品和服务分类表》的目的。

应该说，合理使用基于这样一个简单的事实：构成商标的各种要素，如文字、字母、数字、颜色、图形和三维标志，从一开始就处于公有领域之中，是人人可得以利用的公共资源。某一商标所有人可以利用其中的一个或一些要素形成商标，指示商品或服务的来源，并且获得商标法的保护。同样，他人也可以利用其中的一个或者一些要素，或者形成自己的商标，或者描述自己的商品或服务。构成商标的各种要素，不会因为包含在了某人的商标之中，就神奇地从公有领域中进入了专有领域之中，就神奇地成了社会公众不能再加以使用的东西。应该说，知识产权法的一个基本原则是，任何人不得将公有领域中的东西纳入专有领域之中。

就任意性商标、暗示性商标、描述性商标来说，包括各种获得了显著性或者具有第二含义的商标，可以说这些商标的构成要素，从一开始就处于公有领域之中。① 通过任意的使用、暗示性的使用，或者通过获得显著性，有关的要素或其组合构成了商标。那么就臆造性商标来说，如"海尔"、"EXXON"，是否一开始就处于公有领域中呢？事实上，如果我们把这类臆造性商标当作一个名词、概念、术语来看的话，那么结论就是显而易见的，即它们从一开始就处于公有领域之中。具体说来，著作权法不保护思想观念，包括名词、概念、术语等等；专利法保护技术方案，也不可能保护单纯的名词、概念、术语。至于商标法，仅仅在这类臆造性标志作为商标使用时，才给予商标权的保护。而作为商标使用的保护，又不仅包括臆造性商标，也包括了任意性、暗示性和描述性商标。事实上，臆造性商标仅仅具有商标法所要求的显著性意义，与有关的字词是否出于公有领域无关。即使是具有很强显著性的字词，从一开始也处于公有领域之中。否则，我们就很难以理解为什么可以在新闻报道中使用臆造性商标，为什么可以在比较广告中使用臆造性商标了。

根据以上的论述，构成商标的各种要素，如文字、字母、数字、图形、颜色等等，从一开始就处于公有领域之中。从这个意义上说，如果有人使用了自己的姓名作为商标，同名同姓的人也有权利使用自己的姓名进行商业活动。如果有人使用了某一文字、字母、数字、颜色、图形等等作为商标，他人也可以使用同样的文字、字母、数字、颜色、图形等等，构造自己的商标。尤其是在某些商标含有描述商品或服务的要素，如商品或服务的种类、质量、数量、用途、功能、地理来源的要素，他人仍然可以使用相关的要素来描述自己的商品或服务。如果某些标志是因为获得了"第二含义"或显著性而成为商标，他人仍然可以在"第一含义"的意义上使用相关的标志。商标权人不得阻止他人在原有含义上的使用。

在中国近年的商标实践中，有些人由于不懂合理使用的基本原理，

---

① 由各种要素组合而成的商标标识，在符合原创性的条件下，首先构成作品并获得著作权的保护。即使如此，他人仍然可以使用有关的要素创作自己的作品，或者商业标识。

曾经提出过一些荒谬的要求。例如，雪花粉是对于某种面粉的描述。有人注册了图形加文字和颜色的"雪花"商标后，竟然想禁止他人使用"雪花粉"描述自己的产品。又如，灯影牛肉是对某种牛肉干的描述。有人就牛肉罐头等商品注册了"灯影"商标后，竟然想阻止他人使用"灯影牛肉"来描述自己的产品。再如，珠穆朗玛峰的高度曾经测定为海拔8848米高。在中国也有一个很有名气的商业性网站"8848"。到了2005年，珠峰经过重新测定，高度为海拔8844米。如果在这种情况下，有人将"8844"注册为域名，则"8848"网站无权阻止。如果"8848网站"真的去阻止他人注册8844的域名或者商标，那就不仅想将"8848"的高度据为己有，而且还想将新的科学事实"8844"也据为己有，应该说是荒谬之极了。

当然，我们如此论证商标及其构成要素的合理使用，并不是要否定商标权是一项专有权利。事实上，正是通过对于上述要素的选择、组合，以及相应的使用或者注册，形成了具有显著性、可以指示商品或服务来源的商标时，该商标也就处在了专有领域之中。在这种情况下，对于相关的商标或者构成要素，他人尽管可以合理使用，但是不得侵犯商标所有人就其商标所享有的权利，不得造成商品或服务来源上的混淆。或者说，合理使用，尤其是商业性的合理用，其前提条件是不存在商品或服务来源上的混淆。

这样，在合理使用问题上的完整说法就应当是：商标法对于商标权的保护，仅仅是在指示商品或服务来源的层面上，仅仅是在防止混淆的层面上。商标法过去没有允许过，而且也不会在将来允许商标权人在这个意义之外，将商标或者构成商标的要素垄断起来。同时，他人可以对商标或者构成要素加以合理使用，但是也不得侵犯他人的商标权，不得造成消费者在商品或服务来源上的混淆。

三　新闻报道和比较广告

在新闻报道和相关的评论中，人们不可避免地会提及或者使用有关的注册商标或者其构成要素。例如，为了报道有关的商品或服务，或者评论某一商品或服务等等。按照世界各国的商标法惯例，为了新闻报道和评论的目的而使用相关的商标或者构成商标的要素，商标权人不得加以禁止。在很多国家里，例如在美国，甚至将这类使用与言论自由联系了起来。具体说来，为了新闻报道和评论的目的而使用商标或者商标的构成要素，属于言论自由的范围，不仅商标权人不得干预，而且其他人也不得干预。

为了新闻报道和评论的目的而使用商标，与商标的作用和商标法的宗旨是一致的。商标的作用是指使商品或服务的来源，而为了新闻报道和评论的使用，则不是从这个意义上来使用的。商标法的宗旨是防止消费者在商品或服务来源上的混淆，而为了新闻报道和评论的使用，也不可能造成消费者的混淆。事实上，在新闻报道和评论中使用商标或者其构成要素，与在商品或服务上使用商标或者其构成要素，有着根本性的区别。

在新闻报道和评论中使用他人的商标，唯一可能出现的问题是贬损或者诋毁他人的商标，以及与之相关联的商品或服务。一般说来，只要有关的新闻报道和评论是实事求是的，即使对有关的商标、商品或服务做出了负面的报道和评论，也不会产生贬损或者诋毁的问题。而且，即使有关的新闻报道或者评论脱离事实，作了贬损或者诋毁他人商标的报道，也不属于商标法解决的问题。

与新闻报道和评论相联系，还有一个比较性广告的问题，即为了说明自己的商品或者服务，在广告中以对比的方式使用他人的商标。按照美国等西方国家的观点，广告也属于言论自由的范围。所以，市场上的经营者可以发布比较性广告，可以为了说明自己的商品或服务而使用他人的商标。应该说，这种比较性广告与前面所述的新闻报道和评论一样，不是在指示商品或服务来源的意义上使用相关的商标，也不会造成商品或服务来源上的混淆。所以，唯一注意的问题是进行实事求是的比对，不得贬损或者诋毁他人的商标。

例如，在美国 1968 年的"史密斯"一案中，[①] 原告拥有一种"夏奈尔 5 号"牌香水，但并未申请专利。被告仿造了原告的产品，以"第二机会"的商标在市场上低价销售。被告在广告中宣称自己的香水是世界上最精美和最昂贵香水的仿制品，并且邀请顾客尝试找出"夏奈尔 5 号"（25 美元）与"第二机会"（7 美元）之间的不同。由于被告在广告中提及"夏奈尔 5 号"，原告诉被告侵犯了自己的商标权。法院则裁定，在比较性广告中使用他人的商标不构成商标侵权。法院认为，商标权的保护范围仅限于商标指示商品或服务来源的作用，超出这种范围的保护将会造成妨碍自由竞争的严重后果。法院还指出，在很多情况下，比较性广告是向消费者说明产品的真实情况的重要途径。如果禁止比较性广告，就会剥夺消费者的知情权。

---

① 　Smith v. Chanel, Inc., 159 USPQ 388 (9th Cir. 1968).

当然，就"史密斯"一案来说，最后的结果则多少带有一些戏剧性。因为地方法院在重新审理中发现，被告的产品并非等同于原告的产品，而被告在广告中说自己的产品在质量上等同于原告的产品，属于虚假宣传，应当予以禁止。

问题与思考

商标权与专利权和著作权一样，都是专有权利。然而，商标权的专有性，仅仅存在于指示商品来源的意义上。如果他人不是在指示商品来源的意义上使用商标，商标权人就无权禁止。而且，即使他人是作为商标来使用，只要没有造成消费者混淆的可能性，商标权人也无权禁止。例如，相同的商标在不同种类的商品或服务上的使用，就属于这样的使用。

商标权的这种狭义的专有性，与商标所代表的商誉密切相关。按照商标与商誉的关系，只有当某一特定的商标与特定的商品或服务相结合，并且在商业活动中加以使用，才会产生该商标所代表的商誉。与此相应，当某一商标是在其他的意义上使用的时候，就不会产生利用相关商誉的问题。例如，在新闻报道和比较广告中的使用，就不存在利用商标所代表的商誉的问题。

商标，尤其是那些驰名度较高的商标，虽然具有一定的商业价值，但是商标所有人享有的权利范围，仍然是在商誉所及的范围之内。

复习题

1. 什么是商标权？为什么禁止权的范围远远大于使用权的范围？
2. 什么是注册商标权的续展？续展的理论依据是什么？
3. 什么是商标权的限制？商标权的限制有哪些？

阅读书目

郑成思：《知识产权法》（第二版），法律出版社，2002。
吴汉东主编《知识产权法》，法律出版社，2004。
黄晖：《商标法》，法律出版社，2004。
李明德：《美国知识产权法》，法律出版社，2003。

第二十一章 商标权的转让与许可

要点提示

本章主要讨论商标权的转让与许可，认为商标权转让或者许可的标的是权利本身，而非商标或者商标标识。

本章还讨论了商标权许可合同的种类，如独占使用许可、独家使用许可和普通使用许可，以及被许可人在诉讼中的地位。

商标权是商标所有人就商标所享有的权利。商标权的客体是商标。而商标权的转让和许可，则是商标所有人对于自己的商标权的处分。转让或许可合同的标的，既不是商标，也不是具体的商标标识，而是商标权本身。从这个意义上说，将商标所有人享有的转让权和许可权也看作是商标权的内容，就是不准确的。

商标权是一项财产权。商标所有人转让或许可自己的商标权，是对于自己财产的处分，其目的是获得一定的经济利益。而受让人通过转让合同获得相关的商标权，被许可人通过许可合同获得使用相关商标的权利，也是为了获得一定的经济利益。下面分别叙述商标权的转让与许可。

第一节 商标权的转让

一 商标权转让的概念

商标权的转让，是指商标所有人将自己的商标转让给他人所有，也是将自己所享有的权利转让给他人所有。商标权的转让是所有权的转让。通过转让，原来的商标所有人出让了自己的商标权，而受让人则通过转让获得了商标权，成为相关商标的新的所有人。

商标权的转让，主要有两种方式。一种是与商标所有人的企业或相关商品的信誉一起转让。这种转让，一般不会出现商品来源上的混淆和商品质量下降的问题。所以，世界各国的商标法从来不禁止这样的转让。直到今天，这种转让方式仍然比较盛行。

另一种方式是商标权的单独转让。按照这种方式，商标权不是与原有企业或者商品的信誉一起转让，而是有关的商标从一个人的手中转移到了另一个人的手中。美国曾经将这种转让称之为"裸转让"，即只有商标权或者注册商标的转让，而没有企业经营的转让。由于这种转让方式容易造成消费者在商品来源上的混淆，或者商品质量的下降，所以争议较大。大体说来，英美法系强调"使用"获得商标权，强调商标与商誉或者企业经营的密切关系，一般不允许商标权的单独转让。因为商标权的单独转让，会割断商标与商誉或者企业经营的关系。而在大陆法系国家，强调商标权通过"注册"而获得，注册商标不必已经使用于具体的商品之上。这样，当某个商标尚未使用之时，商标权的单独转让就不会发生什么问题。即使是在商标所有人已经使用的情形下，如果其他的经营者喜欢这个注册商标，也可以通过转让的方式获得相关的商标。

近年来，随着商标法理论的发展，人们对于商标权的单独转让又有了新的认识。大体说来，人们越来越把商标当作独立的财产，甚至当作可以独立于具体企业的财产。与此相应，商标权或者商标的单独转让，只要不造成商品质量的下降，只要消费者认为有关的商品是来源于特定的提供者，就是可以接受的。① 正是基于这样的认识，世界贸易组织的"知识产权协议"第21条规定，成员可以确定商标权转让的条件，同时注册商标可以连同企业的经营一起转让，也可以单独转让。其中的转让的条件，应当包括不造成消费者在商品来源上的混淆。这样，"知识产权协议"就从国际公约的层面上肯定了商标权的单独转让。

我国商标法从一开始就没有禁止商标权的单独转让，这就意味着商标权或者注册商标，既可以连同企业的经营一起转让，也可以单独转让。但是，商标权的转让应当注意以下几个问题。

第一，商标权的转让，不得造成消费者在商品或服务来源上的混淆。具体说来，转让注册商标的，如果注册商标的所有人还在同一类或

---

① 商标法所说的商品或服务的提供者，不是具体准确的、消费者可以说出其名称的提供者，而是一个相对比较模糊的概念。

者类似商品上注册了其他相同或者近似的商标，应当一并转让。如果没有一并转让的，由商标局通知其限期改正；期满不改正的，视为放弃转让该注册商标的申请，商标局应当书面通知申请人。显然，由同一个生产经营者在同类或者类似商品上，使用相同或者近似的商标，不会造成消费者的混淆。但是由不同的生产经营者使用，则有可能造成商品或服务来源上的混淆。

当然，转让商标权，不得造成消费者的混淆，并不局限于上述情况。所以商标法实施细则第25条除了规定同类或者类似商品上的相同或者近似商标应当一并转让外，还从总体上对商标权的转让作了规定："对可能产生误认、混淆或者其他不良影响的转让注册商标申请，商标局不予核准，书面通知申请人。"

第二，商标权的转让，不得损害被许可人的利益。如果注册商标的所有人已经许可他人使用自己的商标，并且想在许可期限内将自己的商标权转让给他人，应当征得被许可人的同意。因为，商标权的转让，仅仅是注册商标的易手，与商标的使用许可无关。在这种情况下，被许可人可以与商标所有人解除许可合同，并要求一定的补偿。被许可人也可以要求商标所有人与受让人达成附加协议，或者自己与受让人达成协议，在转让完成后继续使用相关的注册商标。当然，这类协议已经属于商标权转让合同之外的协议，与商标权的转让无关。

第三，受让人应当保证相关商品的质量。商标所代表的商誉，是以商品的质量为基础的。注册商标的转让，尤其是注册商标的单独转让，有可能发生影响商品质量的问题。在这种情况下，为了维护消费者的利益，注册商标的受让人应当采取相应的措施，保障商品的质量不因为注册商标的易手而受到影响。对于这一点，中国商标法第39条规定："受让人应当保证使用该注册商标的商品的质量。"当然，在单独转让商标权的情况下，如果受让人没有积极保障商品的质量，消费者就会背弃该商标及其所标示的产品，最终导致有关的商品无人问津。从这个意义上说，即使是单独转让的商标，仍然与商誉密切相关，受让人仍然应当注意商誉的维持和提升。

二　商标权转让合同的核准

转让商标权，应当由转让人与受让人签订书面合同。这是因为，商标权是一项无形财产权利，商标权的转让是无形财产的转让，而非有形物的转移。所以，双方当事人签订书面合同，一方面表示对于商标权转让的慎重，另一方面也可以在书面合同中载明转让的事项和内容，作为日后查验的依据。一般说来，商标权转让合同应当包括以下内容：注册商标所有人的名称、地址；受让人的名称、地址；注册商标的号码，以及核定使用的商品或服务的类别；商标权转让的价金和支付方式；违约责任；争议解决方法；以及双方认为应当约定的其他内容，等等。

按照大多数国家的商标法，商标权是私权，只要双方当事人同意，商标权就可以转让。当然，为了对抗善意第三人，受让人通常要到商标主管机关备案。这是因为，商标权是一项无形财产权利，不排除原来的商标权人再次转让"商标权"。与此相应，受让人在签订合同之前，也应当到商标主管部门查询相关商标权的归属状态，以免受骗。

中国虽然也承认商标权是私权，承认注册商标所有人可以自由转让自己的权利，但是又规定商标局应当对转让合同进行核准。而且，有关的商标权或注册商标的转让，只有经过核准和公告后才能生效。注册商标转让的公告日为转让的生效日。

根据规定，转让注册商标的，转让人和受让人应当签订合同，并共同向商标局提出申请。转让注册商标的手续，由受让人前往商标局办理。商标局在受理之后，通常要审查有关的转让是否会造成消费者在商品来源上的混淆，注册商标所有人是否将其在同类或者类似商品上注册的相同或者近似的商标，进行了一并转让。如果商标局经过审查，认为有关的转让不符合法律要求，则不予核准，并书面通知申请人。如果审查符合法律要求，则予以核准，发给受让人相应的证明，并予以公告。商标权的转让，自公告之日起生效。

在中国，商标局对转让合同进行审查和核准，反映了行政机关管理私权的传统。由于商标权转让的效力，发生于商标局的审查与核准之后，这就引发了一个问题，一旦商标权转让发生了瑕疵，是应该由当事人自己来承担责任，还是由商标局承担责任。至少在目前情况下，有关的当事人认为应当由商标局承担责任，并在必要情况下将商标局告上了行政法庭。而行政法庭也在相关的诉讼中审查商标局的决定是否符合法律的规定，进而做出维持或者撤销行政决定的裁定。显然，这与大多数国家的做法大相径庭。因为在大多数国家里，商标权转让自转让人和受让人签订合同之时生效，商标局所做的不过是将有关的合同备案和公告而已。

三　商标权的继承和继受

与商标权的转让有关的，还有一个继承和继受的问题，也在这里略作说明。

商标权的继承是指，在注册商标的所有人为自然人的情况下，如果该自然人死亡，商标权依照继承法的有关规定，由继承人继承。在传统的计划经济之下，只有企业、事业单位和合伙才可以成为注册商标所有人，所以也不存在商标权的继承问题。自 2001 年修订商标法以后，自然人也可以申请和注册商标，并且获得商标权。与此相应，就会发生自然人死亡后，由继承人继承商标权的问题。但是遗憾的是，我国继承法第 3 条，仅仅提到了著作权和专利权的继承，却没有提到商标权的继承。这在继承法进一步修改时，应当加以规定。

商标权的继受是指，当企业因为分离、合并或者兼并的时候，其商标权由分离、合并或者兼并后的新企业继受。在中国商标法中，商标权的继受被称为"商标权的移转"。大体说来，商标权的转让是基于当事人之间的合意，而商标权的"移转"则是指因为其他事由的转移，例如企业的兼并、合并、分离等等。根据商标法实施条例第 26 条，注册商标专用权因转让以外的其他事由发生移转的，接受注册商标专用权移转的当事人，应当凭有关证明文件或者法律文书，到商标局办理注册商标专用权的移转手续。

注册商标专用权移转的，注册商标专用权人在同一种或者类似商品上注册的相同或者近似的商标，应当一并移转；未一并移转的，由商标局通知其限期改正；期满不改正的，视为放弃该移转注册商标的申请，商标局应当书面通知申请人。

第二节　商标权的许可

一　商标权许可的含义

商标权的许可，是指商标所有人将自己的注册商标，按照合同约定的条件，许可给他人使用。在商标权许可关系中，商标所有人为许可人，使用商标的人为被许可人。商标权的许可，仅仅是商标所有人许可他人使用自己的商标，不发生所有权的转移。被许可人只是在合同约定的范围内，获得了使用他人商标的权利。

商标权的许可，无论是对于许可人来说，还是对于被许可人来说，甚至是对于消费者来说，都有很大的好处。

就商标所有人来说，许可他人使用自己的注册商标，可以进一步发挥商标的作用，获得一定的报酬。同时，通过商标许可，还可以扩大自己的无形资产的影响，使得更为广泛的消费者知道和认可自己的商标。当然，商标权的许可基于自由自愿，商标权人也可以不去许可他人使用自己的商标。关于这一点，世界贸易组织的"知识产权协议"第21条规定，商标所有人可以转让和许可自己的商标，但是成员不得采用强制许可的制度。事实上，这也是世界各国商标法的惯例。

就被许可人来说，使用他人已经享有一定声誉的商标，可以借助他人的商标扩大生产，拓展市场，在短期内获得可观的经济效益。同时，使用他人的商标，还可以减少创业的成本和风险，比自己从头创立商标的信誉省时省钱。事实上，商标的许可使用，往往会伴随着技术的投入和管理方式的改革。因为，商标权人虽然愿意许可他人使用自己的商标，获取一定的经济利益，但是又不想因为他人的使用而损害自己商标的声誉。所以在通常情况下，商标所有人总是要向被许可人提供必要的技术和管理经验，使得被许可人的产品达到与自己产品相当的质量水平。至于在外国商标所有人许可的情况下，通常还会伴随着相应的技术输入和资本输入。这不仅对于被许可人有好处，而且对于被许可人所在的国家也有好处。在这方面，最典型的例子应当是中国的汽车行业，如大众、通用、宝马等。

就消费者来说，通过商标许可人和被许可人的合作，他们也可以在市场上买到自己想要的名牌产品，而且产品的质量也与许可人的产品不相上下。显然，这对于国内市场乃至全球市场的培育都是非常重要的。

按照传统的商标法理论，商标权的许可是难以接受的。因为，商标的作用是指示商品的来源，而允许商标所有人以外的人使用商标，似乎与商标的功能有所背离。然而，随着市场和商标法理论的发展，逐渐出现了这样一个现象，即只要商标所有人在确定许可关系时，愿意加强产品或服务的质量监管，并且向社会公众明示许可的关系，就可以许可他人使用自己的商标。商标权的许可，已经是各国商标法的通行做法。"知识产权协议"第21条也做出了肯定。

在商标许可关系下，基于许可而出现在市场上的产品，消费者不仅关注相关的品牌（商标），而且更关注商品的质量。只要相关的商品与许可人的商品在质量上相当，消费者通常都会欣然接受。但如果消费者发现被许可人的商品有问题，其后果也是非常严重的，他们不仅会背弃被许可人的商品，还有可能背弃许可人的商品。由此出发也就引出了商标许可关系中的一个核心问题，即如何保障被许可人提供的商品质量合格，与许可人商品的质量相当。应该说，被许可人的产品质量是否合格，许可人与被许可人之间是否存在有效的质量监控机制，决定着许可关系的成败与否。

先来看许可人。商标及其所代表的商誉，是商标所有人的重要资产。所以，为了维护自己的无形资产，商标所有人应当慎重选择许可对象，多方考察其生产能力、产品质量和商业信誉，以求获得一个可靠的合作伙伴。为了保障被许可人提供质量合格的产品，许可人还有必要对被许可人进行资本、技术和管理的投入。除此之外，在合同的有效期限内，许可人还应当时时检查和监控被许可人的生产和销售情况，以防有损自己商誉和商标的事情发生。一旦发现问题，应当及时纠正，或者断然中断许可关系，以免损害自己的商标及其所体现的商誉。

再来看被许可人。被许可人既然可以使用他人的商标，就应当本着对自己负责也对商标所有人负责的态度，从事相关的生产经营活动。例如，被许可人应当严格遵守许可合同，在生产和销售的各个环节上严把质量关，以免出现产品质量问题。又如，被许可人应当主动接受许可人的检查和监督，并将生产经营中出现的问题及时反映给许可人。显然，提供质量合格的产品，既有利于被许可人自己，也有利于许可人。

中国商标法自1983年实施以来，一直允许商标权的许可。与此同时，出于对消费者利益的保护，商标法也一直强调许可人应当监督被许可人的相关商品的质量，强调被许可人应当保证相关商品的质量。按照商标法第40条的规定，被许可人还应当在使用他人注册商标的商品上，表明自己的名称和商品的产地。这也是为了向消费者说明许可与被许可的关系，以示向消费者负责。

二　商标权许可合同的种类

注册商标的许可，应当由许可人和被许可人签订合同。大体说来，许可合同应当包括以下一些内容：许可人的名称、地址；被许可人的名称、地址；许可使用的商标及其注册号码；许可使用的商品范围；许可使用的期限和地域范围；许可使用的商标标识的提供方式；许可人监督商品质量的条款；被许可人保障商品质量的条款；被许可人在相关商品上标明自己名称和地址的条款；许可使用费的数额及支付方式；违约责任；争议解决方法；以及双方认为应当约定的其他内容，等等。

当商标权许可伴随着资金投入、技术投入和供应设备零部件的情况下，许可人与被许可人还应当另行签订投资协议、技术转让或者许可协议、设备零部件的供货协议，详细约定相关的事宜。在通常情况下，这类投资协议、技术转让协议或者技术许可协议、供货协议，都是作为商标权许可协议的附件，并且与商标权许可协议形成整体的许可合同。

在签订了许可使用合同以后，双方当事人都要遵守合同。除此之外，许可人还负有一些另外的义务。例如，未经被许可人的同意，许可人不得将有关的商标转让给第三人。又如，许可人不得放弃注册商标的续展，不得申请注销有关的注册商标。再如，许可人不得妨碍被许可人在合同规定的范围内使用商标，并且应当提供必要的便利。

根据最高人民法院 2002 年 10 月发布的《关于审理商标民事纠纷案件适用法律若干问题的解释》第 3 条，注册商标使用许可合同主要有以下三类：

（1）独占使用许可，是指商标注册人在约定的期间、地域和以约定的方式，将该注册商标仅许可一个被许可人使用，商标注册人依约定不得使用该注册商标。显然，按照独占使用许可合同，在某一个特定的地域和期间内，只有一个被许可人使用相关的商标。商标所有人不仅不能再许可他人在同一个地域和期间内使用自己的商标，而且自己也不得使用该注册商标。而且，这里所说的地域，可以是一个国家之内，也可以是一个省或者几个省的区域。例如，可口可乐公司和百事可乐公司在中国的商标许可，就是在特定的区域内和特定的期间里，只向一个被许可人发放许可，而在全国则可能有若干个被许可人。按照合同，这些被许可人只能在合同约定的区域内销售有关的产品，不得进入其他被许可人的地域。

（2）排他使用许可（又称独家使用许可），是指商标注册人在约定的期间、地域和以约定的方式，将该注册商标仅许可一个被许可人使用，商标注册人依约定可以使用该注册商标，但不得另行许可人他人使用该注册商标。按照这种许可合同，商标所有人在特定的地域和期间内，只向一个被许可人发放许可，不得再向他人发放商标使用许可。与此同时，商标所有人还保留了自己在同一地域和期间内使用其商标的权利。

（3）普通使用许可，是指商标注册人在约定的期间、地域和以约定的方式，许可他人使用其注册商标，并且可以自行使用该注册商标，以及再许可他人使用其注册商标。按照普通许可合同，商标所有人可以在同一个地域和期间内，向许多人发放商标使用许可，并且自己也使用该注册商标。在特殊的普通许可合同中，还会发生再许可的问题，即被许可人依据合同再许可他人使用相关的商标。当然，这应当在许可合同中明确规定。

商标使用许可合同的类别，与侵权发生时的诉权密切相关。按照商标法的相关规定，在发生商标侵权的情况下，注册商标所有人和利害关系人，可以提起侵权诉讼。其中的利害关系人就包括注册商标的被许可人。但是由于许可合同的种类不同，被许可人提起侵权诉讼的条件也不同。按照最高人民法院的上述司法解释，在发生注册商标专用权被侵害时，独占使用许可合同的被许可人可以向人民法院提起诉讼，不必经过商标所有人的同意。这是因为，在独占使用许可合同的情况下，一旦发生商标侵权，直接受到损害的是被许可人。又据该司法解释，在发生商标侵权时，排他使用许可合同的被许可人，可以和商标所有人共同提起诉讼，也可以在商标所有人不起诉的情况下，自行提起诉讼。显然，在排他许可合同的情况下，商标侵权不仅会损害商标权人的利益，也会损害被许可人的利益，他们可以共同提起诉讼。但如果商标权人不起诉，则被许可人可以单独提起诉讼，维护自己的利益。至于普通使用许可合同的被许可人，只有在商标权人授权的情况下，才可以提起侵权诉讼。这表明，在普通许可合同的情况下，一旦发生商标侵权，应当由商标权人提起诉讼。只有在注册商标所有人授权的情况下，被许可人才可以提起诉讼。

三　商标权许可合同的备案

中国商标法第 40 条规定，商标使用许可合同应当报商标局备案。又据商标法实施条例第 43 条，许可他人使用其注册商标的，许可人应当自商标使用许可合同签订之日起的 3 个月内，将合同副本报送商标局备案。值得注意的是，这里规定的到商标局备案的是许可人，而不是被许可人。这与商标权转让中，由受让人向商标局提出申请不同。

商标法及其实施条例虽然规定了商标许可合同的备案，但是都没有规定不备案的法律后果。这样，商标许可合同的成立是否以备案为条件，就不得而知。不过，根据最高人民法院 2002 年 10 月发布的《关于审理商标民事纠纷案件适用法律若干问题的解释》第 19 条，商标许可使用合同未经备案的，不影响该许可合同的效力，但当事人另有约定的除外。由此看来，商标权许可合同的效力与备案无关。同时，商标权许可合同的备案也是选择性的，许可人可以到商标局备案，也可以不备案。

当然在签订了商标权许可合同以后，商标所有人最好还是到商标局备案。因为最高人民法院的司法解释规定，商标使用许可合同未在商标局备案的，不得对抗善意第三人。由此可见，商标使用许可合同的备案，仅仅具有告知社会公众的作用。

从商标局的角度来说，商标权许可合同的备案，仍然带有行政管理的色彩。例如，商标法第 40 条规定，许可人应当在使用他人注册商标的商品上，注明自己的名称和商品产地。如果被许可人违反这一规定，工商行政管理部门可以责令限期改正。逾期不改正的，收缴其商标标识；商标标识与商品难以分离的，一并收缴、销毁。当然，我们或许可以说，在商标权意识越来越强烈的情况下，对于被许可人没有表明其名称和商品产地的行为，应当由商标所有人加以制止。因为，商标所有人应当为自己的商标及其商誉负责。而行政管理机关在这个问题上的介入，似乎是在代行商标所有人的职责。

┌─────────────┐
│ **问题与思考** │
└─────────────┘

商标权的许可，是基于商标权人意愿的许可。或者说，商标权人可以自由决定是否许可他人使用自己的商标。按照这样的原则，即使寻求许可的人花了相当长的时间，提供了非常优厚的条件，商标权人仍然可以拒绝许可。世界贸易组织的"知识产权协议"第 21 条明确规定，商标权的许可不得采取强制许可的制度。这与专利权的许可不同。因为依据专利法，如果具备实施专利技术条件的单位，以合理的条件在合理长的时间内不能获得许可，则可以寻求强制许可。

专利权的强制许可，是防止专利权人滥用权利的手段之一。既然商标权的许可不得采用强制许可的制度，那么至少是在发放许可的问题上，不存在商标权人滥用权利的问题。当然，如果商标权人同意许可，但又在许可合同中订立了不合理的条款，或者说试图通过商标许可寻求其他的商业利益，仍然有可能构成商标权的滥用。

复习题

1. 什么是商标权转让？
2. 商标权许可合同有哪几种？

阅读书目

郑成思：《知识产权法》（第二版），法律出版社，2002。

吴汉东主编《知识产权法》，法律出版社，2004。

黄晖：《商标法》，法律出版社，2004。

第二十二章 商标权的侵权与救济

要点提示

本章主要讨论了商标侵权的含义，认为商标侵权的标准是消费者在商品或服务来源上的混淆的可能性。

本章还依据中国商标法律、法规和司法解释，讨论了一些具体的商标侵权行为。

本章简要论述了商标侵权的民事侵权责任、行政查处和刑事责任。

商标权是一种无形财产权利。如果未经许可而在商业活动中使用他人的注册商标，或者使用与他人的注册商标相近似的标志，就会构成商标侵权。一旦发生商标侵权，注册商标所有人或者利害关系人可以向法院提起诉讼，也可以要求商标行政管理机关查处。如果法院认为构成侵权，侵权人应当承担相应的法律责任，如停止侵权、赔偿损失等等。如果侵犯商标权的行为构成了犯罪，还要追究侵权者的刑事责任。

本章将讨论商标权的侵权与救济，主要涉及商标侵权的含义、具体的侵权行为，以及相应的法律责任。由于商标侵权的特殊性，还将讨论商标侵权的行政查处和假冒他人注册商标的刑事责任。

第一节 商标侵权的含义

一 商标侵权的含义

商标权是商标所有人就自己的注册商标所享有的权利。按照商标法的规定，注册商标的所有人，可以将核准注册的商标使用在核定使用的商品上。这就是通常所说的商标专用权。但是商标权的侵权，又不限于侵犯了商标所有人的专用权，还包括了商标所有人的禁止权。这样，未经商标所有人的许可，在同类或类似商品上，使用与他人的注册商标相同或者近似的标志，都属于侵犯商标权的行为。

　　侵犯商标权与侵犯著作权和专利权有所不同。因为在侵犯著作权的情况下，是未经许可使用了他人享有著作权的作品；在侵犯专利权的情况下，是未经许可使用了专利权所覆盖的发明创造。权利人享有权利的范围，与他人未经许可不得行为的范围是一致的。或者说，著作权人或者专利权人可以做的事情，就是他人未经许可不得做的事情。但是在商标权的侵权中，不仅商标所有人可以做的事情，他人未经许可不得去做；而且商标所有人不得去做的某些事情，他人未经许可也不得去做。前者是指将相同的商标使用在同类商品上，后者是指将近似的商标使用在同类或者类似的商品上，以及将相同的商标使用在类似的商品上。这就是通常所说的，商标所有人可以禁止的范围，大于他可以行为的范围。

　　在商标权的保护上，商标所有人"禁止"的范围大于"行为"的范围，是由商标的基本功能所决定的。商标的作用是指示商品或服务的来源，防止消费者的混淆。就商标所有人"行为"的范围来说，将核准注册的商标使用在核定使用的商品上，是为了实现商标指示商品来源的功能。就商标所有人"禁止"的范围来说，他人未经许可不得将相同或者近似的商标，使用于同类或者类似的商品，则是为了防止消费者的混淆。由此出发，判定商标侵权与否的标准，也就是他人未经商标权人的许可，将相同或者近似的商标使用于商品或服务上，是否有可能造成消费者的混淆。如果有可能混淆就会有商标侵权的发生，否则就不存在商标侵权的问题。

　　由此可见，商标侵权是指他人未经注册商标所有人的许可，使用了与该注册商标相同或者近似的标志，并且有可能造成消费者在商品或服务来源上的混淆。正是从这个意义上说，世界各国的商标法，包括相关的国际公约，都把防止消费者在商品或服务来源上的混淆，作为商标法或者商标权保护的宗旨。例如，世界贸易组织的"知识产权协议"第16条明确规定，注册商标所有人应当享有专有权利，防止第三方未经其许可而在商业活动中使用与其注册商标相同或者近似的标志，去标示相同或者类似的商品或服务，从而造成混淆的可能性。协议还明确规定，如果将相同的标志用于相同的商品或服务上，则应当推定已经发生了混淆的可能性。

值得注意的是，有关的国际公约和各国的商标法，在商标侵权判定标准上所使用的术语，都是"混淆的可能性"。根据这个标准，在商标侵权诉讼中，商标所有人只要证明被告未经许可的使用"有可能"造成消费者的混淆，就表明有商标侵权的存在。商标所有人不必证明被告的使用已经造成了消费者的"真实"混淆。当然，如果商标所有人能够提出"真实"混淆的证据，则可以更有力地证明"混淆的可能性"。

在判定商标侵权方面，中国商标法没有使用"混淆"的术语。但是商标法第 52 条规定，未经注册商标所有人的同意，不得在同一种或者类似的商品上使用与其注册商标相同或者近似的商标。显然，这里所具有的正是防止"混淆"的含义。同时，在具体的侵权认定中，法院所采取的标准也是"混淆的可能性"。例如，最高人民法院 2002 年 10 月发布的《关于审理商标民事纠纷案件适用法律若干问题的解释》第 9 条规定，被告对于相同或者近似标志的使用，"易使相关公众对商品来源产生误认"，就会构成侵权。这里所说的，正是"混淆的可能性"。

二 混淆的含义

按照传统的商标法理论，混淆仅限于商品或服务来源上的混淆。或者说，商标所有人提供某种商品或服务，而侵权者则通过使用相同或者近似的标志，使得消费者误认为有关的商品或服务来源于商标所有人。但是依据现代商标法理论，混淆不仅包括了商品或服务来源上的混淆，还包括了在商品或服务的关联、认可上的混淆。或者说，很多商标所有人并没有直接提供某种商品或服务，他只是通过商标权许可的方式，或者通过母子公司隶属的方式，表明自己与某一商品或服务相关联，或者认可了某一商品或服务。例如，在商标权许可的情形下，是被许可人提供相关的商品或服务。又如，在隶属关系中，是子公司而非母公司提供相关的商品或服务。除此之外，商标所有人还可能以自己的身份，赞助了他人所提供的某种商品或服务，从而表明了自己的商标与该商品或服务的关联。应该说，在许可、隶属和赞助等等情况下，商标所有人虽然没有直接提供相关的商品或服务，但又通过关联或者认可的方式，表明了自己的商标与相关商品或服务的关系。

按照传统的商标法理论，混淆是购买者在商品或服务来源上的混淆。而依据现代的商标法理论，商标权保护的目的，不仅要防止"购买者"在商品或服务来源上的混淆，而且要防止更为广泛的"消费者大众"或者"社会公众"在商品或服务来源上的混淆。例如，很多消费者虽然不打算购买某种商品，但是却有可能因为侵权人的行为而在商品来源上获得某种错误信息。又如，在发布侵犯他人商标权的广告的情况下，广泛的社会公众也会因此而受到误导。显然，在现代社会中，仅仅防止购买者在商品或服务来源上的混淆，就是远远不够的。

在商品或服务来源的混淆上，还有两种混淆值得一提。

一是"售后混淆"。通常的混淆，都是发生在购买过程中，即侵权人的行为误导了消费者或者购买者。但在某些情况下，购买者并没有被误导，但是看到该物品的其他人却发生了误导。例如，有人在明知为假货的情况下，以低廉的价格购买了劳力士手表、路易威登皮具。显然，购买者并没有受到假冒商标的欺骗。但是购买者的朋友、社交圈子里的朋友等等，却误以为他所佩戴的是真的劳力士手表，使用的是真的路易威登皮具。这种售后混淆，也属于对于消费者或者社会公众的误导。而且，在相关商品存在缺陷的情况下，还会严重损害商标所有人的商誉。

二是"反向混淆"。绝大多数的商标侵权行为所造成的都是"顺向混淆"，即在后的商标所有人让消费者产生一种虚假印象，自己的商品或服务来源于在先的商标所有人，或者说在先的商标所有人制造了或认可了自己的商品或服务。在这种侵权中，在后的商标所有人利用了在先的商标所有人的商誉。但在某些特定的情况下，由于在先的商标所有人在市场上处于弱势地位，在后的商标所有人在市场上处于强势地位或者非常著名，可能就会出现"反向混淆"。在这种情况下，在后的商标所有人可能让消费者产生一种错误印象，在先商标所有人所提供的商品或服务是来源于在后的商标所有人。这种"反向混淆"不仅会使消费者混淆，而且会严重损害在先商标所有人的信誉，甚至将其挤出市场。关于这一点，美国1987年的一个判例有如下的说明：

"反向混淆的侵权主张，不同于通常的来源混淆或认可混淆的侵权主张。在后商标人不是寻求从在先商标人的商誉中获取利益，而是以一个相似的商标对市场进行饱和轰炸，并且淹没在先商标人。公众开始认为，在先商标人的产品确实是在后商标人的，或者在先商标人在某种程度上与在后商标人相关。结果则是在先商标人丧失了其商标的价值，也即它的产品的身份，企业的身份，它对自己商誉和名誉的控制，以及它进入新的市场的能力。"①

---

① Ameritech, Inc. v. American Information Technologies Corp., 1 USPQ2d 1861 (6th Cir. 1987).

近年来，中国已经发生了一些"反向混淆"的判例。例如，广东有一家油漆公司注册了"美得丽"和"永得丽"商标，而著名的"立邦涂料有限公司"则不顾注册商标人的反对，在其生产的油漆产品上使用了"永得丽"和"美得丽"字样，从而构成了反向混淆。① 显然，有效制止"反向混淆"，有利于保护中小企业的商标及其所体现的商誉。

三　混淆可能性的认定

认定商标侵权，应当采取个案原则。这是因为，每一个商标侵权案件的案情都会有所不同。尽管如此，认定商标侵权与否，仍然有一些共同的要素值得考虑。例如，在美国的商标侵权司法中，法院通常要考虑以下一些要素：

（1）商标的强度，即有关的商标是否具有较强的显著性。原告的商标越具有显著性，被告侵权的可能性越大。

（2）被告商标与原告商标之间的相似程度。

（3）商品之间的相似程度，即原告商标使用的商品，与被告商标使用的商品，是否同类或者类似。

（4）在先商标所有人跨越商品之间距离的可能性，即是否有可能扩大经营范围并在相关商品上使用自己的商标。

（5）是否有真实的混淆发生。

（6）被告在采纳自己商标时的真诚性，即是否有模仿他人商标的意图。

（7）被告产品的质量。

（8）消费者的经验和注意力。

以上的诸要素，有些已经在前面的论述中涉及过，如商标的强度、商品的类别、真实的混淆等等。还有一些要素，如被告采纳自己商标时的真诚性、被告产品的质量等等，不必多作解释就可以明白。下面，仅对其中的两个要素，商标之间的相似性和消费者的注意力，略作说明。

先来看原告商标与被告商标之间的相似性。根据世界各国的商标保护惯例，包括"知识产权协议"第16条的规定，只要被告的商标与原告的商标相同，并且使用在相同的商品或服务上，就可以推定具有混淆的可能性。当然，这里所说的"相同"，不是百分之百的相同，而是大体的相同。事实上，即使是注册商标所有人，在实际商业活动中所使用

---

① 见南通市中级人民法院民事判决书（2005 通中民三初字第 0007 号）。

的商标标识，与核准注册的商标相比，可能也会有某些细微的差别。所以，最高人民法院于 2002 年 10 月发布的《关于审理商标民事纠纷案件适用法律若干问题的解释》第 9 条规定，被告商标与原告商标的相同，是指二者在视觉上基本没有差别。

大体说来，判定被告的商标与原告的商标之间是否相似，应当从音、形、义三个方面予以考虑。这里的"音"是指文字、数字、字母的读音；"形"是指图形、颜色、三维标志的外形，以及这些要素与文字、字母、数字等等构成的外形；"义"是指文字、数字、字母和图形所表达的含义。在具体的相似性判定中，应当兼顾音、形、义三个方面，得出被告的商标与原告的商标是否近似的结论。例如，有些标志虽然外形和含义不同，但是发音相同，仍然可以判定为相似。又如，有些标志虽然外形不同，但是含义和发音形同，也可能被判定为相似。当然，商标之间的相似，并不意味着混淆的可能性。因为判定混淆的可能性，还要考虑其他的因素。

再来看消费者的注意力。在商标侵权诉讼中，是否存在混淆的可能性，通常是由相关消费领域中具有一般注意力的消费者来判定的。或者说，在相关的消费领域中，在一个具有一般注意力的消费者来看，被告的商标是否与原告的商标相同或者近似，是否有可能造成商品或服务来源上的混淆。显然，这里所说的具有"一般注意力"的消费者，是一个法律上的假定。审理案件的法官在审查了相关的证据以后，应当让自己站在这样一个具有"一般注意力的消费者"的立场上，判定被告使用的标志是否有可能造成商品或服务来源上的混淆。

值得注意的是，这个具有一般注意力的消费者，在不同的消费领域，所具有的注意力也是不同的。例如，购买小汽车、黄金首饰的消费者，一般水平的注意力就要高一些。因为，小汽车和黄金首饰是高档消费品，消费者会进行仔细的对比和挑选，会发现商标方面的一些细微差别。而在购买日常用品方面，如饮料、洗涤用品、文具等等，消费者的一般水平的注意力可能就要低一些。

第二节 商标侵权行为

中国商标法第 52 条、商标法实施条例第 50 条，以及最高人民法院于 2002 年 10 月发布的司法解释第 1 条，都具体规定了一些商标权的侵权行为。其中，商标法第 52 条规定了四种商标侵权行为，并规定了一个其他的侵权行为，即"给他人的注册商标专用权造成其他损害的"。根据这个"其他条款"，商标法实施条例规定了两种侵权行为，最高人民法院的司法解释又规定了三种侵权行为。这样，见于商标法及其实施条例和最高法院司法解释的商标侵权行为，共有九种。下面分别论述。

（1）未经商标注册人的许可，在同一种商品或者类似商品上使用与其注册商标相同或者近似的商标。其中又有四种情形：在同一种商品上使用相同的商标；在同一种商品上使用近似的商标；在类似商品上使用相同的商标；在类似商品上使用近似的商标。大体说来，这几种行为都有可能造成消费者在商品来源上的混淆。其中的在同一种商品上使用相同的商标，不仅属于商标侵权行为，还属于假冒他人注册商标的行为，严重的将构成犯罪。

在同一种或者类似商品上使用与他人注册商标相同或者类似的标志，是司法实践中比较常见的侵权行为。对于这类侵权行为的认定，一般采取"无过错原则"，即无论行为人是否有主观上的侵权意图，只要其使用的标志与他人的注册商标相同或者近似，造成了消费者在商品来源上的混淆可能性，就可以认定为侵权，并且承担侵权责任。当然，在损害赔偿的计算中，法院可以适当考虑侵权者的主观意图，没有过错的或者无辜侵权的，可以酌量减少损害赔偿数额。或者说，承担停止侵权的责任，与侵权人的主观意图无关。而承担损害赔偿责任时，则要考虑侵权人的主观意图。

（2）销售侵犯注册商标专用权的商品。这是从销售环节上制止商标侵权行为。从这个角度来看，第一种商标侵权行为似乎是针对商品的制造而言。销售侵犯商标权的商品，大体有两种情形。一是制造者自行销售，即通常所说的制假售假；二是制造者以外的人销售侵权商品。根据中国商标法第56条第3款，销售不知道是侵犯商标权的商品，能证明该商品是自己合法取得的并说明提供者的，不承担赔偿责任。

按照这个规定，对于侵权的认定也是采取无过错原则。但是在承担停止侵权责任和损害赔偿责任方面，又有所不同。根据规定，只要构成侵权，销售者就应当立即停止销售侵权商品的行为。但是，如果销售者不知道有关的商品是侵犯他人商标权的商品，并且能够证明自己是合法取得的，以及说明侵权商品的提供者，可以不承担赔偿损失的责任。这是在损害赔偿方面，对于销售者主观意图的考虑。其中，能够说明侵权商品的提供者，又有助于追寻上一级的销售者或者侵权产品的制造者，从而更有效地打击商标侵权行为。

（3）伪造、擅自制造他人注册商标标识，或者销售伪造、擅自制造的他人注册商标标识。这是从商标标识的制造和销售的环节上，制止商标侵权行为。根据这个规定，这里有两种侵权情形：伪造、擅自制造他人的注册商标标识；销售由此而制造的商标标识。犯有这种侵权行为的，通常都是从事商标标识印刷的企业或者个体工商户。

注册商标人所使用的商标标识，通常由县级以上工商行政管理部门指定的企业或者个体工商户印制。商标所有人或者被许可人可以委托这类单位印制商标标识。除此之外的其他人的委托印制，以及印制单位的擅自印制，都属于法律禁止的行为。与此相应，销售由此而伪造或者擅自制造的商标标识，也属于法律禁止的行为。

（4）未经商标注册人同意，更换其注册商标并将该更换商标的商品又投入市场。这就是通常所说的"反向假冒"。在通常情况下，都是小企业假冒大企业的商标。而在反向假冒的情况下，则是大企业在小企业所提供的商品上，附上自己的商标标识，把别人的商品当作自己的商品来销售。例如，发生于1998年的"枫叶诉鳄鱼"一案就是这样的典型判例。根据案情，北京市第一服装厂在自己生产的服装上使用"枫叶"商标。被告同益公司先是购买了枫叶牌服装，然后撕去枫叶商标，换上了"卡帝乐"（鳄鱼）商标，在市场上以高价再次出售。北京市第一中级法院判决，这是侵犯他人商标权的行为。[①] 显然，这种反向假冒者所提供的也是假冒商品，同样造成了消费者在商品来源上的混淆。

（5）在同一种或者类似商品上，将与他人注册商标相同或者近似的标志，作为商品名称或者商品装潢使用，误导公众。这种侵权行为，已经不是从商标的角度来造成消费者的混淆，而是把他人的商标作为自己商品的名称或者包装装潢来使用，其目的仍然是误导消费者。1998年发生的"全聚德"就是这样一个典型事例。全聚德集团公司出品的"全聚德"烤鸭是一个知名品牌，并且有塑料软包装的产品上市。1998年，山东的一些扒鸡厂家在市场上出售了一种塑料软包装的扒鸡，在其包装上使用了"全聚德"三个字，作为装潢，并且造成了消费者的混淆。以至于有些消费者误以为全聚德公司开始卖扒鸡了。后来，北京和山东的工商行政管理部门进行了查处，并处罚了相关的扒鸡厂商。

（6）故意为侵犯他人注册商标专用权行为提供仓储、运输、邮寄、隐匿等便利条件。这是从第三人的角度来制止商标侵权。其中，第一人

---

① 北京市第一中级人民法院民事判决书，1998 中经知初字第 566 号。

是注册商标所有人，第二人是直接侵权人，第三人是为他人的侵权行为提供便利条件者。在这类情况下，第三人虽然没有直接参与侵权，但是从客观上说第三人的行为又有助于第二人实现其侵权。所以，让第三人为第二人的侵权行为承担责任，或者允许商标所有人追究第三人的责任，可以在很多情况下有效地制止侵权的发生。

当然，在追究第三人的责任方面，要注意两个问题。第一，只有在发生了直接侵犯商标权的情况下，才有追究第三人责任的问题。如果没有直接侵犯商标权行为的发生，则不存在追究第三人责任的问题。第二，追究第三人的侵权责任，应当采取"过错责任"原则，即只有第三人在具有主观过错的情况下，才承担侵权责任。或者如中国商标法所说的那样，只有在"故意"为他人侵权提供便利的情况下，才承担侵权责任。否则，仓储、运输和邮寄等企业就无法开展正常的商业活动。

（7）将与他人注册商标相同或者近似的文字，作为企业字号在相同或者类似商品上突出使用，容易使相关公众产生误认。这是从企业名称登记的角度，将他人的商标作为自己企业的字号来使用，并由此而造成消费者混淆的可能性。

在中国，企业字号与商标的冲突，或者商标与企业字号的冲突，是一个由立法所造成的突出问题。按照1991年由国务院批准的《企业名称登记管理规定》，企业名称由行政区划、字号、经营行业和组织形式构成。与此同时，企业名称采取分级登记管理，国家工商行政管理总局设立"企业登记司"，省、市、县各设相应的登记部门。而且，县一级的工商行政管理部门就可以登记。这样，一些当事人就利用商标局与企业登记机关互不隶属，并且企业登记只审查企业登记法规规定的事项，将他人的商标登记为自己企业的字号。这种做法不仅造成了相关公众在商品来源上的混淆，而且损害了商标所有人的合理权益。当商标所有人试图加以纠正时，又涉及部门权限、部门规章的问题。

当然，这里所说的是在后的企业登记者将他人的商标作为自己字号的问题。至于将他人的字号作为商标来注册，则可以依据商标法的相关规定，以侵犯在先权利为由，要求商标局或者商标评审委员会撤销。

（8）复制、摹仿、翻译他人注册的驰名商标或者其主要部分，在不相同或者不相类似的商品上作为商标使用，误导公众，致使该驰名商标注册人的利益可能受到损害。这是有关驰名商标保护的特别规定，将在本编第七章加以论述。

（9）将与他人注册商标相同或者近似的文字注册为域名，并且通过该域名进行相关商品交易的电子商务，容易使相关公众产生误认。这是随着互联网络的发展而出现的侵犯商标权的行为。域名是指与互联网络地址相对应的由字母或数字构成的一连串字符。大体说来，一个域名含有几个层级，如顶级域名，包括国际顶级域名（如.com，.org）和国家顶级域名（如.cn，.uk）；二级域名（如.yahoo，.sohu）；以及更为具体的三级、四级域名等。

本来，互联网络的域名只是便于计算机系统和人记忆的字母数字串，便于人们迅速获得相关网站的信息。但是在注册域名的过程中，一些人却将他人的商标，或者与他人商标相近似的文字注册为自己的域名，并从事相关的商业活动，造成了消费者在商品来源上的混淆。为了制止这类侵权行为，最高人民法院的司法解释认为，这属于商标法第52条所规定的对他人注册商标专用权造成其他损害的行为。

第三节　商标侵权诉讼与民事责任

在发生商标侵权纠纷时，当事人可以协商解决。如果当事人不愿意协商，或者协商不成的，商标所有人或者利害关系人可以向人民法院起诉，也可以请求工商行政管理部门处理。其中的向法院起诉，属于民事诉讼。法院一旦认定商标侵权成立，被告应当承担相应的民事责任，如停止侵权和赔偿损失等等。这里仅讨论商标侵权的民事诉讼和民事责任，商标侵权的行政查处则留待下一节讨论。

一　诉讼主体与诉讼管辖

根据商标法第53条的规定，在发生商标侵权时，注册商标的所有人和利害关系人，可以向法院提起诉讼，要求侵权人停止侵权并赔偿自己的损失。其中的利害关系人，是指独占许可合同的被许可人、排他许可合同的被许可人，以及普通许可合同的被许可人。其中，独占许可合同的被许可人可以单独起诉；排他许可合同的被许可人可以和商标所有人一同起诉，也可以在商标所有人不起诉的情况下自行提起诉讼；普通许可合同的被许可人在商标所有人明确授权的情况下也可以提起诉讼。

根据民法通则和最高人民法院2002年10月的司法解释，提起商标侵权诉讼的时效为两年，自商标所有人或者利害关系人知道或者应当知道侵权行为之日起计算。商标所有人或者利害关系人超过两年起诉的，如果侵权行为在起诉时仍在持续，在该注册商标权的有效期限内，人民法院应当判决被告停止侵权，侵权损害赔偿的数额，应当自权利人向人民法院起诉之日起向前推算两年计算。或者说，损害赔偿数额的计算，仍以两年为限，超过两年的部分不再追究。

关于诉讼的管辖，原告可以向被告所在地的法院提起诉讼，也可以向侵权行为发生地的法院提起诉讼。其中的侵权行为发生地，还包括侵权商品的储藏地或者查封扣押地（工商行政管理部门的查封和海关执法的查封）。由于商标权是一种无形财产权，凡是侵权商品销售的地区或者储藏的地区，都属于侵权行为发生地。这样，商标所有人或者利害关系人就可以选择自己方便的管辖法院，或者自己认为可以更公正地审理侵权案件的法院，来提起相应的诉讼。

目前，可以受理商标侵权案件的法院，为各地中级以上的人民法院，以及北京市、上海市的个别区级法院。

二　诉前的临时措施

诉前的临时措施是指，商标所有人或者利害关系人在诉讼提起之前，经法院核准而采取的维护自己权利的措施。根据2001年修改的商标法，诉前的临时措施有三项，诉前的责令停止侵权、诉前的财产保全和诉前的证据保全。

先来看诉前的责令停止侵权。根据商标法第57条，注册商标所有人或者利害关系人有证据证明他人正在实施或者即将实施侵犯其注册商标专用权的行为，如不及时制止，将会使其合法权益受到难以弥补的损害的，可以在起诉前向人民法院申请采取责令停止侵权的措施。

根据最高人民法院2002年1月发布的《关于诉前停止侵犯商标专用权行为和保全证据适用法律问题的解释》，商标所有人或者利害关系人在向人民法院提出申请，责令他人停止侵犯其商标权行为时，应当递交书面申请状。申请状应当载明：当事人及其基本情况；申请的具体内容、范围；申请的理由，包括有关行为如不及时制止，将会使商标所有人或者利害关系人的合法权益受到难以弥补的损害的具体说明。申请人提出诉前停止侵权申请时，应当提供担保。申请人不提供担保的，驳回申请。法院在接到申请后，应当在48小时内作出裁定。如果裁定被申请人停止侵犯商标权行为的，应当立即开始执行。申请人在人民法院采取临时措施后，应当在15日内提起诉讼，否则人民法院将解除责令停止侵权的临时措施。申请人不起诉，或者申请错误，造成被申请人损失的，被申请人可以要求赔偿。

再来看财产保全。根据商标法第 57 条，注册商标所有人或者利害关系人有证据证明他人正在实施或者即将实施侵犯其注册商标专用权的行为，如不及时制止，将会使其合法权益受到难以弥补的损害的，可以在起诉前向人民法院申请采取财产保全的措施。人民法院在处理财产保全的申请时，适用民事诉讼法第 93 条至 96 条和第 99 条的规定。

根据民事诉讼法的有关规定，利害关系人因情况紧急，不立即申请财产保全将会使其合法权益受到难以弥补的损害的，可以在起诉前向人民法院申请采取财产保全措施。申请人应当提供担保，不提供担保的，驳回申请。人民法院在接受申请后，必须在 48 小时内做出裁定。裁定财产保全措施的，应当立即开始执行。申请人在人民法院采取保全措施后 15 日内不起诉的，人民法院应当解除财产保全。财产保全限于请求的范围，或者与本案有关的财产。被申请人提供担保的，人民法院应当解除财产保全。申请有错误的，申请人应当赔偿被申请人因财产保全所遭受的损失。当事人对财产保全的裁定不服的，可以申请复议一次。复议期间不停止裁定的执行。

最后来看证据保全。根据商标法第 58 条，为制止侵权行为，在证据可能灭失或者以后难以取得的情况下，商标所有人或者利害关系人可以在起诉前向人民法院申请保全证据。人民法院在接受申请后，必须在 48 小时内做出裁定。裁定采取保全措施的，应当立即开始执行。人民法院可以责令申请人提供担保，申请人不提供担保的，驳回申请。申请人在人民法院采取措施后 15 日内不起诉的，人民法院应当解除保全措施。

根据最高人民法院 2002 年 1 月的司法解释，商标权人或者利害关系人申请诉前保全证据的，应当向侵权行为地或被申请人所在地的人民法院提起，并递交书面申请状和缴纳有关的费用。申请状应当说明以下情况：当事人及其基本情况；申请保全证据的具体内容、范围、所在地点；请求保全的证据能够证明的对象；申请的理由，包括证据可能灭失或者以后难以取得，而且当事人及其诉讼代理人因客观原因不能自行收集的具体说明。人民法院做出诉前证据保全的裁定，应当限于申请的范围。申请人申请诉前保全证据可能涉及被申请人财产损失的，人民法院可以责令申请人提供相应的担保。申请人不提供担保的，驳回申请。申请人在人民法院采取证据保全措施后 15 日内不起诉的，人民法院应当解除证据保全措施。

以上是 2001 年商标法规定的诉前的临时措施。应该说，在商标权的保护中，对于权利人或者利害关系人来说，诉前的临时措施是非常重要的。例如，法院审理商标侵权诉讼，往往会持续几个月甚至一年以上，如果在此期间放任侵权行为继续发生，将会导致商标所有人或者利害关系人遭受更大的损失。这样，诉前的责令停止侵权就可以避免此种后果。又如，采取诉前的财产保全，可以保障商标权人或者利害关系人在胜诉后，获得足额的损害赔偿，不至于赢了官司丢了财产。再如，及时采取诉前的证据保全，可以防止侵权人毁灭或转移证据，造成举证的困难。当然，商标权人或者利害关系人也不得滥用诉前的措施，损害竞争对手的利益。在这方面，申请人应当提供必要的担保，就具有防止商标权或者利害关系人滥用诉前措施的意味。此外，法院在批准诉前的临时措施时，也应当平衡双方当事人的利益，以及社会公众的利益，既保护权利人的合法权益，又不至于损害被申请人的合法权益。

除此之外，与专利权的保护不同，在商标侵权诉讼中，诉前的责令停止侵权、财产保全和证据保全，使用的频率比较高。这是因为，商标权相对来说比较稳定，有关的商标不仅获得了商标局的注册，而且也获得了消费者大众的认可。这与专利权的情形不同。

三　民事责任

如果法院经过审理认定被告侵犯了原告的商标权，则被告应当承担一定的民事责任。根据商标法和最高人民法院的司法解释，法院可以责令侵权人停止侵权、赔偿损失，还可以收缴侵权商品、伪造的商标标识和专门用于生产侵权商品的材料、工具、设备等财物。除此之外，法院还可以判决侵权人承担排除妨碍、消除危险、消除影响等民事责任，以及做出罚款的决定。这里仅论述其中的责令停止侵权、赔偿损失和收缴侵权物品。

（一）责令停止侵权

商标法第 53 条规定，工商行政管理部门处理侵权时，如果认定侵权成立，可以责令立即停止侵权。但是商标法没有明确规定法院在认定侵权时，是否可以责令被告停止侵权。但是，根据最高人民法院于2002 年 10 月发布的《关于审理商标民事纠纷案件适用法律若干问题的解释》第 21 条，人民法院审理侵犯商标权的案件，依据民法通则第134 条（关于民事责任的规定）、商标法第 53 条的规定和案件具体情况，可以判决侵权人承担停止侵害的民事责任。

应该说，商标权人或者利害关系人在诉前申请的责令停止侵权的临时措施，也属于责令停止侵权的一种。这里所说的停止侵权，则是法院在认定侵权成立后，责令被告不得侵犯原告的商标权，带有永久性禁令的意味。

（二）赔偿损失

法院经过审理认定侵权成立，通常会责令被告停止侵权，但不一定判决损害赔偿。这是因为，损害赔偿的原则是"填平原则"，在权利人没有实际损失的情况下，法院可以不判决损害赔偿。例如，如果商标所有人只是注册了商标，但没有在商业中使用，则他人的侵权不一定造成商标权人的损失，法院也可以不要求被告承担损害赔偿的责任。

根据商标法第 57 条的规定，损害赔偿数额可以有三种计算方式。

一是权利人的实际损失，即商标所有人或者利害关系人因为被告的侵权行为而遭受的损失，或者说没有侵权行为时可以获得的收益。大体说来，被告生产和销售侵犯原告商标权的商品，必然会在市场上形成与原告的直接竞争。甚至可以说，被告每卖出一件侵权物品，原告就会有一个相应的损失。

二是侵权人的利润所得，即侵权人因为销售侵权商品而获得的利益。在具体的诉讼活动中，原告可以先举证被告大体销售了多少侵权物品，由此获得了多少收益。然后由被告举证说明自己的生产和销售成本，以及实际的利润所得。

三是法定赔偿。在实际的诉讼活动中，原告的实际损失或者被告的利润所得，都会涉及双方当事人的举证和不同的计算方式，因而很难以确定。所以，一些国家很早就有了法定赔偿金的规定。根据 2001 年修订的商标法第 56 条，如果权利人的损失和侵权人的利润所得都难以计算，法院可以根据侵权行为的情节，判决 50 万元以下的损害赔偿金。事实上，法定赔偿金的规定，也在某种程度上方便了当事人。例如，原告考虑到自己的实际损失和被告的利润所得难以计算，也不愿意花费太大的精力去举证、计算，则可以直接要求法院适用法定赔偿金。又如，被告也可以在合理的条件下，与原告达成法定赔偿金范围之内的协议，免除举证和计算的麻烦。

当然，法定赔偿金只是给出了一个数额的范围，让审理案件的法官有一个裁量的余地。但是，法院在确定具体的数额时，并非可以随心所欲。根据最高人民法院 2002 年 10 月的司法解释第 16 条，人民法院在确定法定赔偿数额时，应当考虑侵权行为的性质、期间、后果，商标的声誉，商标使用许可费的数额，商标使用许可的种类、时间、范围，以及制止侵权行为的合理开支等因素综合确定。由此可见，法定赔偿金数额的确定，仍然没有完全脱离权利人的损失、侵权人的利润所得。不同的是，法院在确定法定赔偿数额时，可以不必做精细的计算。

以上是损害赔偿的三种计算方式。值得注意的是，损害赔偿方面的"填平原则"，发展到今天已经有了一些新的含义。即填平的不仅是权利人的损失，还包括权利人为了制止侵权活动所花费的合理开支。这在商标法第 56 条中也有规定。这种合理开支，大体包括为制止侵权行为支付的调查费、取证费，以及合理的律师费等等。

（三）收缴侵权物品

法院判决可以收缴的侵权物品，包括侵权商品、伪造的商标标识，以及专门用于生产侵权商品的材料、工具、设备等财物。应该说，收缴这类侵权物品，会进一步断绝侵权人继续侵权的可能性，对于有效制止侵权行为具有重要意义。至于收缴来的侵权物品，或者可以直接销毁，如侵犯他人商标权的伪劣商品和伪造的商标标识；或者可以变卖或以其他方式处置，如质量较好的侵权商品、生产侵权商品的材料、工具、设备等等。

第四节　行政查处和刑事责任

一　商标侵权的行政查处

（一）商标侵权行政查处概述

商标权是一种私权。按照大多数国家的商标法，在发生了商标侵权的情况下，只有商标所有人或者利害关系人可以追究侵权者的责任。而且，权利人通常都是向法院提起诉讼，要求侵权者承担停止侵权和赔偿损失的民事责任。在中国，由权利人向法院提起诉讼，追究侵权者的民事责任，也是常见的制止侵权的方式。

但是依据商标法第 53 条，在发生商标侵权的时候，商标所有人或者利害关系人可以有两个选择：或者向法院提起诉讼，或者请求工商行政管理部门处理。这就是通常所说的维护商标权的"双轨制"。当然，这种双轨制也存在于著作权和专利权的保护之中。

在中国，由工商行政管理部门应商标所有人或者利害关系人的请求而处理商标侵权，有其深厚的历史渊源。在 20 世纪 80 年代之初，当商标法颁布施行之时，有关商标法律的专门人才基本汇聚于工商行政管理部门。与此形成鲜明对比的是，当时的法院刚刚恢复不久，能够胜任商标侵权（包括其他知识产权侵权）审理的人才非常稀缺。在这种情况下，由工商行政管理部门查处商标侵权，甚至做出责令停止侵权和赔偿损失的决定，就是一件正常的事情。

然而自那时以来，中国社会的经济和政治都发生了深刻的变化。例如，随着经济体制的改革，商标所有人或者利害关系人已经不再局限于公有制企业，包括了大量的私人企业、股份制企业，以及各种形式的外资企业等等。又如，随着政治体制的改革，传统的"大行政"格局逐步变化，法院在处理民事侵权纠纷，包括商标权纠纷中的作用越来越大。这样，到了 2001 年修订商标法，就削弱了工商行政管理部门在处理商标侵权纠纷方面的职能。具体说来，工商行政管理部门仍然可以处理商标侵权纠纷，但是只能责令侵权人停止侵权和收缴侵权物品，但是不能决定损害赔偿的数额。按照规定，工商行政管理部门可以应当事人的请求，就损害赔偿的数额进行调解。如果调解不成，当事人可以向人民法院起诉。尽管如此，由于工商行政管理部门处理侵权速度较快、费用较低，而很多商标所有人和利害关系人所要达到的就是尽快责令侵权人停止侵权，所以他们仍然尽可能选择工商行政管理部门处理相关的商标侵权纠纷。这与专利权的情形不同。

事实上，在工商行政管理部门处理的商标侵权案件中，应商标所有人或者利害关系人的请求而处理的商标侵权纠纷，仅占一个很小的比例。这是因为，按照商标法的相关规定，工商行政管理部门可以主动查处商标侵权案件，而且可以将涉嫌犯罪的侵权人移交司法机关处理。这是商标法第 54 条的规定。又据商标法实施条例第 51 条，对于侵犯商标权的行为，任何人都可以向工商行政管理部门投诉或者举报。这样，投诉或者举报商标侵权行为的，就不仅仅局限于商标所有人或者利害关系人。与此相应，工商行政管理部门在接到这样的投诉或者举报后，就应当做出相应的行为，查处相关的商标侵权行为。

工商行政管理部门主动查处商标侵权行为，大体基于以下两个理由。第一，商标侵权具有一个显著的特点，即每一次商标侵权，既侵犯了商标所有人或者利害关系人的合法权益，又损害了消费者的利益。第二，侵犯商标权的商品，包括假冒他人商标的商品，在很多情况下又属于质量低下的商品，损害了消费者的利益。这样，从保护消费者的利益和保障商品质量的角度来看，或者说从维护社会公共利益的角度来看，商标行政管理机关就有理由查处商标侵权。至少，这是目前的商标法和相关的商标行政法规，允许工商行政管理部门主动查处商标侵权行为，尤其是假冒商标行为的理由。而商标行政管理机关在很多的情况下也以此为由，论证自己行为的合法性。

（二）商标侵权行政查处的具体规定

根据商标法的相关规定，县级以上的工商行政管理部门可以依据已经取得的违法嫌疑证据，主动查处商标侵权，也可以应商标所有人或者利害关系人的请求，或者应社会公众的投诉或者举报，查处相关的商标侵权。

根据商标法第55条，工商行政管理部门对涉嫌侵犯他人商标权的行为进行查处时，可以行使下列职权：询问有关当事人，调查与侵犯他人商标权有关的情况；查阅、复制当事人与侵权活动有关的合同、发票、账簿以及其他有关资料；对当事人涉嫌从事侵犯他人商标权活动的场所实施现场检查；检查与侵权活动有关的物品，对有证据证明是侵犯他人商标权的物品，可以查封或者扣押。而且，工商行政管理部门在行使上述职权时，当事人应当予以协助、配合，不得拒绝、阻挠。

根据商标法第53条，如果工商行政管理部门认定商标侵权成立，可以采取以下措施：

责令侵权人立即停止侵权行为；

没收、销毁侵权商品和专门用于制造侵权商品、伪造注册商标标识的工具；

罚款。根据商标法实施条例第52条，罚款数额为非法经营额的三倍以下。如果非法经营额无法计算的，罚款数额为10万元以下。

对于工商行政管理部门做出的处理决定，当事人如果不服，可以自收到处理通知之日起的15日内，依照行政诉讼法向人民法院起诉。侵权人期满不起诉又不履行的，工商行政管理部门可以申请人民法院强制执行。

二 假冒他人注册商标的刑事责任

假冒他人注册商标是指，未经注册商标所有人许可，在同一种商品上使用与其注册商标相同的商标。假冒他人注册商标，首先是一种商标侵权。所以商标权人或者利害关系人可以追究假冒者的民事责任，工商行政管理部门也可以主动或者应商标权人的请求而查处。其次，假冒他人注册商标情节严重的，又有可能构成犯罪，受到刑法的制裁。

与假冒他人注册商标相关联的是商标侵权。就商标法第52条而言，未经商标权人的许可，在同一种商品上使用相同的商标，在同一种商品上使用近似的商标，在类似商品上使用相同的商标，以及在类似商品上使用近似的商标，都属于商标侵权。这样，商标侵权的范围就要远远大于假冒商标的范围。对于这四种侵权行为，都可以追究侵权人的民事责任或者行政责任。但是只有其中的假冒商标，在同一种商品上使用相同的商标，才有可能追究侵权人的刑事责任。或者说，所有的假冒他人注册商标都属于侵权，但并非所有的商标侵权都属于假冒注册商标。

假冒他人注册商标，尤其是大规模的、情节严重的假冒，不仅严重损害了商标所有人的合法权益，而且严重损害了消费者大众的利益，甚至严重冲击了正常的市场秩序。所以，世界各国的商标法或相关的法律大多规定，假冒他人注册商标严重的，应当追究刑事责任。例如，世界贸易组织的"知识产权协议"第 61 条规定，对于以商业性规模而故意假冒他人商标的情形，成员应当规定刑事程序和刑罚措施。可以采取的救济措施应当包括，足以威慑犯罪者的监禁或者罚金，或者二者并处。在适当的场合，还可以扣押、没收或者销毁侵权商品，以及主要用于从事上述犯罪活动的原料及工具。这样，至少是世界贸易组织的成员，都有义务在相关的法律中规定刑事程序和刑罚措施，对于那些以商业性规模而故意假冒他人商标者，追究刑事责任。

中国早在 1979 年制定的刑法之中，就规定了假冒他人注册商标的刑事责任。根据当时刑法第 127 条的规定，工商企业假冒其他企业已经注册的商标的，对直接责任人员，处 3 年以下有期徒刑、拘役或者罚金。商标法于 1983 年开始实施，而刑法对于假冒他人注册商标罪的追究，甚至早于商标法。到了 1993 年，全国人大常委会通过了一个《关于惩治假冒注册商标犯罪的补充规定》，对刑法中的假冒他人注册商标罪作了进一步的规定。至 1997 年制定刑法典时，又将上述补充规定纳入其中，成为现行刑法典中的第 213、214 和 215 条。这些条文主要涉及了以下三种涉及商标的犯罪。

第一，假冒注册商标罪。据刑法第 213 条，未经注册商标所有人许可，在同一种商品上使用与其注册商标相同的商标，情节严重的，处三年以下有期徒刑或者拘役，并处或者单处罚金；情节特别严重的，处三年以上七年以下有期徒刑，并处罚金。

第二，销售假冒注册商标的商品罪。刑法第 214 条规定，销售明知是假冒注册商标的商品，销售金额数额较大的，处三年以下有期徒刑或者拘役，并处或者单处罚金；销售金额数额巨大的，处三年以上七年以下有期徒刑，并处罚金。

第三，非法制造、销售非法制造的注册商标标识罪。据刑法第215条，伪造、擅自制造他人注册商标标识，或者销售伪造、擅自制造的注册商标标识，情节严重的，处三年以下有期徒刑、拘役或者管制，并处或者单处罚金；情节特别严重的，处三年以上七年以下有期徒刑，并处罚金。

除此之外，刑法第220条还规定，单位犯有上述罪行的，对单位判处罚金，对直接负责的主管人员和其他直接责任人员，依照上述规定处罚。

到了2004年12月，最高人民法院和最高人民检察院又发布了《关于办理侵犯知识产权刑事案件具体应用法律若干问题的解释》，就以上三种犯罪中的"情节严重"、"情节特别严重"、"数额较大"和"数额巨大"作了具体规定。例如，就假冒注册商标罪来说，情节严重包括：非法经营数额在5万元以上或者违法所得数额在3万元以上的；假冒两种以上注册商标，非法经营数额在3万元以上或者违法所得数额在2万元以上的。又如，情节特别严重包括：非法经营数额在25万元以上或者违法所得数额在15万元以上的；假冒两种以上注册商标，非法经营数额在15万元以上或者违法所得数额在10万元以上的。应该说，司法解释中的这类规定，对情节严重、情节特别严重等术语，作了具体明确的界定，不仅有利于办案人员办理相关的刑事案件，而且有利于保护社会公众和商标所有人的利益。

问题与思考

商标侵权的标准是消费者混淆的可能性。然而遗憾的是，中国商标法在涉及商标侵权的时候，并没有规定这样的标准。商标法只是在第52条规定，未经商标注册人的许可，在同一种商品或者类似商品上使用与其注册商标相同或者近似的商标，属于侵权行为。近年来，无论是最高人民法院的相关司法解释，还是国家工商行政管理总局的相关行政法规，都是在商标法第52条的基础上，就相同、近似和同类、类似大做文章，并且提出了一些判定的标准。

目前，商标法面临着再次修订。有没有必要将司法解释和行政法规中有关相同、近似和同类、类似的标准，纳入商标法中呢？也许，比较明智的做法是在商标法中明确规定，商标侵权的标准是消费者混淆的可能性。至于判定商标侵权的具体要素，如相同、近似和同类、类似等等，则交由司法解释、行政法规作出界定，或者由法院或工商行政管理部门在具体案件的处理中加以解决。这样，商标法仅在侵权的标准方面规定一个原则性的东西，而具体的操作和要素的总结则留给司法部门和行政查处部门。

应该说，从商标侵权的标准来说，商标法第 52 条规定的相同、近似和同类、类似，仅仅是混淆的举例。其中的商标近似和商品类似，在很多情况下可能并不构成消费者混淆的可能性。此外，除了商标的相同、近似和商品的同类、类似，可能还存在其他的引起消费者混淆的情形。从这个意义上说，商标法关于商标侵权的规定，应当放在根本性的消费者混淆的可能性标准之上，而不是放在枝节的相同、近似和同类、类似的问题上。

╎**复习题**╎

1. 什么是商标侵权？商标侵权的标准是什么？
2. 消费者混淆的含义是什么？
3. 根据中国商标法律法规和司法解释，商标侵权行为有哪些？
4. 什么是假冒他人注册商标罪？与商标侵权的关系是什么？

╎**阅读书目**╎

郑成思：《知识产权法》（第二版），法律出版社，2002。
吴汉东主编《知识产权法》，法律出版社，2004。
黄晖：《商标法》，法律出版社，2004。
李明德：《美国知识产权法》，法律出版社，2003。

第二十三章 驰名商标

要点提示

本章主要讨论驰名商标的保护，包括驰名商标保护的国际概况，以及中国对于驰名商标的保护。

本章着重讨论了驰名商标保护的两个基本理论，即混淆理论和淡化理论。本章认为驰名商标首先是商标，应当适用商标法的一般规定，只是在某些特殊的情况下才适用基于混淆理论和淡化理论的特殊保护。

本章还简要讨论了驰名商标认定的要素，以及中国在驰名商标认定上的偏差。

驰名商标是指在市场上具有较高声誉，并为相关领域中的公众所熟知的商标。本来，驰名商标也是商标，应当与通常的商标一样，适用商标法的所有规定。但是，驰名商标又有一些特殊之处，如具有较高的声誉、为相关领域中的公众所熟知等等。这样，商标法或者其他的法律，又对驰名商标的保护做出了一些特殊的规定。与此相应，在论述了商标法的相关内容以后，还有必要对驰名商标的特殊保护加以讨论。

本章将主要讨论驰名商标的保护概况，驰名商标保护的理论基础，以及驰名商标保护的具体方式。

第一节　驰名商标保护概况

一　国际公约的规定

在国际公约的层面上，最早提出驰名商标保护的是巴黎公约1925年的"海牙文本"。此后，巴黎公约1958年的"里斯本文本"又对有关的规定作了进一步的修改。根据现行的巴黎公约文本（1967年斯德哥尔摩文本），对驰名商标的保护有以下几个要点：

第一，成员国可以依据法律确认某些商标为驰名商标；

第二，一旦确认某一商标是驰名商标，主管机关可以拒绝或撤销他人对该商标或者近似标识的注册。他人一旦抢先注册了某一驰名商标，自注册之日起的5年之内，驰名商标的所有人可以要求撤销该注册；

第三，一旦确认某一商标是驰名商标，禁止他人对该商标或者近似标识的使用。

这样，对于在某一成员国中尚未注册的驰名商标，巴黎公约就赋予了驰名商标所有人两项权利，即禁止他人抢先注册，禁止他人使用。

到了世界贸易组织的"知识产权协议"，又对驰名商标的保护做出了进一步的规定。值得注意的是，协议首先肯定了巴黎公约有关驰名商标保护的规定，在此基础之上又强调了以下几点：

第一，将驰名商标的保护延及于服务商标。在巴黎公约中，驰名商标仅指传统的商品商标，而在"知识产权协议"中则不仅包括商品商标，还包括服务商标。

第二，扩大了驰名商标的保护范围。在巴黎公约中，对于驰名商标的保护，仅限于在相同或者类似的商品上，即商标所有人可以禁止他人在同类或者类似商品上抢住自己的商标，可以禁止他人在同类或者类似商品上使用自己的商标。而"知识产权协议"则扩大到了非类似的商品或服务商。或者说，驰名商标所有人可以禁止他人抢注和使用的范围是：相同或者近似的商标；同类或者非类似的商品或服务。

第三，提出了驰名商标认定的标准，即相关公众知晓该商标的程度，包括商标所有人在该成员内的广告宣传，以及由此而产生的相关公众对该商标的知晓程度。

应该说，在驰名商标的保护方面，"知识产权协议"对巴黎公约的发展，也反映了国际上对于驰名商标保护的强化。随着美国等发达国家的推动，国际上对于驰名商标保护的力度还会有所加大。

二　中国的立法与保护实践

中国于1983年开始实施的商标法没有规定驰名商标的保护。1985年加入巴黎公约以后，就涉及了如何按照公约的要求保护驰名商标的问题。在这个时期，中国的商标主管部门还是采取了积极的保护驰名商标的态度。例如，在1987年8月，商标局在一件商标异议案件中认定，

所有人还没有在某些成员国中申请注册自己的商标，他人就有可能抢先在这些成员国中注册该驰名商标。当真正的商标所有人来到该国时，发现自己已经丧失了申请注册的机会，从而丧失了在该国的商标权。而且，由于社会公众知道该驰名商标属于其所有人，这种抢注他人驰名商标的做法，又会造成消费者在商品来源上的混淆。

为了解决他人抢注未注册驰名商标，以及由此而来的消费者混淆的问题，巴黎公约的成员国如法国做出了很大的努力。直到1925年的海牙文本，巴黎公约才增订了未注册驰名商标的特殊保护。到了1958年的里斯本文本，又对相关的规定作了进一步的完善，并为现行的公约文本所沿袭。其中所体现的，正是我们所说的"混淆理论"或"权利获得理论"。

根据巴黎公约第6条之二，主管机关可以认定未注册的驰名商标。如果他人在相同或者类似的商品上使用该商标，或者使用的商标是对该商标的复制、模仿和翻译，并且有可能产生混淆，则成员国可以依据法律的规定或者驰名商标所有人的请求，拒绝或撤销他人的注册，以及禁止他人的使用。如果某一商标的主要部分是对于上述驰名商标的复制和模仿，并且有可能产生混淆，也适用上述规定。除此之外，对于已经抢注的商标，驰名商标所有人可以在注册之日起的5年内要求撤销已经注册的商标，以及禁止他人的使用。如果是恶意注册，提出撤销请求和禁止使用的要求，则没有时间的限制。

显然，巴黎公约对于未注册驰名商标的保护，是从防止混淆的角度规定的。按照上述规定，对于他人驰名商标的抢注，对于他人驰名商标的复制、模仿和翻译，以及商标的主要部分是对于他人驰名商标的复制和模仿，都有可能造成消费者的混淆。而驰名商标所有人享有的权利，无论是禁止他人抢注，还是禁止他人使用，其目的都是防止消费者在商品来源上的混淆。

应该说，巴黎公约对于驰名商标的规定，有两个显著的特点。一是有关的保护限于未注册的驰名商标。如果是已经注册的驰名商标，商标所有人完全可以依据已经获得的权利，制止他人就相同或者近似商标的注册或者使用。二是对于未注册驰名商标的保护，仍然是基于商标法的混淆理论，即防止消费者在商品来源上的混淆。所以从这个意义上说，巴黎公约对于未注册驰名商标的保护，并没有突破传统的混淆理论。

当然，巴黎公约关于驰名商标保护的规定，也突破了传统的注册原则。按照传统的注册原则，即使某一商标是驰名商标，也只能在获准注册的国家获得保护。没有申请注册，则不能获得保护。而依据公约关于驰名商标的规定，只要某一商标被认定为驰名，即使还没有注册，其所有人也享有权利，可以禁止他人的注册和使用。

事实上，中国商标法第13条第1款所反映的，正是巴黎公约所体现的"混淆理论"或者"权利获得理论"。这一款的具体规定是："就相同或者类似商品申请注册的商标是复制、模仿或者翻译他人未在中国注册的驰名商标，容易导致混淆的，不予注册并禁止使用。"

二　淡化理论

淡化是指对于他人驰名商标的商业性使用，降低了该驰名商标指示和区别有关商品或服务的能力。这里的商业性使用，是指在非类似的商品或服务上使用他人的驰名商标。尽管此种使用不可能造成消费者在商品或服务来源上的混淆，但是会降低该驰名商标在市场上指示商品或服务来源的能力。对于驰名商标的非商业性使用，如合理使用、为了新闻报道和评论的使用，不属于商标淡化。

商标淡化的理论基点不同于商标混淆的理论基点。商标混淆的理论基点是，他人在同类或类似的商品或服务上使用相同或近似的商标，有可能造成消费者在商品或服务来源上的混淆，因而必须加以制止。商标淡化的理论基点则是，在非同类或非类似的商品或服务上使用他人的驰名商标，尽管不会造成消费者在商品或服务来源上的混淆，但是却降低了该商标指示商品或服务来源的能力。或者说，对于他人驰名商标的使用，虽然没有造成混淆的可能性，但是却不正当地利用了他人驰名商标的声誉，并且造成了对于他人驰名商标的损害。其直接的结果是，该驰名商标在社会公众的意识中逐渐丧失了指示特定商品或服务来源的"唯一性"和"特有性"。

由此可见，在对于驰名商标的保护上，混淆理论是商标法的理论，而淡化理论则属于制止不正当竞争的范畴。所以在有些国家，例如美国，"淡化"是在反不正当竞争法中加以规定。当然也有一些国家，例如中国，是在商标法中加以规定的。

为了进一步说明淡化的含义，我们可以举美国的例子。在美国，驰名商标的淡化分为两种，即弱化（blurring）和丑化（tarnishment）。其中的弱化，是指对于他人驰名商标的使用，削弱了或者淡化了该驰名商标与特定商品或服务之间的强有力的关联。例如，将著名珠宝厂商的名称"提夫尼"用于洗衣房，或者在鞋类上使用"杜邦"商标，在阿斯匹林药片上使用"别克"商标，在钢琴上使用"柯达"商标，都属于"模糊"的事例。其中的丑化是指，将他人的商标用于质量低劣的商品或服务上，或者用于非法的或不道德的活动中。例如，在1972年的"可口可乐"一案中，① 原告通常在自己的产品上使用一种红色的设计图案，并配以白色条纹写成的文字"Enjoy Coca-Cola"（享受可口可乐）。被告在自己经销的气体饮料上几乎原样复制了原告的设计图案，只是将白色条纹写成的文字改成了"Enjoy Cocaine"（享受可卡因）。又如，在1981年的"史丹威"一案中，② 原告生产和销售的"史丹威"牌钢琴，在消费者心目中是一种高雅商品，而被告则在啤酒瓶的开瓶器上使用了"史丹威"的商标。这些都属于"丑化"的事例。

下面来看"知识产权协议"有关驰名商标淡化的规定。在对于驰名商标的保护方面，与巴黎公约的规定相比，"知识产权协议"有了很大发展。例如，将驰名商标的特殊保护延伸到服务商标。又如，提出了一些认定驰名商标的要素。然而，在对于驰名商标的保护方面，"知识产权协议"最大的发展是体现了"淡化"理论，从而扩大了驰名商标保护的范围。

根据协议第16条，巴黎公约关于驰名商标的规定，原则上适用于与注册商标所标示的商品或服务不相类似的商品或服务，其前提条件是，在不相类似商品或服务上对于他人注册商标的使用，会暗示该商品或服务与注册商标所有人有关联，而且注册商标所有人的利益有可能因此而受到损害。按照这个规定，就已经注册的驰名商标所有人来说，他不仅可以按照商标法的混淆理论，禁止他人在同类或者类似商品上注册或者使用与自己的商标相同或者近似的商标，而且可以按照"淡化"理论，禁止他人在不相类似的商品上注册和使用与自己的商标相同的商标。由此可见，已经注册的驰名商标的所有人，禁止他人注册和使用自己商标的范围，已经扩大到了不相类似的商品或服务上。这就是通常所说的对于驰名商标的"跨类保护"。

事实上，中国商标法第13条第2款的规定，反映的就是驰名商标的淡化理论。根据规定："就不相同或者不相类似商品申请注册的商标是复制、模仿或者翻译他人已经在中国注册的驰名商标，误导公众，致使驰名商标注册人的利益可能受到损害的，不予注册并禁止使用。"

---

① Coca-Cola Co. v. Gemini Rising, Inc., 175 USPQ 56 (E. D. N. Y. 1972).
② Steinway & Sons v. Demars & Friends, 210 USPQ 954 (C. D. Cal. 1981).

值得注意的是，驰名商标保护上的淡化理论有两个显著特点。

一是淡化理论仅适用于驰名商标，而不涉及一般的商标。这是因为，淡化理论所考虑的主要是商标所有人的利益，而非消费者的利益。即他人在不相类似的商品或服务上对于驰名商标的注册和使用，会降低该商标指示特定商品或服务的能力，造成对于驰名商标所有人的损害。所以，驰名商标所有人可以禁止他人的注册和使用。与此相应，如果扩大"淡化"理论的使用范围，就会造成每一个商标只能标示一种商品或服务的结果。这不仅会造成妨碍竞争的结果，而且有关商标注册用的商品和服务分类也会失去意义。

二是淡化理论仅适用于已经注册的驰名商标，而不涉及未注册的驰名商标。这与巴黎公约所涉及的"未注册驰名商标"不同。如果我们仔细阅读"知识产权协议"的上述规定，以及中国商标法第 13 条第 2 款的规定，就会发现只有已经注册的驰名商标的所有人，才可以禁止他人在不相类似的商品或服务上，或者注册自己的商标，或者使用自己的商标。而未注册驰名商标的所有人，则不享有反淡化意义上的禁止他人注册和使用自己商标的权利。

除此之外，对于已经注册的驰名商标的"跨类"保护，也不是绝对的。大体说来，越是驰名度高的商标，所受到的保护程度就越高。例如，可口可乐、迪斯尼、同仁堂、全聚德这样的商标，可能会获得所有类别商品或服务上的保护。而某些驰名度不太高的商标，只要在几个类别的商品或服务上获得保护就可以了。例如，在国家工商行政管理总局认定的驰名商标中，就有"凤凰"牌自行车和"凤凰"牌照相机，"中华"牌卷烟和"中华"牌牙膏，"长城"牌计算机和"长城"牌润滑油，"红星"牌宣纸和"红星"牌奶粉，"东风"牌汽车和"东风"牌手扶拖拉机、"东风"牌柴油机。同样的驰名商标出现在国家工商行政管理总局所认定的名单之中，甚至出现在同一批名单之中，就表明了并非所有的驰名商标都可以获得全部类别的保护。

大体说来，已经注册的驰名商标的跨类保护，一方面取决于该商标的驰名程度，另一方面还取决于他人对于相同商标的注册和使用，是否含有利用该商标的声誉的意味。如果有关的商标驰名度很高，他人对于相同商标的注册和使用，含有利用该驰名商标声誉的意味，或者搭车的意味，则应当予以禁止。如果有关商标的驰名度不是很高，而且他人对于相同商标的注册和使用，也没有利用该驰名商标声誉的意味，则不应当予以禁止。

第三节 驰名商标的认定

驰名商标的保护，无论是未注册商标依据混淆理论获得权利，还是已经注册的驰名商标依据淡化理论获得跨类保护，其前提都是该商标被主管机关或者法院认定为驰名。应该说，驰名商标的认定与保护密切相关，只有先认定了某一商标为驰名商标，才有随后的特殊保护。所以，本节讨论驰名商标的认定，包括驰名商标认定的机构和认定时应当考虑的因素。

一 国外对于驰名商标的认定

按照巴黎公约的规定，商标注册国或者使用国的主管机关，可以认定未注册的驰名商标。如果他人在相同或者类似商品上注册与驰名商标相同或者近似的商标，则主管机关可以拒绝或者撤销注册，并禁止相关的使用。其中的禁止使用，在很多情况下应当是由法院做出相应的判决。当然，在商标主管机关拒绝注册或者撤销注册的情况下，如果当事人不服，也要由法院做出最后的判决。这样，至少就巴黎公约的规定来说，可以认定驰名商标的有商标主管部门和法院。

在驰名商标的认定机构方面，"知识产权协议"只是援引了巴黎公约第六条之二的规定，没有作出特别规定。所以就"知识产权协议"来说，无论是未注册驰名商标的认定，还是已经注册的驰名商标的认定，都可以由各成员的商标主管机关和法院加以认定。

无论是商标主管机关还是法院，在认定某一商标是否驰名时，都应当依据一定的标准，或者考虑构成驰名的一些因素。巴黎公约虽然规定了驰名商标的认定和保护，但是并没有提及认定的标准或者商标驰名的要素。到了"知识产权协议"，则明确提出了认定的标准和应当考虑的要素。根据协议第16条，认定某一商标是否属于驰名商标，应当考虑相关公众对该商标的知晓程度，包括在该成员之内因为宣传而使相关商标为公众知晓的程度。

按照"知识产权协议"，判定驰名商标的标准是相关公众对该商标的知晓程度。其中的相关公众，包括该商标所标示的商品或服务的消费者，以及制造、经营、提供相关商品或服务的人员，如制造商、经营商、销售商、进口商等等。值得注意的是，这里所说的是"相关公众"，而非所有公众。或者说，某一商标只要在相关的公众中广为知晓，就可以认定为驰名商标。即使该商标不为其他消费领域中的社会公众所知，也不能否定该商标为驰名商标。南非法院在"麦当劳"一案中有如下的论述："如果只保护那些在全国人群的各个层次（甚至最主要的层次）都知名的商标，恐怕只有极少数的商标能够达标。……而且也没有理由设定如此严格的标准。……因此我认为，只要在与商标使用商品有关的人中驰名，即可认定该商标在我国驰名。"①

除了"知识产权协议"所提出的驰名商标认定标准，一些国际组织和很多国家的立法，也提出了一些更为具体的认定驰名商标的标准，或者认定驰名商标时应当考虑的要素。例如，世界知识产权组织于1999年通过的《关于驰名商标保护规定的联合建议》认为，认定某一商标是否驰名，应当考虑（但不限于）以下要素：相关公众对该商标的了解或知晓程度；该商标持续使用的时间、程度和地理范围；有关该商标的持续宣传的时间、程度和地理范围；就该商标申请注册和获得注册的地理范围和时间；有效实施该商标的记录，包括有关国家主管机关认定该商标为驰名商标的范围；以及该商标所体现的市场价值。

又如，根据美国1996年的"联邦反商标淡化法"，在认定某一商标是否驰名时，应当考虑以下八个要素：该商标所具有的内在显著性程度或已获得之显著性的程度；该商标在相关商品或服务上使用的期间和程度；就该商标所做广告和向公众宣传的期间和程度；使用该商标之贸易所涉及的地理区域之大小；使用该商标的商品或服务的贸易渠道；在特定的贸易区域和贸易渠道中，公众对该商标认可的程度；第三方对相同或相似商标使用的期间和程度；该商标是否已经依据联邦商标法而获得注册。而且，这八个要素只是列举性的，而非排他性的。法院在具体的认定过程中还可以考虑其他的要素。

此外，根据国外的相关做法，无论是商标管理机关认定的驰名商标，还是法院认定的驰名商标，所遵循的都是个案认定原则。也就是说，有关的商标是否驰名，仅就个案的情形而言。在这个案例中认定为驰名的商标，并不保证在另一个案例中也被认定为驰名。而且，认定驰名商标的目的是为了解决相关的纠纷，以及保护相关的商标，与商标的广告宣传无关。例如，拒绝他人就相同商标的注册，或者撤销他人已经注册的相同商标，或者禁止他人对相同商标的使用，等等。驰名商标的

---

① McDonald's Corp. v. Joburgers Drive Inn Restaurant（Pty）Ltd. 转引自黄晖《商标法》，法律出版社，2004，第254~255页。

认定，不是为了认定而认定。

二　中国对于驰名商标的认定

在中国，认定驰名商标的机构也是商标主管机关和法院。由于中国特定的社会历史条件，包括工商行政管理部门的强有力推进，在驰名商标的认定方面，商标主管部门所发挥的作用要远远大于司法机关。与此相应，在主管机关认定驰名商标的过程中，也出现了一些偏差，包括为了认定而认定。下面分别叙述驰名商标的认定机构、认定标准和要素，以及出现的一些问题。

（一）驰名商标认定机构

先来看商标主管部门。根据国家工商行政管理总局于 2003 年 6 月发布的《驰名商标认定和保护规定》，驰名商标是指在中国为相关公众广为知晓并享有较高声誉的商标。其中的相关公众，包括与使用商标所标示的某类商品或者服务有关的消费者，生产前述商品或者提供服务的其他经营者，以及经销渠道中所涉及的销售者和相关人员。

商标局和商标评审委员会可以认定驰名商标。根据规定，当事人认为他人经初步审定并公告的商标，违反商标第 13 条的规定，可以向商标局提出异议；当事人认为他人已经注册的商标违反商标法第 13 条的规定，可以请求商标评审委员会撤销该注册商标；在商标管理工作中，当事人认为他人使用的商标属于商标法第 13 条规定的情形，请求保护其驰名商标的，可以向地市级以上的工商行政管理部门提出请求，并由该部门经过初步审查后，将有关材料转报商标局。① 在此情况之下，商标局或商标评审委员会可以依据当事人所提供的资料，做出相应的决定，认定有关的商标是否属于驰名商标。未被认定为驰名商标的，自认定结果做出之日起一年内，当事人不得以同一商标就相同事实和理由再次提出认定请求。

除了商标主管部门之外，各级法院在商标权纠纷的案件中，也可以应当事人的请求而认定相关的商标是否驰名，并对驰名商标给予相应的保护。例如，2002 年 10 月最高人民法院发布的《关于审理商标民事纠

---

① 商标法第 13 条有两款规定，分别反映了驰名商标保护上的"混淆理论"和"淡化理论"。其规定是："就相同或者类似商品申请注册的商标是复制、模仿或者翻译他人未在中国注册的驰名商标，容易导致混淆的，不予注册并禁止使用。""就不相同或者不相类似商品申请注册的商标是复制、模仿或者翻译他人已经在中国注册的驰名商标，误导公众，致使驰名商标注册人的利益可能受到损害的，不予注册并禁止使用。"

纷案件适用法律若干问题的解释》第 22 条规定，人民法院在审理商标纠纷案件中，根据当事人的请求和案件的具体情况，可以对涉及的注册商标是否驰名依法做出认定。到目前为止，全国法院已经陆续认定了十几件驰名商标，如北京市高级法院认定的"Dupont"商标、上海市高院认定的"舒肤佳"商标、湖北省高院认定的"立邦"商标等等。

在驰名商标的认定方面，无论是商标主管部门还是法院，所奉行的原则都是个案认定。上面所引证的《驰名商标认定和保护规定》和司法解释的内容，都说明了这一点。例如，在商标异议、注册商标撤销、商标管理过程中的认定，以及法院在审理案件中的认定，都属于"一事一议"的认定。而且，由个案所认定的驰名商标，仅就该案有效，不一定对其他案件有效。或者说，个案认定的驰名商标，在其他案件中不一定要认定为驰名商标。应该说，最高人民法院的司法解释第 22 条就反映了这样的原则："当事人对曾经被行政主管部门或者人民法院认定的驰名商标请求保护的，对方当事人对涉及的商标驰名不持异议的，人民法院不再审查。提出异议的，人民法院依照商标法第 14 条的规定审查。"其中所说的商标法第 14 条，具体规定了认定商标是否驰名时应当考虑的因素。由此可见，至少在商标权纠纷案件中，只要对方当事人对曾经的驰名商标提出异议，法院就应当依据个案原则重新审查该商标是否驰名，并做出新的决定。

（二）认定标准和要素

2001 年修订的商标法，依据"知识产权协议"规定了认定驰名商标时应当考虑的一些因素。根据商标法第 14 条，这些要素是：

（1）相关公众对该商标的知晓程度；

（2）该商标使用的持续时间；

（3）该商标的任何宣传工作的持续时间、程度和地理范围；

（4）该商标作为驰名商标受保护的记录；

（5）该商标驰名的其他因素。

由"该商标驰名的其他因素"可见，商标法所列举的认定驰名商标时应当考虑的要素，也不是穷尽式的。商标主管部门和法院在具体的认定实践中，还可以考虑其他的一些要素。在这方面，国家工商行政管理总局于 2003 年发布的《驰名商标认定和保护规定》，不仅细化了商标法的规定，而且提出了一些新的应当考虑的要素。根据规定的第 3 条，当事人在请求认定驰名商标时，应当提交以下可以证明其商标驰名的材料：

（1）证明相关公众对该商标知晓程度的有关材料；

（2）证明该商标使用持续时间的有关材料，包括该商标使用、注册的历史和范围的有关材料；

（3）证明该商标的任何宣传工作的持续时间、程度和范围的有关材料，包括广告宣传和促销活动的方式、地域范围、宣传媒体的种类以及广告投放量等有关材料；

（4）证明该商标作为驰名商标受保护记录的有关材料，包括该商标曾在中国或者其他国家和地区作为驰名商标受保护的有关材料；

（5）证明该商标驰名的其他证据材料，包括使用该商标的主要商品近三年的产量、销售量、销售收入、利税、销售区域等有关材料。

（三）驰名商标认定和保护中的问题

驰名商标是具有很高的市场价值的商标。尤其是那些驰名度很高的商标，例如排名世界前茅的可口可乐、微软、IBM、英特尔、诺基亚、迪斯尼、麦当劳等等，其商标所具有的价值，已经远远超出了商标所有人的固定资产的价值。与此同时，由于驰名商标所有人的努力，包括质量管理、技术输出、许可使用等等，驰名商标所使用的商品或服务，通常又都是品质优良的商品或服务。这样在一般人看来，驰名商标就具有种种耀人眼目的光环，似乎应当获得种种特殊的保护。

与此同时，那些拥有驰名商标的跨国公司，出于自身利益的考虑，也在积极推进全球范围内的驰名商标的保护。尤其是那些来自西方发达国家的跨国公司，在推动驰名商标的国际性保护方面更是不遗余力。显然，这在国际和国内层面上都产生了广泛的影响，无论相关的国际公约还是各国的国内立法，都对驰名商标给予了特殊的和强有力的保护。这种状况也反映在中国。由于国内外很多学者的论著、驰名商标所有人的鼓吹、媒体的宣传，再加上一些政府官员的强调，也给人造成了一种强有力的印象，即驰名商标是具有特殊身份和地位的商标，驰名商标应当获得特殊的甚至是超越商标法的保护。

毫无疑问，驰名商标，尤其是那些具有很高驰名度的商标，具有很高的市场价值，应当予以特别的保护。但是这种保护，必须是基于商标法和相关法律的保护，而非凭空的或者想象中的保护。从法律的角度来说，在看待驰名商标的保护时，应当注意以下几点。

第一，驰名商标首先是商标，应当与其他的商标一样适用商标法的相关规定。在这方面，无论驰名商标如何特殊，如何具有市场价值，也仍然是一个商标。驰名商标的特殊性，并没有使得它脱离商标的属性。

所以在说到驰名商标的保护时，首先应当与其他商标一样，适用商标法的相关规定。

第二，驰名商标由于具有某些特殊性，确实应当获得某些特殊的保护。但是依据国际公约和中国法律，驰名商标所获得的特殊保护，仅仅是基于混淆理论的保护和淡化理论的保护。除此之外，至少是从商标法和反不正当竞争法的角度来看，驰名商标没有获得其他形式的特殊保护。

根据前面的论述，混淆理论是未注册驰名商标获得权利的依据。允许未注册驰名商标的所有人享有禁止他人注册和使用的权利，不过是对于注册原则的一个补充。如果某一商标已经在中国获得注册，则驰名商标保护上的混淆理论就不再具有任何意义。因为已经获准注册的商标，完全可以适用商标法的规定，获得相应的保护。应该说，在中国商标法奉行注册原则的条件下，在商标保护意识发展到今天的条件下，既在中国驰名而又没有申请注册的商标，如果说不是没有的话，也已经非常少见。所以对于在中国市场上使用的绝大多数商标来说，通过混淆理论来保护未注册驰名商标，已经没有多少意义。

根据前面的论述，淡化理论是已经注册的驰名商标获得跨类保护的依据。应该说，在中国的具体情形下，依据淡化理论而对于已经注册的驰名商标予以保护，才具有一定的意义。或者说，已经在中国注册的驰名商标所获得的保护，正是这种跨类保护的可能性。但是，正如我们在前面已经论述过的那样，这种跨类保护的程度，又取决于某一商标驰名的程度，以及他人对于相同商标的注册和使用，是否含有利用该驰名商标的意味。

第三，驰名商标的认定是个案认定。无论是商标法的规定，还是《驰名商标认定和保护规定》，或者《关于审理商标民事纠纷案件适用法律若干问题的解释》第 22 条的规定，所体现的都是个案认定的原则。与此相应，对于驰名商标的保护，也是为了解决个案所涉及的问题。例如，商标异议和撤销程序中的争执，商标管理中他人的不当使用，以及商标侵权纠纷中的争执。按照个案认定的原则，已经认定的驰名商标，仅对本案的具体情形有效。如果在其他案例中又出现认定驰名商标的需要，则商标主管部门和法院都应当重新认定。当然，驰名商标认定和保护的记录，可以在重新认定时加以考虑。

应该说，在中国目前对于驰名商标的认定和保护中，最大的问题就出在这里。本来，对于驰名商标的认定和保护，仅限于个案。但是在实际的操作中，一个商标一旦被认定为驰名，就具有超越个案的意义。驰名商标的所有人可以在产品的包装上、广告中大肆宣传自己的商标为驰名商标。这样一来，驰名商标也就具有一种市场上的不同于其他商标的身份。与此相应，"驰名商标"的认定也不再是为了解决商标纠纷的需要，而是为了认定而认定。认定本身已经成了目的。

这种超越个案意义的情形，在商标主管机关认定的驰名商标中，尤其如此。因为，按照工商行政管理部门的相关规定，只有被商标主管部门认定的驰名商标，其所有人才可以在广告、媒体、产品包装上，宣传自己的商标是驰名商标。如果没有获得商标主管部门的认定，尽管某一商标非常驰名，也不得在广告或媒体上宣传自己是驰名商标。与此相应，一些商标所有人，尤其是其商标具有一定市场声誉的人，为了获得广告宣传上的这种优势地位，就不遗余力想把自己的商标变为"驰名商标"。很多人甚至借助假"异议"案、假"侵权"案，要求商标主管部门认定自己的商标是驰名商标，以求获得市场上的优势地位。所以有很多学者认为，驰名商标的认定已经成了助长市场上不正当竞争的工具。①

在中国对于驰名商标的认定中，行政机关起着主导作用。例如，国家工商行政管理总局公布的驰名商标，已经达到293件。而全国法院在商标侵权纠纷中所认定的驰名商标，才不过10余件。这与国外驰名商标的认定形成鲜明的对比。

行政主导的另一个表现是驰名商标的"变形"。按照中国目前的做法，除了中央一级的商标主管部门可以认定"驰名商标"外，省市一级的商标主管部门还可以认定本辖区范围内的"著名商标"。② 甚至一些地级市，还认定了本辖区之内的"知名商标"。基于这样一种现状，一些论著也在驰名商标、著名商标和知名商标的区别上大做文章。然而对应到英文，我们就会发现，无论是"驰名商标"，还是"著名商标"或者"知名商标"，都是"well-known trademark"。如果硬要有所区分的话，也不过是全国性的驰名商标（national well-known trademark）或者地方性的驰名商标（local well-known trademark）。这种驰名商标认定上的叠床架屋的做法，这种驰名商标的种种"变形"，都是在行政主导的

---

① 当本书正在写作之时的2006年2月，北京"牛栏山"酒厂正在电视上做广告，祝贺"牛栏山"被认定为驰名商标。

② 当本书写作之时的2006年2月，电视上有一个广告说黄金珠宝店"菜百"为北京市著名商标。此外，"拉芳"化妆品也曾在广告上说是广东省的著名商标。

作用下发生的。而且，这种变形也再一次表明，以行政机关为主导认定驰名商标，已经偏离了驰名商标保护的本意。

显然，中国在驰名商标认定中所发生的偏离，尤其是行政主导所造成的偏离，急需立法机关和行政机关加以纠正。

问题与思考

在驰名商标的保护方面，除了本章讨论的"混淆理论"和"淡化理论"，还有一种"联想理论"。

联想理论最早见于1971年的"比荷卢商标法"，其具体规定是商标所有人可以反对他人在同类或者类似的商品或服务上，使用与其注册商标相同或者近似的标记。后来，法院依据这一规定认为，即使被告使用相同或者近似的商标，没有产生消费者混淆的可能性，但只要社会公众将被告的商标与原告的商标"联想起来"，原告就可以制止被告的使用。法院的相关判决还特别指出，虽然被告的使用没有造成消费者混淆的可能性，但是在发生联想的情况下，也会损害商标所有人的商誉，淡化原告商标的形象。

联想理论虽然起源于"比荷卢商标法"，但是却在欧共体有关商标保护的一号指令中得到了某种体现。例如，一号指令的声明提到："委员会和理事会注意到，联想的可能是一个由比荷卢判例法发展起来的概念。"后来，"比荷卢商标法"再次修订时，完全抛弃了混淆理论，明确将是否有"联想的可能性"作为判断侵权的唯一标准。（参见黄晖《驰名商标和著名商标的法律保护》，第124—127页）这样，"比荷卢商标法"通过"联想的可能性"，就把混淆的可能性和虽然没有混淆，但仍然损害了他人商标的行为，纳入了法律禁止的范围。从这个意义上说，联想既包括了混淆也包括了淡化。

近年来，一些讨论驰名商标保护的论著，不断提到"联想理论"，甚至试图将"淡化理论"纳入"联想理论"之中。但在本书作者看来，联想理论是从混淆理论走出来的一个理论。这个理论试图解决驰名商标保护中出现的淡化问题，如使用他人的驰名商标，虽然没有造成消费者的混淆，但是却利用了、侵蚀了他人商标中的商誉。不过，联想理论仍然具有浓厚的混淆理论的色彩。正如一位商标法专家所说，消费者由这个商标联想到另外一个商标，这本身就是混淆。或许，我们可以把联想理论作为一个过渡性的理论，处于混淆理论和淡化理论之间。但在充分了解混淆理论和联想理论之后，是否有必要了解联想理论，似乎并不重要。

显然，在驰名商标的保护方面，混淆理论和淡化理论已经说明了相关的问题，如权利的获得和适当的跨类保护。况且，两个主要的国际公约，巴黎公约和"知识产权协议"，在驰名商标的保护方面，所体现的也是混淆理论和淡化理论。

复习题

1. 什么是驰名商标？
2. 驰名商标保护的两个基本理论是什么？
3. 认定驰名商标的要素有哪些？

阅读书目

郑成思：《知识产权法》（第二版），法律出版社，2002。
吴汉东主编《知识产权法》，法律出版社，2004。
黄晖：《商标法》，法律出版社，2004。
李明德：《美国知识产权法》，法律出版社，2003。

第五编

反不正当竞争法

　　反不正当竞争法是规范市场主体公平竞争的法律。根据巴黎公约和"知识产权协议"以及世界各国的相关法律，市场上的经营者享有制止他人不正当竞争的权利。其中的不正当竞争，主要是指市场经营者违反诚实信用的原则，以不正当的手段窃取或利用他人的智力活动成果的行为。

　　反不正当竞争法的内容非常广泛，主要涉及商业标识的假冒、虚假宣传、商业诋毁和窃取他人的商业秘密。除此之外，美国和西欧国家的反不正当竞争法还涉及了形象权（right of publicity）的保护、恶意利用他人的商业价值（misappropriation）和简单模仿（slavish imitation 或者 slavish copy）等。本编主要依据中国反不正当竞争法，论述有关假冒商业标识、虚假宣传、商业诋毁和窃取商业秘密等内容。

第二十四章　反不正当竞争法概述

要点提示

　　本章主要讨论了反不正当竞争的概念，包括反不正当竞争的起源、自由竞争与商业伦理的关系、反不正当竞争与反垄断的关系。

　　本章还简要介绍了中国《反不正当竞争法》所具有的混合立法的特征。

第一节　反不正当竞争的概念

一　反不正当竞争的起源与发展

　　反不正当竞争权，又称制止不正当竞争的权利，是指市场经营者在工商业活动中制止他人违反诚实信用原则行为的权利。大体说来，正常的工商业活动要求相关的参与者按照诚实信用的原则，从事公平正当的竞争。如果有人违背诚实信用的原则，采取不正当的竞争手段，窃取或者破坏他人的智力活动成果，不仅会损害他人的竞争利益，而且还会扭曲竞争规则，造成市场秩序的混乱。所以，制止这类不正当竞争的行为，对于维护正常的市场秩序就是至关重要的。

　　从反不正当竞争法的角度来说，对于不正当竞争行为的制止，不是通过国家的行政手段，而是通过赋予市场经营者以制止他人不正当竞争的权利，最终达到维护正常的市场秩序的目的。例如，让受到虚假广告伤害的市场经营者制止虚假广告，让商业标识的所有人制止他人的假冒行为，让商业秘密的所有人制止他人的窃取行为，等等。这与商标法的做法大体相同。

　　反不正当竞争法起源于19世纪中叶的法国。在一开始，只是体现在相关的判例之中，并没有形成成文的法律。法院基本上是依据民法的一般条款，判定假冒、商业诋毁等滥用经济自由的行为属于不正当竞争。自此以后，制止不正当竞争的概念逐渐传播，并且出现了一些成文法律。例如，德国就在1896年制定了一部反不正当竞争法，成为世界上最早的制止不正当竞争的单行法律。进入20世纪以后，法国、瑞士、奥地利、意大利和日本等国，相继制定了成文的制止不正当竞争的法律。而英国和美国等普通法系国家，则通过判例创立和完善了制止不正当竞争的法律。

在国际公约的层面上，巴黎公约1900年的布鲁塞尔文本中，第一次规定了制止不正当竞争的内容。这就是公约的第10条之2。根据规定："本公约的国民在所有成员国内，应当享受该成员给予其国民的不正当竞争保护。"① 这一规定虽然比较简单，但在随后的公约文本的修订中，却不断地丰富和完善起来。到了1967年的斯德哥尔摩文本，最终形成了以下的内容：

（1）本联盟各国应当确保本国国民享有制止不正当竞争的有效保护。

（2）在工商业活动中，任何违反诚实经营的行为，属于不正当竞争的行为。

（3）下列行为尤其应当加以禁止：①一切不择手段地对同行的营业所、商品或工商业活动造成混淆的行为；②在贸易中损害同行的营业所、商品或者工商业活动的信誉的虚假陈述；③在贸易中使用某些表示或说法，会使公众对商品的性质、制造方法、特点、用途和数量发生混淆。

在上述的三个内容中，第一个内容规定了各成员国应当对本国国民提供制止不正当竞争的保护。而这种制止不正当竞争的保护，按照巴黎公约的国民待遇原则，又可以让所有成员国的国民在该国获得相应的保护。第二个内容规定了不正当竞争的定义，即工商业活动中所有的违反诚实经营的行为，都属于不正当竞争。第三个内容则是具体规定了三种应当加以制止的行为，即假冒、商业诋毁和虚假广告。这样，在总的不正当竞争的定义之下，各成员国在相关的法律中至少要禁止工商业活动中的假冒、商业诋毁和虚假广告。

巴黎公约之后，世界贸易组织的"知识产权协议"在制止不正当

---

① 参见孔祥俊《反不正当竞争法新论》，人民法院出版社，2001，第131页。

竞争方面又有了进一步的发展。这就是对于商业秘密的保护。事实上，协议对于商业秘密的保护，就是从巴黎公约有关制止不正当竞争的规定引申出来的。协议第 39 条规定，在依据巴黎公约第 10 条之 2 提供制止不正当竞争保护的过程中，成员应当保护未披露过的信息，以及向政府或政府的代理机构提交的数据。这样，对于商业秘密的保护，就是在制止不正当竞争的框架下予以规定的。

应该说，巴黎公约和"知识产权协议"有关制止不正当竞争权利的保护，既是对于各国反不正当竞争法的总结，又为各成员国制定反不正当竞争法规定了基本原则和最低要求。或者说，各成员国所提供的制止不正当竞争的保护，必须符合两个国际公约的基本原则和最低要求。例如，中国的反不正当竞争法就具体规定了对于假冒、虚假广告和商业诋毁的制止，以及对于商业秘密的保护。当然，在两个公约的基础上，相关的成员完全可以提供更高水平的保护，例如对于形象权的保护，对于简单模仿的制止，以及对于商业标识淡化的制止，等等。

除了巴黎公约和"知识产权协议"，还有一些国际性的文件对制止不正当竞争行为的权利作了界定。其中具有代表性的是世界知识产权组织于 1996 年发布的《关于反不正当竞争保护的示范规定》。① 根据《示范规定》，应当加以制止的不正当竞争行为包括以下几种：

（1）对他人企业或企业之活动造成混淆，即对于各种商业标识的假冒；

（2）损害他人商誉或名声的做法，这是指通过淡化的方式损害他人商业标识的商誉或者声誉，相当于商业标识的淡化；

（3）误导公众，即针对产品或服务而采用误导公众的行为或做法，相当于虚假宣传；

（4）损害他人企业或活动的信誉，这是指损害或者有可能损害他人企业或其活动的，尤其是此种企业所提供的产品或服务的信用的虚假或者不当说法，相当于商业诋毁；

（5）有关秘密信息的不正当竞争，这是指商业秘密的保护。

应该说，在不正当竞争行为的种类上，《示范规定》并没有超越巴黎公约和《知识产权协议》。其中的假冒、虚假宣传、商业诋毁、窃取商业秘密，包括商标的淡化，已经见于巴黎公约和《知识产权协议》。

① WIPO Model Provisions on Protection against Unfair Competition, WIPO Publication Mo. 832, 1996.

当然，《知识产权协议》有关淡化的规定是在驰名商标的保护方面，而《示范规定》的淡化则不限于驰名商标，还包括了其他的商业标识，如未注册商标、商号和商业外观等等。或许从这个意义上说，《示范规定》超越了"知识产权协议"的范围。当然，《示范规定》在商业标识的假冒中还涉及了形象权的保护，也可以看作是超越了"知识产权协议"的范围。

《示范规定》没有涉及欧洲国家普遍规定的"简单模仿"（slavish imitation）。关于这一点，《示范规定》的注释解释说："本示范规定没有包括制止简单模仿的规定。这是因为，至少在目前的条件下，还无法规定制止此种行为的普遍接受的条件，以证明在专利法之外采用该条件有正当的理由。"这表明，在国际文件的层面上写入简单模仿，目前还不具备这样的条件。当然，这并不表明有关国家不能在国内立法的层面上，或者在国内司法的层面上，将简单模仿视为不正当竞争行为，并加以制止。

二　自由竞争与商业伦理

制止不正当竞争权利的产生，与现代市场经济的自由竞争密切相关。或者说，反不正当竞争法所确立的制止不正当竞争的权利，是对于自由竞争原则的某种限制。

在现代市场经济的条件下，一方面，按照自由竞争的原则，两个或更多的市场主体，可以在同一种产品或服务上，就价格、质量、规格和品种等等进行竞争。这种竞争的最后结果，则是让消费者获得更多的价廉物美的商品或服务。而且，按照自由竞争的理论，就同一种商品或服务来说，竞争者越多，消费者获得实惠也越多。所以，现代市场经济总是鼓励市场主体进行竞争，包括创造条件让市场主体进行竞争。

但是在另一方面，无限制的自由竞争，或者不择手段的自由竞争，又会破坏市场经济的正常发展。例如，竞争者采取不正当手段，假冒他人的商业标识，盗取他人的商业秘密和无形商业价值，对他人的产品或服务进行诋毁，都会破坏自由竞争得以存在和发展的基本条件。所以，为了保障市场竞争的公平进行，世界各国的法律，包括相关的国际公约，逐步产生了一些限制性的规则，防止市场主体在竞争的过程中违背商业伦理，以不正当的方式从事商业活动。

事实上，制止不正当竞争的法律或权利，带有强烈的商业伦理的色彩。什么是正当竞争，什么是不正当竞争，或者说某一种具体的竞争行为是否属于正当，都具有鲜明的伦理判断的色彩。而且，正当竞争或不正当竞争的具体含义，也会随着时代的不同而有所不同。例如，在前一个时代认为是正当竞争的行为，在这个时代则有可能被认定为不正当竞争。其原因就在于，某一特定时代的商业伦理标准，是由该时代的社会经济水平所决定的。或者说，社会经济的发展和与之相适应的商业伦理准则，决定着某一商业行为的正当与否。

正是从这个意义上说，为反不正当竞争下一个包容一切的定义就是不可能的。人们发现，很难界定它的具体范围。不正当竞争是一个抽象的带有主观价值评判的概念，只有在与具体的不正当竞争行为相联系时，才能显示出其特有的意义。所以，为了让人们理解不正当竞争的含义，必须列举出某些具体的不正当竞争行为。例如，当巴黎公约第10条之2说，在工商业活动中任何违反诚实信用原则的行为，都属于不正当竞争行为时，人们并不十分明确不正当竞争行为的含义。因为，诚实信用和不正当竞争行为，都属于抽象的商业伦理范畴。但是，当公约具体列举了假冒、商业诋毁和虚假宣传的时候，人们对于不正当竞争的行为，或者诚实信用的原则，就有了较为具体的理解。

同样，由于商业伦理的内涵是随着时代的变化而不断变化，试图列举出所有的不正当竞争行为，也是不可能的。例如，美国国会早在1914年制定"联邦贸易委员会法"时，就否定了以完全列举的方式来定义不正当竞争的观点。美国国会在立法报告中说："拟定一个包容所有不正当行为的定义是不可能的。在这一领域中，人类的创造力是无限的。即使所有已知的不正当竞争行为都得以具体界定和禁止，也有可能会一切重新开始。如果国会采纳了这样一种定义方式，就会承担起一件永无休止的工作。"① 到目前为止，国际上公认的不正当竞争行为，还只限于巴黎公约规定的假冒、虚假宣传、商业诋毁，以及"知识产权协议"规定的窃取他人商业秘密。除此之外的一些不正当竞争行为，如形象权的保护，简单模仿，恶意窃取他人商业价值，还只是存在于有关国家的法律或判例之中。

然而，如果反不正当竞争法仅仅规定了假冒、虚假宣传、商业诋毁和窃取商业秘密等四种行为，又会将法官的手脚束缚起来，使他们不能依据公认的商业伦理，或者不能依据诚实信用的原则，在必要的时候将另外一些商业行为判定为不正当竞争的行为。在这种立法模式下，也许

---

① 　H. R. No. 1142, 63rd Cong. 2d Sess. 18~19 (1914).

法官可以尽可能扩大解释假冒、虚假宣传或商业诋毁的含义，将尽可能多的不正当竞争行为纳入其中。但是在碰到简单模仿（不会造成商品或服来源的混淆）、侵犯他人形象权的情况下，就很难依据假冒、虚假宣传或商业诋毁来作出判决，判定有关的行为属于不正当竞争了。事实上，如果某一个国家的反不正当竞争法仅仅规定哪些行为属于不正当竞争，而没有一般性的维护商业伦理的条款，就会将商业伦理、诚实信用原则或者制止不正当竞争的原则冻结起来。

正是为了避免上述情况，巴黎公约和许多国家的反不正当竞争法，都是首先规定了制止不正当竞争、维护商业伦理的一般条款，然后在此基础之上规定具体的不正当竞争行为。例如，巴黎公约第10条之2第2项规定的内容，"在工商业活动中，任何违反诚实信用原则的行为，都属于不正当竞争行为"，就属于制止不正当竞争的一般条款。而第10条之2的第3项所规定的假冒、虚假宣传和商业诋毁，则是对不正当竞争行为的具体规定。又如，德国现行的反不正当竞争法第1条规定："对于在经营过程中为竞争目的而实施违反善良风俗行为的任何人，可以请求停止行为和承担赔偿责任。"其中所规定的"违反善良风俗行为"，具有非常广泛的含义。在此基础上，法律又规定了虚假宣传、商业诋毁、假冒和窃取商业秘密等不正当竞争行为。再如，美国联邦反不正当竞争法，即"兰哈姆法"第43条第1款，虽然没有使用商业伦理、诚实信用、善良风俗一类的字词，但法院在具体的司法判决中，常常引用不正当竞争、诚实信用等抽象原则，判定某一行为属于不正当竞争行为。例如，美国第五巡回上诉法院曾经在一个判例中指出："不正当竞争法是一个总称，包括所有法定的和非法定的诉因，这些诉因来自于日常的商业行为，它们违背了产业或商业活动的诚实做法。"①

正是基于一般条款和特殊条款的规定方式，法院在必要的时候就可以不必拘泥于具体的不正当竞争行为，而是依据一般性的条款，判定某些明显违背商业伦理的竞争行为，属于不正当竞争的行为。与此相应，在必要的时候，"商业伦理"、"诚实信用"和"正当竞争"一类的概念，也就像"理性"、"公平"、"正义"一类的概念一样，可以成为法院判定具体案件的指导原则。显然，这样一种立法模式，有利于反不正当竞争法随着社会经济的变迁而不断发展。

当然，"商业伦理"、"诚实信用"和"正当竞争"一类的伦理性观

---

① Ameirican Heritage Life Ins. Co. v. Heritage Life Ins. Co, 182 USPQ 77 (5th Cir. 1974).

念，是由法院在具体的司法实践中界定的。这样，不同国家的司法机关在界定或者理解这些伦理性概念时，就会不可避免地受到该国的历史、文化和伦理传统的影响。与此相应，各国司法机关和立法机关所理解的"商业伦理"、"诚实信用"和"正当竞争"，就会有这样或那样的差别。尽管如此，对于这些概念的理解，在国际上还是存在着一些各国基本接受的标准。大体说来，巴黎公约所界定的不正当竞争，以及巴黎公约所列举的假冒、虚假宣传和商业诋毁，以及"知识产权协议"所增加的窃取他人商业秘密，都是世界各国公认的违反"商业伦理"、"诚实信用"和"正当竞争"的做法。

或许正是从这个意义上说，各国的立法机关和司法机关应当首先接受国际公约中有关不正当竞争的标准，以及国际公约所列举的不正当竞争行为。这是对于巴黎公约和世界贸易组织成员的最低要求。只有在这样的基础之上，各国的立法机关才可以根据本国的需求，依据本国的商业伦理标准增加应当制止的不正当竞争行为，例如简单模仿和形象权的保护等等。只有在这样的基础之上，各国的司法机关才可以在本国立法的基础之上，运用商业伦理的标准，规范甚至制止某些法律没有明文界定的不正当竞争行为。超出国际公约的司法探索，应当是谨慎的。否则，将有可能损害正常的市场竞争秩序。

此外，运用一般条款制止某些不正当竞争行为，只是法院在司法实践中万不得已的做法。只有在穷尽了"假冒"、"虚假宣传"、"商业诋毁"或者"窃取商业秘密"等概念以后，只有在确定有关案件所涉及的行为明显违背商业伦理，并且必须加以制止时，才可以诉诸一般条款作出判决。而且，即使是在这个时候，法院的探索和相应的判决也应当谨慎行事。[①] 否则，法院就会以自己的不恰当的探索方式，造成另外一个意义上的市场竞争秩序的混乱。例如，在一般商业伦理认可"简单模仿"的情况下，作出禁止简单模仿的判决。或者一些法院作出不加禁止的判决，而另外一些法院作出加以禁止的判决，并由此而造成竞争规则的混乱。

三　反不正当竞争与反垄断

应该说，反垄断与现代市场经济的自由竞争也有着密切的关系。按

---

① 在中国近几年反不正当竞争司法实践中，出现了倚重一般条款而非具体条款判决的倾向。在作者看来，这种倾向是不健康的，有可能导致"商业伦理"、"诚实信用"和"正当竞争"标准的混乱。

照自由竞争的理论，市场主体可以就同一种商品或服务进行充分的竞争，最终让消费者获得价廉物美的商品或服务。但是在另一方面，无限制的自由竞争也会产生一些不利的后果，甚至破坏自由竞争得以存在的条件。大体说来，这种无限制竞争所产生的不良后果主要表现在两个方面。一是竞争者采取不正当的手段，假冒他人商业标识，进行虚假宣传或者商业诋毁，或者窃取他人的商业秘密等等。纠正这类行为，属于反不正当竞争法的范畴。二是竞争者滥用市场优势地位，或者结成联盟垄断价格和市场，阻碍他人的正常竞争。纠正这类行为，属于反垄断法的范畴。

从表面上看，不正当竞争行为和垄断行为，都是对于市场竞争秩序的破坏。同时，反不正当竞争法和反垄断法，也都是从纠正某些不利于市场竞争的行为入手，达到市场竞争有序进行的目的。不过，从法律部门的角度来看，反不正当竞争法与反垄断法，却有着很大的甚至是本质上的区别。

第一，反垄断法所要解决的是有没有竞争的问题，而反不正当竞争法所要解决的是"过分"竞争的问题。大体说来，垄断行为有三种，即具有市场独占性地位的企业（如电信、煤气企业）滥用其独占地位，由企业合并所产生的限制竞争，以及由价格联盟（卡特尔）所造成的市场垄断。就第一种垄断行为来说，反垄断法所要解决的是限制企业的某些行为，防止独占性地位带来的不利后果。就第二种和第三种垄断行为来说，反垄断法所要解决的是拆散价格联盟和不合理的企业兼并，从而创造有利于市场主体竞争的条件。而不正当竞争行为则是，市场主体在可以自由竞争的前提下，采取了不正当的或者"过分"的竞争行为，从而损害了其他市场主体的利益。显然，反垄断法所要解决的是自由竞争得以存在的前提条件，而反不正当竞争法则是在已经有了自由竞争的条件下，解决市场主体的不正当竞争问题。

第二，反垄断法所考虑的是宏观的市场结构，而反不正当竞争法所考虑的则是微观的市场行为。这一点与上述区别密切相关。大体说来，反垄断法所关注的是市场结构的问题，诸如具有市场独占性地位的企业是否滥用自己的优势地位，牟取垄断性利润，或者企业的合并和价格联盟是否导致限制竞争甚至取消竞争的问题。或者说，反垄断法是从宏观的市场结构入手，创造市场主体得以竞争的条件。而反不正竞争法所关注的则是微观的市场行为，诸如市场主体是否采取了假冒、虚假宣传、商业诋毁的行为，是否违反了公认的商业伦理。或者说，反不正当竞争法是从微观的市场主体的行为入手，确保市场主体遵从公认的商业伦理，进行公平正当的竞争。

第三，反垄断法属于公法的范畴，而反不正当竞争法则属于私法的范畴。反垄断法是赋予国家机构以相应的权力，以行政手段拆散价格联盟和垄断性企业，或者以行政手段防止垄断性企业滥用自己的优势地位。例如在美国等国家，是由司法部一类的行政部门举行反垄断的调查，并且实施相应的反垄断行为。由此可见，反垄断法是行政法的一个部分，属于公法的范畴。而反不正当竞争法则是通过另外一种方式，即赋予市场主体以制止不正当竞争的权利，由利益受到损害的市场主体，运用法律所赋予的权利，制止他人的假冒、虚假宣传、商业诋毁和窃取商业秘密的行为，从而达到维护商业伦理，确保公平正当竞争的目的。在这里，制止不正当竞争的不是公法意义上的国家权力机关，而是私法意义上的市场主体。所以，反不正当竞争法属于私法的范畴。

正是出于以上的原因，很多国家都是将反垄断法和反不正当竞争法分别立法。例如，德国既有属于反垄断法的《反限制竞争法》，又有《反不正当竞争法》。再如，美国的反垄断法是"谢尔曼法"和"克莱顿法"，而联邦的反不正当竞争法则是"兰哈姆法"的第 43 条第 1 款和第 4 款。当然，也曾经有个别国家例如波兰，试图从规范市场竞争的角度，将反垄断与反不正当竞争放在一部法里加以规定。但在走了几年弯路以后，终于得出结论，必须将反垄断和反不正当竞争分成两部法律去制定，而不能合在一起。① 由此可见，将反垄断和反不正当竞争放在一部法里加以规定是行不通的。

尽管反垄断法与反不正当竞争法在保障竞争结构和限制过分竞争方面，在宏观考虑和微观考虑方面，在公法和私法方面，有着很大的甚至是本质的不同，但二者在关注市场竞争方面毕竟有着共同的一面。正是由此出发，一些论著就将二者混同了起来，甚至放在一起论述。就知识产权的学习来说，将反垄断法与反不正当竞争法区别开来，还是非常重要的。否则就不能正确认识反不正当竞争法中的许多问题。②

---

① 参见郑成思《知识产权论》（第三版），法律出版社，2003，第 394 页。
② 事实上，国内目前一些人所撰写的"竞争法"的论著，在很大的程度上属于反垄断法的范畴。其原因大概在于某些国家如德国，将反垄断法称为《反限制竞争法》。事实上，限制竞争行为就是垄断行为，但是不同于不正当竞争行为。将德国的《反限制竞争法》与《反不正当竞争法》混杂在一起论述，只能表明没有将二者区别开来。

第二节　中国反不正当竞争法的制定

一　反不正当竞争法的制定

中国的《反不正当竞争法》于 1993 年 9 月 2 日由全国人大常委会通过，于当年 12 月 1 日起开始实施。但是，这并不表明在此之前没有对于不正当竞争行为的制裁。

按照反不正当竞争法，经营者应当以诚实信用的原则，在市场上进行公平公正的竞争。应该说，这样的原则早在 1986 年就出现在了《民法通则》之中。根据民法通则第 4 条："民事活动应当遵循自愿、平等、等价有偿、诚实信用的原则。"不仅如此，法院还在一些特定的案件中，依据民法通则的上述规定，制止了一些不正当竞争行为。例如在 1990 年，山东省临沂市中级法院和山东省高级法院，就依据民法通则的上述规定，对一起假冒他人酒类商品的案件做出了判决，维护了原告的权利。又如在 1991 年 5 月，北京市海淀区法院依据同样的反不正当竞争的原则，处理了一起录音磁带侵权案件。①

除此之外，在 20 世纪 80 年代的后期，武汉、上海、江西等地还依据市场经济的需要，颁布了地方性的反不正当竞争法规。例如，1985 年的《武汉市制止不正当竞争行为试行办法》，1987 年的《上海市制止不正当竞争暂行规定》，1989 年的《江西省制止不正当竞争试行办法》，等等。

不过，尽管有《民法通则》中的一般性规定，尽管有一些地方性的制止不正当竞争的规范，但仍然有必要制定一部专门性的和全国性的反不正当竞争法。而且，随着中国市场经济的不断发展，制定这样一部反不正当竞争法的呼声也越来越高。早在 1987 年，国务院就提出要制定专门的反不正当竞争条例，并且由国务院法制办和国家工商行政管理局等 7 个部门组成联合起草小组。起草中的反不正当竞争条例，曾经四易其稿，直到 1989 年才形成第五稿，定名为《制止不正当竞争条例》（草稿）。然而，由于多方面的原因，尤其是中国市场经济的发育尚不成熟，条例没有上报国务院，也没有列入制定行政法规的正式程序。②

---

① 参见郑成思《知识产权论》（第三版），法律出版社，2003，第 392 页。
② 王学政：《中国反不正当竞争法的理论与立法经验》，载《中国知识产权二十年》，专利文献出版社，1998。

对于反不正当竞争法的制定来说，1991年1月的中美知识产权协议起了直接的推动作用。根据协议的第四条，中国政府将依据巴黎公约第十条之二有关制止不正当竞争的规定，对商业秘密提供保护。中国政府还在协议中承诺，将在1994年1月之前实施上述法律。这样，制定反不正当竞争法，包括规定商业秘密的保护，就成了一项紧迫的任务。

1991年底，全国人大常委会将反不正当竞争法列入需要加快制定的经济立法项目，并确定由国家工商行政管理局进行起草。随后，国家工商行政管理局成立起草小组，在原有的《制止不正当竞争条例》（草稿）的基础上，又对相关的问题进行了深入研究，并且在1992年10月就提出了反不正当竞争法的草案。在随后的进一步修改中，草案曾一度更名为《公平交易法》，并上报国务院讨论。在国务院讨论的过程中，建议还是按照全国人大常委会的意见，称为《反不正当竞争法》而不是《公平交易法》。1993年5月，国务院常务会议通过了《反不正当竞争法（草案）》，上报全国人大常委会审议。1993年9月2日，全国人大常委会审议通过《中华人民共和国反不正当竞争法》，于当年12月1日起实施。

《反不正当竞争法》的颁布实施，不仅提供了对于制止不正当竞争权利的保护，而且也标志中国知识产权法律体系的初步形成。反不正当竞争法与原有的商标法、专利法和著作权法一道，形成了中国的知识产权法律体系。

二　中国《反不正当竞争法》的特点

与世界大多数国家的反不正当竞争法相比，中国《反不正当竞争法》的突出特点是采取了反不正当竞争与反垄断的混合立法模式。这样，中国的《反不正当竞争法》就不单纯是规范不正当竞争的行为，而且还有规范垄断行为的意味。

事实上，无论是在制定反不正当竞争法的过程中，还是最后颁布实施的《反不正当竞争法》，反不正当竞争与反垄断都始终纠缠在一起。例如，当国务院于1987年提出制定反不正当竞争法的时候，其主要目的是制止地方分割和部门垄断。维护公平竞争或者制止不正当竞争，并非首要目的。与此相应，国务院法制局等7单位起草的法律，也称为《禁止垄断和不正当竞争条例》（草稿）。从草案的名称可以看出，其重心是在于禁止垄断。后来，随着立法意图的改变，第五稿才称为《制止不正当竞争条例》（草稿）。

到了 1992 年，当反不正当竞争法的起草工作重新启动之时，意图是依据巴黎公约的有关规定，制定反不正当竞争法。1992 年 10 月提出的《反不正当竞争法》（征求意见稿）就反映了这样的立法意图。但是在法律的起草过程中，是否应当将反垄断的内容纳入进去，再次成为讨论的重点。由于反垄断与反不正当竞争都具有规范市场行为的作用，很多人主张在草案中适当纳入反垄断的内容。在这样的背景之下，起草小组加入了一些反垄断的内容，主要集中在滥用市场竞争优势和协议限制竞争方面。同时还结合国内市场状况，规定了反对地方封锁的内容。与此相应，国家工商行政管理局送国务院讨论的稿子也改为了《公平交易法》（送审稿）。显然，这种称谓上的变化，也反映了送审稿实质内容的变化。

在国务院讨论《公平交易法》（送审稿）的过程中，主要提出了两点意见。一是法律的名称，还是按照全国人大的立法规划，恢复为《反不正当竞争法》为好。二是不宜规定反对地方封锁的内容。国家工商行政管理局接受了上述意见，而国务院经过讨论后也将《反不正当竞争法》的草案提交全国人大常委会审议。

立法机关在审议的过程中，对反不正当竞争法的草案进行了深入而全面的研究。立法机关认为，反垄断的问题十分复杂。尽管我国有必要制定反垄断法，但在目前阶段，突出存在的垄断是行政权力派生出来的垄断，这与国外通过自由竞争形成的垄断显然不同。在现阶段，中国的市场经济还在孕育之中，通过自由竞争而形成的垄断还没有出现，制定反垄断法的时机还不成熟。这样，立法机关得出的结论就是在目前阶段先制定反不正当竞争法，待时机成熟后再委托国务院和有关部门制定反垄断法。在这样的指导思想之下，立法机关会同国务院法制局和国家工商行政管理局，对草案进行了进一步的修改。主要是从整体上删除了滥用市场竞争优势的条款和协议限制竞争的条款，留待将来制定反垄断法时加以解决。不过，在审议的过程中又依据全国人大常委会委员的强烈要求，恢复了反对地方封锁的内容。①

经过这样的修改之后，由全国人大常委会通过的《反不正当竞争法》，就主要是为了规范市场上的不正当竞争行为。在这方面，主要是规定了制止不正当竞争的一般条款，即"经营者在市场交易中，应当遵

---

① 参见王学政《中国反不正当竞争法的理论与立法经验》，载《中国知识产权二十年》，专利文献出版社，1998。

循自愿、平等、公平、诚实信用的原则，遵守公认的商业道德。""本法所称的不正当竞争，是指经营者违反本法规定，损害其他经营者的合法权益，扰乱社会经济秩序的行为。"在此基础上，《反不正当竞争法》规定了四种不正当竞争行为，即假冒（第5条）、虚假宣传（第9条）、商业诋毁（第14条）和窃取他人商业秘密（第10条）。这样，巴黎公约和"知识产权协议"所规定的具体的不正当竞争行为，就反映在了中国的《反不正当竞争法》中。与此相应，在制止不正当竞争的保护方面，中国的《反不正当竞争法》已经满足了巴黎公约和"知识产权协议"的要求。

尽管如此，在现行的《反不正当竞争法》中，仍然保留了一些反垄断的规定，以及一些其他方面的内容。就反垄断的内容来说，主要有公用企业或其他具有市场独占地位的经营者限制他人公平竞争的行为（第6条），政府及其所属部门滥用行政权力限制他人公平竞争的行为（第7条），经营者违背购买者的意愿搭售或者附加其他不合理条件的行为（第12条），以及串通投标的行为（第15条）。其他的内容有，商业贿赂（第8条），低价倾销（第11条），重奖销售（第13条），等等。

由以上的叙述可以看出，中国现行的《反不正当竞争法》采取了混合立法的模式，并不单纯是制止不正当竞争的内容。与此相应，对于中国《反不正当竞争法》的认识，也不能仅仅停留在一般的制止不正当竞争的方面，还应该了解其中的其他内容，以及规定这些内容的特定原因。

大体说来，当时采取这样一种立法模式，既有现实需要的原因，也有认识方面的原因。就现实的需要来说，当时迫切需要规范某些问题突出的垄断行为，如地方封锁和公用企业对他人公平竞争的限制等等。除此之外，商业贿赂、低价倾销和重奖销售等等，也反映了当时经济活动中出现的一些问题。就认识方面的原因来说，则主要是很多人没有分清反不正当竞争与反垄断的区别，甚至将二者混同了起来。很多人认为，从规范市场竞争的角度来看，完全可以将反垄断的内容和反不正当竞争的内容规定在同一部法中。尽管立法机关在这个问题上认识比较明确，决定先制定反不正当竞争法，将来时机成熟时再制定反垄断法。但是在最后通过的反不正当竞争法中，由于各方面原因和力量的作用，仍然带有了反垄断的痕迹。

不过，就《反不正当竞争法》的实施来看，尤其是司法机关的审判来看，主要还是集中在了制止不正当竞争方面。无论是工商行政管理部门还是法院，依照《反不正当竞争法》所处理的案件，绝大多数都在制止不正当竞争方面。至于《反不正当竞争法》的其他规定，到了1998年前后，"搭售及附加其他不合理条件销售行为"的案件，尚没有发生；低价倾销案件和串通投标案件，甚少发生，个别发生的案例还值得推敲；政府及其所属部门滥用行政权力限制他人竞争行为虽然时有发生，但难以根据法律规定加以调整。相比之下，只有公用企业或者其他具有独占地位经营者限制他人公平竞争的行为，受法律调整的效果较为明显。而且，这方面的案件主要是由工商行政管理部门处理。①

正是由此出发，我们对于《反不正当竞争法》的认识，也应该把重点放在制止不正当竞争方面。目前，中国的反垄断法正在制定之中，有关反垄断与反不正当竞争的关系，人们的认识也在不断深化之中。随着中国反垄断法的制定，随着《反不正当竞争法》修订工作的展开，现行《反不正当竞争法》中有关反垄断的内容和其他的内容将被删除，成为名副其实的制止不正当竞争的法律。

三　制止不正当竞争的救济措施

在世界上绝大多数的国家里，发生了不正当竞争行为以后，利益受到损害的经营者，都是通过司法的途径来寻求救济的。然而，依据中国的《反不正当竞争法》，利益受到损害的市场主体，可以有两条途径寻求法律救济，或者请求县级以上的工商行政管理部门查处，或者向法院提起诉讼。当然，县级以上的工商行政管理部门也可以依据职权，主动查处相关的不正当竞争行为。显然，这一规定与《著作权法》、《商标法》和《专利法》等法律的规定是一致的。

与行政途径和司法途径相应，《反不正当竞争法》也规定了行政监督检查机关和法院可以给予的救济措施。先来看行政监督检查机构可以给予的救济措施。根据第17条的规定，县级以上的监督检查部门在行使职权，主动查处不正当竞争行为的时候，可以询问相关的经营者、利害关系人、证明人，并可以要求提供证明材料或者与不正当竞争行为有关的其他资料；可以查询、复制与不正当竞争行为有关的协议、账册、单据、文件、记录、业务函电和其他资料。在涉及"假冒"商标、商

---

① 参见王学政《中国反不正当竞争法的理论与立法经验》，载《中国知识产权二十年》，专利文献出版社，1998。

号和其他商业标识的货物时，还可以责令经营者说明该商品的来源和数量，责令暂停销售，听候检查，不得转移、隐匿、销毁该财物。

如果是经营者要求查处，在涉及"假冒"行为时，监督检查部门可以责令假冒者停止违法行为，没收非法所得，处以一倍以上三倍以下的罚款。情节严重的，还可以吊销营业执照，直至追究刑事责任。在涉及"虚假宣传"时，监督检查部门应当责令停止违法行为，消除影响，可以根据情节处以 1 万元以上 20 万元以下的罚款。在涉及侵犯他人商业秘密的行为时，监督检查部门可以责令停止违法行为，可以根据情节处以 1 万元以上 20 万元以下的罚款。不过，《反不正当竞争法》没有就"商业诋毁"的救济措施作出规定。

根据《反不正当竞争法》第 29 条，当事人对监督检查部门作出的处罚决定不服的，可以自收到处罚决定之日起 15 日内向上一级主管机关申请复议；对复议决定不服的，可以自收到复议决定书之日起 15 日内向人民法院提起诉讼；也可以直接向人民法院提起诉讼。这一规定，适用于监督检查部门依据职权的主动查处和应当事人请求的被动查处。

再来看法院可以给予的救济措施。根据《反不正当竞争法》第 20 条的规定，经营者违反本法规定，给被侵害的经营者造成损害的，应当承担损害赔偿责任。被侵害的经营者的损失难以计算的，赔偿额为侵权人在侵权期间因侵权所获得的利润。除此之外，违法者还应当承担被侵害的经营者因调查该经营者的侵害行为而支付的合理费用。事实上，这一条不仅规定了损害赔偿的责任，还规定了损害赔偿的计算方法。由此可见，无论是在有"假冒"和"虚假宣传"的行为时，还是在有"商业诋毁"和侵犯他人商业秘密的行为时，违法者都要承担损害赔偿的责任。而且，损害赔偿的数额可以是原告的损失，也可以是侵权人的利润所得。在此基础之上，还应该包括原告为制止相关的不正当竞争行为而支付的合理费用。

《反不正当竞争法》第 20 条虽然没有明文规定责令停止侵权，但是从民法通则的一般性规定来看，从《反不正当竞争法》的司法实践来看，法院在审理不正当竞争案件的时候，不仅适用了损害赔偿的救济措施，而且适用了责令停止侵权的救济措施。这样，法院可以给予受损害当事人的救济措施，就是既包括责令停止侵权，又包括损害赔偿。

事实上，从制止不正当竞争行为的角度来看，适用救济措施的顺序，应当是首先责令停止侵权，然后才去计算相关的赔偿数额。这是因为，"制止不正当竞争"，首先是"制止"相关的行为。而"制止"相关的行为，从民事救济的角度来看，就是"责令停止侵权"或者"禁令"。或者说，从"制止"不正当竞争行为的角度来看，法律所注重的应当是"责令停止侵权"或者"禁令"，而不是损害赔偿。例如在美国制止不正当竞争的司法实践中，法院就是更多地使用禁令救济，而非损害赔偿。只有在原告能够证明自己的损失或者被告的利润所得时，法院才会判决相应的损害赔偿。

制止不正当竞争重在"禁令"而非"损害赔偿"，或者法院在司法实践中较少判决损害赔偿，还与损害赔偿数额的难以计算相关。通常说来，在不正当竞争的案件中，原告很难证明由于被告的不正当竞争行为，自己遭受了多少损失，或者被告因此而获得了多少利润。这种状况，在"虚假宣传"和"商业诋毁"中尤为突出。受到损害的竞争者，无法证明他人的"虚假宣传"或"商业诋毁"对自己造成了多少金额的损害，或者对方由此获得了多少利润。而在"假冒"和"侵犯商业秘密"的案件中，证明自己的损失或者被告的利润所得，也是一件非常困难的事情。所以原告所希望的，通常是尽快制止被告的不正当竞争行为，例如停止假冒、虚假宣传或商业诋毁，或者不要进一步泄漏、使用相关的商业秘密。

当然，制止不正当竞争重在禁令而非损害赔偿，并不意味着忽略损害赔偿。当原告确实能够证明自己所遭受的损失，或者被告所获得的利润时，法院也会判决相应的损害赔偿。不过，在某些国家的法律中，例如美国的司法实践中，只有当被告具有主观上的故意时，只有当被告是有意欺诈时，法庭才会判决损害赔偿。否则，法院只给予禁令的救济，禁止被告继续某种不正当竞争的行为，如停止使用与原告商标或商号近似的商标或商号，停止误导消费者的广告等。事实上，由原告证明被告的故意，又会加重原告的举证责任。

在国际层面上，巴黎公约没有具体规定制止不正当竞争权利的法律救济，而是将相关的救济措施留给了各个成员国加以规定。至于"知识产权协议"，虽然就知识产权的保护规定了民事、行政和刑事的救济措施，但具体的落实还是由各个成员的立法解决。这样，如何规定制止不正当竞争的救济措施，偏重于禁令还是损害赔偿，仍然是一个由各个成员的立法机关或法院加以决定的问题。

世界知识产权组织1996年的《示范规定》虽然在第1条第2款规定："凡遭受或者有可能遭受不正当竞争行为损害的自然人或者法人，应当有权利获得如下的救济……"但是只有省略号而并没有具体的措施。关于这一点，《示范规定》的注释说，世界知识产权组织的国际局正在研究知识产权执法的问题，将在晚些时候增补有关执法的规定。在这方面，将适当考虑"知识产权协议"中的救济措施，包括增补民事程序和行政程序，增补禁令、损害赔偿、防止非法行为、保存有关证据的临时措施，等等。《示范规定》还说，"损害"一词应当从广义的角度来理解，包括被告在损害原告的情况下获得的或者有可能获得的利益。而且，就禁令的发布来说，不仅要制止已经发生的不正当竞争行为，还要制止即将发生的不正当竞争行为。

　　显然，对于制止不正当竞争的权利而言，有关的救济措施是非常重要的。如果没有制止不正当竞争和防止损害或者进一步损害的禁令，如果没有损害赔偿的措施，制止不正当竞争的保护就会停留在理论上。

问题与思考

　　有一家汽车公司就汽车的内设作出了别致的设计，主要体现在仪表盘、空调通风孔和方向盘的外形上。但是这家汽车公司没有申请外观设计专利权。后来，另一家汽车公司模仿了这种别致的设计。当前者试图起诉后者侵权时，却发现自己不享有任何知识产权。例如，自己没有外观设计专利权，著作权法和商标法也不能给予保护。即使想寻求反不正当竞争法的保护，也难以找到依据。因为，汽车内设的别致设计，很难构成有识别性的"包装装潢"。况且，有关的设计还与功能性的要素密不可分，即便有识别性也不能作为商业标识受到保护。或者说，商业标识的保护，不能保护功能性的要素。

　　然而，如果在中国的反不正当竞争法中有了"简单模仿"的规定，则有可能发生不同的结果。例如，前一厂家可以按照"简单模仿"的规定，诉后一厂家不正当竞争，并要求法院加以制止。而后一厂家简单模仿了他人的创造性智力成果，也有可能构成市场上的不正当竞争。事实上，在欧洲的一些国家，"简单模仿"的规定就是针对某些厂家不劳而获，自由利用他人没有申请专利权的技术成果的。

　　那么，在中国目前的情况下，有没有必要在反不正当竞争法中规定"简单模仿"，或者由法院通过判例制止"简单模仿"呢？至少在美国的联邦反不正当竞争法中，到目前为止尚没有规定制止简单模仿的条文。同时，法院也没有作出过制止"简单模仿"的判例。相反，美国法院的相关判例总是认为，既然作出了技术创新的人没有申请发明专利权或者外观设计权，就表明他通过产品上市的方式或者其他的方式，将有关的技术成果奉献给了社会公众。在这种情况下，任何人都可以自由利用已经处于公有领域中的技术成果，创新者无权阻止。

　　由此看来，至少在一个相当长的时间里，中国的反不正当竞争法没有必要去规定"简单模仿"的内容，中国的法院也没有必要通过判例制止市场上的简单模仿。

复习题

1. 什么是制止不正当竞争的权利？这项权利有哪些内容？
2. 反不正当竞争与商业伦理的关系是什么？
3. 反不正当竞争与反垄断的关系是什么？
4. 中国《反不正当竞争法》有什么特点？

阅读书目

郑成思：《知识产权法》（第二版），法律出版社，2002。

郑成思译《世界知识产权组织关于反不正当竞争保护的示范规定》，《知识产权文丛》第二卷，中国政法大学出版社，1999。

孔祥俊：《反不正当竞争法新论》，人民法院出版社，2001。

王学政：《中国反不正当竞争法的理论与立法经验》，载《中国知识产权二十年》，专利文献出版社，1998。

李明德：《美国反不正当竞争法研究》，载《知识产权文丛》第九卷，中国方正出版社，2003。

第二十五章　假　　冒

要点提示

　　本章主要讨论商业标识的假冒，包括假冒的起源、假冒与混淆，以及假冒的本质。

　　本章还讨论了具体的商业标识假冒，如商标的假冒、商品外观的假冒和商号的假冒。

　　制止商业标识的假冒，是最早纳入反不正当竞争法的内容，同时也是反不正当竞争法中内容最为广泛的一个部分。本章主要讨论假冒的概念，以及假冒的主要方式，如商标的假冒、商品外观的假冒和商号的假冒。

第一节　假冒的概念

一　假冒的起源

　　假冒（passing off）是指未经许可而使用他人的商业标识，并由此而造成了消费者在商品、服务或商业活动来源上的混淆。而制止商业标识的假冒，也是最早纳入反不正当竞争法的内容。从某种意义上说，反不正当竞争法就是起源于制止假冒的需求。例如，19世纪中叶起源于法国的反不正当竞争概念，主要是制止商业标识的假冒。又如，英国反不正当竞争法的发展历史，就是假冒的概念不断扩张的历史。时至今日，假冒仍然是英国反不正当竞争法的主要内容。至于美国的反不正当竞争法，也是在继承英国"假冒"概念的基础上发展起来的。甚至是美国的商标法律，也是从制止商业标识的假冒中独立出来的。

在国际公约的层面上，"假冒"在制止不正当竞争的体系中，同样具有非常重要的地位。例如，巴黎公约第 10 条之 2 规定了制止不正当竞争的权利。而在公约所列举的三种不正当竞争行为中，假冒位居第一。根据规定，一切不择手段地对同行的营业所、商品或工商业活动造成混淆的行为，都应当加以制止。对于竞争对手的营业所、商品或者工商业活动造成混淆的行为，具体所指就是商业标识的假冒。例如，对他人商号（营业所）、商标（商品或服务）和其他商业标记的假冒，以及由此而引起的消费者的混淆等等。这样，将宽泛的"营业所、商品或工商业活动"与商标、商号和其他商业标识联系起来，并且以消费者的混淆或者混淆的可能性作为标准，巴黎公约就提供了广泛的制止他人假冒的保护。

随着世界贸易组织的"知识产权协议"将巴黎公约的相关规定纳入其范围之内，巴黎公约有关工业产权保护的实体性条款，包括制止不正当竞争权利的保护，也成为所有成员应当遵循的准则。从这个意义说，世界贸易组织的所有成员，都必须保护制止不正当竞争的权利，包括制止假冒的权利。

中国 1992 年制定的《反不正当竞争法》，规定了假冒、虚假宣传、商业诋毁和窃取他人商业秘密等内容。值得注意的是，在上述应当加以制止的不正当竞争行为中，假冒也是名列第一，在整个法律中占有突出的地位。

根据《反不正当竞争法》第 5 条，经营者不得采用下列不正当手段从事市场交易，损害竞争对手：

（一）假冒他人的注册商标；

（二）擅自使用知名商品特有的名称、包装、装潢，或者使用与知名商品近似的名称、包装、装潢，造成和他人的知名商品相混淆，使购买者误认为是该知名商品；

（三）擅自使用他人的企业名称或者姓名，引人误认为是他人的商品；

（四）在商品上伪造或者冒用认证标志、名优标志等质量标志，伪造产地，对商品质量作引人误解的虚假表示。

大体说来，上述 4 种具体行为中，前 3 种所涉及的是他人的商标、商品外观和商号等商业标识，属于通常所说的假冒或者假冒商业标识的范畴。而第 4 种所涉及的是质量标志、产地标志，有关的伪造或者冒用的目的是对产品的质量作引人误解的虚假宣传，属于通常所说的虚假宣传的范畴。①所以，本章在讨论假冒时，只涉及前三种行为，而将第四种行为留待下一章"虚假宣传"讨论。

二　假冒与混淆

假冒的目的在于造成消费者在商品或服务来源上的混淆，或者造成此种混淆的可能性。无论是巴黎公约第 10 条之 2 规定的假冒，还是世界知识产权组织《关于反不正当竞争保护的示范规定》所涉及的假冒，都是从造成混淆或者有可能造成混淆的角度来规定的。例如公约第 10 条之 2 规定，一切不择手段地对同行的营业所、商品或工商业活动"造成混淆的行为"，都应当加以制止。又如，根据《示范规定》第 2 条，凡是对他人企业所提供的产品或服务"造成、或者有可能造成混淆的行为或做法"，都属于不正当竞争的行为。不仅如此，各国对于假冒的制止，或者将假冒当作不正当竞争行为，通常也是从造成混淆或者可能混淆的角度来规定的。例如，美国联邦反不正当竞争法《兰哈姆法》第 43 条第 1 款规定，任何人如果在商品或服务上使用虚假标示，有可能就商品或服务的来源、认可、批准，或者就他人的商业活动，造成混淆、误导或者欺骗，应当承担民事法律责任。又如，日本《不正当竞争防止法》第 2 条第 1 款规定，使用与他人的人名、商号、商标、标记、商品的容器和包装相同或者近似的商业标识，从而导致与他人的商品或者商业活动产生混淆的行为，属于不正当竞争的行为。

此外，反不正当竞争法所说的混淆，既包括已经发生的实际混淆，也包括有可能发生的混淆。而且，从不正当竞争的构成来说，只要存在混淆的可能性，法院就可以判定侵权。这与商标侵权的认定标准相同。关于这一点，世界知识产权组织《示范规定》的注释有如下的论述："混淆并非必须已经发生，因为造成混淆的可能性，已经为不正当竞争的诉讼提供了足够的依据。可能产生的混淆，其危害性不亚于实际发生的混淆。典型的情况是，商标、商号或者其他商业标记越是驰名，造成混淆的可能性就越大。"当然，如果原告在诉讼中能够证明真实混淆的存在，则可以更有力地说明存在着混淆的可能性。

---

① 此外，前三种商业标识的所有人通常是市场上的竞争者，而质量标志、产地标志的所有人，通常则不是市场上的竞争者，而是行业协会或国家行政部门。

值得注意的是，从反不正当竞争法的角度来说，混淆的构成与行为人的主观状态无关。或者说，混淆的构成不要求行为人具有主观上的故意或者过失。只要相关的行为在消费者之中造成了混淆或者混淆的可能性，只要存在混淆或者混淆可能性的事实，就应当加以制止。假如因为行为人的"不知"而让有关的混淆或者假冒继续存在下去，那将是很荒唐的。在这一点上，反不正当竞争法的原则与商标法的原则是一致的。当然，反不正当竞争法的基石是人们普遍接受的商业道德或者竞争伦理。而假冒他人的商业标识并且有可能造成商品或服务来源上的混淆，本身就是这类道德伦理所不容许的。从这个意义上说，实施假冒行为的竞争者，至少具有主观上的过失。

应该说，与商业伦理的变迁相一致，混淆也是一个不断变化的概念。大体说来，早期的混淆主要是指商品或服务来源的混淆。或者说，由于商业标识的假冒，消费者将此商品或服务当成了彼商品或服务，或者将此企业的商业活动当成了彼企业的商业活动。这属于传统的混淆。而按照现代的混淆理论，混淆不仅包括商品、服务来源上的混淆，以及商业活动的混淆，而且还包括商品或服务的关联、认可上的混淆。例如，消费者误认为相同或者近似商标的使用者之间具有隶属或者附属的关系，或者误认为使用某一相同或者近似商标的商品或者服务，获得了另一商标所有人的认可或者赞助。关于这一点，《示范规定》的注释有如下的论述："混淆的概念不应当局限于商业来源或出处混淆，还应当包括对于能够指示商业关系的任何事物的混淆，例如相同或者近似商标的两个使用者之间的关联（有关附属关系的混淆）。此外，在某些情形下，消费者虽然没有假定有关的产品或服务出自同一来源，但通过其相似特点，仍然会认为该商标用于该产品或服务已经获得了另一企业的同意（有关认可关系的混淆）。"

此外，从反不正当竞争法的角度来看，在有关商业标识假冒或者混淆的诉讼中，原告首先必须证明自己就某一商业标识享有权利。例如，自己使用的商标、商号或者商品外观具有显著性，可以向消费者指示商品、服务或者商业活动的来源。法院在具体的审理中，也要确定原告的商业标识是否具有显著性，是否可以指示商品、服务或者商业活动的来源。如果原告的商业标识不具有这种显著性，或者说原告就有关的商业标识不享有权利，则不应该继续有关的审理活动。其次，原告还要证明，由于被告在商业中使用相同或者近似的标识，造成了消费者的混淆或者混淆的可能性。在这一过程中，法院也要审查双方当事人商业标识的相似程度，原告与被告商品或服务的类别、提供的渠道，具有一般注意力的消费者是否有可能将二者混同起来，等等。然后在此基础上做出被告是否构成不正当竞争的结论。这可以叫做审理商业标识假冒或者混淆的"两步法"。

三　假冒的本质

假冒的本质是通过假冒他人商业标识的方式，利用或者侵蚀他人商业标记所代表的商誉，并由此而获得相应的经济利益。

在现实的市场活动中，商标、商号和其他商业标记，不仅是指示商品、服务或商业活动来源的标记，而且还代表着与某一商品、服务或商业活动相关的商誉。或者说，支撑某一商标、商号或其他商业标记的是相关产品、服务或商业活动的声誉。如果我们忽略了商业标记所代表的商誉，就不能深入认识假冒的本质。

商誉是社会公众，包括消费者和其他市场经营者，对某一企业的商业活动和该企业所提供的商品或服务的积极评价。商誉是企业的无形财产，与商标、商号和其他商业标记密切相关。或者说，社会公众对于某一企业的商业活动、商品或服务的积极评价，有很大一部分是通过对于商标、商号和其他商业标记的认知而体现出来的。在很多情况下，消费者甚至不必确切地知道某一商标所标识的商品或服务来源于哪一个企业。

商誉是企业的重要财产。通过商标、商号和其他商业标记积累企业的商誉，需要长时间的资金、人力和物力的投入。例如，使用专利技术和秘密技术提高产品或服务的质量、性能，采用新型的管理模式以减低产品或服务的成本。又如，采取独特的营销方式和售后服务方式获得消费者的认可，投入大规模的广告宣传活动让社会公众认知自己的商标、商号和其他商业标记。正是从这个意义上说，企业通过商标法和反不正当竞争法保护自己的商业标识，制止他人对于自己商标、商号和其他商业标识的假冒，就是要维护这些标记所代表的商誉，以及由此而产生的巨大商业利益。

假冒他人的商业标记，从表面上看来是造成消费者的混淆，让消费者误认为自己提供的商品或服务是他人的商品或服务，或者误认为自己的商业活动是他人的商业活动。然而在事实上，这种混淆是建立在消费者对他人的商业标识认知的基础上，或者说建立在消费者对他人商品、服务或商业活动积极评价的基础之上。从这个意义说，假冒者正是通过消费者的混淆利用了他人的商誉，利用了消费者对他人商标、商号和其他商业标记的积极评价。

由于商标、商号和其他商业标记与商誉有着的密切关系，某些市场竞争者假冒他人的商业标记，就可以达到利用他人商标、商号和其他商业标记所代表的商誉的目的，从而免除自己积累商誉的时间和支出。由此可见，假冒他人商业标记是一种不劳而获或者不当得利的做法，是一种不正当的破坏市场竞争秩序的做法。如果任由假冒存在或者泛滥，就不再有人关心商誉的积累和相关的投入。同时，假冒他人商业标记，还会造成对于被假冒商业标记的损害。随着假冒的出现和泛滥，消费者就会降低对于某一商业标记的积极评价，甚至放弃这种积极评价，转而购买其他企业的商品或服务。对于正当的经营者来说，这种后果是灾难性的。它不仅会让经营者丧失市场份额，而且会使经营者投入的资金、人力和物力化为乌有。

关于假冒与商誉的关系，在一些国家的判例和相关的国际文件中也有论述。例如，依据美国的现代制止不正当竞争理论，法律所保护的是与商标或商号联系在一起的商誉，法律所禁止的是对他人商誉的不正当的盗用或损害。在1979年的莱维特一案中，被告是"莱维特公司"的创建人，也是许多名为"莱维特城"住宅小区的开发者。当原告购买了"莱维特公司"，包括"莱维特"、"莱维特城"的名称、商标和商号后，被告又筹备了一个新的莱维特公司，并准备建设和开发新的莱维特城。法院在审理中认为，被告在此之前已经向原告出售了自己的企业、商标和商号，以及与之相关的商誉。如果被告继续使用莱维特的名称、商标或商号，就会盗用他人的商誉。[①] 在1972年的"高塔"一案中，原告虽然依据法律设立了公司，但从来没有从事过任何商业活动。后来，当被告以类似的名称从事商业活动时，原告诉被告侵权。法院在审理中认为，原告没有从事过任何商业活动，因而也不可能建立起任何商誉或者声誉。既然如此，原告就不能指责被告作为竞争者盗用了自己的商誉或者声誉。[②]

在国际文件的层面上，世界知识产权组织也是从维护商誉的角度来论述制止商业标识的淡化和假冒的。《关于反不正当竞争保护的示范规

[①] Levitt Corp. v. Levitt, 593 USPQ 513 (2d Cir. 1979).
[②] Galt House, Inv. v. Home Supply Co., 174 USPQ 268 (Court of Appeals of Kentucky, 1972).

定》的注释说，对于商标、商号和其他商业标识的淡化，是损害企业商誉或声誉的具体情形。《示范规定》的注释还说，损害他人的商誉或声誉，无论有关的行为或做法是否造成了消费者的混淆，都构成不正当竞争。其中，对消费者造成了混淆并损害了商誉，属于假冒；对消费者没有造成混淆但也造成了商誉的损害，则属于淡化。由此可见，无论是商业标识的假冒，还是商业标识的淡化，都是对于他人商誉的利用或者损害。

第二节　假冒的种类

本节讨论假冒的种类。为了叙述的方便，先讨论假冒的类别，然后再讨论三种主要的假冒形式，即商标的假冒、商品外观的假冒和商号的假冒。

一　假冒的种类

反不正当竞争法意义上的假冒，是对于商业标识的假冒。与此相应，假冒的种类也是从商业标识的角度来划分的。

根据巴黎公约第 10 条之 2，一切不择手段地对同行的营业所、商品或工商业活动造成混淆的行为，都应当加以制止。从商业标识的角度来看，对同行的"营业所"造成混淆，是对他人的商号加以假冒；对同行的"商品"造成混淆，是对他人的商标进行假冒；对同行的其他工商业活动造成混淆的行为，所涉及的是商标和商号之外的其他商业性标记。所以，从巴黎公约第 10 条之 2 的角度来看，假冒的行为可以有三种，即假冒商标、商号和其他商业性标记。

世界知识产权组织 1996 年的《关于反不正当竞争保护的示范规定》，又在巴黎公约的基础之上，增列了一些假冒的事例。根据示范规定第 2 条，对商业标识的假冒以及由此而来的混淆，尤其涉及①商标，②商号，③商标或商号以外的商业标记，④产品外观，⑤产品或服务介绍，⑥名人或著名虚构人物。[①]

应该说，《示范规定》所列举的混淆或者假冒方式比较宽泛，涉及了商标、商号、商品外观、产品或服务介绍，以及名人的形象权和虚构

[①]　WIPO Model Provisions on Protection against Unfair Competition, WIPO Publication Mo. 832, 1996.

人物的商品化权等等。不过，在这六种商业标识中，前五种可以归纳为商标、商号和商品（产品）外观三个种类。例如，根据《示范规定》的注释，"商标和商号以外的商业标识"，包括一系列的其他商业标记，诸如商业符号、徽章、标志和标语等等，可以在商业活动中体现或者传达该企业、或者该企业所提供的产品或服务的风格、特性。显然，这些商业标识可以或归入商标之中，或归入商号之中。又如，根据《示范规定》的注释，产品或服务的介绍，尤其包括广告。例如，混淆可能产生于关于产品或服务的信息，或者产生于关于提供该商品或服务的企业与提供类似产品或服务的企业之间的关系的信息。企业的行业服饰或者店铺风格，如果可能使人产生所提供的产品或服务是经过在先使用该服饰或者店面风格的企业许可的印象，也可能造成混淆。仔细分析，其中所说的内容也可以纳入商标（关于产品或服务的信息）、商号（关于企业的信息）、商品外观（行业服饰或者店铺风格）之中。

事实上，就大多数国家的立法或司法实践来说，假冒所涉及的商业标识，也是在商标、商号和商品外观三个方面。例如，在美国制止不正当竞争的司法实践中，假冒所涉及的就是商标、商号和商品外观（trade dress）三个方面。又据中国反不正当竞争法第5条，对于商业标识的假冒，也是在商标、商品外观和商号三个领域中。当然，就商品外观来说，既然具有市场上的混淆之虞，就表明已经具有显著性或者可识别性，可以纳入商标的范畴。不过，为了叙述的方便，本书还是准备将其与商标和商号并列，单独加以讨论。下面我们将分别讨论商标、商品外观和商号的假冒。

二　商标的假冒

商标是将某一企业所提供的产品或服务与其他企业的产品或服务区别开来的标记。或者说，商标是使用在产品或服务上的商业标记，既包括商品商标，也包括服务商标。

在通常情况下，使用与他人的注册商标相同或者相似的标记，并且由此而造成混淆，可以通过商标法加以制止。与此相应，在假冒他人未注册商标并且由此而造成混淆的情况下，则可以通过反不正当竞争法加以制止。不过，在某些特殊的情形下，在对他人注册商标造成混淆或者其他损害的情况下，例如商标的淡化，商标所有人也可以通过反不正当竞争法加以制止。所以，巴黎公约第10条之2仅规定对他人营业所、商品或商业活动造成混淆，并没有区分造成注册商标的混淆或者未注册商标的混淆。同样，世界知识产权组织《关于反不正当竞争保护的示范规定》，在涉及商业标识时明确规定，无论是对于注册商标还是未注册商标的假冒和混淆，都构成不正当竞争行为。《示范规定》的注释还解释说，由于在受到混淆影响的消费者看来，商标是否注册并不相关。所以，依据反不正当竞争法所提供的保护，应当对注册商标和未注册商标一视同仁。

在这方面，中国反不正当竞争法也规定了有关注册商标的假冒和混淆。在第5条所规定的应当加以制止的假冒行为中，首先就是假冒他人的注册商标。这样，在对他人注册商标进行假冒并且造成混淆的情形下，商标所有人不仅可以依据商标法加以制止，而且可以依据反不正当竞争法加以制止。

一般说来，被他人假冒的注册商标或未注册商标，都是在市场上具有一定知名度的商标。而且，商标越是驰名，被他人假冒的危险性就越大。这是因为，驰名商标在相关公众中享有较高的声誉，获得了相关消费者的认知。而假冒驰名商标，造成相关消费者在商品或服务来源上的混淆，就可以利用驰名商标的声誉获得可观的商业利益。或者说，假冒者是通过欺骗消费者的方式，来获取相应的经济利益。在这方面，知名度不高的商标，包括那些很少使用或者没有使用过的注册商标，被假冒的可能性就要小得多。

在当今商标保护意识越来越高的时代，绝大多数驰名商标，包括在市场上具有较高知名度的商标，都是注册商标。所以当驰名商标遭到他人假冒，造成消费者混淆或者具有混淆的可能性时，商标所有人都可以依据商标法寻求保护。但在某些情况下，对于他人驰名商标的使用可能并不造成混淆或者混淆的可能性，但是仍然利用了驰名商标的声誉，甚至造成了对于驰名商标的损害。例如，将他人的驰名商标使用在不同类或者不相类似的商品或服务上，就会发生这样的结果。在这种情况下，驰名商标的所有人就难以依据商标法的规定，或者制止他人假冒的规定，来获得相应的法律救济。这样，在对于商标（尤其是驰名商标）的保护方面，除了商标法和制止假冒的混淆理论以外，又出现了一种淡化理论。

根据淡化理论，将驰名商标使用在不同类或者不相类似的商品或服务上，虽然不会造成消费者的混淆或者混淆的可能性，但是却会降低驰名商标的区别性特征，或者弱化其唯一性特征。除此之外，对于驰名商标的这类使用，还有可能丑化驰名商标，严重损害驰名商标所有人的商誉。例如将著名钢琴品牌"史丹威"使用在啤酒瓶的开瓶器上，或者将杜邦商标用在鞋类上。为了防止这类后果的出现，驰名商标的所有人就可以依据淡化理论，制止相关的不正当竞争行为。这样，在反不正当竞争法中，制止对于他人驰名商标的淡化，包括对于驰名的商号和其他商业标识的淡化，就成了一个单独的内容。例如在世界知识产权组织《关于制止不正当竞争保护的示范规定》中，制止商业标识的淡化，就是与制止商业标识的假冒相并列的一个内容。

商业标识是商誉的代表。淡化他人的驰名商标，将他人驰名商标使用在不同类或者不类似的商品或服务上，其目的仍然是利用他人驰名商标中的商誉。例如，消费者在看到某一驰名商标被用在不同类或者不类似的商品或服务上，虽然不会产生混淆，但是会由于驰名商标的知名度而很容易记住有关的商品，并受到驰名商标知名度的影响而作出购买的选择。所以，淡化他人驰名商标，一方面会对驰名商标造成损害，另一方面也是想以搭便车的方式利用驰名商标的声誉。《示范规定》的注释说，提出淡化概念的原因，就是要对商标、商号和其他商业标记进行保护，防止他人对其独特性加以利用。

在中国，制止对于驰名商标的淡化，见于商标法中有关驰名商标的保护。这在本书第五编有关驰名商标的保护中已经有所论述。不过，商标法有关驰名商标的淡化规定，仅仅涉及了驰名商标，而没有涉及驰名的商号和商品外观。这样，尽管有了商标法的相关规定，在反不正当竞争法中规定更为广泛的驰名商业标记的淡化，还是有必要的。

在制止商标的假冒方面，中国反不正当竞争法还存在一个问题。这就是第5条只是明文规定了注册商标的假冒，而没有明文提到未注册商标的假冒。当然，这并不意味着中国反不正当竞争法不保护未注册商标。因为，第5条第2款中所说的知名商品的特有名称、包装、装潢，在具有可识别性的意义上，都属于未注册商标的范畴。事实上，按照2001年修订的商标法，这类商业标记在符合商标法要求的条件下，还可成为注册商标。当然，从立法技术上来说，将未注册商标的假冒明文写入反不正当竞争法中，还是非常有必要的。

三　商品外观的假冒

商品外观是指商品或服务的外观设计和包装、装潢。可以作为商业标识而受到保护的商品外观，必须具有市场上的显著性，可以指示商品或服务的来源。与此相应，具有显著性的能够指示商品或服务来源的商品外观，可以在符合商标法相关要件的前提下注册为商标，也可以在遭受他人假冒并且造成混淆的情况下，获得反不正当竞争法的保护。

商品外观包括产品的外观设计。外观设计是运用形状、图案和色彩等要素，就产品的外表所做出的具有美感的设计。在通常情况下，外观设计可以获得专利法或专门的外观设计法的保护。而在某些特殊情况下，当某一外观设计在市场上获得了第二含义，可以指示商品来源的时候，又可以获得商标法或者反不正当竞争法的保护。当然，这种保护不涉及产品的功能性要素。

商品外观也包括商品的包装。商品包装是指商品的包装物，如袋子、罐子、瓶子、盒子和箱子等等，其目的是方便商品的运输和销售。商品包装也是运用形状、线条、色彩和图案等要素，对包装物加以装饰。新颖而独特的商品包装，不仅会吸引相关的消费者，还会增加商品的价值。与外观设计一样，当某一商品包装在市场上获得了第二含义，可以指示商品来源的时候，也可以获得商标法或者反不正当竞争法的保护。

商品外观还包括服务的包装，例如服务人员的服饰、服务器具的装饰、店面的装饰，以及饭店或旅店等服务场所的总体设计等等。服务包装也是由形状、线条、色彩和图案等要素构成，可以吸引顾客或者为顾客创造某种特殊的气氛。当服务包装具有市场上的第二含义，可以指示服务产品来源的时候，也可以获得商标法或者反不正当竞争法的保护。

作为商业标识的商品外观，必须具有市场上的显著性，可以指示商品或者服务的来源。或者说，具有市场上的第二含义。商业标识的显著性，从由强到弱的顺序，可以有臆造性或任意性标记，指示性标记，描述性标记，以及商品的通用名称。其中前两类，臆造性或任意性标记，以及指示性标记，是具有内在显著性的标记，可以直接作为商业标识来使用。其中的描述性标记，一般不具有显著性，不能作为商业标识来使用。但是这类标记通过市场上的使用，可以获得指示商品或服务来源的显著性，并由此而获得商标法或者反不正当竞争法的保护。这叫做通过使用获得了显著性或者第二含义。至于商品或服务的通用名称，则不能作为商业标识来使用，也不能获得商标法或者反不正当竞争法的保护。

在商品外观之中，商品或服务的包装，由于使用了图案、色彩、线条、文字等要素，可以套用显著性的四个等级，如臆造性和任意性的、指示性的、描述性的和通用性的。在具有内在显著性的情况下，直接获得商标法或者反不正当竞争法的保护。在不具有内在显著性的情况下，则可以在获得了市场显著性或者第二含义的前提下，获得商标法或者反不正当竞争法的保护。至于产品的外观设计，则不具有内在的显著性，不能套用显著性的四个等级。因为，产品的外观设计是就产品的外表所做出的设计，是运用形状、色彩、图案、线条等要素对于产品的装饰，本身就是产品的一个构成部分。产品的外观设计不是为了指示产品的来源，而是为了美化产品，使产品更实用或者更具有吸引力。这样，产品的外观设计只有在市场上获得了第二含义，可以指示产品来源的情况下，才有可能获得商标法或者反不正当竞争法的保护。

虽然我们说商品或服务的包装有可能具有内在的显著性，从而获得商标法或者反不正当竞争法的保护。但是，商品或服务的包装是为了包装商品或者服务，而不是为了指示商品或服务的来源。商品或服务的包装，与商标不同。与此相应，绝大多数的商品或服务的包装，也都不具有内在的显著性，只有在获得了第二含义之后才可以获得商标法或者反不正当竞争的保护。将包装的这一特点与外观设计本身就不具有内在显著性的特点结合起来，我们就可以说，在商品外观获得商标法或者反不正当竞争法的保护方面，有关的商品外观是否获得了市场上的第二含义，就是一个非常重要的因素。

除了显著性，作为商业标识的商品外观，还必须是非功能性的。世界知识产权组织《示范规定》的注释说，商品外观是指产品的包装、形状、颜色或其他"非功能性的外形特点"，也表明了这一点。显然，在这个问题上商品外观的保护标准与商标是一致的，即不能在保护指示性要素的时候，连同功能性的要素也一起保护起来。如果在保护商业性标识的同时，将产品的功能性要素同时保护起来，就会以商标法或者制止商业标识假冒的标准，替代专利法保护产品的功能性要素或技术性要素的标准。

一般说来，商品或服务的包装与商品或服务分离，不具有功能性的要素。所以，对商品或服务的包装提供商标法或者反不正当竞争法的保护，基本不会涉及产品的功能性要素。而在外观设计的情形下，通常都会涉及功能性的问题。这是因为，外观设计是运用形状、色彩、图案和线条等要素，就产品的外表所做出的设计。外观设计通常构成产品的一个部分，与产品的功能性要素混合在一起。在以商标法或者反不正当竞争法保护具有显著性的外观设计时，很容易将产品的一些功能性要素同时保护起来。在此情况之下，商标法或者反不正当竞争法不得不作出的一个选择就是，放弃对于具有显著性的外观设计的保护。例如在美国1961年的"戴斯特"一案中，① 申请者就一种长菱形的洗煤台面的外形申请商标注册。关税与专利上诉法院指出，尽管长菱形的洗煤台面在商业中被公认为是属于申请者的，但它是功能性的，因而是不能注册的。

由此看来，产品的外观设计不具有内在的显著性，只能在获得了市场上的第二含义之后才有可能获得商标法或者反不正当竞争法的保护。而获得了第二含义的外观设计，如果不能与功能性的要素分离开来，仍然不能获得商标法或者反不正当竞争法的保护。这样，能够获得商标法或者反不正当竞争法保护的外观设计，在现实生活中就是不多见的。

中国反不正当竞争法第5条第2款涉及了商品外观的保护。根据规定："擅自使用知名商品特有的名称、包装、装潢，或者使用与知名商品近似的名称、包装、装潢，造成和他人的知名商品相混淆，使购买者误认为是该知名商品"，属于不正当竞争行为。其中，知名商品的特有名称，应当属于未注册商标；知名商品的包装、装潢，则属于本节讨论的商品外观。

根据相关的研究，这个规定存在着一系列的问题，如"知名商品"、"擅自"、"误认"等等。就本节的讨论而言，主要有以下两个问题。

第一，该规定只涉及了商品的包装、装潢，而没有讲到服务的包装装潢。当然，这个问题也不大。在具体的司法实践中，法院可以将服务解释在"商品"的范围之内。毕竟，将服务视为产品或者商品，已经为大多数人所接受。

第二，从字面上来看，这里所说的是"知名商品特有的名称、包装、装潢"，重点是在商品的知名，而非名称、包装、装潢的知名。这样，为了让有关的名称、包装和装潢获得保护，首先必须解决有关的商品是否知名的问题。这为具体的行政执法和司法带来了许多困扰。

为了解决这个问题，同时又为了与法律规定的措辞相一致，相关的行政法规和司法解释总是先费尽心机地解释什么是知名商品，然后才进入名称、包装和装潢的保护问题。例如，国家工商行政管理局1995年7月发布的《关于禁止仿冒知名商品特有的名称、包装、装潢的不正当竞争行为的若干规定》，其第3条解释说："知名商品，是指在市场上具

---

① In re Deister Concentrator Co., Inc., 289 F. 2d 496, 129 USPQ 314 (CCPA, 1961).

有一定知名度，为相关公众所知悉的商品。"至于商品的知名与否，又是按照反推的标准认定的。即只有在"名称、包装、装潢"被仿冒的情况下，商品才为"知名"。其第 4 条规定："商品的名称、包装、装潢被他人擅自作相同或者近似使用，足以造成购买者误认的，该商品即可认定为知名商品。"由这个规定可见，在对于知名商品特有名称、包装和装潢的保护方面，法律的侧重点不在于商品的知名，而在于名称、包装、装潢的特有。特有的包装、装潢，或者知名的包装、装潢，正是具有显著性或者第二含义的商品外观。

由于以上的原因，很多研究者都建议，在修改反不正当竞争法的时候，应当明确规定法律所保护的是知名的名称、包装和装潢。

此外，受到保护的"包装、装潢"，也必须是非功能性的。或者说，在保护具有第二含义的商品外观，尤其是具有第二含义的外观设计的时候，不能将产品中的功能性要素一同保护起来。这与商标法排除功能性要素的规定是一致的。

四　商号的假冒

商号，又叫厂商名称或者企业名称，是将一个企业的商业活动与其他企业的商业活动区别开来的标记。根据世界知识产权组织《关于反不正当竞争保护的示范规定》的注释，商号的作用是识别企业及其商业活动，并将自己与其他企业或其他企业的商业活动区别开来。

商号是英文 trade name 的中译。将 trade name 翻译成商号还是厂商名称，在理论界和实务界还有一定的争论。例如，在《关于反不正当竞争保护的示范规定》的中译本中，将 trade name 翻译成"厂商名称"，而在《发展中国家商标、商号和不正当竞争行为示范法》的中文译本中，则将 trade name 翻译成商号。此外，巴黎公约的中译本也将 trade name 翻译成厂商名称。根据一些学者的解释，一些国家的立法及有关国际条约中的商号，相当于中国的企业名称。①

本来，如果将商号理解为企业名称，也不会出现太大的问题。然而，按照 1991 年国务院批准颁布的《企业名称登记管理规定》，就会发生理解上的问题。因为按照规定的第 7 条，企业名称由行政区划、字号（或者商号）、行业或者经营特点、组织形式四个部分构成。这样，商号或者字号就成了企业名称的一个部分，而不再是企业名称。例如，

---

① 郑成思主编《知识产权—应用法学与基本理论》，人民出版社，2005，469 页。

"北京市全聚德食品集团公司"，"深圳海王药业有限公司"，本来可以理解为商号或者厂商名称。而按照《企业名称登记管理规定》，只有其中的"全聚德"或者"海王"才是商号。

尽管《企业名称登记管理规定》将"商号"等同于"字号"，但本书所说的商号，仍然是通常意义上的商号，与厂商名称、企业名称具有同等的含义。或者说，本书所使用的"商号"不等于"字号"。

虽然我们将商号（trade name）翻译为厂商名称或者企业名称，而非字号，但是在企业名称的保护中，字号却始终居于中心地位。例如，按照中国的《企业名称登记管理规定》，企业名称构成中的行政区划（如中国、北京市、深圳市），行业或者经营特点（如食品、药品），企业组织形式（如股份有限公司）等等，都属于通用名称，不可能被任何人专有起来。即使有人使用了诸如"北京市某某食品有限公司"的名称，他人仍然有权利在自己的企业名称中使用北京市、食品和有限公司的字词。与上述三个要素不同，企业名称中的字号，则是某一企业所特有的将自己的商业活动与其他企业的商业活动区别开来的标记。例如饮食行业中的"全聚德"、"华天"、"稻香村"，就是这样的字号。与此相应，商号或企业名称保护的中心就是某一企业所特有的字号。而他人对于企业名称的假冒和由此而造成的混淆，也主要是对于字号的假冒和混淆。

关于这一点，还可以从中国的相关规定予以说明。按照反不正当竞争法第 5 条第 3 款的规定，擅自使用他人的企业名称或者姓名，引人误认为是他人的商品的，构成不正当竞争。[①]在一开始，一些法规将企业名称作为一个整体来保护。这样，只有在企业名称作为一个整体受到侵害时，才有可能被认定为侵权。而仅仅假冒了企业名称中的字号并造成了混淆时，则难以获得保护。到了 1999 年国家工商行政管理局发布的《关于解决商标与企业名称中若干问题的意见》，则明确指出："商标中的文字和企业名称中的字号相同或者近似，使他人对市场主体及其商品或者服务的来源产生混淆（包括混淆的可能性，下同），从而构成不正当竞争的，应当依法予以制止。""将与他人企业名称中的字号相同或者近似的文字注册为商标，引起相关公众对企业名称所有人与商标注册人的误认或者误解的"，构成混淆或者混淆的可能性。显然，按照这个

---

① 其中的姓名，虽然是指自然人的姓名，但从上下文来看是指在商业活动中所使用的姓名，属于企业名称意义上的姓名。

意见，对企业名称的保护重在字号，而非其他的构成成分。

在现实生活中，很多企业的字号与该企业所使用的商标是一致的。例如可口可乐、耐克、同仁堂、全聚德等等，既是有关产品或服务的商标，又是企业名称中的字号。不过，即使是在这种情况下，商号与商标还是有很大的区别。例如在绝大多数情况下，一个企业只有一个企业名称，却可以拥有多个商标。再如，企业名称通常由文字构成，而商标可以由文字、字母、图案、形状、色彩等等构成。所以，将字号注册为商标，或者将商标作为字号，都是文字意义上的使用。

根据《保护工业产权巴黎公约》第8条，厂商名称应当在公约成员国获得保护，并且没有申请或者注册的义务。而且，有关的厂商名称无论是否成为商标的组成部分，都不影响所获得的保护。根据公约的相关解释，该条虽然规定了厂商名称应当获得保护，但是并没有说明以什么样的方式予以保护。这样，各成员国就可以依据其本国的情况选择不同的保护方式，例如专门法的方式，或者反不正当竞争法的方式，或者采取其他的手段加以保护。在通常情况下，当第三人使用相同或者近似的厂商名称，或者使用与厂商名称类似的标记，并且有可能引起公众混淆时，就应当给予此种保护。①

尽管巴黎公约没有规定厂商名称的保护方式，但在绝大多数国家，都是采用制止不正当竞争的方式予以保护。与此相应，在商号或者厂商名称的保护上，所适用的也是制止不正当竞争的假冒和由此而产生的混淆的标准。按照这个标准，商号或者厂商名称受到反不正当竞争法的保护。对于他人商号或者厂商名称的假冒，如果造成企业商业活动的混淆，或者企业所提供的商品或服务来源上的混淆，构成不正当竞争行为。相关商号或者厂商名称的所有人可以依据反不正当竞争法加以制止。

在对于商号或者厂商名称的保护上，中国的做法比较特殊。一方面，中国的反不正当竞争法规定了对于企业名称的保护。这是以制止不正当竞争的方式提供对于商号或者厂商名称的保护，与大多数国家的做法相同。但在另一方面，中国又在1991年公布了一个由国务院批准的《企业名称登记管理规定》，规定了企业名称登记中的一系列事项。到了1999年国家工商行政管理局还公布了一个《企业名称登记管理实施

---

① 博登浩森著，汤宗舜、段瑞林译《保护公约产权巴黎约指南》，中国人民大学出版社，2003，第89页。

办法》，进一步细化了企业名称登记中的相关规定。很多人据此认为，中国对于企业名称的保护属于复合方式，既有反不正当竞争法的规定，又有专门法的规定。

　　本来，既有反不正当竞争法的保护，又有专门的《企业名称登记管理规定》的保护，应当是对企业名称给予了充分的和强有力的保护。然而在中国特有的情形之下，这种复合的方式不仅没有带来企业名称的有效保护，而且还为驰名商标和字号的保护带来了种种困扰。大体说来，中国的商标注册由中央政府中的商标局受理，并且由国家工商行政管理总局之下的"商标评审委员会"处理相关的争议。这属于国家统一受理的机制。而企业名称的登记则要复杂得多。根据《企业名称登记管理实施办法》，企业名称实行分级登记管理。国家工商行政管理局负责全国企业名称登记，并负责核准带有"中国"、"中华"、"全国"、"国家"、"国际"等字样的企业名称，以及不含行政区划的企业名称。地方的省、市、县一级的工商行政管理机关，负责核准本辖区之内的企业名称登记。

　　由于商标注册的机构与企业名称登记的机构不同，又由于企业名称可以由全国、省、市、县的各级工商行政管理部门登记，一些市场经营者就利用法律的空子，设法在不同的登记机构将他人的驰名商标作为字号，登记在自己的企业名称之中。一些恶意获得此类登记的企业，甚至在商业活动中突出使用企业名称中的字号，造成消费者在商品或服务来源上的混淆。当然，也有个别市场经营者利用法律体系的不同，将他人的字号注册为商标。

　　造成以上状况的根本原因，不在于个别市场竞争者的恶意利用，而在于法律设置的不合理。例如，商标注册和企业名称登记由两个机构受理，很容易造成信息不通，让某些市场主体有空子可钻。又如，商标注册机构和企业名称登记机构遵行两套不同的法律法规，其审查的重点或者内容亦有所不同。就商标注册来说，重点在于是否具有显著性，是否与他人在先的注册商标相冲突，等等。就企业名称登记来说，通常只审查有关的企业名称是否符合企业名称登记法律的规定，是否与他人已经在本辖区之内登记的名称相冲突，而不考虑是否与注册商标相冲突，以及是否与其他辖区登记的企业名称相冲突。再加上企业名称可以由国家、省、市、县各级工商行政管理部门进行登记，更给一些市场主体提供了可乘之机，在不同的登记机构设法将他人的驰名商标登记为企业名称的构成成分。事实上，按照这种不合理的法律设置和机构设置，在正常情况下都很容易发生错误，更何况一些恶意竞争者会对之加以利用。

与这样的企业名称登记机制相一致，还出现了所谓的企业名称权与商标权冲突的说法。一方面，各级工商行政管理机关，包括一些专家学者，将企业名称登记机关核准的企业名称叫做"企业名称权"，认为这是国家机构授予的权利。另一方面，一些利用法律空子将他人的驰名商标注册为企业名称成分的人，又在大肆鼓吹"权利冲突论"，甚至说商标所有人有商标权，自己有企业名称权，要求解决所谓的权利冲突。在此基础上，也确实出现了一些解决权利冲突的说法，甚至行政性的法规。例如，国家工商行政管理局于1999年就曾发布过一个《关于解决商标与企业名称中若干问题的意见》，就解决所谓的权利冲突提出了一些指导性意见。在这种情况下，当事人甚至难以到法院解决有关的冲突。法院在发现有关的问题后，也没有撤销相关的企业名称登记的法律依据，只能要求企业名称所有人正当使用，不要造成消费者的混淆。

对于这样一个问题，应当从两个方面加以理解。第一，将他人的驰名商标作为企业名称的一个部分加以登记，能否由于国家机关的登记而合法化？显然，将他人的注册商标或者未注册商标作为企业名称的一个部分进行登记，本身就是对于他人商标权的侵犯。这种侵权行为绝对不会因为某一行政机关的登记行为而合法化。即使企业名称登记经过了一定程序的审查核准，也不可能或者不应当将侵权行为神奇地变为合法行为。因为企业名称的登记行为，只是推定有效，而是否真的有效还要接受其他法律程序，包括司法程序的检验。第二，企业名称登记的性质是什么？是权利的授予还是备案登记？如果是权利的授予，至少应当经过像商标注册那样的申请、审查、注册和撤销的机制，以及商标评审委员会的程序。如果没有这样的程序，将简单审查核准而登记的企业名称叫做权利的授予，就有些说不过去了。如果是登记备案，则不过是对有关的申请进行简单的审查，只要符合形式要件，就可以登记备案。至于有关的登记是否合法，则留待后续的争端解决程序加以处理。

应该说，在中国目前的体制之下，将企业名称的登记视为登记备案是比较合理的。这是因为，在中国这样一个幅员辽阔的国家里，建立一套全国统一的企业名称登记制度，不可能满足日益发展的商业活动的要求。同时，建立这样一套全国性的企业名称登记制度，也不符合国际上的惯例。但如果将企业名称的登记作为一种备案，一方面不必改变现有的企业名称登记体系，另一方面又将企业名称登记放在了一个恰当的地位，由双方当事人到法院或者相应的机构解决有关的争端。

　　这样，将他人的注册商标，包括驰名商标登记为企业名称的成分，本身就会构成不正当竞争，可以由反不正当竞争法加以规范。

┌─────────────┐
│ 问题与思考 │
└─────────────┘

　　世界知识产权组织《关于反不正当竞争保护的示范规定》中，提到了名人或者虚构人物形象的保护。根据注释，这涉及著名表演者、传播媒体和体育人士及其他名人的"形象权"（publicity rights），以及文学和艺术作品中的虚构人物的"商品化权利"（merchandising rights）。这些权利涉及市场销售方法，例如通过获得许可使用名人或者虚构人物的名称（包括声音），以刺激消费者对相关产品或服务的需求。当然，未经许可而利用名人或者虚构人物的知名度，有可能对名人或虚构人物的知名度或名声造成混淆，或者具有混淆的危险。

　　这样，《示范规定》中的名人或者虚构人物就涉及了名人的形象权和虚构人物的商品化权利。先来看形象权。在很多国家的司法实践中，形象权是作为一个单独的客体来加以保护的。例如在美国的司法实践中，形象权的保护与制止假冒、虚假宣传、商业诋毁和淡化并列在一起，构成反不正当竞争的主要内容。而且，形象权保护的重点是制止他人未经许可商业性地使用自己的形象，而不是制止假冒和由此而来的混淆。在美国法学会 1995 年的《反不正当竞争法重述》中，侵犯形象权是放在"盗取他人商业价值"的标题之下，其含义是说未经许可使用他人的形象，相当于是盗用了他人形象中的无形商业价值。

　　再来看虚构人物形象的商品化权利。大体来说，文学艺术作品中的卡通形象，如米老鼠、唐老鸭之类，本身就可以构成作品，受到著作权法的保护。如果他人未经著作权人同意而在商业活动中使用这类形象，就会侵犯著作权。至于文字作品中的虚构人物形象，本身是否能够构成作品，还有待于讨论或者司法的认定。通过文字而描述出来的虚构人物形象，如果其本身不能构成作品，则不能受到著作权法的保护。在这种情况下，他人未经许可而在商业活动中使用了此种不能构成作品的虚构人物形象，恐怕很难认为构成了不正当竞争。

　　在中国目前的反不正当竞争法中，还没有形象权或者商品化权利的规定。但是，这并不意味着名人的形象或者虚构的人物形象不受法律的保护。例如，未经许可而在商业活动中使用了某人的形象，可以通过民法规定的姓名权、肖像权和名誉权等等来追究使用者的责任。又如，未经许可使用了米老鼠、唐老鸭一类的虚构人物形象，可以通过著作权法追究使用者的责任。当然，这种保护在某些情况下可能难以获得。例如，未经许可而使用已经死亡的某名人的形象，就很难用姓名权、肖像权和名誉权的方式加以保护。因为，民法上的这类人身权利仅仅存在于某人从出生到死亡的时期，不及于死亡之后。显然，从这个意义上说，仍然有必要在反不正当竞争法或者其他法律中，明确规定对于自然人的形象权的保护。而且，这种保护是对名人形象中的财产性权利的保护，而不是一般的姓名权、肖像权和名誉权的保护。至于虚构人物的商品化权利，在著作权法可以提供必要保护的前提下，至少是在目前阶段，还没有在反不正当竞争法中加以规定的必要性。

复习题

1. 商业标识假冒的本质是什么？
2. 什么是商标的假冒？
3. 什么是商品外观的假冒？
4. 什么是商号的假冒？

阅读书目

郑成思：《知识产权法》（第二版），法律出版社，2002。

郑成思译《世界知识产权组织关于反不正当竞争保护的示范规定》，《知识产权文丛》第二卷，中国政法大学出版社，1999。

孔祥俊：《反不正当竞争法新论》，人民法院出版社，2001。

李明德：《美国反不正当竞争法研究》，载《知识产权文丛》第九卷，中国方正出版社，2003。

第二十六章　虚假宣传与商业诋毁

要点提示

　　本章主要讨论虚假宣传和商业诋毁，认为二者都是对于产品、服务或者商业活动本身所做出的虚假描述，不同于商业标识的假冒。

　　本章还简要讨论了制止虚假宣传与地理标志保护的关系。

　　在反不正当竞争法所制止的不正当竞争行为中，假冒是对于他人商业标识的不正当使用，以及由此而产生的消费者混淆的可能性。而虚假宣传和商业诋毁，则是对产品、服务或者商业活动本身的虚假描述，如对于产品的制造方法、成分、功能、用途、质量或者数量等等的虚假描述。其中的虚假宣传，是对于自己产品、服务或商业活动的虚假描述，通常是正面的和夸大的。其中的商业诋毁是对于他人产品、服务或商业活动的虚假描述，通常是负面的和带有诋毁性质的。

　　假冒与虚假宣传和商业诋毁的最大不同之处在于，假冒是对于他人商业标识，如商标、商号和商品外观的不正当使用。而虚假宣传和商业诋毁，则是对于产品、服务或商业活动本身的虚假表示，如产品或服务的构成要素、制作方法和用途等等。或者说，假冒不涉及产品、服务或商业活动本身，只涉及与产品或服务相关联的商业标识。同样，虚假宣传和商业诋毁也仅仅涉及产品、服务或者商业活动本身，而不涉及商业标识的假冒。当然，无论是虚假宣传还是商业诋毁，都是要误导消费者，让他们做出错误的选择。在这方面，假冒与虚假宣传和商业诋毁又是一致的。

　　由于虚假宣传和商业诋毁都是有关产品、服务或者商业活动本身的行为，二者的区别仅仅在于竞争者是对于自己的产品、服务或者商业活动做出虚假宣传，还是对于他人的产品、服务或者商业活动做出虚假宣传，所以本章准备将二者放在一起加以讨论。

第一节 虚假宣传

一 虚假宣传的含义

虚假宣传是指，市场上的竞争者对自己的产品、服务或者商业活动本身，进行了误导消费者的不符合事实的描述。这种虚假宣传，可以是针对产品的或者服务的，也可以是针对商业活动的。可以是就产品的制造方法、成分、功能、用途、质量、数量、价格等等的虚假描述，也可以是就服务的提供方式、目的、服务的数量和质量、价格等等的虚假描述。虚假宣传的要害不在于竞争者对于产品、服务或者商业活动本身做出了虚假描述，而在于这种虚假描述误导了市场上的消费者，同时还损害了其他竞争者的利益。事实上，反不正当竞争法正是从后一个意义上赋予其他竞争者以权利，制止这种不正当竞争行为。

虚假宣传的方式，可以是通过广告、小册子、招贴、标签等等。正如世界知识产权组织《示范规定》的注释所说，以何种方式做出误导性陈述并不重要，所有的传播方法，如书面的、口头的、符号的，都会成为虚假宣传的方式。应该说，在目前情况下，虚假宣传主要是通过广告加以传播的。同时，反不正当竞争法意义上的"广告"具有最为广泛的含义，既包括电台、电视台、报纸杂志上的广告，也包括街道上的广告、招贴，以及小册子和标签等等。正是在这个意义上，有些国家又将虚假宣传称之为"虚假广告"（false advertisement）。

在国际公约的层面上，巴黎公约第10条之2规定了对于虚假宣传的制止。根据规定，"凡是在经营活动中使用有可能误导公众的说法或者表示，如有关商品的性质、制造方法、特点、目的或数量的说法或者表示"，构成不正当竞争。由于世界贸易组织的"知识产权协议"要求成员遵守巴黎公约有关工业产权保护的实体性条款，可以视为上述规定也是"知识产权协议"的规定。

世界知识产权组织《关于反不正当竞争保护的示范规定》，还在巴黎公约的基础上，具体列举了虚假宣传的一些形式。据《示范规定》第4条，凡是在工商业活动中对企业或者其活动，尤其是该企业所提供的产品或服务，采取误导或者有可能误导公众的行为或者做法，应当构成不正当竞争的行为。这种误导或者虚假宣传，可能产生于竞争者的广告或者促销活动，并且在涉及以下情况时很容易发生：①产品的制造方法；②产品或服务的特定用途；③产品或服务的质量、数量或者其他特点；④产品或服务的地理来源；⑤提供产品或服务的条件；⑥产品或服务的价格或者其他计算方式。

《示范规定》的注释还特别提到，虚假宣传可以包括有关某企业代理人的虚假信息，或者有关该企业的资产、信用度、赞助关系、附属关系或者商业联系的虚假信息。此外，没有根据的知识产权主张，诸如提及不存在的专利，或者提及未曾获得的文凭、奖章或者奖金，以及企业为慈善事业或环境保护所做工作的不正确的信息，都属于虚假宣传。

除了国际公约，世界各国的立法也都规定了制止虚假宣传的内容。例如，德国《反不正当竞争法》第3条规定，在商业交易中以竞争为目的，对商业活动，尤其是对商品或服务的性质、来源、制造方法、价格、获奖情况、销售动机或目的、仓储数量等等作引人误导的宣传，构成不正当竞争，他人可以请求停止侵害。又如，美国联邦反不正当竞争法规定，"在商业性广告或促销中，就他的或她的，或他人的商品、服务或商业活动的性质、特征、质量或地理来源，进行虚假陈述，"属于不正当竞争行为。[①] 再如，日本反不正当竞争法第2条第13项规定："在广告、商业文件或信函中，就商品的产地、品质、内容、制造方法、用途或者数量，或者就服务的性质、内容、用途或者数量，作引人误认的虚假表示，有可能导致他人误认的行为，以及将带有此种表示的商品予以转让、交付，或者为了转让、交付而展览、出口或进口的行为，或者将带有此种表示的服务加以提供的行为"，构成不正当竞争行为。

由以上国际公约和相关国家的规定都可以看出，制止不正当竞争意义上的虚假宣传，仅仅涉及竞争者对于自己商品、服务或者商业活动的虚假陈述，而不涉及对于他人商品、服务或者商业活动的虚假陈述。同时，无论是虚假宣传还是商业诋毁，也不涉及对于他人商业标识的假冒。从字面上说，虚假宣传的含义也许最为广泛。因为，无论是假冒他人的商业标识，还是对自己的或他人的商品、服务或者商业活动做出虚假宣传，都可以纳入虚假宣传的范畴。但是在世界各国的反不正当竞争法中，以及在巴黎公约有关制止不正当竞争的条款中，都是将假冒他人的商业标识称之为"假冒"，将竞争者对自己商品、服务或者商业活动的虚假陈述称之为"虚假宣传"，对他人商品、服务或者商业活动的虚

[①] "兰哈姆法"第43条第1款。

假陈述称之为"商业诋毁"。我们应当充分注意三者的区别，而不应做望文生义的理解。

二 虚假宣传的认定与法律救济

虚假宣传是针对消费者的误导性陈述。与此相应，在虚假宣传的认定上，消费者就是一个关键性的要素。世界知识产权组织《示范规定》的注释说："误导行为的主要对象是消费者，而非直接针对竞争对手；这些行为会使得消费者在获得产品或接受服务时，做出有损于他们自己的决定。"从某种意义上说，只有当消费者受到误导或者有可能受到误导时，才有虚假宣传的存在。如果仅有市场主体对自己产品或服务的虚假陈述，而没有消费者误导的可能性，则不构成虚假陈述。

虚假宣传的构成有两个要素。一是对于产品、服务或者商业活动本身的虚假陈述，二是此种虚假陈述有可能误导消费者。与此相应，在有关虚假宣传的诉讼中，原告不仅要证明虚假宣传的存在，而且要证明虚假宣传误导了或者有可能误导消费者。这可以叫做认定虚假宣传的"两步法"。按照美国的司法实践，只有在完成了上述"两步法"之后，原告才可能获得禁令和损害赔偿的救济。①

在有关虚假宣传的认定上，虚假陈述的方式和程度，以及消费者在何种程度上受到误导或者有可能受到误导，都是法院应当加以考虑的因素。例如，本身就是虚假信息的宣传，很容易误导消费者，因而可以认定构成了虚假宣传。但是有些信息从表面上看来是真实的，但在事实上又误导了消费者，也应当认定是虚假宣传。正如世界知识产权组织《示范规定》的注释所说，误导并不局限于本身即为虚假的陈述，也不局限于已经让消费者产生了虚假印象的虚假陈述。甚至是字面正确的陈述也可能造成误导，例如使人误解广告宣传的内容是超乎寻常的。在这里，判定的标准是，只要有关的陈述有可能造成误导，就构成了应当加以制止的虚假宣传。

在美国的司法实践中，针对虚假宣传还区分了显性虚假和隐性虚假。前者是指有关的陈述本身虚假，后者是指有关的陈述虽然在字面上真实，但仍然有可能误导消费者。根据有关的判例，如果是字面虚假或显性虚假，法庭就可以推定对消费者具有误导作用，而不要求原告证明

---

① J. Thomas McCarthy, McCarthy on Trademarks and Unfair Competition (Third Edition, 1995), section 27. 07 (2) (d).

有关的宣传在事实上误导了消费者。如果有关的宣传内容是隐性虚假，则原告应当证明消费者确实被广告的内容所误导或欺骗。关于这一规则的具体内容，第二巡回上诉法院在1982年的"可口可乐"一案中有如下的归纳："当商业广告或标示是字面虚假或显性虚假，法院可以给予救济，而不必参考该广告对购买者大众的影响。……当被告的广告是隐性而非显性虚假，它违反兰哈姆法关于误导、混淆或欺骗的倾向，就应当通过公众的反应来证实。"① 这样，在隐性虚假广告的诉讼中，提供消费者在事实上被误导、混淆或欺骗的证据就是非常重要的。原告的做法通常是提供消费者反应的调查结果。

除了显性虚假和隐性虚假，还有一个省略重要事实的问题。因为在某些广告宣传中，可能省略某些重要的事实，并由此而误导消费者。世界知识产权组织《示范规定》的注释即说，遗漏信息也可能具有潜在的误导性。这实际意味着，半真半假的广告宣传是一种误导性宣传，竞争者应当告知消费者"完整的真实"。但是，这并非要求竞争者提供所有的有关商品或服务的信息，或者所有的重要事实。因为这样的要求只会造成竞争者不必要的拖累。另外，什么叫做"省略重要事实"，也是一个由法院依据具体个案加以判定的问题。

一般说来，吹捧性（puffery）的宣传不属于虚假宣传。吹捧性宣传是指夸大其词的、言词空洞的或自我吹嘘的广告宣传，稍有理智的消费者都不会依据这类广告做出购买决定。世界知识产权组织《示范规定》的注释说，明显的夸大（即使字面上不准确），如果很容易被看作是"兜揽语言"（sales talk），则不应认为是欺骗性的。典型的吹捧性宣传有，自己的产品比所有竞争者的产品都好的模糊说法，自己的产品体现了现代科技的最高水平，以及所有吃了某一品牌人造黄油的消费者头上都出现了一个光环的画面，等等。当然，如果有关的言词或内容具有明显的影响消费者购买决定的作用，就有可能不属于"吹捧性宣传"。

虚假宣传虽然是针对消费者的，但是从反不正当竞争法的角度来看，制止虚假宣传的通常是市场上的其他竞争者，而非消费者。或者说，只有市场上的此一竞争者可以制止彼一竞争者的虚假宣传，而受到误导（或者有可能受到误导）的消费者则没有提起此种诉讼的资格。尽管许多不正当竞争行为，如"假冒"和"虚假宣传"，都是既侵犯了竞争者的利益，又侵犯了消费者的利益。但是，由消费者依据反不正当

---

① Coca-Cola Co. v. Tropicana Products, Inc., 216 USPQ 272 (2d Cir. 1982).

竞争法提起诉讼则有许多不便之处。例如，单个消费者所受到的侵害毕竟数额很少，而诉讼的成本又很大。团体诉讼虽然有较大的损害数额，但又存在让每一个消费者提供受到伤害之证据的困难。假如消费者真的想主张自己的权利，完全可以通过保护消费者的法律法规，而不必通过反不正当竞争法。

事实上，商标法和反不正当竞争法的一个聪明的做法，就是通过竞争者维护自己权益的方式，最终达到维护消费者利益的目的。无论是在假冒商标的案件中，还是在虚假宣传的案件中，市场上的其他竞争者都会由此而受到损害，如减少交易机会，丧失市场份额，甚至因为假冒或者虚假宣传而被挤出市场。所以，受自身利益的驱使，这些竞争者会不遗余力地打击他人的假冒和虚假宣传，在保护自己利益的同时也保护了消费者的利益。从某种意义上说，商标权人或提起不正当竞争诉讼的竞争者，是在代替消费者打击"假冒者"和"虚假宣传者"，是在相关的诉讼中为消费者复仇。而且，也正是从这意义上说，反不正当竞争法赋予了竞争者以制止虚假宣传的权利，而没有赋予消费者以此种权利。①

虚假宣传的法律救济主要有禁令和损害赔偿。一般说来，禁令救济的要求比较低。只要原告能够证明，被告的虚假广告已经或者有可能对自己的销售造成伤害，法院就可以下达禁令。从这个意义上说，虚假宣传的构成，与宣传者的主观意图无关。即使竞争者主观上认为自己发布的广告宣传没有欺骗性的内容，只要该广告宣传在客观上误导了消费者，法院就应当下达禁令予以制止。而在损害赔偿责任的承担方面，法院则应当考虑虚假宣传者的主观意图，以及虚假广告对于原告的损害。不具有主观故意或者过失的虚假宣传者，应当少支付或者不支付损害赔偿金。

三 中国有关虚假宣传的规定

中国1993年制定的反不正当竞争法也规定了对于虚假宣传的规制。根据该法第9条和第5条第4款的规定，应当加以制止的虚假宣传行为有以下三种。

① 在近年来的研究中，个别人主张消费者也可以依据反不正当竞争法提起诉讼，制止"假冒"和"虚假宣传"等不正当竞争行为。这种观点值得商榷。因为，这既涉及反不正当竞争法的立法宗旨，又涉及反不正当竞争法与消费者保护法的区别。事实上，根据巴黎公约和世界上绝大多数国家的立法，制止不正当竞争的权利，作为一项工业产权，是由市场竞争者享有的，而非消费者享有的。

（1）经营者利用广告或者其他方法，对商品的质量、制作成分、性能、用途、生产者、有效期限、产地等作引人误解的虚假宣传。

（2）经营者在商品上伪造或者冒用认证标志、名优标志等质量标志，伪造产地，对商品质量作引人误解的虚假表示。

（3）广告经营者在明知或者应知的情况下，代理、设计、制作、发布虚假广告。

在以上三种虚假宣传行为中，第一种和第二种都是有关产品质量、成分、性能、用途、生产者、有效期限、产地的虚假陈述，包括伪造或者冒用认证标志、名优标志，以及伪造产地，对产品本身的质量做虚假陈述。从字面上讲，上述两种行为所涉及的仅仅是商品，而没有提及服务。不过，在相关的司法实践中，可以将服务解释在商品中，如某一服务商品。此外，上述第一种行为规定在反不正当竞争法第9条第1款中，而第二种行为则规定在第5条第4款中。这种表达方式有待改进。因为，第5条是有关商标、商号和商品外观假冒的规定，从中插入一个有关虚假宣传的第4款，有些不太恰当。如果将"假冒"的内容规定在一个条文中，将"虚假宣传"的内容规定在另一个条文中，可能更好一些。

值得注意的是，中国反不正当竞争法不仅规定了经营者不得从事虚假宣传，而且还规定了广告经营者不得在明知或者应知的情况下，代理、设计、制作和发布虚假广告。这种规定也值得肯定。因为受到虚假宣传侵害的其他竞争者，不仅可以追究虚假宣传者的责任，而且还可以在必要的时候追究广告经营者的责任，从而维护自己的利益。与此相应，广告经营者在为他人代理、设计、制作和发布广告时，也应当尽到适当注意的义务，以免承担责任。

反不正当竞争法在涉及广告经营者的责任时，规定了"明知或者应知"的前提条件。这表明，广告经营者只有在具有主观过错时，才应当承担责任。由此我们也可以推知，上述第一种和第二种涉及经营者的虚假宣传行为，其构成不需要虚假宣传者的主观过错。或者说，按照中国反不正当竞争法的规定，追究广告经营者的责任应当以"明知或者应知"作为前提条件，而追究经营者的虚假宣传责任则不需要这样的前提条件。经营者为虚假宣传承担的法律责任，是一种无过错责任。关于这一点，世界知识产权组织《示范规定》的注释也说，误导行为并非必须出于恶意才被视为不正当竞争。就消费者和竞争者的利益来说，即使是发生于工商业活动中的无意的欺骗，也应当加以禁止。

由于虚假宣传主要是通过广告而传播的，所以还应该注意《广告法》的有关规定。根据中国1994年制定的广告法，广告不得含有虚假的内容，不得欺骗和误导消费者（第4条）；广告中对商品的性能、产地、用途、质量、价格、生产者、有效期限、允诺或者对服务的内容、形式、质量、价格、允诺有表示的，应当清楚、明白；广告中表明推销商品、提供服务附带赠送礼品的应当标明赠送的品种和数量（第9条）；广告使用数据、统计资料、调查结果、文摘、引用语，应当真实、准确，并表明出处（第10条）。又据《广告法》第38条，发布虚假广告，欺骗和误导消费者，使购买商品或者接受服务的消费者的合法权益受到损害，由广告主依法承担民事责任；广告经营者、广告发布者明知或者应知广告虚假仍设计、制作、发布的，应当依法承担连带责任。

四 地理标志与虚假宣传

地理标志是指示某一商品来源于某一国家或地区的标记，而且该商品的特定质量、声誉或者其他特征主要产生于该地理来源。由于地理标志与商品的质量、声誉或者其他特征密切相关，因而也与虚假宣传密切相关。如果就某一产品上打上虚假的地理标志，就会构成对于该产品的虚假宣传。

巴黎公约第1条在列举工业产权的内容时，提到了对于产地标记和原产地名称的保护。其中的原产地名称，就是通常所说的地理标志。但是，巴黎公约没有将原产地名称的保护纳入反不正当竞争法，而是在第10条中专门规定了对于原产地标记的保护。根据规定，当带有假冒原产地标记或者生产者标记的产品进口时，各成员国应当加以扣押。生产、制造或者经营此项商品的生产者、制造者或者商人，都属于有关的当事人，可以提出扣押的要求。

在国内立法的层面上，对于地理标志的保护主要有两种不同的模式。在美国和加拿大等国，将地理标志作为证明商标加以保护。与此相应，证明商标的所有人，如当地的行业协会或者其他组织，就应当严把质量关。只有本地出产的特定产品才可以使用相关的地理标志，而来源于或者产于其他地域的同类产品则不得使用相关的地理标志。在必要的时候，证明商标的所有人为了维护自己的利益，可以对假冒者提起侵犯商标权的诉讼。而在法国等欧洲国家，则采用专门法的方式保护地理标志。这通常是由政府部门或者政府授权的产业协会管理地理标志的使用。在这方面，欧共体还于1992年颁布了有关农产品和食品地理标志的保护条例，于 1999 颁布了有关葡萄酒和烈性酒地理标志的保护条例。在这种体制下，是由政府部门或者政府授权的行业协会严把质量关，确定只有产自本地的，带有某种质量或者特征的产品，才可以使用相关的地理标志。

应该说，国际上有关地理标志保护的两套立法模式，在中国都有反映。先来看专门法的保护方式。例如，1999 年 8 月，原"国家质量技术监督局"发布了《原产地域产品保护规定》。其中的第 2 条规定，原产地域产品是指利用特定地域的原材料，按照传统工艺在特定地域内生产的，质量、特色或者声誉在本质上取决于其原产地地理特征的产品。又如，2001 年 3 月，原"国家出入境检验检疫局"发布了《原产地标记管理规定》及其实施办法。到了 2005 年 6 月，"国家质量监督检验检疫总局"又在总结上述两个行政法规的基础上，发布了《地理标志产品保护规定》，就地理标志的申请、批准、保护和监督作了规定。截止到 2005 年 11 月，"国家质量监督检验检疫总局"已经注册了 539 个地理标志产品。

再来看商标法的保护方式。在 2001 年 10 月修订的商标法中，地理标志是作为证明商标来保护的。例如，商标法第 3 条规定，本法所称证明商标，是指由对某种商品或者服务具有监督能力的组织所控制，而由该组织以外的单位或者个人使用于其商品或者服务，用以证明该商品或者服务的原产地、原料、制造方法、质量或者其他特定品质的标志。又如，商标法第 16 条还对地理标志作了如下的定义："地理标志，是指标示某商品来源于某地区，该商品的特定质量、信誉或者其他特征，主要由该地区的自然因素或者人文因素所决定的标志。"在此基础上，国家工商行政管理总局又于 2003 年 4 月发布了《集体商标、证明商标注册和管理办法》，其中也有大量针对地理标志的条款。自修订后的商标法实施以来，已经有 200 余件地理标志，或作为证明商标，或作为集体商标，获得了国家商标局的注册。

应该说，在对于地理标志的保护中，关键不在于采取哪一种立法模式，而在于地理标志的所有人能否有效地控制地理标志的使用，以及能否有效地监控产品的质量、信誉或者其他特征。如果在商标所有人不能有效做到这一点的情况下，由政府部门或者政府部门授权的产业协会行使控制和监督的职能，会更加有利于地理标志的保护，有利于市场上的消费者。

以上是有关地理标志保护的商标法方式和专门法方式。除此之外，地理标志的保护还与虚假宣传密切相关。这可以看作是地理标志保护上的第三种方式。例如，根据美国联邦反不正当竞争法，竞争者就自己商品的地理来源作虚假陈述，构成不正当竞争行为。又如，德国、日本的反不正当竞争法在有关虚假宣传的规定中，都提到商品的虚假来源（origin）。其中也包括了地理来源方面的虚假宣传。此外，中国反不正当竞争法第5条第4款禁止伪造产地，对商品质量作引人误解的虚假表示，以及第9条禁止对商品的产地作引人误解的虚假宣传，都含有制止地理来源上的虚假陈述的意味。

至于世界知识产权组织《关于反不正当竞争保护的示范规定》，则明确将产品或服务的虚假地理来源作为虚假宣传之一种。《示范规定》的注释还解释说，产品或服务的地理来源，包括与特定的国家或区域相关的名字、名称、标记或者其他指示，并且给人以一种印象，带有此种标记的产品或服务来源于该国或者该地。使用虚假的或者误导性的来源标志，属于误导的范畴。《示范规定》的解释特别指出，地理标志和原产地标志可以由专门法予以保护，也可以由反不正当竞争法予以保护，而且不与特别法的保护相矛盾。

这样，在地理标志的保护上，就有了专门法、商标法和反不正当竞争法等三种方式。当然，反不正当竞争法的保护，是从制止虚假宣传的角度来说的，与商标法和专门法的保护有所不同。或者说，按照反不正当竞争法，所有的市场竞争者，不限于商标所有人或者地理标志所有人，都可以制止他人在商品的地理来源上的虚假宣传。而在商标法或者专门法的情况下，则只有商标所有人或者地理标志的所有人才有权制止他人的侵权。

第二节　商　业　诋　毁

虚假宣传是市场竞争者对自己的产品、服务或者商业活动的虚假陈述。如果我们再向前推进一步，假如市场竞争者不是对自己的产品、服务或者商业活动进行了夸大的虚假陈述，而是对他人的产品、服务或者商业活动进行了消极的虚假陈述，并且损害了他人的商誉，是否也属于不正当竞争呢？事实上，这正是本节所要讨论的商业诋毁。

由于商业诋毁与虚假宣传在很多方面具有相同的特点，所以在详细论述了虚假宣传以后，对商业诋毁的论述就会简单一些。下面仅讨论有关的立法概况、商业诋毁的含义，以及商业诋毁与虚假宣传的关系。

一　商业诋毁的立法概况

商业诋毁（commercial disparage），又称产品诋毁（product disparage）或者商业诽谤（trade libel），是指市场上的竞争者对他人的产品、服务或者商业活动进行的虚假陈述。这种虚假陈述的结果，则是损害了或者有可能损害他人商品、服务或者商业活动的信誉，并由此而误导消费者。由于商业诋毁不仅直接损害了竞争对手的商誉，而且误导了市场上的消费者，应当加以制止。

在国际公约的层面上，巴黎公约第 10 条之 2 规定了对于商业诋毁行为的制止。根据规定，在商业活动中就竞争对手的营业所、商品或者工商业活动的信誉所做出的虚假陈述，属于不正当竞争行为，应当加以制止。由于世界贸易组织的"知识产权协议"要求成员遵守巴黎公约有关工业产权保护的实体性条款，可以视为上述有关商业诋毁的规定也是"知识产权协议"的规定。

世界知识产权组织《关于反不正当竞争保护的示范规定》，也规定了对于商业诋毁行为的制止。根据《示范规定》的第 5 条，在工商业活动中，任何虚假或者不当的陈述，如果损害或者有可能损害他人企业或其活动、尤其是他人企业所提供的产品或服务的信誉，应当构成不正当竞争行为。这种损害他人商誉的行为，可能发生于广告或者促销活动中，并且在涉及以下情况时很容易发生：①产品的制造方法；②产品或服务的特定用途；③产品或服务的质量、数量或者其他特点；④提供产品或服务的条件；⑤产品或服务的价格或者其他计算方式。

如果我们将《示范规定》的第 4 条（关于虚假宣传）与第 5 条（关于商业诋毁）加以对比就会发现，很容易发生虚假宣传和商业诋毁的情形大体相同，如产品的制造方法、产品或服务的用途、质量、数量、价格等等。只是在有关商业诋毁的情形中，没有列举"产品或服务的地理来源"而已。这也表明，虚假宣传与商业诋毁具有很多共同之处，都是对于产品、服务或者商业活动的虚假陈述。所不同的是，虚假宣传是竞争者对自己产品、服务或者商业活动的虚假陈述，而商业诋毁则是对他人产品、服务或者商业活动的虚假陈述。

在国内立法的层面上，德国、法国、美国、日本等主要国家，都在反不正当竞争法中规定了对于商业诋毁行为的制止。例如，德国反不正当竞争法第 14 条规定，以竞争为目的，对他人的企业或者企业领导人，对他人的商品或服务进行有损其商誉的陈述，应当承担损害赔偿责任。又如，日本反不正当竞争法第 2 条第 14 项规定，提供或者传播有损竞争对手的商业声誉的虚假事实，属于不正当竞争行为。而在美国，法院很早就通过判例制止针对他人的商业诋毁。这属于各州普通法的范畴。到了 1988 年，美国国会又修改"兰哈姆法"第 43 条第 1 款，明确禁止对他人的商品、服务或者商业活动进行虚假陈述。这属于联邦反不正当竞争法对于商业诋毁的规范。

基于国际公约和世界各国的立法惯例，中国于 1993 年制定的反不正当竞争法也规定了对于商业诋毁行为的制止。根据该法第 14 条，经营者不得捏造、散布虚伪事实，损害竞争对手的商业信誉、商品声誉。当然，与巴黎公约、《示范规定》和德国、美国等国的反不正当竞争法的规定相比，中国的反不正当竞争法只提到了商业诋毁的结果，如对于他人商业信誉和商品声誉的损害，而没有提到商业诋毁是就他人的商品、服务或者商业活动进行了虚假陈述。这在今后的法律修订中应当加以改进。

二 商业诋毁的含义

商业诋毁是市场上的竞争者对他人商品、服务或者商业活动所做出的，有损于他人商业信誉的虚假陈述。这种虚假陈述的直接结果是损害了竞争对手的商业信誉，并且由此而误导了消费者。从这个意义上说，诋毁他人的商品、服务或者商业活动，其目的是打击竞争对手，从而谋取市场上的优势地位。

商业诋毁是就竞争对手的产品、服务或者商业活动做出虚假陈述，并由此而损害竞争对手的商誉。这种虚假陈述，可以是本身虚假的信息，如对他人产品、服务或者商业活动捏造的不利信息。这种虚假宣传，也可以是表面上正确，但在实际上损害他人商誉的信息。例如，就他人产品、服务或者商业活动的某一个侧面加以夸大，从而让消费者对有关产品、服务或者商业活动产生不良的印象。关于这一点，世界知识产权组织《示范规定》的注释说，不但虚假的说法可以产生损害信誉的作用，而且不当的说法也会产生损害信誉的作用。这类"不当"的说法也许并非不真实，但在某种意义上，过分的夸大可以被视为不正当竞争。这个标准，同样适用于起到类似作用的虽然真实但并不全面的陈述。

一般说来，实施商业诋毁的竞争者总是具有主观上的恶意。事实上，"商业诋毁"这个术语就反映了诋毁者的主观状态。例如在英美法系中，商业诋毁还被称之为商业诽谤（trade libel）、损害性欺骗（injurious falsehood）或者恶意欺骗（malicious falsehood），都是对诋毁者主观恶意的描述。在美国有关商业诋毁的诉讼中，原告通常都要证明被告具有主观上的恶意。[①] 又如，中国反不正当竞争法第14条的规定，"经营者不得捏造、散布虚伪事实"，也带有对于诋毁者的主观状态的描述。不过，在欧洲一些国家的反不正当竞争法中，并不要求商业诋毁者具有主观上的恶意。这种情形也反映在了世界知识产权组织《示范规定》的注释中。例如："虚假的或者不当的陈述，不必实际上损害了信誉，也不必要求具有恶意。针对损害信誉的有效保护，不依赖于任何真实损害或者意图损害的证据，也不依赖于诋毁性说法的方式。"应该说，在商业诋毁行为的构成上，不要求诋毁者主观上的恶意，是一种较高水平的对于制止不正当竞争权利的保护。

商业诋毁的构成，必须是对于竞争对手的诋毁。或者说，商业诋毁总是发生于一定的竞争关系中。世界知识产权组织《示范规定》的注释也说："通常说来，受到攻击的个人或者公司是竞争对手，或者至少所牵涉的当事人之间存在着某种竞争关系。"与此相应，发生于竞争关系之外的对于他人产品、服务或者商业活动的贬损，则不一定属于商业诋毁。例如，美国国会在制定有关商业诋毁的规定时，主张将商业诋毁局限于"商业性言论"中，或者具体说局限在商业性广告或者促销活动中。至于非商业性言论，诸如新闻报道中对他人商品、服务或者商业活动的贬损或者诋毁，则不属于商业诋毁的范畴。在这一点上，不能因为制止商业诋毁行为而有损宪法规定的言论自由。

当然，就商业诋毁的构成而言，对于竞争关系应当作广泛的理解，而不能限于狭窄的竞争对手的范围。例如，如果消费者协会或者其他认证组织、传播媒体违反公平公正的原则，对某一市场主体的商品、服务或者商业活动加以恶意诋毁，也应当加以制止。当然在这种情况下，还要看相关国家的法律对传播媒体或者消费者组织免责的规定。[②] 至少，传播媒体、消费者组织和认证组织等等，不得滥用法律规定的免责条款。

---

① 参见孔祥俊《反不正当竞争法新论》，人民法院出版社，2001，第631~632页。

② WIPO Model Provisions on Protection against Unfair Competition，WIPO Publication Mo. 832，1996.

三　商业诋毁与虚假宣传

应该说，在反不正当竞争法所规范的商业行为中，商业诋毁与虚假宣传密切相关，都是就产品、服务或者商业活动做出了虚假陈述。但是，虚假宣传是竞争者对自己的产品、服务或者商业活动做出夸大的虚假陈述，而商业诋毁则是对他人的商品、服务或者商业活动做出了消极的虚假陈述。正如世界知识产权组织《示范规定》的注释所说，同误导（虚假宣传）一样，损害信誉（商业诋毁）的目的也是通过传递某种信息来影响消费者的决定。但与误导不同的是，损害信誉不是对于自己的产品或服务做出虚假的或者欺骗性的陈述，而是对他人的企业、产品、服务或者工商业活动做出虚假陈述，并由此而影响消费者的决定。《示范规定》的注释还说，典型的误导（虚假宣传）是关于某人自己的产品、服务或者其他事项的陈述，而损害信誉（商业诋毁）则是关于竞争对手的产品、服务或者工商业活动的陈述。

关于商业诋毁与虚假宣传的关系，还可以从美国联邦反不正当竞争法（兰哈姆法第43条第1款）的规定方式得到说明。在1988年以前，美国联邦反不正当竞争法虽然有制止虚假宣传的规定，但是没有制止商业诋毁的规定。在当时，商业诋毁是由州一级的反不正当竞争法加以规范的。随着时间的推移，产业界特别希望在联邦一级的反不正当竞争法中也做出有关商业诋毁的规定。这样，到了1988年修订兰哈姆法时，就在第43条第1款中体现了制止商业诋毁的条文。不过，从法律的行文上来说，将商业诋毁纳入第43条第1款的范围，却是一件非常简单的事情。现行第43条第1款第1项第2句的规定如下："在商业性广告或促销中，就他的或她的，或他人的商品、服务或商业活动的性质、特征、质量或地理来源，进行虚假陈述，"应当在任何人所提起的民事诉讼中承担责任。事实上，正是在行文中加入了"或他人的"几个字，就使得相关规定包括了商业诋毁的含义。例如，如果仅仅是说"就他的或她的"商品、服务或商业活动进行虚假陈述，这是指被告就自己的产品、服务或者商业活动进行虚假宣传。但由于在"他的或她的"后面加上了"或他人的"几个字，则被告对他人商品、服务或者商业活动的虚假陈述，或者"商业诋毁"的含义，也就反映在了法律条文之中。

商业诋毁与虚假宣传的密切关系还在于，在现实的商业生活中，二者往往会同时发生。例如，某一竞争者在对自己的产品、服务或者商业活动进行虚假宣传的同时，可以对竞争对手的商品、服务或者商业活动进行诋毁性的虚假陈述。或者在诋毁竞争对手的产品、服务或者商业活动的同时，对自己的产品、服务或者商业活动进行虚假宣传。在这种情况下，受到损害的竞争对手可以在诉讼中至少提起两个主张，即被告进行虚假宣传的主张和进行商业诋毁的主张，并要求法院依据不同的规定加以制止。

在说到虚假宣传和商业诋毁的时候，还有一个比较广告的问题值得一提。这是因为，在近年有关反不正当竞争法的研究中，有人将"对比广告"作为一类不正当竞争行为加以论述，似乎不太恰当。

正如前面在论述虚假宣传时所说，反不正当竞争法意义上的广告具有最广泛的含义，既包括电台、电视台、报纸杂志上的广告，也包括街道上的广告、招贴，以及小册子和标签等等。市场主体就自己产品、服务或者商业活动的虚假陈述，基本都是通过广告传播的。应该说，这也适用于商业诋毁。或者说，市场主体对于竞争对手的产品、服务或者商业活动的虚假陈述，也基本是通过广告传播的。

所谓比较广告，则是将自己的商品、服务或者商业活动与他人的商品、服务或者商业活动进行比较，以揭示二者之间的关系。一般说来，符合事实的比较广告，只要没有对自己的，或者竞争对手的产品、服务或者商业活动作出虚假陈述，就应当加以鼓励。对于这种广告，不存在加以制止的问题。但如果市场主体在对比广告中对自己的，或者竞争对手的产品、服务或者商业活动进行了虚假陈述，则可以或归入虚假宣传的范畴，或归入商业诋毁的范畴。从这个意义上说，比较广告只是发布广告的一种方式，本身并无不当。如果竞争者在比较广告中发布了虚假的陈述，其他竞争者也可以依据有关虚假宣传或者商业诋毁的规定，加以制止。由此可见，将比较广告作为一种不正当竞争行为是不恰当的。

┌┈┈┈┈┈┈┈┈┈┈┈┐
┊ **问题与思考** ┊
└┈┈┈┈┈┈┈┈┈┈┈┘

在虚假宣传和商业诋毁两个问题上，也许商业诋毁的问题比较好处理。因为，受到商业诋毁的厂商，为了自己的声誉和利益，总是会很快起而反击。与此相应，他人在作出商业诋毁之前，也会慎重考虑，以免招惹是非。

但是，虚假宣传的制止则要难得多。这是因为，虚假宣传是对于自己的商品、服务或者商业活动作出夸大宣传，竞争对手也许很难感到直接的损害。况且在很多情况下，即使竞争对手感受到了虚假宣传的损害，也不一定提出制止的要求。因为竞争对手有可能也在从事类似的虚假的宣传。近年来有关隆胸、减肥、美容的广告，都属于行业性的虚假广告。由此看来，对于虚假广告的制止，不能仅仅依赖于反不正当竞争法。或者说，在制止虚假宣传方面，制止不正当竞争仅仅是其中的一种方式。例如，广告法和工商行政管理部门的介入，也许会起到更为明显的作用。

复习题

1. 什么是虚假宣传？
2. 什么是商业诋毁？
3. 地理标志保护的方式有几种？

阅读书目

郑成思：《知识产权法》（第二版），法律出版社，2002。

郑成思译《世界知识产权组织关于反不正当竞争保护的示范规定》，《知识产权文丛》第二卷，中国政法大学出版社，1999。

孔祥俊：《反不正当竞争法新论》，人民法院出版社，2001。

李明德：《美国反不正当竞争法研究》，载《知识产权文丛》第九卷，中国方正出版社，2003。

第二十七章 商业秘密

要点提示

　　本章讨论了商业秘密保护的基本理论，认为侵权法理论和反不正当竞争法理论是不同历史时期对商业秘密提供保护的理论。

　　本章主要讨论了商业秘密的范围和构成要件，认为商业秘密侵权诉讼中应当首先解决是否存在商业秘密的问题。

　　本章还讨论了侵犯商业秘密的不正当手段，认为只有在以不正当手段披露、获得和使用他人商业秘密时，才会有侵权的构成。

　　禁止侵犯他人的商业秘密，是近年来才纳入反不正当竞争法的一个内容。与此相应，对于商业秘密的保护，也是从制止不正当竞争的角度入手的。这与著作权法、专利法和商标法赋予相关客体以明确而具体的权利有所不同。① 本章主要讨论商业秘密的保护概况，商业秘密的范围与构成要件，以及商业秘密的侵权与救济。

第一节　商业秘密保护概况

一　商业秘密保护的理论

　　国内一些有关商业秘密保护的论著，往往认为商业秘密的保护有若

---

① 至少从制止不正当竞争的角度来说，很难说存在着一种积极的类似于著作权、专利权或商标权的"商业秘密权"。而且，即使承认所谓的商业秘密权，这种权利也与著作权、专利权和商标权的专有性不同。例如，在专利权的情况下，无论多少人作出了一项相同的技术发明，最后只能有一个专利权。而在商业秘密的情况下，同样的一项技术秘密或者营业秘密，却可以掌握在两个以上的所有人的手里。所以从这个意义上说，比较恰当的说法也许还是，未经许可不得以不正当手段获得、披露或者利用他人的商业秘密。

干基本理论, 如合同法理论、侵权法理论、财产权理论和反不正当竞争理论, 等等。有时候, 甚至认为这几个理论是并列的或者相互独立的, 是商业秘密得以保护的不同理论。但在笔者看来, 这类说法没有考察商业秘密保护的历史进程, 没有考察合同法理论、财产权理论、侵权法理论和反不正当竞争理论在不同的历史时期的地位, 因而是不准确的。为了叙述的方便, 这里仅以美国对于商业秘密的保护为例, 说明相关理论的发展演变。

大体说来, 美国对于商业秘密的保护, 有一个从侵权法理论到反不正当竞争法理论的演变过程。至于合同法理论和财产权理论, 则同时存在于两个不同的历史时期, 成为侵权法理论和反不正当竞争法理论的组成部分。而且, 两个历史时期对于商业秘密保护的理论总结, 也分别体现在 1939 年的《侵权法重述》和 1995 年的《反不正当竞争法重述》之中。具体说来, 前者总结了商业秘密保护中的侵权法理论, 而后者则总结了相关的反不正当竞争法理论。

先来看商业秘密保护中的侵权法理论, 以及与之相关的合同法理论和隐含的财产权理论。

侵权法理论是有关财产权保护的理论, 其基本要旨在于, 当某人就一项财产享有权利的时候, 他人不得偷窃、非法侵占或者进入该财产。将侵权法理论适用于商业秘密的保护, 就是将商业秘密视为所有人的财产, 他人未经许可不得披露、获得和使用相关的信息。如果某人未经商业秘密所有人的许可, 采用不正当的手段披露、获得或者使用了有关的信息, 就会构成民事法律意义上的侵权, 并且承担相应的法律责任。值得注意的是, 侵权法理论在对于商业秘密的保护方面, 更多地强调了他人的义务, 而非商业秘密所有人的权利。或者说, 他人不得未经许可而披露、获得或者使用有关的秘密信息。

侵权法理论对于他人义务的强调, 也体现在了合同关系之中。在美国的早期, 就像现在一样, 商业秘密在很多情况下是通过合同的方式加以保护的。按照合同方式, 商业秘密所有人在向他人披露有关的秘密信息时, 通常会在合同中约定, 他人不得违反合同义务而披露有关的商业秘密。这种合同, 可以是雇主与雇员之间的, 也可以是许可人与被许可人之间的, 还可以是合作伙伴之间的, 如委托关系、联营关系、合伙关系等等。其中的保密义务, 可以是合同明示的保密义务, 也可以是合同所默示的保密义务。如果合同的另一方违反合同而泄露了有关的秘密信息, 则应当依据合同的条款承担相应的责任。

　　这样，依据侵权法的理论，商业秘密所有人与侵权者之间的关系，可以是基于合同的义务关系，也可以是基于更为广泛的不得侵犯自己商业秘密的义务关系。如果商业秘密所有人与侵权者之间存在合同关系，可以通过合同义务追究泄露者的责任。如果与侵权者之间不存在任何明示的或者默示的合同关系，则可以通过广义的义务理论追究侵权者的责任。与此相应，侵权法所强调的是他人对于商业秘密所有人的义务，即他人不得违反合同义务而泄露有关的商业秘密，他人不得违背广义的义务而披露、获得和使用有关的商业秘密。从这个意义上说，所谓的合同法理论，实际上是包括在侵权法理论之中的。或者说，合同约定的义务关系，不过是侵权法理论所强调的"义务关系"中的一个部分。

　　而1939年由美国法学会发布的《侵权法重述》，则是对于侵权法理论，包括运用这个理论保护商业秘密的总结。根据《侵权法重述》第757条，行为人未经授权而披露或使用了他人的商业秘密，对他人负有法律责任，如果（1）他以不正当的手段获取了该秘密；（2）他的披露或使用构成了对保密义务的违背，而此种义务是他人在向他披露该秘密时所要求的；（3）他从第三人那里获得该秘密，并且注意到这是一个秘密，注意到第三人是以不正当手段获取的，或者第三人披露该秘密是违背了他对他人所承担的义务。[①] 其中的第一种行为是违背广义的义务关系而获取他人的商业秘密，第二种行为是违反合同义务而泄露有关的商业秘密。至于第三种行为，则是行为人在获得有关的商业秘密时，知道他人系违背保密义务而向自己披露有关的秘密。

　　由于侵权法理论过于强调义务关系，所以不关心甚至忽略有关的秘密信息是否构成财产。例如，美国最高法院在1917年的一个判例中说："当'财产权'这一术语适用于商标和商业秘密时，只是对下述基本事实的某些间接结果未加分析的表述，即法律要求某些最基本的善意。无论原告是否具有有价值的秘密，被告是通过特定的保密关系而知道有关事实的（不管这些事实是什么）。财产权可以被否定，保密义务则不能。因而，解决眼前问题的出发点不是财产法或法律的正当程序，而是被告对原告们或其中之一负有保密义务。"[②]

　　然而在事实上，侵权法理论仍然隐含着一个前提，即有关的商业秘密是信息所有人的财产，他人不得加以侵犯。这与侵权法对于其他财产

----
① Restatement of Torts, section 757.
② E. L. Du Pont de Nemours & Co. v. Masland, 244 U. S. 1016 (1917).

权，包括有形财产权的保护是一样的。否则，商业秘密的保护就会失去理论上的依据。正是从这个角度出发，法院的相关判决或者学者的相关论述，在强调义务关系的同时，又对财产权理论有所强调。显然，美国早期的商业秘密保护，更多的是受到侵权法中的义务理论而非财产权理论的支配。上述 1939 年《侵权法重述》第 757 条有关商业秘密保护的规定，就反映了这种义务理论。该条的评论甚至说："由于某人对商业秘密的创意享有财产权利，就可以排除他人使用自己的商业秘密，这种看法经常被提出但又遭到否定。流行的理论是，保护仅仅基于一般的善意义务，即违反这一义务就会产生违反合同、违反保密关系或用不正当手段获取商业秘密的法律责任。"①

以上是有关侵权法理论和其中所包含的合同理论，以及隐含的财产权理论的说明。下面再来看制止不正当竞争理论，以及其中所包含的财产权理论和合同理论。

在商业秘密的保护方面，侵权法理论虽然强调了义务，但毕竟隐含着"财产权"的前提。非常有趣的是，正是这种隐含的财产权理论，却在《侵权法重述》之后的年代里逐步发展起来，成了商业秘密保护的理论依据。例如，美国一本很有影响力的教科书曾经总结说："事实上，在《重述》之后的年代里盛行的理论是商业秘密中的财产权。尽管财产权会因为向公众披露而丧失，但可以在各种情形下以财产权对抗窃取者并从而得到保护。"② 在逐步认可和强调财产权原则的背景下，法院做出了一系列将商业秘密作为财产予以保护的判例，并通过这些判例阐述了商业秘密保护的一些基本要件，如有关信息的秘密性和价值性，以及什么样的信息可作为商业秘密予以保护。显然，这为反不正当竞争法对于商业秘密的保护作出了必要的理论准备。

此外，侵权法理论虽然从"义务"的角度，甚至从隐含的"财产权"角度提供了对于商业秘密的保护，但是侵权法理论毕竟是针对更为广泛的财产权，尤其是有形财产权的一种理论。所以，随着无形财产权理论的发展，尤其是知识产权保护理论的不断发展和完善，侵权法也就不再涉及商业秘密的保护，而是由反不正当竞争法提供相应的保护。

正是基于以上的原因，到了 1979 年，当美国法学会颁布《侵权法

---

① Restatement of Torts, section 757, comment a.

② Donald Chisum and Michael Jacobs, Understanding Intellectual Property Law, Section 3 B (3).

重述》第二版时，就没有将商业秘密纳入其中。《侵权法重述》第二版的作者们认为，包括商业秘密在内的反不正当竞争，已经"更多地依赖于其他的法学领域，依赖于更为广泛的法律规范的发展，而不是附属于侵权法。"① 这样，商业秘密的保护就从侵权法之中摘了出来。而到了1995年，美国法学会又颁布了一部《反不正当竞争法重述》，不仅将商业秘密的保护纳入了其中，而且依据反不正当竞争的理论，规定了商业秘密的构成要件和保护规则。这标志着商业秘密的保护最终从侵权法中分离出来，成为反不正当竞争法的一个部分。与此相应，对于商业秘密的保护也就成了知识产权法律的一个部分。

尽管到目前为止，美国在商业秘密的保护上已经完成了从侵权法理论到反不正当竞争法理论的过渡，但在后者对于商业秘密的保护中，仍然是以财产权理论和合同理论为其基础。例如，法院在有关商业秘密的诉讼中，首先应当解决有关的信息是否构成了可以予以保护的财产。或者说，有关的信息是否属于秘密，是否具有经济价值，信息所有人是否采取了合理的保密措施。显然，这正是侵权法中的财产权理论在反不正当竞争法中的延伸。其次，法院在确定有关财产权存在之后，还要看被告对于商业秘密的披露、获得和使用，是否违背了明示的或者暗示的合同义务，或者是否采取了不正当的手段。这样，违背合同义务而披露有关的商业秘密，或者采取不正当手段获取他人的商业秘密，就属于应当加以禁止的行为。显然，这又是侵权法中的义务理论（包括合同义务理论）在反不正当竞争法中的延伸。

综上所述，至少是从美国有关商业秘密保护的发展来看，只有从侵权法理论到反不正当竞争理论的演变，而不存在单独的合同法理论或者财产权法理论。事实上，无论是在早期的侵权法理论中，还是在近年来的反不正当竞争理论中，都有合同法理论和财产权法理论的存在。

二　商业秘密立法概况

巴黎公约有关制止不正当竞争的规定，并没有涉及商业秘密的保护。不过在世界各国的立法实践中，一般都是将商业秘密的保护放在了反不正当竞争法中。这样，到了世界贸易组织的"知识产权协议"，也按照绝大多数国家的立法惯例，从制止不正当竞争的角度规定了商业秘密的保护。尽管知识产权协议使用了"未披露过的信息"（undisclosed

---

① Restatement of Torts, 2 Div. 9 at 1.

information）的说法，但具体所指就是商业秘密。

根据协议第 39 条的规定，各成员应当依据巴黎公约第 10 条之 2 制止不正当竞争的规定，提供对于商业秘密的保护，防止他人未经许可而以违背诚实商业行为的方式，披露、获得或者使用有关的商业秘密。在此基础上，协议还规定了商业秘密的构成要件，即有关的信息属于秘密，具有商业价值，并经合法控制信息的人采取了合理的保护措施。除此之外，协议还特别要求，市场主体向成员政府部门提交的未披露过的实验数据或其他数据，政府机构应当保密，防止他人不正当的商业利用。

应该说，"知识产权协议"对于商业秘密的规定具有非常重要的意义。在此之前，国际上还存在着商业秘密是否属于知识产权的争论。例如，《建立世界知识产权组织公约》在列举知识产权的范围时，并没有提到商业秘密的保护。又如，巴黎公约 1967 年文本在规定制止不正当竞争权利的时候，也没有涉及商业秘密的保护。所以，在关贸总协定乌拉圭回合的谈判中，当美国等发达国家提出商业秘密保护的议题之后，巴西和印度等国特别反对将商业秘密纳入谈判的范围。印度还提出，商业秘密不属于知识产权，完全可以通过合同和民法的一般规定加以保护。① 然而，在美国等发达国家的坚持之下，商业秘密的保护最终纳入了"知识产权协议"，并且成为知识产权的一个组成部分。与此相应，商业秘密是否属于知识产权的争论也最终画上了句号。

值得注意的是，"知识产权协议"虽然将商业秘密的保护纳入了知识产权的范围，但是有关的保护却是从制止不正当竞争的角度提供的。在这方面，协议的规定有三个特点。

第一，协议是依据巴黎公约第 10 条之 2，要求成员在提供反不正当竞争保护的过程中，提供对于商业秘密的保护。这表明，对于商业秘密的保护属于反不正当竞争法的一个部分。

第二，按照协议的有关规定，受到保护的信息必须符合商业秘密的构成要件，并由此而成为应当受到保护的财产。这可以看作是财产权理论的体现。

第三，他人对于商业秘密的披露、获取和使用，必须是采取了不正当的手段，如违反了合同约定的义务，或者采取不正当手段诱使他人泄露商业秘密，以及使用由此而获得的商业秘密。这可以看作是义务理论

---

① 参见孔祥俊《反不正当竞争法新论》，人民法院出版社，2001，第 698～699 页。

的体现。

由此可见，反不正当竞争法对于商业秘密的保护，系由两个部分构成。一是有关的信息符合商业秘密的要求，构成了法律应当保护的财产。二是他人以不正当的手段披露、获取或者使用了相关的信息。与此相应，在有关商业秘密的诉讼中，法院首先应当确定是否存在符合法律要求的商业秘密，然后再确定他人是否采取不正当手段披露、获取或者使用了相关的秘密信息。这可以称之为"商业秘密保护的两步法"。显然，无论是忽略了前者还是忽略了后者，都有可能造成商业秘密保护上的扭曲。①

正是在"知识产权协议"的基础之上，世界知识产权组织于1996年发布的《关于反不正当竞争保护的示范规定》，也将商业秘密的保护纳入了其中。不过，《示范规定》使用了"秘密信息"（secret information）的概念，而没有像"知识产权协议"那样使用"未披露过的信息"。对此，《示范规定》的注释解释说，"秘密信息"与"未披露过的信息"具有相同的含义。由此可见，二者都是指商业秘密。应该说，在对于商业秘密的保护方面，《示范规定》与"知识产权协议"基本相同。例如，《示范规定》禁止他人未经合法持有人的许可，以不正当竞争的方式披露、获得或者使用相关的秘密信息。其中的不正当竞争方式，包括产业间谍、违反合同、诱使他人披露或者窃取秘密信息，以及使用通过不正当手段获得的秘密信息。又如，《示范规定》也规定了"秘密信息"的构成要件，如秘密性、价值性和采取了合理的保密措施等等。

以上是国际公约和国际性文件中的有关规定。在国内立法方面，世界各国基本都是采用制止不正当竞争的方式，提供对于商业秘密的保护。例如，根据世界知识产权组织1996年的统计，当时世界上仅有瑞典及加拿大有单行的商业秘密法，美国有相当于"示范法"性质的《统一商业秘密法》，而大多数国家对于商业秘密的保护，都是在反不正当竞争法的范围之内。② 事实上，美国虽然有示范法性质的《统一商

---

① 在以往的某些诉讼中，法院往往过多地关注了被告是否采取了不正当的手段，而对于原告主张的"商业秘密"是否存在则有所忽略。这很有可能保护了本来不应该保护的信息。此外，这种"两步法"在有关假冒的案件中也存在，即法院首先确定有关的商业标识是否具有市场上的显著性，然后再确定他人是否假冒了具有显著性的商业标识。

② 郑成思：《知识产权法》（第二版），法律出版社，2003，第397页。

业秘密法》，对于商业秘密的保护仍然是在制止不正当竞争的范围之内。

在这方面，中国也是通过制止不正当竞争的方式，提供了对于商业秘密的保护。1993年制定的反不正当竞争法第10条规定，经营者不得采用下列手段侵犯商业秘密：（1）以盗窃、利诱、胁迫或者其他不正当手段获取权利人的商业秘密；（2）披露、使用或者允许他人使用以前项手段获取的权利人的商业秘密；（3）违反约定或者违反权利人有关保守商业秘密的要求，披露、使用或者允许他人使用其所掌握的商业秘密。第三人明知或者应知前款所列违法行为，获取、使用或者披露他人的商业秘密，视为侵犯商业秘密。

以上是对于不正当竞争行为的界定。除此之外，反不正当竞争法第10条还对商业秘密的构成要件作了规定："本条所称的商业秘密，是指不为公众所知悉、能为权利人带来经济利益、具有实用性并经权利人采取保密措施的技术信息和经营信息。"与此相应，凡是符合上述要件的秘密信息，都属于信息所有人的财产，他人不得以不正当竞争的方式披露、获得和使用。

由以上的规定可以看出，中国反不正当竞争法对于商业秘密的保护，也是从两个角度入手的，即符合法定要件的秘密信息是所有人的财产，他人不得以不正当竞争的手段披露、获得或者使用有关的信息。这与世界贸易组织的"知识产权协议"是一致的。

不过，与"知识产权协议"相比，我国反不正当竞争法在对于商业秘密的保护方面，还是缺失了一个内容。这就是没有规定政府机关对市场主体所提交的数据或信息进行保密。当然，这在后来的一些行政性法规中得到了补救。通常，这些行政法规都要求政府主管部门，对市场主体所提交的数据或者信息予以保密。例如，2002年1月颁布实施的《技术进出口管理条例》第44条规定："国务院外经贸主管部门和有关部门及其工作人员在履行技术出口管理职责中，对国家秘密和所知悉的商业秘密负有保密义务。"

由于反不正当竞争法的规定比较原则，国家工商行政管理局还在1995年11月发布了《关于禁止侵犯商业秘密行为的若干规定》（1998年12月修订），对商业秘密的范围、构成要件，对未经许可而披露、获得或者使用他人商业秘密的不正当行为，作了较为具体的规定。应该说，这个规定主要是有助于行政机关查处侵犯商业秘密的案件，不能作为司法的依据。不过，其中的规定仍然可以作为理解反不正当竞争法的参考。

除此之外，1997 年颁布的《刑法典》第 219 条也规定了侵犯商业秘密罪，从而将商业秘密的保护纳入了刑法的范围。不过，商业秘密的保护主要是通过制止不正当竞争的方式，披露、获得和使用相关的商业秘密并由此而构成犯罪的，应当是比较少见。

第二节　商业秘密的范围和构成要件

在反不正当竞争法对于商业秘密的保护中，第一个要点是确定有关的信息是否构成了应当受到保护的商业秘密。这既包括有关的信息是否可以纳入商业秘密的范围，也包括有关的信息是否符合商业秘密的构成要件。本节先讨论有可能成为商业秘密的信息范围，然后讨论商业秘密的构成要件。

一　商业秘密的范围

中国反不正当竞争法第 10 条规定："本条所称的商业秘密，是指不为公众所知悉、能为权利人带来经济利益、具有实用性并经权利人采取保密措施的技术信息和经营信息。"由此可见，可以纳入商业秘密范围的信息包括技术信息和经营信息。

其中的技术信息是指与产品或方法相关的信息，如产品设计、外观设计、制造方法、工艺流程、化学配方、计算机程序、技术效果的控制方法等等。值得注意的是，通常所说的"技术诀窍"（know-how）也在技术信息的范围之内。至少在中国反不正当竞争法的意义上，不存在一个独立于"技术信息"之外的技术诀窍的概念。

其中的经营信息是指与市场营销有关的信息，如企业管理方法、市场营销方法、产品折扣方法、客户名单、原材料供应商名单、招投标活动中的标底和标书信息等等。显然，经营信息的范围要远远大于技术信息。因为技术信息所涉及的只是企业的产品或者方法，除此之外的有关企业活动的信息，都可以纳入经营信息的范围。

可以纳入商业秘密范围的技术信息和经营信息，与专利法有着密切的关系。首先，专利法是技术发明保护法，保护有关产品或者方法的技术发明。[①] 不属于这二者的发明，无论如何具有新颖性、创造性或者实用性，都不能获得专利法的保护。例如，无论是市场营销方法还是企业

---

① 依据中国专利法，还保护实用新型和外观设计。

管理方法，以及市场经营中的许多信息，只要是前所未有的，都可以纳入"发明"的范畴。但是，按照世界各国专利法的规定，只有关于产品和方法的技术发明才有可能申请并获得专利权。这样，有关市场经营的信息，无论如何新颖别致，具有创造性和实用性，都不属于专利法保护的范畴。在这种情况下，经营信息的所有人，只能采取商业秘密的方式，保护有关的信息。

其次，专利法对于技术发明的保护，具有较高的要求，如有关的技术方案必须符合新颖性、创造性和实用性的标准。除此之外的技术方案，例如创造性比较低的技术诀窍、对于产品的小改小革，则难以获得专利法的保护。在这种情况下，技术信息的所有人也可以采取商业秘密的方式，保护有关的技术方案。

第三，就技术发明的保护来说，某些前沿领域中的很多人都在寻求突破的技术发明，发明人应当适时提出专利申请。否则，一旦他人抢先提出专利申请并获得了专利权，还会限制甚至禁止自己对于有关技术的使用。但是对于那些偶然的发明，尤其是化工技术领域中的偶然发明，发明人也可以采取商业秘密的方式加以保护。因为在这种情况下，同行的技术人员很难做出同样"偶然"的发明。同时，申请专利还意味着会公开相关的技术方案，并且在专利权保护期限届满后进入公有领域。在这种情况下，如果发明人综合平衡，觉得不去申请专利对自己更有利，就可以采取商业秘密的方式加以保护。

由以上三个方面可以看出，在对于发明（包括经营信息的广义发明），尤其是对于技术发明的保护方面，商业秘密法与专利法具有互相补充的作用。我们甚至可以说，商业秘密法和专利法是对于发明提供保护的两个车轮，二者缺一不可。

应该说，中国反不正当竞争法所规定的技术信息和经营信息，具有最广泛的含义。除了与国计民生相关的信息和与个人相关的信息，其他的信息都可以纳入技术信息和经营信息的范围。在这方面，国外有的学者甚至主张用否定式的方式定义商业秘密，即除了与国计民生相关的国家秘密和涉及个人生活及隐私的个人秘密之外，其他的秘密都属于商业秘密的范围。[①] 当然，这并不意味着所有的技术信息和经营信息，或者范围如此广泛的信息都可以构成商业秘密。因为，有关的信息要想成为法律所保护的商业秘密，还必须符合不为公众所知悉（秘密性）、具有

---

① 郑成思主编《知识产权保护实务全书》，中国言实出版社，1995，第 389 页。

商业价值（价值性）和采取了合理的保密措施等要件。

由此看来，商业秘密的构成就有了两个方面。一方面，从技术信息和经营信息的范围来看，有可能成为商业秘密的信息非常广泛。不属于国家秘密和个人秘密的那些信息，都有可能成为商业秘密。而在另一方面，有关的信息要想成为商业秘密，又必须符合严格的秘密性、价值性和保密措施等要件。事实上，符合这类要件并且构成了商业秘密的信息，远远没有人们所想象的那样多。

二 不为公众所知悉

不为公众所知悉，又称为秘密性，是指有关的信息不能从公开的渠道直接获得，仍然处于一种秘密状态。如果有关的信息已经为社会公众所知悉，可以从公开的渠道直接获得，则不能构成商业秘密。关于这一点，世界贸易组织的"知识产权协议"第 39 条第 2 款规定："其在某种意义上属于秘密，即其整体或者内容的确切体现或者组合，未被通常从事有关信息工作的人员普遍所知或者容易获得。"事实上，"知识产权协议"所使用的术语"未披露过的信息"，就反映了相关信息的秘密性或者不为公众所知悉。或者说，有关的信息仍然掌握在所有人的手中，还没有向公众披露过。

有关的信息不为公众所知悉，或者尚未披露过，也将商业秘密与公知公用的信息、已经披露的信息区别了开来。例如，已经处于公有领域中的技术信息和经营信息，属于社会公众全体，任何人不得将其纳入自己专有的范围。又如，通过专利文献披露的技术信息，通过作品（论文、技术文件、图纸等等）披露的技术信息和营业信息，通过产品的上市、展览会的展出或者公开使用而披露的信息，都属于已经为公众所知悉的信息。在这方面，美国《统一商业秘密法》的评论说"如果有关的信息出现在行业刊物、参考书或出版物上，它就是易于获得的。"[1]此外，信息所有人没有采取保密措施的，或者不慎而泄露的信息，也属于已经披露过的信息。关于这一点，美国《同一商业秘密法》的评论也说："通过展示、行业出版物、广告或者其他疏忽而披露的信息，都不能获得保护。"[2]

显然，无论是已经公知公用的信息，还是经由所有人有意无意而披

---

[1] Uniform Trade Secret Act, Comment to Section 1.

[2] Uniform Trade Secret Act, Comment to Section 1.

露的信息，在任何情况下都不得重新纳入"秘密"的范围。事实上，有关的技术信息和经营信息一旦公开披露，包括他人违背保密协议披露的或者采取不正当手段获得后披露的，都不可能再逆向地回归为"秘密"。在这方面，曾经的信息所有人，无论提出何种辩解都无济于事。

此外，商业秘密构成要件中的不为公众所知悉，更多地是指不为同行业的相关人员所知悉。或者说，有关的信息是在同行业中不为公众所知悉。例如，"知识产权协议"所说的有关信息不为人们普遍所知或者容易获得，就是指不为"同行业中"的相关人员普遍所知。显然，这样的界定符合现代技术经济的情形。因为，现代技术和经济分门别类非常细致，只有那些同行业的相关人才会识别有关的信息，才会觉察到有关的信息具有可利用的价值。

当然，商业秘密的秘密性或者不为公众所知悉，并非要求有关的信息处于绝对秘密的状态，只有一个人或者几个人了解该信息。这可以称之为商业秘密的相对秘密性。例如，为了让一项技术秘密得以实施，必须让一定范围内的工程技术人员了解该项技术秘密，并在生产过程中加以实施。又如，一项广告策划或者折扣方法，必须让相关的营销人员知悉才能够得以实施。再如，商业秘密所有人的客户、合作伙伴或者该项秘密的被许可人，也会接触、了解或者实施有关的商业秘密。当然，在这种不得不让一定范围内的人员接触、了解或者使用商业秘密的情况下，所有人采取必要的保密措施就是非常重要的。否则，有关的信息就会公开披露出去。

此外，商业秘密的相对秘密性还体现在这样一种情况下，如果两个或者两个以上的所有人同时或者先后"发明"了某 技术秘密或者营业秘密，可以在没有公开披露的前提下同时拥有有关的"商业秘密"。这也就是"知识产权协议"所说的有关信息不为同行业中的相关人员"普遍所知"。在这种情况下，第一个秘密信息的所有人不得阻止第二个所有人拥有、使用、许可相关的信息。这与专利权的情形不同。当然，如果同行业中"发明"或者拥有同一"商业秘密"的人较多，以至于超出了一定的范围，则有关的信息也会进入公有领域，不再成为秘密。

三 具有商业价值

具有商业价值，又称价值性，是指有关的信息因为属于秘密而为权利人带来了现实的或者潜在的经济利益或者竞争优势。如果有关的秘密信息不能为所有人带来现实的或者潜在的经济利益，或者不能让所有人处于市场竞争的优势地位，则有关的信息不具有商业价值，不能成为商业秘密。

商业秘密的价值性在于，其所有人在开发该信息的过程中耗费了一定的努力和金钱，并由此而可以在市场竞争中占据某种优势地位。事实上，这也是有关商业秘密的侵权诉讼中，法院确定损害赔偿数额的依据。商业秘密的价值性还在于，如果竞争对手以不正当手段获得和使用相关的信息之后，也可以获得一定的经济利益。显然，这也是某些不正当竞争者窃取他人商业秘密的原因之所在。

商业秘密具有商业价值，也将商业秘密与其他的秘密信息区别了开来。例如，国家秘密和个人秘密都不具有商业价值。① 又如，有关科学研究的信息，以及那些仅仅停留在创意的层面上并且不能具体实施的技术信息，也不具有商业价值。此外，那些公知公用的信息，那些信息所有人有意无意而披露出来的并且没有获得专利权的信息，都不具有商业秘密那样的价值性。

值得注意的是，中国反不正当竞争法在规定商业秘密的构成要件时，除了价值性，还提到了一个实用性。尽管有人费尽心机地为实用性，以及实用性与价值性的区别作论证，但笔者认为这是一个多余的规定。首先，世界贸易组织的"知识产权协议"，世界知识产权组织《关于反不正当竞争保护的示范规定》，都没有在商业秘密的构成要件中提到"实用性"。同时，对商业秘密提供反不正当竞争法保护的世界各国，也没有实用性的要求。而且，到目前为止，还没有听说哪个国家因此而保护了不具有"实用性"的秘密信息。其次，商业秘密构成要件中的商业价值，在事实上已经蕴含了实用性的意味。因为，那些不具有实用性的秘密信息，包括那些没有具体化为技术方案，不能加以实施的技术信息，都不可能具有市场上的商业价值。或者说，这类信息不能为竞争者带来现实的或者潜在的利益，不能让竞争者占据市场上的优势地位。

应该说，在商业秘密的三个构成要件中，商业价值这个标准最容易通过。因为，法律所要求的是具有现实的或者潜在的商业价值，或者能够让信息的所有人占据一定的竞争优势。这样，在有关商业秘密的侵权诉讼中，秘密信息的所有人通常会很容易证明，有关的信息对自己具有

---

① 当然，对于某些特定的经营者来说，某些国家秘密或个人秘密也会具有商业上利用的价值。但是，无论是国家秘密还是个人秘密，都不是平等的市场主体之间的秘密，以及由此而产生的商业价值。应该说，就商业秘密而言的商业价值，是指市场主体所拥有的，仅在市场主体之间所具有的商业价值。

一定的商业价值。事实上,在有关商业秘密的诉讼中,如果原告不能获得保护,在绝大多数情况下都是因为有关的信息不具有秘密性,或者信息所有人没有采取适当的保密措施。

四 采取了合理的保密措施

采取了合理的保密措施,又称保密措施,是指秘密信息的所有人为了保持有关的信息处于秘密状态,采取了一系列必要的和合理的保密措施。其中的保密措施,包括订立保密协议、建立保密制度,以及其他合理的保密措施。

订立保密协议是指,秘密信息的所有人与自己的雇员、合作伙伴或者被许可人订立合同,要求他们对自己披露的信息予以保密。如前所述,商业秘密的秘密性,不是绝对的保密。为了实施有关的秘密技术或者营业秘密,商业秘密的所有人必须向自己的雇员,如工程技术人员或者管理人员披露相关的秘密。同时,在与商业伙伴合作的过程中,或者在向他人许可技术秘密的时候,也必须在一定的范围内披露有关的信息。在这种情况下,订立保密协议,要求合同的对方当事人保守相关的秘密,就是非常重要的。在通常情况下,保密协议都是书面的。但在特殊的情况下,也可以推定双方当事人之间存在着默示的合同。例如技术开发人员既然是雇员,已经获得了相关的工资待遇,对于开发出来的技术秘密应当负有保密的义务。即使雇主与雇员没有签订这样的保密协议,也应当推定雇员负有保密义务。

建立保密制度是指商业秘密的所有人制定保密规则,包括教育员工保守企业秘密、在相关文件上加上保密标记、将企业的秘密分门别类加以保护,等等。如果员工没有遵守保密规则,或者没有按照相关的要求管理文件,则可以给予处罚。

其他保密措施是指其他的可以保持信息处于秘密状态的措施。例如,强化对于员工的保密教育,加强门卫管理,限制员工或者来访者进入特定的区域,等等。

值得注意的是,商业秘密所有人所采取的保密措施,不是万无一失的措施,而是合理的措施。例如,不能要求在露天工厂上面加盖顶棚,不能要求某一个区域层层设岗,或者将秘密图纸放在难以破解的密码箱中。根据有关的司法判例,只要商业秘密所有人采取了就一般情形来说合理的保密措施,诸如将有关的文件锁进了柜子,限定了外来人员的访问区域,签订了保密协议,都可以认为已经采取了保密措施。当然,什么样的措施是"合理"的，以及合理的标准是什么，都是一个司法中由法院根据具体案情加以判定的问题，很难有一个理论上的划一标准。

应该说，在商业秘密的构成要件中，是否采取了合理的保护措施，是一个难以通过的标准。某一项新颖而独特的技术信息或者营业信息，显然对于信息所有人具有很大的商业价值，但可能因为没有采取必要的保密措施而丧失其秘密性，成为人人可以利用的公有领域中的信息。在有关商业秘密的诉讼中，有关信息的所有人是否采取了合理的保密措施，也往往成为原告与被告争执的焦点。与此相应，秘密信息的所有人采取合理的保密措施，包括订立保密协议、制定保密制度，就是非常重要的。事实上，只有在采取了必要保密措施的条件下，有关的技术信息和营业信息才能构成商业秘密，才能够处于秘密状态，并且为信息所有人带来一定的商业利益。

第三节　侵犯商业秘密的行为与法律救济

在反不正当竞争法对于商业秘密的保护中，第二个要点是确定他人是否采用不正当的手段获取、披露和使用了有关的商业秘密。或者说，在有关商业秘密的诉讼中，法院在走完了第一步即确定原告的信息属于商业秘密之后，就应当进入第二步，确定被告是否采取不正当的手段获取、披露或者使用了相关的秘密信息。如果法院确定原告确实有商业秘密存在，被告又采用不正当的手段获取、披露或者使用了相关的商业秘密，则法院应当给予原告以适当的法律救济，包括责令被告停止侵权、赔偿损失，以及在特殊情形下追究被告的刑事责任。

本节讨论侵犯商业秘密的不正当行为，包括侵犯商业秘密中的第三人责任，以及有关的法律救济。

一　不正当行为概述

侵犯商业秘密的行为，又称不正当行为，是指行为人以违反商业伦理的方式获取、披露或者使用了他人的商业秘密。其中的不正当行为，包括违反保密协议而披露有关的商业秘密，贿赂、引诱或威逼他人披露相关的商业秘密，非法侵入他人厂房住宅获取相关的商业秘密，以及使用由此而获得的商业秘密，等等。

应该说，在有关商业秘密的保护中，不正当的手段是无法一一列举的。大体说来，这些不正当地披露、获得或者使用他人商业秘密的手段，是低于一般商业伦理的手段，是不符合一般行为准则的手段。具体到诉讼中的某一项手段是否正当，通常也是由法院依据某一时代的商业伦理，结合该案的具体时间、地点和案情而加以判断。事实上，也正是从手段正当与否的意义上，有关商业秘密的保护才纳入了反不正当竞争法的范畴。

世界贸易组织的"知识产权协议"第39条规定了侵犯商业秘密的不正当手段。根据规定，在有关信息构成商业秘密的条件下，他人不得未经信息所有人的许可，以违背诚实商业行为的方式，披露、获得或使用有关的信息。又据该条的注释，"以违背诚实商业行为的方式"，至少应当包括诸如违约、泄密及诱使他人泄密的行为，以及通过第三方获得未披露过的信息（无论该第三方已知或者因为严重过失而不知该信息的获得将构成违背诚实商业行为）。由此可见，协议所说的"违背诚实商业行为的方式"，具有非常广泛的含义，包括违反保密协议而披露，他人以各种不正当手段获取、使用，以及第三人不正当地获得有关的信息，等等。

世界知识产权组织《关于反不正当竞争保护的示范规定》第6条，也列举了一些不正当地披露、获得或者使用他人商业秘密的情形。包括产业或者商业间谍，违反合同，泄密，引诱他人从事间谍、违约、泄密行为，以及第三人在知道或者应当知道上述行为的情形下仍然获取有关的商业秘密。应该说，《示范规定》所列举的不正当情形，也涉及了违约、他人以各种不正当手段获得、使用，以及第三人不正当地获得有关的信息等等，同样具有广泛的含义。

在美国，不存在联邦一级的反不正当竞争法，只有各州通过判例形成的制止不正当竞争的普通法。不过，1939年的《侵权法重述》和1993年的《反不正当竞争法重述》，则是对于各州有关制止不正当竞争的判例法的概括和总结，其中也包括侵犯他人商业秘密的不正当行为。例如，1939年《侵权法重述》第757条说："不正当手段可以包括偷窃，非法侵入，贿赂或诱使雇员或其他人违背义务而披露信息，虚假陈述，以非法伤害行为威胁，窃听电话，以间谍目的介绍某人的雇员或代理人成为他人的雇员，等等。"[①] 又如，1993年《反不正当竞争法重述》第43条说，以不正当手段获取他人的商业秘密，"包括偷窃、欺诈、未经授权而窃听通讯、引诱或故意参与违背保密义务，以及本身违法的或在特定情况下违法的其他手段。"[②]

---

①　Restatement of Torts, section 757, comment f; section 759, comment c.

②　Restatement of the Law, Third, Unfair Competition, Section 43, Comment b.

除此之外，德国和日本等国的反不正当竞争法，也都规定了侵犯他人商业秘密的不正当手段。例如，德国反不正当竞争法规定，擅自泄漏和利用他人商业秘密的行为，属于不正当的行为。又如，日本反不正当竞争法第 2 条第 4 项规定，以盗窃、欺诈、胁迫和其他不正当手段获得商业秘密的行为，以及使用或披露由此而获得的商业秘密，都属于侵犯他人商业秘密的不正当手段。

二　中国有关不正当行为的规定

早在 1992 年 1 月的《中美知识产权谅解备忘录》中，中国政府就承诺制止他人未经商业秘密所有人同意，以违反诚实商业惯例的方式，披露、获取或者使用其商业秘密，包括第三方在知道或者有理由知道上述行为，仍然获得、使用或披露相关的商业秘密。1993 年 12 月实施的反不正当竞争法中，有关商业秘密的保护就是依据上述承诺而制定。由于 1992 年的《中美知识产权谅解备忘录》是在"知识产权协议"（草案）的基础上产生的，又由于后来形成的"知识产权协议"在有关商业秘密的保护方面基本没有变化，所以在某种意义上说，我国反不正当竞争法中有关商业秘密保护的规定，是依据"知识产权协议"而制定的。

不过，与"知识产权协议"相比，在有关侵犯商业秘密的不正当手段方面，我国反不正当竞争法第 10 条又作了细化的规定。根据第 10 条第 1 款，经营者不得采取下列手段侵犯商业秘密：

（1）以盗窃、利诱、胁迫或者其他不正当手段获取权利人的商业秘密。这主要是指商业秘密所有人以外的其他人，以不正当的手段获得权利人的商业秘密。值得注意的是，这里所说的是"获取"有关的商业秘密。具体说来，只要行为人以盗窃、利诱、胁迫等不正当手段"获取了"有关的商业秘密，就会构成侵权，而不论行为者是否进一步披露或者使用了相关的秘密信息。

（2）披露、使用或者允许他人使用以前项手段获取的权利人的商业秘密。这是指行为人在以不正当手段"获取了"有关的商业秘密以后，进一步披露、使用或者允许他人使用相关的秘密信息。显然，"披露、使用或者许可他人使用"的行为，是前面所说的"获取"行为的继续。

（3）违反约定或者违反权利人有关保守商业秘密的要求，披露、使用或者允许他人使用其所掌握的商业秘密。如果说前两种行为所涉及的都是以不正当手段"获得、披露或者使用"相关的商业秘密，那么这里所涉及的是他人合法获得商业秘密后，违背保密协议而披露了相关的秘密信息。其中的违约者，可以是商业秘密所有人的雇员，也可以是商业伙伴或者商业秘密的被许可人。例如，在国家工商行政管理局1995年发布（1998年修订）的《关于禁止侵犯商业秘密行为的若干规定》中，又将违背保密协议的人进一步划分为两类，即"与权利人有业务关系的单位和个人"违反保密协议，以及"权利人的职工"违反保密协议。前者是指企业之外的人违背保密协议，后者是指企业之内的员工违背保密协议，并由此而披露、使用或者允许他人使用其所掌握的商业秘密。

以上三种行为是有关直接侵犯他人商业秘密的规定。除此之外，根据反不正当竞争法第10条第2款，第三人明知或者应知前款所述三种违法行为，获取、使用或者披露他人的商业秘密，视为侵犯商业秘密。这是有关第三人责任的规定。或者说，第三人明知或者应知第二人的行为直接侵犯了第一人的商业秘密，但仍然获取、使用或者披露有关的商业秘密，视为与第二人一样侵犯了第一人的商业秘密。

值得注意的是，在第三人侵权责任的构成上，第三人应当具有主观上的明知或者应知。其中的应知，是指依据其专业知识、行业惯例和当时当地的情形，应当判断出有关的信息是他人的商业秘密。第三人侵权责任的构成，与第二人侵权责任的构成不同。从理论上说，直接侵权人（第二人）只要采取不正当手段披露、获得或者使用了他人的商业秘密，就可以构成侵权。而在追究第三人侵权责任的情况下，第三人在获取、使用或者披露来自第二人的商业秘密时，必须具有主观上的明知或者应知。否则，即使获取、使用或者披露了来自第二人的商业秘密，也不构成侵犯商业秘密。

追究第三人侵犯商业秘密的责任，更多地具有规范人才合理流动的意义。在现实的商业生活中，人才的流动，尤其是高新技术企业的人才流动，是经常发生的事情。由于工资、待遇、职位和其他条件的诱惑，掌握企业商业秘密的人才，甚至是高级管理人员，都会经常流动。显然，这种流动有利于企业或者社会经济的发展。不过，就接受人才的企业来说，应当承担起一个合理注意的义务，不得以此获取、使用或者披露他人的商业秘密，包括新来的雇员是否有可能在工作中使用或者披露原来雇主的商业秘密。

与人才的频繁流动相应，很多企业为了保护自己的商业秘密，采取了"竞业避止"的做法。大体说来，针对那些掌握有企业商业秘密的技术开发人员、经营管理人员，甚至包括财会人员和秘书人员，企业都会与之签订竞业避止的协议，要求他们无论是在职期间还是离职之后，都不得与自己竞争，或者从事与自己的商业活动相关的活动。当然，这其中也有保守商业秘密，不得在离职之后披露、使用相关商业秘密的要求。一般说来，"竞业避止"协议包括这样一些内容：在职期间不得在竞争企业兼职或者任职；离职之前不得抢夺雇主的客户；不得引诱雇主的其他雇员离职；在离职之后的特定时间或者特定地域内，不得开展与原雇主竞争的业务或者受雇于竞争公司。

近年来，我国的很多企业也与员工签订了类似的"竞业避止"协议，要求雇员在离职后保守商业秘密，不得与雇主竞争，尤其是不得进入竞争对手的公司。在这种情况下，还发生了一系列有关"竞业避止"的争执。应该说，签订"竞业避止"的协议，是雇主的一项正当权利。但是在此过程中又要避免另一种倾向，即签订过多地偏向于雇主而不利于雇员的协议，甚至剥夺雇员离职后的劳动权利的协议。例如，雇员在职期间所获得的劳动技能，不能视为原雇主的商业秘密。又如，不能一般性地要求雇员在离职后不得在竞争公司任职。世界知识产权组织《关于制止不正当竞争保护的示范规定》注释说，在通常情况下，前雇员有权为谋生而使用或利用在过去就业中所获得的技能、经验和知识。当然在很多情况下，很难将这类技能、经验或者知识与前雇主的商业秘密区分开来。不过，只要前雇员使用或者利用有关的技能、经验或者知识的时候，没有违背保密协议，没有采取偷窃、挪用、工业间谍或者与竞争者合谋的行为，就应当允许使用。

在笔者看来，"竞业避止"的协议，至少是在涉及商业秘密的情况下，应当放在反不正当竞争法的背景之下理解，而不能作为一种合同单独理解。例如，"竞业避止"协议的目的应当是保护商业秘密，雇员有没有掌握雇主的商业秘密就是一个首先要解决的问题。又如，即使雇员掌握了雇主的商业秘密，他在离职后是否以不正当的手段披露、使用了相关的商业秘密，也是一个必须解决的问题。至少，雇员在职期间所获得的劳动技能，不是属于雇主的商业秘密。而且，雇员离职后即使是在竞争企业运用相关的技能从事相同的工作，也不能认为是披露或者使用了原来雇主的商业秘密。

即使是在雇员掌握了商业秘密的情形下，"竞业避止"协议的签订，也不能离开合理的补偿机制。既要求雇员在离职后不要到竞争企业任职，又没有在在职期间给予雇员以合理的补偿，或者在离职之前给予合理的补偿，都是不公平的甚至是剥夺雇员劳动权利的协议。

三　正当与不正当手段

尽管我国反不正当竞争法第 10 条将侵犯他人商业秘密的不正当手段做了细化的规定，但在事实上又都没有超出"知识产权协议"规定的不正当手段的范围，即"他人不得以违背诚实商业行为的方式披露、获得或者使用"有关的商业秘密。从某种意义上说，侵犯他人商业秘密的不正当手段，不应当局限于法律所规定的四种情形。因为，以明确的法律规定列举出所有的侵犯他人商业秘密的不正当手段，是不可能的。什么是正当，什么是不正当，更多地是一个由司法认定的问题。

事实上，认定什么是正当手段，什么是不正当手段，还应该从商业秘密的价值性说起。如前所述，商业秘密的价值性在于，所有人在开发有关的秘密信息的过程中耗费了一定的努力和金钱，并由此而可以在市场竞争中占据某种优势地位。如果竞争对手以不正当手段获得和使用相关的信息之后，也可以获得一定的经济利益。这正是他人采取不正当手段获得相关商业秘密的原因之所在。

从商业秘密的价值性特征来说，只要某人通过独立开发、获得许可和反向工程等正当方式，获得了完全相同的信息，也可以成为商业秘密或者有关信息的合法拥有者。但是有一点，在商业秘密所有人采取了合理保密措施的条件下，他人不得采取不正当手段，不劳而获地获得有关的信息。正如美国有一个典型判例所说，如果某人想方设法获得了有关的商业秘密，"而又没有花费时间和金钱去独立地开发它，就是不正当的。除非所有人自动披露或者没有采取合理的措施维护其秘密性。"①

大体说来，通过以下手段获得有关的秘密信息，都属于正当获得，相关的行为人也不会承担侵犯商业秘密的责任。

通过独立开发获得有关的信息。这是指他人自行开发或者创造出同样的技术信息或者营业信息。商业秘密的保护不同于专利权的保护，商业秘密的所有人不得对他人独立开发的技术信息或者营业信息主张权利。如果开发了同样信息的人将有关信息公之于众，则原来的商业秘密也不再成为商业秘密。如果开发了同样信息的人也采取了保密措施，则相关的信息可以有两个或更多的权利人。

通过反向工程获得有关的信息。商业秘密保护中的反向工程是指，

---

① E. I. DuPont deNemours & Co. v. Christopher, 431 F. 2d 1012 (5th Cir. 1970), cert. Denied, 400 U. S. 1024 (1971).

他人分解或者分析已知的产品，发现其中所体现的技术信息。这与专利权的保护不同。因为在专利权保护的情况下，他人没有必要通过反向工程发现产品中所体现的技术方案，因为他可以在专利文献中获得有关的信息。即使他人从事了反向工程，未经权利人的许可而使用相关的技术，仍然会构成侵权。而在商业秘密保护的情况下，商业秘密的所有人无权阻止他人对自己的产品从事反向工程，也无权阻止他人披露或使用由此而获得的技术信息。当然，他人应当以正当的和诚实的方式从事反向工程，包括从公开的市场上购买有关的产品。

通过许可而获得有关信息。这里的许可，主要是指从其他人那里获得了许可。例如，独立开发相同技术信息或者营业信息的人，通过反向工程获得同样信息的人，都可以将有关的信息许可给他人使用。对于这样的被许可人，原告不能以自己拥有同样的信息而主张权利。

通过其他途径获得有关的信息。这是通过以上方式以外的其他途径获得有关的信息。例如，从出版物中获得有关的信息，通过合法的参观访问获得有关的信息，或者通过观察和分析公共视野中的物品或事件而获得有关的信息，等等。除此之外，信息所有人的自动披露，包括有意或无意的披露，也可以让他人获得有关的信息。

显然，在上述几种情况下，行为人为了获得有关的信息，已经付出了自己的劳动、金钱或者其他努力，他是以正当的方式获得和使用有关的信息。即使原告能够证明自己拥有符合条件的商业秘密，也无法证明被告采取了不正当手段而获得有关的信息，因而不能获得法院的支持。

四　法律救济

在有关商业秘密的诉讼中，如果原告能够证明自己拥有商业秘密，并且证明被告采用不正当手段获得、披露或者使用了自己的商业秘密，则可以获得相应的法律救济。在通常情况下，商业秘密的所有人可以获得禁令和损害赔偿等民事救济。此外，在特殊的情况下，法院还可以追究侵权者的刑事责任。

根据我国反不正当竞争法的规定，在商业秘密受到侵犯后，商业秘密的所有人可以请求县级以上的工商行政管理部门查处，也可以向人民法院起诉。这样，在确定商业秘密侵权之后，权利人就可以或者获得行政救济，或者获得民事救济。

先来看行政救济。根据反不正当竞争法第25条，侵犯他人商业秘密的，监督检查部门应当责令停止违法行为，可以根据情节处以一万元以上二十万元以下的罚款。这样，有关商业秘密侵权的行政救济措施就有两项。一是责令停止违法行为，二是处以罚款。当然，行政罚款应当归国家所有，不能归商业秘密所有人。另外，国家工商行政管理局1995年发布（1998年修订）的《关于禁止侵犯商业秘密行为的若干规定》，还就工商行政管理机关处理侵犯商业秘密的行为，作出了进一步的规定。根据规定的第7条，在依据反不正当竞争法责令停止违法行为和罚款的基础上，还可以对侵权物品作如下处理：责令并监督侵权人将载有商业秘密的图纸、软件及其他有关资料返还权利人；监督侵权人销毁使用权利人商业秘密生产的、流入市场将会造成商业秘密公开的产品。但权利人同意收购、销售的除外。

再来看民事救济。侵犯商业秘密的民事救济，主要有停止侵权和损害赔偿。这是由法院在确定被告侵犯原告商业秘密的情况下，给予原告的法律救济。例如，法院可以责令被告停止侵权，如被告不得继续使用非法获得的商业秘密，不得披露或者继续披露有关的商业秘密，等等。但是有一点，一旦商业秘密被公开披露，就不可能再逆向地恢复为商业秘密。在这种情况下，被告所承担的责任就主要是支付损害赔偿。就损害赔偿责任来说，依据反不正当竞争法第29条，赔偿数额可以是原告的实际损失，也可以是被告因为侵权所获得的利润。除此之外，被告还应当承担权利人因为制止侵权而支付的合理费用，例如律师费、调查费等等。应该说，在侵犯商业秘密的情形之下，责令停止侵权和损害赔偿具有同等重要的意义。这与假冒、虚假宣传和商业诋毁情形下主要适用禁令有所不同。

尽管我国反不正当竞争法规定了侵犯商业秘密救济中的两条途径，包括与之相应的行政救济措施和民事救济措施，但就商业秘密的保护，尤其是侵犯商业秘密的救济来说，则主要是法院的职责。因为，正如本节前面所述的那样，在有关侵犯商业秘密的诉讼中，法院首先要根据证据判定原告是否拥有商业秘密，然后判定被告是否采取不正当手段获得、披露或者使用了原告的商业秘密。显然，无论是原告是否拥有商业秘密的问题，还是被告是否采取了不正当手段的问题，都应当在比较充分的双方当事人质证的前提下加以解决。在这方面，比较简单的行政程序显然不如质证充分的民事诉讼程序。事实上，国外有关侵犯商业秘密的诉讼都是在民事诉讼程序中解决的。

除了民事责任和行政责任以外，我国的刑法还规定了侵犯商业秘密的刑事责任。根据1997年刑法典第219条："有下列侵犯商业秘密行为之一，给商业秘密的权利人造成重大损失的，处三年以下有期徒刑或者拘役，并处或者单处罚金；造成特别严重后果的，处三年以上七年以下有期徒刑，并处罚金。"其中所说的侵犯商业秘密的行为，就是反不正当竞争法第10条所说的四种侵权行为。此外，刑法典第220条还规定，单位犯有严重侵犯他人商业秘密罪，给权利人造成重大损失的，对单位判处罚金，并对其直接负责的主管人员和其他直接责任人员依照第219条的规定处罚。这是针对法人或单位侵犯他人商业秘密而做出的规定。

应该说，很多国家在侵犯商业秘密方面，也规定了严重侵权者的刑事责任。例如，美国于1996年制定了《反经济间谍法》，其中规定了两种侵犯商业秘密的犯罪。第一种是"经济间谍罪"，即行为人有意或故意窃取和传递他人商业秘密，从而有益于外国政府、机构或代理人。第二种是"盗窃商业秘密罪"，即行为人有意或故意盗窃和传递他人商业秘密，从而损害商业秘密所有人并有益于第三人。第三人知道有关的商业秘密是未经许可而被窃取、侵占或变换，仍然接受、购买或占有商业秘密的，也可以构成"经济间谍罪"或"盗窃商业秘密罪"。此外，预谋从事和共谋从事法律所禁止的活动的人，以及犯有上述两种罪行的组织，也将受到刑事制裁。除此之外，奥地利刑法典，希腊反不正当竞争法等等，也都规定了侵犯商业秘密的刑事责任。有人甚至认为，加强商业秘密的刑事保护是当今的一个重要趋势。[①]

不过，与国外的刑事保护相比，中国对于商业秘密的刑事保护则有一些不正常之处。例如，美国自1996年制定《反经济间谍法》以来，到2001年时仅发生过两起侵犯商业秘密的刑事案件，而且其中的一件还在上诉审中被推翻。而依据相关的资料，中国在2004年到2005年，有关商业秘密的刑事立案共有215件，其中的70%涉及人才流动。与美国的情形相比，不禁令人怀疑中国的商业秘密刑事保护是否有过头之处。而且，70%的刑事案件与人才流动相关，也令人怀疑这样的刑事保护是否有妨碍人才正常流动的意味。

大体说来，商业秘密是一项民事权利，应当主要通过民事诉讼的方式加以解决。只有严重侵犯他人商业秘密，并且符合犯罪构成要件的那些行为，才有可能追究刑事责任。事实上，即使是在有关商业秘密的刑事诉讼中，法院也应当首选确定是否存在商业秘密、被告是否采取了不正当的手段，然后才可以审查有关行为是否严重侵犯了他人的商业秘

---

① 参见孔祥俊《反不正当竞争法新论》，人民法院出版社，2001，第698～699页。

密, 是否构成了犯罪。如果经过了这样的严格程序, 再加上刑事侦查部门和检察院的把关, 构成商业秘密犯罪的案件应当是不多见的。

问题与思考

本书在论述专利权的时候曾经说到, 专利权是一项值得质疑的权利。原因是申请案中的发明要想获得专利权, 必须符合新颖性、创造性和实用性的标准。尽管经过了专利局的审查, 在无效的过程中, 被告或者其他的社会公众仍然可以提出新的证据, 证明有关的技术发明不符合新颖性、创造性或者实用性的标准, 或者不符合专利法的其他规定。而专利复审委员会或者法院也可以根据相关的证据宣告专利权无效。

事实上, 在有关商业秘密的诉讼中, 原告是否拥有商业秘密, 也是一个值得质疑的问题。无论是在民事诉讼中, 还是在刑事诉讼中, 确定原告是否拥有商业秘密, 是一个首先应当解决的问题。无论是审理民事案件的法官, 还是办理刑事案件的公安机关、检察机关, 以及刑事法庭的法官, 都必须明确, 只有在原告确实拥有商业秘密的情况下, 才有可能将有关的法律程序进行下去。如果忽略这个前提条件, 就有可能造成冤案或者错案。

复习题

1. 商业秘密保护中的侵权法理论和反不正当竞争法理论是什么?
2. 什么是商业秘密的范围和构成要件?
3. 什么是侵犯商业秘密的不正当手段?

阅读书目

郑成思:《知识产权法》(第二版), 法律出版社, 2002。

郑成思译《世界知识产权组织关于反不正当竞争保护的示范规定》,《知识产权文丛》第二卷, 中国政法大学出版社, 1999。

孔祥俊:《反不正当竞争法新论》, 人民法院出版社, 2001。

李明德:《美国反不正当竞争法研究》, 载《知识产权文丛》第九卷, 中国方正出版社, 2003。

第六编

知识产权国际条约

知识产权具有鲜明的地域性。依据一个国家或地区的法律所获得的著作权、专利权和商标权，仅在这一个国家或地区有效。如果作者想让自己的作品、发明人想让自己的发明、商标所有人想让自己的商标在其他国家也获得保护，则必须依据其他国家的法律取得权利并获得保护。知识产权所有人在一个国家或地区所享有的权利，与他们在其他国家享有的知识产权无关。权利人不可能依据自己在一个国家的权利，寻求在另一个国家的保护。

知识产权的保护虽然具有鲜明的地域性，但对于作品、发明和商标等等的利用则是没有国界的。这是因为，知识产权的客体是一种智力活动的成果，体现为信息，属于无形财产。例如，一件作品，尤其是那些具有广泛市场价值的作品，不仅可以在获得了保护的国家或地区被广泛使用，还可以在没有获得保护的国家或地区得以广泛使用；不仅可以在保护水平高的国家或地区被广泛使用，还可以在保护水平低的国家或地区得以使用。这样，如何实现知识产权的国际性保护，如何协调各个国家的知识产权保护水平，就成了知识产权保护中的一个重大问题。

应该说，正是由于知识产权所具有的地域性特征和无形的特征，才促使各国缔结了一大批知识产权的国际条约，以实现知识产权的国际性保护，以及协调相关国家的知识产权保护水平。其中既有双边的条约，又有区域性的多边条约，还有全球性的多边条约。本编主要讨论与知识产权保护相关的全球性多边条约，也即通常所说的知识产权国际公约，如巴黎公约、伯尔尼公约、世界版权公约、罗马公约、日内瓦公约、与留易有关的知识产权协议（以下简称知识产权协议）、世界知识产权组织版权条约、世界知识产权组织表演和录音制品条约等。

大体说来，这些国际公约所涉及的都是知识产权保护的实体性内容，如权利的客体、权利的内容、权利的保护期限、权利的获得方式、知识产权保护的基本原则等等，并且在协调各国知识产权保护方面发挥了巨大的作用。除此之外，在巴黎公约之下还有一些涉及工业产权的程序性公约，如"专利合作条约"、"商标国际注册马德里协定"、"工业品外观设计国际备案协定"等等。

第二十八章　知识产权国际条约概述

要点提示

　　本章主要讨论了知识产权国际条约的种类，如双边条约、区域性多边条约、全球性多边条约。

　　本章还讨论了世界各国适用知识产权国际条约的方式，如国际条约的自动生效，国际条约的法典化。

第一节　知识产权国际条约种类

　　与知识产权相关的国际条约，大体可以分为三类。

　　第一类是双边条约，即两个国家之间签订的有关知识产权保护的条约。例如，1992 年 1 月中美两国签订的《关于保护知识产权的谅解备忘录》、1995 年 3 月中美两国签订的《中美知识产权换文及附件》，就属于这样的双边条约。其中，1992 年谅解备忘录的第三条明确规定，自 1992 年 3 月 17 日开始（本谅解备忘录签字生效后 60 天），中美两国相互保护对方国民的作品。此外，美国与巴西于 1990 年 6 月所达成的关于药品专利保护的协议，美国与泰国于 1993 年 5 月达成的关于知识产权保护的协议，甚至包括美国与德国于 1892 年 1 月签订的《美国与德国相互保护版权协议》（The Agreement for the Mutual Protection of Copyright between the United States and Germany），都属于这样的双边保护条约。

　　应该说，知识产权的双边条约，大多是在某一方或双方都没有参加相关国际公约的情况下签订的。双边条约的内容，大体上也没有超出相关国际公约的范围，如巴黎公约、伯尔尼公约和"知识产权协议"。所

以，随着越来越多的国家相继加入相关的国际公约，知识产权双边条约
的内容也基本为这类公约所涵盖，因而所起作用的范围也越来越小。诸
如中美之间，如果发生知识产权方面的争端，就应当以世界贸易组织
"知识产权协议"为基础商谈有关的问题，而不是回到1992年或1995
年的协议。

第二类是区域性的多边条约，即某一个区域内的几个或一些国家所
签订的有关知识产权的条约。例如，欧洲一些国家于1973在德国慕尼
黑所签订的《欧洲专利公约》，美国、加拿大和墨西哥于1993年签订的
《北美自由贸易协定》（其中有关于版权、专利、商标和集成电路布图
设计保护等方面的内容），都属于这样的区域性多边协议。此外，欧共
体或欧洲联盟所发布的一系列有关知识产权的指令，如1986年的《半
导体产品布图保护指令》、1991年的《计算机程序法律保护指令》、
1993年的《关于协调版权和相关权保护期的指令》、2001年的《协调
信息社会中版权和相关权某些方面的指令》，至少在目前也属于这样的
区域性多边协议。当然，假如有一天"欧洲联盟"真的成了联邦制的
主权国家，这些指令就可以看作是国内法了。

应该说，知识产权的区域性多边条约，对于协调某一区域内各个国
家的知识产权保护，起着非常重要的作用。《欧洲专利公约》、欧共体
或欧盟的各项指令，以及《北美自由贸易协定》的实施，都说明了这
一点。在有些情况下，还有可能将区域性多边条约中的某些内容，纳入
到国际性的多边条约中。例如，比较《北美自由贸易协定》与世界贸
易组织"知识产权协议"的有关内容，就会发现二者在版权、专利权
和商标权保护方面具有很多相似性。

与下面所说的知识产权国际公约相比，知识产权的区域性多边条
约，还会提供高于国际公约的保护。例如，欧盟关于版权保护期的指
令，关于数据库保护的指令，关于协调信息社会中版权和相关权某些方
面的指令，都提供了高于伯尔尼公约、《世界知识产权组织版权条约》、
《世界知识产权组织表演和录音制品条约》、"知识产权协议"的保护。
当然，这种高水平的保护仅仅针对本区域之内的知识产权。

第三类是全球性的多边条约，是世界各国都可以加入的国际公约。
在知识产权保护方面，这类国际公约主要有1883年缔结的《保护工业
产权巴黎公约》、1886年缔结的《保护文学艺术作品伯尔尼公约》、
1967年缔结的《建立世界知识产权组织公约》和1994年缔结的世界贸
易组织的"与贸易有关的知识产权协议"。现在，世界上绝大多数的知

识产权国际公约，都是由世界知识产权组织管理。根据统计，由世界知识产权组织管理的国际公约共有 26 个（包括《建立世界知识产权组织公约》）。

　　毫无疑问，知识产权国际公约在协调各国知识产权的保护方面，起着非常重要的作用。例如，版权保护方面的伯尔尼公约，邻接权保护方面的罗马公约和日内瓦公约，不仅协调了各成员国在著作权保护方面的法律，而且协调了各成员国在邻接权保护方面的法律，从而使得全球范围内的著作权和邻接权的保护，能够维持在一个较高的水平之上。至于世界贸易组织"知识产权协议"，则不仅设定了较伯尔尼公约更高的著作权或版权保护水准，而且规定了各成员国在权利实施方面的义务，要求各成员从实施的角度给予权利人以切实的保护。

　　就中国来说，虽然曾经签订过一些双边的知识产权条约，但其中的绝大多数内容已经包括在了巴黎公约、伯尔尼公约和"知识产权协议"中。目前，对中国知识产权法律影响更大的，是中国已经加入的那些国际公约。所以，就深入了解中国的知识产权法律制度来说，了解有关的国际公约更为重要。

第二节　适用国际条约的方式

　　当一个国家加入了一项国际条约，或者批准了一项国际条约后，就应当以某种方式适用相关的国际条约。在这方面，国际上主要有两种方式。

　　第一种方式是国际条约的自动生效。按照这种做法，一个国家在批准或加入了一项国际条约以后，就会将这项国际条约视为国内法的一个部分，成为司法的依据。大陆法系的国家，如德国、法国、日本等等，一般采取国际条约自动生效的方式。在这类国家里，法院在审理涉外民事案件（包括知识产权案件）时，如果遇到本国法律没有规定而国际条约有规定的情况，则直接适用国际条约作为判决的依据。甚至在国内法的规定与国际条约的规定相抵触时，法院会舍弃国内法的规定而直接适用国际条约。

　　按照这种做法，一个国家所参加或批准的国际条约，可以与一个国家的国内法有机地融合为一体。法院在必要的时候可以直接适用国际条约裁定争端，权利人也可以在必要的时候直接依据国际条约主张自己的权利。国际条约不仅对该国政府具有约束力，而且对于相关的权利人也具有直接的约束力。有关的国家虽然可以通过立法，将国际条约中的有关内容规定在国内法中，但不是必须如此做。因为按照自动生效的做法，一个国家所参加或批准的国际条约已经自动构成了国内法的一个部分。

　　事实上，中国也属于这类国际条约自动生效的国家。我国《民法通则》第 142 条规定："中华人民共和国缔结或者参加的国际条约同中华人民共和国的民事法律有不同规定的，适用国际条约的规定，但中华人民共和国声明保留的条款除外。"我国《民事诉讼法》第 238 条也规定："中华人民共和国缔结或者参加的国际条约同本法有不同规定的，适用该国际条约的规定，但中华人民共和国声明保留的条款除外。"在知识产权方面，我国目前已经参加了《建立世界知识产权组织公约》、《保护工业产权巴黎公约》、《保护文学艺术作品伯尔尼公约》、《世界版权公约》、《保护录音制品制作者防止未经其授权而复制其录音制品公约》和世界贸易组织"与贸易有关的知识产权协议"等一系列国际公约。这样，按照《民法通则》和《民事诉讼法》的有关规定，这些国际公约，包括中国已经签订的一些双边条约，自动构成了我国知识产权法律中的一个组成部分。

　　应该说，在国际条约自动生效的国家里，法院直接适用有关国际条约判决争端的情况并不多见。因为在绝大多数的情况下，参加或批准了某一国际条约的国家，其国内法与该国际条约都是一致或基本一致的。只有在特殊的情况下，如国内法没有规定而国际条约有规定，或者国内法的规定与国际条约的规定相抵触，才涉及适用国际条约的问题。例如在 1995 年由北京市第一中级人民法院判决的"美国 20 世纪福克斯公司等八大影视公司诉北京市先科激光商场、北京市文化艺术出版社音像大世界侵犯电影作品著作权案"中，[①] 法院就曾适用中国著作权法、1992 年中美知识产权保护谅解备忘录和伯尔尼公约的有关规定，判决被告侵犯了原告的著作权。但如果我们翻阅著作权法颁布以来的相关判例，就会发现这类直接适用国际条约的判例是非常少见的。

　　适用国际条约的第二种方式是国际条约的法典化。按照这种做法，一个国家在批准或加入一项国际条约之前，必须通过国内立法的方式，

---

① 事实上，共有八家原告提起了 16 件侵权诉讼。由于案由相同，法院合并审理后，做出了判决。参加孙建、罗东川主编《知识产权名案评析》（2），中国法制出版社，1998，第 1～9 页。

让国际条约中的有关内容体现在国内法中，使得国内法与国际条约一致起来。显然，在这类国家里，国际条约不是自动生效，也不是自动成为国内法的一个部分，而是要通过法典化的方式，将国际条约中的有关内容规定在国内法中。与此相应，法院在裁定有关的争端时，只能依据国内的立法，不能依据有关的国际条约。当事人在主张自己的权利时，也只能依据相关国家的法律，而不能依据该国加入或者批准的国际条约。

按照国际条约法典化的方式，国际条约和国内法是两个截然不同的东西，不可能融合为一体。如果有关国家的国内法与相关的国际条约有抵触，则在国际条约生效以前必须修订国内法，使国内法与国际条约一致起来。应该说，这类国家是通过国际条约法典化的方式，来履行自己所承担的国际义务。一般说来，普通法系的国家和具有北欧斯堪的那维亚传统的国家，如英国、瑞典、挪威、印度和澳大利亚，采取这种方式适用自己参加或者批准的国际条约。在这类国家里，无论是基于宪法的规定，还是基于法律传统，都不允许国际条约的自动生效，而只能以法典化的方式来适用国际条约。

虽然适用国际条约的方式主要有两种，即自动生效和法典化，但美国的做法似乎又可以算作是两种方式兼而有之，甚至说是第三种方式。按照美国的宪法，美国所参加或批准的国际条约可以直接具有国内法律的效力，但国会也可以采取法典化的方式，贯彻实施有关的国际条约。在这样做的时候，国内立法还可以进一步明确国际条约的内容，或者对国际条约的某些内容做出必要的限定。[①] 至少是在版权保护方面，美国对伯尔尼公约和世界贸易组织的"知识产权协议"都采取了法典化的方式。例如，美国在1989年加入伯尔尼公约以前，于1988年通过了一个"伯尔尼公约实施法"，修改了美国版权法中与伯尔尼公约不一致的一些内容。又如，在1995年世界贸易组织协议，包括"知识产权协议"生效以前，美国于1994年10月通过了一个"乌拉圭回合协议法"，就美国法律（包括知识产权法）中与世界贸易组织协议不一致的部分，进行了修订。

以上是世界各国实施自己所参加或批准的国际条约的两种主要做法，以及美国的特殊做法。事实上，一个国家采取哪一种方式实施国际条约，不仅涉及相关国家的法律体系、法律传统和宪法规定的问题，而且涉及国际条约的具体内容。如果说前者涉及一个国家"内在"的法

---

① International Copyright Law and Practice, an Introduction, 2001.

律体系的问题，后者则涉及"外在"的国际条约的问题。

由于"内在"的法律体系问题已如前述，这里仅涉及"外在"的问题，即国际条约中的一些特殊规定。例如，伯尔尼公约、"知识产权协议"、世界知识产权组织的《版权条约》和《表演与录音制品条约》，都规定了判定合理使用的"三步法"。然而，判定合理使用的"三步法"，即使是在国际条约自动生效的国家，也不可能自动成为国内法的一个部分。因为这需要法官根据具体的案情，以"三步法"作为参考，具体判定有关的行为是否构成合理使用。又如，"知识产权协议"规定了知识产权的实施措施，要求成员国采取民事的、行政的、刑事的措施和边境措施，保护知识产权。这种要求，只能由成员国立法落实，而不可能自动生效。再如，世界知识产权组织的《版权条约》、《表演和录音制品条约》要求成员国承担义务，保护权利人为保护自己的作品而设定的技术措施和权利管理信息，这也只能由成员国依据技术的发展在国内立法中做出具体的规定，而不可能自动生效。

无论世界各国采取什么样的方式来适用国际条约，也无论国际条约中的某些规定是否可以自动适用，有一点是非常肯定的，即有关的国际条约，尤其是国际公约，对各个国家的知识产权保护制度产生了重大的影响。诸如英国和美国这样的普通法系的国家，为了加入巴黎公约、伯尔尼公约、"知识产权协议"等国际公约，必须首先修订国内法，使国内法与相关的国际公约一致起来。诸如法国、德国这样的大陆法系国家，只要加入某一国际条约或者公约，该条约或公约就会自动成为该国法律的一个构成部分，从而成为司法的依据。不仅如此，这类国家在适当的时候仍然会通过立法的方式，修订自己的知识产权法律，使之与国际公约一致起来。

从这个意义上说，不管采取哪一种方式来适用国际公约，各个国家在加入国际公约后，都会承担起相应的义务，使国内法达到公约的基本要求。可以说，在法律的各个部门法中，各国知识产权法律的差距相对较小，原因就在于世界上存在着一系列保护知识产权的国际公约，从而为各个国家的立法提供了一个基本标准。

第三节　世界知识产权组织与世界贸易组织

世界知识产权组织是管理知识产权国际公约的主要组织。除此之外，世界贸易组织在管理知识产权国际公约方面，也起着举足轻重的作用。因为世界贸易组织管理着"与贸易有关的知识产权协议"。

一　世界知识产权组织（World Intellectual Property Organization，WIPO）

世界知识产权组织起源于原来的巴黎联盟和伯尔尼联盟。1883 年，当有关国家缔结《保护工业产权巴黎公约》时，还成立了"巴黎联盟"和联盟的国际局，以管理巴黎公约。1886 年，当《保护文学艺术作品伯尔尼公约》缔结时，相关的国家也成立了"伯尔尼联盟"，并建立了伯尔尼联盟国际局，以管理伯尔尼公约。当时，两个国际局都设立于瑞士，接受瑞士联邦政府的监督。到了 1893 年，巴黎联盟国际局和伯尔尼联盟国际局合二为一，其名称几经变迁，最后定名为"保护知识产权国际联合局"，仍然接受瑞士联邦政府的监督。由于国际联合局一直处于瑞士政府的监督之下，很难起到国际组织的作用，所以相关国家一直酝酿成立一个真正意义上的国际知识产权组织，在全球范围内推动知识产权的保护。

1967 年，当世界各国的代表在瑞典首都斯德哥尔摩修订巴黎公约和伯尔尼公约时，由国际联合局推动，缔结了《建立世界知识产权组织公约》。公约于 1970 年生效，世界知识产权组织也由此而正式成立。根据公约的过渡规定，原来的"保护知识产权国际联合局"转为世界知识产权组织国际局，原来的巴黎联盟和伯尔尼联盟依然存在，构成世界知识产权组织的组成部分。一旦巴黎联盟和伯尔尼联盟的所有成员都加入了世界知识产权组织，两个联盟的事务局将不复存在，有关的权利、义务和财产也会转归世界知识产权组织国际局。

根据规定，巴黎公约和伯尔尼公约的成员国，都可以成为世界知识产权织的成员。其他国家在具备以下条件的情况下，也可以参加世界知识产权组织：联合国、联合国专门机构或国际原子能机构的成员国；国际法院规约的参加国；受世界知识产权组织大会邀请而参加的国家。截至 2005 年 3 月，世界知识产权组织共有 182 个成员。中国于 1980 年 6月正式成为世界知识产权组织的成员。

《建立世界知识产权组织公约》第 3 条，还为世界知识产权组织规定了两条宗旨。一是通过国家间的合作，以及与其他国际组织的协调，促进全球范围内的知识产权保护。二是保证世界知识产权组织内的各个联盟之间的合作，如巴黎联盟和伯尔尼联盟，以及两个联盟之下依据不同的子公约所形成的联盟。

为了实现上述宗旨，世界知识产权组织应当通过适当的职能机构，包括巴黎联盟和伯尔尼联盟，促进全世界范围内的知识产权保护，协调各国知识产权保护制度和措施的发展；执行巴黎联盟和伯尔尼联盟的行政工作；鼓励缔结新的保护知识产权的国际条约；对于在知识产权法律方面请求援助的国家给予合作；收集和传播有关知识产权保护的信息，促进有关的研究并公布相关的研究成果；提供有关知识产权国际保护的服务，包括适当办理这方面的注册，并公布有关的注册资料。除此之外，世界知识产权组织还应当担任或参加其他的，旨在促进知识产权保护国际条约的行政工作。

正是从上述宗旨和职能出发，世界知识产权组织自成立以来，积极进行了相关方面的工作。例如，促进了一系列新的知识产国际公约的缔结，包括1989年的《马德里协定议定书》，1989年的《集成电路知识产权条约》，1994年的《商标法条约》，以及1996年的世界知识产权组织《版权条约》、《表演和录音制品条约》。到目前为止，世界知识产权组织管理着26个有关知识产权保护的国际公约。又如，研究有关知识产权保护方面的各种问题，召开国际性学术会议，发布相关的研究报告，向发展中国家和最不发达国家提供知识产权保护方面的援助，包括制定了一系列的示范法。目前，世界知识产权组织所进行的有关基因资源、传统知识和民间文学艺术表达保护的研究，在传播知识和信息方面，起了积极的作用。再如，依据有关的国际公约，办理《专利合作条约》下的专利申请登记，办理《马德里协定》下的商标注册，办理《海牙协定》下的外观设计备案，办理《里斯本协定》下的原产地名称注册，以及提供有关商标注册和专利申请的信息服务。可以说，在推动知识产权的国际性保护方面，世界知识产权组织自成立以来，已经进行了大量的卓有成效的工作。

此外，缔结1971年《建立世界知识产权组织公约》，还有一个目的就是让世界知识产权组织最终成为联合国下属的一个机构。1974年，世界知识产权组织终于成为联合国下属的一个专门机构，成为与世界卫生组织、联合国教科文组织等并立的国际性组织。目前，世界知识产权组织的总部设在日内瓦，并在纽约联合国总部设有联络处。

二　世界贸易组织（World Trade Organization, WTO）

可以说，在1995年1月世界贸易组织成立以前，世界知识产权组织是全球范围内主要的，推动知识产权国际保护和管理知识产权国际公约的组织。除了联合国教科文组织、国际劳工组织参与了某些知识产权公约的管理外，其他的知识产权国际公约都是由世界知识产权组织管理。然而，随着关贸总协定乌拉圭回合谈判的结束，随着"与贸易有关的知识产权协议"（TRIPS 协议）的缔结，这种局面发生了根本性的变化。在全球性的知识产权保护方面，1995 年成立的世界贸易组织成了另外一个值得关注的国际组织。由于"知识产权协议"设定了高于巴黎公约和伯尔尼公约的保护标准，由于协议将各国的知识产权保护与国际贸易挂钩，从而在全球范围内推动了知识产权的有效保护。随着世界贸易组织的成立和"知识产权协议"的生效，全球范围内的知识产权保护也获得了新的发展基点。

世界贸易组织起源于"关税与贸易总协定"。第二次世界大战后，为了促进全球范围内的经济发展，在美国的推动下，世界各国准备建立一个"国际贸易组织"，处理与国际贸易有关的事宜。然而，拟议中的"国际贸易组织"，由于它的宪章未能获得美国国会的通过，最终没有建立。然而，处理有关国际贸易的事务，又是一个不容回避的问题。幸好，在讨论"国际贸易组织"的过程中，有关国家曾经在日内瓦缔结过一项关于关税减让的协定，即"关税与贸易总协定"（General Agreement on Tariff and Trade）。由于减让关税的协定与国际贸易密切相关，就由关贸总协定代行未能成立的国际贸易组织的职能。

关贸总协定于 1948 年 1 月生效，并在以后进行了一系列有关关税减让和消除贸易障碍的谈判。这类谈判，一般以回合来计算。如果将缔结关贸总协定的谈判称为第一个回合的谈判，则在 1995 年以前，关贸总协定共进行了 8 个回合的谈判。在前五个回合的谈判中，主要涉及的是有关关税减免的事宜。然而从第六个回合的谈判开始，关贸总协定涉及了一些非关税的内容。例如，在第六个回合的谈判中，涉及了反倾销的问题，在第七个回合的谈判中，涉及了非关税壁垒的问题。这样，关贸总协定所涉及的问题就越来越广泛，已经不再局限于关税减让。这在第八个回合的谈判中，显得尤为突出。

关贸总协定的第八个回合的谈判，开始于 1986 年 9 月，结束于1993 年 12 月。由于这个回合的谈判是在乌拉圭发起，又称乌拉圭回合。在乌拉圭回合中，关贸总协定谈判的内容进一步扩大，涉及了以下15 个议题：关税、非关税壁垒、热带产品贸易、自然资源产品贸易、农产品贸易、纺织品与服装贸易、总协定条款、保障条款、多边贸易谈判协定和安排、补贴和反补贴、争端解决、总协定体制的作用、与贸易有关的投资措施、与贸易有关的知识产权及假冒产品贸易、国际服务贸易。在知识产权方面，最终形成了"与贸易有关的知识产权协议"（Agreement on the Trade Related Aspects of Intellectual Property Rights, TRIPS Agreement）。这样，通过关贸总协定乌拉圭回合的谈判，就把知识产权的保护纳入了国际贸易的范畴。从"知识产权协议"开始，一个国家的知识产权保护，就不再是这个国家内部的一个孤立的事务，而是与这个国家的对外贸易密切相关的事务。随着"知识产权协议"的缔结和生效，知识产权的国际性保护也进入了一个新的发展阶段。

顾名思义，关贸总协定应当是与关税和贸易相关，而不应该与更广泛的投资保护、知识产权保护联系在一起。所以，当关贸总协定的谈判内容不断扩大，甚至涉及了更为广泛内容的时候，也就意味着在关贸总协定的框架内，已经难以解决诸如投资保护、知识产权保护的问题。所以，在乌拉圭回合的谈判中，关贸总协定的各缔约方，还讨论了成立世界贸易组织的问题。1994 年 4 月 15 日签订的《建立世界贸易组织马拉喀什协定》，决定建立世界贸易组织，处理更为广泛的与国际贸易相关的事宜。与此相应，关贸总协定乌拉圭回合所达成的所有协议，包括 1994 年的关贸总协定，也都成了世界贸易组织管理的协议。

为了处理与贸易有关的知识产权事务，世界贸易组织还设立了专门的"与贸易有关的知识产权协议理事会"（简称 TRIPS 协议理事会）。这个理事会，在处理与贸易有关的知识产权问题中，发挥着巨大的作用。例如，中国在加入世界贸易组织之前，理事会曾审查过中国所有的与知识产权相关的法律法规，并提出过修订建议。又如，在"知识产权协议"对发达国家生效后，以及对发展中国家生效后，理事会还进行年度审查，评估各个成员对协议的执行情况。再如，根据世界贸易组织 2001 的"多哈部长宣言"，在目前进行的新一轮世界贸易组织协议的谈判中，理事会负责与知识产权相关的议题的谈判。

中国曾经是关贸总协定的 23 个创始国之一。20 世纪 50 年代初，退居台湾的国民党政府宣布退出关贸总协定。到了 1986 年，中国政府正式提出"复关"的要求，即恢复我国在关贸总协定中的地位。然而，"复关"涉及一系列复杂的法律和经济的问题，涉及与国际贸易体制接轨的问题，远非一朝一夕所能解决。所以，直到 1995 年世界贸易组织成立之时，中国也没有完成"复关"的任务。世界贸易组织成立之后，中国转而要求加入新的世界贸易组织。随着中国市场经济的逐步建立和完善，随着中国相关法律制度的逐步完善和与国际接轨，中国终于在

2001 年 12 月正式加入世界贸易组织，成为该组织的第 143 个成员。截止到 2005 年 2 月，世界贸易组织共有 148 个成员。

　　知识产权的保护，尤其是国际贸易中的知识产权保护，往往涉及国际法。在这个问题上，国内外的一些人对知识产权的国际保护、知识产权的涉外保护和知识产权涉外保护中的法律冲突分不清楚，甚至有所混淆。实际上，这是三个既有联系又是性质不同的问题。

　　知识产权的国际保护是指，一国怎样依据自己所参加或所缔结的多边及双边国际条约，调整自己的国内法，使之达到国际条约的基本原则和最低要求。这是国际公法的问题，而不是一国之内的私法或民法问题。知识产权的涉外保护是指，一国如何依据自己的国内法律，在自己的领土之内保护外国公民和法人的知识产权。这是一国之内的私法或民法问题。知识产权涉外保护中的法律冲突是指，由于各国知识产权法律规定的不同或差异，因此而产生了对知识产权保护的程度、方式等的不同。

　　由于对以上三个问题认识不清，国内外的一些人在知识产权的保护上产生了一些误解。

　　误解之一是，知识产权的保护只是一国的私法问题或民法问题，与国际条约无关。这种看法的逻辑起点就是，中国没有必要参加或缔结有关的国际条约，也没有必要履行国际条约的义务。但实际的情况是，有关知识产权的国际公约大量存在，中国要想在知识产权的保护方面与国际接轨，就必须参加国际公约。同时，中国在与其他国家的交往中，也不可避免地要缔结一些双边的和多边的国际条约。在参加了或缔结了有关的国际条约后，中国自然应当履行所承诺的义务。

　　误解之二是，一国保护他国国民的知识产权，应当是依据有关的国际条约"自动保护"，而不必依据本国的私法或民法。这是与上一种看法相对应的另一个极端，也是错误的。事实上，在现今的国际条件下，在强调国家主权的情况下，知识产权的涉外保护都是通过一国的国内法律而进行的。即使是一国所参加或所缔结的国际条约，也是通过该国参加或缔结的行为，通过该国的国内立法程序而发生法律效力的。世界上不存在一部各国一体适用的知识产权法律。

误解之三是，当一国的知识产权法律与另一国的知识产权法律不同时，其中的一国应当依据另一国的法律提供保护。这是一种霸权主义的表现。例如，在20世纪90年代的中美知识产权谈判中，美国谈判代表曾要求中方依据美国法律的某某条文，在中国保护美国公司的商标权和版权。在中美之间的一些投资和贸易谈判中，一些美国公司也要求中方依据美国的法律保护其知识产权。在一国之内适用本国的法律，这是一个国家主权的体现。在世界上不存在一个国家依据另一个国家的法律保护知识产权的问题。因此，对于美国谈判代表和美国公司的类似要求，我们应该站在国家主权的立场上坚决予以驳回。

复习题

1. 知识产权的国际条约有哪几类？
2. 知识产权国际条约在国内的适用方式有哪几种？
3. 什么是世界知识产权组织？什么是世界贸易组织？

阅读书目

郑成思：《知识产权论》（第三版），法律出版社，2003。

唐广良、董炳和：《知识产权的国际保护》，知识产权出版社，2002。

Paul Geller, Myers Nimmer: International Copyright Law and Practice, Matthew Bender, 2002.

第二十九章　巴黎公约与专利合作条约和马德里协定

要点提示

　　本章介绍了巴黎公约的主要内容，包括公约的三大原则，如国民待遇原则、优先权原则、专利权和商标权的独立性原则。

　　本章还简要介绍了有关跨国专利申请的《专利合作条约》、有关跨国商标注册申请的《国际商标注册马德里协定》及其议定书。

　　本章主要讨论《保护工业产权巴黎公约》，以及《专利合作条约》和《商标国际注册马德里协定》及其议定书。前者确定了工业产权保护的基本原则和最低要求，而后者则是跨国申请专利权和商标权的重要条约，属于巴黎公约的子公约。除此之外，巴黎公约还有一系列子公约，但限于篇幅在此不作介绍。

第一节　《保护工业产权巴黎公约》

　　工业产权的主要组成部分是专利权和商标权。进入 19 世纪以后，一方面是科学技术的迅速发展和国际贸易的迅速增长，这要求对于技术发明和商标给予跨越国界的保护。但在另一方面，专利权和商标权又只能在一定的主权国家的范围之内得到保护，而且各个国家在权利的获得和保护方面，又存在着很大的差异。因而，人们普遍希望能在世界范围内协调有关工业产权的法律，克服地域性所带来的不利因素。

　　经过数年的协商和准备，到了 1883 年 3 月，由法国、比利时、巴西、危地马拉、意大利、荷兰、葡萄牙、西班牙、萨尔瓦多、瑞士和塞尔维亚等 11 国发起，在巴黎召开外交会议，通过并签署了《保护工业产权巴黎公约》。1884 年 7 月，巴黎公约正式生效，最初的成员国为 14

个。此后巴黎公约屡经修订，产生了1900年的布鲁塞尔文本，1911年的华盛顿文本，1925年的海牙文本，1934年的伦敦文本，1958年的里斯本文本，以及1967年的斯德哥尔摩文本。现在，绝大多数国家批准和采纳的是1967年的斯德哥尔摩文本。到2005年3月，巴黎公约共有169个成员国。中国于1985年3月加入巴黎公约，成为公约的第96个成员国。

巴黎公约是保护工业产权方面最重要的和基本的国际公约。它不仅设定了工业产权保护的基本原则和一系列基本要求，而且深刻地影响了世界各国的工业产权制度。随着世界贸易组织的"知识产权协议"将巴黎公约的斯德哥尔摩文本纳入其范围之内，公约又协调着世界贸易组织成员的工业产权制度。

巴黎公约的文本共有三十个条文。其中的第一条至第十二条，以及第十九条，是有关工业产权保护的实体性条款，其余为行政性条款。在实体性条文中，公约开宗明义规定了工业产权的范围和工业的含义。例如，工业产权包括发明专利、实用新型、工业品样式（外观设计）、商标、服务标记（服务商标）、商号、货源标记或原产地名称，以及制止不正当竞争的权利。又如，公约所说的"工业"具有广泛的涵义，不仅包括工业和商业，也包括农业、采掘业，以及一切制造品或天然产品，如酒类、谷物、烟草、水果、牲畜、矿产品、矿泉水、啤酒、花卉和面粉。在此基础之上，公约确立了工业产权保护的基本原则，以及专利权、商标权、外观设计、商号和制止不正当竞争权利保护的基本要求。

下面，主要论述巴黎公约所确定的三大原则，以及其他一些有关工业产权保护的内容。

一　国民待遇原则

国民待遇是指，在工业产权的保护方面，各成员国应当在法律上给予其他成员国的国民以本国国民所享有的待遇。或者说，其他成员国的国民在该成员国所享有的待遇，与该国国民所享有的待遇相同。如享有相同的权利，承担相同的义务，在权利受到侵犯时获得相同的法律救济，等等。其中的法律，既包括该成员国颁布实施的成文法，也包括法院的判例和工业产权管理部门在行政管理上的惯例。

按照巴黎公约的规定，享有国民待遇的人有两类。第一类是成员国的国民，既包括自然人，也包括法人。他们在公约的任何成员国，都享有与该国国民同等的待遇。第二类是非成员国的国民，只要他们在某一成员国内有住所或者实际从事工商业活动的营业所，也享有巴黎公约所规定的国民待遇。或者说，在这种情况下，他们相当于该成员国的国民，可以与该成员国的国民一样，在巴黎联盟的范围之内享有国民待遇。显然，这是通过居所或者营业所的联结点，让一些非成员国的国民也享有了公约规定的国民待遇。

国民待遇的原则，不仅保证了外国人在工业产权方面可以得到本国法律的保护，而且保证了外国人可以与本国人获得同等的保护，不会受到任何歧视。在这方面，巴黎公约所规定的国民待遇，不同于互惠原则。因为按照互惠原则，甲国给予乙国国民以什么样的待遇，乙国就给予甲国国民以什么样的待遇；如果乙国的保护水平高，甲国的保护水平低，则甲国国民在乙国就享受不到高出来的部分。而按照国民待遇原则，无论某一成员国的保护水平有多高，其他成员国的国民也可以与该国国民一样，享受到这个高出来的部分。

应该说，国民待遇原则隐含着这样一个含义，无论某一成员国所规定的工业产权保护水平有多高，或者有多低，只要让外国人享有本国国民的待遇就可以了。单纯实行这一原则，就有可能鼓励某些成员国把工业产权的保护水平定得很低，以至于给其他成员国国民提供了过低的保护水平。为了防止这一点，巴黎公约又规定了一个"最低保护原则"，作为国民待遇原则的补充。根据规定，巴黎公约所特别规定的权利不得遭受任何损害。这样，各成员国在制定工业产权法律时，可以根据本国的实际情况确定相关的保护水平，但这种水平又不得低于公约所规定的一系列要求。如有关专利权、商标权、外观设计权、制止不正当竞争权利的规定等等。这实际上是为国民待遇原则设定了一个最低保护水平，使得各成员国之间的保护水平不至于差距太大。

除此之外，巴黎公约所规定的国民待遇原则也不是一项绝对的原则。根据规定，成员国在工业产权保护的领域中，凡有关司法程序、行政程序、管辖权，以及有关文件的送达地址、代理人的指定等等，都可以声明保留。由此看来，公约所规定的国民待遇原则，所涉及的主要是工业产权的实体性内容，如工业产权的获得和保护等等。至于行政程序和司法程序，则不在国民待遇的范围之内。事实上，要求成员国在程序方面实行国民待遇，也是不现实的。例如，当外国人在本国申请专利权或者商标权时，委托本国的代理人将有利于处理有关的事务，包括文件的送达、有关的答复等等。如果将文件送达给外国人，或者由外国人直接答复，都会有时间上、语言上的问题。再如，在司法程序中，各国的惯例都是由本国律师代理，这既涉及诉讼的方便，也涉及对于法律的理解。

二 优先权原则

根据巴黎公约，成员国的国民在某一成员国提出了有关发明专利、实用新型、外观设计或者商标注册的申请以后，并且想在其他成员国提出同样的申请时，可以在一定的期限内享有优先权。或者说，他随后提出的申请虽然晚于第一次提出申请的日期，但其他成员国都承认他在第一个国家提交申请的日期为本国的申请日。这样，他在第一个成员国所提出的申请的日期就是"优先权日"。

值得注意的是，巴黎公约虽然是有关工业产权的公约，但是优先权原则仅仅适用于发明专利、实用新型、外观设计和商标，而不适用于其他的工业产权，如商号、原产地名称等等。根据公约，可以享有优先权的期限，对于发明专利和实用新型的申请是 12 个月，对于外观设计和商标注册的申请是 6 个月。

优先权的主要作用是，当发明人或者商标所有人在第一次提出申请时，不必同时向本国或者外国提出数份申请。因为，按照优先权原则，他们还有 12 个月或者 6 个月的时间，考虑自己的权利有必要在哪些国家受到保护，并在此期间办理必要的申请手续。根据优先权原则，他们也不必担心在此期间会有别人抢先申请或者抢先注册。因为只要是在优先权的期限之内，他们在其他国家的申请日是他们第一次提出申请的日期。在此期间，即使有人就同一发明、实用新型、外观设计或商标提出了申请，也会因为缺乏新颖性而被驳回，或者他人已经在先申请而被驳回。由此可见，对于那些跨国发明专利、实用新型、外观设计和商标注册的申请来说，优先权原则具有非常重要的意义。

优先权是一项程序性的权利。即使申请人撤回或放弃了第一次的申请，或者第一次申请被该国的工业产权部门驳回了，都不会影响优先权的存在。与此同时，在随后的申请中，优先权也不是自动产生的。申请人在向其他国家就同一项工业产权提出申请时，必须提交优先权请求书，说明自己就该项发明专利、实用新型、外观设计或者商标，已经在何时何地提交过申请，并注明第一份申请案的申请号码，以及受理国家所确定的申请日。如果申请人在随后的申请中没有提交优先权请求书，就不能享受优先权。

三　专利权和商标权的独立性

专利权和商标权的独立性，涉及了知识产权的地域性。事实上，不仅各国对于专利权和商标权的保护是独立的，互不联系的，而且对于其他的工业产权，如商号权、地理标志权、制止不正当竞争权利的保护，也是独立的和互不联系的。这里仅涉及专利权和商标权的独立性。

根据巴黎公约第四条之二，成员国国民向某一成员国申请的专利，与他在其他成员国或者非成员国就同一发明所获得专利权无关。这一规定，不仅涉及了专利权的申请和获得，还涉及了专利权的有效与否。

先来看专利权的申请和获得。根据公约，申请人在其他成员国的专利申请是否获得授权，与他在其他成员国的申请无关。一个成员国授予了专利权，并不意味着其他成员国也应当授予专利权；一个成员国驳回了专利申请，并不意味着其他成员国也应当驳回该项申请。一个成员是否授予该项申请以专利权，完全依据本国法律的规定，不受其他国家是否授予专利权决定的影响。

再来看专利权的有效与否。根据公约，申请人在各个国家所获得的专利权是彼此独立、互不影响的。例如，一个国家因为种种原因而宣告一项专利权无效，并不影响其他成员国就同一发明授予的专利权继续有效。或者说，发明人就自己的发明在一个国家所获得的专利权被宣告为无效，并不意味着他就该项发明在其他国家所获得的专利权也被宣告为无效。发明人就某一特定发明所获得的专利权，仅仅与特定国家的法律相关，而与其他国家就该项发明所授予的专利权无关。

根据巴黎公约第六条，商标申请和注册的条件，由各成员国的法律决定。这就表明，商标注册的申请是否获得批准，以及某一商标权是否有效，完全由各成员国的法律所决定。例如，一件商标注册申请是否获得批准，不以该商标是否在其他国家申请注册为转移，不以该商标是否在其他国家获准注册为转移。即使商标所有人在自己的所属国没有申请注册，或者没有获准注册，也不影响他在其他国家申请或者获准注册。又如，一件商标注册在某一成员国被撤销，或者因为没有续展而失效，并不影响该商标注册在其他国家的继续有效。

四　其他规定

以上所述的"国民待遇原则"、"优先权原则"、"专利权和商标权的独立性原则"，一般被称为巴黎公约的三大原则。除此之外，巴黎公约还有一些比较重要的规定，如临时保护、宽限期、发明人的署名权、专利权的限制、驰名商标的特别保护、禁止作为商标使用的标记，以及制止不正当竞争的权利，等等。其中的有些内容，已经在本书相关的章节中论述过，如专利权的限制、驰名商标的保护和制止不正当竞争权利的保护等等。所以，下面简要介绍临时保护、宽限期和发明人的署名权。

（一）临时性保护

临时性保护与国际性展览会上的商品及相关的工业产权有关。根据公约第11条的规定，任何一个成员国内由官方举办的或者经过官方承认的国际展览会上展出的商品，如果其中有可以申请专利权的发明、实用新型和外观设计，或者可以申请注册的商标，各成员国都要根据本国法律给予临时性保护。在临时保护的期限之内，展品所有人以外的人，不得就展品申请工业产权。如果展品所有人在此期间就展品申请了工业产权，则申请日不是第一次提交申请的日期，而是展品的公开展出之日。这样，即使他人试图抢先申请，也会成为在后申请。

临时性保护不同于优先权。优先权是由第一次在成员国提出申请而获得的，而临时性保护则是由展品的展出而获得的。而且，优先权的期间是由公约明确规定的，而临时性保护的期间则是由各个国家规定的。一般说来，发明专利和实用新型是12个月，外观设计和商标是6个月。但也有的都是6个月。此外，如何界定国际性展览会或者官方承认的国际展览会，也是由各个国家来决定的。这样，临时性保护的范围、期间和方式，就在更大的程度上由成员国的法律或行政惯例所确定。

与优先权一样，临时性保护也不是自动产生。展品所有人在随后的工业产权申请中，应当主张国际性展览会的临时保护，并且出具相关的证明文件，包括展品公开展出的时间、地点等等。

（二）宽限期

宽限期与工业产权的维持有关。因为，按照世界各国的专利法、商标法或其他法律的规定，为了维持工业产权，如专利权和商标权的有效性，权利人必须定期缴纳费用。如果权利人没有按时缴纳费用，就会丧失有关的工业产权。

工业产权的所有人没有按期缴纳维持费用，可能有种种原因。如专利权人或商标权人因为经济上的考虑，觉得与其缴纳维持费用，还不如通过不交费的方式放弃权利。又如，权利人出于疏忽或者其他原因，没有按时缴纳费用，并希望有所补救。正是考虑到后一种原因，巴黎公约

第五条之二才规定，缴纳规定的工业产权维持费用，应当至少允许6个月的宽限期，但如果本国法律另有规定，还应缴纳附加费用。

宽限期的规定，主要涉及专利权和商标权。例如在很多国家，专利权的维持费用应当一年一交，商标权的维持费用为10年一交。当然在以单独法律保护实用新型和外观设计的国家里，还会涉及实用新型维持费和外观设计维护费。同时，绝大多数国家的法律都规定，专利权和商标权维持费的宽限期为6个月。在宽限期内，专利权人或者商标所有人不仅要缴纳维持费，还要缴纳一定的附加费。

从理论上讲，只要正常缴纳维持费用，并且持续到期限届满，有关的工业产权如专利权和商标权就会失效，有关的发明创造或者商标也会进入公有领域。但是按照宽限期的规定，只要权利人在法定的期限之内缴纳了维持费和附加费，有关的专利权和商标权又会恢复有效，已经进入公有领域的发明创造或者商标，又会重新进入专有领域。当然，这种短暂的智力成果进入公有领域，不会对社会经济秩序带来多大的影响。

（三）发明人的署名权

根据巴黎公约的规定，发明人有权在专利证书上署名。这就是通常所说的发明人的精神权利。与此相应，在专利证书上署名，也表明了发明人与专利权所覆盖的发明创造之间的关系。或者说，发明人是某项专利技术的创造者。

智力活动成果的创造者，包括发明的创造者，只能是有血有肉的自然人。但是发明创造完成之后，却有可能转让给他人，由他人申请并获得专利权。这样，在很多情况下，发明人与专利申请人、专利权人就不是一个人。为了让人们知道某一项专利权所覆盖的发明创造是由谁做出的，巴黎公约规定了发明人在专利证书上的署名权。

值得注意的是，发明人的署名权不是专利权的构成部分。发明人做出一项发明，就此项发明享有精神权利，是一项自然产生的权利。或者说，当发明人完成某一发明创造之时，就已经产生了这样的精神权利。即使有关的发明没有去申请专利权，或者没有获得专利权，也无法抹杀发明人做出该项发明的事实。巴黎公约的规定只是表明，在有关的发明获得专利权的情况下，发明人有权在专利证书上署名，说明自己是该项技术的发明者。事实上，发明人在专利证书上署名，只是对已有事实的记载而已。

与作者的精神权利一样，发明者的精神权利，包括在专利证书上署名的权利，也是不能转让的。而就发明创造所产生的财产权利，无论是专利申请权还是已经获准的专利权，都是可以转让的。而且，无论有关的专利权转让了多少次，专利权人换了多少个，专利权所覆盖的发明创造的发明人，都不会有任何改变。

发明人在专利证书上的署名，不同于专利产品上的专利标记。就前者来说，发明人的署名只是出现在专利证书上，表明发明人的身份。在通常情况下，发明人的姓名不会出现在专利产品或者包装之上。就后者来说，在专利产品或者包装上标注专利标记，是专利权人的一项义务，目的是向社会公众通告该产品含有某项专利技术。专利标记，无论是专利字样还是专利号，都与发明人的署名无关。

第二节　专利合作条约与马德里协定

巴黎公约不仅确定了工业产权保护方面的一些基本原则，而且还规定了一些基本的要求，并由此而协调了各成员国保护工业产权的标准。但是，工业产权中的很多内容，如专利权和商标权，要经过各国专利商标局的审查之后才能获得。或者说，专利权和商标权的获得，要经过各成员国的申请和审查程序。这与版权依据各国法律的自动获得不同。

在地域性原则的支配之下，就一件技术发明或者商标而言，如果要想在不同的成员国获得保护，就需要向各个成员国的专利商标部门提出申请。而各成员国的专利商标主管部门也必须分别审查，决定是否授予专利权或者是否注册有关的商标。这样，不仅申请人要按照各个国家的法律规定提出申请，支付申请费、代理费和翻译费等各种费用，而且受理了申请的各国专利商标局，也要分别进行重复的检索、审查和授权。这样，无论是申请者还是受理者，都要花费大量的人力物力。所以，为了方便申请人和避免重复检索、审查，在巴黎公约之下就产生了一些与专利和商标的跨国申请、审查和授权相关的程序性公约。例如《专利合作条约》、《商标国际注册马德里协定》、《保护原产地名称及其国际注册里斯本协定》、《工业品外观设计国际保护海牙协定》等等。除此之外，一些工业产权的分类公约，如《国际专利分类斯特拉斯堡协定》、《商标注册用商品和服务国际分类尼斯协定》、《建立工业品外观设计国际分类洛迦诺协定》，也与工业产权的跨国申请和审查相关。事实上，这些程序性的公约和分类公约，不仅方便了申请人在各成员国申请和获得权利权、商标权，而且有助于巴黎公约所规定的各项基本原则和基本制度的贯彻落实。

下面，仅简要介绍专利合作条约和马德里协定及其议定书。

一　专利合作条约（Patent Cooperation Treaty，PCT）

《专利合作条约》缔结于 1970 年，旨在简化专利的国际申请程序，以及方便申请人和受理国家的专利审查部门。专利合作条约是巴黎公约的子公约，只有巴黎公约的成员国才可以参加。由于专利合作条约极大地方便了申请人和受理国家的专利审查部门，条约的成员国迅速增加。在 1978 年的时候，参加条约的国家还只有 20 个。而到了 2006 年 2 月，已经增加到了 128 个。中国于 1994 年正式加入专利合作条约。

专利合作条约共有 8 章 69 条。其中，有关专利国际申请的部分，大体可以分为国际申请的提出、国际检索和公布、国家审查或国际初步审查三个部分。

（一）国际申请的提出

根据规定，专利合作条约的国民或居民，都可以提交国际申请。在通常情况下，国际申请都是首先向所在国的国家局提出，并注明该申请是专利合作条约意义上的国际申请。在这种情况下，这个国家局也就同时是国际申请的受理局，并由其依照条约的相关规定加以处理。而在欧洲专利公约、欧亚专利条约的情况下，其成员国的国民或居民，也可以通过欧洲专利局、欧亚专利局提出国际申请。除此之外，成员国的国民或居民，还可以直接向世界知识产权组织的国际局提交国家申请。

国际专利申请的文件，与国内申请的文件大体相同，包括请求书，说明书和附图，权利要求书等等。其中的请求书在大多数情况下为格式文书，申请人应当注明本申请为国际申请，并注明希望在哪些成员国中获得专利权。在国际专利申请的程序中，这些国家称为"指定国"。

受理局在收到相关的国际专利申请后，应当按照条约的规定进行检查和处理。对于申请文件符合要求的申请案，确定国际申请日和国际申请号，并通知申请人。对于申请文件不符合要求的申请案，则要求申请人予以更正，或者不予受理。对于符合要求的申请案，受理局在通知申请人时，还应当将通知的副本送往世界知识产权组织的国际局。

国际申请的效力在于，受理局所确定的国际申请日，相当于申请人向各个指定国提出申请的日期。与此相应，申请人在向受理局提出国际申请的同时，也相当于向各个指定国提出了专利申请。

（二）国际检索与公布

国际检索是指，由专利合作条约联盟指定的检索单位，对国际申请案所涉及的发明进行现有技术的检索。按照规定，每一个国际申请案都要经过这样的国际检索，以便相应的指定国确定申请案的新颖性和创造性。

到目前为止，由缔约国联盟所指定的检索单位共有 10 家，即澳大利亚专利局、奥地利专利局、中国知识产权局、欧洲专利局、日本特许厅、韩国专利局、俄罗斯专利局、西班牙专利局、瑞典专利局和美国专利局。这些检索单位都具有高质量的检索人员和检索方法，以及高水平的文献管理机构，因而可以保障文献检索的质量。

根据规定，检索报告应当在收到申请副本之后的 3 个月之内，或者优先权日起算的 9 个月内做出。检索单位应当将检索报告分别送交申请人和国际局。检索报告会列出与申请案有关的现有技术文献，并指出这些文献与申请案的新颖性和创造性的可能关系。这样，申请人通过国际检索报告，就可以判定自己获得专利权的可能性有多大，做出继续申请或者撤回申请的决定。同样，国际申请指定国的审查部门，也可以依据国际检索报告，审查申请案是否符合新颖性、创造性的要求。

除了国际检索，还有一个申请案的国际公布。根据规定，自国际申请案的申请日或者优先权日起算满 18 个月，有关的申请案进行国际公布。如果申请案是使用中文、英文、法文、德文、日文、俄文和西班牙文提出的，可以直接公布。如果是使用其他文字提出的，应当翻译成英文公布。

（三）国家处理程序和国际初步审查

在完成了国际检索和国际公布的程序以后，申请人可以有两个选择。一是进入国家处理程序，一是要求国际初步审查。

先来看国家处理程序。申请人在提出国际申请的时候，要指定一些国家，希望在这些国家中获得专利权。这样，在完成了国际检索和国际公布的程序以后，申请案就会进入这些国家，由相关国家的专利部门进行审查。这时候，指定国的专利部门会像对待本国的申请案一样，按照本国的法律法规决定是否可以授予专利权。当然，指定国的专利部门在进行审查时，也会考虑国际检索的结果。

再来看国际初步审查。根据专利合作条约的规定，在完成了国际检索和国际公布程序后，申请人还可以提出国际初步审查的请求。所谓国际初步审查，就是由专利合作条约联盟所指定的专利局，对申请案的新颖性、创造性和实用性进行审查，并提出国际初步审查报告。这叫做"专利合作条约"的第二阶段（PCT II）。

在此之后，申请人可以将初步审查报告提供给指定国家的专利部门，国际申请案也由此而进入国家处理阶段。所以，从这个意义上说，国际初步审查报告并不具有约束力。有关的指定国的专利部门还要依据本国法律进行审查，从而决定是否应当授予专利权。然而，对于那些不具备实质审查能力的国家局来说，国际初步审查报告具有很大的参考价值。事实上，对于这类国家来说，国际初步审查报告的结论往往会成为该国专利审查部门的结论。这也正是国际初步审查的意义所在。

到目前为止，专利合作条约联盟共确定了 9 个国际初步审查单位，即澳大利亚专利局、奥地利专利局、中国知识产权局、欧洲专利局、日本特许厅、韩国专利局、俄罗斯专利局、瑞典专利局和美国专利局。

二　马德里协定及其议定书

马德里协定和马德里协定议定书，都是有关商标国际注册的重要条约。二者既有联系，又有一定的区别。下面分别论述。

（一）马德里协定

《商标国际注册马德里协定》缔结于 1891 年 4 月，于 1892 年 7 月生效。自此以后，协议几经修订，并在 1967 年形成了现行的斯德哥尔摩文本。马德里协定是一个封闭式的协定，只有巴黎公约的成员国才可以加入。截至 2006 年 2 月，共有 56 个成员国。中国于 1989 年加入马德里协定，适用协定的斯德哥尔摩文本。

缔结马德里协定的目的，是方便商标所有人的国际注册。在这方面，协定主要有以下几方面的内容。

1. 国际注册申请的提出

根据规定，协定成员国的任何国民，可以提出国际注册申请。其中的国民是指可以按照巴黎公约享受国民待遇的人，如具有成员国国籍的人，或者在成员国具有真实有效的工商营业所的人，或者在成员国具有住所的人。而且，这里的国民既包括自然人，也包括法人。

按照马德里协定，提出国际注册申请的商标，必须是已经在原属国注册的商标。如果有关的商标还没有在原属国注册，则不得提出国际注册申请。其中的原属国，与前述的"国民"基本相同，即申请人在某一成员国内有工商营业所或者住所，或者具有某一成员国的国籍。与这种原属国的要求相对应，有关的国际注册申请也是向原属国的商标主管部门提出，并由后者向世界知识产权组织的国际局提交。国际注册的申请人并不直接向国际局提交申请案。

国际局在接到原属国提交的注册申请以后，要对申请案是否符合相关的要求进行确认。如果符合要求，则应当在国际注册簿中进行登记，发给国际注册证书，并且予以公布。值得注意的是，国际局并不进行实质性审查，基本依赖于原属国的审查结论。

2. 国际注册的效力

根据马德里协定，经国际注册的商标，其效力延及于原属国以外的所有成员国，就像商标在所有成员国获得注册一样。这叫做国际注册的"普遍性原则"。当然，各成员国的商标主管部门，也可以在接到国际局的注册通知以后，按照马德里协定的相关规定驳回国际注册，拒绝保护。又据规定，在国际局注册的商标，有效期为20年，可以续展。

从表面上看来，经过国际注册的商标可以在所有成员国中获得保护，但实际并非如此。因为，如果商标所有人要想在所有的成员国获得保护，就应当缴纳一定的申请费和维持费。这对于商标所有人来说是一笔可观的支出。而在事实上，很多商标所有人并不打算让自己的商标在所有的成员国中获得保护，并支付相关的费用。所以，这就产生了"领域延伸"的概念。按照协定的相关规定，国际注册的申请人可以提出领域延伸的要求，根据需要指定某些成员国保护自己的商标。当然，商标所有人也可以指定原属国以外的所有成员国。

根据规定，指定国在接到延伸保护的要求之后，可以根据协定的相关规定和本国法律，在一年之内做出是否予以保护的决定。如果驳回国际注册，则应当说明理由。

3. 国际注册与原属国注册的关系

马德里协定的一个特殊之处在于，获得国际注册的商标与原属国注册的商标，存在着密切的关系。根据规定，自国际注册之日起的5年之内，国际注册的商标依赖于原属国注册的商标。在此期间，如果原属国的注册商标因为放弃、撤销、宣告无效等原因而不再受到保护，则相关的国际注册也随之而失效。这叫做"中心打击"。这是因为，国际局对于国际注册申请并不进行实质性审查，而是依赖于原属国的审查。这样，国际商标注册的效力就依赖于原属国商标注册的效力。

当然，自国际注册之日起的5年以后，获得国际注册的商标就不再依赖于原属国注册的商标。即使有关的商标在原属国不再受到保护，也不会影响国际注册商标的效力。

(二) 马德里协定议定书

马德里协定确实方便了商标所有人，让他们在提出一份国际申请后，就有可能在很多成员国获得注册和保护。然而，马德里协定在商标国际注册方面又存在着一些缺陷，与很多国家的国内注册程序存在着差异，因而参加的国家并不很多。为了克服马德里协定的不足，让更多的国家参加到商标国际注册的体系之中，让更多的商标所有人享受国际商标注册的好处，在世界知识产权组织的主持之下，世界各国又在1989年缔结了《关于马德里协定的议定书》（以下简称马德里议定书），并于1996年4月生效。

马德里议定书是在马德里协定的基础上制定的，二者既有一些相同之处，又有一些不同之处。不过从形式上来看，二者又是两个不同的相互独立的国际条约。参加一个条约并不意味着参加了另一个条约。当然，马德里议定书也是巴黎公约之下的子公约，只有巴黎公约的成员国才可以成为议定书的成员国。这与马德里协定相同。除此之外，马德里协定和马德里议定书，都属于广义的"马德里联盟"管辖的条约，都属于商标国际注册的程序性条约。

由于马德里议定书克服了商标国际注册程序上的一系列缺陷，成员国的数量迅速增加。截止到2006年2月，已经有67个成员国，超过了马德里协定的56个成员国。当然，很多国家既参加了马德里协定，也参加了马德里议定书。中国于1995年12月成为议定书的成员国。

由于我们已经在前面介绍了马德里协定在商标国际注册方面的内容，下面仅从马德里协定与议定书的几个不同方面，介绍议定书的相关内容。

1. 与原属国注册申请的关系

按照协定的规定，只有在原属国获得注册的商标，才可以进行国际注册。这是因为，受理国际注册的国际局并不进行实质性审查，而是依赖于原属国注册部门的审查。而按照议定书，已经在原属国获得注册的商标，可以申请和进行国际注册，而没有在原属国获得注册的商标，只要在原属国提出了申请，也可以申请并进行国际注册。这样就极大地方便了商标所有人申请和进国际注册。

2. 国际注册与领域效力

按照协定的规定，获得国际注册的商标，在所有的成员国都可以获得保护。当然成员国可以申明，只有申请人要求领域延伸时，才可以在本国获得保护。这就意味着，只要某一成员国没有做出这样的声明，国际注册的商标就自然在本国获得保护。而依据议定书的规定，获得国际注册的商标仅仅具有在成员国获得保护的可能性。如果申请人要想在某几个或者所有的成员国都获得注册和保护，则必须向具体的成员国提出请求。这叫做"领域效力"。在此基础上，获得国际注册的商标就会进入国家阶段，由成员国的商标主管部门审查，做出是否注册的决定。

3. 成员国驳回国际申请的时间

按照协定的规定，成员国的商标主管部门，对于获得国际注册的商标，或者要求在本国获得保护的国际注册商标，必须在一年之内做出拒绝保护的决定，并说明相关的理由。对于成员国的商标主管部门来说，在一年之内做出审查决定，时间过于短促。所以议定书规定，在成员国做出声明的情况下，可以在18个月内做出拒绝保护的决定并说明理由。而且在出现商标异议的情况下，做出拒绝保护决定的时间还可以超过18个月。显然，这为成员国的商标主管部门提供了方便。

4. 与原属国注册的关系

按照协定的关系，自国际注册之日起的5年内，国际注册的商标依赖于原属国的注册。如果原属国的商标注册因为放弃、撤销或宣告无效，获得国际注册的商标也会随之而撤销。而议定书则在此基础上规定，原属国的商标注册无效以后，该商标的国际注册可以转为各指定国的国家申请。与此相应，国际注册日也会成为各个指定国的申请日。如果国际注册申请享有优先权，则转为各个指定国的注册申请，也可以享有优先权。

以上是议定书不同于协定的主要方面。此外，按照两个条约的实施细则，马德里协定与议定书在收费标准和工作语言上还有所不同。例如，按照协定和国际局的规定，成员国在处理国际注册申请时所收取的费用是固定的，而且相对较低。而按照议定书和实施细则的规定，成员国可以自行决定收费标准。由于成员国通常所收的费用比较高，申请人就会比较慎重地选择要求保护的国家，并支付相关的费用。又如，按照马德里协定的规定，商标国际注册的申请必须使用法文。这样，非法语国家，尤其是英文国家，就感到申请国际注册不太方便，甚至不愿意加入协定。而按照议定书及其实施细则，商标国际注册的申请，既可以使用法文，也可以使用英文。这就极大地方便了国际注册申请人。

显然，正是由于以上的一系列优点，马德里议定书在商标的国际注册方面发挥着越来越重要的作用。

问题与思考

本来，专利权是一种地域性的权利。然而在近年来，美国、欧盟和日本却在推动所谓的"世界专利"。按照世界专利的构想，应当成立一个全球性的专利授权机关，由此而产生的专利权则在世界各国有效；或者选定一些国家的专利机关，一旦这些国家的专利机关授予了一项专利权，也应当在全世界各国都产生效力。显然，这样的"世界专利"构想，有利于像美国、欧盟和日本一类的技术发达国家。因为，只要通过一种简单的"世界专利"制度，这些国家的技术发明就可以在很多国家获得专利权的保护。

然而，今天的世界仍然是强调国家主权的时代。所以，美国、欧盟和日本所推动的"世界专利"几乎无人响应。不得已，美国专利局、日本专利局和欧洲专利局又在酝酿相互承认专利权的协议。按照这种设想，任何一方所授予的专利权，另外两方都承认其效力。这就意味着，一项由美国专利局所授予的专利权，将自动在欧洲和日本产生效力。但是到目前为止，三方相互承认专利权仍然停留在设想的层面上，将来是否能够实现还很值得怀疑。

即使美国专利局、日本专利局和欧洲专利局最终实现了相互承认专利权的设想，也不会产生"世界专利"。因为，三方相互承认专利权，仍然是基于主权的原则，需要各自国家立法机关的批准。除非世界各国在专利权的问题上放弃主权，或者将有关专利权的主权交由一个统一的专利授权机关行使，才有可能出现所谓的"世界专利"。至少在目前，这个前景并不被看好。

复习题

1. 巴黎公约的三大原则是什么？
2. 《专利合作条约》的主要内容是什么？
3. 《商标国际注册马德里协定》及其议定书的主要内容是什么？

阅读书目

郑成思：《知识产权论》（第三版），法律出版社，2003。

唐广良、董炳和：《知识产权的国际保护》，知识产权出版社，2002。

Paul Geller, Myers Nimmer: International Copyright Law and Practice, Matthew Bender, 2002.

第三十章　伯尔尼公约与
世界版权公约

要点提示

　　本章介绍了伯尔尼公约的主要内容，包括公约的三大原则，如国民待遇原则、自动保护原则和版权独立原则。

　　本章还介绍了邻接权保护方面的国际公约，如罗马公约和录音制品公约。

　　本章主要讨论与版权相关的国际公约。在这方面，主要有伯尔尼公约和世界版权公约。由于广义的版权还包括表演者权、录音制品制作者权和广播组织权，所以本章还将讨论与邻接权有关的一些国际公约，如罗马公约和录音制品公约。

第一节　《保护文学艺术作品伯尔尼公约》

　　19 世纪后期，为了克服地域性对版权保护的不利影响，许多国家都在积极探索相关的方法。到了 1886 年，经过长期的探索和协商，英国、法国、瑞士、比利时、意大利、德国、西班牙、利比里亚、海地和突尼斯等十个国家，在瑞士首都伯尔尼缔结了《保护文学艺术作品伯尔尼公约》。公约自缔结以来，经过了数次修订，共形成了 5 个正式文本，如 1908 年的柏林文本，1928 年的罗马文本，1948 年的布鲁塞尔文本，1967 年的斯德哥尔摩文本和 1971 年的巴黎文本。现在世界上绝大多数国家参加的都是 1971 年的巴黎文本。该文本在 1979 年曾有几处小的修改。截止到 2005 年 3 月，伯尔尼公约共有 159 个成员国。中国于 1992 年 10 月加入伯尔尼公约。

　　伯尔尼公约是版权保护方面最重要的和基本的国际公约。它不仅设定了版权保护的基本原则和一系列基本要求，而且深刻地影响了世界各国的版权制度或著作权制度。随着世界贸易组织"知识产权协议"将之纳入其范围之内，伯尔尼公约又协调着世界贸易组织成员的版权制度。

伯尔尼公约的文本共有 38 个条文，另有一个附录，规定了对于发展中国家的一些优惠待遇。其中的第 1 至 21 条和附录为实体性条文，其余的均为行政性条文。实体性条文所涉及的内容主要有公约的三大基本原则、受保护作品的种类、权利的内容、权利的限制和保护期限等等。下面先介绍伯尔尼公约的三大基本原则，然后再对其他相关内容进行简单介绍。

一　国民待遇原则

国民待遇原则是伯尔尼公约中最重要的一项原则，也是贯穿于整个公约的一项原则。根据这项原则，来源于任何成员国的作品，在其他成员国都享有这些成员国依据法律给予本国国民的同等保护。同时，国民待遇原则又受到最低保护原则的限制，即各成员国所提供的版权保护，不得低于公约的最低要求。所以从某种意义上说，国民待遇原则不是一项孤立的原则，它还受到最低保护原则的限制。或者说，最低保护原则是对国民待遇原则的必要补充。

国民待遇原则，与作品的起源国和作者有着密切的关系。根据公约规定，享受国民待遇的人有以下 5 种。

（1）伯尔尼公约成员国的国民，其作品不论是否出版，在所有成员国中都享有公约所提供的保护。这可以看作是公约中的"作者国籍"标准。

（2）非伯尔尼公约成员国的国民，其作品只要是首先在某一个成员国出版，或者首次出版同时发生在某一成员国和其他非成员国，也享有公约所提供的保护。这里所说的同时出版，不是指同一天，而是指 30 天之内。例如，一部作品首先在一个非成员国出版，在 30 天内又在一个成员国出版，就属于公约所说的首次出版同时发生在某一成员国和其他非成员国。这可以看作是公约中的"出版地"标准。

（3）非伯尔尼公约成员国的国民，如果在某一成员国有惯常居所，应当视为该成员国的国民，适用上述第一种情况中的"作者国籍"标准。

（4）对于电影作品的作者来说，即使不符合上述三种情况中的任何一种，只要该电影作品的制片人的总部在某一成员国中，或者该电影制片人的惯常居所在某一成员国中，则该成员国视为该电影作品的来源国，从而享有公约所提供的保护。

（5）建筑作品及建筑物中的艺术品的作者，即使不符合前三种情况中的任何一种，只要有关的建筑物位于某一成员国内，或者建筑物中的艺术品位于某一成员国内，则该成员国视为有关建筑作品及建筑物中的艺术品的来源国，有关作者可以享有公约所提供的保护。

应该说，在以上5种情况中，只有第一种属于国民待遇的正常情况，即成员国国民的作品，无论出版与否，在其他成员国受到同等保护。而其他的四种情况，则是针对某些特殊情况的规定，如作品的出版地、作者的惯常居所、电影作品、建筑作品等等。一般认为，后四种情况属于伯尔尼公约的"后门"。或者说，伯尔尼公约通过这些不同的"后门"，将尽可能多的作品或作者纳入了受保护的范围。根据有关资料，这类"后门"在对于非公约成员国作者的保护方面，曾经起过而且仍然起着很大的作用。例如，美国在相当长的时间里不是伯尔尼公约的成员国，但美国作者的很多作品会在加拿大、英国、澳大利亚等伯尔尼公约的成员国同时出版，从而可以通过"出版地"的后门被纳入伯尔尼公约保护的范围。

二　自动保护原则

公约第5条第2款规定，凡受本公约保护的作品，其作者在行使依据国民待遇所享有的权利的时候，不需要履行任何手续。这里所说的不需要履行任何手续，既包括不必注册和提供样书，也包括不必加注版权标记。这就是通常所说的"自动保护原则"。按照这样一个原则，公约成员国国民以及在成员国有长期居所的非成员国国民，在作品完成时即自动享有版权；非成员国国民，同时又在成员国内没有长期居所的，如果其作品首先或同时在成员国出版，也自动享有版权。

伯尔尼公约的自动保护原则，为作品的保护和版权的获得提供了一个非常便捷的方式。但是这种做法也与某些国家的做法不一致，如注册、提交样书、加注版权标记等等。因而，有些要求这类形式要件的国家，如美国，曾经迟迟不愿意加入伯尔尼公约。不过，按照伯尔尼公约的相关规定，一个国家即使在加入公约以后，仍然可以保留这类形式要件，只要这类形式要件只适用于本国国民，而不适用于其他成员国的国民。例如，依据美国版权法，美国国民的作品，如果没有及时注册和提交样书，不能适用法定赔偿金和律师费的规定。但是依据伯尔尼公约的自动保护原则，美国不得将这一规定适用于其他成员国国民的作品。

三　版权独立原则

公约第 5 条第 2 款规定，凡受本公约保护的作品，其作者在行使依据国民待遇所享有的权利的时候，不受作品来源国所提供的保护的影响。因此，除非本公约另有规定，作品在某一个成员国中所受到的保护，包括在纠纷发生时所获得的救济方式，完全适用于该成员国的法律。这不仅与作品的来源国无关，而且与其他成员国的法律无关。

按照版权独立的原则，某一成员国对来源于本国和其他成员国的作品提供保护，完全是该成员国的内部事务。或者说，每一个成员国所提供的保护，包括发生纠纷时的法律救济，完全依赖于该国的法律制度。由此出发，来源于某一成员的一件作品，在 159 个成员国中所享有的权利，就是 159 个独立的权利。无论是权利的获得还是侵权发生时的救济，都必须依据 159 个成员国各自的法律。例如在侵权诉讼中，即使是同样的案由，在一个国家被判定为侵权，并不必然表明在另一个国家也被判定为侵权。反之亦然。所以从这个意义上说，至少到目前为止，不存在所谓的"世界版权"的问题，伯尔尼公约的自动保护原则也没有创立一个"世界版权"。

当然，作品在某一成员国中所受到的保护，不依赖于作品的来源国，又有三个例外，即保护期上的例外，实用艺术品上的例外，加入公约时追溯保护上的例外。这也就是公约第 5 条第 2 款所说的"除非本公约另有规定"，作品在某一成员中的保护完全依赖于该成员国的法律，与作品的起源国无关。至少在这三个例外上，作品在其他成员国中的保护，又依赖于作品来源国的相关规定。

四　其他规定

除了以上的三大原则，伯尔尼公约还在实体性条款中，规定了一系列其他的与版权保护相关的内容，如作品的种类、权利的内容、权利的限制、保护期限等等。由于这些内容已经在前面相关的章节中作了详细论述，这里只作简单的说明。

关于作品的种类。根据公约的第 2 条第 1 款，公约所说的"文学艺术作品"，是指文学、科学和艺术领域内的一切作品，而不论其表达形式或方式如何。这可以看作是对"文学艺术作品"所下的一个定义。

在此基础上，公约列举了一些可以受到保护的作品，诸如图书、小册子和其他文字作品；讲课、讲演、布道和其他同类性质的作品；戏剧或戏剧音乐作品、舞蹈作品、哑剧作品；配词或未配词的乐曲；电影作品及使用与拍摄电影类似的方法创作的作品；图画、绘画、建筑、雕塑、雕刻及版画作品；摄影作品及使用类似方法创作的作品；实用艺术作品；文字或插图说明、地图、设计图、草图，以及立体造型作品。值得注意的是，公约在列举上述作品时，使用了"诸如"的字样，因而是非穷尽的。这样，一旦出现了新的作品种类，仍然可以纳入受保护的范围。

此外，公约还规定了对于演绎作品、汇编作品的保护，规定各成员国可以自行决定法律法规等官方文件及其官方译本是否应当受到保护，规定了各成员国可以要求作品的固定等等。

关于权利的内容。公约从第 8 条到第 14 条，详细规定了作者所享有的经济权利，包括翻译权、复制权、表演权、广播权、朗诵权、改编权和制片权。[①] 在对于作者权利的保护方面，伯尔尼公约的一个突出之处是在规定了作者的经济权利以外，还规定了作者的精神权利。根据公约第 6 条之 2 的规定，作者所享有的精神权利有署名权和保护作品完整权。这些权利不依赖于作者的经济权利，乃至在经济权利转让之后，作者均有权表明自己是作品的原作者，并有权反对任何对其作品所进行的有损作者声誉的歪曲、篡改或贬损。

上述的经济权利和精神权利，是公约的最低要求，各成员国必须加以保护。除此之外，成员国还可以提供高于这个水平的保护。例如规定发行权、展览权等经济权利，以及发表权和收回权等作者的精神权利。

关于权利的限制。公约在规定作者经济权利的同时，还规定了一些对于权利的限制。例如，公约第 9 条第 2 款、第 10 条和第 10 条之 2，规定了对于复制权的一些限制，并规定了关于复制权限制的"三步法"。根据第 9 条第 2 款，各成员国可以自行在立法中规定，在某些特殊情况下复制有关作品，只要这种复制与作品的正常使用不相冲突，也不至于不合理地损害作者的合法利益。正是这个关于复制权的三步法，经过"知识产权协议"和世界知识产权组织《版权条约》、《表演和录音制品条约》，已经适用于所有的经济权利的限制，以及关于表演者权和录音制品制作者权的限制。

---

① 公约第 14 条之 3 还规定了艺术作品的"追续权"，但不是公约的最低要求，各成员国可以自行决定是否保护。

此外，公约附件规定的对复制权和翻译权的强制许可，系针对发展中国家的优惠，也可以看作是对于权利的限制。根据规定，发展中国家为了教育和科研的目的，可以对来自发达国家的作品实施复制和翻译的强制许可。但与此同时，公约又规定了详细的发放许可的限制性条件。所以直到今天，这种针对发展中国家的优惠，很少有人能够享受。

关于权利的保护期限。伯尔尼公约缔结时，并没有规定权利的保护期限。但是从1948年的布鲁塞尔文本开始，就规定了作者有生之年加50年的保护期限。根据1971年巴黎文本第7条的规定，一般作品的保护期限为作者的有生之年加50年；电影作品的保护期限为作品向公众提供后的50年，如果作品完成后50年内没有向公众提供，则保护期限为作品完成后的50年；匿名作品或假名作品的保护期限为公众合法获得作品后的50年，但如果作者的身份得以证实或披露，则保护期限为作者的有生之年加50年；摄影作品和实用艺术品的保护期限，至少应为作品完成后的25年。[①] 此外，各成员国还可以提供更长的保护期限。

第二节　世界版权公约

从某种意义上说，《伯尔尼公约》是一个以欧洲大陆法系为基础的版权保护条约，与英美法系的许多规定有所不同。例如关于作者的精神权利，关于权利的获得，关于权利的保护期限，伯尔尼公约的规定都与美国版权法有着很大的差距。所以在伯尔尼公约缔结后的许多年里，美国都没有加入。除了美国，无论是南美洲还是北美洲，许多国家的版权保护制度与美国的制度也比较接近。这样，为了协调这些国家的版权保护，以美国为首的美洲国家就缔结了一系列"泛美版权公约"，如1889年在乌拉圭缔结的《蒙得维的亚公约》，1902年的《墨西哥城公约》，1910年的《布宜诺斯艾利斯公约》，1928年的《哈瓦那公约》等。

由于以美国为首的美洲国家一直没有加入伯尔尼公约，如何协调伯尔尼公约与泛美版权公约之间的关系，就成了世界各国关注的问题。

---

① 关于摄影作品的保护期，依据世界知识产权组织《版权条约》第9条，已经不适用伯尔尼公约的上述规定。这样，摄影作品的保护期，就与其他作品相同，为作者的有生之年加50年。

1952 年，在联合国教科文组织的主持下，世界各国在日内瓦缔结了《世界版权公约》。世界版权公约的许多规定，都折衷了泛美版权公约与伯尔尼公约的不同规定，以便更多的国家能够加入到全球性的版权保护体系之中。截至 2002 年 4 月，《世界版权公约》共有 98 个成员国。中国于 1992 年 10 月加入《世界版权公约》。

在对于版权的保护方面，《世界版权公约》所提供的保护水平，要远远低于伯尔尼公约。《世界版权公约》虽然在历史上起过一定的作用，协调过伯尔尼公约与泛美版权公约之间的规定，但是现在所起的作用已经越来越小了。这是因为，随着美国于 1989 年加入伯尔尼公约，随着世界贸易组织的"知识产权协议"将伯尔尼公约纳入其范围之内，在国际版权保护中起主导作用的，就是伯尔尼公约。目前，只是对于那些尚未参加伯尔尼公约和世界贸易组织的，原有的世界版权公约成员国，这个公约还起着一些作用。

尽管《世界版权公约》所起的作用越来越小，但中国毕竟是该公约的成员国，因而还有必要进行介绍。当然，这里的介绍主要侧重《世界版权公约》不同于伯尔尼公约的那些内容，至于相同或者大体相同的内容，则会一带而过。

一 非自动保护

《世界版权公约》也规定了国民待遇原则和版权独立原则，其内容与伯尔尼公约大体相同，因而在此不必详述。但是对于伯尔尼公约的第二个原则，版权的自动保护，《世界版权公约》则做出了不同的规定。

在缔结《世界版权公约》以前，泛美版权公约的许多国家要求以注册和提交样书作为获得版权的前提。这与伯尔尼公约的自动保护原则完全不同。为了调和二者的不同，《世界版权公约》既没有规定注册获得权利，也没有规定自动获得版权，而是规定当作品出版时，应当在作品的复制件上加注版权标记。如果加注了版权标记，则获得版权和相应的保护。如果没有加注版权标记，则丧失版权。版权标记由三个部分构成，一是表明版权所有的©，二是版权所有者的姓名，三是作品的首次出版年份。

根据公约第 3 条的规定，各成员国在版权获得上，可以要求注册、提交样书或在国内出版，但只要作品首次出版时加注了版权标记，就不应当再要求其他的相关手续。这样，加注版权标记就成了获得版权的唯一条件。此外，按照公约第 3 条的规定，对于没有出版的作品，成员国应当在不要求履行任何手续的条件下加以保护。这样，对于未出版作品，《世界版权公约》实际上提供了自动保护。

值得注意的是，《世界版权公约》提到的是版权所有人，而不是作者。这与英美法系强调作品的利用，不重视作者和作者的精神权利是一致的。从利用作品的角度来说，版权所有人占有更为重要的地位。与此相应，《世界版权公约》丝毫没有提及作者的精神权利。正是从这样一个角度出发，有人将这个公约称为《世界著作权公约》，也许不妥。如果我们承认著作权法体系与版权法体系的不同，那么将这个公约称为《世界版权公约》，也许更为合适。

二　版权保护期

伯尔尼公约所规定的版权保护期限，在一般情况下是作者的有生之年加50年。除此之外，又对电影作品、实用艺术作品、摄影作品和匿名作品作了特殊规定。而《世界版权公约》则规定了较短的版权保护期限。

根据《世界版权公约》第4条的规定，公约对作品的保护期限，不得少于作者的有生之年加25年。如果成员国在加入公约以前，是以作品的首次出版日期作为保护期限计算的起点，则在加入公约后仍然可以保留原有规定。但是，对于所有作品的保护期限，不得少于首次出版起算的25年。

如果成员国在加入公约以前，尚未按照作者的有生之年确定保护期限，则在加入公约后，可以根据作品的首次出版日期或者出版前的登记日期，计算保护期限。但是不得少于首次出版日起算或登记日起算的25年。

如果成员国提供两个或两个以上的连续保护期，可以继续保留这种制度，但是第一个保护期不得少于25年。

如果成员国对摄影作品和实用艺术品提供保护，则有关的保护期不得少于10年。

值得注意的是，《世界版权公约》关于作品的保护期，都是不得少于作者有生之年加25年，不得少于出版日起算的25年，或者不得少于10年，这就意味着成员国可以规定高于上述保护期限的保护期。事实上，由于很多国家既是伯尔尼公约的成员国，又是《世界版权公约的》的成员国，所以它们所规定的版权保护期都是伯尔尼公约规定的保护期，远远高于《世界版权公约》规定的保护期。

三　无追溯力原则

按照伯尔尼公约,当一个国家如中国在加入伯尔尼约以前,如果与其他成员国没有双边条约或其他国际条约的保护安排,则其他国成员国国民的作品在这国家处于公有领域之中,这个国家国民的作品在其他成员国也处于公有领域之中。不过,当一个国家加入了公约以后,如何处理已经处于公有领域但保护期限尚未届满的作品,伯尔尼公约与《世界版权公约》的作法截然不同。

按照伯尔尼公约的规定,来源于其他成员国的作品,只要保护期限没有届满,新加入的成员国就可以给予追溯的保护。与此相应,来源于这个成员国的作品,只要保护期限没有届满,其他成员国也可以给予追溯的保护。这就是具有追溯力原则。而按照《世界版权公约》的无追溯力原则,则已经处于公有领域中的作品,无论是来自其他成员国的作品,还是来自新成员国的作品,都不再受到保护。这就是公约第7条的规定,本公约不适用于当公约在某一成员国生效时,已经永久处于该国公有领域中的那些作品或作品中的权利。

四　与伯尔尼公约的关系

通过以上的叙述可以看出,《世界版权公约》所提供的保护水平要远远低于伯尔尼公约。为了防止某些伯尔尼公约的成员国退出伯尔尼公约,转而加入《世界版权公约》,从而降低国际性的版权保护水平,或者造成两个公约之间的冲突,《世界版权公约》第17条和该条的附加声明,专门规定了两个公约的关系。

公约第17条首先原则规定,本公约不以任何方式影响伯尔尼公约的规定,也不影响依照伯尔尼公约所建立的联盟的成员资格。在此基础上,公约第17条的附加声明规定,本公约生效后,伯尔尼公约的任何成员国,可以参加《世界版权公约》,但是不得退出伯尔尼公约。如果某一个国家退出伯尔尼公约,或者在退出之后加入《世界版权公约》,则该成员国的作品不能获得《世界版权公约》的保护。这就意味,某一伯尔尼公约的成员国,如果在《世界版权公约》生效以后退出伯尔尼公约,无论是否加入《世界版权公约》,来源于该国的作品,既不能获得伯尔尼公约的保护,也不能获得《世界版权公约》的保护。这样,较高水准的版权保护水平就得以维持,不会因为《世界版权公约》的建立而有所降低。

此外，按照附加声明的规定，如果某一发展中国家想调整版权保护的水平，退出伯尔尼公约而加入《世界版权公约》，则不受上述规定的限制。然而，时至今日，尚没有一个发展中国家退出伯尔尼公约而加入《世界版权公约》。所以这一规定也没有实际意义。

第三节　罗马公约与录音制品公约

大体说来，伯尔尼公约是以欧洲的著作权法理论为基础而构建的体系，强调对于作者权利（包括作者精神权利）的保护。无论是对于作品的保护，还是对于由作品的创作而产生的权利的保护，都是以作者为中心，以作者创作的作品为中心。这种保护理论和由此而构建的体系，在伯尔尼公约缔结后的相当长的一段时间里，都没有发生过问题。

然而，随着作品传播技术的发展，尤其是随着录音制品的出现，保护表演者和录音制品制作者的问题就提了出来。按照作者权利和作者创作作品的理论，很难将表演和录音制品纳入著作权法体系。因为表演者和录音制品制作者不是"作者"，表演活动和录音制品不是"作品"。随后出现的广播节目也是这样，即广播组织不是"作者"，广播节目不是"作品"。这样，为了在"作者权法"的基础上提供对于表演活动、录音制品和广播节目的保护，就产生了"邻接权"的概念。所谓邻接权，就是与作者权相邻接的权利，或者是作品的传播者对于作品传播过程中的智力活动成果所享有的权利。

到目前为止，保护邻接权的国际公约主要有"罗马公约"和"录音制品公约"。此外，世界知识产权组织《表演和录音制品条约》，也对邻接权的保护，尤其是网络环境中的邻接权保护，做出了规定。这里先讨论罗马公约和录音制品公约。

一　罗马公约

罗马公约的全称是《保护表演者、录音制品制作者与广播组织公约》，由世界知识产权组织、联合国劳工组织和教科文组织共同发起，于1961年在罗马缔结，并且由上述三个组织共同管理。由于这个公约缔结于罗马，因而简称罗马公约。罗马公约是一个封闭性的公约，只有伯尔尼公约和《世界版权公约》的成员国才可以加入。罗马公约于1964年5月正式生效，截至2005年3月共有79个成员国。迄今为止，中国尚未加入罗马公约。

在邻接权的保护方面，罗马公约奠定了一些基本的制度和原则。这些制度和原则，不仅深刻影响了许多国家的相关立法，而且深刻影响了世界贸易组织的"知识产权协议"。在这方面，"知识产权协议"的第14条吸收了罗马公约的许多基本制度和原则。所以从这个意义上说，中国虽然没有加入罗马公约，但又通过执行"知识产权协议"，执行了罗马公约的许多基本制度和原则。

下面，对罗马公约的基本原则和一些重要制度略作说明。

（一）国民待遇原则

国民待遇原则是罗马公约的一项基本原则。在这个问题上，罗马公约针对表演者、录制者和广播组织分别规定了适用国民待遇原则的情形。

根据规定，表演者在以下三种情况下可以享有国民待遇：表演活动发生在罗马公约的成员国中；表演活动已经被录制在应当受到罗马公约保护的录音制品上；表演活动虽然没有被录制过，但在罗马公约所保护的广播节目中播放过。从上述规定可以看出，国民待遇的享有，不是以表演者的国籍或住所地为准，因而与伯尔尼公约规定的国民待遇的享有条件有很大的不同。按照罗马公约的规定，即使某一表演者具有成员国的国籍，但如果有关的表演活动发生于所有成员国之外，而且也没有录制在公约所保护的录音制品上，没有在公约所保护的广播节目中播放过，仍然不能受到罗马公约的保护。

就录音制品制作者来说，公约也规定了三种可以享有国民待遇的情况：录制者属于罗马公约成员国的国民；有关的录音制品首先在罗马公约成员国中录制；有关录音制品的首次发行发生在成员国，或者同时发生在非成员国和成员国中。其中的第一种情况，显然属于录制者的"国籍标准"，而第二种属于录音制品的"录制地标准"，第三种属于录音制品的"发行地标准"。而且，第三种情况中的"同时发生"，也是指30天之内。或者说，如果有关的录音制品先在非成员国中发行，30天之内又在成员国中发行，即符合受保护的条件。

就广播组织来说，公约规定在以下两种情况下可以享受国民待遇：广播组织的总部设在罗马公约成员国内；有关的广播节目是首先从罗马公约成员国发射播放的。

（二）邻接权的内容

罗马公约不涉及受保护主体的精神权利，因而这里所说的权利仅指经济权利或财产权利。在这方面，公约也是分别就表演者权、录音制品制作者权和广播组织权作了规定。

根据规定，表演者就其表演活动享有以下三项权利：

第一，防止他人未经其许可而广播和向公众传播其表演活动。但这项权利又有一定的限制，专为广播或向公众传播的表演，以及根据已经录制的表演而进行的广播或传播，不在权利的范围之内。

第二，防止他人未经其许可而录制其表演活动。

第三，防止他人未经其许可而复制录有其表演活动的录音制品。这项权利也有一定的限制，如果原始的录制已经经过表演者的许可，或者制作复制品的目的没有超出表演者许可的范围，或者制作复制品的行为没有超出合理使用的范围，则不在权利的范围之内。

根据规定，录音制品制作者享有许可或禁止他人直接或间接复制其录音制品的权利。

根据规定，广播组织享有以下四项权利：许可或禁止他人同时转播其广播节目；许可或禁止他人录制或固定其广播节目；许可或禁止他人复制录有其广播节目的录音制品；许可或禁止他人在公众场所传播其广播节目。但行使其中第四项权利的条件，由各成员国在国内法中具体规定。

对于上述各种权利的保护期限，不得低于20年。具体说来，对于未经录制的表演来说，自表演活动发生的时间起算；对于录音制品和录制于其中的表演来说，自录音制品制作的时间起算；对于广播节目来说，自广播节目播出的时间起算。而且，这里所说的20年，都是从当年的年底起算。这与著作权保护期限的计算方式相同。

（三）录制者权的非自动获得

录制者权的获得，不是自动获得，而是要通过加注标记的方式获得。按照罗马公约第14条的规定，如果某一成员国要求履行手续，保护录音制品制作者权或者与录音制品相关的表演者权（录音制品中录有表演者的表演），则只要加注相关的标记就应当视为满足了这种手续。根据规定，标记由三个部分构成：表示录音制品的 p 外加一个小圆圈①；录音制品的首次发行年份；权利人（录音制品制作者、被许可人）及主要表演者的姓名。如果表演者或者权利人已经在包装上或在其他地方注明，则可以省略第三项。

值得注意的是，在表演者权和广播组织权的保护方面，罗马公约没

---

① 其中的 p 是英文 phonogram（录音制品）的字头缩写。

有提出任何形式要求。公约只是在录音制品制作者权的保护方面，包括与录音制品相关的表演者权的保护方面，才规定了上述形式要求。不过，这一形式要求对于表演者权的保护也是非常重要的。因为在绝大多数情况下，表演活动都是先录制在录音制品中，然后向社会公众传播。通过广播直接向公众传播的表演并不很多。

（四）无追溯力条款

罗马公约第20条是一个无追溯力条款。根据规定，公约不影响某一成员国加入公约以前，已经受到保护的那些权利。同时，公约也不要求成员国在加入公约以后，保护加入前已经发生的表演、已经录制的录音制品、已经播放的广播节目。后者正是通常所说的无追溯力规定。根据这个规定，某一成员国在加入罗马公约以前，发生在其他成员国的表演活动、已经录制的录音制品和已经播放的广播节目，都处于公有领域之中。如果这个成员国在加入罗马公约后，则不必对已经进入公有领域的表演活动、录音制品和广播节目提供保护。

（五）其他规定

关于邻接权的主体。正如罗马公约的名称所显示的那样，邻接权的主体是表演者、录音制品制作者和广播组织。其中的录音制品制作者，是指首次将表演的声音或其他声音录制下来的自然人或者法人。其中的表演者是指表演文学艺术作品的人，包括演员、演唱者、演奏者、朗诵者或以其他方式表演文学艺术作品的人。显然，这里的表演者是指从事表演活动的自然人，不包括法人。不过，罗马公约并没有规定表演者的精神权利。这在世界知识产权组织《表演和录音制品条约》中才有规定。此外，根据罗马公约第9条的规定，那些不表演文学艺术作品的人也可以成为"表演者"，但不是罗马公约所规定的必须保护的表演者。对于这类"表演者"，各成员国可以自行立法予以保护。例如，有些国家对于杂技表演者、体操表演者的保护，就属于这样的规定。

关于邻接权的客体。为了叙述的方便，先说表演者权和广播组织权的客体。表演者权的客体是指具体的表演活动，包括每一次的表演活动。从罗马公约的角度来说，表演活动仅仅是指对于文学艺术作品的表演，而不包括其他表演。广播组织权的客体是广播节目，即广播组织编排并由广播组织发射的节目，如公众可以接受的声音、声音和图像的结合等。

录音制品制作者权的客体是录音制品，是对于表演的声音和其他声音的录制。值得注意的是，这里所说的是对于表演的声音的录制，就把录制者权的客体限制在了"录音制品"上，而不包括"录像制品"。而且，对于声音的录制，不仅包括对于表演声音的录制，而且包括对于其他声音的录制。这样，录音制品制作者所传播的，就可能不限于文学艺术作品，还包括了其他的声音，如鸟鸣、大风、海浪和都市喧嚣的声音等等。

关于邻接权的限制。根据公约的规定，他人可以在某些特定情况下不经权利人的许可而使用相关的受保护客体，并且不必支付报酬。这些特定情况是：私人使用；在时事报道中少量使用；广播组织为了广播的方便而暂时将受保护的客体固定；为了教学和科学研究的目的而使用。

关于电影作品的表演者。根据罗马公约第 19 条，公约虽然规定了表演者的权利，但如果表演者同意将自己的表演固定在电影作品或者视听作品之中，则不再适用公约第 7 条规定的表演者权。从这个规定可以看出，罗马公约将表演者权严格限定在了录音制品上。如果表演者同意以拍摄电影的方法固定自己的表演活动，就应当与制片人签订合同，由此而形成的作品就是电影作品或者视听作品。显然，无论是电影作品还是视听作品，都是著作权保护的客体，而非邻接权保护的客体。与此相应，罗马公约中只有录音制品的概念，而没有录像制品的概念。

由于邻接权是作品传播者所享有的权利，明确界定著作权与邻接权的关系，就是罗马公约一个重要任务。所以公约第 1 条明确规定，本公约给予表演活动、录音制品和广播节目的保护，将不更动也不影响有关文学艺术作品之著作权的保护。本公约的任何条款不得作出妨碍已有之著作权的解释。

二　录音制品公约

由于罗马公约是一个非开放性的公约，只有伯尔尼公约和《世界版权公约》的成员国才可以加入，因而大大限制了公约的参加国。在相当长的一段时间里，罗马公约的成员国并不很多。然而，对于表演活动、录音制品和广播节目的保护又是一个世界性的问题，应当有更多的国家加入到提供保护的行列中来。在罗马公约缔结后的一段时间里，对于录音制品提供更有效保护的要求日益高涨。这是因为，与表演活动和广播节目相比，录音制品更容易被他人非法复制和发行。同时，由于绝大多数对于文学艺术作品的表演都是固定在录音制品之中，所以对于录音制品的有效保护，又与表演活动的有效保护密切相关。

1971 年，在世界知识产权组织的主持下，世界各国在日内瓦缔结

了《保护录音制品制作者防止未经授权而复制其录音制品公约》，简称
"录音制品公约"。由于该公约缔结于日内瓦，又称"日内瓦公约"。公
约从起草到通过只用了一年多的时间，与许多国际公约的起草常常历时
数年甚至几十年形成鲜明对比。这也表明，缔结这样一个公约是非常紧
迫的。截止到2005年3月，录音制品公约共有73个成员国。中国于
1992年4月加入录音制品公约。

（一）录音制品公约的特点

与罗马公约相比，录音制品公约有三个突出的特点。第一个特点，
正如公约的名称所显示的那样，只涉及录音制品的保护，而不涉及表演
活动和广播节目。当然，由于表演活动大多固定在录音制品中，所以对
于录音制品的保护又在事实上保护着相关的表演活动。此外，录音制品
公约所说的录音制品，在范围上也大于对于表演声音的录制。根据规
定，录音制品是指听觉可感知的，将表演的声音和其他声音固定下来的
制品。这样，将其他声音，如鸟鸣、风声、海浪声或都市的喧嚣声录制
下来，也属于录音制品。当然，根据这个规定，录音制品不包括对于图
像的录制。

第二个特点是保护手段的多样化。根据规定，对于录音制品的保
护，可以通过授予版权或其他权利的方式予以保护，也可以通过制止不
正当竞争的方式，甚至通过刑事制裁的方式予以保护。这与罗马公约以
邻接权的方式来保护录音制品有很大的不同。在这方面，录音制品公约
是从录音制品的角度来对成员国提出要求的，而不是从赋予权利的角度
来对成员国提出要求的。成员国可以像美国那样采取版权保护的方式，
也可以像法国、德国那样采取邻接权的保护方式，甚至可以采取反不正
当竞争法和刑法的保护方式。在这里，问题的关键是保护录音制品，而
不在于采取了什么方式。

第三个特点是公约的开放性。这与第二个特点密切相关，即只要按
照公约的要求，以某种或某几种方式对录音制品提供了保护，就可以加
入公约，而不必局限于伯尔尼公约和《世界版权公约》的成员国。根
据公约第9条的规定，任何联合国的成员国，联合国专门机构的成员
国，国际原子能机构的成员国，以及参加国际法院规约的国家，都可以
加入罗马公约。这样，不仅那些用版权方式保护录音制品的国家（如美
国），或者用邻接权方式保护录音制品的国家，如法国、德国，可以加
入公约，而且那些用其他方式，如反不正当竞争法或刑法保护录音制品
的国家，也可以加入公约。

（二）国民待遇原则

与伯尔尼公约和罗马公约一样，录音制品公约也规定了国民待遇。不过，在具体的适用条件上又有所不同。根据规定，录音制品制作者可以在两种情况下享有国民待遇。按照公约第 2 条，具有某一成员国国籍的录音制品制作者，在其他成员国应当获得相应的保护。又据公约第 7 条第 4 款，如果某一成员国在 1971 年 10 月 29 日（公约缔结之日）以前，以录音制品的首次固定地作为提供保护的依据，可以声明该国将继续采用首次固定地的标准，而不采用录制者国籍的标准。显然，根据第 2 条和第 7 条第 4 款的规定，在国民待遇原则的适用上，成员国只能选定一个标准，或者是录制者的国籍标准，或者是录音制品的首次固定地标准，但不应同时采用两个标准。

（三）应当制止的行为

录音制品公约从保护录制者的角度，要求成员国禁止以下三种情况：禁止他人未经录音制品制作者许可而复制其录音制品；禁止他人进口未经许可而复制的录音制品；禁止他人发行未经许可而复制的录音制品。

正如前面论述录音制品的保护方式时所说的那样，公约是从保护录音制品的角度来要求成员国保护制作者，其具体方式可以是赋予权利的方式，也可以是制裁的方式。所以，从赋予版权或邻接权的角度来说，上述三种加以制止的情况，就可以看作是录音制品制作者享有的三项权利，即他们有权制止他人未经许可的行为。但如果从刑事制裁的角度来看，则不一定是录音制品制作者所享有的权利。

又据公约第 4 条的规定，对于录音制品的保护，最低不得少于 20 年，自相关录音制品首次录制或者首次发行之年的年底起算。这与罗公约的规定相同。

（四）其他规定

除了上述重要内容，录音制品公约还有一些内容值得简要说明。

关于获得保护的手续。根据公约，录音制品的保护属于非自动保护，应当加注录音制品标记。标记由三个部分构成，即英文字母 p 外加一个圆圈，录音制品的首次发行年份，录制者或其继承人、独占被许可人的姓名。如果录音制品的包装上已经显示了录制者或其继承人、独占被许可人，则可以省略上述第三项。这与罗马公约的规定大体相同。

关于追溯力。根据公约第 7 条第 3 款，任何成员国对于加入公约之前已经录制的录音制品，没有保护的义务，而不论这些录音制品是在何处录制的。但由于美国等国在双边的条约中，总是要求他国追溯保护其录音制品，这一规定的实际意义不是很大。

由于录音制品公约制订以前，已经有伯尔尼公约、世界版权公约和罗马公约存在，因而处理录音制品公约与其他公约的关系，包括录音制品保护与其他权利保护的关系，就是一个非常重要的问题。对此，公约第7条第1款规定，本公约所提供的保护，不得以任何方式限制或者损害作者、表演者、录音制品制作者和广播组织依据各国国内法和其他公约所受到的保护。这样，作者、表演者、录音制品制作者和广播组织依据各国法律或其他国际条约所享有的著作权、邻接权，都不会因为公约对于录音制品所提供的保护而受到损害。在此基础上，公约第7条第2款还专门规定了表演者与录音制品保护的关系，即各成员国有权依据国内法规定，参与录音制品制作的表演者，可以在什么样的范围内获得保护，以及获得此种保护的条件是什么。

问题与思考

伯尔尼公约的"国民待遇原则"并非一项绝对的原则。根据规定，在以下三种情况下，成员国之间适用互惠原则，而非国民待遇原则。这可以叫做国民待遇原则的三个例外。

第一个例外是作品保护期上的例外。这见于伯尔尼公约的第7条。假如作品来源国的版权保护期较短，而其他成员国的版权保护期较长，则适用来源国的较短的保护期。例如，中国目前的著作权保护期是作者的有生之年加50年，而在欧盟国家和美国，保护期是作者的有生之年加70年，则来源于中国的作品在欧盟国家和美国所受到的保护是作者的有生之年加50年，而非这些国家提供给本国国民的有生之年加70年。当然，来源于这些国家的作品，在中国的保护期也是作者的有生之年加50年。这种保护期上的例外，实际上是一种互惠的规定。

规定版权保护期上的例外，有其历史的原因。原来，伯尔尼公约的早期文本没有版权保护期的规定。这样，版权保护期的长短，就由各成员国的立法加以规定，长短不尽相同。而在保护期上适用互惠原则，就有助于促使那些保护期较短的成员国向保护期较长的成员国靠拢。当然，当公约的1948年布鲁塞尔文本规定了最低保护期限（作者的有生之年加50年）之后，保护期上的互惠规定，仍然有利于鼓励各成员国提供更长的保护期。

第二个例外是实用艺术品保护上的例外。这见于公约的第 2 条第 7 款。工业品的外观设计与实用艺术品的艺术方面，具有相通之处。对于外观设计的保护，包括实用品的艺术方面的保护，世界各国并没有统一的标准。有的国家用专利权（外观设计）的方式，有的国家用版权（实用艺术品）的方式，有的国家既有专利权的保护，又有版权的保护。还有的国家则采取专门立法的方式，既具有专利权的特征，又具有版权的特征。因此，伯尔尼公约只是要求各成员国保护外观设计和实用艺术品，而没有要求具体采取何种方式。

根据公约，以什么样的方式保护外观设计和实用艺术品，以及保护的条件是什么，可以由各成员国自行决定。但如果某一个国家采用工业品外观设计的方式保护此类客体，则来源于该国的此类客体，在其他成员国也只能作为外观设计获得保护。即使其他成员国既保护外观设计，又保护实用艺术品，此类客体也不能获得实用艺术品的保护。例如，中国专利法保护外观设计，但 1991 年著作权法不保护实用艺术品。所以，来源于中国的此类客体，在伯尔尼公约的其他成员国也只能获得外观设计的保护，而不能获得实用艺术品的保护。当然，按照 1992 年 10 月生效的《实施国际著作权条约的规定》，外国人的实用艺术品可以获得著作权法的保护，则来源于中国的实用艺术品也应当在其他成员国获得保护。按照 2001 年修订的著作权法，无论是中国人还是外国人的实用艺术品均可以获得保护，则来源于中国的实用艺术品也可以在其他成员国获得保护。

第三个例外是加入公约时在追溯保护上的例外。这见于公约第 18 条。一个国家在加入伯尔尼公约之前，如果与其他的公约成员国没有双边的或多边的保护协议，则来源于其他成员国的作品在该国处于公有领域中，而来源于该国的作品在其他成员国也处于公有领域中。因此，当这个国家加入伯尔尼公约后，就应当对来源于其他国家的作品提供保护，只要有关的作品尚没有在来源国和该国超过保护期。同样，来源于该国的作品，只要没有超过保护期限，也应该在其他成员国获得保护。但这样一来，就会影响一些人的利益。例如，某一出版者依据某些作品处于公有领域之中，对之加以利用。但在本国加入了公约后，该出版者就要支出相当的使用费。对于某些国家来说，这可能是一个不小的支出。因而，伯尔尼公约允许相关国家在追溯保护上自行达成协议，或者以其他的法律加以规定。但如果某一国家在追溯保护上作了限制性的规定，甚至不提供追溯保护，则来源于该国的作品，在其他的成员国也将受到同等的限制，或者不享有追溯保护。也就是说，在追溯保护的问题上，公约所适用的是互惠原则，而非国民待遇原则。

复习题

1. 伯尔尼公约的三大原则是什么？
2. 什么是世界版权公约？
3. 什么是罗马公约？什么是录音制品公约？

阅读书目

郑成思：《知识产权论》（第三版），法律出版社，2003。

唐广良、董炳和：《知识产权的国际保护》，知识产权出版社，2002。

Paul Geller, Myers Nimmer: International Copyright Law and Practice, Matthew Bender, 2002.

第三十一章 与贸易有关的
知识产权协议

要点提示

　　本章讨论了世界贸易组织"与贸易有关的知识产权协议"的主要内容，如国民待遇原则与最惠国待遇原则，协议与巴黎公约、伯尔尼公约和罗马公约的关系。

　　本章还介绍了协议中的知识产权执法和争端解决机制，并由此而论证了知识产权保护与国际贸易的挂钩。

　　由于本编的第一章已经介绍了世界贸易组织成立和"与贸易有关的知识产权协议"缔结的背景，这里只涉及协议本身的内容。为了叙述的方便，下面将简称协议或知识产权协议。

　　知识产权协议共有 7 个部分，73 个条文，内容非常广泛。协议的 7 个部分的标题分别是：总条款与基本原则；知识产权的效力、范围和利用的标准；知识产权执法；知识产权的获得与维持及相关程序；争端的防止和解决；过渡安排；机构安排和最后条款。而且，协议所涉及的知识产权也非常广泛，包括了版权和相关权、商标、地理标志、外观设计、专利、集成电路布图设计和未披露过的信息。下面将讨论协议中的一些重要内容，如国民待遇原则、最惠国待遇原则，协议与巴黎公约的关系，协议与伯尔尼公约和罗马公约的关系，知识产权执法和争端解决机制。

第一节 国民待遇与最惠国待遇

一 国民待遇原则

国民待遇原则，不仅是在此之前已经缔结的巴黎公约、伯尔尼公约等知识产权国际公约的一个基本原则，而且也是知识产权协议的一个基本原则。在这方面，协议承认巴黎公约、伯尔尼公约、罗马公约和集成电路知识产权条约所规定的国民待遇，以及这几个公约在国民待遇原则上的例外。协议还特别指出，就国民待遇的享有来说，本协议所说的巴黎公约是指公约的 1967 年文本，伯尔尼公约是指公约的 1971 年文本。

在此基础之上，知识产权协议进一步规定，除了上述四个公约所规定的国民待遇的例外，各成员在知识产权保护上，对于其他成员之国民所提供的保护，不得低于本国国民。当然，就表演者、录音制品制作者和广播组织来说，各成员提供国民待遇的义务，仅适用于本协议所规定的权利。

知识产权协议在规定国民待遇原则的同时，也规定了这项原则的例外。这就是在司法与行政程序方面，包括司法管辖范围内的送达地址的确定或代理人的指定，可以不适用国民待遇的原则。当然，这种例外必须是为了执行相关法律法规的需要，而且相关的法律法规也没有与本协议的规定相冲突，从而不会造成对于贸易的限制。

值得注意的是，知识产权协议所说的"国民"，与其他国际公约所说的"国民"有所不同。在巴黎公约、伯尔尼公约等知识产权公约的情况下，可以参加公约的都是主权国家。因此，享有国民待遇的"国民"，也都是主权国家的国民。而在世界贸易组织和知识产权协议的情况下，参加者不仅包括主权国家，还包括一个国家内的独立的关税区，如中国的香港、澳门和台湾。这样，享有国民待遇的就不仅包括主权国家的国民，还包括独立关税区内的居民。正如协议第 1 条的注释所说，本协议所说的"国民"，在世界贸易组织的成员是"独立关税区"的情况下，系指居住于该区内的自然人或法人。所以，在世界贸易组织和知识产权协议的背景下，香港、澳门和台湾居民在中国大陆都会享有"国民待遇"。当然大陆居民在香港、澳门和台湾，也会享有同等的待遇。

二　最惠国待遇原则

最惠国待遇原则，是其他领域的国际条约所经常规定的一项原则。其基本含义是，一个国家根据双边或多边协议给予另一个或另一些国家的贸易优惠条件，也应当给予该国的其他贸易伙伴。例如，中美 1992 年知识产权保护谅解备忘录签订后，中美两国在知识产权保护上相互给予了一些优惠。后来，欧共体、日本、瑞士等国依据最惠国待遇的原则，要求中国给予同等的优惠。而中国政府也本着最惠国待遇的原则，分别与这些国家签订了给予同等保护的协议。

最惠国待遇虽然是一项非常重要的原则，但此前缔结的巴黎公约、伯尔尼公约等知识产权公约，却从来没有规定过。只是到了知识产权协议，才第一次在国际公约中规定了最惠国待遇原则。根据协议的第 4 条，在知识产权保护方面，某一缔约方给予其他国家国民的任何利益、优惠、特权或者豁免，都应当立即无条件地给予其他所有成员的国民。一般认为，这是知识产权国际公约的一个重要发展。

关于最惠国待遇原则的重要性，可以与国民待遇原则作一个比较。按照知识产权协议的国民待遇原则，在知识产权保护方面，一个国家给予其他国家国民的保护，不得低于本国国民所享有的保护。也就是说，在知识产权的保护方面，公约的成员国不得歧视外国人。而按照知识产权协议的最惠国待遇，一个成员给予另一个成员或另几个成员的优惠条件，必须无条件地给予其他成员。或者说，一个成员在对待其他成员方面，不得优惠某一个或某几个成员，而歧视另一些成员。所以，国民待遇原则是防止某一成员歧视外国人而优待本国人，最惠国待遇则是防止某一成员国优惠某一个或某几个成员国，而歧视其他成员国。

按照最惠国待遇原则，假如美国与日本之间在知识产权保护上作了特殊的优惠安排，则相关的好处或利益，不仅美日两国的国民可以享有，其他世界贸易组织成员的国民也可以立即享有。这样，知识产权协议所规定的最惠国待遇，就在事实上加强了知识产权的国际保护，有利于提高知识产权保护的水平。

当然，与所有的国际公约一样，协议在规定最惠国待遇的时候，也规定了这一原则的一些例外。共有以下四种情形：

成员之间，由一般性质的司法协助或者法律实施协议所产生的利益、优惠、特权或者豁免，而且相关的协议并非专门适用于知识产权保护，可以作为例外；

成员根据伯尔尼公约和罗马公约所允许的国民待遇的例外，相互给予的互惠待遇，可以作为例外；

对于表演者、录音制品制作者和广播组织而言，在本协议规定的权利之外，成员之间相互给予的利益、优惠、特权或者豁免，可以作为例外；

世界贸易组织成立以前已经生效的知识产权国际条约中产生的利益、优惠、特权或者豁免，可以作为例外，但应当向知识产权协议理事会通告该国际条约，并不得对其他成员国的国民构成任意的和不公平的歧视。

第二节　与巴黎公约的关系

知识产权协议与巴黎公约的关系，可以叫做"巴黎公约加知识产权协议"。大体说来，在工业产权的实体性保护标准方面，知识产权协议先是认可了巴黎公约中有关工业产权保护的标准，然后又在此基础之上增加了一些新的要求。这样，在工业产权的保护方面，知识产权协议就提出了一个高于巴黎公约的保护标准。

先来看对于巴黎公约中有关工业产权保护标准的认可。知识产权协议第9条要求，就本协议第二、第三和第四部分而言，世界贸易组织的全体成员都应该遵守巴黎公约1967年文本第1条至第12条，以及第19条的规定。其中，"本协议第二、第三和第四部分"是指知识产权协议的第二部分"知识产权的效力、范围及利用的标准"，第三部分"知识产权执法"，第四部分"知识产权的获得与维持及有关当事人之间的程序"。其中的"巴黎公约1967年文本"是指公约的斯德哥尔摩文本，第1条至第12条都是关于工业产权保护的实体性标准。将以上这两点结合起来，其含义就是，在工业产权的获得、维持、利用和执法方面，世界贸易组织成员首先应当符合巴黎公约有关工业产权保护的实体性标准，如有关专利权、商标权、外观设计、制止不正当竞争的权利等等。

值得注意的是，知识产权协议还提到了巴黎公约的第19条。巴黎公约第19条规定，成员国在遵守本公约的前提下，可以缔结保护工业产权的专门条约。事实上，巴黎公约的一系列子公约，如专利合作条约、马德里协定、尼斯协定等等，都属于保护工业产权的专门条约。知识产权协议提到巴黎公约的第19条，表明也承认这些专门条约的效力。

以上是对于巴黎公约中有关工业产权保护标准的认可。在此基础上，知识产权协议从专利、商标、地理标志、外观设计、集成电路布图设计、商业秘密的角度，就工业产权的保护提出了一些新的要求。下面分别介绍。

一　关于专利权的要求

在专利权的保护方面，知识产权协议主要规定了可以获得专利权的客体、权利的内容和保护期限、方法专利侵权的举证责任倒置。

（一）可获专利权的客体

协议第27条规定，一切技术领域中的发明，无论是有关产品的发明，还是有关方法的发明，只要具有新颖性、创造性和实用性，都应当有可能获得专利权。这样，协议就从最广泛的意义上规定了可以获得专利权的客体。在此之前有关药品、化学品、食品等等是否可以获得专利权的争论，也由此划上了句号。

当然，知识产权协议在上述规定的基础上，又对可以获得专利权的客体做出了一些限制。例如，为了维护公共秩序或社会公德，包括保护人类、动物和植物的生命、健康，或者为了避免对于环境的严重破坏，可以将某些发明排除在可获专利权的客体之外。又如，诊治人类或动物疾病的诊断方法、治疗方法及外科手术方法，也可以排除在可获专利权的客体之外。在此之外，除了微生物之外的动植物，以及生产动植物的主要是生物的方法，生产动植物的非生物方法及微生物方法，也可以排除在可获专利权的客体之外。

不过，对于上述排除客体中的植物新品种，协议又要求予以保护。当然，这种保护可以是专利制度的，也可以是专门制度的，还可以是二者组合的制度。究竟采取何种方式加以保护，由各成员国加以选择。正是基于这样的规定，中国于1997年制定了《植物新品种保护条例》，采取了专门制度的保护方式。

（二）专利权的内容及保护期

关于专利权的内容，协议就产品专利权和方法专利权分别做了规定。就产品专利权来说，专利权人可以制止第三人未经其许可而制造、使用、许诺销售、销售专利产品，以及为上述目的而进口该产品。或者说，专利权人就其产品发明享有制造、使用、许诺销售、销售和进口的权利。就方法专利权来说，专利权人可以制止第三人未经其许可而使用该方法，以及使用、许诺销售、销售和进口直接用该方法获得的产品。或者说，专利权人就其方法发明享有使用权，并且对于使用该方法直接获得的产品享有使用、许诺销售、销售和进口的权利。根据协议，专利权的保护期限至少为自申请之日起算的20年。

除了专利权，专利权人还可以采用转让或者许可的方式，处置自己就产品发明或者方法发明所享有的专利权。这叫做处置专利权的权利。

（三）方法专利侵权的举证责任倒置

协议规定，在侵犯方法专利权的情况下，如果专利权的内容涉及直接用该方法所获得的产品，司法当局可以责令被控侵权人举证，证明自己产品的生产方法与原告的专利方法不同。在下列情况下，如果没有相反的证明，就应该视为有关的产品是使用专利方法所获得：如果使用该专利方法而获得的产品为新产品；如果相同的产品很有可能是使用原告的专利方法所生产的，而专利权人经过合理努力也未能确定被告实际使用的方法。

除了上述三个方面的内容，协议还对专利权的保护规定了一些其他的内容，包括专利权的例外，强制许可的条件，专利申请人的义务，撤销决定与无效决定的司法复审。例如，成员可以规定专利权的有限例外，只要该例外不与专利权的正常利用相冲突，也没有不合理地损害专利权所有人的合法利益。又如，成员可以要求申请人在申请案中清楚而完整地披露其发明，以及指明在申请日或者优先权日发明人所知的最佳实施方案。再如，对于撤销或者宣告专利权无效的决定，当事人应当有获得司法审查的机会。

应该说，知识产权协议在专利权保护方面的规定，对发达国家是非常有利的。一位美国教授曾指出，至少有四个方面反映了发达国家的意愿：扩大了专利保护领域；统一了发明专利权的 20 年保护期；确认了进口权；在确定侵权时，承认了方法专利延伸到直接使用该方法所获得的产品的原则。①

二 关于商标权的要求

对于商标权的保护，协议在巴黎公约的基础上，主要规定了商标的注册要件和驰名商标的保护。

（一）商标的注册要件

协议首先规定了商标的注册要件。根据规定，商标是能够将一个企业的商品或服务与其他企业的商品或服务区别开来的标记或标记的组合。商标可以由文字、字母、数字、图形、颜色组合构成，也可以由上述各种要素的组合构成。即使有的标记原来不能指示商品或服务的来源，如果经过使用而获得了可识别性，也可以作为商标注册。在商标的构成要素方面，成员可以规定只有视觉可以感知的标记才可以注册为商标。这样，协议就排除了声音商标和气味商标。

根据协议，成员可以将"使用"作为商标注册的要件。这里的使用有两层含义。一是申请注册的商标可以是已经使用的商标，也可以是打算使用的商标。但是，成员不得将商标的实际使用作为申请注册的条

---

① 参见郑成思《世界贸易组织与贸易有关的知识产权》，中国人民大学出版社，1996，第 13 页。

件。二是自申请注册之日起满 3 年而没有使用，可以驳回注册申请。但在 3 年之内，不得因为没有使用而驳回注册申请。

协议还规定，在有关的商标获准注册之前或者获准注册之后，成员应当予以公告，以便他人请求撤销该注册商标，或者对已经注册之商标提出异议。

商标的首次注册的保护期和以后的各次续展注册的保护期，都不得少于 7 年。而且，商标的续展注册不受限制，可以无限进行下去。

(二) 关于驰名商标的保护

关于驰名商标的保护，已经见于巴黎公约。而知识产权协议又提出了更高的保护要求，这主要集中在协议的第 16 条第 2 款和第 3 款。例如，有关驰名商标的规定，不仅适用于商品商标，也适用于服务商标。又如，与驰名商标相同或者相似的商标，不仅不得使用于同类或者类似的商品或服务之上，而且不得使用于不相类似的商品或服务之上，从而扩大了驰名商标的保护范围。再如，认定某一商标是否为驰名商标时，应当考虑该商标为相关领域的公众所知晓的程度，包括在成员国内由于商标宣传而获得的知名度。

以上是协议有关商标注册的要件和驰名商标的规定。除此之外，协议还规定了一些其他的内容。例如，商标所有人享有专有权利，防止他人未经其许可而在商业中将相同或者近似的标记，使用在同类或者类似商品或服务上，从而造成混淆的可能。又如，成员可以规定商标权的例外，尤其是对商标中的说明性词汇进行合理使用。只要这种合理使用没有损害商标所有人及第三方的合法利益。再如，成员可以确定商标转让或许可的条件，但是不得规定商标的强制许可。

三　关于地理标志和外观设计的要求

(一) 关于地理标志的要求

地理标志又称原产地标记，是表示某产品来源于某成员地域内，或来源于该地域中的某一地区或地方的标志，而且该商品的特定质量、信誉或者其他特征主要与该地理来源相关联。

地理标志的特点是该地域之内的同一产品的生产者或提供者都可以使用该标志，而该地域之外的同类产品的生产者或提供者则不得使用该标志，否则就会造成商品来源上的混淆。所以，协议要求各成员做出法律规定，制止以下行为：以任何方式在商品的名称或描述中使用某一地理标志，以至于明示或暗示该商品来源于某个特定的地域，但事实上并非如此,从而造成社会公众在商品来源上的混淆;以巴黎公约所规定的不正当竞争的方式使用地理标志。

在地理标志的保护方面,协议还对烈性酒和葡萄酒的地理标志作了补充规定。根据规定,就烈性酒和葡萄酒来说,在制止虚假的地理标志方面,即使有关的生产者或提供者表示出了有关产品的真实产地,或者以翻译的方式使用有关的地理标志,或者以附加某某"类"、"式"、"风格"的方式使用有关的地理标志,也应当予以禁止。就烈性酒和葡萄酒来说,如果有关的商标是由地理标志构成,或者含有地理标志,也应该按上述有关规定处理。

(二) 关于外观设计的要求

巴黎公约有关工业品外观设计的规定非常简单,只是要求各成员国加以保护,但并没有规定受保护的条件和要求,也没有规定外观设计所有人应当获得的权利。这样,以何种方式保护外观设计,外观设计所有人应当获得何种权利,就留给了成员国自行决定。而知识产权协议则对外观设计的保护做出了较为具体的规定。这主要是在外观设计保护的条件方面。

根据协议,对于独立创作的,具有新颖性或者原创性的工业品外观设计,成员国应当予以保护。这样,受到保护的外观设计就必须符合两个条件:一是作者独立创作的;二是具有新颖性或者原创性。其中的新颖性或原创性,是指某一外观设计与已知的外观设计相比,或者与已知外观设计的组合特征相比,具有明显的区别。

在外观设计的保护方面,协议还特别排除了对于技术要素的保护。根据规定,成员国可以规定,对于外观设计的保护,不得延及于主要由技术因素或功能因素所构成的设计。这样,如果某一外观设计主要是由技术要素或功能性要素构成的,就不能作为外观设计而受到保护。

根据协议,受保护的外观设计的所有人享有专有权利,制止他人未经许可而为商业性的目的制造、销售、进口含有该外观设计的复制品。或者说,外观设计所有人享有制造、销售和进口的权利。外观设计所有人所享有的权利期限,应当不少于 10 年。而且,成员可以规定外观设计保护方面的例外,只要这种例外考虑了第三方的利益,没有与外观设计的正常使用相冲突,也没有不合理地损害外观设计所有人的合法利益。

当然,与巴黎公约一样,知识产权协议也没有规定成员应当采取何种方式保护外观设计,只是一般性地规定成员可以选择工业品外观设计法或者版权法履行自己的义务。这样，以何种方式保护外观设计，仍然留给了各成员自行决定。

四 关于商业秘密的要求

知识产权协议具体规定了对于未公开信息的保护。事实上，协议所说的未公开信息，就是我们通常所说的商业秘密。为了叙述的方便，这里直接使用商业秘密的术语，而非未公开信息的术语。

应该说，协议将商业秘密纳入知识产权的范围，具有非常重要的意义。因为在此之前，世界各国对于商业秘密是否属于知识产权，还存在很大的争论。而协议的规定，则不仅在国际公约中将商业秘密纳入了知识产权的范围，而且也为商业秘密是否属于知识产权的争论画上了句号。

根据协议，商业秘密应当符合以下三个条件：有关的信息属于秘密。或者说，该信息作为整体，或者作为各个构成部分的整体组合，不为相关领域中的人员所普遍了解或者轻易获得；有关的信息因为属于秘密而具有一定的商业价值；合法控制该信息的所有人采取了合理的保密措施。

协议规定，商业秘密的所有人有权防止他人未经许可，以违背诚实信用的商业行为的方式，披露、获得和使用相关的信息。

除此之外，协议还特别规定，商业秘密包括市场主体向政府机构或者政府的代理机构提交的某些数据。在许多国家，要求当事人向主管当局提交未公开过的实验数据或者其他数据，以此决定是否批准采用了新化学成分的医药或农用化学产品的上市。如果此类数据的最初获得付出了相当的劳动，则应当予以保护，以防止他人不公正的商业性利用。同时，除非出于保护社会公众的需要，或者已经采取了措施保证相关的数据不会被他人不公正地利用，不得泄漏相关的数据。

值得注意的是，知识产权协议对于商业秘密的规定，是从巴黎公约关于不正当竞争的意义上做出的。或者说，对于商业秘密的保护，是从制止不正当竞争的角度予以规定的。所以从这个意义上说，对商业秘密的保护属于反不正当竞争法的范畴。

第三节 与伯尔尼公约和罗马公约的关系

一 与伯尔尼公约的关系

知识产权协议与伯尔尼公约的关系，可以叫做"伯尔尼公约加知识产权协议"。其具体含义是说，知识产权协议先是认可了伯尔尼公约中有关版权保护的实体性内容，然后又增加了一些新的内容。这样，在版权保护方面，知识产权协议就提出了一个高于伯尔尼公约的保护标准。

先来看对伯尔尼公约中有关版权保护实体性内容的认可。根据协议第9条，世界贸易组织的全体成员，都应当遵守伯尔尼公约1971年文本第1条至第21条及其附录。其中的第1条至第21条，是有关版权保护的实体性条款，如版权保护的基本原则，版权保护的客体，版权保护的最低要求，等等。附录是有关发展中国家的优惠，如强制许可、翻译权。显然，通过这样一种要求，知识产权协议就把伯尔尼公约的实体性内容纳入了自己的范围，要求全体成员必须一体遵守。①

当然，协议在把伯尔尼公约的实体性条款纳入自身范围的同时，还排除了对于作者精神权利的保护。根据协议第9条，成员可以将伯尔尼公约第6条之2规定的权利排除在外，不承担保护的义务。而伯尔尼公约第6条之2所规定的正是作者享有的精神权利，如署名和保护作品完整权。关于这一点，可以从知识产权协议的题目得到解释。因为，协议是与贸易有关的知识产权协议，而作者的精神权利与贸易，尤其是国际贸易的关系不大，所以可以排除在协议的范围之外。

再来看协议在伯尔尼公约实体性条款的基础上所增加的内容。

一是进一步明确了版权保护的客体。伯尔尼公约第2条提到公约保护文学、艺术和科学作品，并具体列举了一些受到保护的作品种类。知识产权协议则从思想观念与表述的角度，定义了版权保护的客体，即版权保护应当延及表述，而不延及思想、工艺、操作方法或数学概念之类。当然，将这个定义纳入协议之中，也反映了美国对于协议制定的影响。因为，这个定义直接来自于美国版权法中有关版权客体的规定。

二是规定了计算机软件的版权保护。1971年伯尔尼公约的巴黎文本形成之时，保护计算机软件的问题尚没有摆在国际社会的面前。然而从八十年代开始，版权逐步成为计算机软件保护的主要方式，并在国际上推广开来。正是基于这样的事实，知识产权协议第10条规定，计算机程序，无论是源代码还是目标代码，都应当作为伯尔尼公约所说的文字作品予以保护。显然，这是对于伯尔尼公约的扩大解释。

---

① 为了加入世界贸易组织，中国在2001年修订了著作权法。在修订法律的过程中，有人提出，我们只要遵守"与贸易有关的知识产权协议"就可以了，不必遵守或考虑伯尔尼公约的规定。显然，这是不了解知识产权协议与伯尔尼公约的关系。

与计算机软件相关，协议还提到了数据汇编的保护。在计算机技术产生以前，著作权法或版权法也有对于汇编作品的保护。然而，在计算机技术产生之后，如何保护数据汇编，尤其是机器可读的数据汇编，就成了一个突出的问题。从这个意义上说，数据汇编可以有两种保护方式，一种是版权保护方式，一种是特别权利的保护方式。在这个问题上，知识产权协议只要求各成员国对数据汇编提供版权保护。协议第10条规定，数据或其他材料的汇编，无论是机器可读的还是其他形式的，只要其内容的选择和编排具有原创性，就应当获得保护。但是，这种保护不延及数据或材料本身，而且也不影响数据或材料已经具有的版权。

三是规定了计算机软件和电影作品的出租权。这种出租权，既涉及作品的原件，也涉及作品的复制件。当然，在计算机程序本身不是出租的主要标的的情况下，可以成为例外。值得注意的是，协议总共规定了三种出租权。除了这里的计算机软件和电影作品的出租权以外，还包括下面的录音制品的出租权。

四是将伯尔尼公约的"三步法"泛化，而不仅仅限于复制权。伯尔尼公约虽然规定了合理使用的"三步法"，但仅限于复制权。而知识产权协议则将其扩展到了其他的权利内容。根据协议第13条的规定，对于版权的限制或例外，应当局限于一定的特例，应当不与作品的正常利用相冲突，也没有不合理地损害权利人的合法利益。

除了上述四点之外，协议还特别强调了版权的保护期。伯尔尼公约是从作者的有生之年加50年的角度来规定版权的保护期的，当然在此基础上又就电影作品、实用艺术品和摄影作品等，作了特殊的规定。这是大陆法系注重作者创作作品，注重作者权利的必然结果。然而，知识产权协议在规定版权保护期的时候，则是在承认上述规定的基础上，也承认了以作品的出版或者完成来计算版权保护期。根据协议第12条，除了摄影作品和实用艺术品，如果作品的保护期不是根据自然人的有生之年加以计算，则保护期不得少于出版后的50年，或者完成后的50年。但完成后50年内没有出版的，则50年的保护期满后不再受到保护。显然，这是考虑到某些国家，尤其是那些注重作品利用的英美法系国家，是以作品的出版或者完成来计算保护期。

二　与罗马公约的关系

知识产权协议与罗马公约的关系，简单说是协议提供了低于罗马公约的保护。如果说在与伯尔尼公约的关系上，协议是在伯尔尼公约的基础上"增加"了一些内容的话，那么在与罗马公约的关系上，则是在罗马公约的基础上"减少"了一些内容。或者说，知识产权协议并没有将罗马公约纳入自己的范围，而是提到了罗马公约中的某些内容。这些内容主要有：

表演者的权利。根据协议第 14 条，表演者有权许可或制止下列行为：对尚未固定的表演加以固定；将已经固定的内容加以复制；以无线方式广播其现场表演，以及向公众传播其现场表演。值得注意的是，知识产权协议不保护表演者的精神权利，也没有提及罗马公约中对于表演者形象的保护。这是协议的保护标准低于罗马公约的一个方面。

关于录音制品制作者的权利。录音制品制作者有权许可或禁止：对其制品进行直接或间接复制。此外，录音制品制作者还享有出租权，许可或者禁止他人出租自己的录音制品。

关于广播组织的权利。广播组织有权许可或禁止：将其广播以无线方式重播；将其广播固定；将已经固定的内容复制；向公众传播其电视节目。不过，协议又规定，成员可以不提供对于广播组织的上述保护。但是在此种情况下，对广播内容享有版权的人，应当有权利制止上述行为。

关于邻接权的保护期。应该说，在表演和录音制品的保护期方面，协议提供了高于罗马公约的保护。根据规定，表演者和录音制品制作者享有 50 年的保护期，自有关表演的固定或表演发生之年计算。而罗马公约的保护期为不低于 20 年。不过，在广播组织权的保护期方面，协议与罗马公约相同，即有关广播播出之年计算的 20 年。

第四节　知识产权执法与争端解决机制

一　知识产权执法

在知识产权协议产生之前，有关知识产权保护的最重要的国际公约是伯尔尼公约和巴黎公约，以及两个公约的子公约。两个公约虽然确立了知识产权国际性保护的一些基本原则，如国民待遇原则、版权的自动保护原则、版权独立原则、专利和商标的优先权原则，以及专利权和商标权的独立原则等，但是，两个公约都没有规定有效的实施机制，即当侵权发生或即将发生时，权利人可以通过何种途径来保护自己的权利，以及获得何种形式的法律救济。

根据巴黎公约和伯尔尼公约的精神，知识产权的执法和相关的措施，都是留待成员国自己解决的问题。然而，由于各成员国国内法的差距很大，执法的措施也不尽一致，所以对于知识产权的保护带来了一定的不利影响。正是针对伯尔尼公约和巴黎公约缺乏实施机制的规定，知识产权协议制定了一个专门的关于"知识产权执法"的部分。

协议首先在知识产权执法的"总义务"中规定，世界贸易组织的成员应当依照其国内法律，有效执行协议中关于执法程序的规定，采取有效措施制止任何侵犯知识产权的行为，包括及时防止侵权的救济和阻止进一步侵权的救济。接着，协议详细规定了实施知识产权的民事救济、行政救济、刑事救济和边境措施。其中的边境措施，主要是规定海关的执法措施，如对于侵犯他人知识产权的货物的扣押、放行，以及相关的担保等等。

知识产权协议中对于行政程序的规定，实际上是对这样一个事实的认可，即有些国家在传统上注重行政机关对于知识产权的管理，以及行政机关对于侵权的查处。在这一点上，可以说协议的主旨是保护知识产权，而不在于采取的是民事的还是行政的措施。当然，即使是在承认行政方式的同时，协议仍然强调，有关的行政程序应当基本符合民事程序的原则，最后所采取的救济措施也主要是民事救济措施。

二 争端解决机制

巴黎公约和伯尔尼公约等知识产权保护公约，不仅没有规定关于知识产权的实施机制，也没有规定"有效"的争端解决程序。或者说，这两个公约虽然规定了争端解决机制，但却难以"有效"地解决有关的争端。

根据巴黎公约第 28 条和伯尔尼公约第 37 条，两个或两个以上的成员国，如果对公约的解释或适用有争议，可以通过协商解决。如果不能协商解决，也没有其他的途径加以解决，则可以根据国际法院的规约提交国际法院解决。这样，成员国之间解决争端，就可以有三个途径，即协商、诉诸国际法院和其他途径。其中，只有国际法院的裁定具有一定的强制性。然而，两个公约又都规定，任何国家在加入巴黎公约或伯尔尼公约时，可以声明不受上述规定的约束。这样，只要有关的国家在加入巴黎公约或伯尔尼公约时做出了声明，与该国相关的争端就不受国际法院的管辖。事实上，即使是在国际法院做出了相关裁定之后，如果败诉方拒不执行，也没有太多的强制措施。基于以上的原因，就巴黎公约和伯尔尼公约来说，尚没有发生过将争端提交国际法院裁决的事例。至于协商或其他途径，也难以在实质上解决成员国之间的争端。

正是鉴于巴黎公约和伯尔尼公约在争端解决机制上的不足，知识产权协议专门制定了一个关于"争端的防止与解决"的部分。根据规定，当成员之间就本协议的执行发生争端时，应当按照世界贸易组织《关于争端解决规则与程序的谅解》进行协商和解决。

在世界贸易组织的一揽子协议中，《关于争端解决规则和程序的谅解》是一个非常重要的协议，为成员解决各种贸易争端，包括知识产权保护上的争端提供了一整套程序。例如，如果成员之间就知识产权协议的解释和适用发生了争端，首先应当通过磋商解决。如果磋商不能解决问题，就可以启动正式的争端解决程序，将有关问题提交给争端解决小组。对于争端解决小组做出的裁定，如果一方或双方当事人不服，还可以向上诉机构提起上诉。根据规定，上诉机构做出的裁定为终局裁定，败诉方必须执行。正是在这里，《关于争端解决规则与程序的谅解》还特意规定了执行有关裁定的监督程序。根据规定，对于已经生效的争端解决小组的裁定，或是上诉机构的裁定，败诉方必须执行。如果败诉方不执行或没有完全执行有关的裁定，争端解决机构可以授权胜诉方采取不同程度的贸易制裁措施，直到败诉方完全执行世界贸易组织的有关协议。当然，无论是争端解决机构的裁定，还是对于裁定执行的监督，最终的目的都是让有关成员回到知识产权协议的轨道上来，避免对于贸易或知识产权保护的扭曲。

这样，知识产权协议就通过争端解决机制，将知识产权的保护与国际贸易挂钩，使得知识产权的国际保护带有了某种贸易上的强制性。

〔 **问题与思考** 〕

在关贸总协定的乌拉圭回合谈判中，经过以美国为首的发达国家的坚持和努力，将知识产权保护问题纳入谈判，并最终形成了"与贸易有关的知识产权协议"。大体说来，"知识产权协议"是发达国家与发展中国家在国际贸易的框架之内所达成的一个交易（deal）。一方面，发展中国家全面接受协议所确立的知识产权保护规则，对发达国家所关注的知识产权给予高水平的保护。这有利于维持发达国家在国际贸易中的优势地位。另一方面，发达国家也向发展中国家和最不发达国家做出一系列让步，包括市场准入、关税优惠等等。而且，在执行"知识产权协议"上，发展中国家还享有自世界贸易组织成立之日起的 5 年的过渡期，最不发达国家则享有 11 年的过渡期。这样，就世界贸易组织的总体协议来说，在某种程度上考虑了发达国家与发展中国家的不同利益要求，达成了一种字面上的平衡。

如果说世界贸易组织的总体协议尚在某种程度上考虑了发达国家与发展中国家的利益平衡，那么就"知识产权协议"本身来说，则是一边倒向了发达国家的利益。例如，将计算机软件作为文字作品予以保护，明确计算机软件、电影作品和录音制品的出租权，强化对于驰名商标的保护，把药品和农业化学物质纳入专利保护的范围，以及将商业秘密纳入知识产权的范围等等，都在很大程度上反映了发达国家在国际贸易中的利益。而在另一方面，对于发展中国家普遍关心，并且对发展中国家有利的民间文学的保护，在"知识产权协议"中则没有丝毫的提及。这样，发展中国家和最不发达国家接受"知识产权协议"的结果，只能是更多地保护发达国家的而不是自己的知识产权。

"知识产权协议"一边倒向发达国家的利益，引起了发展中国家的关注和不满。自 1996 年开始，发展中国家就在世界贸易组织的框架内，就知识产权的保护提出了一系列与自身利益密切相关的问题，如公共健康与药品的专利保护问题，白酒和葡萄酒以外的地理标志的保护问题，以及生物多样性保护与植物新品种保护的关系等等。除此之外，发展中国家还在世界知识产权组织的框架内继续推动对于民间文学和传统知识保护的讨论，在《生物多样性公约》的框架内推动对于生物多样性保护的讨论，以及在世界卫生组织和其他国际组织的框架内推动对于公共健康与知识产权保护关系的讨论。

正是由于发展中国家对一系列有关知识产权议题讨论的推动，以及发展中国家对自己在知识产权方面利益的积极争取，"知识产权协议"一边倒向发达国家的状况终于发生了一些变化。2001 年 11 月 9 日至 14 日，世界贸易组织第四次部长会议在卡塔尔首都多哈举行，决定了一系列重要事项，如接纳中国为世界贸易组织的第 143 个成员，启动新一轮的多边贸易谈判，等等。会议所通过的《部长宣言》列举了一系列新一轮多边贸易谈判的议题，以及各理事会应当优先考虑的问题。其中有三个问题（第 17 条—第 19 条）与"知识产权协议"有关，即知识产权与公共健康，地理标志的保护，以及 TRIPS 协议与《生物多样性公约》、传统知识和民间文学保护的关系。毫无疑问，这三个问题与发展中国家和最不发达国家的利益密切相关。至此，"知识产权协议"一边倒向发达国家的状况有了某种程度的改变。应该说，这是广大发展中国家取得的一个重要胜利。

┌─────┐
│ 复习题 │
└─────┘

1. 如何理解"知识产权协议"中的国民待遇和最惠国待遇？
2. "知识产权协议"与巴黎公约的关系是什么？
3. "知识产权协议"与伯尔尼公约的关系是什么？
4. 如何理解"知识产权协议"规定的执法措施？
5. 如何理解"知识产权协议"规定的争端解决机制？

┌──────┐
│ 阅读书目 │
└──────┘

郑成思：《知识产权论》（第三版），法律出版社，2003。

郑成思著《世界贸易组织与贸易有关的知识产权》，中国人民大学出版社，1996。

唐广良、董炳和：《知识产权的国际保护》，知识产权出版社，2002。

Paul Geller, Myers Nimmer: International Copyright Law and Practice, Matthew Bender, 2002.

第三十二章 《版权条约》与《表演和录音制品条约》

要点提示

　　本章讨论了世界知识产权组织的《版权条约》与《表演和录音制品条约》，包括两个条约与伯尔尼公约、罗马公约和知识产权协议的关系。

　　本章着重讨论了两个条约中有关网络环境中的版权保护和邻接权保护的规定。

第一节　两个条约的制定

　　在版权和邻接权的保护方面，伯尔尼公约的最近一个文本形成于 1971 年，罗马公约缔结于 1961 年。然而自那时以来，作品的传播技术发生了深刻的变化。尤其是数字化技术和网络技术的产生与发展，对已有的版权制度提出了一系列新的挑战。为了应对技术发展对版权制度的挑战，世界知识产权组织自 1990 年以来连续召开专家会议，讨论相关的问题。在一开始，准备制定伯尔尼公约的议定书，对相关问题作出规定。但在后来，专家委员会建议缔结新的条约，解决版权保护和邻接权保护中所面临的新问题。在 1996 年 12 月召开的世界知识产权组织外交会议上，专家委员会提交了三个条约草案，即关于版权保护的条约草案、关于表演和录音制品保护的条约草案，以及关于数据库保护的条约草案。外交会议经过讨论，于 1996 年 12 月 20 日通过了《世界知识产权组织版权条约》和《世界知识产权组织表演和录音制品条约》。至于专家委员会所提交的数据库保护的条约草案，由于各国代表意见不一，则没有讨论。

值得注意的是，在世界知识产权组织的版权条约和邻接权条约通过以前，世界贸易组织的知识产权协议，已经对新技术带来的挑战做出了某种回应。例如，知识产权协议规定了计算机软件作为文字作品受到保护，规定了对于具有独创性的数据库给予必要的版权保护，等等。正是这些规定，再加上知识产权协议中其他有关版权保护的内容，形成了版权保护方面的"伯尔尼公约加知识产权协议"的局面。

在应对新技术所提出的挑战方面，新制定的版权条约和邻接权条约，又在知识产权协议的基础上向前迈进了一大步。先来看版权条约与知识产权协议的关系。版权条约除了将知识产权协议中的一些内容纳入自己的范围以外，如计算机软件、构成作品的数据库等，还规定了其他方面的一系列内容，如作者享有发行权、向公众传播权，以及对于技术措施和权利管理信息的保护。这样，在版权保护方面就出现了"伯尔尼公约加知识产权协议再加版权条约"的局面。

再来看表演和录音制品条约与知识产权协议的关系。在邻接权的保护方面，知识产权协议只是提到了罗马公约中的主要内容，所以提供了低于罗马公约的保护水平。而世界知识产权组织的表演和录音制品条约，则在知识产权协议的基础上，规定了一系列新的内容。例如，表演者和录制者的发行权、出租权和向公众提供其表演或录音制品的权利，以及对于技术措施和权利管理信息的保护。这样，在邻接权的保护方面，就出现了"罗马公约加表演和录音制品条约"或者"知识产权协议加表演和录音制品条约"的局面。

《版权条约》、《表演和录音制品条约》缔结于 1996 年 12 月。根据两个条约的规定，只有在 30 个国家加入或批准之后，条约才会生效。其中的版权条约已经于 2002 年 3 月 6 日生效，截止到 2005 年 3 月共有 51 个成员国。其中的表演和录音制品条约，也已经于 2002 年 5 月 20 日生效，截止到 2005 年 3 月共有 49 个成员国。中国虽然参加了 1996 年缔结两个条约的外交会议，但至今仍然没有加入这两个条约。

在两个条约制定的过程中，国际媒体曾将它们称之为"网络条约"（internet treaties），因为两个条约主要是应对网络环境中的版权保护和邻接权保护而制定的。应该说，两个条约在这方面的内容大体相同。然而，除此之外，两个条约还分别就版权保护、表演和录音制品保护做出了一些新的规定。这些规定与网络环境并不具有直接的联系。基于这种状况，下面先讨论网络环境中的版权与邻接权保护，然后分别讨论与版权、表演和录音制品相关的其他内容。

第二节　网络环境中的版权与邻接权保护

作品在网络环境下的传播，首先碰到的一个问题就是复制。或者说，只有将作品复制之后，才能够在网络中传播。这种复制，往往是采用数字化的方式。早在制定两个条约的过程中，人们已经达成共识，将作品数字化，只构成复制，并不产生新的作品。

然而，复制作品，包括上载复制品或者下载复制品，都难以反映作品在网络环境中的动态传播。正是由此出发，版权条约规定，作者就作品在网络上的传播享有一项"向公众传播权"。根据条约第8条，在不损害伯尔尼公约所规定的传播权的前提下，"文学和艺术作品的作者应享有专有权，以授权将其作品以有线和无线方式向公众传播，包括将其作品向公众提供，使公众中的成员在其个人选定的地点和时间可以获得这些作品。"在表演和录音制品条约中，就表演和录音制品在网络环境中的传播也有大体相同的规定。不过在那里，表演者和录音制品制作者所享有的权利，叫做"向公众提供权"。在中国2001年10月修订的著作权法中，就上述权利所使用的术语略有不同，叫做"信息网络传播权"。但其含义与两个条约中的"向公众传播权"和"向公众提供权"相同。

值得注意的是，表演和录音制品条约并没有提到广播节目或者广播组织权。这与知识产权协议并不要求成员一定保护广播组织权是一致的，也反映了一些英美法系国家没有广播组织权这一概念的现实。当然，在注重作者权进而注重邻接权的大陆法系国家，仍然注重了广播组织权在网络环境中的保护。例如欧盟于2001年6月发布的《关于协调信息社会的版权和有关权若干方面指令》，就不仅规定了网络环境中的版权保护、表演和录音制品保护，而且规定了广播组织权的保护。

两个条约除了赋予作者以"向公众传播权"，赋予表演者和录音制品制作者以"向公众提供权"，还就网络环境中的版权和邻接权保护做出了两点重要的规定。

一是对技术措施的保护。在版权制度产生以前，作品一旦创作出来，就处于公有领域之中。而在著作权制度产生以后，作品一旦创作出来，就可以获得版权的保护。这是法律就作品所设定的权利。到了数字化和网络的环境中，对于作品的保护，仅仅适用版权就显得不够了。为了有效地保护自己的作品和与之相关的权利，版权所有人可能设定一些技术措施，如设置密码，设置限制他人访问的措施，限制他人复制的措施等等。这是对于版权保护的补充。然而，技术在不断发展，版权所有人所设定的技术措施又可能被他人所规避或破解，从而造成权利人的损失。所以必须对这类保护作品的技术措施加以保护。这样，就有了两个条约中对于技术措施的保护。《版权条约》第 11 条规定："缔约各方应规定适当的法律保护和有效的法律救济，制止对作者为行使本条约或伯尔尼公约所规定各项权利而使用的，就其作品限制未经作者授权或法律许可的行为的技术措施加以规避。"《表演和录音制品条约》第 18 条也有类似规定。

二是保护权利管理信息。权利管理信息是指可以表明作品名称、作者和权利人身份的信息，该作品授权他人使用的条件和要求等，以及代表上述信息的代码和数字。在网络环境下，权利管理信息有促使作品传播和促使他人使用作品的作用，起着一种授权书的作用。然而，在网络环境中，数字化的或以电子信息出现的权利管理信息又很容易被他人删除或篡改。因而，为了保障授权或许可的可靠性，保护权利人的合法权益，必须保护权利管理信息，禁止他人未经许可而删除或修改有关的权利管理信息。《版权条约》第 12 条规定："缔约各方应规定适当和有效的法律救济办法，制止任何人明知、或就民事救济而言有合理根据知道其行为会诱使、促成、便利或包庇对本条约或《伯尔尼公约》所涵盖的任何权利的侵犯而故意从事以下行为：（1）未经许可除去或改变任何权利管理的电子信息；（2）未经许可传播、为传播而进口、广播、或向公众传播明知已被未经许可除去或改变权利管理电子信息的作品或作品的复制品。"《表演和录音制品条约》第 19 条就表演和录音制品也做出了相同的规定。

以上就是网络环境中关于作品、表演、录音制品保护的三个主要内容，即权利（向公众传播权、向公众提供权），技术措施的保护，权利管理信息的保护。

第三节　版权条约中的其他规定

版权条约中的其他规定，主要反映在以下三个方面。

一是吸收了知识产权协议中的某些内容。知识产权协议曾经在伯尔尼公约的基础上，就版权保护增加了一些新的内容。版权条约则吸纳了知识产权协议中的这些内容。例如，版权保护的范围。条约第 2 条规定，版权保护延及表述，而不延及思想、过程、操作方法和数学方法本身。又如，将计算机软件作为文字作品予以保护，数据汇编只要构成作品就可以获得版权保护。再如，计算机软件、电影作品和录音作品的权利人，享有出租作权。此外，版权条约也像知识产权协议一样，将伯尔尼公约关于限制复制权的"三步法"泛化，使之适用于所有的权利内容。

二是规定了发行权和摄影作品的保护期。先来看发行权。伯尔尼公约第14条虽然规定了电影作品的发行权，但没有就其他作品种类规定发行权。当然在传统的条件下，也可以认为发行权已经隐含在了复制权之中。不过，随着传播技术的日益发展，以及作品或其复制品的越来越广泛的传播，就出现了单独规定发行权的必要性。除此之外，知识产权协议和版权条约已经规定了电影作品、计算机软件和录音制品的出租权，因而也有必要对不同于出租权的发行权作出规定。所以版权条约第6条规定，文学艺术作品的作者享有专有权，授权通过出售或者其他转让所有权的方式，向公众提供作品的原件或者复制件。根据这个规定，发行只涉及转让所有权的行为，而不涉及不转移所有权的行为，如出租和出借等等。同时，发行的对象是作品的原件和复制件，并且是发生了有形物或者作品载体的转让。这样，作品在互联网络上的传播，就不属于发行的范围。

再来看摄影作品的保护期。按照伯尔尼公约的规定，一般作品的保护期为作者的有生之年加死后50年，而摄影作品的保护期由各成员国确定，但不得少于作品完成后的25年。版权条约则明确规定，各成员国不得适用伯尔尼公约关于25年保护期的规定。这就意味着，摄影作品的保护期应当与一般作品的保护期相同，为作者的有生之年加50年。

三是规定了与伯尔尼公约和知识产权协议的关系。在理解版权条约关于网络环境中的版权保护和其他内容的时候，要注意它与伯尔尼公约的关系。根据条约第1条的规定，版权条约是伯尔尼公约之下的一个条约，缔约方可以在不违反伯尔尼公约的条件下，授予作者以更多的权利。同时，版权条约中的任何规定，不得减损缔约方依据伯尔尼公约所承担的义务。这样，版权条约就是在伯尔尼公约的基础上，规定了网络环境中的版权保护，吸纳了知识产权协议中的某些内容，规定了作者的发行权和摄影作品的保护期，等等。所以，对于版权条约的规定，必须在伯尔尼公约的基础上加以理解，其公式应当是"伯尔尼公约加版权条约"。

此外，从条约吸纳知识产权协议的相关内容来看，条约与知识产权协议和其他版权协议没有任何关系。这就是条约第 1 条所规定的，本条约不得与伯尔尼公约以外的条约有任何关联，并且不得减损其他条约所规定的权利和义务。

第四节　表演和录音制品条约中的其他规定

理解表演和录音制品条约，应当先理解它与罗马公约、知识产权协议和伯尔尼公约的关系。条约第 1 条规定了与其他公约的关系。根据第 3 款的规定，表演和录音制品条约是一个独立的条约，与其他任何条约，如罗马公约、知识产权协议和伯尔尼公约，没有任何关联。在此基础上，本条约不减损缔约方依据罗马公约所承担的义务，本条约对于表演和录音制品的保护，也不影响文学艺术作品已经享有的版权。显然，根据上述规定，表演和录音制品条约是一个独立的关于邻接权的条约，它的内容与罗马公约没有任何关联，也与知识产权协议中关于邻接权的规定没有任何关联。这与前述的版权条约与伯尔尼公约的关系截然不同。

同时，在对于表演和录音制品的保护上，条约不仅规定了一些罗马公约中已有的内容，而且规定了一些不见于罗马公约的内容。或者说，条约在表演和录音制品的保护方面，提供了高于罗马公约或知识产权协议的标准。这就是我们前面所说的，对于表演和录音制品的保护，应当是"罗马公约加表演和录音制品条约"或者"知识产权协议加表演和录音制品条约"。

由于条约既提供了高于罗马公约的保护标准，又与罗马公约没有任何关系，所以至少是在表演者权和录音制品制作者权的保护方面，罗马公约所起的作用就越来越小了。例如在《表演和录音制品条约》已经生效的情况下，像中国这样尚没有加入罗马公约的国家，完全可以加入这个条约，而不必再去加入罗马公约。当然，中国一旦加入了《表演和录音制品条约》，也就在事实上遵守了罗马公约。

下面分别叙述条约中有关表演者权和录音制品制作者权的保护。

（一）表演者的权利

关于表演者的权利，《表演和录音制品条约》是从精神权利和经济权利两个方面加以规定的。先来看精神权利。

根据条约的规定，表演者就其表演活动，首先享有两项精神权利，即表明其身份的权利和维护其表演活动完整性的权利。关于前者，表演者就其现场表演和已经录制的表演，有权要求承认其为表演者，除非使用表演的方式决定，可以省略不提及他为表演者。关于后者，表演者就其现场表演和已经录制的表演，有权反对对其表演进行有损其声誉的歪曲、篡改或者其他修改。

再来看表演者的经济权利。在这方面，条约进一步从两个方面，尚未录制的表演和已经录制的表演，做出了规定。

对于尚未录制的表演，表演者享有两项权利。一是广播或者向公众传播其尚未录制的表演，除非该表演已经广播；二是录制其尚未录制的表演。

对于已经录制的表演，表演者享有以下四项权利。一是复制权，就已经录制在录音制品中的表演，授权他人以任何方式直接或间接加以复制。

二是发行权，就已经录制在录音制品中的表演，授权通过销售或其他所有权转让的方式，向公众提供该录音制品的原件或者复制件。

三是出租权，就已经录制在录音制品中的表演，授权他人将该录音制品的原件或复制件进行商业性的出租。出租权不受发行权的限制，即使该录音制品的原件或者复制件已经由表演者授权发行，表演者仍对该录音制品的原件或者复制件享有出租权。

四是向公众提供已录制表演的权利，即授权通过有线或无线的方式，向公众提供已经录制的表演，使公众中的个人在自己选定的地点和时间获得。

（二）录音制品制作者权

根据条约的规定，录音制品制作者享有以下四项经济权利。

复制权，授权他人以任何方式直接或间接复制其录音制品。

发行权，授权通过销售或其他所有权转让的方式，向公众提供其录音制品的原件或者复制件。

出租权，授权他人对其录音制品的原件和复制件向公众进行商业性出租，即使该原件或者复制件已经由录音制品制作者发行，或者根据录音制品制作者的授权而发行。

向公众提供权，授权通过有线或者无线的方式向公众提供其录音制品，使公众中的任何个人可以在自己选定的地点和时间获得。

（三）关于表演者和录音制品制作者的共同规定

除了以上由表演者、录音制品制作者分别享有的权利，条约还就表演者和录音制品制作者共同的一些问题作了规定。

一是因广播和向公众传输而获得报酬的权利。根据条约第 15 条第 1 款的规定，对于商业性发行的录音制品，如果直接或者间接用于广播或用于向公众传播，表演者和录音制品制作者应享有获得一次性合理报酬的权利。缔约方可以在国内法中规定，该一次性合理报酬，可以由表演者或录音制品制作者向用户索取，或者由二者共同向用户索取。根据第 2 款，此项费用的分配，应当由表演者和录音制品制作者达成协议。如果二者不能达成协议，缔约方则应制定立法，就如何分配该一次性报酬的条件作出规定。

值得注意的是，这项权利不是对于缔约方的最低要求。根据规定，任何成员国在批准或加入条约时，都可以向世界知识产权组织总干事递交通知书，声明仅将第 1 款适用于某些使用，或者将以某种方式限定第 1 款的适用，或者声明根本不适用第 1 款的规定。当然，依据《表演和录音制品条约》第 4 条（关于国民待遇的规定），如果某一成员国对第 15 条第 1 款的适用做了保留，其他成员国在该国进行保留的程度上，对该国国民的表演和录音制品不适用国民待遇。也就是说，在表演者就其表演、录音制品制作者就其制作的录音制品享有的因广播和向公众传播并获得一次性报酬的权利上，各成员国所适用的是互惠待遇，而非国民待遇。如果某一成员国在此问题上做出了保留，其他成员国也在相应的程度上对该国国民的表演和录音制品不适用国民待遇。①

二是规定了表演者权、录音制品制作者权的限制与例外。根据规定，缔约方可以在表演者权和录音制品制作者权的保护方面，规定与版权相同的限制或例外。具体说来，缔约方应当规定，对于本条约所规定的权利的限制和例外，仅限于某些特殊情形，而且没有与录音制品的正常使用相冲突，也没有不合理地损害表演者或录音制品制作者的合法利益。显然，这是将伯尔尼公约的"三步法"，适用于表演者权和录音制品制作者权的限制或例外。

三是规定了表演者权和录音制品制作者权的保护期限。根据条约第 17 条，表演者权的保护期至少为 50 年，自有关的表演录制之年起算。录音制品制作者权的保护期限至少为 50 年，自有关的录音制品发行之年起算。但如果有关的录音制品录制后没有发行，则至少 50 年的保护

---

① 到目前为止，智利和美国已经在加入条约时，递交了限制这项权利的声明。详见李明德《面临两个条约的选择》，《中国版权》2003 年第 5 期。

期，自录音制品录制完成之年起算。

有关表演和录音制品的共同规定，除了上述三项以外，还有关于技术措施的义务和关于权利管理信息的义务。

问题与思考

1996 年 12 月制定的"网络条约"，针对互联网络对于版权保护的挑战，规定了作者和邻接权人所享有的权利，以及对于技术措施和权利管理信息的保护。至少在当时，人们普遍认为只要在版权法中规定了上述三个内容，就可以满足网络环境中版权保护的需要。

不过，作品传播技术的进一步发展，并未有因为条约的制定而停止。作品传播技术的发展，继续对网络环境中的版权保护提出了新的挑战。例如，美国和其他一些国家的司法实践都表明，网络环境中版权保护的重点，已经集中在了网络服务提供者的责任问题上。事实上，有关网络服务提供者责任的判例，对于版权所有人，尤其是对于音乐作品和电影作品的版权所有人来说，具有更为重要的意义。

网络环境中的版权侵权有一个特点，就是直接的侵权者为数众多，权利人难以追究所有侵权者的责任。例如，权利人有可能追究一个或几个侵权人的责任，但不可能锁定所有的侵权者，也不可能对所有的侵权者提起侵权诉讼。这在音乐作品和电影作品被"自由"下载的情况下，尤为明显。所以，权利人为了维护自己的利益，必须寻求另外的途径。与上述侵权者为数众多的特点相对应，网络环境中的版权侵权还有另外一个特点，这就是几乎所有的侵权资料都存在于各种各样的网络服务器之中，都是通过网络而在侵权者之间进行传输。如果能从网络传输的角度切断侵权资料传输的途径，权利人就能够有效地遏制侵权，而直接的侵权人也难以上载或者下载侵权的资料。这样一来，追究网络服务提供者的侵权责任，就成了权利人的必然选择。

例如，在美国 2001 年的"Napster"一案中，被告经营网站并提供软件，让使用者以 P2P 的方式交换音乐作品。由于使用者交换的基本上是侵权音乐作品，因而极大地损害了版权人的利益。在本案的审理中，法院认定被告网站侵权。因为，从协助侵权的角度来看，被告知道使用者在使用自己的网站进行侵权活动，仍然协助使用者实现了侵权；从替代责任的角度来看，被告有能力控制直接侵权者的行为，并且从直接侵权者的行为中获得了经济利益。这样，被告网站构成了协助侵权和替代侵权，因而被关闭。①

又如，2005 年 6 月由美国最高法院判决的"Grokster"一案中，被告向 P2P 的使用者提供电影和音乐等作品的下载软件，被判定为协助侵权。根据法院的判决，如果有人提供了便于他人侵犯版权的设施或产品，并且知道他人会利用该设施或产品从事侵权活动，那么提供者应当承担侵权责任。在这种情况下，即使该设施或产品既具有侵权的用途，又具有非侵权的用途，提供者也不能免除其责任。②

由此看来，传播技术发展到今天，为了有效地保护版权和邻接权，追究第三人的侵权责任，已经成了版权法不容回避的问题。如果类似于 Napster 一类的网站统统被关闭，类似于 Grokster 一类的软件提供者统统被追究责任，网络环境中的版权和邻接权保护就会发生明显的改善。

复习题

1. 《版权条约》与伯尔尼公约的关系是什么？
2. 《表演和录音制品条约》与罗马公约的关系是什么？
3. 网络环境中的版权和邻接权保护主要有哪些规定？

阅读书目

郑成思：《知识产权论》（第三版），法律出版社，2003。
唐广良、董炳和：《知识产权的国际保护》，知识产权出版社，2002。
世界知识产权组织：《版权条约》，《表演和录音制品条约》，1996。
Paul Geller, Myers Nimmer：International Copyright Law and Practice, Matthew Bender, 2002.

---

① A&M Recordings v. Napster, Inc. , 239 F. 3rd 1004 (9th Cir. 2001).
② MGM Studious v. Grokster, ltd, US Supreme Court, 2005 (www. findlaw. com)

复习题解答提示

第一编第一章

1. 什么是人类的智力活动成果?

人类的智力活动成果是人的大脑与客观物质相互作用的产物,表现为信息。而且,只有当这种智力活动成果或者信息体现在一定的有形物之上,才有可能成为知识产权保护的对象。所谓知识产权,就是在这类智力活动成果或者信息之上所设定的权利。而且,能够获得知识产权保护的,仅仅是人类智力活动成果中的一小部分。

2. 如何理解知识产权制度的鼓励机制说?

在漫长的人类历史中,人的智力活动成果并没有受到法律的保护。到了近代,国家通过立法对于某些智力活动成果赋予财产权,提供了知识产权的保护。其中,选择哪些智力活动成果,给予何种条件或者程度的保护,都反映了国家促进社会经济发展的意志。或者说,国家通过知识产权保护,鼓励人们从事某些种类的智力成果的创造。

第一编第二章

1. 什么是知识产权? 知识产权包括哪些内容?

知识产权是指人们就某些智力活动成果所享有的权利。其中的某些智力活动成果,主要是指作品、技术发明、工业品外观设计、商业秘密和各种商业标记。其中的权利,主要是指财产权利,但也包括诸如作者就其作品所享有的精神权利。

知识产权主要包括著作权与邻接权、专利权、商标权和制止不正当竞争的权利,以及集成电路布图设计权、植物新品种权,等等。市场主体就商业秘密所享有的权利,属于制止不正当竞争的权利。

2. 如何理解"知识产权是私权"？

知识产权是一种民事权利。知识产权的产生和流转，发生侵权时的法律救济，都适用民法的一般规定。知识产权是私权，还意味着社会的公共权力应当尽可能少地介入其中。

3. 为什么说知识产权是一种无形财产权？

知识产权是一种无形财产权利，不同于人们就有形财产所享有的权利。知识产权的"无形"特征，取决于它所保护的智力活动成果的特征。人的智力活动成果是无形的，表现为某种信息，而非有形的物质。或者说，受到保护的智力活动成果，如作品、技术发明、商业标记，是无形的财产。知识产权的"无形"特征，决定了知识产权的保护不同于有形财产权的保护。

4. 为什么思想观念不受知识产权法的保护？

思想观念包括概念、公式、名词术语、客观事实、科学发现和科学原理等等。思想观念一旦创造出来，就应该属于全社会共有，成为人人可以自由利用的东西。如果让思想观念的创造者享有专有权，就会阻碍文学艺术和科学技术的发展，从而有悖于知识产权保护的宗旨。知识产权法虽然不保护思想观念，但对于思想观念的表达和依据思想观念所做出的技术发明，却是予以保护的。

第二编第一章

1. 什么是著作权？著作权法由哪些部分构成？

著作权是指文学、艺术和科学作品的创作者对其所创作的作品享有的权利。其中的作品，是指具有独创性的各种形式的创作成果，如小说、诗歌、散文、戏剧、绘画等等。其中的权利，包括作者的精神权利和经济权利。

著作权法由五个部分构成，即关于实体著作权的规定，关于邻接权的规定，关于著作权合同的规定，关于著作权集体管理的规定，以及关于著作权实施的规定。

2. 为什么说著作权与技术发展密切相关？

著作权制度是科学技术的产物。造纸术和印刷术促成了著作权制度的产生。自著作权制度产生后，它依然是随着科学技术的发展而不断发展变化。著作权制度应对科学技术挑战的发展，主要是在两个方面。一是随着科学技术的发展，产生了一些新的受保护客体；一是随着科学技术的发展，产生了一些新的对于作品的利用方式。此外，著作权体系中的邻接权制度的产生和发展，也与新的利用作品的方式密切相关。

3. 著作权与版权是否有区别？

著作权和版权，是两个含义略有不同的术语。在英文中，著作权是author's right，版权是 copyright。从字面上讲，前者强调的是作者（author）的权利，如作者的精神权利和财产权利。而后者强调的是利用作品（copy，复制）的权利，既包括作者对于作品的利用，也包出版者一类的投资者对于作品的利用。这两个概念反映了英美法系和大陆法系在关于作品保护上的不同。

第二编第二章

1. 什么是思想观念？什么是思想观念的表述？

思想观念是指概念、术语、原则、客观事实、创意、发现等等。表述则是指对于上述思想观念的各种形式或方式的表达，如文字的、音符的、数字的、线条的、色彩的、造型的、形体动作的表述或传达等等。由表述所形成的就是著作权法保护的作品。

2. 什么是作品？什么是作品的独创性？

作品是指人们对于某种思想观念的表述。作品的独创性，又称作品的原创性，是指作者在创作作品的过程中投入了某种智力性的劳动，创作出来的作品具有最低限度的创造性。独创性是作品获得著作权保护的必要条件。

3. 如何理解实用艺术品的艺术方面？

实用艺术品是指具有实用性的艺术作品，如艺术台灯、艺术烟斗、艺术器皿、带有艺术图案的地毯或挂毯等等。著作权法只保护实用品的艺术方面，而不保护实用品的实用方面。而且，实用品的艺术方面只有在构成了作品时，才能够获得著作权法的保护。

4. 哪些作品不受中国著作权法的保护？

中国著作权法规定了四种不受保护的作品，即依法禁止出版传播的作品，立法、行政和司法性质的文件，时事新闻，历法、通用数表、通用表格、公式。

第二编第三章

1. 如何理解作者的精神权利？作者的精神权利有哪些？

精神权利是指作者就作品中所体现的人格或精神所享有的权利。强调"作者"的精神权利，是强调作为"自然人"的作者创作了作品，作品是作者人格或精神的延伸。与此相应，有关这种人格或精神的权利，也只能由作者本人享有。这样，法人或者非法人组织享有精神权利的说法就是错误的。

作者的精神权利包括发表权、署名权、保护作品完整权和收回作品权。其中的署名权和保护作品完整权是作者精神权利的核心内容。中国著作权法规定的"修改权"相当于半个"收回作品权"。

2. 什么是著作权中的经济权利？经济权利有哪三大类？

著作权中的经济权利，又称财产权利，是指作者或其他著作权人所享有的利用作品并获得经济利益的权利。经济权利的内容十分广泛，涉及复制、发行、出租、演绎、表演、广播、展览等等。大体可以说，经济权利的内容，以人们利用作品的方式而定。有多少种对于作品的利用方式，著作权人就享有多少种经济权利。

著作权中的经济权利可以划分为三大类，即复制权、演绎权、传播权（或称表演权）。中国著作权法规定的 12 种经济权利，大体可以纳入这三大类之中。

3. 如何理解权利限制在著作权法体系中的地位？

著作权的限制，是指著作权法规定的对于著作权的各种限制和例外。规定著作权的限制，是为了平衡作品的创作者与社会公众之间的利益。如何规定权利的限制，权利的限制有哪些具体的内容，既涉及作者的利益，又涉及社会公众的利益，是著作权法中的一个核心问题。各个国家的著作权法在平衡这种利益关系时，都会考虑本国的社会经济发展状况，考虑本国的历史文化传统，以及相关的国际公约和国际惯例。

4. 什么是合理使用的"三步检验法"？

合理使用是指，他人依据法律的有关规定而使用享有著作权的作品，不必征得著作权人的同意，也不需要向著作权人支付报酬，但是应当尊重作者的精神权利。合理使用的三步检验法是，有关的使用是就具体的特殊情况而言，该特殊情况下的使用没有影响著作权人对于作品的正常使用，也没有不合理地损害著作权人的合法权益。"三步检验法"是法院判定某一使用是否为合理的指南。

第二编第四章

1. 依据中国著作权法，著作权的主体有哪些？

著作权的主体，又称著作权人，是指依法就作品享有著作权的个人或法人。著作权的主体，既包括原始的著作权人，也包括继受的著作权人。根据中国著作权法，著作权的主体包括作者、著作权的继受人和外国人等等。其中的继受人包括继承人和受让人。此外，在特殊的接受遗赠和无人继承的情况下，国家也可以成为著作权的主体。

2. 依据中国著作权法，职务作品的归属原则是什么？

职务作品是指公民为完成法人或其他组织的工作任务而创作的作品。根据中国著作权法，职务作品的著作权在一般情况下归创作作品的作者所有，但法人或者其他组织有权在其业务范围内优先使用。在职务作品完成的两年内，未经单位同意，作者不得许可第三人以与单位使用的相同方式使用该作品。又据规定，在一些特殊的职务作品，如工程设计图、产品设计图、地图、计算机软件等职务作品的情况下，创作作品的作者享有署名权，除此之外的其他权利由法人或者其他组织享有。

3. 如何理解作品原件的转移与著作权的归属？

就一件作品的原件来说，存在着两个权利。第一个权利是作者就有形的物，如手稿（纸张）、画稿（纸张或画布）等等所享有的权利。这是作者所享有的有形财产权。第二个权利是作者就作品原件上所体现的作品享有的著作权，这是作者所享有的无形财产权。与此相应，作品原件的转移，并不意味着作者就作品所享有的著作权的转移。

第二编第五章

1. 什么是著作权的转让？

著作权的转让是指，作者或其他权利人将自己所享有的著作权，以合同的方式永久性地转移给他人所有，并由此而获得一定的报酬。著作权的转让，可以是其中的一项或者两项权利的转让，也可以是著作权的全部转让。著作权的转让是所有权的转让，是著作权脱离作者或其他权利人而归属于他人所有。

2. 什么是著作权的许可？

著作权的许可是指，作者或其他权利人将自己所享有的著作权，在一定的期限内转移给他人使用，并由此而获得相应的报酬。著作权的许可，可以是一项或几项权利的许可，也可以是著作权的整体许可。

3. 如何理解著作权的集体管理？

著作权的集体管理，是指集体管理组织接受著作权人的委托，集中向作品的使用者许可自己管理的著作权，并将有关的收益分发给著作权人。著作权的集体管理，是著作权的集体授权，属于一种特殊的许可形式。

第二编第六章

1. 什么是邻接权？邻接权有哪些内容？

邻接权是指作品的传播者，就其传播作品的过程中付出的创造性劳动和投资所享有的权利。其中的作品的传播者，包括表演者、录音制品制作者、广播组织。在我国，作品的传播者还包括录像制品制作者和出版者。其中的创造性劳动和投资，是指在作品的传播过程中，传播者所付出的创造性劳动和投资，以及由此而获得的智力成果。

2. 什么是表演者权？

表演者权是表演者就其表演活动所享有的权利，是表演者许可或禁止他人利用自己表演活动的权利。其中的表演者是表演文学艺术作品的自然人，表演活动是指表演者对文学艺术作品的表演。表演者权的内容，包括表演者的精神权利和经济权利。

3. 什么是录制者权？

录制者权是指，录音录像制作者对其制作的录音录像制品所享有的权利。理解录制者权，应当注意录像制品与电影作品的区别。

4. 什么是广播组织权？

广播组织是指通过载有声音、图像的信号而传播节目的电台、电视台等组织。广播节目是指广播组织自己编排并播放的节目。广播组织权则是指广播组织就其编排制作的广播节目所享有的权利。在说到广播节目时，要注意将"广播节目"与广播节目中的作品、录音制品、录像制品区别开来。

第二编第七章

1. 著作权的侵权有哪些种类?

侵犯著作权有直接侵权、间接侵权、违约侵权和侵犯作者的精神权利。直接侵权是指他人未经著作权人的许可,以复制、发行、演绎、表演、展览等方式直接利用了有关的作品。间接侵权是指第三人虽然没有直接侵犯他人的著作权,但由于他协助了第二人的侵权,或者由于他与第二人之间存在着某种特殊的关系,应当由他承担一定的侵权责任。违约侵权是指被许可人因为违反合同而侵犯他人的著作权。侵犯作者的精神权利,是指侵犯了作者的发表权、署名权和保护作品完整权等。

2. 如何理解著作权侵权中的侵权行为发生地?

根据民事诉讼法,著作权人或邻接权人在发生侵权时,可以向被告所在地或者侵权行为发生地的人民法院提起诉讼。由于著作权是无形财产权,侵权行为地可以是很多地方。这种状况也适用于其他种类的知识产权,不同于有形财产权的侵权行为发生地。

3. 如何理解著作权侵权中的诉讼时效?

按照民法通则的规定,诉讼时效的期间为两年,自权利人知道或者应当知道自己的权利受到侵犯之日起计算。但在著作权侵权中,有关的侵权通常会是连续侵权。正确的时效期间的计算方式是把连续侵权中的每一个侵权行为分别视为一个起算点,只追究自起诉之日起往前推的2年之内的侵权行为,而不追究更远的侵权行为。这种计算方式也适用于其他种类知识产权的侵权,不同于有形财产权的侵权。

4. 诉前的临时措施有哪些?

根据著作权法第49条和50条的规定,著作权人和邻接权人可以在起诉之前采取一些临时性措施,以保障自己的权利。这些临时措施有诉前的责令停止侵权、诉前的财产保全和诉前的证据保全。

5. 侵犯著作权的民事责任有哪些?

根据中国著作权法,法院可以责令侵权人停止侵权、赔偿损失、赔礼道歉和消除影响、支付律师费,以及没收非法所得、侵权复制品和进行违法活动的财物。

第三编第一章

1. 什么是专利权？什么是专利技术？

专利权是发明者就其技术发明所享有的专有权利。专利技术是指专利权所覆盖的技术。专利权虽然是发明者就其技术发明所享有的专有权利，但是并非所有的技术发明都可以获得专利权。只有那些符合专利法要求的技术发明，才能够获得专利权。

2. 专利制度在促进技术和经济发展中主要有哪些作用？

专利制度在促进技术发展和产业发展方面，主要有三个方面的作用，即鼓励技术发明，传播技术信息，以及引进外国的先进技术。

3. 如何理解专利制度中的"合同理论"？

按照合同理论，专利权是发明者与社会公众之间所达成的一个协议。作为协议的一方，发明人必须在申请专利时，通过专利文献详细披露自己的技术发明；作为协议的另一方，以国家专利机关为代表的社会公众，则在有关的发明符合其他条件的情况下，赋予发明人以一定期限的专有权利，让发明人排他性地自己利用或者授权他人利用相关的发明。

第三编第二章

1. 什么是发明？发明有哪些种类？

专利法所说的发明，是指关于技术方案的发明。这种发明，首先表现为某种创意或者构思。其次，这种创意或者构思还必须具体化，能够解决技术领域中的特定问题。根据中国专利法，发明分为产品发明、方法发明和改进发明。

2. 什么是实用新型？实用新型与发明有什么区别？

实用新型是指对产品的形状、构造或者其结合所提出的适于实用的新的技术方案。实用新型也是技术方案之一种，属于发明的范畴。实用新型与发明的不同，主要是法律上的不同。例如，实用新型的范围小于发明，实用新型的创造性低于发明，实用新型专利权的审批程序比发明专利权的审批程序简单，实用新型专利权的保护期限低于发明专利权的保护期限。

3. 什么是外观设计？外观设计的保护是否应当单独立法？

外观设计是指对产品的形状、图案或者其结合，以及色彩与形状、图案的结合所做出的富有美感，并适于工业应用的新设计。由于外观设计是对于美感的表达，既非技术方案，又非作品，单独立法比较恰当。

第三编第三章

1. 什么是新颖性？什么是混合新颖性？

新颖性是指，可以获得专利权的技术发明是新的，或者是前所未有的。混合新颖性是指，与申请案中的技术相比，在申请日以前没有相同的技术在全世界范围内的出版上公开过，也没有相同的技术在本国公知公用过。或者说，就新颖性的判定来说，"出版物"的标准是全世界的，而"公知公用"的标准则是一国的。

2. 什么是创造性？如何理解创造性判定中的一般水平的技术人员？

创造性是指，专利申请案中的技术发明与申请日以前的现有技术相比，具有明显的不同和显著的进步。具体说来，是由相关技术领域中的一般水平的技术人员，综合申请日以前的现有技术，判定申请案中的技术是否具有创造性。其中的"一般水平的技术人员"是一个法律上的假定。做出这样一个法律上的假定，就是要求专利审查员在判定申请案中的技术发明是否具有创造性时，或者法官在审理有关创造性的案件时，让自己尽可能地扮演这样一个"一般水平的技术人员"的角色。

3. 什么是实用性？

实用性是指，申请案中的技术发明能够在产业上应用，并且可以产生有利于人类社会的积极效果。理解实用性要注意三个要素：申请案中的技术发明不是停留在思想观念或者理论的层面上，而是已经具体化为特定的技术方案；申请案中的技术发明能够在产业上重复应用，并且达到一定的规模；申请案中的技术发明能够产生某种对人类社会有益的效果。

4. 什么是外观设计专利权的实质性要件？

授予专利权的外观设计，应当同申请日以前在国内外出版物上公开发表过或者国内公开使用过的外观设计不相同和不相近似。其中的不相同是指外观设计的新颖性，而不相近似则是指外观设计的独创性。

第三编第四章

1. 什么是职务发明创造？职务发明创造归谁所有？

职务发明创造是执行本单位的任务所完成的，或者主要是利用本单位的物质技术条件所完成的发明创造。职务发明创造有两种，即执行本单位的任务所完成的发明创造，主要是利用本单位的物质技术条件所完成的发明创造。职务发明创造归属于单位所有，可以由单位申请专利，并在获得专利权后成为专利权人。

2. 为什么说权利要求书是个具有法律效力的文件？

权利要求书是说明专利权保护范围的文件。大体说来，专利申请人应当在权利要求书中记载自己的技术发明，以及该发明的主要技术特征。在有关的申请案获得专利权以后，权利要求书既是确定专利权保护范围的依据，又是判定他人是否侵权的依据，具有直接的法律效力。

3. 什么是国际优先权？什么是国内优先权？

国际优先权是指，公约成员国的国民在一个成员国提出发明专利、实用新型或者外观设计注册的申请以后，又在一定的期限内在其他成员国申请保护的，应当享有优先权。国内优先权又叫做本国优先权，是指本国国民在提出专利申请之后的 12 个月之内，可以就相同的主题再次向专利局提出申请，并且享有优先权。

4. 什么是专利审查中的请求审查制？

根据规定，对于发明专利申请案，自申请日起满 18 个月，专利局可以公开申请案。发明申请案公开以后，申请人可以在自申请日起算的三年以内，请求专利局进行有关新颖性、创造性和实用性的实质审查。如果申请人在上述期限内没有提出实质审查的要求，则视为申请案的撤回。

5. 如何理解专利权无效的制度？

专利权的无效是指，专利权授予之后，任何人都可以要求法院或者专利复审委员会宣告该项专利权无效。专利权的无效程序，有助于纠正申请人和专利局的失误，将虚假的或者范围不当的"专利权"剔除出去。

第三编第五章

1. 什么是专利权？专利权有哪些内容？

专利权是指专利权人就相关的发明创造所享有的权利，如利用专利技术制造、使用、销售、进口相关的产品。专利权不同于专利权人可以享有的权利。专利权的内容有制造权、使用权、许诺销售权、销售权和进口权。

2. 如何理解方法专利权延及于用该方法直接获得的产品？

如果方法专利权的保护只涉及方法本身，而不涉及依照该方法直接获得之产品，那么在专利方法是生产产品的方法的情况下，方法专利权就很难获得有效保护。方法专利权延及于用该方法直接获得的产品，还体现在侵权时的举证责任倒置。

3. 专利权的例外有哪些？

专利权的例外是指，在某些特殊的情况下，他人虽然未经许可而使用了专利权覆盖的技术，却不会构成侵权。这些例外有销售权用尽，先用权，外国运输工具上使用专利技术，以及为了科学研究和实验而使用专利技术。

4. 如何理解专利权的提前终止？

专利权的提前终止是指，专利权在期限届满以前而失效。专利权提前终止的原因主要有两个。一是专利权人以书面声明的方式，宣布放弃专利权。二是专利权人通过不按时缴纳维持年费的方式而放弃专利权。专利权的提前终止主要是指后者。

第三编第六章

1. 如何理解专利权转让和许可的标的？

专利权转让或者许可的标的是权利，而非专利权所覆盖的技术。这是因为，专利权所覆盖的技术已经记载在专利文献中，或者体现在特定的产品之中，属于技术信息。受让人或者被许可人即使没有获得转让或者许可，也可以知晓有关的技术信息。由此出发，专利权转让或者许可的标的，是控制该项技术信息的权利，或者说是专利权本身。这与有形财产权的转让或出租不同。

2. 专利权许可合同有哪几类？

专利权的许可是指专利权人允许或同意他人利用专利权所覆盖的发明创造，如制造、使用、销售、进口含有专利技术的产品，或者使用专利方法。专利权许可合同有独占许可、独家许可和普通许可，以及分许可和交叉许可。值得注意的是，不同的许可方式，将决定被许可人在获得许可以后，是否有直接的竞争者，以及有多少直接竞争者。不同的许可方式，还与发生侵权时被许可人是否可以提起诉讼有关。

3. 专利权的强制许可有哪几种情形？

强制许可是指国家违背专利权人的意愿，在某些特定情形下所发放的许可。主要有防止专利权滥用的强制许可，为了公共利益的强制许可，从属专利的强制许可。强制许可只是剥夺了专利权人发放许可的权利，但没有剥夺专利权人获得经济利益的权利。

第三编第七章

1. 专利侵权的含义是什么？

专利侵权是指，他人未经许可而为生产经营的目的，制造、使用、许诺销售、销售和进口了含有专利技术的产品，或者使用了专利方法，以及使用、许诺销售、销售和进口了依据专利方法直接获得的产品。判定专利权的侵权，是以权利要求书所界定的保护范围，与被控侵权的产品或方法作比较。

2. 什么是权利要求解释中的"折中原则"？

判定一个行为是否侵犯了他人的专利权，首先应当搞清楚专利权的保护范围。这就涉及了权利要求的解释。权利要求解释中的折中原则是指，专利权的保护范围以其权利要求的内容为准，说明书及附图可以用于解释权利要求。

3. 如何认定等同侵权？

等同侵权，又称依据等同理论的侵权，是指被控侵权产品或方法中的一个或几个技术特征虽然与权利要求书中的技术特征不一样，但二者只有非实质性的区别。判定等同侵权，是以权利要求书所记载的技术特征，与被控侵权的产品或方法进行比较。判定等同侵权，是以相关技术领域中一般水平的技术人员，综合侵权发生时的"现有技术"而加以判断。

4. 专利侵权是否应当追究刑事责任？

专利侵权具有严格的含义。只要被告的行为构成了侵权，就是真实地使用了原告的技术，或者使用了与原告技术等同的技术，因而有关的产品或方法不存在假冒伪劣的问题。这样，侵犯专利权所涉及的就仅仅是专利权个人的利益，不涉及对于社会公共利益的侵犯。与此相应，不应当追究侵权者的刑事责任。这也是世界上绝大多数国家的做法。

5. 什么是假冒他人专利？什么是冒充专利？

假冒他人专利，主要是指未经专利权人许可而在自己制造或者销售的产品、产品包装上标注他人的专利号。假冒他人专利，应当受到行政处罚，构成犯罪的追究刑事责任。冒充专利是指以非专利产品冒充专利产品，以非专利方法冒充专利方法。冒充专利者，应当受到行政处罚。

第四编第一章

1. 什么是商标？商标的作用有哪些？

商标是一种商业标记，其目的是将一个生产经营者所提供的商品或服务与其他生产经营者所提供的同类商品或服务区别开来。商标的作用主要有四个，即区别的作用，指示商品或服务来源的作用，指示商品或服务的质量的作用，以及广告宣传的作用。

2. 如何理解商标与商誉的关系？

商标并非简单的商业性标记，而是某种商誉的体现。当商标所有人在相关的商品或者服务上使用了有关的商标之后，就会建立起商标与特定的商品或服务之间的关联，并由此而形成某种商誉。商标权所保护的更多的是相关商标所代表的商誉。

3. 商标法的立法原则是什么？

商标法的立法原则有三个；一是保护商标权人的利益，尤其是保护商标所体现的商誉；二是保护消费者的利益，免除消费者在商品或服务来源上的混淆；三是制止利用他人商标和商誉的不正当竞争行为，保障市场秩序的有序进行。商标法的一个聪明之处就是，让商标权人替代消费者向侵害者复仇，而不必让消费者亲自行为。

第四编第二章

1. 依据商标法，商标有哪些种类？

商标的分类，可以采用不同的标准。但依据中国商标法，以及相关的国际公约，受保护的商标通常有五类，即商品商标、服务商标、集体商标和证明商标，以及驰名商标。

2. 商标的构成要素有哪些？

依据商标法，商标可以由可视性的标志构成，包括文字、图形、字母、数字、三维标志和颜色组合，以及上述要素的组合。

3. 什么是商标的内在显著性？什么是商标的获得显著性？

商标的显著性是指，相关的标志具有显著的特征，能够指示商品或服务的来源。内在显著性是指，由于构成要素的特点，某一标志可以直接作为商标来使用。获得显著性是指，由于构成要素的特点，某一标志只有在市场上获得了显著性以后，才可以作为商标来使用。

4. 如何理解商标不得与在先权利相冲突？

作为商标而使用的标志，不得与他人的在先权利相冲突。这里所说的在先权利，包括他人就注册商标所有享有的权利，他人就已经使用并且具有显著性的商标所享有的权利。还包括他人就姓名和肖像享有的权利，他人的著作权、外观设计专利权、商号权、地理标志权，以及他人就知名商品的特有名称和包装、装潢所享有的权利，等等。

第四编第三章

1. 商标权的获得方式有哪两种？

商标权的获得方式有两种，即使用获得和注册获得。但最好的方式是将二者结合起来。例如在注册获得原则中，尽可能引入使用获得的精神。

2. 什么是注册商标的申请在先原则？

申请在先原则，又称先申请原则，是指两个或者两个以上的申请人，在同一种商品或者类似商品上，以相同或者近似的商标申请注册的，申请在先的可以获得注册商标权，而申请在后的则予以驳回。申请在先原则是注册获得商标权制度的一种逻辑延伸。

3. 什么是注册商标申请中的"公告异议"制度？

商标注册申请经过实质审查，对于符合商标法要求的可以初步审定和予以公告，由社会公众和在先权利人提出异议。异议程序不仅有利于维护有关当事人的合法权益，而且有助于及时纠正商标审查工作中的偏差。

4. 什么是注册商标的无效？理由有哪些？

注册商标的无效，是指社会公众或者在先权利人，要求商标行政机构撤销已经注册的商标的制度。无效的理由有，注册商标使用了禁止用作商标的标志；注册商标不具有显著性；以欺骗或者其他不正当手段取得注册；与他人的在先权利相冲突。注册商标被宣告为无效，意味着相关的"注册商标权"自始无效。

第四编第四章

1. 什么是商标权？为什么禁止权的范围远远大于使用权的范围？

商标权是市场主体就商标所享有的权利，包括商标权人自己使用商标和禁止他人未经许可而使用商标。就前者来说，商标权人只能将核准注册的商标，使用于核定使用的商品或服务之上。而就后者来说，商标权人不但可以禁止他人在同类商品或服务上使用相同的商标，还可以禁止他人在类似商品或服务上，使用相同或者近似的商标。禁止权的范围大于专用权的范围，是由商标法的宗旨，即防止消费者在商品或服务来源上发生混淆而决定的。

2. 什么是注册商标权的续展？续展的理论依据是什么？

商标权的续展是指注册商标的续展。商标权的续展，是为了防止消费者在商品或服务来源上的混淆，同时也意味着对于商标所代表的商誉的连续保护。

3. 什么是商标权的限制？商标权的限制有哪些？

商标权的限制是指，他人可以在某些特定的情况下使用某一注册商标。但这种使用，不是在指示商品或服务来源意义上的使用，而且不会造成消费者在商品或服务来源上的混淆。商标权的限制有：商标权用尽，合理使用和为了新闻报道的使用。

第四编第五章

1. 什么是商标权的转让？

商标权的转让，是指商标所有人将自己的商标转让给他人所有。商标权的转让是商标权人将自己就某一商标所享有的权利转让给他人所有，而非商标的转让。商标权的转让，主要有两种方式。一种是与商标所有人的企业或相关商品的信誉一起转让。另一种方式是商标权的单独转让。

2. 商标权许可合同有哪几种？

商标权的许可，是指商标所有人将自己的注册商标，按照合同约定的条件，许可给他人使用。商标使用许可合同主要有三类，即独占使用许可、排他使用许可和普通许可。商标使用许可合同的类别，与侵权发生时的诉权密切相关。

第四编第六章

1. 什么是商标侵权？商标侵权的标准是什么？

商标侵权是指，他人未经商标所有人的许可，在同类或类似商品上，使用了与注册商标相同或者近似的标志，并且造成了消费者在商品来源上的混淆。商标侵权的标准是消费者混淆的可能性。

2. 消费者混淆的含义是什么？

按照传统的商标法理论，混淆仅限于商品或服务来源上的混淆。但是依据现代商标法理论，混淆不仅包括了商品或服务来源上的混淆，还包括了在商品或服务的关联、认可上的混淆。按照传统的商标法理论，混淆是购买者在商品或服务来源上的混淆。而依据现代的商标法理论，不仅要防止"购买者"在商品或服务来源上的混淆，而且要防止更为广泛的"消费者大众"或者"社会公众"在商品或服务来源上的混淆。

3. 根据中国商标法律法规和司法解释，商标侵权行为有哪些？

根据商标法及其实施条例，以及最高人民法院的司法解释，商标侵权行为共有九种。

4. 什么是假冒他人注册商标罪？与商标侵权的关系是什么？

假冒他人注册商标是指，未经注册商标所有人许可，在同一种商品上使用与其注册商标相同的商标。假冒他人注册商标，首先是一种商标侵权。其次，假冒他人注册商标情节严重的，又有可能构成犯罪，受到刑法的制裁。

第四编第七章

1. 什么是驰名商标？

驰名商标是指在市场上具有较高声誉，并为相关领域中的公众所熟知的商标。驰名商标也是商标，应当适用商标法的一般规定。但是驰名商标又有一些特殊之处，因而又有了一些特殊的保护规定。

2. 驰名商标保护的两个基本理论是什么？

驰名商标的特殊保护主要是基于两个理论，即传统的混淆理论和现代的淡化理论。巴黎公约和"知识产权协议"有关驰名商标的规定，分别体现了这两个理论。

3. 认定驰名商标的要素有哪些？

根据商标法第14条，认定驰名商标的要素有：相关公众对该商标的知晓程度；该商标使用的持续时间；该商标的任何宣传工作的持续时间、程度和地理范围；该商标作为驰名商标受保护的记录；该商标驰名的其他因素。

第五编第一章

1. 什么是制止不正当竞争的权利？这项权利有哪些内容？

制止不正当竞争的权利，是指市场经营者在工商业活动中制止他人违反诚实信用原则行为的权利。制止不正当竞争的内容，主要涉及商业标识的假冒、虚假宣传、商业诋毁和窃取他人的商业秘密。

2. 反不正当竞争与商业伦理的关系是什么？

制止不正当竞争的法律或权利，带有强烈的商业伦理的色彩。一方面，一个时代的商业伦理决定着那些行为属于不正当竞争。另一方面，反不正当竞争法又在维护某一时代的商业伦理。

3. 反不正当竞争与反垄断的关系是什么？

反不正当竞争法与反垄断法，都是从纠正某些不利于市场竞争的行为入手，达到市场竞争有序进行的目的。不过，反垄断法所要解决的是有没有竞争的问题，而反不正当竞争法所要解决的是"过分"竞争的问题；反垄断法所考虑的是宏观的市场结构，而反不正当竞争法所考虑的则是微观的市场行为；反垄断法属于公法的范畴，而反不正当竞争法则属于私法的范畴。

4. 中国《反不正当竞争法》有什么特点？

与世界上大多数国家的反不正当竞争法相比，中国《反不正当竞争法》的突出特点是采取了反不正当竞争与反垄断的混合立法模式。不仅规范不正当竞争的行为，而且规范某些垄断行为。

第五编第二章

1. 商业标识假冒的本质是什么？

假冒的本质是通过假冒他人商业标识的方式，利用或者侵蚀他人商业标记所代表的商誉，并由此而获得相应的经济利益。

2. 什么是商标的假冒？

反不正当竞争法意义上的商标假冒，既包括对于注册商标的假冒，也包括对于未注册商标的假冒。在注册商标遭受假冒的情况下，商标权人即可以依据商标法，也可以依据反不正当竞争法加以制止。

3. 什么是商品外观的假冒？

商品外观是指商品或服务的外观设计和包装、装潢。具有显著性的能够指示商品或服务来源的商品外观，可以在符合商标法相关要件的前提下注册为商标，也可以在遭受他人假冒并且造成混淆的情况下，获得反不正当竞争法的保护。

4. 什么是商号的假冒？

商号，又叫厂商名称或者企业名称，是将一个企业的商业活动与其他企业的商业活动区别开来的标记。商号的假冒是指擅自使用他人的企业名称或者姓名，并且在商品、服务或者商业活动方面造成消费者混淆的。中国在商号保护上出现的问题，源于相关法律法规的衔接。

第五编第三章

1. 什么是虚假宣传？

虚假宣传是指，市场上的竞争者对自己的产品、服务或者商业活动本身，进行了误导消费者的不符合事实的描述。虚假宣传不仅误导了市场上的消费者，而且损害了其他竞争者的利益。

2. 什么是商业诋毁？

商业诋毁是市场上的竞争者对他人商品、服务或者商业活动所做出的，有损于他人商业信誉的虚假陈述。这种虚假陈述的直接结果是损害了竞争对手的商业信誉，并且由此而误导了消费者。

3. 地理标志保护的方式有几种？

地理标志是指示某一商品来源于某一国家或地区的标记，而且该商品的特定质量、声誉或者其他特征主要产生于该地理来源。地理标志的保护方式有三种，即专门法的方式、商标法的方式和反不正当竞争法的方式。

4. 虚假宣传与商业诋毁的关系是什么？

商业诋毁与虚假宣传密切相关，都是就产品、服务或者商业活动做出了虚假陈述。但是，虚假宣传是竞争者对自己的产品、服务或者商业活动做出夸大的虚假陈述，而商业诋毁则是对他人的商品、服务或者商业活动做出了消极的虚假陈述。

第五编第四章

1. 商业秘密保护中的侵权法理论和反不正当竞争法理论是什么？

侵权法理论是有关财产权保护的理论。将侵权法理论适用于商业秘密的保护，就是将商业秘密视为所有人的财产，他人未经许可不得披露、获得和使用相关的信息。反不正当竞争法将商业秘密作为财产，制止他人通过不正当手段披露、获得和使用有关商业秘密。

2. 什么是商业秘密的范围和构成要件？

可以纳入商业秘密范围的信息，包括技术信息和经营信息。但是，有关的信息要想构成商业秘密，必须符合不为公众所知悉、能为权利人带来经济利益、并经权利人采取保密措施等三个要件。

3. 什么是侵犯商业秘密的不正当手段？

根据中国反不正当竞争法，侵犯商业秘密的不正当手段有：以盗窃、利诱、胁迫或者其他不正当手段获取权利人的商业秘密；披露、使用或者允许他人使用以前项手段获取的权利人的商业秘密；违反约定或者违反权利人有关保守商业秘密的要求，披露、使用或者允许他人使用其所掌握的商业秘密。此外，第三人明知或者应知前款所述三种违法行为，获取、使用或者披露他人的商业秘密，视为侵犯商业秘密。

第六编第一章

1. 知识产权的国际条约有哪几类？

与知识产权相关的国际条约，大体可以分为三类。第一类是双边条约，即两个国家之间签订的有关知识产权保护的条约。第二类是区域性的多边条约，即某一个区域内的几个或一些国家所签订的有关知识产权的条约。第三类是全球性的多边条约，是世界各国都可以加入的国际公约。

2. 知识产权国际条约在国内适用的方式有哪几种？

知识产权国际条约在一国的适用方式主要有两种，即国际条约的自动生效，国际条约的法典化。

3. 什么是世界知识产权组织？什么是世界贸易组织？

世界知识产权组织成立于 1967 年，是联合国下属的一个组织，管理着世界上绝大多数有关知识产权保护的国际公约。世界贸易组织成立于 1995 年，是有关国际贸易的组织，管理着诸多的国际贸易协议，包括"与贸易有关的知识产权协议"。

第六编第二章

1. 巴黎公约的三大原则是什么?

巴黎公约是有关工业产权保护的国际公约。公约的三大原则是国民待遇原则、优先权原则、专利权和商标权的独立性原则。

2.《专利合作条约》的主要内容是什么?

《专利合作条约》缔结于 1970 年,旨在简化专利的国际申请程序,以及方便申请人和受理国家的专利审查部门。条约规定了国际申请的提出、国际检索和公布、国家审查或国际初步审查等内容。

3.《商标国际注册马德里协定》及其议定书的主要内容是什么?

马德里协定和马德里协定议定书,都是有关商标国际注册的重要条约。前者缔结于 1891 年,后者缔结于 1989 年,都是简化商标国际注册的条约。

第六编第三章

1. 伯尔尼公约的三大原则是什么?

伯尔尼公约是有关文学艺术作品保护的国际公约,其三大原则是国民待遇原则、自动保护原则、版权独立原则。

2. 什么是世界版权公约?

世界版权公约缔结于 1952 年,由联合国教科文组织管理。世界版权公约所提供的保护水平,低于伯尔尼公约。但在历史上曾起过重要的作用。

3. 什么是罗马公约?什么是录音制品公约?

罗马公约是邻接权保护方面的重要国际公约,奠定了邻接权保护方面的一些基本制度和原则。录音制品公约是一个专门的保护录音制品的国际公约,其特点是保护手段的多样化。

第六编第四章

1. 如何理解"知识产权协议"中的国民待遇和最惠国待遇?

知识产权协议所说的"国民",与其他国际公约所说的"国民"有所不同。除了通常意义上的国民,在世界贸易组织的成员是"独立关税区"的情况下，系指居住于该区内的自然人或法人。最惠国待遇原则是指，一个国家根据双边或多边协议给予另一个或另一些国家的贸易优惠条件，也应当给予该国的其他贸易伙伴。

2. "知识产权协议"与巴黎公约的关系是什么？

知识产权协议与巴黎公约的关系，可以叫做"巴黎公约加知识产权协议"。大体说来，在工业产权的实体性保护标准方面，知识产权协议先是认可了巴黎公约中有关工业产权保护的标准，然后又在此基础之上增加了一些新的要求。这样，在工业产权的保护方面，知识产权协议就提出了一个高于巴黎公约的保护标准。

3. "知识产权协议"与伯尔尼公约的关系是什么？

知识产权协议与伯尔尼公约的关系，可以叫做"伯尔尼公约加知识产权协议"。其具体含义是说，知识产权协议先是认可了伯尔尼公约中有关版权保护的实体性内容，然后又增加了一些新的内容。这样，在版权保护方面，知识产权协议就提出了一个高于伯尔尼公约的保护标准。

4. 如何理解"知识产权协议"规定的执法措施？

知识产权协议要求世界贸易组织的成员依照其国内法律，执行协议中关于执法程序的规定，采取有效措施制止任何侵犯知识产权的行为，包括及时防止侵权的救济和阻止进一步侵权的救济。其中的措施包括民事的、行政的、刑事的，以及边境措施。

5. 如何理解"知识产权协议"规定的争端解决机制？

根据知识产权协议，当成员之间就本协议的执行发生争端时，应当按照世界贸易组织《关于争端解决规则与程序的谅解》进行协商和解决。争端解决机制的规定，将知识产权的保护与国际贸易挂钩，使得知识产权的国际保护带有了某种贸易上的强制性。

第六编第五章

1. 《版权条约》与伯尔尼公约的关系是什么？

知识产权协议在伯尔尼公约的基础上提高了版权保护的水准，而《版权条约》不仅将知识产权协议的内容纳入了自己的范围，又规定了一些新的内容。这样，在版权保护方面就出现了"伯尔尼公约加知识产权协议再加版权条约"的局面。

2. 《表演和录音制品条约》与罗马公约的关系是什么？

在邻接权的保护方面，知识产权协议只是提到了罗马公约中的主要内容，所以提供了低于罗马公约的保护水平。而表演和录音制品条约，则在罗马公约的基础上规定了一系列新的内容。这样，在邻接权的保护方面，就出现了"罗马公约加表演和录音制品条约"或者"知识产权协议加表演和录音制品条约"的局面。

3. 网络环境中的版权和邻接权保护主要有哪些规定？

主要是规定了权利人享有的权利，如向公众传播权或者向公众提供权，以及有关技术措施的保护和权利管理信息的保护。

术 语 索 引

主要参考书目

郑成思著《知识产权法》（第二版），法律出版社，2002年1月。

郑成思著《知识产权论》（第三版），法律出版社，2003年10月。

郑成思著《知识产权法——新世纪初的若干研究重点》，法律出版社，2004年4月。

郑成思著《版权法》（修订本），中国人民大学出版社，1997年8月。

郑成思著《世界贸易组织与贸易有关的知识产权》，中国人民大学出版社，1996年12月。

郑成思主编《知识产权——应用法学与基本理论》，人民出版社，2005年5月。

郭寿康主编《知识产权法》，中共中央党校出版社，2002年11月。

吴汉东主编《知识产权法》，法律出版社，2004年1月。

黄勤南主编《知识产权法教程》，法律出版社，2003年2月。

刘春田主编《中国知识产权二十年》，专利文献出版社，1998年11月。

李明德、许超著《著作权法》，法律出版社，2003年9月。

韦 之著《著作权法原理》，北京大学出版社，1998年4月。

汤宗舜著《专利法教程》（第三版），法律出版社，2003年3月。

赵原果编著《中国专利法的孕育与诞生》，知识产权出版社，2003年4月。

张晓都著《专利实质条件》，法律出版社，2002年4月。

尹新天著《专利权的保护》，专利文献出版社，1998年11月。

程永顺、罗李华著《专利侵权判定》，专利文献出版社，1998年3月。

黄晖著《商标法》，法律出版社，2004年9月。

黄晖著《驰名商标和著名商标的法律保护》，法律出版社，2001年

5 月。

曹仲强主编，黄晖执行主编《中国商标报告》，第一卷至第五卷，中信出版社，2003～2005。

曾陈明汝著《商标法原理》，中国人民大学出版社，2003 年 3 月。

孔祥俊著《反不正当竞争法新论》，人民法院出版社，2001 年 5 月。

张玉瑞著《商业秘密法学》，中国法制出版社，1999 年 10 月。

薛虹著《知识产权与电子商务》，法律出版社，2003 年 5 月。

李明德著《美国知识产权法》，法律出版社，2003 年 10 月。

唐广良、董炳和著《知识产权的国际保护》，知识产权出版社，2002 年 10 月。

黄晖译，郑成思审校《法国知识产权法典》，商务印书馆，1999 年 7 月。

阿瑟·米勒等著，周林等译《知识产权法概要》，中国社会科学出版社，1998 年 1 月。

Jay Dratler 著，王春燕等译《知识产权许可》，清华大学出版社，2003 年 4 月。

郑成思、唐广良主编《知识产权研究》（系列书，第一卷至第十七卷），中国方正出版社，1996～2006。

郑成思主编《知识产权文丛》（系列书，第一卷至第十三卷），中国方正出版社，1998～2006。

程永顺主编《知识产权裁判文书集》（第一卷至第五卷），科学出版社，2003 年 4 月。

Donald Chisum and Michael Jacobs: Understanding Intellectual Property Law, Matthew Bender, 1992.

Paul Goldstein: Copyright, Patent, Trademark and Related State Doctrine, fourth edition, Foundation Press, 1997.

Margereth Barrett: Intellectual Property—Patents, Trademarks, and Copyrights, the Professor Series, second edition, Emanuel, 1997.

Melville Nimmer, Paul Marcus, David Myers, David Nimmer: Cases and Materials on Copyright, fourth edition, West Publishing Co., 1991.

William Francis, Robert Collins: Cases and Materials on Patent Law, fourth edition, West Publishing Co., 1995.

Robert Merges: Patent Law and Policy, Michie Law Publishers, 1997.

Raymond Ku, Michele Farber, Arthur Cockfield, Cyberspace Law, Cases and Materials, Aspen Law & Business, 2002.

Unfair Competition, Trademark, Copyright and Patent, Selected Statutes and International Agreements, 2002 edition, the Foundation Press, 2002.

Paul Geller, Myers Nimmer: International Copyright Law and Practice, Matthew Bender, 2002.

William Cornish: Intellectual Property, 4th Edition, 2003.

Lionel Bently & Brad Sherman, Intellectual Property Law, Oxford University Press, 2001.

David Keeling, Intellectual Property Rights in EU Law, volume 1, Oxford University Press, 2003.

后　记

为了应对法律硕士研究生培养的需要，中国社会科学院法学研究所组织编写了一套"法律硕士专业学位研究生通用教材"，《知识产权法》为其中之一种。

据说，中国正在培养的法律硕士研究生，相当于美国法学院的学生（J. D）。这样一来，对于法律硕士研究生教材的编写，就提出了不同于以往的法学教材的要求。至少，有关的教材既要注重学科的体系性，又要注重实用性。毕竟，美国法学院对于学生的培养，是一种职业性的而非学术性的培养。在编写《知识产权法》的过程中，作者虽然注意了"实用性"和"职业性"这样的要求，但仍然较多地关注了学科的体系性。这应当在以后的修订中加以改进。

此外，在中国目前的法律硕士教育中，知识产权法是作为一门课程来设置的。但在国外的相关教育中，著作权法、专利法、商标法和反不正当竞争法，则是作为不同的课程来设置的。事实上，在知识产权法的框架之下，上述四种法律或法学仍然存在着很大的差异。即使是在国内，很多研究者也是分门别类研究相关的问题。这样一来，由一个人编写一本《知识产权法》，就会存在学术准备捉襟见肘的情形。为了完成这本教材，作者几乎是在一边研究一边写作。原来计划一年完成的教材，也花了将近两年的时间才得以完成。

《知识产权法》一书即将付梓。一方面，在长时间的写作之后交出书稿，自然会有一种轻松之感。但在另一方面，想到读者或使用者可能提出的批评意见，又不免有一种紧张之感。好在学无止境，希望能有机会再次修订《知识产权法》，改正错误之处，弥补不足之处。

李明德

2006 年 9 月 20 日

图书在版编目（CIP）数据

知识产权法/李明德主编. —北京：社会科学文献出版社，
2007.5（2015.6重印）
（法律硕士专业学位研究生通用教材）
ISBN 978 - 7 - 80230 - 595 - 3

Ⅰ. 知⋯　Ⅱ. 李⋯　Ⅲ. 知识产权法 - 中国 - 研究生 - 教材
Ⅳ. ①D923.4

中国版本图书馆 CIP 数据核字（2007）第 050705 号

法律硕士专业学位研究生通用教材
知识产权法

主　　编／李明德

出 版 人／谢寿光
项目统筹／宋月华
责任编辑／薛　义

出　　版／社会科学文献出版社 · 人文分社（010）59367215
　　　　　　地址：北京市北三环中路甲 29 号院华龙大厦　邮编：100029
　　　　　　网址：www. ssap. com. cn
发　　行／市场营销中心（010）59367081　　59367090
　　　　　　读者服务中心（010）59367028
印　　装／北京京华虎彩印刷有限公司

规　　格／开 本：787mm × 1092mm　1/16
　　　　　　印 张：39.5　字 数：643 千字
版　　次／2007 年 5 月第 1 版　2015 年 6 月第 5 次印刷
书　　号／ISBN 978 - 7 - 80230 - 595 - 3
定　　价／69.00 元

法律硕士专业学位研究生通用教材
编辑出版人

出　版　人　谢寿光

总　编　辑　邹东涛

项目负责人　杨　群

编辑主任　宋月华

编　　　辑　（按姓氏笔画为序）

朱希淦　宋月华　宋　娜　李正乐

陈文桂　范明礼　范　迎　周志宽

赵慧芝　薛铭洁　魏小薇

发　行　人　毛　菲

封面设计　孙元明

责任印制　盖永东

编　　　务　杨春花

编辑中心　电话　65232637　85111313 – 261 ~ 266

网址　ssdphzh_cn@sohu.com